제월당집

이 책은 2016년도 정부(교육부)의 재원으로 한국고전번역원의 지원을 받아
수행된 '권역별거점연구소협동번역사업'의 결과물임.

This work was supported by Institute for the Translation of Korean Classics - Grant funded by the Korean Government.

한국고전번역원 한국문집번역총서 / 충남대학교 한자문화연구소

제월당집 2

霽月堂集

송규렴 宋奎濂 지음

강원모 김문갑 이규춘 옮김

일러두기

1. 이 책의 번역 대본은 한국고전번역원에서 간행한 한국문집총간 137집 소재 《제월당집(霽月堂集)》으로 하였다. 번역 대본의 원문 텍스트와 원문 이미지는 한국고전종합DB(http://db.itkc.or.kr)에서 확인할 수 있다.
2. 내용이 간단한 역주는 간주(間註)로, 긴 역주는 각주(脚註)로 처리하였다.
3. 한자는 필요한 경우 이해를 돕기 위하여 넣었으며, 운문(韻文)은 원문을 병기하였다.
4. 맞춤법과 띄어쓰기는 한글 맞춤법과 표준어 규정을 따랐다.
5. 이 책에서 사용한 부호는 다음과 같다.

   ( ) : 번역문과 음이 같은 한자를 묶는다.
   〔 〕 : 번역문과 뜻은 같으나 음이 다른 한자를 묶는다.
   " " : 대화 등의 인용문을 묶는다.
   ' ' : " " 안의 재인용 또는 강조 문구를 묶는다.
   「 」 : ' ' 안의 재인용을 묶는다.
   『 』 : 「 」 안의 재인용을 묶는다.
   《 》 : 책명 및 각주의 전거(典據)를 묶는다.
   〈 〉 : 책의 편명 및 운문·산문의 제목을 묶는다.

차례

제월당집 제5권

소疏

제월당집 제6권

소疏

계啓

행장行狀

묘지墓誌

묘지명墓誌銘

묘갈명墓碣銘

제월당집 제7권

묘갈명墓碣銘

제문祭文

서序

상량문上樑文

명銘

잡저雜著

제월당집 부록

제월당집

제4권

소疏

해직하고 귀성하게 해달라고 비는 소장 을미년(1655, 효종6)

乞解職歸省疏 乙未

삼가 아룁니다. 신은 일찍이 아버지를 여의고 홀어머니가 회덕에 있는데, 연세가 이미 높은데다 병마저 많습니다. 매년 겨울철이 되면 병환이 매우 심해져서 자리에 누운 채 약으로 연명하다가 따뜻한 봄이 되어서야 비로소 조금 나아집니다. 이는 본래 앓던 병인데 근년 이래로는 더욱 쇠잔해져서 모습과 정신이 완전히 달라졌고, 기력이 떨어져서 거의 끊어질 듯 위태하니 근근이 버텨가는 정도입니다.

지금 신이 멀리 떠나와 벼슬한 지 이미 일 년이라는 오랜 시간이 지났고, 양쪽 소식을 자주 들을 수 없으니 오직 근심으로 마음 졸이며 한순간도 편안하지 못합니다. 간혹 고향에서 편지가 오기라도 하면 급보(急報)인가 하여 두려운 마음이 앞서 가슴이 떨리고 넋을 잃을 지경이라 스스로 안정하지 못하니, 이런 경우가 한두 번이 아니었습니다. 그러나 신이 맡은 직책은 다른 관서와 견줄 바가 아닙니다. 그러므로 임의로 휴가를 청할 수 있는 것도 아니고, 말미를 얻어 귀성(歸省)하기도 쉽지 않아 묵묵히 날짜만 보내며 지금까지 이르렀습니다.

방금 고향에서 인편이 도착하여 집안사람이 알려 온 소식을 보았는데, 노모께서 날씨가 추워진 이후로 예전의 병환이 다시 도진데다 내상(內傷)과 허로증(虛勞症)[1]까지 더하여 증세가 지극히 위중하다고 합니

1 내상(內傷)과 허로증(虛勞症) : 한방에서 몸이 늙고 쇠약해지며 생기는 질병을 통틀어 가리키는 용어이다. 내상은 몸이 쇠약해지며 생긴 병이고, 허로증은 나이가 들면

다. 위태로운 조짐이 여러 가지로 발생하는데 약은 조금도 효험이 없으며, 한 톨의 곡식도 삼키지 못한 지가 이제 보름이나 되고 날로 점점 고질이 되어 이미 치료하기 어려운 지경이 되었다고 합니다. 게다가 병중에도 근심걱정으로 마음을 상하여 신을 부르는 소리가 밤낮으로 끊이지 않는다고 합니다. 신이 편지를 미처 반도 보지 못했는데 심장이 찢어지려 하였습니다.

사국(史局)[2]은 임무가 중대하기에 진실로 잠시도 비울 수 없지만, 동료 중에 맡을 사람이 있으면 스스로 대신할 수 있습니다. 그렇기 때문에 예전부터 이 직책에 있던 사람들은 비록 자기 자신의 병만으로도 오히려 노장(露章)을 올려 하소연하여 은혜로운 명을 받고 집에 가서 조리한 경우가 또한 많았습니다. 하물며 신은 어머니와 이별한 지 일 년이나 되었고, 게다가 병환이 심각하다는 소식을 들었으니, 그 정리가 만분(萬分)이나 더 망극(罔極)합니다. 효(孝)로 다스리는 세상에서 마땅히 불쌍하게 여겨져야 할 것입니다. 이에 감히 전하를 번거롭게 하는 죄를 피하지 않고 우러러 절박한 사정을 아룁니다.

삼가 바라건대 성스럽고 자애로우며 천지 부모와도 같은 전하께서는 미천한 마음을 굽어살피시고 특별히 불쌍히 여겨, 신이 맡고 있는 직책을 빨리 교체해 주십시오. 그리하여 신으로 하여금 때에 맞춰 귀성하여 마음을 다해 간호할 수 있게 해 주신다면 천만다행이겠습니다.

서 오장육부의 기능이 약해져 소화나 순환에 장애가 생기는 것이다.

2 사국(史局) : 사관(史官)들이 사초(史草)를 작성하고 실록을 편찬하던 예문관이나 춘추관의 집무실을 가리키는 말이다. 송규렴은 1655년(효종6) 4월 천거로 사국에 들어갔다. 《玉吾齋集 卷15 先府君行狀》

사국의 천거의 일을 진술하여 변론하고 해직을 구하는 소장[3]

병신년(1656, 효종7)

陳辨史薦事 仍乞解職疏 丙申

삼가 아룁니다. 신이 보잘것없는 재능으로 큰 은혜를 받아 벼슬길에 나온 초기부터 곧장 시종(侍從)의 대열에 끼어 근밀(近密)한 자리에 출입하며 전하의 은혜를 입은 지 이미 한 해가 지났습니다. 항상 마음 깊이 감격하며 다만 몸이 가루가 되도록 충성할 것을 기약했는데, 뜻하지 않게 지금 사람들의 무고(誣告)를 심하게 받아 갑자기 임금을 잊고 나라를 저버리는 죄에 빠지게 되었습니다.[4] 신은 진실로 두렵고 떨려 몸둘 곳을 모르겠습니다. 신이 만약 전하를 번거롭게 하고 심기를 어지럽힐까 혐의(嫌疑)하여 끝내 묵묵히 아무 말도 하지 않는다면, 작은 정성을 천지 부모와 같은 전하 앞에 드러낼 수 없으므로, 부득불 만 번 죽기를 무릅쓰고 그 대략의 내용을 간략히 아룁니다.

신은 작년 4월 처음으로 사국(史局)에 들어왔습니다. 7월 중에 봉교

3 사국(史局)의……소장 : 사천(史薦)은 신임 사관(史官)을 뽑을 때 전임자가 후임자를 천거하는 일로, 비천(祕薦)이라고도 한다. 당시 송규렴(宋奎濂)은 예문관 검열(藝文館檢閱)로 있었다.

4 무고(誣告)를……되었습니다 : 사국에서 천거한 일로 홍여하(洪汝河)가 상소하여 송규렴을 비판한 사실을 말한다. 홍여하의 상소문은 《목재집(木齋集)》 권3 〈상번소(上番疏)〉에 전해지는데, 그중에 "거의 사를 따르고 공을 없애며 군주를 잊고 나라를 저버리는 데로 돌아갔다고 하지 않겠습니까.〔不幾於徇私滅公, 而爲忘君負國之歸乎.〕"라고 하였다.

(奉教) 홍여하(洪汝河)[5]가 새로 천거(薦擧)하는 일을 먼저 언급하고, 이어서 정자(正字) 이상진(李象震)[6]이 사국(史局)의 임무에 적합하다고 말하였습니다. 신은 이상진과 평소 한 번도 만나본 적이 없었으나, 일찍이 이 사람이 사론(士論)에 죄를 얻었고 공론(公論)에 비난을 받았다는 말을 들은 적이 있었습니다. 그러므로 들은 내용을 대략 말하였더니 홍여하가 즉각 그만두고 더 이상 거론하지 않았습니다. 그리고는 다시 전 직장(直長) 이원정(李元禎)[7]을 천거하였습니다. 신은 이원정과도 전혀 모르는 사이였습니다. 비록 그 사람의 됨됨이가 어떤지는 알지 못했지만 대단한 결점이 있다는 말도 듣지 못했으니, 어찌 시종 저지하려는 뜻이 있었겠습니까.

다만 사국에서 천거를 논의할 때는 반드시 하번(下番)으로 하여금 주관하게 하는데, 당시 김만균(金萬均)이 말천(末薦)으로서 마땅히 하번이 되어야 함에도 응강(應講)에 나오지 않고 있었습니다.[8] 그러므로

5 홍여하(洪汝河) : 1620~1674. 본관은 부계(缶溪), 자는 백원(百源), 호는 목재(木齋)·산택재(山澤齋)이다. 저서로 《목재집(木齋集)》이 있고, 편서로 《주역구결(周易口訣)》, 《의례고증(儀禮考證)》 등이 있다. 《葛庵集 卷26 通訓大夫司諫院司諫木齋先生洪公行狀》

6 이상진(李象震) : 1626~? 본관은 광주(廣州), 자는 기부(起夫)이다. 조부는 한음(漢陰) 이덕형(李德馨)이고, 아버지는 이덕형의 셋째 아들 이여황(李如璜)이다.

7 이원정(李元禎) : 1622~1680. 본관은 광주, 자는 사징(士徵), 호는 귀암(歸巖), 시호는 문익(文翼)이다. 이도장(李道長)의 아들이며, 정구(鄭逑)의 문인이다. 1680년(숙종6) 이조 판서로 있을 때 경신환국이 일어나 초산(楚山)에 유배 가던 도중 소환되어 장살되었다. 《歸巖集 卷12 附錄 家狀》

8 김만균(金萬均)이……있었습니다 : 김만균(1631~1676)이 사국의 후임자로 응강(應講)에 임하여야 함에도 불구하고 그렇게 하지 않았다는 말이다. 김만균의 본관은

신이 대답하기를 "이원정이 비록 적합한 사람이지만, 의론하여 천거하는 일은 따로 주관하는 자가 있으니, 우리들이 참여하여 맡을 수 있는 일이 아니다. 만약 김만균이 끝내 사국에 들어오지 않고, 의론하여 천거하는 일이 우리에게로 돌아오게 된다면, 임시로 다시 의논하여 치리할 수 있지 않겠는가."라고 하였으니, 이 말은 진실로 천거하여 확정짓자는 말이 아니었습니다.

그후 김만균이 본 사국을 피하여 끝내 응강(應講)을 기약할 수 없었고 그대로 파직되었습니다. 신이 하번(下番)으로서 당연히 새로이 천거하는 일을 주관하게 되었는데, 이무(李堥)[9]의 말을 들으니 전 주서(注書) 여성제(呂聖齊)[10]와 정자(正字) 심재(沈梓)[11]는 신 등이 천거될 때 이무가 상번(上番) 홍주삼(洪柱三)[12]과 의논하여 또한 합의가 되었

광산(光山), 자는 정평(正平), 호는 사휴(思休)·취선(醉仙)·이호(梨湖)이다. 김장생(金長生)의 증손이며 이조 판서 김익희(金益熙)의 아들로서, 당시 매우 빠른 승진이 문제가 되었다. 《제월당집》 권4 〈사국의 일을 논하며 해직을 청하는 상소〔論史局事仍乞解職疏〕〉에 의하면, 김만균은 송규렴의 후배로 사국에 들어와 10일도 안 채우고 이직한 것으로 나온다. 응강은 예문관(藝文館)에 추천될 때 경서의 내용에 대하여 묻고 응답하는 일을 가리킨다.

9 이무(李堥) : 1621~1703. 본관은 전주(全州), 자는 자삼(子三), 호는 낙계(駱溪), 시호는 장정(莊靖)이다. 중종(中宗)과 숙의(淑儀) 이씨(李氏) 사이에서 태어난 덕양군(德陽君) 기(岐)의 현손(玄孫)으로, 남인을 배척하고 서인을 적극 옹호하였다. 《寒水齋集 卷26 知事李公堥墓碣銘 幷序》

10 여성제(呂聖齊) : 1625~1691. 본관은 함양(咸陽), 자는 희천(希天), 호는 운포(雲浦), 시호는 정혜(靖惠)이다. 저서로 《운포집(雲浦集)》이 있다. 소론으로 남인과 대척관계에 있었다. 《西坡集 卷24 領議政雲浦呂公諡狀》

11 심재(沈梓) : 1624~1693. 본관은 청송(青松), 자는 문숙(文叔), 호는 양졸재(養拙齋)이다.

는데, 다만 인원수가 많다는 이유로 우선 후일을 기다리기로 했다고 하였습니다.

이 두 사람은 신이 잘 알고 있었고, 또한 이미 공의(公議)의 인정을 받았기에 신이 다시 홍여하와 함께 서로 대화하면서 "반드시 새 사람을 별도로 천거할 필요는 없으니, 다만 전에 이미 정한 사람으로 하자."라고 하였습니다. 그런데 홍여하는 시종일관 뜻을 바꾸지 않으며 반드시 심재를 버리고 이원정을 쓰고자 하였으니, 그 의도를 사실상 알 수 없었습니다.

신은 다시 "이원정은 우선 다음 천거를 기다려도 늦지 않을 것이다. 이번에는 여성제와 심재 두 사람이 앞선 논의에서 정해졌으니 따르지 않을 수 없다."라고 하였습니다. 이런 주장을 가지고 서로 버티다가 끝내 하나로 결론짓지 못하였습니다. 오늘에 이르러 홍여하가 또다시 이전의 주장을 거듭하고, 신 또한 처음의 견해로 응답하면서 다시 확정짓지 못하고 있던 차에, 홍여하가 갑자기 상소하여 사사로움을 좇아 공의를 버렸다거나 임금을 망각하고 나라를 저버렸다는 등의 말로 함부로 공격하고 배척하기까지 하였습니다.

아, 신이 비록 보잘것없으나 나라를 위하는 정성은 또한 남들에게 뒤지지 않는데, 인재를 얻어 은혜를 갚고자 힘을 다하는 마음을 어찌 유독 홍여하만 갖고 있겠습니까. 신이 반드시 이원정을 버리고 먼저 심재를 취하고자 한 것은 이원정을 불가하다고 여겨서가 아니며 또한 시종 막으려는 뜻도 아니었습니다. 다만, 이미 정해진 사람을 우선하여

12 홍주삼(洪柱三) : 1621～1682. 본관은 풍산(豐山), 자는 정경(鼎卿), 호는 월탄(月灘)이다. 신독재(愼獨齋) 김집(金集)의 문인이다.

공의를 따르고 사국의 천거를 무겁게 하고자 함이었으니, 그 사이에 어찌 털끝만큼이라도 다른 뜻이 있었겠습니까.

심재는 고(故) 정승 심희수(沈喜壽)[13]의 손자이니, 그 가계가 또한 어찌 이원정보다 못하겠습니까. 게다가 전날에 이미 적합한 인물로 인정받은 사림입니다. 사국은 얼마나 중요한 자리이며, 의론하여 천거하는 일은 얼마나 중요한 일입니까. 어찌 같은 고을 사람이며 서로 친하다는 이유로 공론을 돌아보지 않고 홀로 사사로운 뜻에 따라 결연히 행하겠습니까. 하물며 상번과 하번이 의론하여 천거하는 즈음에 논의가 곧바로 하나로 모아지지 않는 것은 상세하게 토론하고 신중하게 하려는 뜻인데, 지레 먼저 임금께 소장을 올려 남의 잘못을 고해바친다는 말은 듣지 못하였습니다.

지금 신이 이렇게 말씀드리는 것도 또한 앞에 나서서 서로 따지는 것입니다만, 이미 무거운 배척을 받아서 형세가 그냥 편안히 있을 수 없기에 대강이나마 사건의 곡절을 말씀드리지 않을 수 없었습니다. 전하를 번거롭게 한 죄는 진실로 피할 길이 없으나, 신처럼 못난 자가 중요한 자리를 차지하고 있어서 이처럼 전에 없던 일이 일어났으니, 어찌 감히 한순간이나마 그대로 무릅쓰고 있겠습니까.

삼가 바라건대 성스럽고 자애로운 전하께서는 서둘러 신의 직책을 거두어 신의 죄를 바로잡고 사국을 안정시키신다면 매우 다행이겠습

13 심희수(沈喜壽) : 1548~1622. 본관은 청송(靑松), 자는 백구(伯懼), 호는 일송(一松)·수뢰루인(水雷累人), 시호는 문정(文貞)이다. 광해군(光海君)이 즉위하며 좌의정에 올랐다. 저서로 《일송집(一松集)》이 있다. 《樊巖集 卷46 大匡輔國崇祿大夫……一松沈公神道碑銘》

니다.[14]

14 신의 직책을……다행이겠습니다 : 사국 천거의 일로 홍여하와 송규렴은 모두 파직되었다. 《효종실록》 7년 1월 3일 기사에 "봉교 홍여하와 검열 송규렴이 파직되었다."라고 하였는데, 그 아래에 "여하 등이 신천(新薦)이 맞지 않는다고 논의하고서 잇따라 사직소를 던지고 나갔다. 정원이 패초할 것을 청하였는데 모두 나오지 않으니, 파직시키라고 명하였다."라고 하여 두 사람이 파직된 이유를 기록하였다.

사국의 일을 논하며 해직을 바라는 소장

論史局事 仍乞解職疏

삼가 아뢰옵니다. 사관(四館)의 인사이동은 반드시 겨울과 여름의 도정(都政) 및 봄가을의 별천(別薦)으로 하고[15] 또한 반드시 선후의 순서대로 차례차례 옮기는 것은 곧 예부터 내려오며 바뀌지 않은 규례입니다. 본관(本館)에 이르러서는 그 규례가 더욱 엄격하여 진실로 차례에 해당되는 사람이 아니면 비록 경력자라 하더라도 감히 차례를 뛰어넘어 6품으로 곧장 나아가는 일이 없습니다. 간혹 다른 직책으로 옮겼더라도 또한 바로 정청(政廳)[16]에 추천장을 올려야 본관으로 다시 돌아올 수 있었던 것은 법례를 준수하고 사국을 중히 여기기 때문입니다. 이러한 규례를 누군들 알지 못하겠습니까.

지금 김만균(金萬均)이 검열(檢閱)로 있다가 춘방(春坊 세자시강원(世子侍講院))으로 옮겨 제수된 지 겨우 며칠이 지났는데, 정조(政曹 이조(吏曹))에서 갑자기 기성(騎省 병조(兵曹))의 낭관(郎官)에 의망(擬望)하여

15 사관(四館)의……하고 : 사관은 조선 시대에 교육과 문예를 담당하던 성균관(成均館)·예문관(藝文館)·승문원(承文院)·교서관(校書館)을 아울러 일컫는 말이다. 여기에서 거론되는 사국(史局)은 예문관이다. 거관(去官)은 임기가 차거나 기타의 사유로 그 벼슬을 떠나 다른 관직으로 옮기는 일을 가리킨다. 도정(都政)은 도목정사(都目政事)의 준말로, 정기적으로 매년 음력 6월과 섣달에 인사고과를 통해 승진시키거나 좌천시키는 일이며, 별천(別薦)은 필요에 따라 별도로 관리를 천거하는 일을 가리킨다.

16 정청(政廳) : 조선 시대 이조(吏曹)나 병조(兵曹)의 관리가 정사(政事)를 보던 곳으로, 인사이동이나 인사추천 등이 주된 업무이다.

전하의 낙점을 받기까지 하였습니다.[17] 이는 전에 일찍이 없던 일로, 신은 진실로 그 까닭을 모르겠습니다. 김만균은 새로 사국(史局)에 들어와 열흘도 채우지 못하였으니, 경력이 쌓인 사람도 아니므로 원래 승진에 급급할 일도 없습니다. 더구나 신이 비록 지극히 보잘것없지만 지위가 앞에 있고 이제 우료(右僚)의 자리에 더해졌는데, 김만균이 옛 규례에도 없는 일을 제멋대로 함부로 하고 있으니, 법례를 살펴보고 국정의 본질을 참고해 볼 때 어찌 이런 이치가 있을 수 있겠습니까. 신은 가만히 괴이하게 여깁니다.

사국의 임무는 비록 청선(淸選)[18]이라 칭하지만, 담당하는 일은 무겁고 벼슬살이는 괴로우니, 또한 다른 여러 관직과 비교가 되지 않습니다. 그렇기 때문에 이 임무를 맡은 사람은 모두 빨리 면직되기를 생각합니다. 만약 그 명예만 잠깐 누리고 옆길로 곧장 빠져 나간다면, 이와 같은 일을 누가 오랫동안 그 자리에 머물면서 홀로 그 고통을 담당하려

17 김만균(金萬均)이……하였습니다 : 김만균의 승진이 매우 빠른 정황을 말한 것이다. 김만균의 본관은 광산(光山), 자는 정평(正平), 호는 사휴(思休)·취선(醉仙)·이호(梨湖)이다. 《효종실록》 5년 11월 8일 기사에 "사국에서 김만균을 의논하여 추천하였는데, 이조가 오랜 규례를 따르지 않고 6품직에 승출(陞出)시켰으니 매우 불가하다. 또 만균은 출신한 지 반년 밖에 안 되었는데 이렇게 갑자기 승진시켰다."라고 하였다. 낭관(郞官)은 조선 시대 육조(六曹)의 5품과 6품관인 정랑(正郞)과 좌랑(佐郞)을 가리킨다. 특히 이조와 병조의 낭관은 전랑(銓郞)이라 하여, 관리의 인사전형(人事銓衡)에 관여하는 주요 보직이었다.

18 청선(淸選) : 청환(淸宦)이나 청요(淸要)와 유사한 말로, 학식이나 인품이 높아 선비들의 존경을 받는 이들이 임명되는 자리를 말한다. 규장각(奎章閣)·홍문관(弘文館) 등으로, 대개 지위는 낮으나 명예로운 자리로 여겨졌고, 훗날 높은 자리에 오르기가 수월한 곳이다.

하겠습니까. 이런 길이 한번 열리면 뒷날의 폐단이 끝없이 발생할 것이니 진실로 작은 일이 아닙니다. 이조(吏曹)의 많은 관리들이 그 불가함을 알지 못하는 게 아닌데도 끝내 이와 같이 하였으니 더욱 안타깝습니다.

이것은 신처럼 못난 사람이 차지해서는 안 될 자리에 오랫동안 있으면서 있으나 마나 한 소치로서 이전에 없던 해괴한 일이 진실로 신의 몸에서 시작된 것입니다. 신이 어찌 감히 얼굴을 들고 그대로 자리를 지키면서 맑은 조정의 관리의 기강을 무너뜨리겠습니까. 삼가 바라건대 성스럽고 밝은 전하께서는 서둘러 신의 직책을 파하여 신의 죄를 다스려 주신다면 매우 다행이겠습니다.

지평을 사직하는 소장 임인년(1662, 현종3)

辭持平疏 壬寅

삼가 아룁니다. 신은 이번 달 24일에 삼가 승정원(承政院)의 성첩(成貼) 유지(有旨)를 받았는데, 신을 사헌부 지평(司憲府持平)으로 삼으니 속히 역말을 타고 올라오라는 것이었습니다. 신은 명을 듣고 두려워하다가 병든 몸을 애써 일으켜 공손히 받들었습니다. 영화가 가난한 신의 집에 생겨나고 빛이 작은 마을에 움직이니, 조심스럽고 두려우며 감격스러워 보답하려고 해도 길이 없었습니다.

아, 신하된 자가 임금의 명령이 문에 이르렀는데도 굳게 누워 일어나지 않는 것이 어찌 마음에 편안하고 분수에 감히 할 수 있는 일이겠습니까. 다만 신의 형편과 병세가 스스로의 힘으로는 부르심에 나아갈 가망이 전혀 없으므로, 전하의 위엄을 범하고 우러러 개인적인 어려움을 드러내지 않을 수 없으니, 신의 죄는 만 번 죽어도 마땅합니다.

신은 들으니 사람이 비록 지극히 어리석어도 각자 스스로를 아는 밝음이 있다고 합니다. 신은 본래 비루하고 용렬하며 추하고 변변하지 못하여 백 가지 중에 볼만한 것이 하나도 없으니, 다만 인원수나 채우는 한가한 자리에서 위로는 나라의 은혜에 보답하고 아래로는 딸린 식구나 기르기를 바랄 뿐입니다. 청반(淸班)이나 명환(名宦)은 본래 꿈에서도 기약한 바가 아니었는데, 외람되이 전하의 큰 은혜를 입어 높고 중요한 직위를 두루 거치며 안팎으로 능력을 시험했으나, 조그마한 공로도 바치지 못한 채 온갖 재앙이 모두 모이고 죄가 산처럼 쌓여 앞뒤로 넘어지고 좌우로 자빠졌습니다. 이렇게 된 것은 모두 신이 제 분수도 헤아리지 못하고 차지해서는 안 될 자리를 잘못 맡은 결과입니다. 비록 하늘이 덮어 주는 것과도 같은 전하의 아량으로 더러운 것을 받아들이고 나쁜 것을 감추어 주셔서[19] 한가로이 자유롭게 지내면서 털끝만큼의 견책도 받지 않을 수 있었지만, 신이 평소 삼가고 두려워함은 어찌 마음에서 조금이라도 풀어질 수 있겠습니까.

무릇 작은 그릇은 쉽게 차고, 차면 넘치고, 넘치면 기울고, 기울면 망치는 것이니, 이것은 필연의 이치입니다. 지금 신의 기량(器量)은 이미 찼고 분수는 이미 넘치는데, 만약 다시 전하의 은총을 탐하여 무릅쓰고 나가기를 그치지 않는다면, 맑은 조정의 수치가 되고 관직의 오점이 될 것은 일단 말할 겨를도 없습니다. 아마도 비천한 자가 수레를 타는 재앙[20]과 국그릇이 엎어지는 화(禍)[21]가 이루 말할 수 없을

19 더러운……주셔서 : 《춘추좌씨전》 선공(宣公) 15년 기사에 "천택은 더러운 것을 받아들이고, 산의 숲은 악물을 감추어 주고, 아름다운 옥은 흠결을 숨겨 간직하고, 나라의 임금은 더러운 것을 포용하나니, 이것이 바로 하늘의 도이다.〔川澤納汚, 山藪藏疾, 瑾瑜匿瑕, 國君含垢, 天之道也.〕"라고 하였는데, 이는 도량이 넓어서 온갖 것을 모두 포용하는 것을 비유한다.

20 비천한……재앙 : 부승지재(負乘之災)는 자격 없는 사람이 과분하게 높은 지위를 차지하여 얻는 재앙을 의미한다. 《주역》 〈해괘(解卦) 육삼(六三)〉의 "지고 있어야 하는데도 타고 있는지라 도적이 오게 하니, 곧더라도 부끄러우리라.〔負且乘, 致寇至, 貞, 吝.〕"라고 한 데서 유래하였다.

21 국그릇이 엎어지는 화(禍) : 복갱(覆羹)은 국을 엎지른다는 뜻으로, 남의 질시를 받아 괴롭힘을 당함을 말한다. 한유의 〈송궁문(送窮文)〉에 지궁(智窮)·학궁(學窮)·문궁(文窮)·명궁(命窮)·교궁(交窮)의 다섯 궁귀(窮鬼)가 자신을 괴롭히는 행위를 지적하며 "다섯이 각기 주장한 바가 있고 사사로이 이름자를 세워서, 내 손을 비틀어 뜨거운 국을 엎지르게 하고 목청을 돋우었다 하면 남의 기휘를 저촉하게 하였다. 그리하여 나로 하여금 면목을 가증스럽게 하고 언어를 무미건조하게 한 것은 모두 그대들의

정도로 더욱 늘어날까 두렵습니다.

게다가 신이 일찍이 이 직책을 맡았으나, 맡은 직무를 다하지 못하여 마침내 공의(公議)의 논박을 받았으니, 신은 이미 시험해서 쓸모없는 사람으로 밝혀진 것입니다. 어찌 다시 과분한 은혜를 받아 죄를 더하겠습니까.

한편 신은 품부(稟賦)한 것이 가장 부족합니다. 질병이 일찍부터 몸에 붙어서 여위고 기운이 꺾여 보통 사람과 같지 않았는데, 수년 이래로는 더욱 병이 깊어졌습니다. 금년 여름에 이르러서는 마침 외국의 사신이 올 때 낭청(郎廳)의 임무를 맡아[22] 한여름의 장마를 무릅쓰고 한 달여 동안 직무를 수행하며 달려다녔습니다. 고향으로 돌아온 뒤에 오래 앓았던 담증(痰症)과 화증(火症)이 피로가 쌓인 나머지 도졌는데, 제대로 치료하지 못하여 갈수록 심해지니 약을 먹고 침을 놓고 뜸을 떠도 효과를 보지 못하였습니다. 지금은 위태로운 조짐이 여러 가지로 발생하여 전혀 먹고 마시지 못하니, 몸의 원기가 다 없어지고 살이 다 빠졌습니다. 병석에 누워 돌아누울 때에도 다른 사람의 도움이 필요하며, 숨도 얼마 남지 않아서 아침저녁을 보장할 수 없습니다. 비록 지척에 있는 방의 문까지도 몸을 일으켜 걸음을 걷기 어려운데, 추위를 무릅쓰고 먼 길을 가서 궁궐에 달려가기를 어찌 바라겠습니까.

돌아보건대 신의 병세는 하루아침에 우연히 일어난 증세가 아니어

뜻이다.〔各有主張, 私立名字, 捩手覆羹, 轉喉觸諱. 凡所以使吾面目可憎, 語言無味者, 皆子之志也.〕"라고 하였다. 《古文眞寶 後集 卷3》

22 마침……맡아 : 1662년(현종3) 5월에 청나라의 사신이 조선에 왔을 때 송규렴은 비변사의 낭청으로 재직 중이었다.

서 열흘이나 달포 사이에는 회복할 가망이 전혀 없습니다. 풍헌(風憲)[23]은 중요한 자리인데, 어찌 헛되이 직명(職名)만 차지하고 직무를 소홀히 하는 죄[24]를 부르겠습니까.

삼가 바라건대 성스럽고 자애로운 전하께서는 천지의 부모와도 같으니, 신의 비루한 자질이 전혀 그 자리에 적합하지 않음을 알고, 신의 고질병이 전혀 어찌할 수 없다는 것을 살펴 주십시오. 그리하여 신에게 더해진 직책을 서둘러 교체하여 관직을 소중하게 하고 미천한 분수를 편안하게 하신다면 천만다행이겠습니다.

23 풍헌(風憲) : 풍화(風化)와 헌장(憲章)이라는 말로, 조직과 사회의 기강, 사상, 분위기, 관습을 지칭하는 말이다. 조선에서는 보통 사헌부의 관원을 풍헌, 풍헌관이라고 하였는데, 송규렴이 사헌부 지평(司憲府持平)을 사직하는 소장이므로, 여기서는 지평을 가리키는 말로 사용되었다.

24 직무를……죄 : 환광(瘝曠)은 관리가 병을 핑계로 공무를 잘 살피지 않는 것을 말한다.

부수찬을 사직하는 소장 을사년(1665, 현종6)

辭副修撰疏 乙巳

삼가 아룁니다. 신은 이번 달 11일에 삼가 승정원(承政院)의 성첩(成貼) 유지(有旨)를 받았는데, 신을 홍문관 부수찬(弘文館副修撰)으로 삼으니 역말을 타고 속히 올라오라는 것이었습니다. 신이 병든 몸을 무릅쓰고 공손히 받들자, 영화가 가난한 저희 집에 생겨나고 빛이 작은 마을에 움직이니, 은혜를 입고 감격하여 스스로 돌아보며 정신을 차릴 수 없었습니다.

아, 이것이 어떠한 관직이며, 신은 또 얼마나 보잘것없는 사람입니까. 이렇게 중요한 직책에 신을 임명하시니, 한 번으로도 이미 잘못되었는데 다시 할 수 있겠습니까. 신이 지난 해 분에 넘치게도 이 직책을 받았을 때 외람되이 사직하는 소장을 올려 개인적인 사정을 드러냈는데, 오직 공론(公論)이 두렵다는 이유로, 다만 염치가 있으니 무릅쓰고 나갈 수 없는 형세만을 말하고 합당하지 못한 정상(情狀)에 이르러서는 일일이 다 말씀드리지 못했습니다. 그리하여 만약 애당초 다른 사람들의 말이 없다면 명을 받들어 맡을 수 있을 것처럼 하였으니, 지금 생각해 보면 부끄러움이 더욱 더합니다.

아, 보잘것없는 신은 보통의 직무도 오히려 또한 감당하지 못하여 스스로 죄를 부른 것이 지금까지 한두 번이 아닙니다. 하물며 이번 경악(經幄)[25]의 임무는 어찌 만분의 하나라도 비슷한 것이 있겠습니까.

25 경악(經幄) : 조선 시대 신하가 국왕에게 유학의 경서나 역사서를 강론하는 일이

대개 그 지위가 맑고 절실하며 맡은 일이 높고 중요함은 진실로 다른 관직들과 비할 바가 아닙니다. 임금의 덕을 성취하려면 성심으로 임금을 보좌하고[26] 학문을 토론하는[27] 보탬이 있어야 하고, 시정(時政)을 바로잡으려면 임금께 간하고[28] 잘잘못을 드러내는[29] 책임이 있어야 합니다. 무릇 계책을 돕는 일과 사명(辭命)을 다듬어 완성하는 일이 중요하지 않은 것이 없습니다. 대저 이와 같기 때문에 나라를 세운 이래로 그 직책의 선발을 가장 신중하게 하였습니다. 스스로 재주와 학문이 모두 뛰어나고 명망과 실상이 모두 높아 흡족하게 여론의 인정을 받는 사람이 아니라면, 이 자리를 차지하는 것이 마땅하지 않습니다.

하물며 지금 전하께서 막 건강을 회복하여 법연(法筵)[30]이 빈번히 열리고 있으니, 인도하는 책임이 오로지 유신(儒臣)에게 달려 있습니

나 그것을 행하는 자리로, 경연(經筵)이라고 한다.

26 성심으로 임금을 보좌하고 : 계옥(啓沃)은 온 마음을 기울여 임금을 인도하여 올바르게 보좌하는 것을 말한다. 은(殷)나라 고종(高宗)이 재상 부열(傅說)에게 "네 마음을 열어 내 마음에 대도록 하라.〔啓乃心, 沃朕心.〕"라고 한 말에서 유래하였다. 《書經 說命上》

27 학문을 토론하는 : 논사(論思)는 논담(論談)과 사려(思慮)를 줄여 쓴 말이다. 학문이나 사물에 대해 토론하고 깊이 생각하는 일을 뜻하는데, 흔히 임금이 학사(學士)나 중신(重臣)들과 학문을 토론하는 일을 말한다.

28 임금께 간하고 : 헌체(獻替)는 헌가체부(獻可替否)의 준말로, 신하가 임금에게 옳은 일을 권하고 옳지 않은 일을 못하게 한다는 뜻인데, 임금에게 간언하거나 국사를 논의함을 이른다. 《春秋左氏傳 昭公20年》

29 잘잘못을 드러내는 : 자거(刺擧)는 관리의 비위를 조사하여 들춰내거나 고발하여 바로잡는다는 뜻으로, 간악한 자를 검거하고 공이 있는 자를 천거하는 것을 말한다.

30 법연(法筵) : 임금이 예식을 갖추고 덕망과 학식이 있는 신하를 불러서 도(道)를 강설(講說)하게 하는 자리를 말한다.

다. 신처럼 허술하고 거칠어 백 가지 중에 하나도 잘하는 것이 없는 자가 어찌 그 사이에 끼어들어 사방의 비웃음과 손가락질을 초래하여 조정에 수치를 끼칠 수 있겠습니까. 신이 그 자리에 적합하지 않음은 저 스스로 이미 분명하게 알고 있으니, 비록 사람들의 말이 없더라도 진실로 마땅히 지체 없이 물러나야 합니다. 하물며 공론(公論)이 지극히 엄중한데, 어찌 염치를 돌아보지 않고 무턱대고 나아가서 그 죄를 무겁게 하겠습니까.

한편 신은 이러한 사정 외에도 실로 스스로 힘쓰기 어려운 병상(病狀)이 있습니다. 비록 매우 분수에 지나치고 외람되지만, 아울러 전하를 번거롭게 하여 성스럽고 명철하신 전하께서 불쌍히 여겨 주시기를 바라지 않을 수 없습니다. 신은 타고난 자질이 가장 못나서 질병이 일찍부터 따라다녔으니, 수척하고 초췌한 실상은 진실로 사람들이 다 같이 아는 바입니다. 죽을 때까지 몸조리를 해도 부족하고 단 하루 몸을 상하더라도 지나침이 있으니, 평소에 늘 조심하면서 언제 죽을지 모르는 사람이라고 여겼습니다.

금년 여름에는 전에 없이 더워 평소 앓던 담으로 생긴 멍울의 증상이 오랫동안 몸을 상한 나머지에 도졌는데, 제대로 치료하지 못해 점점 위급한 지경이 되었습니다. 약을 먹고 침과 뜸으로 치료해도 모두 효과를 보지 못한 채 여러 달을 지냈으니, 죽음과 이웃이 되었습니다. 최근에는 또 설사병에 걸려 곱절이나 기력이 다하고 위급한 조짐이 갖가지로 나타나고 있습니다. 전혀 먹고 마시지 못하여 원기가 다 사라지고 정신도 오락가락합니다. 조금이라도 움직이려면 가슴이 답답하여 숨을 쉴 수 없습니다. 잠깐이라도 더위를 만나면 담덩어리가 올라와 숨을 막고 현기증으로 쓰러져 목숨이 끊어질 듯하니, 비록 매우 가까운 곳이라도 말을 타고 갈 수가 없습니다. 오히려 어찌 더위를 무릅쓰고 먼 길을 가서 궁궐에 달려가기를 바라겠습니까.

돌아보건대 신의 병상(病狀)은 하루아침에 우연히 발생한 증세가 아니므로 가까운 시일 내에 회복되기를 기약하기 어려운데, 경연(經筵)은 중요한 자리이므로 오래 비워둘 수 없습니다. 삼가 바라건대 성스럽고 자애로운 전하께서는 천지 부모이니, 신의 비루한 자질은 불러들여 쓰기에 합당하지 않음을 알고 신의 고질병은 일을 시키기 어려움을 살펴 주십시오. 그리하여 신에게 새로 내린 직명(職名)을 서둘러 고쳐 관직을 무겁게 하고 미천한 분수를 편안하게 하신다면 천만다행이겠습니다.

수찬을 사직하는 소장 병오년(1666, 현종7)

辭修撰疏 丙午

삼가 아룁니다. 신은 분수가 이미 넘쳐 재앙이 끊임없이 이르렀습니다. 나이가 40도 되기 전에 질병이 계속 이어져 이미 10년이 지났으며, 아침저녁으로 죽기만 기다린 것도 반년이 되었습니다. 게다가 나이 70이 넘은 노모(老母)가 온갖 병을 앓고 있어 누워 있는 시간은 길고 일어나 있는 시간은 짧으니, 이것이 어찌 자식으로서 멀리 떠날 수 있는 때이겠습니까.

신은 지난가을 이후로 누차 직명(職名)을 받았으나 모두 병을 이유로 사직하였습니다. 그때마다 전하께서 불쌍히 여겨 허락해 주셨으므로 시골집에 물러나 쉬면서 남은 목숨을 보존하여 어미와 자식이 서로 돌보며 밤낮으로 감사했으니, 가을터럭처럼 작은 것까지도 다 성스럽고 자애로우신 전하의 덕택입니다. 그런데 뜻밖에 지금 새로운 명령이 또 내려왔으니, 성스럽고 명철하신 전하께서 어리석은 신에게 취할 것이 무엇이기에 전후로 이렇게 지나친 은혜가 거듭되는지 모르겠습니다. 신은 진실로 감격하면서도 두렵고 당혹스러워 몸둘 곳을 알지 못하겠습니다.

신이 쇠잔하고 불치의 병에 걸린 상황은 전에 이미 전하께 여러 차례 말씀드렸으므로 지금 감히 다시 전하를 번거롭게 해드리지 않겠습니다. 그런데 신이 가을과 겨울 이래로 거듭 죽을병에 걸려 문득 위급한 지경에 이르러서 여러 달이 지나도록 오랫동안 병석에 누워 있었습니다. 또 올해 초부터는 평소 앓고 있던 담증(痰症)과 산증(疝症)이 때를 틈타 번갈아 도져서 원기가 날로 허약하고 정력이 이미 다 떨어졌습니다. 신이 비록 죽기를 각오하고 전하의 명령에 따라 오로지 길 위에 쓰러지기를 기약하고자 하나, 지금의 근력으로는 몸을 일으켜 앞으로 나갈 형편이 전혀 없으므로 궁궐을 바라보며 눈물만 흘리고 있습니다.

이뿐만이 아닙니다. 노모도 오랫동안 병을 앓았는데, 최근 몇 년 이래 더욱 늙고 쇠약해졌습니다. 새해가 되기 전부터 평소 앓고 있던 허로증(虛勞症)[31]이 추위를 틈타 다시 도져서 이미 두 달이 지나도록 한결같이 위태로우니, 자식의 정리로 볼 때 어찌 차마 두고 떠나겠습니까. 옛사람이 이른바 "임금을 섬길 날은 길고 어버이를 섬길 날은 짧다."[32]라고 한 것은 바로 오늘날 신을 위한 말입니다.

한편 신의 답답하고 절박한 사정과 형세는 유독 질병과 우환이 빌미가 될 뿐만이 아닙니다. 전에 비록 대략 사사로운 속내를 토로하여 전하께 말씀드렸습니다만, 아직 살펴 주시지 않아 문득 부질없는 사양으로 귀결되었습니다. 어쩌면 신이 오히려 보잘것없는 실상을 통렬히 말씀드리지 않았기 때문에 성스럽고 명철하신 전하께서 혹시라도 책임을 맡기고 부릴 수 있는 반열에 놓을 수 있다고 여기신 것이 아니겠습니까. 신은 청컨대 다 말씀드리지 못했던 마음을 다시 다 말씀드려서 성스럽고 명철하신 전하께서 살펴 주시기를 바라겠습니다.

무릇 경연(經筵)의 직책은 여러 다른 관직과는 다릅니다. 위로는

31 허로증(虛勞症) : 몸이 쇠진한 증상이다. 이 병은 세간에서 일컫는 '몸이 허하다'는 말과 연관된 증상이다. 17쪽 각주1 참조.

32 임금을……짧다 : 진(晉)나라 이밀(李密)의 〈진정표(陳情表)〉에 "제가 폐하에게 절의를 다 바칠 날은 길고, 조모 유씨의 은혜에 보답할 날은 짧습니다.〔臣盡節於陛下之日長, 報劉之日短也.〕"라고 하였다.

임금의 덕을 성취하는 일과 아래로는 시정(時政)의 득실(得失)도 그의 책임이 아닌 것이 없으며, 일체의 문장을 짓는 일[33]까지도 그의 일이 아닌 것이 없으니, 그 임무의 막중함이 과연 어떠합니까.

신이 비록 경서를 외우는 것으로 요행히 과거에 급제했으나, 다만 입으로 말하고 귀로 듣는 자료가 되었을 뿐이지 전혀 탐색하고 토론하는 공부가 없었습니다. 벼슬길에 나온 뒤로는 곧바로 팽개쳐서 입으로 읽고 풀어서 설명하는 것조차도 또한 모두 까맣게 잊었습니다. 그러니 경전의 본뜻을 강론하고 문장의 뜻을 드러내서 전하의 학문을 도울 수 있겠습니까. 이것이 신이 그 직책에 적합하지 못한 첫 번째 이유입니다.

신은 타고난 성품이 어둡고 어리석어 전혀 아는 것이 없습니다. 비록 일상의 평범한 일도 오히려 이로움과 해로움의 소재를 알지 못하니, 옳고 그름을 따지는 대열에서 득실을 지적하여 시정을 도울 수 있겠습니까. 이것이 신이 그 직책에 적합하지 못한 두 번째 이유입니다.

입으로만 외우는 학업은 글을 짓는 일에 가장 해롭습니다. 게다가 본성이 본래 둔하고 굼떠서 몽당 빗자루나 마찬가지입니다. 문장을 짓는 재주에는 전혀 밝지 못하여 비록 친구들 사이에 오고가는 편지라도 또한 거칠고 난삽하여 군색한 꼴이 여기저기 나올까 걱정하는 지경입니다. 그러니 갑작스러운 일에 대응하고 다급한 일에 부응하여 사명(辭命)을 윤색(潤色)하지 못할 것이 또한 분명합니다. 이것이 신이 그 직책에 적합하지 못한 세 번째 이유입니다.

33 문장을 짓는 일 : 홍문관은 궁중의 경서(經書)나 사적(史籍)의 관리, 문한(文翰)의 처리 및 왕의 자문에 응하는 일을 맡았다. 그리고 대외문서의 제작이나 임금의 말을 문서로 작성하여 전달하는 일을 담당하였기에 이렇게 말한 것이다.

두루 돌이켜서 스스로 반성해 보지만 백에 하나도 적합한 것이 없으니, 비록 다른 사람의 말이 없었더라도 지체 없이 물러나는 것이 마땅합니다. 하물며 감히 귀를 늘어뜨리고[34] 무릅쓰고 나가서 맑은 조정에 흠이 되는 짓을 하겠습니까.

신은 일찍이 들으니 옛날 선조대왕 때에 선정신(先正臣) 이이(李珥)가 이조 판서가 되었는데,[35] 정언(正言) 김권(金權)[36]이 홍록(弘錄)[37]에 선출된 무리 중에 외설스럽고 잡스러운 사람이 있다고 하여 정리하려는 논의[38]를 일으키려고 했습니다. 그러자 이이가 말하기를 "이와 같이 한다면 남은 사람들 가운데 아까운 사람들이 다 장차 불안하게 될 것이

34 귀를 늘어뜨리고 : 첩이(帖耳)는 마치 개가 꼬리를 흔들며 주인을 따르듯이 군중의 환심을 사기 위해 비굴하게 아첨하는 것을 말한다. 한유(韓愈)의 〈응과목여시인서(應科目與時人書)〉에 "머리를 조아리고 귀를 늘어뜨린 채 꼬리를 흔들며 애걸하는 것은 나의 뜻이 아니다.〔若俛首帖耳, 搖尾而乞憐者, 非我之志也.〕"라고 하였다. 여기서는 귀를 막고 남들의 말을 듣지 않는다는 의미로 사용되었다.

35 이이(李珥)가……되었는데 : 이이(1536~1584)의 본관은 덕수(德水), 자는 숙헌(叔獻), 호는 율곡(栗谷)·석담(石潭)이다. 1582년(선조15)에 이조 판서에 임명되었다. 《宣祖修正實錄 15年 1月 1日》

36 김권(金權) : 1549~1622. 본관은 청풍(淸風), 자는 이중(而中), 호는 졸탄(拙灘)이다. 1582년 사간원 정언에 임명되었다. 1585년 사간원 헌납으로 재임 중에 이이를 비난하는 정여립(鄭汝立)을 논박하다가 파직되었다.

37 홍록(弘錄) : 홍문록(弘文錄)으로, 홍문관의 교리(校理), 수찬(修撰)을 선임(選任)하는 기록을 말한다. 교리, 수찬의 선임은 7품 이하의 홍문관 관원이 방목(榜目)을 조사하여 피선될 만한 자를 뽑고, 홍문관 부제학(弘文館副提學) 이하 응교(應敎) 등이 여기에 원점(圓點)을 붙이게 하여 이 원점 하나를 1점으로 가산하여 득점순으로 후보자를 선출한다. 관록(館錄), 본관록(本館錄)이라고도 한다.

38 정리하려는 논의 : 징태(澄汰)는 더러움을 깨끗하게 씻어버리거나 잘못된 법을 없애버린다는 뜻으로, 무능한 관리를 정리한다는 의미로 사용되기도 한다.

니, 그대로 그 기록을 보존하여 취할 것은 취하고 버릴 것은 버려서 쓰느니만 못하다."라고 하면서 논의를 그만두도록 권하였습니다. 그러나 지적을 받은 무리들은 끝내 주의(注擬)하는 사이에 거론하지 않았다고 합니다.

비록 신이 직접 눈으로 본 일을 가지고 말하더라도, 일찍이 선대의 조정에서 홍문록(弘文錄)에 들었지만 다른 사람에게 탄핵을 받은 자가 있으면, 비록 홍문록에서 삭제하지는 않더라도 끝내 그 직책에 임명하지는 않았습니다. 이것이 어찌 임금이 아랫사람의 형편을 체득하는 도리는 예(禮)로 부림을 귀하게 여기고, 조정에서 선비를 대우하는 의리는 염치를 크게 여겨 속박하거나 몰아쳐서 함부로 부리지 못하는 것이 아니겠습니까. 이것은 다만 오늘날 조정의 신하들이 모두 아는 것일 뿐만 아니라, 혹 성스럽고 명철하신 전하께서도 이미 들으셨을 것입니다.

지금 신이 받은 비난은 일어나려다가 다시 멈추는 정도에 그치지 않는데, 유독 속박(束縛)[39]을 더하여 구차하게 수록(收錄)하려는 것이 과연 신하의 형편을 체득하고 염치를 독려하는 도리이겠습니까. 신은 이에 가만히 개탄을 이기지 못하겠습니다. 신의 보잘것없음은 진실로 다른 사람과 나란히 거론할 수 없습니다. 그러나 구구한 뜻은 일찍이 사대부로서 스스로 기약하고 염치와 의리로 스스로 힘쓰지 아니한 적이 없었습니다. 그러니 사퇴를 허락하여 평소의 정성을 이루게 하시는 것이 어찌 성스러운 시대의 아름다운 일이 아니겠습니까.

39 속박(束縛) : 기미(羈縻)는 굴레와 고삐라는 뜻으로, 다른 사람을 속박하거나 견제(牽制)함을 비유적으로 이르는 말이다.

신은 대대로 녹을 먹는 집에서 태어났으니, 본래 명리(名利)를 초월하여 고아하게 행동하는 무리가 아닙니다. 과거에 급제하여 나라의 은혜를 두터이 입었으므로, 오직 견마(犬馬)의 수고를 다하여 물방울과 티끌처럼 작은 보답이라도 하려는 것이 곧 평소 마음에 쌓아 둔 것입니다. 만약 분수에 감당할 수 있고 의리에 해로움이 없다면, 또한 어찌 반드시 전하의 위엄을 여러 차례 범하면서 입에 단내가 나도록 애달프게 하소연하여 두 번 세 번에 이르도록 스스로 그칠 줄을 알지 못하겠습니까.

신은 들으니 천지가 만물을 화육(化育)함에도 능히 그 본성을 바꾸지 못하고, 성인이 사람들에게 대처함에 있어서도 일찍이 그 뜻을 구부리지 않는다고 합니다. 지금 신의 옹졸한 신조는 이미 마음에 본디 정한 것이 있습니다. 차라리 은혜를 저버리고 견책(譴責)을 받는 귀결이 될지언정 차마 염치를 잃는 사람이 될 수는 없으며, 차라리 도끼 아래 엎드려 죽을지언정 차마 지키던 지조를 바꾸지는 못하겠습니다. 신이 지난 번 소장에서 "죽어도 감히 나아갈 수 없습니다."라고 했던 것은 실로 참된 마음에서 나왔으니, 어찌 형식만 갖춘 것일 뿐이었겠습니까.

삼가 바라건대 성스럽고 자애로운 전하께서는 여러 차례 소명(召命)을 어긴 신의 죄를 먼저 다스리고, 신의 직명(職名)을 서둘러 깎아 주십시오. 그리고 이조(吏曹)에 지시하여 영원히 천거하지 말게 하신다면, 오직 미천한 신의 다행일 뿐만이 아니라 또한 성스러운 조정에서 세상 사람을 격려하고 우둔한 자를 단련시키는 방도에 도움이 될 것입니다. 신은 마음이 절박하고 형편이 다급하여 말에 조리가 없으니, 지극히 황송하고 두려운 마음을 견딜 수 없습니다.

스승[40]을 대신하여 진정하는 소장

代函丈陳情疏

삼가 아룁니다. 신이 지난 해 벼슬에서 물러나 고향으로 돌아온 뒤에 여러 차례 전하의 부름을 받았는데, 전하의 명령이 매우 간절하고 두터운 은혜가 남달라서 갈수록 더욱 지극하셨습니다. 그러나 신의 쇠약함과 질병이 날로 더 심해져서 근력(筋力)이 이미 다 떨어졌습니다. 다시 조정에 나아갈 가망이 없으니, 끝내 전하의 은혜로운 명령을 저버리는 결과를 면할 길이 없습니다. 비록 전하의 성스러운 도량으로 포용해 주셔서 처벌을 받지는 않았으나, 신이 평소 두려워하고 삼가는 마음은 어찌 일찍이 조금이라도 해이할 수 있겠습니까. 더욱이 지금은 전하와 중전마마께서 멀리 온천(溫泉)에 오셔서[41] 내외의 신민(臣民)들이 앞뒤로 분주히 주선하며 감히 편안할 겨를이 없습니다. 전하를 향한 신의 변변치 않은 정성으로 길가에서 영접하여 배알(拜謁)하고 행궁(行宮)에서 지내면서 신하의 직분과 의리를 펴고자

40 스승 : 함장(函丈)은 스승이나 장자(長者)가 앉는 자리를 뜻하는 말로, 함연(函筵)이라고도 한다. 제자가 스승의 자리와 한 길〔一丈〕의 거리를 둔 것에서 유래하였다. 《예기》 〈곡례 상(曲禮上)〉에 "만일 음식 대접이나 하려고 청한 손이 아니거든, 자리를 펼 때에 자리와 자리의 사이를 한 길 정도가 되게 한다.〔若非飮食之客, 則布席, 席間函丈.〕"라고 하였다. 송규렴은 송준길(宋浚吉), 송시열(宋時烈)에게서 배웠는데, 내용으로 볼 때 이 글은 송시열을 대신해서 작성한 것으로 보인다.

41 온천(溫泉)에 오셔서 : 《현종실록》 6년 4월 17일 기사에 "왕이 온양 온천에 거둥했다."라는 기록이 있다.

하는 마음이야 어찌 끝이 있겠습니까. 다만 신의 사정과 형편이 실로 너무도 답답하고 위축되어 무릅쓰고 나아갈 수 없는 점이 있습니다.

신이 복제(服制)에 대한 논의[42]에서 함부로 천박한 견해로 논의를 펼쳤다가 사람들이 탐탁찮게 여겨서 나라 안의 말이 그치지 않고 있습니다. 지금 또 영남 선비들의 상소가 8년이나 지난 시점에서 나왔는데, 그 내용 가운데 지적하고 탓하며 따지는 것들이 신하로서 차마 들을 수 없는 것이 있으니, 윤리와 기강을 뒤바꾸고 선왕을 욕되게 한 죄는 실로 신에게 해당됩니다. 사가(私家)에 거적을 깔고 앉아 공손히 형벌을 기다리고 있었는데, 뜻밖에 하늘이 밝게 살피시고 성스럽고 자애로운 전하께서 곡진히 덮어 주셔서 헤아릴 수 없이 깊은 연못에서 건져 평지 위에 놓아주셨습니다. 게다가 근시(近侍)를 보내 별유(別諭)로 신을 부르셨는데, 조서(詔書)[43]에서 말씀하신 뜻이 후하고 극진하시니, 어리석은 신이 어떻게 성스럽고 명철하신 전하께 이런 대우를 받을 수 있는지 알지 못하겠습니다. 넓고 큰 은총에 감격하여 눈물과 콧물이 뒤범벅이 되었습니다. 오직 당연히 허겁지겁 곧장 명을 따라 수레에 멍에 메기를 기다리지 않고 가야 합니다.[44] 다만 오늘날 신이 스스로

42 복제(服制)에 대한 논의 : 1659년(효종10) 효종이 승하한 뒤에 발생한 기해예송(己亥禮訟)을 말한다. 효종의 국상에 인조의 계비인 조 대비가 입을 상복을 두고 송시열과 송준길 등 서인 측은 1년 복을 주장했다. 효종이 차남이고, 장남인 소현세자가 사망했을 때 조 대비가 이미 장자(長子)에 해당하는 상복인 3년 복을 입었으므로, 1년 복이 타당하다는 논리였다. 이에 허목, 윤휴 등 남인은 효종이 비록 차남이지만 왕위를 계승했으므로, 조 대비는 왕이 사망했을 때 적용하는 3년 복을 입는 것이 옳다고 맞섰다.

43 조서(詔書) : 일찰십항(一札十行)은 임금의 조서를 뜻한다. 후한 광무제(後漢光武帝)가 제후에게 손수 조서를 내릴 때에는 글씨를 조밀하게 써서 열 줄을 넘지 않았다는 고사에서 유래하였다. 《後漢書 卷76 循吏列傳 序》

대처하는 의리는 진실로 성상(聖上)께서 너그러이 용서해 주셨다는 이유로, 다른 사람의 말을 고려하지 않은 채 뻔뻔하게 얼굴을 들고 조정에 나아갈 수는 없습니다. 게다가 지금 영남 유생들에게 죄를 주어야 한다는 논의가 이제 막 대각(臺閣)에서 일어나고 있으니, 신의 처신이 더욱 대단히 어려운 점이 있습니다.

삼가 바라건대 성스럽고 자애로운 전하께서는 신의 이러한 형편을 살펴, 부르는 명령을 특별히 멈추고 신의 직명(職名)을 깎아 주십시오. 그리하여 신으로 하여금 문을 닫고 들어앉아 허물을 생각하며 자신을 반성하고 잘못을 보완하여, 살아서는 전하의 장수를 비는 백성이 되고 죽어서는 전하의 은혜에 보답하는 귀신이 되게 한다면, 실로 천지 부모와 같은 전하께서 처음부터 끝까지 낳고 길러 주시는 은택일 것입니다. 신은 행조(行朝)를 바라보며 은혜에 감격하여 죄스럽고 두려운 마음으로 간절히 기원해 마지않습니다.

44 수레에……합니다 : 《논어》 〈향당(鄕黨)〉에 "임금이 명하여 부르시면 수레에 멍에 메기를 기다리지 않고 행하셨다.〔君命召, 不俟駕行矣.〕"라고 한 말을 원용하였다.

헌납을 사직하고 겸하여 백성들의 일에 대해 진술하는 소장

경술년(1670, 현종11)

辭獻納兼陳民事疏 庚戌

삼가 아룁니다. 신은 8년 동안 조정 밖에서 지내며 온갖 병마에 시달리고 있습니다. 전후(前後)의 은혜로운 명령에 한 번도 달려가서 사례(謝禮)하지 못하였으니, 분수와 의리로 따지면 형벌을 받아 마땅할 것입니다. 비록 전하의 관유(寬裕)하신 도량에 힘입어 처벌을 받지 않았지만, 평소 늘 삼가고 두려워하며 용납 받지 못할 것처럼 하였습니다.

그런데 뜻하지 않게 이번에 새로운 명령이 다시 내려오니, 어리석은 신이 어찌 성스럽고 명철하신 전하께 이런 대우를 받는지 알지 못하겠습니다. 신은 진실로 감격스럽고 황송(惶悚)하여 더욱 몸둘 곳이 없습니다. 아, 성은이 이와 같은데 한결같이 물러나 있었으니, 이것이 어찌 신의 마음에 편안하겠으며 신의 어리석은 분수로 감히 할 수 있는 일이겠습니까.

신이 쇠약하고 병든 몸으로 조정에서 벼슬하는 것은 비록 감히 바라지 못하지만, 만약 전하께 한번 사은(謝恩)하고 돌아와 초야에서 죽을 수 있다면, 원하던 뜻을 펼 수 있고 신세가 그런대로 편안할 것입니다. 그러므로 장차 행장을 꾸리고 길을 나서서 한 걸음 한 걸음 앞으로 나아가려고 하였습니다. 그런데 불행히도 노모(老母)의 숙환(宿患)이 다시 도졌습니다. 자식의 정리(情理)로 차마 어머니를 두고 떠날 수 없었기에, 안장을 다시 풀게 하고 문을 나섰다가 다시 들어왔습니다.

그리하여 마침내 다시 이렇게 호소하여 전하의 뜻을 어기는 상황을 면하지 못하게 되었습니다. 신의 죄가 이러한 지경에 이르렀으니, 만 번 죽어도 오히려 가벼울 것입니다.

신의 어머니는 지금 75세인데, 중년 이후로 몸에 고질병이 있어 일 년 중에 몇 달도 편안하지 못하고, 한 달 가운데 며칠도 편안하지 못하였습니다. 간혹 조금이라도 몸조리를 잘못하여 금세 위태로운 지경에 이른 것이 몇 번인 지 알 수 없습니다. 하물며 지금은 연세가 매우 높고 병은 더 깊어졌습니다. 병석에 앓아누워 조석으로 숨이 끊어질 듯하여 기력이 다한 상태가 실오라기보다 위태롭고 보호하기 어려운 것이 갓난아이보다 심하니, 평소 두려운 마음에 감히 한 발짝이라도 잠시 떠나지 못합니다. 신이 이제까지 전하의 명령에 달려갈 수 없었던 것은 이 때문이지 다만 제가 병으로 움직이기 어려웠기 때문만은 아니었습니다.

그러나 지난날 부르심을 받은 초기에는 오히려 매우 위태로운 상황은 아니었습니다. 그러므로 병이 조금 덜한 틈을 타서 달려갈 계획이었는데, 길을 나서기 며칠 전에 문득 심한 설사병이 발생하여 원기(元氣)가 다 사라지고, 여러 가지 묵은 병이 이로 인해 함께 심해져서 며칠도 못가 도리어 대단한 정도에 이르게 되었습니다. 이제 이미 열흘이 지났는데도 한결같이 몸이 축 늘어져서, 다양한 방법으로 치료하지만 조금도 효험을 보지 못했습니다. 게다가 부인네들은 원래 걱정이 많은데, 신이 병든 몸으로 먼 길을 간다고 하니, 밤낮으로 애타게 걱정하느라 어머니의 병세가 더 심해졌습니다. 신이 이러한 때에 마땅히 무슨 마음으로 멀리 떠날 생각을 하겠습니까.

신은 일찍 아버지를 여의고 길이 우러러 뵙지 못하는 고통을 안고 살았습니다.[45] 오직 홀어머니가 있을 뿐인데, 또한 제대로 모시지 못해서 이처럼 병을 앓게 하였습니다. 이미 신명(神明)을 감동시켜 신의 도움으로 약을 쓰지 않아도 낫는 기쁨[46]을 거두지 못했고, 또한 제 몸을 보호하고 아껴 병에 걸리지 않아 노모(老母)의 근심을 덜어드리지도 못했으니, 신의 사정이 어찌 슬프지 않겠습니까. 지금 신의 절박한 개인적인 형편을 외람되이 이렇게 아뢰어 호소하지만, 공적인 의리가 지극히 엄하니 그 죄를 어찌 감히 피할 수 있겠습니까.

삼가 바라건대 성스럽고 명철하신 전하께서는 먼저 신의 죄를 다스려 신하로서 임금의 명령을 업신여기는 이들의 경계로 삼고, 신의 직명(職名)을 빨리 깎아 주십시오. 그리고 이조(吏曹)에 명하여 영원히 천거하지 말게 하여, 신으로 하여금 편안한 마음으로 어머니를 봉양하며[47] 여생을 마칠 수 있게 해 주신다면, 실로 천지 부모와 같은 전하의

45 일찍……살았습니다 : 송규렴은 20세이던 1649년(인조27)에 부친상을 당하였다. 소호(所怙)는 아버지를 뜻한다. 《시경》 〈육아(蓼莪)〉에 "아버지가 없으면 누구를 믿으며 어머니가 없으면 누구를 믿을꼬. 나가면 근심을 품고 들어오면 이를 곳이 없노라.〔無父何怙, 無母何恃. 出則銜恤, 入則靡至.〕"라고 한 데서 유래하였다. 미첨(靡瞻)은 우러러볼 분이 없다는 말로, 돌아가신 아버지를 그리워한다는 뜻으로 쓰였다. 《시경》 〈소반(小弁)〉에 "뽕나무와 가래나무도 반드시 공경하는데, 우러러볼 것이 아버지 아님이 없으며, 의지할 것이 어머니 아님이 없도다.〔維桑與梓, 必恭敬止, 靡瞻匪父, 靡依匪母.〕"라고 하였다.

46 약을……기쁨 : 물약(勿藥)은 약을 쓰지 않고도 병이 완치됨을 말한다. 《주역》 〈무망괘(无妄卦) 구오(九五)〉에 "잘못이 없는 병이니, 약을 쓰지 않아도 나을 것이다.〔无妄之疾, 勿藥有喜.〕"라고 한 데서 유래하였다.

47 어머니를 봉양하며 : 장모(將母)는 어머니를 봉양한다는 뜻이다. 《시경》 〈사모(四牡)〉에 "왕사를 견고히 하지 않을 수 없기에, 아버지를 봉양할 겨를이 없노라.……왕사를 견고히 하지 않을 수 없기에, 어머니를 봉양할 겨를이 없노라.〔王事靡盬, 不遑將

낳고 길러 주시는 은택일 것입니다. 신은 크게 바라는 마음을 견디지 못하겠습니다.

이어 생각건대 신이 분에 넘치는 은총을 입어 외람되이 언책(言責)의 자리에 더해졌는데, 몸이 이미 나아가지 못하고 입으로도 한 마디 말이 없다면, 이는 신이 전하를 저버림이 더욱 큰 것입니다. 청컨대 신이 직접 귀로 듣고 눈으로 본 민간(民間)의 매우 다급한 상황을 성스럽고 명철하신 전하를 위하여 대략 아뢰겠습니다.

아, 지극히 어렵고 근심스러운 일이 어느 시대인들 없었겠습니까만, 어찌 전하의 시대와 같은 경우가 있었겠습니까. 참혹한 기근은 본래 있는 일이지만 어찌 금년처럼 심한 경우가 있었습니까. 전하께서 즉위하신 이래 지금까지 12년 동안 해마다 흉년이 들어 한 해도 풍년이 든 적이 없었습니다. 성스러운 전하의 마음에 걱정함이 지극하지 않은 것도 아니며, 조정에서 부역을 덜어준 것도 여러 차례였습니다. 그러나 백성들의 곤궁한 삶이 더욱 심해져서 스스로 살아갈 수 없을 정도입니다. 이는 비유하자면 쌓인 섶에 붙은 불을 한 잔의 물로 끌 수 없고, 그늘진 벼랑의 짧은 풀을 햇빛이 비쳐 살릴 수 없는 것과 같으니, 살기 어려움이 이미 극에 이르렀습니다.

올봄에 이르러서는 보리와 밀이 모두 흉작이라 주려 죽은 시신들이 너무 많은데, 심한 홍수와 가뭄이 번갈아 닥쳐 파종 시기를 놓쳤고 바람과 서리까지 줄곧 심하여 결실이 전혀 없으니, 추수기가 되어도 들에 거둘 것이 없을 것입니다. 민가를 일일이 꼽아보아도 곡식 열 섬을 저장한 집은 열 집 가운데 겨우 두세 집이고, 그마저도 꾸어다

父.……王事靡盬, 不遑將母.〕"라고 한 데서 유래하였다.

먹은 곡식을 갚는 데 다 써서 지금 집에 한 섬의 곡식을 갖고 있는 집은 절대 없거나 조금 있는 정도입니다. 신의 소견으로는 다른 곳도 미루어 알 수 있습니다.

입을 옷이 없거나 먹을 것이 없는 사람들이 굶주림과 추위에 시달리다가, 아무런 계책이 없어 도적질하는 환난과 사람을 죽이고 물건을 빼앗는 변고가[48] 어디서나 모두 발생합니다. 동쪽 이웃의 곡식 한 말을 서쪽 이웃이 훔쳐 가고, 이 집의 베 한 자를 저 집에서 빼앗아 가면서도 태연하여 부끄럽게 여기지 않으니 이를 막을 수가 없습니다. 심지어 약자(弱者)가 바가지를 들고 다니며 빌어 얻은 쌀 한 되를 강자(强者)가 대낮에 길을 막고 빼앗는데, 조금이라도 아까워하는 기색이 있으면 문득 칼을 들이댑니다. 이 때문에 떠돌아다니다 주려 죽은 사람 외에도 살해된 사람들이 즐비하여, 도로가 막혀 길가는 사람들이 거의 통행할 수 없을 정도입니다. 아, 이것이 무슨 상황입니까.

환곡(還穀)을 거두기 어려운 것은 예년에도 오히려 그랬는데, 더구나 올해이겠습니까. 각 고을의 수령들이 거북이 등을 긁는 것[49]이 차마

48 도적질하는……변고가 : 천유(穿窬)는 벽을 뚫고 담을 넘는다는 뜻으로 도둑질하는 행위를 이른다. 《논어》 〈양화(陽貨)〉에 "얼굴빛은 근엄하면서 마음은 유약한 것을 소인에 비유하면 벽을 뚫고 담을 넘는 도둑과 같을 것이다.〔色厲而內荏, 譬諸小人, 其猶穿窬之盜也與.〕"라고 한 말에서 유래하였다. 살월(殺越)은 살인월화(殺人越貨)의 준말로, 사람을 죽이고 재물을 빼앗는다는 뜻이다. 《서경》 〈강고(康誥)〉에 "사람을 재물 때문에 죽이거나 쓰러뜨려 완강하여 죽음을 두려워하지 않는 자를 미워하지 않는 이가 없다.〔殺越人于貨, 暋不畏死, 罔弗憝.〕"라고 한 말에서 유래하였다.

49 거북이……것 : 거북의 등은 아무리 긁어 봤자 터럭을 얻을 수 없다는 말에서 유래하여 수고만 할 뿐 보람을 얻지 못하는 아주 어려운 일을 뜻한다. 소식(蘇軾)의 〈동파팔수(東坡八首)〉에 "거북의 등에서 터럭을 긁어내어, 어느 때에 털방석을 만든단 말인

못할 짓이라는 것을 모르지 않지만, 조정의 명령에 시달려 마음대로 할 수 없으니, 오로지 갖은 방법으로 거두어들여 닥쳐올 죄를 면하려고만 합니다. 그리고 평범한 말과 유순한 명령으로는 형세상 받아 내기 어려우므로 부득불 엄격한 단속을 가하니, 이것이 뒤쫓아서 잡아들이는 폐단이 없을 수 없는 이유입니다. 이토록 혹독한 흉년을 만나 추위에 얼고 굶주려 거의 죽게 된 백성들을 비록 충분히 어루만지며 따뜻하게 보살펴 먹이더라도 오히려 목숨을 보전하기 어려운데, 하물며 이렇게 줄곧 못살게 굴어서야 되겠습니까.

비록 그러하나 앞으로 진휼할 물자와 종자(種子)를 오로지 여기에 의존해야 하니, 또한 어찌 전혀 거두지 않을 수 있겠습니까. 가만히 들으니, 현재 각 고을에서 거두어들인 수량이 혹은 반이 넘는 곳도 있고, 혹은 반 정도 되는 곳도 있으며, 혹은 반에 미치지 못하는 곳도 있어서 많고 적음이 일정하지 않다고 합니다. 많이 받은 곳에서 덜어 내어 적게 받은 곳에 보태 합산하면, 그 수량이 적지 않아서 전체 수량에 또한 4분의 3을 웃돌 것입니다.

거두는 환곡이 많을수록 백성들이 모아 둔 곡식은 더욱 고갈되어 겨우 초겨울을 지냈을 뿐인데 이미 끼니를 이을 만한 먹거리가 없으니, 다급한 상황이 이토록 극심한 지경에 이르렀습니다. 신의 어리석은 생각으로는 서둘러 명령을 내려 곡식 거두는 것을 멈추게 하고, 구휼(救恤) 정책을 서둘러 시행하는 방법만한 것이 없습니다. 얼핏 듣기에 조정에서 내년 봄에 구휼을 시작한다고 하는데, 이것은 틀림없이 민간(民間)의 남은 곡식은 오히려 이 겨울을 넘길 수 있지만 관청은 곡물이

가.〔刮毛龜背上, 何時得成氈.〕"라고 하였다.《蘇東坡詩集 卷21》

넉넉하지 못하니 일찍 진대를 실시했다가 공급하기 어려운 근심을 초래해서는 안 된다고 여기기 때문일 것입니다.

가령 민간에 과연 한 계절 먹고 지낼 만큼의 남은 곡식이 있다면야 우선 내년 봄을 기다려도 안 될 것은 없습니다. 그러나 위에서 아뢴 것처럼 상황이 다급하여 하루 동안에 주려 죽는 사람이 또한 많은데, 그래도 멀리 내년 봄까지 기다릴 수 있겠습니까. 관청의 곡물이 비록 넉넉하지 않더라도 우선 현재 남아 있는 곡식을 쓰고, 차례로 일을 처리해 나간다면 안 될 것이 없습니다. 비록 부족한 곡물을 이어 마련할 길이 없더라도, 어찌 후일을 염려하여 눈앞의 다급한 상황을 구제하지 않을 수 있겠습니까. 속담에 "아침 식사를 한 뒤에 저녁 먹거리를 도모할 수 있다."라고 했으니, 이 말은 진실로 절실하고 지극한 말입니다. 수령이 다급한 상황을 눈으로 직접 보고 백성들을 살리려는 마음이 없는 것은 아니지만, 이미 조정의 명령이 없으니 감히 멋대로 관청의 곡식을 쓸 수 없고, 사적으로 쓸 수 있는 관수(官需)마저도 삭감되어 항상 부족할까 걱정입니다. 그러니 허다한 굶주린 백성들을 모두 구제하기 어려운 형편이어서, 공공연하게 그들이 죽는 것을 서서 바라보기만 할 뿐, 어떻게 대처해야 할지 알지 못합니다. 신은 백성들의 원망과 증오가 오로지 수령에게만 돌아가지는 않을 것이라는 두려운 생각이 듭니다.

어리석은 신이 생각하기에 만일 서둘러 구휼하지 않은 채 한 달이 지난다면, 온 나라 안의 백성들이 모두 사라질 것입니다. 혹 살아남은 자가 있더라도 또한 일어나 장각(張角)이나 갈영(葛榮)처럼 되어 흙덩이가 무너지고 기와가 허물어지는 변고를 장차 막을 수 없을 것이니,[50] 어찌 대단히 두렵지 않겠습니까.

한편 신이 가만히 생각건대 구휼 정책을 비록 실시하더라도 요역(徭役)을 덜어주지 않으면, 헐벗은 백성들이 무슨 수로 식량을 마련하겠습니까. 오늘날 백성들의 삶은 마치 추위를 겪는 초목과 같아서 생기(生氣)가 모두 사라졌으니, 만약 따뜻한 기운을 크게 베풀어 생기를 불어넣어 주지 않는다면, 깨어나기를 바라기 어렵습니다. 그러므로 반드시 크게 경계하여 권면하고 크게 변통(變通)해야 합니다. 요컨대 백성들의 요역을 열에서 여덟아홉을 감해 준 뒤에야 지친 백성들이 거의 견뎌 낼 길이 있을 것입니다. 신은 진실로 조정의 훌륭한 계책이 이미 마련되었을 줄로 알지만, 사사로운 걱정과 지나친 염려를 스스로 그만둘 수 없어서 감히 이렇게 아룁니다.

한편 신이 들으니 "임금의 마음은 온갖 조화의 근본이다."라고 하였습니다. 만일 근본을 다지는 공부에 먼저 힘을 기울여서 다스림의 근원을 맑게 하지 않는다면, 어찌 개인의 사사로움을 극복하여 백성에게 차마 해치지 못하는 정치[51]를 다할 수 있겠습니까. 무릇 이와 같기 때문

50 장각(張角)이나……것이니 : 백성들이 난을 일으켜 나라가 무너지는 상황이 올 수도 있다는 말이다. 장각은 후한(後漢) 거록(鉅鹿) 사람으로, 황로(黃老)를 숭봉하여 오두미도(五斗米道)를 행하면서 제자 수십만 명을 거느리고 영제(靈帝) 때 반란을 일으켰는데, 그 무리들이 모두 누런 두건을 착용하였으므로 황건적(黃巾賊)이라고 불렀다. 그 뒤 황보숭(皇甫嵩)에 의하여 토평되었다.《後漢書 卷101 皇甫嵩列傳》갈영(葛榮)은 후위(後魏) 때의 적당(賊黨)으로 본래 회삭진(懷朔鎭)의 장수였는데, 선우수례(鮮于修禮)를 따라 기병(起兵)하였다. 선우수례가 죽은 뒤인 효창(孝昌) 연간에 그 무리를 이끌고 반란을 일으켜 스스로 천자라 칭하고 나라 이름을 제(齊)라고 하였는데, 그를 따르는 무리가 수십만 명이나 되었다. 그 뒤에 이주영(爾朱榮)에 의해 토평되었다.《北史 卷4 魏本紀》토붕와해(土崩瓦解)는 흙이 무너지고 기와가 깨지듯이 일이 지극히 혼란스러워 도저히 수습할 수 없는 지경에 이르는 것을 의미한다.

에 예부터 성스러운 황제와 명철한 왕이 부지런히 정치를 도모하고, 훌륭한 신하와 큰 선비가 정성껏 경계를 아뢴 것들이 이 말을 첫째 일로 삼지 않은 적이 없었습니다. 신도 또한 오늘날 전하께서 급선무로 삼으실 일이 여기에 지나지 않는다고 생각합니다.

신이 최근에 삼가 들으니 전하께서 자주 경연(經筵)을 열어 신하들을 만나 백성들의 일을 강구하신다고 하는데, 이는 진실로 수 년 이래 없었던 성대한 일입니다. 신은 도성 밖 멀리에서 이러한 소식을 듣고 기쁜 마음을 감출 길이 없습니다. 진실로 바라건대 전하께서는 성지(聖志)를 더욱 힘써서 처음부터 끝까지 변함이 없게 하시고, 유신(儒臣)들을 더욱 가까이하여 강론을 폐지하지 마십시오. 그리하여 성학(聖學)이 날로 고명(高明)한 경지로 진보하고, 인심(仁心)이 먼 곳이나 가까운 곳이나 두루 이르게 하여, 자신을 닦고 백성을 안정시키며 나라의 운수가 영원하도록 하늘에 기원하는[52] 근본을 삼으십시오.

아, 오늘날 걱정할 만한 일이 진실로 한두 가지가 아니니, 어리석은 신이 하고 싶은 말이 또한 어찌 여기에 그치겠습니까. 그러나 병에

51 백성에게……정치 : 백성을 위주로 하는 훌륭한 정치를 말한다. 《맹자》 〈공손추 상(公孫丑上)〉에 "선왕이 사람을 차마 해치지 못하는 마음을 두시어 이에 사람을 차마 해치지 못하는 정사를 시행하셨으니, 사람을 차마 해치지 못하는 마음으로 사람을 차마 해치지 못하는 정사를 행한다면, 천하를 다스림은 손바닥 위에 놓고 움직일 수 있을 것이다.〔先王有不忍人之心, 斯有不忍人之政矣, 以不忍人之心, 行不忍人之政, 治天下, 可運之掌上.〕"라고 하였다.

52 나라의……기원하는 : 기천영명(祈天永命)은 국가의 운세가 영원하도록 하늘에 기원한다는 말이다. 《서경》 〈소고(召誥)〉에 "새 도읍에 머무시어 왕께서는 속히 덕을 공경하소서. 왕께서 덕을 쓰는 것이 하늘의 영원한 명을 비는 것입니다.〔宅新邑, 肆惟王, 其疾敬德. 王其德之用, 祈天永命.〕"라고 하였다.

대한 걱정으로 당황스럽고 마음이 너무 어지러워, 대략 가장 급한 것만 아뢰었습니다. 말이 그 뜻을 다하지 못하였으니, 바라건대 성스럽고 명철하신 전하께서 재량하신다면 다행이겠습니다.

사정을 아뢰어 헌납을 사직하는 소장 임자년(1672, 현종13)
陳情辭獻納疏 壬子

삼가 아룁니다. 신은 10년 동안 한결같이 병을 앓아서 조석으로 거의 죽을 지경입니다. 쇠잔한 몸으로 가쁜 숨을 쉬며 지금까지 실낱같은 목숨을 이을 수 있었던 것은 실로 천지 부모와도 같은 전하께서 덮어 주고 길러 주신 은택[53] 덕분입니다. 밤낮으로 감축(感祝)하며 오직 살아서나 죽어서나 은혜에 보답[54]할 생각뿐입니다.

다만 전후(前後)로 은혜로운 명령에 한 번도 달려가 사은(謝恩)하지 못함으로써 거듭 분의(分義)를 범하여 스스로 죄를 초래하였으니, 평소에도 두려움에 떨며 용납 받지 못할 듯이 하였습니다. 그러나 엄한 견책은 더하지 않고 잘못된 은혜를 거듭 입어 최근 수개월 내에 제수(除授)하는 명령이 다섯 차례나 내려왔습니다. 체직되자마자 곧장 제수하여 소명하는 교지가 잇따라 내려오니, 이는 비록 감당할 만한 사람에게 시행해도 오히려 지나치고 넘치는 일입니다. 하물며 신처럼 못나

53 덮어……은택 : 부도(覆燾)는 덮어 주고 길러 준다는 의미이다. 《중용장구》 제30장에 "비유하면 하늘과 땅이 실어 주지 않음이 없고 덮어 주지 않음이 없는 것과 같다.〔辟如天地之無不持載, 無不覆幬.〕"라고 하였다. 도(燾)는 도(幬)와 통용한다.

54 살아서나……보답 : 운결(隕結)은 운수결초(隕首結草)의 준말로, 살아서는 목숨을 바치고 죽어서는 결초보은(結草報恩)하겠다는 말이다. 진(晉)나라의 이밀(李密)이 96세인 조모(祖母)의 봉양을 위해 벼슬을 사직하며 올린 〈진정표(陳情表)〉에 "신은 살아서는 마땅히 목숨을 바치고, 죽어서는 결초보은 하겠습니다.〔臣生當隕首, 死當結草.〕"라고 하였다. 《古文眞寶 後集 卷1》

고 보잘것없어 백 가지 가운데 하나도 취할 만한 것이 없는 사람이 어찌 이런 대우를 받을 수 있단 말입니까. 신은 이에 거듭 생각해 보아도 그 까닭을 몰라 그저 스스로 놀라고 두려운 마음에 어찌해야 할지 모를 따름입니다.

그러나 신의 재주가 이 자리에 걸맞지 않고 병 때문에 조정에 애써 나가기 어려운 점은 말씀드릴 겨를도 없습니다. 신에게는 실로 한 조각 충정(衷情)과 매우 절박한 사정이 있으니, 이제 만 번 죽을 각오와 피를 쏟는 심정으로 애절하게 하소연하여 성스럽고 명철하신 전하께서 불쌍히 여겨 주시기를 바라겠습니다.

신은 세상에 태어나 불행히도 일찍 아버님을 여의고 오직 홀어머니와 함께 살아왔습니다. 집안이 가난하여 봉양하기 어려웠으므로 과거에 응시하여 봉록을 구하였는데, 다행히도 외람되이 과거에 급제하여 큰 은혜를 넘치게 받았습니다. 조정 안에서는 시종(侍從)의 자리에 더해지고 조정 밖으로 나가서는 고을을 맡아 맛난 음식으로 봉양함으로써 마침내 까마귀의 소원을 이룰 수 있었으니,[55] 하늘같은 임금의 은혜가 끝이 없고, 저의 분수는 이미 만족스럽습니다.

55 조정……있었으니 : 벼슬을 하여 받은 녹봉으로 홀어머니를 봉양할 수 있었다는 말이다. 수수(瀡滫)는 쌀뜨물을 음식물에 넣어 음식물을 부드럽고 매끄럽게 만드는 것이다. 《예기》 〈내칙(內則)〉에 "씀바귀나 부추는 햇것과 묵은 것을 섞어 쌀뜨물로 매끄럽게 하거나 혹은 유지를 사용하여 입에 맞도록 한다.〔堇荁枌楡免薧, 滫瀡以滑之, 脂膏以膏之.〕"라고 하였다. 오조지원(烏鳥之願)은 까마귀의 소원이라는 말로, 효도하고자 하는 자식의 마음을 비유한다. 까마귀 새끼가 자란 다음에 어미에게 먹이를 먹여 주며 은혜를 갚는다고 한다. 이밀(李密)의 〈진정표(陳情表)〉에 "까마귀의 사사로운 정으로 끝까지 봉양할 수 있기를 바랍니다.〔烏鳥私情, 願乞終養.〕"라고 하였다. 《古文眞寶 後集 卷1》

오직 신의 어머니는 타고난 기질이 허약하여 중년(中年) 이후로 몸에 고질병이 생겨 지금까지 벌써 30년이나 되었습니다. 1년 가운데 편안한 날은 몇 달도 되지 못하고, 한 달 가운데 편안한 날은 며칠도 되지 않습니다. 이제 연세는 매우 많고 기력은 더욱 미약하여 갖은 방법으로 치료해도 겨우겨우 조금 차도를 보이다가 또 얼마 지나지 않아 다시 앓습니다. 이와 같이 한 것이 얼마나 되는지 알 수 없을 정도입니다. 이런 까닭으로 비록 조금 편안할 때라도 감히 멀리 나갈 생각을 하지 못하고 밤이나 낮이나 근심과 두려움 속에 벌벌 떨며 세월을 보냅니다. 이것이 실로 신이 처한 근년(近年)의 형편입니다.

그러나 이는 오히려 지나간 일에 해당합니다. 지금은 어머니의 병환이 바야흐로 한층 더 심해져서 위독한 상황이 이전에 비해 특히 심합니다. 대개 초가을부터 여러 가지 증세가 한꺼번에 나타났는데, 제대로 치료하지 못해 갈수록 더욱 위태로운 지경으로 들어가고 있습니다. 열흘 전부터는 심한 설사병까지 생겨 조금이라도 음식을 먹으면 소화를 시키지 못하고 곧장 쏟아냅니다. 이로 인해 원기가 다 소진되어 숨이 거의 끊어질 지경이라 아침저녁을 보존하지 못할 듯합니다. 신이 이런 상황에서 마땅히 어떤 마음이 들겠습니까. 가령 다행히 조금 차도가 있어도 증상이 심해졌다 덜했다를 반복하여 일정하지 않으니, 이는 위에서 말씀드린 바와 같습니다.

신이 비록 대궐에 달려가서 사은(謝恩)하고 곧장 돌아온다 해도, 또한 틀림없이 열흘이나 보름이 걸릴 것입니다. 만약 그 사이에 어머니의 병환이 다시 심해졌는데 미처 돌아와 구원하지 못하게 된다면, 반드시 한없는 고통을 영원히 안게 될 것이고 막중한 불효의 죄를 짊어지게 될 것입니다. 신이 비록 창자를 꺼내고 심장을 뽑아낸들 또한 어찌 그 고통을 덜겠으며, 머리를 부수고 몸을 없앤들 또한 어찌 그 죄를 용서받겠습니까. 아아, 신의 사정이 이와 같으니 또한 슬프지 않겠습니까.

무릇 노인의 건강은 본래 믿을 수 없습니다. 아침에는 건강하다가도 저녁에 앓는 경우도 있고, 어제까지 편안하다가도 오늘 위태로워지는 경우도 있습니다. 때문에 비록 기력은 강건하고 침식(寢食)은 평안하다고 해도, 자식의 정리(情理)는 진실로 감히 한순간이라도 잊을 수 없고 반걸음조차도 잠시 떠날 수 없는 것입니다. 하물며 신의 어머니처럼 연세는 팔순에 가깝고 병은 골수에 맺혀 위급하기 그지없는 상태라 조석을 보존하기 어려운 경우에야 더 말할 것이 있겠습니까.

삼가 바라건대 성스럽고 자애로운 전하께서는 곡진히 어질고 은혜로운 마음을 드리워, 신의 애통한 말을 살피고 신의 절박한 사정을 가엾게 여겨, 신의 직명(職名)을 서둘러 교체하여 면직되게 해 주십시오. 그리하여 신으로 하여금 편안한 마음으로 어머니를 보살펴 여생을 마칠 수 있도록 해 주신다면 매우 다행이겠습니다.

한편 신은 별도로 바라는 바가 있어서 이에 감히 인자하게 덮어 주시는 전하께 아울러 아룁니다. 신이 전에 또한 일찍이 어머니의 병상(病狀)을 여러 차례 말씀드렸습니다. 그러므로 삼가 생각건대 성스럽고 명철하신 전하께서 틀림없이 이미 잘 알고 계실 것이고, 이조(吏曹)의 여러 신하들도 반드시 잘 파악하고 있을 것입니다. 그러나 단지 신의 이름이 관료 명단에 있어서 예규(例規)에 따라 주의(注擬)하고, 성스럽고 명철하신 전하께서도 또한 예규에 따라 은혜를 더하여 부르시는 명령이 거듭 이르고, 면직을 청하는 소장을 여러 번 올리게 되니, 위에서는 실없이 제수하는 잘못이 있고 아래에서는 명을 어기는 죄를 초래하게 되었습니다. 공적으로나 사적으로 헤아려 보아도 손해가 적지 않습니다. 이는 곧 신의 죄가 비록 도끼 아래 엎드려 죽더라도 오히려 남은 허물이 있는 것인데, 하물며 다시 관료 명단 가운데 남아 있을 수 있겠습니까.

신이 들으니 법령(法令)[56]에 칠십 세 이상의 부모를 둔 신하는 300리 밖에 임용하지 말라는 조문(條文)[57]이 있다고 합니다. 생각건대 그런 법을 만든 본래의 취지에 어찌 내직(內職)과 외직(外職)의 차이가 있겠습니까. 지금 신의 어머니 연세는 칠십을 훨씬 넘겼고, 사는 곳의 거리는 300리가 훨씬 넘습니다. 효(孝)로 다스리는 세상에서 특별히 법전의 취지를 준수하여 신에게 집으로 돌아가 어머니를 봉양할 수 있게 허락하여 지극한 소원을 이루게 해 주신다면, 어찌 성스러운 조정의 아름다운 일이 아니겠습니까. 노모께서 세상에서 살 날은 몇 년 남지 않았고, 신의 나이는 겨우 마흔을 넘겼으니,[58] 신령한 하늘에 힘입어 죽지 않는다면 분주히 힘을 다하여 충성을 바칠 날이 어찌 없겠습니까.

56 법령(法令) : 영갑(令甲)은 정령(政令) 또는 법령을 이른다. 원래 천자의 명령을 영(令)이라 하여 법령의 제1조를 영갑, 제2조를 영을(令乙)이라 하였다. 한(漢)나라 가의(賈誼)의 《신서(新書)》 〈등제(等齊)〉에 "천자의 말씀을 영이라 하니, 영갑, 영을이라 한 것이 이것이다.〔天子之言曰令, 令甲令乙, 是也.〕"라고 하였다.

57 칠십……조문(條文) : 《전율통보(典律通補)》 〈이전(吏典) 외관격식(外官格式)〉에 "부모가 70세 이상인 경우에는 부모의 거주지에서 300리를 벗어난 고을의 수령으로는 차임하지 않는다.〔親年七十以上, 勿差三百里外守令.〕"라고 하였다.

58 신의……넘겼으니 : 견마지치(犬馬之齒)는 개나 말처럼 한갓 하는 일도 없이 나이만 들었다는 의미로 자기 나이를 낮추어 일컫는 겸사이다. 강사지년(强仕之年)은 40세를 말한다. 《예기》 〈곡례 상(曲禮上)〉에 "나이 사십을 강이라고 하니 벼슬길에 나선다.〔四十曰强而仕〕"라고 하였다.

신의 형세는 궁하고 이치는 다하여 어떻게 해야 할지를 모르겠습니다. 이에 피 끓는 정성을 다하여 눈물을 흘리며 아뢰었으니, 외람되고 주제넘은 죄는 죽는다 해도 실로 마음에 달게 여기는 바입니다. 진실로 바라건대 성스럽고 명철하신 전하께서는 신의 죄를 다스려 명령을 업신여기는 신하의 경계로 삼으십시오. 이어 신의 소장을 이조(吏曹)에 내려보내 그들로 하여금 정해진 법규에 따라 관료 명단에서 신의 이름을 삭제하여 다시는 천거하지 말도록 해 주십시오. 그렇게 하신다면 이조의 여러 신하들이 또한 어찌 측은히 여겨 해결할 수 있는 방안을 도모하지 않겠습니까.

아, 신은 여기에 온 몸에 있는 한 말의 피를 다 쏟아냈습니다. 이와 같이 하였는데도 성스러운 전하께서 가엾게 여겨 주시지 않고 같은 조정의 신하들에게 양해를 받지 못하는 것은 반드시 이런 이치는 없을 것입니다. 신의 사사로운 사정에 쫓겨 말을 조리 있게 만들지 못했습니다. 황공하고 두려우며, 눈물 흘리며 간절히 바라는 지극한 마음을 견딜 수 없습니다.

집의를 사직하고 겸하여 소회를 아뢰는 소장 정사년(1677, 숙종3)

辭執義兼陳所懷疏 丁巳

삼가 아룁니다. 신은 본래 용렬하고 비루한데도 외람되이 큰 은혜를 입었으니, 우리 효종 때부터 지나친 은혜가 거듭 내려와 빛나는 직함이 여러 차례 더하여졌습니다. 명예를 탐하고 영화를 좋아하는 것이 사람이라면 누구나 가지는 일반적인 마음이니, 명령을 어기고 은혜를 저버리는 일이 어찌 신이 하고자 하는 바이겠습니까. 그러나 미천한 신의 사정은 다른 사람들과 다릅니다.

신은 세상에 태어나 불행히도 일찍 아버지를 여의고 오직 홀어머니와 함께 목숨을 이어 왔습니다. 그런데 어머니는 중년(中年) 이후로 몸에 중병(重病)이 있어 오래도록 고질이 되었으므로 항상 침상에 누워 있습니다. 신도 또한 타고난 기질이 허약하여 일찍이 기이한 질병에 걸려 허약한 몸으로 가쁜 숨을 쉬며 마치 해골처럼 위태위태하니, 신은 노모(老母)를 걱정하고 노모는 신을 염려하여 모자(母子)가 서로 지켜주며 감히 잠시라도 떨어지지 못합니다. 그러므로 전후(前後)의 부르심에 한 번도 명을 받들지 못했던 것입니다. 간혹 군현(郡縣)의 수령(守令)에 임명되어 집에서 그다지 멀지 않은 경우에는, 집은 가난하고 어머니는 연로하니 편안히 모시는 게 다급한지라, 병든 노모를 부축하여 힘들게 부임(赴任)하여 약으로 치료하고 맛난 음식을 올리며 힘을 다할 수 있었습니다. 그러므로 항상 몸이 가루가 되도록 노력하여 은혜를 갚겠다[59]고 기약하였습니다. 이것이 신이 처한 사정이니, 실로 다만 분수를 따르고 살펴 외람되이 감당하지 못할 뿐만이 아닙니다.

지금 어머니의 연세는 이미 82세입니다. 정신과 기력은 더욱 쇠미하고 질병은 더욱 고질이 되어 조마조마하게 위태로운 상황이라, 아침저녁으로 죽을 때를 기다리는 지경이니 반걸음조차 차마 떠날 수 없습니다. 그러므로 일찍이 작년에 은혜로운 명령을 받았을 때, 이런 사정을 외람되이 아뢰며 면직을 바랐던 것입니다. 다행히 성스럽고 자애로운 전하께서 신의 미천한 정성을 곡진히 살피고, 집에 머물며 어머니의 병을 돌보게 해 주셨습니다. 신은 진실로 감격하며 사사로이 생각하기를 성상(聖上)의 석류(錫類)의 어짊이 이런 정도에 이르니, 이제부터는 천거될 일이 거의 없으리라 여겼습니다.[60] 그러므로 뜻밖에 새로운 명령이 다시 내려오리라고 꿈에선들 어찌 생각했겠습니까.

보잘것없는 신이 이 직책에 적합하지 않음은 신이 비록 말하지 않아도 사람들은 진실로 이미 알고 있습니다. 그런데도 성스럽고 명철하신 전하께서 오히려 신을 버리지 않는 것은 대개 시험해 보고 그만두시려는 뜻[61]일 것입니다. 신도 또한 한번 궁궐 섬돌에 나아가 머리부터 발끝

59 은혜를 갚겠다 : 운결(隕結)은 운수결초(隕首結草)의 준말로, 살아서는 목숨을 바치고 죽어서는 결초보은(結草報恩)하겠다는 의미이다. 55쪽 각주54 참조.

60 사사로이……여겼습니다 : 송규렴 자신의 효성을 헤아려 다시는 관직에 임명하지 않을 것이라고 여겼다는 말이다. 석류(錫類)는 효행이 후손들에게도 아름다운 영향을 미침을 말한다. 《시경》 〈기취(旣醉)〉에 "효자의 정성이 끝이 없으니 길이 너에게 선을 주리라.〔孝子不匱, 永錫爾類.〕"라고 하였다.

61 시험해……뜻 : 시가내이(試可乃已)는 능력이 있는지 시험해 보고 안 되면 그만둔다는 의미이다. 요(堯) 임금이 홍수를 다스릴 만한 사람을 추천하라고 하자 모두 곤(鯀)을 천거했는데, 요 임금은 명령을 거역하고 족류를 패망시킬 사람〔方命圮族〕이라는 이유로 거부하였다. 그때 사악(四岳)이 "그만두더라도 가한지를 시험해 보고 이에 그만

까지 다 드러내어, 성스럽고 명철하신 전하께서 신의 쓸모없는 실상을 분명하게 살피시게 한 뒤에 구학(丘壑)으로 물러나 죽고 싶습니다. 그러나 노모(老母)의 병환이 근래에 더욱 심해지고 지독한 설사와 심각한 학질이 한꺼번에 발생하여, 잠깐 사이에 정신을 잃고 숨이 막히는 경우가 자주 일어납니다. 일가의 모든 친척들이 좌우에서 끌어 주고 부축하며 눈물로 세월을 보내고 있습니다. 신이 이러한 때에 무슨 마음으로 차마 잠시라도 떠날 생각을 하겠습니까.

옛 사람은 해가 서산에 이르렀다는 말[62]을 애통하고 절박한 말로 여겼습니다. 그런데 신이 처한 오늘의 정경(情境)은 다만 서산의 해가 거의 넘어가는 정도일 뿐만이 아닙니다. 삼가 바라건대 성스럽고 자애로운 전하께서는 신의 애통한 말을 살피고 신의 절박한 사정을 가엾게 여겨, 신의 직명(職名)을 서둘러 깎아 면직시켜 주십시오. 그리하여 신으로 하여금 편안한 마음으로 어머니를 보살필 수 있게 하여 조금이나마 마음의 바람을 펼 수 있게 해 주신다면 실로 천지 부모와 같은 전하께서 아랫사람의 사정을 살펴 주시는 은혜입니다.

한편 신은 또 차마 무릅쓰고 나아갈 수 없는 형편이 있습니다. 군신(君臣)은 부자(父子)와도 같으니 부자의 사이에 무슨 말인들 감추겠습니까. 신은 청컨대 만 번 죽기를 무릅쓰고 애절한 속내를 대략 아뢰어

두어야 합니다.〔异哉, 試可, 乃已.〕"라고 말하여, 결국 곤에게 그 임무를 맡겼다. 그러나 9년이 되도록 공을 이루지 못하여 마침내 축출되고 말았다. 《書經 堯典》

62 해가……말 : 일박서산(日迫西山)은 이밀(李密)이 〈진정표(陳情表)〉에서 사용한 말로, 그 글에 "다만 조모 유씨는 해가 서산에 이른 듯이 기식이 거의 끊어질 지경이니, 목숨이 위태롭고 얕아 아침에 저녁 일을 생각할 수 없습니다.〔但以劉日迫西山, 氣息奄奄, 人命危淺, 朝不慮夕.〕"라고 하였다.

성스럽고 명철하신 전하께서 긍휼히 살펴 주시기를 바라겠습니다.

지금 죄를 입은 신(臣) 송시열(宋時烈)과 죄를 추죄(追罪) 중인 신 송준길(宋浚吉)[63]은 곧 신의 스승입니다. 그들에게 죄가 있고 없고는 잠시 논외로 두겠습니다. 근래에 들으니 의논하는 자들이 반드시 극형으로 다스리려 하여 바야흐로 종묘에 고해야 한다는 논의[64]가 대각(臺閣)에서 일어났다고 합니다. 길거리에 오가는 말이라 비록 반드시 믿을 수는 없지만, 만약 혹시라도 사실이라면 신의 스승은 장차 목숨을 부지하지 못할 것입니다. 신이 만약 이런 때에 조정에 나가서 그런 논의를 주고받는다면, 이는 곧 송시열의 죽음이 신의 손에서 나오는 것입니다. 고금의 천하에 어찌 제자가 그 스승을 죽이는 일이 있겠습니까. 신은 이에 대해 마음을 잡지 못하고, 또한 아무런 말도 할 수가 없습니다.

신이 지난번에 들으니, 몇몇의 유생들이 이런 논의를 가지고 상소하여 전하께 아뢰었는데, 전하께서 비답하시기를 "대단히 부당하니 반드시 윤허할 이치가 없다."라는 등의 말씀으로 지시하셨다고 합니다.[65]

63 죄를……송준길(宋浚吉) : 1674년(현종15) 효종의 비(妃)인 인선왕후(仁宣王后)의 상으로 인한 2차 예송(禮訟)에서 서인(西人)들이 패하고, 숙종이 즉위하며 송시열(宋時烈)은 예를 그르친 죄로 유배되었다. 그리고 송시열이 유배 중이던 1677년(숙종3) 남인들에 의해 가중 처벌이 논의되었으며, 이미 죽은 송준길에 대한 문책까지 거론되었다. 추죄(追罪)는 이미 사망한 사람의 죄를 다시 묻는 일을 가리킨다.

64 종묘에……논의 : 고묘(告廟)는 죄인들을 종묘에 고한다는 의미인데, 여기서는 갑인예송(甲寅禮訟) 이후 남인들이 효종의 비인 인선왕후의 상에 자의대비(慈懿大妃)의 복(服)을 대공복(大功服)으로 정한 송시열을 위시한 서인들을 역적으로 몰아 종묘에 고하고 토벌해야 한다고 주장한 일을 가리킨다.

65 몇몇의……합니다 : 《숙종실록》 3년 5월 25일 기사에 유생(儒生) 이잠(李潛) 등이

신은 진실로 공경하고 감탄하며 저 스스로 혼잣말로 "우리 성상(聖上)의 지극히 명철하심과 지극히 어지심은 곧바로 일월(日月)과 그 빛을 함께하고 천지(天地)와 그 덕이 나란하시다. 근신(近臣)[66]의 도에 마땅히 받들어 따르는 아름다움이 있을 것이다."라고 하였으니, 어찌 대신(臺臣)들이 다시 그 논의를 이어가리라고 생각이나 했겠습니까.

지금 의논하는 자들이 말하기를 "비록 종묘에 고하는 전례를 행하더라도, 송시열이 반드시 죽음에 이르지는 않을 것이다."라고 하는데, 이는 기만하고 진실을 가리는 말로, 절대 있을 수 없는 이치입니다. 예부터 지금에 이르기까지 죄를 나열하고 종묘에 고하고서 생명을 보존한 자가 언제 있었습니까. 다른 사람의 마음을 진실로 헤아리기는 어렵지만, 지금 세월이 오래 흐른 뒤에 이미 지나간 일을 제기하고, 옛날에 극형으로 다스렸던 신하들을 끌어들여 비유하니, 비록 그 의도가 죽이려 하지 않는 데 있다고 해도 신은 믿지 못하겠습니다.

신이 듣건대, 이 의논이 일어났을 때 따르지 않은 사람이 많았다고 하니, 여정(輿情)이 아니라는 사실을 또한 알 수 있습니다. 전하의 굳세고 강건한 덕으로 반드시 흔들리거나 꺾일 염려가 없지만, 신의

대간(臺諫)이 고묘(告廟)하기를 청하지 않은 잘못에 대해 상소하자, 숙종이 좌의정 권대운(權大運)에게 "송시열을 이미 안치(安置)했는데, 반드시 고묘하려고 하는 것은 너무 지나친 것 같다."라고 하였다. 또한 대사간 이원정(李元禎)과 옥당(玉堂)의 목천성(睦天成)·김총(金璁) 등에게도 고묘가 부당하다고 생각한다는 숙종의 말이 기록되어 있는데, 이즈음의 사정을 고려하면 송규렴이 이때의 일을 언급하고 있는 것으로 여겨진다.

66 근신(近臣) : 신린(臣隣)은 《서경》 〈익직(益稷)〉에 "신하가 이웃이며 이웃이 신하이다.〔臣哉鄰哉, 鄰哉臣哉.〕"라고 하여 좌우에서 보필하는 근신의 역할을 강조한 데서 나온 말이다.

숨은 걱정과 깊은 근심이 오히려 그치지 않으니, 어찌 신이 지나치게 의혹을 품어 그런 것이겠습니까.

생각건대 우리나라는 인후(仁厚)함을 근간으로 나라를 세웠습니다. 선대의 왕들께서 300년을 내려오며 일찍이 조정의 신하를 억울하게 죽인 일이 없었습니다. 살리기를 좋아하는 덕(德)이 백성들의 마음에 젖어들었으니,[67] 이는 실로 전하의 가법(家法)입니다. 지금 전하께서 이미 송시열을 마땅히 죽일 수 없다는 사실을 아셨다면, 곡진히 보전하는 방법을 생각하여 선대왕들의 인후한 덕을 잃지 않도록 해야 하지 않겠습니까.

신은 두 신하의 문인으로서 오랫동안 한 마디 말씀을 올려 심사(心事)를 드러내고 싶었습니다만, 처지는 궁핍하고 말은 혐의가 있어 머뭇거리며 감히 발언하지 못하였습니다. 지금은 일의 기미가 너무 다급하고 스승의 목숨이 곧 떨어지려 하니, 신은 진실로 생사가 갈리는 즈음에 차마 가만히 있을 수 없어 대략 사적인 애통함을 올려 거의 죽을 목숨을 구걸합니다. 그 외람되고 주제넘어 죽어야 할 죄와 전하를 번거롭게 한 죄는 피할 겨를이 없습니다. 오직 성스럽고 명철하신 전하께서 애통하고 가엾게 여겨 용서해 주십시오. 신은 황공하고 두려움을 느끼면서 눈물을 흘리며 간절히 바라는 지극한 심정을 견디지 못합니다.

67 살리기를……젖어들었으니 : 《서경》 〈대우모(大禹謨)〉에 "죄가 의심스러운 것은 가볍게 벌하시고 공이 의심스러운 것은 후하게 상주시며, 죄 없는 자를 죽이느니 차라리 떳떳한 법대로 하지 않은 실수를 범하겠다고 하시어 살리기를 좋아하는 덕이 민심에 흡족하십니다.〔罪疑惟輕, 功疑惟重, 與其殺不辜, 寧失不經, 好生之德, 洽于民心.〕"라고 한 말을 원용하였다.

사간을 사직하고 겸하여 소회를 아뢰는 소장
辭司諫兼陳所懷疏

삼가 아룁니다. 신은 여름과 가을 이래로 연달아 직명(職名)을 받았는데, 감히 어머니의 병든 실상을 아뢰어 절박한 사정을 드러냈습니다. 다행히 성스럽고 자애로운 전하께서 저의 하찮은 정성을 곡진히 살피시어, 머물며 치료하라는 비답이 앞서 이미 내려왔고 체차(遞差)한다는 명령이 뒤에 잇달아 내려왔으니, 하늘과도 같은 전하의 은혜가 끝이 없습니다. 사사로운 계획이 안정되어 모자(母子)가 서로 지킬 수 있게 되었으니, 다만 살아서나 죽어서나 은혜에 보답할[68] 방도를 생각할 뿐이었습니다. 그런데 뜻밖에 지금 다시 새로운 명령을 받으니, 신은 진실로 감격스러우면서도 황송하고 미혹하여 어떻게 해야 할지 모르겠습니다.

지금 신의 기량이 직책에 어울리지 않고 질병이 직임을 힘껏 행하기 어려운 점은 진실로 감히 자세한 말씀을 드려서 전하를 번거롭게 해드리지 않겠습니다. 그러나 오직 노모(老母)의 병이 깊어져 여러 달이 되었는데, 추위를 만나 더욱 위급해져 원기가 거의 다 사라지고 온갖 증세가 번갈아 나타나 금방이라도 끊어질 듯한 숨이 실낱처럼 희미할 뿐만이 아닙니다. 신이 이러한 때에 바야흐로 눈물을 흘리고 애태울 겨를도 없는데, 오히려 어찌 한순간이라도 잠시 떨어져서 멀리 궁궐에

68 살아서나……보답할 : 운결(隕結)은 운수결초(隕首結草)의 준말로, 살아서는 목숨을 바치고 죽어서는 결초보은(結草報恩)하겠다는 말이다. 55쪽 각주54 참조.

가기를 바라겠습니까.

아, 신은 목석(木石)이 아니라 또한 사람의 마음을 지녔으니, 어찌 은혜로운 명령을 저버리기 어렵다는 사실과 명령을 회피하고 업신여기는 것이 죄가 된다는 사실을 알지 못하겠습니까. 그런데도 오히려 입이 쓰도록 애달프게 하소연하여 여러 번 전하를 번거롭게 해드리는 것은 진실로 만부득이한 데서 나왔습니다. 삼가 생각건대 성스럽고 명철하신 전하께서도 또한 반드시 이에 대하여 가엾게 여기실 것입니다.

한편 신은 또 한 토막 간절한 충정이 있어, 비록 매우 주제넘고 외람되지만 다시 여기에서 대략이나마 말씀드리지 않을 수 없습니다. 신은 지난날 신의 스승이 죄도 없는데 장차 죽게 된 상황을 목격하였습니다. 신은 진실로 놀랍고 매우 절박하여 마음을 가눌 길이 없었습니다. 슬프고 원통한 심정을 대략 펼쳐서 면직을 바라는 소장에 덧붙여 올려 스승을 위해 목숨을 비는 의리를 다하였습니다.[69] 그러나 말이 비루하고 졸렬하며 성의가 부족하여 끝내 한 말씀의 분부도 듣지 못했습니다. 그리고 또 스스로 처신하는 도리와 조정에 나아가기 어려운 의리에 대해서는 그 실정(實情)을 다 드러낼 겨를이 없었으니, 성스럽고 명철하신 전하께서 굽어살피지 못하시어 다시 오늘날 이처럼 잘못된 은혜가 있게 된 것이 마땅합니다. 신이 미루어 생각하면 지금까지도 더할 수 없이 부끄러우니, 어찌 차마 천지 부모와 같은 전하의 앞에서 스스로 저지하여 다시 만에 하나라도 드러내지 않겠습니까.

69 슬프고……다하였습니다 : 송시열(宋時烈)의 죄를 종묘(宗廟)에 고해야 한다는 논의가 일어났을 때, 송규렴은 그 부당함을 사직 상소에서 언급하였다.《霽月堂集 卷4 辭執義兼陳所懷疏 丁巳》

신은 송준길(宋浚吉), 송시열(宋時烈)과 같은 집안사람이며 같은 고을에 살았습니다. 어려서부터 그들의 문하(門下)에서 배웠으니, 은혜로 따지자면 부자(父子)의 관계와 같고 의리로 따지자면 사제(師弟)의 관계입니다. 존경하여 우러르고 독실하게 신뢰하는 마음이 늙어서도 변하지 않았습니다. 비록 그들을 공격하는 논의에 없는 말이 없다는 소식을 들었지만, 미혹하고 가림이 이미 심하여 끝내 깨닫지 못했으니, 신과 같은 사람은 고루하고 꽉 막혀서 변화하지 못함이 심한 경우입니다. 두 신하가 죄를 입은 뒤로 평소 문하에 출입하던 제자들과 친구들도 모두 연루되었습니다. 지금에 이르러서는 온갖 계략이 날로 깊어지고 하는 말이 지극히 참혹하여 심지어는 반역의 원흉이라고 합니다. 그리고 만일 한 마디라도 두 신하에게 관계된 말을 하면, 문득 다 같은 무리로 지목하여 배척하고 공격하기를 더할 나위가 없이 합니다.

신이 지난번에 전하의 위엄을 두려워하여 비록 감히 구름을 밀치고 궁궐에 부르짖어[70] 그들의 원통함을 하소연하지는 못했지만, 슬프고 아픈 마음은 진실로 다른 사람보다 몇 배나 더했습니다. 지금 저들이 적용하는 법으로 따진다면, 신은 마땅히 가장 먼저 배척받아야 할 사람입니다. 어찌 감히 구차하게 법망(法網)을 빠져 나가는 것[71]을 다행으

70 구름을……부르짖어 : 주옥(珠玉)같은 글로 임금에게 의견을 올린다는 말이다. 한유(韓愈)의 〈악착(齷齪)〉에 "구름 헤치고 하늘 문 앞에서 소리치며, 뱃속 열어 낭간 같은 계책을 바치고 싶어라.〔排雲叫閶闔, 披腹呈琅玕.〕"라는 구절이 있다. 《古文眞寶前集 卷3》

71 법망(法網)을……것 : 망루(網漏)는 망루탄주(網漏呑舟)의 준말이다. 탄주(呑舟)는 배를 삼킬 만큼 큰 물고기 또는 고래를 말하는데, 그물이 헐거우면 배를 삼킬 만한 큰 고래도 빠져나가듯이 법망이 허술하고 약하면 큰 죄인이 모두 빠져나간다는

로 여겨, 자수하지 않고 편안히 아무런 관계가 없는 사람과 같게 할 수 있겠습니까.

신이 일찍이 《송사(宋史)》를 살펴보니, 이천(伊川) 정이(程頤)[72]가 얼굴빛을 바르게 하고 조정에 서서 상을 주고 폄하하는 것을 논의할 적에 돌아보고 피하는 바가 없었는데, 마침내 유감이 있는 여러 사람들에게 질시를 받아 날조된 비난과 모욕이 이르지 않는 바가 없었습니다. 그의 문인 범조우(范祖禹)[73]가 스승의 원통함을 하소연하였는데, 그 대략의 내용은 다음과 같습니다.

"정이의 경술(經術)과 의리에 맞는 행실에 대해서는 천하의 사람들이 모두 알고 있습니다. 그런데도 말하는 사람들이 심지어는 대단히 아첨하고 대단히 사악하며 탐욕스런 마음으로 청탁하러 이리저리 분주하게 돌아다니면서 사람들과 관계를 맺었다고 합니다만, 이것은 다 거짓이고 사실이 아닙니다. 신은 오래 전부터 정이를 위해 한 말씀을

뜻이다. 《史記 卷122 酷吏列傳序》

72 정이(程頤) : 1033~1107. 자는 정숙(正叔), 호는 이천(伊川)이다. 형 정호(程顥)와 함께 주돈이(周敦頤)에게 배웠고, 형과 아울러 이정자(二程子)라고 불리며 정주학(程朱學)의 창시자로 알려졌다. 저술로 《역전(易傳)》·《춘추전(春秋傳)》·《어록(語錄)》 등이 있으며, 그의 저술은 《이정전서(二程全書)》에 수록되었다. 이천백(伊川伯)에 봉해졌다.

73 범조우(范祖禹) : 1041~1098. 송(宋)나라 화양(華陽) 사람으로, 자는 순보(淳甫)·몽득(夢得)이다. 사마광(司馬光)을 따라 《자치통감(資治通鑑)》을 편수하는 일에 참가하여 비서성 정자(祕書省正字)에 제수되었다. 급사중(給事中)·한림학사(翰林學士) 등의 관직을 역임하였는데, 소성(紹聖) 초에 《신종실록(神宗實錄)》을 편수하는 과정에서 신종을 비방하고 사마광이 신법(新法)을 변혁하는 데에 동조했다는 모함을 받아, 무안군 절도부사(武安君節度副使)·소주 별가(昭州別駕)에 좌천되었다.

드리고자 하여 여러 해 동안 마음속에 품고 있었는데, 미루고 실행하지 못하여 정이가 오랫동안 무고(誣告)와 비방(誹謗)을 받게 하였습니다. 이것을 생각할 때마다 부끄러운 마음이 없지 못합니다."

정이가 부주(涪州)로 쫓겨난 뒤에 그의 문인 윤언명(尹彦明)[74]이 조정의 부름을 받았으나, 사직하고 부임하지 않으며 말하기를 "정씨에게 배운 사람은 바로 저 윤원명입니다. 청컨대 함께 쫓겨나기를 바랍니다."라고 하였습니다.

지금 신이 처한 상황은 바로 위의 두 사람과 서로 비슷합니다. 비록 그러하나 범조우(范祖禹)는 비록 당시에 곧바로 말하지는 못했지만, 마침내 뒷날에는 스승의 원통함을 하소연했습니다. 그런데 지금 신은 4년 동안이나 아픈 마음을 간직하고 있으면서도 아직까지 한 마디 말도 하지 못하였으니, 이미 범조우의 죄인입니다. 지금 만약 영화를 탐하고 전하의 총애를 바라서 염치없이 조정에 달려 나간다면 또한 어찌 윤언명의 죄인이 되지 않겠습니까. 신처럼 보잘것없는 사람은 진실로 옛사람과 비교될 수 없습니다. 그러나 어려서부터 두 신하의 가르침을 받아 염치와 의리를 숭상해야 한다는 것을 대강은 알고 있으니, 진실로 옛사람들이 하지 않았던 일을 신이 차마 할 수는 없습니다.

아, 두 신하의 원통함은 천지와 귀신이 실로 굽어본 것입니다. 그런데 신이 이미 신의 진심을 다해서 그들이 무고를 받고 있는 실상을 밝히지 못했고, 또한 알기 쉬운 것부터 말씀드려서[75] 전하의 마음을

74 윤언명(尹彦明) : 송(宋)나라 하남(河南) 사람 윤돈(尹焞, 1071~1142)으로, 자는 언명·덕충(德充)이고, 호는 화정(和靖)이다. 저서로 《논어해(論語解)》·《화정집(和靖集)》이 있다. 젊었을 때 정이(程頤)를 사사(師事)하였다.

깨우치지도 못하였습니다. 마음과 실제 일이 어긋나고 의리와 분수가 모두 어그러졌습니다. 신에게 이런 잘못이 있는데, 장차 어디에 쓰시겠습니까.

지금 신의 입장은 어머니의 병으로 말씀드리자면 결코 두고 떠날 길이 없고, 정세(情勢)로 말씀드리자면 또한 무릅쓰고 나아가기 어려운 의리가 있습니다. 삼가 바라건대 성스럽고 자애로운 전하께서는 곡진히 불쌍하게 여겨 신의 직명(職名)을 서둘러 깎고, 그대로 배척하고 물리쳐 영원히 거두어 부르지 말아 주십시오. 그리하여 신으로 하여금 목숨을 다할 때까지 어머니를 모시고, 문을 걸어 닫아 허물을 줄여서, 살아서는 성상(聖上)을 축복하는 백성이 되고 죽어서는 은혜에 감사하는 귀신이 되게 한다면, 이는 진실로 천지 부모와 같은 전하께서 처음부터 끝까지 살리시는 은택일 것입니다. 신은 하늘을 우러르고 성상을 바라보며 격렬하고 간절하게 바라는 지극한 마음을 견디지 못하겠습니다.

75 알기……말씀드려서 : 납약자유(納約自牖)는 《주역》 〈감괘(坎卦) 육사(六四)〉에 "맺음을 들이되 통한 곳으로부터 하면 끝내 허물이 없으리라.〔納約自牖, 終无咎.〕"라고 한 데서 유래한 말이다. 이는 신하가 군주를 깨우칠 때에는 극진한 충성과 옳은 방법으로 군주의 마음을 유도하되, 반드시 군주가 잘 알 수 있는 것부터 시작해야 한다는 뜻이다.

호서의 유생들을 대신하여 동춘[76] 선생을 숭현서원[77]에 배향하기를 요청하는 소장 경신년(1680, 숙종6)

代湖儒請同春先生配享崇賢書院疏 庚申

삼가 아룁니다. 도학(道學)과 국가의 관계는 원기(元氣)와 사람 몸의 관계와 같습니다. 원기가 쇠약해지면 병들지 않는 사람이 없으며, 도학이 쇠퇴하면 위태로워지지 않는 나라가 없습니다. 무릇 유현(儒賢)은 도학의 소재(所在)이며 원기가 붙어 있는 바입니다. 이와 같기 때문에 옛날의 임금들은 유현을 존숭(尊崇)하고 도학을 표장(表章)하여 나라의 원기로 삼지 않은 경우가 없었으니, 그 유래가 오래되었습니다.

신들이 가만히 생각건대 근고(近古)의 인물 고(故) 증(贈) 영의정(領議政) 신(臣) 송준길(宋浚吉)은 바로 고 유신(儒臣) 문원공(文元公) 김장생(金長生)[78]의 뛰어난 제자입니다. 김장생은 진실로 문성공

76 동춘(同春) : 송준길(宋浚吉, 1606~1672)로, 본관은 은진(恩津), 자는 명보(明甫), 호는 동춘이다. 《宋子大全 卷182 同春堂宋公墓誌》

77 숭현서원(崇賢書院) : 1585년(선조18)에 지방 유림의 건의로 정광필(鄭光弼)·김정(金淨)·송인수(宋麟壽)의 학문과 덕행을 추모하기 위해 창건하여 그들의 위패를 봉안하였다. 임진왜란 때 소실되었다가 1609년(광해군1)에 중건되었고, 같은 해 이시직(李時稷)의 상소로 숭현(崇賢)이라고 사액되었다. 그 뒤 1646년(인조24)에 김장생(金長生), 1681년(숙종7)에 송준길, 1694년에 송시열(宋時烈)을 추가로 배향하였고, 1667년(현종8)에는 별사(別祠)를 건립하여 이시직과 송시영(宋時榮)을 배향하였다. 1871년(고종8)에 대원군의 서원철폐령으로 훼철되었다.

78 김장생(金長生) : 1548~1631. 본관은 광산(光山), 자는 희원(希元), 호는 사계

(文成公) 이이(李珥)의 적통을 전하여 남쪽 지방에서 앞장서서 제창하였는데, 송준길은 어릴 때부터 책 상자를 지고 가서 스승으로 섬겼습니다. 당시에 김장생의 문하에 들어온 선비들이 매우 많았으나, 정련한 금과 아름다운 옥 같은 자질, 그리고 상서로운 봉황과 길한 기린 같은 명망은 같이 배우는 자들 중에 혹시라도 송준길을 앞서는 자가 없었습니다. 만년(晩年)에 이르러서는 덕(德)이 이루어지고 도(道)가 높아져, 울연히 성스러운 시대의 유림(儒林)의 종장(宗匠)이 되었습니다. 그러니 그 조예(造詣)의 심천(深淺)과 지분(地分)의 고하(高下)는 진실로 신들과 같은 말학(末學)들이 감히 헤아려 형용할 수 있는 것이 아닙니다. 비록 그러하나 신들은 한 세대에 함께 태어났고 한 도(道)에서 같이 살아서 드나들며 따라다녔으니, 의리를 살피고 덕에 훈도된 세월이 오래입니다. 그러니 송준길의 도학(道學)의 실제에 대해 어찌 한두 개라도 얻은 것이 없겠습니까. 청컨대 송준길에 대하여 직접 보아 아는 것을 가지고 대략 조목별로 아뢰겠습니다.

대개 방 하나를 깨끗하게 쓸고 엄숙하게 조용히 앉아서 마음을 간직하고 본성을 기르는데, 늙어서도 더욱 돈독하게 한 것은 거경(居敬)의 방법이었습니다. 절문(節文)과 의칙(儀則)을 빠짐없이 강구하여 길례(吉禮)와 흉례(凶禮), 상례(常禮)와 변례(變禮)의 크고 작은 일을 반드시 이로 말미암아 행한 것은 예를 확립하는 실제였습니다. 온화하고 공손함을 덕으로 삼고 효성(孝誠)과 우애로 가정을 다스리며, 추원(追

(沙溪)이다. 임진왜란 이후 주로 지방관을 역임하였으며, 인목대비 폐모 논의가 일어나고 북인이 득세하자, 낙향하여 예학 연구와 후진 양성에 몰두하였다. 《同春堂集 卷21 嘉義大夫刑曹參判贈資憲大夫吏曹判書沙溪金先生諡狀》

遠)과 보본(報本)에 성의를 다하여 그 은택이 문중 친척들에게 미치게 한 것은 집안에 처하는 아름다움이었습니다. 사람을 잘 이끌기를[79] 게을리하지 않으며, 널리 대중을 사랑하고 포용하여 원망하고 싫어함이 없으며, 기쁜 마음으로 복종하지 않는 자가 없는 것은 사람을 대하는 정성이었습니다. 산림에 묻혔어도 이름이 나서[80] 조정의 부름[81]이 자주 이르러도 10년 동안 굳게 앉아 대문 밖으로 나가지 않은 것은 초년(初年)에 도를 지킨 올바름이었습니다. 천재일우(千載一遇)의 성대한 시대, 그리고 양기(陽氣)가 다시 회복[82]되는 시기에 조정을 진작시키고 경연(經筵)에서 부지런히 힘썼던 것은 중년에 군신(君臣) 간에 서로 의기투합한 융성함이었습니다. 의리가 감반(甘盤)과 같아서 서연관(書筵官)으로 있을 때,[83] 한결같은 마음으로 계옥(啓沃)하고 지극한

79 사람을 잘 이끌기를 : 《논어》 〈자한(子罕)〉에 "부자께서 차근차근히 사람을 잘 이끄시어 문으로써 나의 지식을 넓혀 주시고 예로써 나의 행실을 요약하게 해 주셨다.〔夫子循循然善誘人, 博我以文, 約我以禮.〕"라고 한 말을 원용하였다.

80 산림에……나서 : 구고(九皐)는 수택(水澤)의 깊은 곳을 말하는데, 《시경》 〈학명(鶴鳴)〉에 "학이 구고에서 울면 소리가 하늘까지 들린다.〔鶴鳴于九皐, 聲聞于天.〕"라고 한 데서 유래하였다. 재덕(才德)이 깊고 두터운 군자는 비록 비천한 환경에 처해 있더라도 그 빛이 절로 드러나 명성이 임금에게까지 들린다는 것을 비유하는 말이다.

81 조정의 부름 : 정초(旌招)는 학덕이 높은 선비를 과거를 거치지 않고 유림(儒林)의 천거로 벼슬에 부르던 일을 말한다. 춘추 시대에 임금이 사(士)를 부를 때에는 궁(弓)으로 하고, 대부(大夫)를 부를 때에는 정(旌)으로 했다는 고사에서 유래하였다. 《春秋左氏傳 昭公20年》

82 양기(陽氣)가 다시 회복 : 양복(陽復)은 양(陽)이 회복됨을 이르는데, 《주역》에서 음(陰)은 악(惡)으로 소인(小人)을, 양은 선(善)으로 군자를 이르는 바, 양이 회복되었다는 것은 소인들이 물러나고 군자들이 다시 등용되었음을 이른다.

83 의리가……때 : 송준길이 세자를 가르친 스승이었다는 말이다. 감반(甘盤)은 은

정성으로 보도(輔導)한 것은 만년(晩年)에 보좌한 공로였습니다. 시대를 걱정하고 임금 사랑하기를 한순간도 잊지 않았고, 아는 것을 말하지 않음이 없고 말을 하면 다하지 않음이 없었던 것은 일생동안 나라에 몸을 바친 충(忠)이었습니다.

만약 공족(公族) 가운데 은혜에 친압(親狎)하는 사람이 있으면 반드시 왕실에 근심이 될 것을 알고, 권세를 잡은 신하 중에 총애를 믿는 자가 있으면 반드시 국가에 재앙을 끼칠 것을 알아, 다른 사람들이 보지 못하는 데서 홀로 보고 사람들이 말하기 어려운 것을 감히 말하였는데, 그 말이 들어맞는 것이 마치 좌계(左契)[84]가 합해지는 것과 같았던 것은 인물을 살핌이 정밀하고 일을 보는 것이 밝았던 것입니다. 명(明)나라를 높이는[85] 한결같은 마음에 이르러서는 해와 별처럼 밝았는데, 도를 이미 행하기 어렵고 때가 불가함이 있으면 높은 벼슬을 마음에 두지 않고 만종(萬鍾)의 녹(祿)을 뜬구름처럼 여겨, 물러남에 있어서는 하루가 다 가기를 기다리지 않았고 초야에 머물러 있음에는

(殷)나라 무정(武丁)의 현신(賢臣)이다. 《서경》 〈열명 하(說命下)〉에 "나 소자는 전에 감반에게 배웠다.〔台小子, 舊學于甘盤.〕"라고 하였다. 후대에는 임금이 되기 이전의 친구나 스승을 뜻하는 말로 쓰이게 되었다. 주연(冑筵)은 세자에게 경사(經史)를 강의하고 교육하는 자리인 서연(書筵)을 이른다. 임금의 경연(經筵)과 구별하기 위해 서연이라 칭하였다. 《현종실록》 6년 6월 17일 기사에 송준길을 원자 보양관(元子輔養官)으로 임명한 기록이 보인다.

84 좌계(左契) : 둘로 나눈 부신(符信) 가운데 왼쪽의 것으로 좌권(左券)과 같은 뜻인데, 여기서는 명확한 증거를 뜻한다. 《노자(老子)》에 "성인은 좌계를 가질 뿐이지 사람을 책망하지는 않는다.〔聖人執左契, 而不責於人.〕"라고 하였다.

85 명(明)나라를 높이는 : 존주(尊周)는 본래 주나라를 높인다는 말인데, 중화(中華)를 존중한다는 뜻으로 쓰인다. 여기서는 명나라를 높인다는 의미로 사용되었다.

마치 장차 몸을 마칠 것 같이 하여, 처음 먹은 마음[86]을 바꾸지 않고 평소의 실천을 더욱 단단히 한 것은 평생 지킨 것이 천하의 대의(大義)가 아님이 없었던 것입니다.

이것이 바로 송준길의 학문의 연원(淵源)과 덕행의 본말입니다. 충애(忠愛)의 돈독(敦篤)함과 식견의 높음, 그리고 출처(出處)와 진퇴의 정대(正大)함과 광명(光明)함, 수립(樹立)과 성취의 탁월함과 원대함은 진실로 모두 옛 현인에게 부끄러울 것이 없으며 후손들에게도 본보기가 될 수 있습니다. 살아서는 한 시대의 본보기가 되었고 운명해서는 백세의 스승이 되었다는 것이 어찌 진실로 한 고을 사람들의 사사로운 말일 뿐이겠습니까.

우리의 도가 불행해지고 사문(斯文)이 복이 없어,[87] 산이 무너지고 대들보가 꺾인[88] 지가 어느덧 벌써 9년이나 지났습니다. 무릇 우리 후

86 처음 먹은 마음 : 초복(初服)은 벼슬하기 전에 입던 옷이라는 뜻으로, 벼슬을 떠나 처음에 살던 곳으로 돌아가 은거함을 비유할 때 쓰는 말이다. 굴원(屈原)이 지은 〈이소(離騷)〉에 "물러가 다시 나의 초복을 손질하리.〔退將復修吾初服〕"라고 하였다.

87 복이 없어 : 무록(無祿)은 복이 없다는 말이다. 《시경》 〈정월(正月)〉에 "지금 복이 없는 사람들은 하늘이 재앙을 내려 해치도다.〔民今之無祿, 天夭是椓.〕"라고 하였다.

88 산이……꺾인 : 송준길이 운명했다는 말이다. 공자(孔子)께서 어느 날 아침에 일찍 일어나 지팡이를 끌고 문 앞을 서성이면서 노래하기를 "태산이 아마도 무너지려나 보다. 들보가 아마도 내려앉으려나 보다. 철인이 아마도 시들려나 보다.〔泰山其頹乎, 梁木其壞乎, 哲人其萎乎.〕"라고 하시자, 자공(子貢)이 듣고 "태산이 무너지면 내가 장차 누구를 우러르며, 들보가 꺾이고 철인이 죽으면 내가 장차 누구를 본받겠는가. 선생님께서 아무래도 병이 나실 모양이다.〔泰山其頹, 則吾將安仰, 梁木其壞, 哲人其萎, 則吾將安放. 夫子殆將病也.〕"라고 하였는데, 공자께서 그날부터 7일간 병을 앓다가 세상을 떠난 고사에서 나왔다. 《禮記 檀弓上》 여기에서 유래하여 스승의 죽음을 의미하는 말로 사용된다.

생 제자들이 갈팡질팡하며 누구를 우러를까[89] 하는 애통한 마음을 품고 있는데, 그 마음은 오랜 세월이 지나도 그치지 않습니다. 사당에서 제사를 모시며 추모하는 마음을 붙이고 높이 받드는 도를 이루고자 하는 것이 어찌 신들만의 지극한 바람이겠습니까. 또한 성스러운 조정에서도 마땅히 먼저 힘써야 할 일입니다.

생각건대 여기 공청도(公淸道 충청도)의 회덕현(懷德縣)은 바로 송준길이 살던 고장이고, 이른바 숭현서원(崇賢書院)이 그 땅에 있으니 진실로 조정에서 일찍이 사액(賜額)한 곳입니다. 처음에 문익공(文翼公) 신(臣) 정광필(鄭光弼)[90]과 문간공(文簡公) 신 김정(金淨)[91]과 문충공(文忠公) 신 송인수(宋麟壽)[92]를 배향하였고, 그 뒤에 또 김장생을 배향하였으며, 강화도에서 순절한 신 장령(掌令) 이시직(李時稷)[93]과 주부(主簿) 송시영(宋時榮)[94]을 또한 동서로 배향하였습니다. 대개 이

89 누구를 우러를까 : 안앙(安仰)은 스승을 잃은 제자의 마음을 뜻하는 말로, 자공의 말에서 유래하였다. 77쪽 각주88 참조.

90 정광필(鄭光弼) : 1462~1538. 본관은 동래(東萊), 자는 사훈(士勛), 호는 수부(守夫), 시호는 문익(文翼)이다. 《鄭文翼公遺稿 附錄 有明朝鮮國大匡輔國崇祿大夫……贈謚文翼鄭公神道碑銘 幷序》

91 김정(金淨) : 1486~1521. 본관은 경주(慶州), 자는 원충(元冲), 호는 충암(冲菴)·고봉(孤峯), 시호는 문간(文簡)이다. 기묘사화 때 유배되었다가 신사무옥에 연루되어 사사되었다. 《冲庵集 年譜》

92 송인수(宋麟壽) : 1499~1547. 본관은 은진(恩津), 자는 미수(眉叟)·태수(台叟), 호는 규암(圭菴), 시호는 문충(文忠)이다. 《圭菴集 卷3 附錄 謚狀》

93 이시직(李時稷) : 1572~1637. 본관은 연안(延安), 자는 성유(聖兪), 호는 죽창(竹窓)이다. 이괄(李适)의 난 때에 공주(公州)에 왕을 호송했고, 병자호란 때에 강화도가 함락되자 그곳에서 자결했다. 이조 판서에 추증되었다.

94 송시영(宋時榮) : 1588~1637. 본관은 은진, 자는 공선(公先)·무선(茂先), 호는

곳은 바로 송준길이 일찍이 여기서 선현을 추모(追慕)[95]하였고 여기서 예악을 익혔으며, 젊어서부터 늙을 때까지 강학(講學)[96]하고 거닐던 곳입니다.

신들은 일찍이 갑인년(1674, 현종15)에 삼가 합향(合享)하려는 의논을 사림에게 두루 알렸고 예조(禮曹)에 보고하여 알렸습니다. 그래서 장차 그 위판(位版)을 받들어 올려서 제사 지내는 예를 거행하려고 하였습니다. 그런데 뜻밖에 당시의 일이 갑자기 변하여[97] 재앙을 만들어냄이 지극히 참혹하였고 추탈(追奪)의 법이 저승에까지 이르렀으니, 형편상 감히 그대로 행할 수 없어 가슴 아프게도 중지하지 않을 수 없었었습니다. 이것은 우리 도(道)의 액운이며 사문(斯文)의 슬픔입니다만, 또 어찌 다만 우리 도가 불행하고 사문이 복이 없어서일 뿐이겠습니까.

다행히 이제 성스러운 전하의 감식안(鑑識眼)이 회복되고 하늘의 해가 다시 밝아져서, 무고(誣告)를 받은 실상을 밝게 살피고 옛날에 배운 은혜를 추억하여 윤음(綸音)을 널리 선포하셨는데, 그 말씀의

야은(野隱)이다.

95 추모(追慕) : 갱장(羹墻)은 국과 담장이라는 뜻으로, 앙모(仰慕)하는 마음이 지극함을 비유하는 말이다. 요 임금이 죽은 뒤 순 임금이 3년 동안 앙모하여 앉아 있을 때는 담장에서, 밥 먹을 때는 국그릇에서 요 임금을 보았다는 말이 있다. 《後漢書 卷63 李固列傳》

96 강학(講學) : 고비(皐比)는 호랑이 가죽을 이르는데, 북송(北宋)의 학자 장재(張載)가 항상 호랑이 가죽을 깔고 앉아서 《주역》을 강론하였으므로, 스승이 강학(講學)하는 자리를 이르게 되었다.

97 당시의……변하여 : 이 해에 현종이 승하하고 숙종이 즉위하였으며, 영의정 김수홍(金壽興)이 귀양 가고 송시열(宋時烈)의 관직이 삭탈되는 일이 있었다.

뜻이 슬프고도 간절하였습니다. 이미 그 관작(官爵)을 회복하고 또 별제(別祭)를 하사하여 유림으로 하여금 기운을 토하게 하고 우리의 도가 더욱 빛나게 하셨으니, 보고 들은 사람들마다 뛸 듯이 기뻐하지 않음이 없었습니다. 그러니 성스러운 조정이 송준길에 대해서 예로 대하는 성대함과 사랑으로 대우하는 융성함이 처음부터 끝까지 바뀌지 않았고, 임금과 신하의 사이에 양쪽 다 서운한 바가 없다고 이를 만합니다. 아, 성대합니다.

신들은 오랫동안 청아(菁莪)의 교화[98]를 입었고 이렇게 아름답고 빛나는 운세를 만났으니, 서둘러 전날에 미처 거행하지 못했던 성대한 예를 거행하여 많은 선비들의 풀지 못한 지극한 바람을 풀고자 합니다. 그리하여 한편으로는 후학들이 스승을 존숭하는 의리를 다하고, 한편으로는 성스러운 조정이 덕을 숭상하는 아름다움을 돕고자 합니다. 먼 곳이든 가까운 곳이든 모두 성원하였고, 도모하지는 않았어도 하는 말은 같았습니다. 변고가 있었던 뒤와는 일의 실상이 달라졌고, 경화(更化)[99]의 초기에 성스러운 전하의 총명이 바야흐로 열렸음을 생각할

98 청아(菁莪)의 교화 : 훌륭한 가르침을 받았다는 말이다. 청아는 인재를 육성함을 뜻한다. 《시경》 〈청청자아(菁菁者莪)〉에 "무성하고 무성한 새발쑥이여, 저 언덕 가운데 있도다. 이미 군자를 만나 보니 나에게 백붕을 주신 듯하여라.〔菁菁者莪, 在彼中陵. 旣見君子, 錫我百朋.〕"라고 하였는데, 모서(毛序)에 "청청자아는 인재를 육성함을 즐거워한 시이다."라고 하였다.

99 경화(更化) : 정치를 개혁하여 교화를 새롭게 한다는 뜻이다. 《통감절요(通鑑節要)》 권3에 "금슬의 소리가 대단히 조화를 이루지 못하면, 반드시 그 줄을 풀어서 고쳐 매야만 연주할 수 있고, 정치를 하는데 잘 행해지지 않으면, 반드시 변화시켜서 교화를 새롭게 해야만 나라를 다스릴 수 있다.〔琴瑟不調甚者, 必解而更張之, 乃可鼓也. 爲政而不行甚者, 必變而更化之, 乃可理也.〕"라고 하였다. 여기서는 1680년(숙종6)의 경신대

뿐이니, 또 어찌 감히 성스러운 전하께 아뢰어 밝은 뜻을 얻지 않고 곧바로 옛일을 지레 행하여 마치 전날처럼 하겠습니까. 이에 감히 함께 엄하신 전하께 우러러 하소연합니다.

삼가 바라건대 성스럽고 명철하신 전하께서는 어진 이를 좋아하는 정성을 더욱 돈독히 하고 도를 지키는 의리를 거듭 생각하여, 책임을 맡은 신하에게 분명히 지시하여 서둘러 숭상하고 장려하는 은전을 시행해 주십시오. 그리하여 송준길로 하여금 위의 여섯 신하들과 더불어 한 서원에 배향되어 천 년 동안 제사를 받을 수 있게 하신다면, 다만 온 나라 선비들의 지극한 다행일 뿐만 아니라 원기를 돕고 국가의 맥을 오래 가게 하는 방법에도 또한 어찌 작은 도움이 될 뿐이겠습니까. 신들은 격렬하고 간절히 바라는 지극한 마음을 견디지 못합니다.

출척(庚申大黜陟)을 의미한다.

공조 참의를 사직하는 두 번째 소장

辭工曹參議再疏

삼가 아룁니다. 신은 전혀 꿈에서조차 생각지 못했는데, 외람되이 승진 발탁의 성은을 입었습니다. 보잘것없는 신이 이처럼 특별한 은혜를 차지하였으니, 분수를 헤아리고 의리를 따라 판단할 때 부끄럽고 놀라우며 두려운 마음을 감당할 수 없었습니다. 부득불 실정을 대략 말씀드려 우러러 전하를 번거롭게 하여 다행히 환수하라는 명이 있기를 바랐으나, 작은 정성이 지극하지 못하여 전하의 마음을 돌리지 못하였습니다.[100] 허락을 내려 주지 않았을 뿐만 아니라 도리어 온화하고 정성스러운 비답을 내리셨습니다. 그 비답에서 말씀하신 뜻이 후하고 도타우니, 미천한 신이 성스럽고 명철하신 전하께 어찌 이런 대우를 받을 수 있는지 알지 못하겠습니다. 감격하고 황공하여 더욱 몸둘 곳을 모르겠습니다.

아, 지금 이렇게 특별히 임명하신 일은 이미 정상적인 격식의 밖에서 나왔습니다. 신이 비록 어리석고 몽매(蒙昧)하지만 어찌 전하의 뜻이 우연이 아님을 모르겠습니까. 다만 그 우연이 아닌 것을 보잘것없는 저에게 잘못 베푸셔서, 끝내 지나치게 잘못된 일이 되었습니다. 그러므로 신이 스스로 처신하는 의리는 감히 면직을 바라지 않을 수 없습니

100 부득불……못하였습니다 : 이 글은 공조 참의(工曹參議)를 사직하는 두 번째 소장이다. 따라서 여기서 말하고 있는 내용은 첫 번째 사직 소장을 올릴 당시의 심정을 말한 것이다.

다. 만약 신이 품계에 따라 직급을 역임하고 전례(前例)에 따라 성은(聖恩)을 받았거나, 또는 혹 조금이나마 기록할 만한 실상이 있어서 이처럼 포상(褒賞)의 은전(恩典)을 입었다면, 또한 어찌 반드시 줄곧 부끄러워하고 위축되어 한갓 사양하고 피하려는 생각만 갖겠습니까.

지금은 그렇지 않아서 신은 병들어 능히 벼슬할 수 없는 상황인데, 명리(名利)에 욕심이 없어 물러났다고까지 판단하여, 아래에서는 이것을 가지고 아뢰고 위에서는 이것을 가지고 장려하고 발탁하셨습니다. 명성과 실상이 매우 어긋나고 등용하고 버리는 것[101]이 크게 잘못되었으니, 신이 비록 염치없이 명을 받더라도 조정을 욕되게 하고 당대에 부끄러움이 되는 것은 어찌하겠습니까.

신이 듣건대 "하지 않는 것과 하지 못하는 것은 그 모습이 판이하다."라고 하였습니다. 하지 않는 것은 할 수 있는데도 기꺼이 하지 않는 것을 이르고, 하지 못하는 것은 하고 싶지만 할 수 없는 것을 이릅니다. 신이 병으로 인해 물러나 은거하였으니, 진실로 이는 하고 싶어도 할 수 없는 것이지 처음부터 할 수 있는데도 기꺼이 하지 않는 것이 아닙니다. 지금 그 실상은 이와 같은 데 불과합니다. 그런데 이를 두고 명리에 욕심이 없어 물러났다고 하면서 경솔하게 발탁하여 격려하고 권장하는 것으로 생각하신다면, 죽고 싶을 만큼 부끄러운 신의 마음이야 진실로

101 등용하고 버리는 것 : 거조(擧措)는 거직조왕(擧直措枉)의 준말로, 정직한 사람은 등용하고 간사한 사람은 버린다는 뜻이다. 노나라 애공(哀公)이 백성을 복종시키는 방법을 묻자, 공자께서 "정직한 사람을 들어 쓰고 모든 굽은 사람을 버려두면 백성이 복종하고, 굽은 사람을 들어 쓰고 모든 정직한 사람을 버려두면 백성이 복종하지 않습니다.〔擧直錯諸枉則民服, 擧枉錯諸直則民不服.〕"라고 대답한 데서 유래하였다. 《論語 爲政》

말할 것도 없으며, 성스러운 조정의 속속들이 자세히 살피는 방도와 아름다운 풍속을 장려하는 방법에 있어서 어찌 매우 잘못이 아니겠습니까.

아, 물러남으로 승진을 도모하는 일은 옛사람이 부끄러워한 것이고, 거짓에 의탁해서 진실을 이루는 것은 탐욕스러운 사람의 일입니다. 신처럼 미련하고 못난 사람을 비록 옛사람에게는 견주어 비교할 수 없으나, 또한 일찍이 탐욕스러운 사람을 경계하지 않은 적이 없는데, 차마 잘못된 성은을 염치없이 받아 스스로 명분과 의리를 잃고 거듭 식견이 있는 사람들의 기롱을 취하겠습니까.

비록 그러하나 신의 근력이 만일 움직일 수 있을 정도의 형편만 된다면, 또한 어찌 은혜로운 명령에 한번 감사를 드리고 물러나 신하로서의 바람을 펼치고 싶지 않겠습니까. 그러나 제 몸의 병은 실로 조금도 스스로 힘쓸 가망이 없습니다. 갖가지 위태롭고 악화된 모습은 이미 앞서 올린 소장에서 대략 아뢰었습니다. 비록 감히 매번 번거롭게 아뢸 수는 없지만, 30년 동안 앓아온 담증(痰症)과 화증(火症)이 어머니의 상을 치르면서[102] 몸이 손상된 나머지 크게 심해졌고, 겸하여 냉습증(冷濕症)과 충산증(衝疝症)이 때를 틈타 차례로 발병하였습니다. 게다가 계절이 마침 심히 더울 때를 만나 몸조리도 제대로 할 수 없고 약을 먹을 길도 없으니, 갈수록 더욱 심해져 이미 극심한 정도에 이르렀습니다. 지금은 기력(氣力)이 극도로 떨어져서 한 가닥 실오라기처럼 쇠미

102 어머니의 상을 치르면서 : 초토(草土)는 거상(居喪)을 뜻하니, 부모님의 상을 지낼 때에 풀로 만든 거적을 깔고 흙으로 만든 베개를 벤다는 데서 유래하였다. 송규렴의 어머니는 1678년(숙종4)에 별세하였다.

(衰微)할 뿐만 아니라, 돌아눕거나 앉고 눕는 것도 모두 옆 사람에게 의지합니다. 오히려 어찌 한 발짝이라도 걸음을 떼기를 바라겠습니까.

신이 종전에 병들어 몸을 제대로 쓰지 못했던 상황은 실로 온 조정의 사람들이 다 알고 있습니다. 지금 이렇게 오래된 병과 새로운 병이 한꺼번에 같이 악화되었는데, 마침 거듭 전하의 은혜를 입는 날을 만났으니, 이는 틀림없이 복이 지나쳐 재앙을 부른 것으로 죽을 날이 장차 닥쳐오려고 그러는 것입니다. 신의 사정이 이 지경에 이르렀으니, 다른 것은 다시 어찌 말씀드리겠습니까.

지금 신이 여러 차례 번거롭게 호소하여 은혜로운 명령을 어기는 것은 비록 어쩔 수 없는 상황에서 나왔지만, 자취를 보면 거만하고 죄를 따지면 회피하고 업신여긴 횟수가 많으니, 분수와 의리로 논하면 도끼 아래 엎드려 죽어야 마땅합니다. 게다가 또 병든 사람이라 정신이 밝지 못하고 헷갈려서 말에 순서가 없습니다. 서둘러 써서 아뢴 것이 작은 정성의 만분의 일도 다 드러내지 못하였으니, 더욱 지극히 황송하여 마음을 가눌 수 없습니다.

삼가 바라건대 성스럽고 자애로운 전하께서는 신의 답답하고 절박한 사정을 살피고 신의 병세가 위독함을 가엾게 여겨, 신에게 새로이 준 직명(職名)을 서둘러 깎아 내고, 겸하여 자급(資級)을 함께 고쳐 바로잡아 주십시오. 그리하여 신으로 하여금 마음 편히 눈을 감을 수 있게 하고, 신이 전후로 전하의 명령을 어긴 죄를 다스려 주십시오. 이는 더없이 크게 바라는 바입니다.

대사간을 사직하는 소장 신유년(1681, 숙종7)
辭大司諫疏 辛酉

삼가 아룁니다. 신은 지난달에 삼가 호조 참의(戶曹參議)에 임명하는 명을 받았습니다. 보잘것없는 신이 여러 차례 은혜로운 임명을 받았으니, 큰 은혜에 감격하였습니다. 감히 매번 병을 핑계할 수 없기에 한번 전하께 사례하고 구학(丘壑)으로 돌아와 죽는 것이 또한 신이 평소에 지니고 있던 간절한 마음입니다. 그러므로 병든 몸을 가마에 싣고 길을 나서 죽을힘을 다해 길을 가면서 열 번 엎어지고 아홉 번 넘어지며 조금씩 앞으로 나아가 엿새 만에 가까스로 강촌(江村)에 다다랐습니다.

그런데 뜻밖에 대사간(大司諫)에 임명하는 새로운 명령이 이때에 다시 내려오니, 이 어찌 신이 꿈에서나마 생각했던 것이겠습니까. 신이 종전에 받은 자리도 모두 걸맞지 않았는데, 분수에 넘치는 은총이 여기에 이르러 극진하였습니다. 이는 틀림없이 신의 분수가 이미 넘치고 죽을 때가 거의 다 되어 그러한 것이니, 놀랍고 두려워 몸둘 곳을 모르겠습니다.

아, 신은 본래 가난하고 미천한 집안 출신으로 지극히 어리석고 비루하여 이미 일컬을 만한 지위와 명망, 재주와 지략이 없고, 또한 기록될 만한 문벌이나 공로도 없습니다. 비록 예사롭고 한미한 관직이라도 오히려 함부로 차지해서는 안 됩니다.[103] 하물며 이 사간원(司諫院)

103 함부로……됩니다 : 남취(濫吹)는 능력도 없는 사람이 자리를 차지하고 있는 것

의 대사간[104]은 어떠한 자리이고 어떠한 직임이며, 신은 어떠한 사람이기에 감히 이 자리를 차지하여 조정을 욕되게 하고 당세를 부끄럽게 한단 말입니까.

지금 만약 신이 염치와 의리를 돌아보지 않고 한갓 전하의 은총에 연연하여 무턱대고 조정 반열에 나아가서 남들의 비웃음과 꾸짖음을 당한다면, 신이 마음으로 부끄러운 것이야 진실로 말할 것도 없지만, 성스럽고 명철하신 전하께서는 또한 어찌 이처럼 염치없는 신을 취하신단 말씀입니까.

신이 시골에서 지낸 여러 해 동안 조정에서 멀리 떠나 있다가, 이제 근교(近郊)에 도착하여 대궐이 시야에 들어오니, 전하의 용안을 한번 우러러 뵙고 오랜 바람을 펼치고 싶은 신의 정성이 어찌 마음속에서 격렬하게 움직이지 않겠습니까. 그러나 신이 차지한 직명(職名)은 끝내 감히 감당할 수 없으니, 비록 뻔뻔스럽게 얼굴을 쳐들고 나가서 숙배(肅拜)하고자 하지만, 어떻게 할 수 있겠습니까.

또한 신이 시골에 있을 때에 불행히도 넘어져 크게 다쳤습니다. 오랫동안 앓아온 병이 고질이 된 가운데 이처럼 뜻밖의 우환이 있게 되어, 팔다리가 깨지고 허리와 옆구리가 시리고 아프며, 어혈(瘀血)이 심장을 치받아 자주 숨이 막히는 지경에 이르렀습니다. 치료한 지 한 달이

을 말한다. 제(齊)나라 선왕(宣王)이 우(竽)를 좋아하여 악사(樂士) 3백 명을 불러 우를 불게 하였다. 남곽(南郭)이 부는 방법을 잘 모르면서도 여러 사람들 속에 끼어 불었기 때문에 탈 없이 넘어갔다. 그런데 민왕(湣王)이 등극하여 한 사람씩 불게 하자 속일 수 없었으므로 도망갔다는 고사에서 유래하였다. 《韓非子 內儲說上》

104 사간원(司諫院)의 대사간 : 미원(薇垣)은 사간원의 별칭이며, 장석(長席)은 장관이란 의미로, 사간원의 장관은 정3품인 대사간이다.

지나서야 가까스로 조금 나았는데, 길을 나선 뒤에는 여독(旅毒)으로 상처가 더하고 온갖 증상이 고통을 유발하여, 하나같이 처음 다쳤을 때처럼 침식(寢食)을 모두 폐하고 물만 끝도 없이 마셔서 원기가 크게 빠진 상태입니다. 숙환(宿患)인 담증(痰症)과 산증(疝症)까지 다시 이로 인하여 모두 심해지고, 허화(虛火)[105]가 몸을 달구고 차가운 덩어리가 위로 치받으면 나뒹굴면서 비명을 지르고 괴로워하는데 견딜 수 없을 정도입니다. 여관에 쓰러져서 시체와 같으니, 이러한 상태로는 실로 아침저녁을 보전하기도 어려운 걱정이 있습니다. 비록 혹시 신령한 하늘의 도움으로 목숨을 조금이나마 연장시킬 수는 있을지라도, 한 철 안에 회복되기를 바라기는 어렵습니다. 어찌 감히 부질없이 직명(職名)만 지니고 있으면서 오랫동안 간언(諫言)의 책임이 있는 자리를 비워 두어 죄를 무겁게 하겠습니까.

생각건대 신은 전후로 받은 임명에 대하여 한 번도 공경히 숙배(肅拜)하지 못했습니다. 이렇게 궁궐 가까이까지 왔으면서도 들어가 은혜로운 명령에 사례하지 못했으니, 신하의 분수와 의리가 땅을 쓸어버린 듯이 없어졌습니다. 게다가 신이 와서 머문 지가 벌써 이틀이 지났는데, 마침 왕릉 행차가 가까운 때를 만나 전하를 번거롭게 해 드릴 수도 없었습니다. 또한 병 때문에 정신이 혼란하여 집중하지 못하니 글을 짓는 것도 쉽지 않았습니다. 이제야 비로소 글을 올려 호소하면서 대략

105 허화(虛火) : 일반적으로 허화는 음이 부족하여 생긴다. 양 볼이 벌게지고 미열이 나며, 손발바닥이 달아오르고 가슴에 번열(煩熱)이 나면서 답답하고 수면 장애가 있으며, 식은땀이 나고 입과 목구멍이 마르면서 힘이 없는 증상이 나타난다.《한의학대사전, 편집부, 정담, 2001》

저의 실정을 드러냈으니, 지체하고 업신여긴 죄는 더욱 피할 길이 없습니다.

삼가 바라건대 성스럽고 자애로운 전하께서는 먼저 신의 죄를 다스려 임금을 섬기는 신하들의 경계로 삼으십시오. 이어서 신에게 새로이 내린 직명을 깎아 내어 관직[106]을 소중하게 하고 신의 미천한 분수를 편안하게 해 주십시오. 그리하여 신으로 하여금 병 조리에 전념하여 미천한 목숨을 보전할 수 있게 해 주신다면 천지 부모와도 같은 전하의 은혜를 어찌 헤아릴 수 있겠습니까. 신은 간절히 바라고 두려워하는 지극한 마음을 견디지 못합니다.

106 관직 : 명기(名器)는 존비(尊卑)와 귀천(貴賤)의 등급을 표시하는 관직과 작위를 말한다.

이조 참의를 사직하는 소장 임술년(1682, 숙종8)
辭吏曹參議疏 壬戌

삼가 바랍니다. 신은 본래 모자라고 비루하여 백에 하나도 남들과 같지 못합니다. 게다가 병들고 쇠락한 채 시골에 초라히 누워 있으며 스스로 영원히 폐기된 사람으로 다시는 세상에 기여할 가망이 없다고 여기고 있습니다. 그런데 뜻밖에 연신(筵臣)이 잘못 아뢰고 전하께서도 잘못된 은총을 내리시어, 합당하지 않은 명목(名目)을 더해 발탁하는 특별한 예우를 베풀기까지 하셨으니, 이 어찌 신처럼 보잘 것없는 사람이 감당할 수 있는 것이겠습니까. 그러나 사직(辭職)을 아직 윤허하지 않고 부르심도 여전히 그치지 않으시니, 신하의 본분과 의리로 볼 때 감히 줄곧 물러나 있을 수만은 없습니다. 그러므로 병든 몸을 부축하여 죽을 듯한 고통을 견디며 올라와 다만 은혜로운 명령에 한번 사례하고 대강이나마 오랜 바람을 이루고자 하였습니다. 숫자나 채우는[107] 한가로운 자리로 사사로운 분수에 맞으면 그만이지만, 청환(淸宦)이나 현직(顯職)은 실로 꿈도 꾸지 않았습니다. 분수를 벗어나 외람되이 자리를 차지한 것도 이미 지극히 두렵고 부끄러운데, 하물며 이 이조 참의의 직임은 얼마나 엄격히 뽑아야 하는 자리인데 함부로 신에게 더하신단 말입니까.

107 숫자나 채우는 : 비원(備員)은 겨우 숫자나 채울 뿐 큰 역량을 발휘할 수 없는 신하라는 의미이다. 구신(具臣)과 같은 말로, 《논어》 〈선진(先進)〉에 "중유와 염구는 숫자만 채우는 신하라고 이를 만하다.〔由與求也, 可謂具臣而已.〕"라고 하였다.

무릇 나라에서 인재를 얻고 잃음과 관리의 임명이 맑고 흐림과 조정이 존중받고 쇠퇴함은 모두 사람을 어떻게 쓰느냐에 달려 있고, 사람을 쓰는 책임은 실로 이조(吏曹)에 있습니다. 참의(參議)라는 자리가 비록 판서(判書)와는 같지 않지만, 이미 인사행정을 논의하는 데 참여하여 들을 수 있도록 허락하였고, 또 판서 없이 홀로 인사행정을 담당해야 할 때도 많으니,[108] 그 임무가 또한 무겁다고 할 만합니다. 이 어찌 신중하게 처리하지 않고 적임자가 아닌 사람에게 주어 관직을 병들게 하고 일을 그르치는 근심을 끼치게 한단 말입니까.

신은 본성과 자질이 어둡고 어리석어 인재를 알아보는 현명함[109]이 전혀 없고, 기개와 도량이 낮아 또한 법을 지켜야 하는 준엄함도 부족합니다. 게다가 궁벽한 시골에 칩거한 지 여러 해가 되어 일세(一世)의 인물에 대해 전혀 알지도 못합니다. 비록 품계에 맞춰 인물을 선별하고 성급히 권세를 다투는 무리들을 물리쳐서 인사행정을 공정하게 하고 벼슬길을 맑게 하고자 한들 그렇게 할 수 있겠습니까. 두루 돌아보고 스스로 살펴보아도 백에 한 가지도 합당한 것이 없으니, 신이 종전에 맡았던 직책들이 모두 신에게 어울리지 않았지만, 이번처럼 심한 경우는 있지 않았습니다. 이와 같은데도 오히려 다시 영화와 은총을 탐하여 염치도 없이 명령을 받든다면, 신의 부끄러운 마음이야 진실로 말할

108 홀로……많으니 : 독정(獨政)은 이조 판서(吏曹判書)가 사정이 있을 때 참판이나 참의 가운데 어느 한 사람이 대신하여 정사(政事)를 맡아보던 일을 말한다.

109 인재를 알아보는 현명함 : 조감(藻鑑)은 물속의 마름까지도 환히 들여다본다는 말로, 인재나 시문 등의 품질을 알아내는 식견을 말한다. 두보(杜甫)의 〈상위좌상(上韋左相)〉에 "인재 등용에 맑은 거울 남겼고, 신발 소리가 위로는 별에까지 들렸다오.〔持衡留藻鑑, 聽履上星辰.〕"라고 하였다.

것도 없지만, 관직을 욕보이고 세상을 수치스럽게 만드는 것은 어찌한단 말입니까.

신은 명령을 들은 뒤로 밤이나 낮이나 근심스럽고 두려워 어쩔 줄을 모르겠습니다. 혹시라도 잘못을 바로잡는 공론(公論)이 있기를 바라면서 움츠려 엎드린 채 공손히 기다린 지 이제 이미 여러 날이 지났지만, 아직도 듣지 못하였습니다. 이에 부득불 대략이나마 두려운 속마음을 드러내 머리를 들어 말씀드렸거니와 그 위독한 병과 깊은 고질로 관직에 이바지할 가망이 없는 상황은 하나하나 아뢰지도 못합니다.

삼가 바라건대 성스럽고 자애로운 전하께서는 신의 못난 실상을 살피고 신의 중심에서 나온 지극한 간절함을 헤아려 주십시오. 그리하여 신에게 새롭게 내린 직명(職名)을 빨리 깎아 관직을 소중하게 하고 미천한 신의 분수를 편안하게 해 주신다면, 공적으로나 사적으로나 매우 다행이겠습니다.

이조 참의를 사직하는 소장
辭吏曹參議疏

삼가 아룁니다. 신이 이조(吏曹)의 임무에 적합하지 않음을 스스로 분명히 알고 있기에 글을 올려 면직을 바랐으니, 실로 지극히 간절한 마음에서 나온 것입니다. 그런데 전하의 비답에서 윤허하지 않으시고, 소패(召牌)[110]가 갑자기 내려왔습니다. 마침 대정(大政)[111]이 임박하였으므로 감히 물러나 있을 수 없어서 애써 나와 숙배(肅拜)한 다음 무릅쓰고 인사행정에 참여하였습니다. 그러나 일세(一世)의 인물들 가운데 알지 못하는 사람이 많아 동료들의 물음에 하나도 제대로 대답하지 못하였으니, 다만 스스로 부끄럽고 위축될 뿐이었습니다.

이어 판서(判書)의 유고로 인하여 또 감히 여러 차례에 걸쳐 독정(獨政)[112]을 시행하였으나, 관리 명부를 펼쳐 보아도 역시 모두가 본래 알지 못하는 자들이었습니다. 승지(承旨)에게 자문하고 낭관(郎官)에게 물어 간신히 비의(備擬)[113]하고, 일을 마친 뒤 집으로 돌아오면 부끄

110 소패(召牌) : 조선 시대에 임금이 관리를 불러들일 때 사용하던 패, 또는 그 패를 보내어 신하를 부르던 일을 말한다.

111 대정(大政) : 매년 12월에 행하는 정기 인사(人事)를 가리킨다. 인사는 도목정(都目政)이라 하며 6월과 12월에 정기적으로 행하였는데, 6월에 하는 것을 권무정(權務政), 12월에 하는 것을 대정이라 하였다.

112 독정(獨政) : 이조 판서(吏曹判書)가 사정이 있을 때 참판이나 참의 가운데 어느 한 사람이 대신하여 정사(政事)를 맡아보던 일을 말한다.

113 비의(備擬) : 관리를 임명할 때 세 사람의 후보자를 추천하는 일을 가리킨다.

러운 마음이 며칠이나 이어집니다. 이와 같은데도 이조의 자리를 차지하고 있는 경우는 예전부터 없었습니다.

게다가 미천한 신의 병이 뜨거운 여름의 열기 끝에 발병하여 오래된 질환과 새로운 병이 때를 타고 동시에 심해지니, 열흘이나 한 달 이내에 직무를 수행할 가망이 없습니다. 하는 일도 없이 녹만 축내는 부끄러움[114]과 병 때문에 자리를 비워야 하는 근심이 마음에 절실하여 부득불 단자(單子)를 올려 휴가를 청하며 교체해 주기를 바랐습니다. 그러나 승정원(承政院)에서 헤아려 주지 않고 줄곧 물리치니, 그 낭패감과 답답함에 어찌해야 할지 모르겠습니다.

지금 삼가 들으니 일전에 대신(大臣)과 유신(儒臣)들이 대관(臺官) 유명일(兪命一)[115]과 안식(安烒)[116] 등이 사람들을 논하면서 잘못이 있었는데 이조에서 징벌하지 않았다 하여, 서로 이어 진달하면서 온갖

비망(備望), 혹은 의망(擬望)이라고도 한다.

114 하는……부끄러움 : 시소(尸素)는 시위소찬(尸位素餐)의 준말로, 하는 일도 없이 벼슬자리에 앉아 국록만 축낸다는 말이다. 고대 중국에서는 제사지낼 때 조상의 혈통을 이은 아이를 시동(尸童)이라 하여 신위(神位)에 앉혀 놓고 제사를 지냈는데, 이는 조상의 혼령이 어린아이의 입을 통해 마음껏 먹고 마시게 하려는 신앙에서 나온 풍습이었다. 시위소찬은 이처럼 어린 아이가 높은 신위에 앉아 마음껏 먹는 데서 유래하여 봉록만 축내는 일을 비유하게 되었다. 한(漢)나라 주운(朱雲)이 성제(成帝)에게 "오늘날 조정 대신들은 위로는 임금을 바르게 하지 못하고, 아래로는 백성들에게 이로움이 되지 못하니, 모두 다 시위소찬하는 자들이다.〔今朝廷大臣, 上不能匡主, 下無以益民, 皆尸位素餐者也.〕"라고 하였다. 《漢書 朱雲傳》

115 유명일(兪命一) : 1639~1690. 본관은 기계(杞溪), 자는 만초(萬初)이다. 서인(西人) 가운데서도 과격파로 주로 정언·지평 등 언관으로 있으면서 남인(南人) 축출에 앞장섰다. 《陶谷集 卷15 義州府尹兪公墓碣銘 幷序》

116 안식(安烒) : 1637~? 본관은 순흥(順興), 자는 계회(季晦)이다.

비난과 배척이 이르렀다고 합니다. 신은 이에 더욱 두려움을 이기지 못하며 어찌해야 할지 모르겠습니다.

저 두 사람이 여론(輿論)에 비난받는 사실을 신이 진실로 알고 있었습니다. 유명일을 다시 대관(臺官)에 의망(擬望)할 때, 신 또한 인사행정을 진행하는 자리에 있었습니다. 처음에 판서와 주고받은 말이 있었습니다만, 다만 자주 관리를 교체한 나머지 인물난이 특히 심하여 마침내 억지로 끌어다가 의망함을 면할 수 없었습니다. 잘못된 줄 알면서도 저지른 과오를 어찌 남들의 말을 기다려서야 알겠습니까. 지금 이런 물의(物議)가 일어난 것에 대해 신은 진실로 달게 받아들이고 어떤 말로도 해명할 수 없습니다. 신이 하는 일마다 어둡고 그릇됨이 이런 지경에 이르렀으니, 앞으로 일을 그르칠 근심이 또 어찌 한때의 실수에 그칠 뿐이겠습니까.

신은 교유하는 사람들이 매우 적어 듣고 봄이 귀머거리와 장님과도 같다고 스스로 비평하면서도, 또한 소장을 올려 자신을 탄핵할 줄을 일찍 알지 못하고 이렇게 지체되었으니, 그 고루하고 더듬거리며[117] 지리멸렬하고 우왕좌왕하는 실상은 이것이 또 하나의 증거입니다. 삼가 바라건대 성스럽고 자애로운 전하께서는 서둘러 신을 파직하여 관직을 소중히 하고 어리석은 신의 분수를 편안히 해 주신다면 공적으로나 사적으로나 큰 다행이겠습니다.

117 더듬거리며 : 적식(擿埴)은 맹인(盲人)이 지팡이로 땅을 짚으면서 어렵게 길을 찾는 것을 말하는데, 여기서는 일을 매끄럽게 처리하지 못함을 비유하였다. 양웅의 《법언(法言)》 〈수신편(修身篇)〉에 "맹인이 지팡이로 땅을 짚으면서 길을 찾아다니는 것과 같을 뿐이다.〔素擿埴索塗, 冥行而已.〕"라고 한 말에서 유래하였다.

대사간을 사직하고 시폐를 아뢰는 소장
辭大司諫兼陳時弊疏

삼가 아뢰ㅂ니다. 신은 지극히 용렬하고 비루하여 잘난 것이 없는데도 지나치게 큰 은혜를 입어 차지해서는 안 될 자리를 여러 차례 차지하였습니다. 그러나 털끝만큼도 도움이 되지 못하여 다만 부끄러움과 두려움이 쌓였습니다. 그런데 뜻밖에 꿈에도 생각지 못했던 대사간(大司諫)에 제수하는 새로운 명령이 또 내려왔습니다. 이것이 얼마나 중요한 직책이고 신이 얼마나 노둔하고 용렬한데, 이렇게 중요한 직책에 신을 임명하시니, 어찌 벼슬을 욕되게 하고 당세에 부끄러운 일이 아니겠습니까. 분수를 헤아리고 제 자신을 돌아보면 결단코 받들어 감당할 가망이 없습니다. 게다가 이렇게 병들어 스스로 힘쓸 수 있는 형편이 아닙니다.

대개 신은 본래 오랫동안 병을 앓아 온 사람인데, 여름을 지낸 뒤에는 거듭 독한 이질을 앓다가 미처 다 회복되지 못한 상태에서 갑자기 밤낮으로 일해야 하는 임무를 맡았습니다. 마침 나라에 큰 옥사(獄事)가 있어[118] 감히 물러나 있지 못하고 애써 나아가 숙배(肅拜)하였습니다. 곧바로 국청(鞫廳)에 참여하여 낮에는 조금도 쉬지 못하고 밤에는 잠시도 잠을 자지 못한 것이 꽤 여러 날이 되어, 실낱같이 남아있던

118 큰 옥사(獄事)가 있어 : 송규렴이 이 소장을 쓴 해는 1682년(숙종8)인데, 이 해 10월 21일에 김환(金煥)이 역적모의가 있음을 고변하는 일이 있었다. 당시 송규렴은 대사간이었으므로 임금의 명에 의해 국청에 참여하게 되었다.

원기가 마침내 다 빠져나갔습니다. 게다가 비가 내린 뒤에 날씨가 갑자기 서늘하여 홀연히 한기가 뼛속까지 파고드는 것을 느꼈는데, 온몸은 마치 꽁꽁 묶인 듯하고 사지와 관절은 풀린 듯하여 여러 증상이 졸지에 위급해졌습니다. 마침 그날 외람되게도 관직에 임명하시는 명령을 받았는데, 마침 궁궐 안에 있었기 때문에 감히 병든 사정을 아뢰지 못하고 간신히 사은(謝恩)한 뒤 부축을 받아 나왔습니다. 단자(單子)를 올려 휴가를 청한 지가 지금 이미 여러 날이 지났지만, 승정원(承政院)에서 헤아리지 못하여 전하께 올려 주지 않았으니, 낭패스럽고 답답하여 어쩔 줄을 모르겠습니다.

그런데 뜻밖에 어제 소패(召牌)[119]가 갑자기 내려왔으니, 신이 만약 조금이라도 움직일 수 있는 형편이라면 어찌 감히 본분과 의리를 생각하지 않고 집에 누워있겠습니까. 앓고 있는 질병은 근원이 매우 위중하여 약을 먹고 치료를 해도 심해지기만 할 뿐 차도가 없습니다. 신이 소패를 받은 뒤에 오히려 스스로 기력을 시험해 보려고 억지로 침상에서 일어나 몇 걸음을 옮겨 보았습니다. 그랬더니 좌우로 비틀거려 다리를 꼿꼿이 세울 수 없으며 머리는 어지럽고 기력은 모자라 쓰러지고 말았으니, 끝내 엄한 부르심에 나아갈 수 없었습니다. 또 대청(臺廳)에 나아가 스스로 탄핵하지도 못하였으니, 신의 죄는 피할 수 없으나 신의 사정 또한 매우 궁핍합니다.

삼가 바라건대 성스럽고 자애로운 전하께서는 아울러 살펴 신의 관직을 서둘러 파직시키고, 신의 죄를 다스려 주십시오. 그리하여 편안한

119 소패(召牌) : 조선 시대에 임금이 관리를 불러들일 때 사용하던 패, 또는 그 패를 보내어 신하를 부르던 일을 말한다.

마음으로 병을 치료하여 땅강아지나 개미 같은 목숨을 온전하게 해 주신다면 매우 다행이겠습니다.

가만히 삼가 생각건대 국가가 불행하여 이토록 비운(否運)을 만났습니다. 백성들은 아래에서 원망하고 하늘은 위에서 노여워하여 하늘의 재앙과 땅의 이변과 사물의 괴이함과 사람의 요사스러움 등 두렵고 놀랄 만한 변고가 동시다발적으로 일어나니, 뿔뿔이 흩어지는 형세와 위태롭고 망하려는 조짐이 열 가운데 이미 여덟아홉이나 됩니다.

신이 일찍이 한밤중에 크게 탄식하고 혀를 차며 혼잣말로 다음과 같이 말하였습니다.

"바야흐로 지금 성스럽고 명철하신 전하께서 위에 계시면서 지극한 정성으로 다스림을 도모하고, 여러 현인들이 조정에 가득하여 정성스럽고 부지런히 직책을 수행하고 있다. 경연(經筵)[120]에서 강구하는 바와 낭묘(廊廟)에서 계획하는 것들이 나라를 보전하고 백성을 편안하게 하는 정사가 아닌 것이 없는데, 나라는 날마다 더욱 위태로워지고 백성들은 날마다 더욱 곤궁한 것은 도대체 무슨 까닭인가. 나라를 보전하기 위한 정책이 혹 잘못된 것이며 백성을 편안하게 하려는 방안이 혹 요령을 얻지 못한 것이 아니겠는가."

그런 다음 심려(心慮)를 다하여 한 가지라도 좋은 방안을 찾아 바치려고 생각했습니다. 그러나 자질과 품성이 노둔하고 식견이 모자라 끝내 한 마디 말씀을 올리고 한 가지 계책을 발휘하여 우리 성스러운 전하께서 도움을 구하시는 성대한 뜻에 부응하지 못하였습니다. 이것

120 경연(經筵) : 하전(廈氈)은 넓은 집과 촘촘한 털방석을 말하는 것으로, 임금과 강학(講學)하는 경연을 가리킨다.

이 신이 일찍이 밤낮으로 마음을 졸이는 것입니다.

아, 지금 나라의 형편은 바로 나이 많은 사람이 몸에 해묵은 고질병이 있어 기맥과 혈기를 모두 잃고 온갖 증세가 얽혀 마지막 숨을 헐떡거리며 아침저녁을 보전할 수 없는 지경이라, 제아무리 훌륭한 의원이라도 손을 놓고 어찌하지 못하는 것과 같습니다. 생각이 여기에 이르니 어찌 한심하지 않겠습니까. 비록 그러하나 병에 따라 약을 쓴다면, 병이 비록 번잡하더라도 처방은 끝이 없으니, 또한 어찌 차마 앉아서 죽기만을 기다리며 끝내 약 한 봉지를 써서 치료하지 않겠습니까.

오늘날의 일은 비록 백공천창(百孔千瘡)[121]의 상태라고 하더라도 주요 증상을 살펴보면 폐단이 쌓인 것에 불과하니, 백성의 병은 그것을 치료하는 방법이 또한 폐단을 개혁하여 백성을 구제하는 것에 지나지 않습니다. 신은 청컨대 폐단의 근원이 어디에 있는지 대략 진술하고자 합니다. 그것을 구제하는 계책은 우매한 신이 미칠 바가 아니지만, 또한 한두 가지 어리석은 의견이 없지는 않습니다.

이른바 폐단의 근원이라는 것은 부역(賦役)이 번잡하고 무거운 것, 이웃과 친척들에게 침징(侵徵)[122]하는 것, 온갖 불필요한 경비에 절제

121 백공천창(百孔千瘡) : 백 개의 구멍과 천 개의 종기라는 뜻이다. 즉 여러 가지 폐단으로 엉망진창이 된 것을 의미한다.

122 침징(侵徵) : 본래는 타인을 위협하여 불법으로 남의 물건을 빼앗는 일을 말한다. 조선 시대에 벌금을 부과할 대상자가 사망하거나 지극히 가난하여 벌금을 납부할 수 없을 경우, 가까운 친척이나 이웃에게 대신 물리는 일이 있었는데 이를 침징이라 한다. 이에 대한 폐단은 셀 수 없을 정도로 많고 매우 심각하였다. 《숙종실록》 2년 6월 15일 기사에 "대저 이웃과 친척에게 침징하는 폐단이 끝이 없어서 양민의 부르짖음이 마치 물과 불 속에 빠진 것과 같다.〔蓋隣族侵徵之弊, 罔有紀極, 良民嗷嗷, 如在水火.〕"라고 하였다.

가 없는 것, 아전들의 주구(誅求)[123]가 끝이 없는 것입니다. 무릇 이것들은 모두 백성들을 결태질하고 나라를 병들게 하니, 이들 가운데 하나만 있더라도 혹시 망하지 않음이 없습니다. 하물며 중복되게 모두 모인 경우이겠습니까.

무엇을 일러 부역(賦役)이 번잡하고 무겁다고 하겠습니까. 선왕(先王)의 조정 이래로 나라에 세금을 내는 숫자는 본래 그다지 지나치지 않았습니다. 전쟁으로 인한 재앙이 오랫동안 없어 인구가 점차 증가한 데다가, 여러 해 동안 흉년이 이어져 기근이 거듭되고 있으니, 백성들의 궁핍한 생활은 이미 최고조에 이르렀습니다. 농사 지어 거둔 수확으로 세밑까지 버틸 수 있는 집은 열에 네댓 집도 되지 못하는데, 추수를 겨우 마치면 또 환상(還上)[124]을 징수한다는 독촉을 받습니다. 노심초사하며 돌아다니면서 온 힘을 다하더라도 오히려 채우지 못하여 채찍과 곤장을 마구 맞고, 묶여 있는 죄수가 옥에 가득할 정도입니다. 봄철이 시작되어 곡식이 다 떨어질 때가 되면, 대동(大同)의 전세(田稅)를 일시에 재촉하여 내게 하니, 무슨 여력이 있어서 마련할 수 있겠습니까.

대동미로 내야 하는 열 말도 오히려 부담스러운데, 이제는 다시 두 말을 더했습니다. 절반을 무명으로 내는 경우[125]에도 처음에는 다섯

123 주구(誅求) : 가렴주구(苛斂誅求)의 준말로, 관청에서 백성의 재물 따위를 강제로 요구하여 빼앗는 일을 말한다.

124 환상(還上) : 조선 시대 식량 정책의 하나이다. 흉년 또는 춘궁기에 곡식을 백성에게 빌려주고 풍년이 들거나 추수기에 갚게 하는 구호 제도이다. 임진왜란과 병자호란을 겪은 후 세제가 문란해지고 국고 수입이 감소함에 따라 환상의 이자로 국비에 충당하였으므로, 환상은 구제가 아니라 세금을 물리거나 이자를 불리는 수단으로 변하면서 백성들의 원성을 사게 되었다.

새 35자였는데, 지금은 거의 일곱 새 40여 자에 이르렀습니다. 조정에서 비록 여섯 말로 그 가격을 절충하여 정했으나, 목화가 매우 귀하여 베틀에서 나오는 것은 거의 없습니다. 그러므로 다 시장에서 사는데, 가격이 껑충 뛰어 혹은 여덟아홉 말을 주고도 살 수 없을 정도입니다. 소비하는 곡식의 숫자가 또한 장차 어떠하겠습니까. 어렵게 사서 마련하더라도 서울로 옮긴 뒤에는 또 점검하여 퇴자를 맞는[126] 근심이 많습니다. 오고 가며 다시 마련하고 다시 실어다 바칠 즈음에 양식과 비용, 마부와 말 및 관리에게 바치는 선물과 뇌물을 보내는 일의 모든 비용이 모두 민간에서 나오니, 그 폐단이 끝이 없습니다. 한 번만으로도 오히려 이와 같은데, 하물며 두 번 세 번에 이르는 경우는 더 말할 것이 있겠습니까.

몇 년 전에 조정 밖에 있던 대신(大臣)이 무명의 품질을 배로 높이는 것이 크게 민폐가 되는 상황을 목격하고, 한결같이 관아의 규정〔事目〕에 따라 샛수와 척수를 줄여 주도록 건의하여 요청한 것은 진실로 정당한 논의이며 대단히 간절한 뜻이었습니다. 전하의 재가를 받고 다시 자전(慈殿)의 뜻을 여쭈어 겨우 공문을 보냈는데,[127] 곧바로 중지한

125 무명으로 내는 경우 : 작목(作木)은 조선 시대에 전세(田稅)를 받을 때 쌀과 콩 대신에 무명으로 환산하여 바치게 하던 일이다. 쌀 한 섬에 세 필 반, 콩 한 섬에 두 필 반, 삼수미 한 섬에 세 필로 계산하는 방법인데, 무명이 나지 않고 베가 나는 곳은 베로 대신하였다.

126 점검하여 퇴자를 맞는 : 점퇴(點退)는 지방에서 올린 공물을 일일이 점고(點考)하여 물리치는 일을 말한다. 곧 공물을 수납할 때에 품질이 나쁘다 하여 받아들이지 않고 물리치는 것이다.

127 공문을 보냈는데 : 행회(行會)는 나라의 지시를 관아의 우두머리가 부하들에게

것은 도대체 무슨 까닭입니까.

가만히 들으니, 의논하는 사람들이 "무명의 품질을 내려 주면 나라에서 쓰기가 어렵다."라고 한답니다. 신은 이러한 논의를 잘 알지 못하겠습니다. 대동법(大同法)을 설립한 초기에는 이미 이 무명을 가지고 통용해도 장애가 없었는데, 이제 와서 쓰기 어렵다고 하니, 이러한 이치가 없을 듯합니다.

설령 공물(貢物)에 대하여 하인배들이 이전만 같지 못한 것을 탐탁찮게 여겨서 받아들이지 않는다면, 적절한 수준을 헤아려 더해 주는 것도 괜찮습니다. 지금 약간의 이러한 무리들이 원하지 않는다고 해서 수많은 백성들이 겪는 커다란 폐단을 고치려고 하지 않고, 당초에 설립한 정식 규정을 어기면서 전하와 대비께서 백성들을 불쌍히 여기시는 지극한 뜻을 사라지게 하는 것이 일의 실체와 도리로 볼 때 과연 어떠합니까.

무릇 요역과 세금에 관계되는 것은 때로는 흉년으로 인하여 간혹 줄여 주는 명령이 있기는 하지만, 매번 적기를 놓치는 문제점이 많습니다. 그러므로 단지 혜택을 입지 못할 뿐만 아니라, 도리어 피해를 끼치는 단서가 있으니, 덕의(德意)가 믿음을 주지 못하고 원망하는 소리가 점점 더 불어납니다.

환상(還上)의 경우에 이르러서는 비록 군량미로 필요한 것이라고는 하지만, 대동의 전세(田稅)와 지금 당장 필요한 물자에 비하면 완급(緩急)이 저절로 다릅니다. 그런데도 또한 일찍이 줄여 주는 것을 흔쾌히

알리고, 그 실행 방법을 의논하여 정하기 위한 모임을 말한다. 그리고 그 모임에서 결정된 사항을 공문으로 발송하는 일을 말하기도 한다.

허락하지 않고, 다만 지난해 거두어들이지 못한 것들은 대략 삭제하거나 감해 주어 마치 그럴 듯하게 꾸며 책임이나 모면하고, 더욱이 거의 다 거두어들이고 난 뒤에 뒤늦게 지시를 하달하니, 백성을 위하여 혜택을 베푸는 취지가 어디에 있겠습니까.

지금을 위한 계책으로는 일정하게 정한 공물과 세금의 수는 비록 갑자기 줄일 수 없지만, 예컨대 대동법의 무명 품질은 한결같이 정한 법식을 반드시 따라, 다섯 새 35자를 받아들여 상납하게 해야 합니다. 만약 지나치게 좋은 것이 있으면 수령을 논죄하고 규정을 작성하여 엄중하고 분명하게 알리고, 다시 엄중히 해당 관리에게 지시하여 백성들로 하여금 퇴자를 맞는 근심이 없게 해야 합니다. 무릇 삭감해 주는 정사에 대해서는 또한 모름지기 미리 강구해 두었다가 적기에 명령을 내려 지난날처럼 하지 않는다면, 백성들이 조금이라도 혜택을 받을 수 있을 것입니다.

무엇을 일러 체납된 세금을 이웃과 친족에게 대신 납부하도록 한다고 합니까. 우리나라의 신역(身役)[128]의 괴롭고 무거움은 양역(良役)[129]의 무리들보다 지나친 것이 없습니다. 그런데 군사용으로 쓸 곡물은 이미 많고 군대에 가지 않는 장정들은 거의 없으니, 역(役)을 지정받는 무리는 대부분 하호(下戶)에 편입된 백성으로, 지극히 가난하고 지극히 천한 자들입니다. 아직 포대기에 싸인 어린애까지도 면하지 못하니,

128 신역(身役) : 조선 시대에 나라에서 성인 장정에게 부과하던 군역(軍役)과 부역(賦役)을 말한다.

129 양역(良役) : 조선 시대에 국가에서 필요로 하는 역역(力役) 징발과 재정 확보를 위해 원칙적으로 16세 이상 60세까지의 양인(良人) 또는 양민(良民)의 남자, 즉 양정(良丁)에게 부과하던 각종 신역의 통칭이다.

한 집안 안에 병역에 응할 사람이 서너 명에 이를 정도로 많습니다. 게다가 굶주림에 시달리고 전염병에 걸려서 사망한 사람이 서로 많다 보니, 장부를 살펴보면 대부분이 귀록(鬼錄)[130]입니다. 혹시 살아남은 사람도 견딜 수 없어서 이리저리 돌아다니는 유민(流民)이 되니, 이것은 실로 백 년 동안 흘러온 고질적인 폐단으로 경신년(1680, 숙종6) 이후에는 극도에 달하였습니다. 각 고을에서 매번 세금을 거둘 때가 되면 지정하여 징수할 곳이 없으므로 부득이 이웃의 이웃과 친척의 친척에게 대신 납부하게 하지 않을 수 없으니, 그 사이의 잔혹한 정사와 애통한 상황은 차마 말할 수 없는 점이 있습니다. 이것은 조정에서 이미 아는 것이므로, 신이 하나하나 자세히 아뢸 필요가 없을 것입니다.

무릇 국가의 경비를 오로지 여기에 의존하고 있기 때문에 만약 완전히 탕감하고자 한다면 경비를 고려하지 않을 수 없고, 왕자(王者)의 정치는 오히려 불쌍한 백성들을 애달프게 여기는지라, 죽은 사람과 어린 아이들에게 세금을 징수하는 것은 또 왕도정치를 지향하는 나라에서 차마 할 수 있는 일이 아니니, 형세가 어쩔 수 없고 이치도 다하여 달리 해결할 방도가 없습니다. 지난날 호포법(戶布法)을 시행하자는 논의도 이 때문에 일어난 것인데, 이미 시행하지 못했습니다. 근래 병조(兵曹)에서 이웃이나 친족에게 징수할 세를 강보(襁褓)에 싸인 아이들에게 대신 징수하자고 요청한 것도 어쩔 수 없는 데에서 나왔습

130 귀록(鬼錄) : 귀신 명부(名簿)의 기록이라는 말로, 거짓 기록, 또는 거짓을 기록한 문서를 말한다. 특히 조선 후기 군정(軍政)이 문란해지면서 이미 사망했음에도 불구하고 명부에 올리고 이를 대상으로 세금을 부과했다. 이를 백골세(白骨稅)라고 하는데, 아전들이 사욕을 채우기 위해 죽은 사람을 살아있는 것처럼 하여 군적(軍籍)과 세부(稅簿)에 강제로 등록하고 군포(軍布)를 받아가던 일을 말한다.

니다. 비록 그러하나 신은 여기에 실로 매우 어려운 점이 있다고 생각합니다.

금년 농사의 참혹함은 실제로 근고(近古)에 없었던 것입니다. 신의 집은 시골 마을에 있기 때문에 시골 소식을 연달아 듣습니다. 홍수와 가뭄을 만나고 바람과 서리의 피해를 만난 나머지 흉작이 심하여 거의 낫질할 곳도 없으며, 지금은 민간에서 이미 밥을 짓지 못하는 사람들이 많다고 합니다. 이렇게 황급한 형편은 마치 새롭게 난리를 만난 것 같으니, 한 고을을 보면 나머지 팔도(八道)가 다 같다는 것을 알 수 있습니다. 이러한 때를 만나 또 다시 민정(民丁)을 뒤져 모으기 위해 각 고을을 소란스럽게 한다면, 어찌 민심을 거듭 잃게 되고 나라의 근본을 더욱 깎아 내는 결과를 초래하지 않겠습니까.

병조에서 비록 어느 주(州)에서 누정(漏丁)[131]이 많은 것을 가지고 다른 읍에서 충당할 수 있다는 증거로 삼지만, 지방의 사정이 반드시 다 같은 것은 아니므로, 신은 고을마다 과연 다 나주(羅州)와 같을 것인지 모르겠습니다. 하물며 새로운 군대에서 베를 거두는 규례가 명령을 반포한 뒤에 있었습니다. 지금 비록 겨울 전에 정수를 채우려고 해도, 명령의 반포는 마땅히 봄 사이에 해야 하고 베를 거두는 것은 마땅히 가을 뒤에 해야 하는데, 그 이전에 필요한 경비는 또 장차 어디서 내도록 요구한단 말입니까.

무릇 천하의 일은 궁하면 변하고 변하면 통하는 것이니,[132] 이것은

131 누정(漏丁) : 군적(軍籍)에서 빠진 장정(壯丁)이나 군적에서 고의로 정호(丁戶)를 빠뜨리는 행위를 말한다.

132 궁하면……것이니 : 《주역》 〈계사전 하(繫辭傳 下)〉에 "궁하면 변하고 변하면 통

당연한 이치입니다. 오늘날 일의 형세가 이처럼 극도에 이르렀으니, 어찌 변통하는 도리가 없겠습니까. 신이 가만히 헤아려 보건대, 안으로는 은포(銀布)를 필요로 하는 기관이 한두 곳이 아니고, 밖으로는 각 군영과 각 고을, 우(郵)와 역(驛)과 진(鎭)과 보(堡)에서 모두 마땅히 사용해야 할 물품이 있으니, 합하여 계산해 보면 그 숫자가 매우 많습니다. 지금 만약 우선 이웃과 친척에게 대신 부과하는 일을 늦추고, 어린 아이와 도망간 사람들에게 징수할 세금을 거두지 못했을 때 줄어드는 세액을 계산하여 전국 각 아문(衙門)에 나누어 배정하십시오. 각 아문의 형편에 따라 배정하는 액수를 고르게 하고 적정 수준을 헤아려 취한다면, 각각 내는 숫자는 반드시 그다지 많지 않을 것이니 쉽게 마련할 수 있을 것입니다. 각 아문뿐만 아니라 비록 내탕고(內帑庫)의 소유라도 또한 마땅히 약간 출연(出捐)하여 몸소 솔선수범하신다면, 진실로 이것이 왕도정치의 아름다운 일일 것입니다. 이렇게 한다면 백성들은 침탈당하는 피해가 없고 국가는 재정 지출을 용이하게 하는 이로움이 있을 것입니다. 지친 백성들도 이런 소식을 들으면 반드시 전하의 덕의(德意)에 감격하여 춤을 추며 기뻐할 것입니다.

신이 생각하기에 지금의 폐단을 구제하기 위해서는 이것보다 좋은 방법이 없습니다. 이것은 다만 한 해만 행할 수 있는 것일 뿐만 아니라 비록 여러 해 동안 행해도 또한 안 될 것이 없습니다. 이렇게 해서 그 어린아이들이 점점 장성하여 군대에 가지 않는 장정이 점점 늘어난다면, 백성들의 기운이 조금 소생하고 백성들의 힘이 조금 펴질 것이니, 그런 뒤에 천천히 형세를 살펴보면서 다시 의논해도 늦지 않습니다.

한다.〔窮則變, 變則通.〕"라고 하였다.

신은 또 의논하는 자들이 혹 이렇게 하면 나라의 체통을 손상시킬 수 있을 것이라고 말하는 사람이 있을까 우려됩니다. 그러나 이는 그렇지 않습니다. 무릇 관리가 된 사람은 그 친지들의 길하고 흉한 일에 필요한 것과 친구들의 크고 작은 비용에 대하여 오히려 모두 요청에 부응하여 어렵고 부족한 것을 돕습니다. 지금처럼 백성은 궁핍하고 재정은 궁핍하여 공사(公私) 간에 아무 것도 없는 때를 만나 조금이나마 힘을 덜고 만백성의 목숨을 구원함으로써, 위로는 정사에 대한 전하의 걱정을 풀고[133] 아래로는 한 때 다급한 군량(軍糧)[134] 문제를 구제하는 것은 명분과 의리에 매우 정당하고 사리에 매우 합당합니다. 도리어 어찌 나라의 체통을 손상하겠습니까. 오직 성스럽고 명철하신 전하께서 먼저 슬기롭게 판단하고 묘당(廟堂 의정부)에 물어 행하는 데 달려 있습니다. 그 사이 절목(節目)의 자세함은 또 의정부에서 잘 마련하는 데 달려 있습니다.

무엇을 일러 모든 경비에 절도가 없다고 하겠습니까. 수입을 헤아려 지출함은 재물을 사용하는 지극한 요령이고, 재물을 상하고 백성을 해치는 것은 나라를 소유한 자들이 지극히 경계해야 합니다. 그런데

133 정사에……풀고 : 소간(宵旰)은 소의간식(宵衣旰食)의 준말로, 임금이 정사(政事)에 부지런함을 뜻한다. 임금이 날이 새기 전에 일어나 정복(正服)을 입고 해가 진 뒤에야 저녁밥을 든다는 뜻에서 온 말이다.

134 군량(軍糧) : 경계(庚癸)는 군량을 의미한다. 《춘추좌씨전》 애공(哀公) 13년 기사에 오(吳)나라 신숙의(申叔儀)가 공손유산씨(公孫有山氏)에게 양식을 구걸하자, "좋은 곡식은 없어도 거친 곡식은 있으니, 만약 수산에 올라가 '경계'라고 외치면 바로 가져다주겠다.〔粱則無矣, 麤則有之, 若登首山以呼曰, 庚癸乎則諾.〕"라고 대답한 내용이 보인다. 그 주에 "경은 서방으로 곡식을 주관하고, 계는 북방으로 물을 주관한다.〔庚西方主穀, 癸北方主水.〕"라고 하였다.

지금은 그렇지 않아서 혹은 사용하지 않을 곳에 사용하고 혹은 반드시 쓰지 않아도 되는 곳에 쓰기도 합니다.

집이 지나치게 사치스러워 비용이 수만금이나 되고, 하사(下賜)하는 종류가 많아 비용이 두 배 혹은 다섯 배가 됩니다. 공주(公主)의 잔치 비용을 대주는 물품의 값은 백여 금이 되고, 익릉(翼陵)[135]의 대상(大祥) 뒤에 시상한 베의 숫자가 천여 필을 넘었습니다. 이와 같은 종류는 다 호조(戶曹)에서 나오는데, 이것은 다만 한두 가지만 드러난 것이고, 그 나머지 각종 불필요한 경비로 아낄 수 있는 데도 아끼지 않은 것들은 일일이 헤아려 다 알 수 없습니다. 그렇다면 비록 쌀이 썩을 정도로 넘치는 때라도 또한 장차 하루도 안 되어 다 써버릴 것입니다. 하물며 지금처럼 나라가 어지럽고 재정이 바닥난 때이겠습니까.

대개 나라의 계책을 말하자면 난리를 당하고 전쟁을 겪은 뒤처럼 어려움이 있는데, 조정에서 취한 조치를 보면 향락이 극에 달한[136] 때와 다를 것이 없습니다. 이것은 다른 이유가 없습니다. 오로지 전하의 마음의 본원(本源)에 천리(天理)가 완전히 순수하지 못하고 사사로운 뜻이 완전히 정화되지 못하여, 경계하고 두려워하는 마음이 안일을

135 익릉(翼陵) : 경기도 고양시 덕양구 신도동에 있는 숙종의 비 인경왕후(仁敬王后)의 능이다. 여기서는 인경왕후를 가리키는 말로 쓰였다. 인경왕후는 광성부원군(光成府院君) 김만기(金萬基)의 딸이다.

136 향락이 극에 달한 : 예대풍형(豫大豐亨)은 원래 재정(財政)이 풍부하여 모든 일이 막힘없이 통하고 천하가 안락하다는 말인데, 후세에는 궁중에 경사가 있을 때 성대하게 의식을 거행하는 뜻으로 전용(轉用)되었다. 예대(豫大)는 《주역》 〈예괘(豫卦) 단(彖)〉에 "예의 때와 의가 크다.〔豫之時義, 大矣哉.〕"라고 한 데서 유래하였다. 풍형(豐亨)은 《주역》 풍괘(豐卦)의 괘사(卦辭)로 재물이 풍부하여 모든 일이 형통하다는 뜻이다.

추구하는 나쁜 마음을 이기지 못하고, 아끼고 절약하려는 생각이 지난 날의 나쁜 습관을 극복하지 못해서 그러한 것입니다.

윗사람이 좋아하는 것을 아랫사람들은 반드시 더 좋아합니다. 사치하는 풍조와 방랑(放浪)하는 습관이 날마다 더욱 심해지고 있으니, 비록 시골 마을의 천한 사람이라도 살찐 말을 타고 가벼운 옷을 입으며 옥 같은 밥을 먹고 집을 화려하게 장식하려는 마음이 있으며, 술잔을 들고 단란하게 모여 잔치하고 즐기는 것을 일삼지 않는 자가 없습니다. 이것을 서로 다투어 따라 하고 지극히 풍성하고 사치함에 힘써서, 혹은 말 한 마리의 값이 백금이나 되는데도 사는 사람이 있고, 집 한 채의 가격이 천금에 가까운데도 세 들어 사는 사람이 있습니다. 이러한 까닭에 온갖 물가가 치솟아서 한도가 없고, 쌀이나 베, 돈, 비단 등 쓸 수 있는 실제 재물은 풀이나 지푸라기처럼 여기니, 아아, 습속의 폐단을 어찌 이루 다 말할 수 있겠습니까.

어버이를 위하여 잔치를 베푸는 것은 진실로 자식의 지극한 마음입니다. 만약 부모의 생신을 만나면 차마 그냥 지나칠 수 없어서 한 집안 사람들을 불러 모으고 거칠게나마 소박한 음식을 마련하여 방안에서 잔치를 베풀어 어버이 뜻을 기쁘게 하는 것은 안 될 것이 없습니다. 그런데 잔치 음식을 풍성하게 준비하고 널리 손님들을 맞아들여 노래와 연주로 즐거워하며 하루 종일 지내다가 밤까지 이어집니다. 이런 것이 평상시라면 그럴 수도 있지만, 오늘날에 있어서는 마땅하지 않은 것 같습니다. 왜 그렇겠습니까. 전하께서는 당당한 천승(千乘)의 임금[137]으로서 위로 두 분의 자성(慈聖)[138]을 모시고 있습니다. 전하께서

137 천승(千乘)의 임금 : 천승은 전투용 수레 1,000대를 갖고 있는 제후를 말한다.

자리에 오르신 지 9년이 되었는데도, 오히려 한 번도 성대한 잔치[139]를 올리지 못한 것은 다만 시대가 어려운 때라서 그러한 것입니다. 그렇다면 신하된 자들이 어찌 임금의 뜻을 본받지 않고 제멋대로 홀로 행할 수 있단 말입니까.

윗사람이 행하지 않는 것을 아랫사람이 행하고 임금이 하지 않는 일을 신하가 하는 것은 도리를 살펴볼 때 어긋난다고 할 만합니다. 이것이 진실로 각자가 마련하는 것이기 때문에 비록 나라의 계책과 관계가 없을 것 같지만, 만약 시초(始初)[140]에서 그치지 않고 사람마다 이와 같이 하고 집집마다 이와 같이 하여 재산이 날마다 소모되고 궁핍함을 스스로 불러오는 줄을 알지 못한다면, 그 흐름의 폐단이 마침내 모든 백성의 해로움이 될 것입니다. 따라서 이것은 진실로 작은 일이 아닙니다.

무릇 쓸데없는 비용을 없애지 않으면 정상적인 비용을 절약할 수 없고, 정상적인 비용을 절약하지 않으면 백성의 부역을 줄일 수 없고, 백성의 부역을 줄일 수 없다면 백성의 생활을 편안히 보전할 수 없고,

당시 조선은 중국의 제후국이라고 생각했으므로 이렇게 표현하였다.

138 두 분의 자성(慈聖) : 인조(仁祖)의 계비인 자의대비(慈懿大妃)와 숙종(肅宗)의 모후인 명성왕후(明聖王后)를 말한다.

139 성대한 잔치 : 풍정(豐呈)은 음식을 풍부하게 마련하여 성대하게 베푸는 궁중의 잔치를 말한다.

140 시초(始初) : 남상(濫觴)은 겨우 술잔 하나를 띄울 정도의 미미한 물의 발원지(發源地)라는 말로, 어떤 일의 시초나 발단을 비유한다. 《순자(荀子)》 〈자도(子道)〉에 "옛날에 강물이 민산에서 나올 적에 처음 흘러나오는 그 근원은 술잔 하나를 띄울 만하였다.〔昔者江出于岷山, 其始出也, 其源可以濫觴.〕"라고 하였다.

백성의 생활을 편안히 보전할 수 없다면 끝내 나라가 나라답지 못한 상황에 이르게 될 것입니다. 그 근원을 추구하면 진실로 전하께서 사치를 억제하고 검소함을 따르지 못하시는 데에 있습니다. 처음에는 털끝만큼 소홀하고 미약한 것에서 시작하지만, 마지막에는 하늘까지 퍼지는 큰일에 이르니, 맹자의 이른바 "마음에서 나와 정치를 해치며 정치에서 시작하여 일을 해친다."[141]라는 말은 바로 오늘날을 두고 한 말입니다.

진실로 바라건대 성스럽고 명철하신 전하께서는 지금부터 통렬히 스스로 각오하고 힘써 사사로움을 이겨내고, 지나친 상과 헛된 비용에 관계되어 그만둘 수 있는 일은 일체 끊어서 혹시라도 분에 넘치게 베풀지 마십시오. 이를 통해 여러 관료들을 다스려 그들로 하여금 이전의 습관을 고쳐서 다시는 놀기만 하고 게으름을 피우거나 낭비하는 폐단이 없게 하십시오. 그렇게 하신다면 공적으로나 사적으로 재물을 모으고 재용을 넉넉하게 하는 도에 작은 도움이라도 없지 않을 것입니다. 또한 이로 인해 부역을 줄이고 백성들에게 은혜를 베풀어 화목한 기운을 불러 국맥(國脈)을 견고하게 할 수 있을 것이니, 그 관계되는 것이 또한 어찌 작다고 하겠습니까.

무엇을 일러 아전들의 주구(誅求)가 끝이 없다고 하겠습니까. 세상의 도가 낮아지고 나라의 기강이 해이해져 염치를 중시하는 풍속이 땅을 쓴 듯 없어지고 욕망의 물결이 하늘까지 닿아서, 아전들이 제멋대로 하는 폐단이 진실로 백성들에게 막대한 피해가 되고 있습니다.

지방에서는 한결같이 공물과 세금을 상납하는 즈음에, 아전으로 하

141 마음에서……해친다 : 《맹자》〈공손추 상(公孫丑上)〉에 나오는 말이다.

여금 서울로 가지고 와서 여러 날 머물게 하는데, 해당 관청의 아전이 관원에게 폐단이 없으면 곧바로 받으라고 기꺼이 고지(告知)하지 않습니다. 다만 뇌물의 있고 없음과 많고 적음만을 살펴보아 받아들일지 말지를 결정합니다. 비록 마땅히 내야 하는 물건이 색깔과 품종에 합당하더라도, 뇌물이 그들의 욕구에 차지 않으면 더러는 막기도 하고 더러는 물리치기도 하여 온갖 수단으로 조종하고 농락합니다. 그런데 관원이 된 자가 태만하여 자세히 살피지 않고 하는 대로 그대로 맡겨 두니, 먼 고을의 보잘것없는 아전들이 외로이 여관에서 지내면서 괴로움을 견디지 못하고 뇌물을 이미 다 썼는데도 그들의 욕심을 채울 수 없으면, 매달 이자를 내는 돈을 빌려서 주고 빨리 돌아갈 궁리를 합니다.

돌아간 뒤에는 빌린 이자를 민간에서 곱절로 징수하여 절반은 덜어 채권자에게 갚고, 나머지는 자기의 주머니를 채웁니다. 이와 같은 짓을 한 번만 하는 것이 아니라 매번 다 그렇게 하며, 한 고을에 그치는 것이 아니라 곳곳마다 다 그렇게 하니, 힘없는 백성들의 고혈(膏血)이 모두 이런 무리들의 손에 들어갑니다. 비록 마땅히 바쳐야 하는 부역도 오히려 다 바치지 못하는데, 이처럼 규정 이외로 끝없이 뜯어가니, 백성들이 어떻게 견딜 수 있겠습니까.

신이 일찍이 들으니 선정신(先正臣) 조식(曺植)의 말에 "우리나라는 아전들 때문에 망한다."라고 하였는데, 그 말이 너무 지나치다고 의심하였습니다. 그런데 지금의 형편으로 본다면 진실로 이것은 절실하고 타당한 말입니다. 어리석은 신이 생각하기에 이 폐단을 바로 잡으려면, 해당 조목을 엄격하게 확립하여 아전들의 수탈을 통렬히 금지해야 하며, 아래 아전으로 하여금 곧바로 관원에게 고하게 하고, 관원은 직접 점검하고 살펴서 무릇 그 납부하는 물품이 진실로 그다지 볼품없지 않다면, 즉각 물품을 바치게 함으로써 침탈하여 폐단을 일으키는 단서를 영원히 끊는 일 만한 것이 없습니다.

또한 양사(兩司)로 하여금 풍문(風聞)을 주관(主管)하게 하여, 만약 여전히 이전의 관습을 따르는 자가 있으면, 관원의 경우에는 조사하여 죄를 주고 하리(下吏)의 경우에는 가두어 형벌을 시행하십시오. 그중에 더욱 심한 자는 특별히 무거운 법률을 적용하여 결단코 너그럽게 용서하지 않음으로써, 경계하고 두려워하고 조심하게 하는 바탕으로 삼으신다면, 온 나라 안의 백성의 해가 아마도 조금이나마 줄어들 것입니다.

아, 오늘날의 폐단이 어찌 다만 이 네 가지뿐이겠습니까. 기강이 무너져 정돈할 수 없고 풍속이 야박하고 사나워 교화를 완성할 수 없습니다. 사람의 마음이 사욕에 빠졌는데도 구하여 바로잡을 계책이 없으며, 선비의 습속이 비하(卑下)한데도 일으킬 방법이 없습니다. 공정한 도리가 흔적 없이 사라져 사사로운 뜻이 제멋대로 유행하고, 거짓이 날로 불어나 진실이 날로 없어집니다. 모든 일이 번잡하고 꺾이며 온갖 법도가 무너지고 찢어져서, 어지럽고 뒤섞여 장차 혼란하고 망할 지경에 이르렀습니다. 그런데도 게으르고 안일하게 다만 끌어다 보충하는 계책만 일삼으니, 무릇 온갖 현상이 지극히 위태로운 형상이 아닌 것이 없습니다. 오직 이것은 백성의 고통이며 눈앞의 가장 급한 환난입니다.

진실로 백성의 기운을 한결같이 화목하게 한다면, 천지의 화기가 이에 호응하여 아마도 음양이 법도를 따르고 재앙이 일어나지 않아 비가 내리고 해가 비치는 것이 때에 맞을 것이고, 해마다 곡식이 풍년이 들어 온갖 폐단과 많은 문제점은 족히 근심할 것이 없을 것입니다. 그러므로 이에 감히 백성의 일을 들어서 아룁니다. 그러나 병으로 생각이 혼란스러워 말에 순서가 없고 마음속에 간직한 것을 다 말씀드리지 못했습니다. 오직 성스럽고 명철하신 전하께서 유념하여 헤아려 주신다면 다행이겠습니다.

제월당집

제5권

疏 소

이조 참의를 사직하고 겸하여 민사를 논하는 소장
辭吏曹參議兼論民事疏

삼가 아룁니다. 신이 변변찮고 용렬하다는 사실을 제 자신이 매우 분명히 알고 있습니다. 게다가 질병이 계속되어 정신과 기력이 이미 다 사라졌습니다. 비록 예사로운 직무라도 오히려 감당하지 못할까 두려운데, 하물며 이 이조 참의(吏曹參議)의 자리는 얼마나 막중한 임무인데, 신처럼 보잘것없는 사람이 감히 무턱대고 받겠습니까.

이전에 외람되이 임명되던 날에 힘껏 사양하여 물러나려고 하지 않은 것은 아니었지만, 마침 대정(大政)[1]을 앞두고 있어서 소패(召牌)가 빨리 내려왔습니다. 신하의 분의(分義)로 보나 사세의 급박함으로 보나 감히 사사로운 계획만을 이룰 수 없었기에 힘써 관직에 나아가지 않을 수 없었습니다. 관직에 나간 뒤에는 또 감히 금방 그만둘 수 없어서 그럭저럭 구차하게 자리를 차지한 것이 반년이라는 긴 시간이 흘렀는데, 하는 일마다 혼란스러워 하나도 볼 만한 것이 없습니다. 돌이켜 생각하면 부끄러워 어쩔 줄 모르겠는데, 지금 또 이렇게 외람되이 임명될 줄을 어찌 생각이나 했겠습니까.

지금 밝은 조정에는 어진 분들이 손가락으로는 이루 다 꼽을 수 없을 정도로 많으니, 등용하여 맡기면 신보다 낫지 않은 자가 없습니다.

1 대정(大政) : 양도목(兩都目)이라고도 한다. 매년 6월과 12월 두 차례에 걸쳐 실시하는 인사행정으로, 12월에 하는 인사행정을 대정, 6월에 하는 인사행정을 소정(小政)이라고 한다.

가령 신이 조금이라도 그 자리에 적합한 점이 있다 하더라도 오히려 매번 남보다 앞서 차지하여 어진 사람들의 앞길을 방해해서는 안 됩니다. 하물며 여러 신하들보다 가장 적합하지 않은 경우에야 더 말할 것이 있겠습니까.

또한 미천한 신의 질병은 진실로 조정에 나아가 힘을 쓸 가망이 없습니다. 신이 지난번에 감히 위독한 상황을 여러 차례 전하께 말씀드렸습니다. 삼가 생각건대 성스럽고 명철하신 전하께서 이미 환히 알고 계실 것이므로, 이제 감히 매번 번거롭게 아뢰지 않겠습니다. 그러나 대개 그 질병의 근원은 심화(心火)가 주된 원인으로, 조금만 시끄러워도 문득 잠을 이룰 수 없습니다. 이로 인하여 화가 치밀고 가래가 가슴을 막으면 거의 인사불성(人事不省)의 상태가 됩니다. 정신은 혼미하고 기력은 빠져서 몸을 추스를 길이 없다가, 오랫동안 몸을 잘 조리해야만 겨우 조금 나아지곤 합니다. 처음 병을 앓기 시작한 이래 지금까지 30년 동안 줄곧 이와 같았으므로, 중간에 거의 죽다 살아난 경우도 몇 번인지 모릅니다.

더구나 이제 노쇠한 나이라 근력은 더욱 약해졌는데, 거듭 직무 때문에 분주하여 병세가 갑자기 극에 달하였습니다. 여름에서 가을로 넘어가는 시기에 지독한 이질을 심하게 앓았는데, 미처 완전히 회복되지 못한 상태에서 다시 밤낮으로 일하는 임무를 맡아[2] 수면 시간과 음식 섭취량이 크게 줄었으니, 원기(元氣)가 더욱 허약해져 마침내 병이 매우 위태롭게 되었습니다. 여러 가지 증상이 갖가지로 위급해져 약을

2 밤낮으로……맡아 : 《승정원일기》 숙종 8년 8월 20일 기사에 송규렴을 동부승지(同副承旨)에 임명한 기록이 있다.

먹으며 조리한 지가 이제 벌써 열흘이나 지났는데도, 심해지기만 할 뿐 차도가 없어서 날로 기력이 없어집니다. 이러한 형세로는 진실로 다시 일어나 사람 구실을 할 가망이 없으니, 만약 일을 놓고 물러나 한가롭게 지내며 오랫동안 치료하지 않는다면, 틀림없이 장차 오래지 않아 갑자기 죽을 것입니다.

삼가 바라건대 성스럽고 자애로운 전하께서는 신의 그릇이 이조 참의에 조금도 걸맞지 않음을 살피고, 신의 병세가 절대 억지로 조정에 나아가기 어려움을 헤아려서 서둘러 저의 관직을 깎아 면직해 주십시오. 그리하여 신으로 하여금 편안한 마음으로 몸조리하여 미천한 목숨을 이어갈 수 있게 해 주신다면 매우 다행이겠습니다.

이어 생각건대 신은 여러 해 동안 조정 밖에 있었기 때문에 국가의 형편을 전혀 알지 못합니다. 그러므로 겨우 평상시 직접 본 민간의 고통스런 상황을 면직을 바라는 소장에 덧붙여 아뢰면서,[3] 줄줄이 긴 내용을 피하지 않고 전하를 번거롭게 해드렸습니다. 겸하여 천박한 견해로 감히 조잡하고 알맹이 없는 계책을 아뢰었던 것은 진실로 생각이 있으면 반드시 아뢴다는 데서 나왔고, 또한 옛 사람이 민심의 험함을 돌아보고 나라의 근본을 중시하는 뜻[4]을 스스로 부쳤습니다. 삼가 전하의 비답(批答)을 받아 보니 타이름이 간절하고, 정책을 바꾸기 어려운 상황을 지적하여 보이신 것이 귀를 당겨 직접 말씀해 주시는

3 겨우……아뢰면서 : 《제월당집》 권4의 〈사대사간겸진시폐소(辭大司諫兼陳時弊疏)〉에서 당시의 폐단을 지적했었기에 한 말이다.

4 민심의……뜻 : 《서경》 〈소고(召誥)〉에 "백성들 험함을 돌아보고 두려워하소서.〔用顧畏于民碞〕"라고 하였고, 《서경》 〈오자지가(五子之歌)〉에 "백성은 나라의 근본이니, 근본이 견고해야 나라가 편안하다.〔民惟邦本, 本固, 邦寧.〕"라고 하였다.

것 이상이었습니다. 그러니 신이 이에 대하여 진실로 마땅히 흡족하게 수긍하고, 감히 더 이상 말을 해서는 안 됩니다. 다만 생각건대 오늘날 백성들은 조정에서 은덕을 베풀어 줌이 있는 줄을 알지 못한 지가 오래되었습니다.

지난 6, 7년간의 일[5]은 지금 말할 것도 없지만, 백성들이 모두 물이나 불 속에 빠진 것처럼 울부짖고 있으니, 원망하고 탄식하며 근심하고 괴로워하는 상황은 실로 차마 말로 표현하지 못할 점이 있습니다. 한 번 정국이 바뀐 이후로 백성들은 눈을 씻고 목을 길게 빼면서 자신들의 어려움을 도와 생기를 돋워 주는 은택을 볼 수 있으리라는 생각이 큰 가뭄에 구름과 무지개를 바라는 것[6] 이상이었습니다. 그러나 1년, 2년 그럭저럭 세월만 지날 뿐, 지금까지 백성들의 바람을 조금이라도 위로

5 지난 6, 7년간의 일 : 1674년(현종15)부터 1680년(숙종6) 경신환국(庚申換局)까지 남인이 집권한 기간의 일을 말한다. 1674년에 벌어진 갑인예송(甲寅禮訟)에서 현종은 기해예송(己亥禮訟)의 결과를 뒤엎고 남인의 편을 들어주었다. 얼마 뒤에 현종이 승하하고 숙종이 즉위하자, 남인이 기해년에 송시열이 효종을 서자로 봐도 좋다고 했던 일을 트집 잡아, 죄를 물어 덕원(德源)에 유배하도록 하였다. 이를 계기로 서인 측의 인사들은 조정에서 쫓겨나고, 남인 측 인사들이 대거 등용되어 요직을 차지하였다.

6 큰 가뭄에……것 : 고통받는 백성들을 구제하는 것을 의미한다. 운예(雲霓)는 구름이 끼면 비가 오고 비가 그치면 무지개가 뜨는 데서 유래하여, 흔히 비를 뜻하는 말로 쓰인다. 맹자께서 이르기를 "《서경》에 '탕 왕이 첫 번째 정벌을 갈나라로부터 시작하시자, 천하 사람들이 믿어서 동쪽을 향하여 정벌하면 서쪽 오랑캐가 원망하며, 남쪽을 향하여 정벌하면 북쪽 오랑캐가 원망하여 말하기를 「어찌하여 우리를 뒤에 정벌하는가.」 하여, 백성들이 탕왕이 정벌해 주기를 바라되 마치 큰 가뭄에 구름과 무지개를 바라듯이 했다.' 하였다.〔書曰, 湯一征, 自葛始, 天下信之, 東面而征, 西夷怨, 南面而征, 北狄怨, 曰奚爲後我, 民望之, 若大旱之望雲霓也.〕"라고 한 데서 유래하였다.《孟子 梁惠王下》

할 만한 정책이나 명령은 하나도 없었습니다. 그런데 이처럼 특히 심한 흉년을 만났는데, 더욱이 이전에 없던 일을 거행하여 마을마다 들쑤시고 다니며 민정(民丁)을 찾아내고 있습니다. 그리하여 민심을 더욱 잃고 백성의 기운을 더욱 지치게 만들고 있습니다. 이것이 바로 신이 크게 답답해하고 매우 곤란하게 여기면서 다른 대책을 세우기 바라는 것입니다.

지금 이처럼 무명의 품질을 그대로 존속시키고 아이와 약자에게 대신 충정(充定)하는 것을 과연 전하의 말씀대로 끝내 변통하기 어렵다면, 기타 백성들에게 부과하는 세금을 줄여 주고 백성들을 보존하고 도와주는 정책을 반드시 별도로 강구하여 크게 손질한 다음 제때에 반포하여 혹시라도 지체되지 않게 하십시오. 그리하여 중외(中外)의 선비와 백성들로 하여금 실망하는 탄식이 없게 하신다면, 인심을 수습하고 나라의 명맥(命脈)을 유지하는 방도에 반드시 조금이라도 도움이 없지 않을 것입니다.

신이 만약 말이 쓰이지 않는다고 하여 끝내 다시 아무 말도 하지 않고 만다면, 실로 은미하게 간하는 법이 없는 신하의 도리[7]가 아닐 것입니다. 그러므로 이에 감히 간략하나마 남은 정성을 펼치고 다시 어리석은 속마음을 바치오니, 성스럽고 명철하신 전하께서는 사람 때문에 말을 폐하지 않으시면[8] 다행이겠습니다.

7 은미하게……도리 : 신하가 임금을 섬기는 도리를 말한다. 《예기》 〈단궁 상(檀弓上)〉에 "임금을 섬기되 면전에서 간함은 있고 은미하게 간함은 없다."라고 하였다.

8 사람……않으시면 : 《논어》 〈위령공(衛靈公)〉에 "군자는 말을 잘한다고 하여 그 사람을 들어 쓰지 않고, 사람이 나쁘다고 하여 그의 좋은 말을 버리지 않는다.〔君子, 不以言擧人, 不以人廢言.〕"라고 하였다.

부제학을 사직하는 소장 계해년(1683, 숙종9)

辭副提學疏 癸亥

삼가 바랍니다. 신이 이제까지 벼슬한 것이 분수에 벗어나지 않는 것이 없었습니다만, 오늘 받은 관직에 이르러서는 더더욱 전혀 걸맞지 않습니다. 스스로 생각해 보아도 아둔하고 용렬한 신이 어찌 이런 자리를 차지할 수 있겠습니까. 제 분수를 살펴보니 더없이 부끄러워 곧바로 담장을 따라 달아나고 싶지만[9] 그럴 수도 없습니다. 비록 그렇지만 이는 오히려 말할 것도 못됩니다. 신이 이 직책을 하루라도 무릅쓰고 차지할 수 없는 까닭이 있어서, 빨리 말씀드리지 않을 수 없습니다.

무릇 서로 혐의를 피하는 법은 사국(史局)보다 더 엄격한 데가 없으며, 홍문관(弘文館)의 장관(長官)이 통상 춘추관(春秋館)을 겸하는 것은 이 직책이 본관(本館)의 유사당상(有司堂上 책임을 맡은 당상관)이기 때문입니다. 그러므로 비록 서로 피함이 있어도 춘추관을 감하(減下)하지 않는 것은 진실로 고과(考課)와 출척(黜陟)의 즈음에 유사당상이

9 담장을……싶지만 : 춘추 시대 공자의 조상 정고보(正考父)가 송(宋)나라의 대공(戴公)·무공(武公)·선공(宣公) 세 임금을 보좌하였는데, 관직이 높아질수록 더욱 공손하여 명성이 높았다. 그가 지은 〈정명(鼎銘)〉에 "첫 번째 명을 받고서는 몸을 숙이고, 두 번째 명을 받고서는 몸을 구부리고, 세 번째 명을 받고서는 더욱 몸을 구부려 담장을 따라 빠른 걸음으로 지나가니, 또한 나를 감히 업신여기지 못한다.〔一命而僂, 再命而傴, 三命而俯, 循牆而走, 亦莫余敢侮.〕"라고 한 말을 원용한 것이다. 정고보의 〈정명〉은 《춘추좌씨전》 소공(昭公) 7년 기사에 보인다.

혹시라도 없어서는 안 되기 때문입니다. 춘추관을 이미 감하(減下)할 수 없고 서로 피하는 것 또한 폐지할 수 없다면, 아울러 본직(本職)을 갈아서 다른 사람으로 바꾸는 것이 사리(事理)에 당연합니다.

신이 일찍이 듣건대, 선정신(先正臣) 김상헌(金尙憲)[10]과 고(故) 판서(判書) 신(臣) 김좌명(金佐明)[11]이 모두 이 때문에 혐의를 피하여 교체되었다고 하는데, 이와 같은 경우가 전후로 한두 번이 아닙니다. 지난번 전(前) 감사(監司) 신 이선(李選)[12]이 이 직책에 임명되었을 때, 또한 이러한 예를 인용하여 소장을 올려 면직을 아뢰었지만, 해조(該曹)에서 살피지 않고 잘못 복계(覆啓)하였습니다. 그러므로 그 뒤에 대신(大臣)이 탑전(榻前)에서 아뢰어 그 시비(是非)를 논박하자, 곧바로 체직을 허락하셨습니다.

지금 신과 영춘추(領春秋) 신 김수항(金壽恒)[13]은 일가로서 응당 피해야 할 혐의가 있고, 이전의 일 가운데 위에서 말씀드린 바와 같이 유사한 예도 있으니, 신이 비록 뻔뻔스럽게 낯을 들고 공무를 집행하고

10 김상헌(金尙憲) : 1570~1652. 본관은 안동(安東), 자는 숙도(叔度), 호는 청음(淸陰)·석실산인(石室山人)·서간노인(西磵老人), 시호는 문정(文正)이다. 《宋子大全 卷182 石室金先生墓誌銘 并序》

11 김좌명(金佐明) : 1616~1671. 본관은 청풍(淸風), 자는 일정(一正), 호는 귀계(歸溪)·귀천(歸川)이다. 《西溪集 卷11 兵曹判書金公神道碑銘》

12 이선(李選) : 1632~1692. 본관은 전주(全州), 자는 택지(擇之), 호는 지호(芝湖), 시호는 정간(正簡)이다. 우의정 이후원(李厚源)의 아들이고 송시열(宋時烈)의 문인이다. 《芝湖集 卷7 芝湖居士自誌》

13 김수항(金壽恒) : 1629~1689. 본관은 안동, 자는 구지(久之), 호는 문곡(文谷)이다. 청음 김상헌의 손자이고 동지중추부사 김광찬(金光燦)의 아들이다. 《農巖續集 卷上 先府君行狀》

자 한들 할 수 있겠습니까. 이에 감히 전하를 번거롭게 해 드리는 죄를 피하지 않고 외람되이 이렇게 호소합니다. 신의 그릇이 부제학에 걸맞지 않고 신의 질병이 조정에 나아가기 어려운 점에 이르러서는 모두 말씀드릴 겨를이 없습니다.

삼가 바라건대 성스럽고 명철하신 전하께서는 관제(官制)를 어지럽힐 수 없음을 생각하고 미천한 신이 염치없이 나아갈 수 없음을 살펴, 서둘러 신의 직책을 교체해 주십시오. 그리하여 공적으로나 사적으로나 온전하게 해 주신다면 매우 다행이겠습니다.

이조 참의를 사직하고 겸하여 민사를 아뢰는 소장
辭吏曹參議兼陳民事疏

삼가 아룁니다. 신은 외람되이 전하의 은총으로 휴가를 얻어 고향에 돌아와 묘소를 참배하며 대략이나마 인정과 도리를 표하니, 감사한 마음 더욱 간절합니다. 신은 본래 마땅히 기한에 맞춰 조정으로 돌아가 은혜로운 명령에 복명해야 하는데, 불행하게도 질병이 또 매우 위독한 지경에 이르러 스스로 힘쓸 수 있는 형편이 아니니, 죽음을 무릅쓰고 호소하지 않을 수 없습니다.

대개 신은 여러 해 동안 묵은 병이 이미 치료할 수 없는 상황[14]이 되었습니다. 조정에 있을 때에 며칠만 바쁘게 일해도 오히려 위험에 직면했는데, 지금 이렇게 산 넘고 물 건너 먼 길을 지나오는 동안 여러 날 여독(旅毒)에 시달렸으니, 건강이 나빠진 것은 진실로 괴이할 것이 없습니다. 도착한 뒤에 원기가 갑자기 바닥나고 정신과 기력이 거의 다 없어져서 숙환(宿患)과 새로운 병증(病症)이 빈틈을 타고 크게 일어나 열흘이나 조리하였지만, 심해지기만 할 뿐 차도가 없습니다.

지금 담증(痰症)과 화증(火症)이 날로 심하여 잠도 못자고 먹지도

14 묵은……상황 : 고황(膏肓)은 치료할 수 없는 깊은 병을 말한다. 춘추 시대 진 경공(晉景公)이 병이 들어 진(秦)나라의 명의를 불렀다. 의사가 도착하기 전에 경공이 꿈을 꾸었는데, 꿈속에서 두 아이가 말하기를 "내일 명의가 우리를 처치할 것인데, 우리가 고(膏)의 밑과 황(肓)의 위로 들어가면 명의라도 어찌하지 못할 것이다."라고 하였다. 이튿날 명의가 진찰하더니 병이 고황에 깊이 숨어 고칠 수 없다고 하였다. 《春秋左氏傳 成公10年》

못하니 온갖 증세가 틀림없이 죽을 징후이고 호흡이 간당간당해서 실낱처럼 희미한 정도일 뿐이 아닙니다. 비록 죽을힘을 다해 억지로라도 일어나려 하지만 뾰족한 방법이 없습니다. 이조 참판(吏曹參判)의 직임이 얼마나 긴요하고 중요한데, 감히 시골에 있으면서 헛되이 자리만 차지하여 직임을 그르치고 방치하는 죄를 자초하겠습니까.

삼가 바라건대 성스럽고 자애로운 전하께서는 신의 사정을 살펴 신의 직명(職名)을 빨리 교체해 주신다면, 공적으로나 사적으로 매우 다행이겠습니다.

또한 신이 서울에 있을 때에 지방의 농사가 논농사는 그런대로 여물었으나 밭농사는 완전히 실패했다고 들었는데, 귀향길에 오른 뒤에 자세히 살펴 징험해 보니, 소문이 과연 사실이었습니다. 서울에서 고향으로 오는 2, 3백 리 사이에 길가의 밭곡식이 모두 그랬고, 귀향한 뒤에 원근의 선비와 백성들을 연달아 만났는데, 말하는 것이 또한 모두 이와 같았습니다.

무릇 밭곡식이 궁핍한 백성들의 생계에 도움이 되는 정도가 논곡식에 비하여 더욱 큽니다. 게다가 산골에 사는 백성들은 완전히 밭곡식으로 근근이 살아가는데 이토록 극심하게 흉년이 들었으니, 이런 상황을 가지고 말한다면 금년 농사를 풍년이라고 할 수 있겠습니까. 조정에서 만약 이러한 사실을 모르고, 모든 요역(徭役)과 부세(賦稅)를 거두어들이고 체납된 세금의 징수를 한결같이 예년처럼 시행한다면, 민간의 형편은 진실로 지탱하여 보전할 가망이 없을 것입니다.

금년에는 비가 너무 많이 내렸으니, 밭농사를 망친 것도 오로지 이 때문이며 논농사가 조금이나마 잘된 것도 이 때문입니다. 신이 호조(戶曹)에 있을 때 답험사목(踏驗事目)에 대해 들었는데, 논과 밭의 분재

(分災)[15]에 대해서는 전혀 거론하지 않았고, 다만 논의 전재(全災)만 허락하였습니다. 전재를 당한 곳은 백 가운데에 한두 군데도 되지 않으니, 이것은 백성들이 논이나 밭 중 하나에서 수확한 농산물을 가지고 논과 밭 양쪽의 조세를 모두 부담하게 되므로, 국가의 소득은 작년에 비해 틀림없이 두 배에서 다섯 배가 될 것입니다. 지금 두 배에서 다섯 배의 수로 아울러 곡식이 여물지 않은 밭에도 똑같이 내도록 요구한다면, 비록 올해 마땅히 내야 할 세금이라도 오히려 마련하기 어려울 것인데, 하물며 지난해에 체납한 세금이겠습니까.

신의 어리석은 생각으로는 앞서 아뢴 것처럼 세입(稅入)이 이전보다 많다면, 지금 비록 약간 더 덜어주더라도 경비가 부족할 염려는 없을 것 같습니다. 그러므로 유사(有司)에게 분명히 지시하여 미리 자세히 헤아려 신구(新舊)의 세금을 따지지 말고 적절한 선에서 함께 감하게 하여 가난한 백성들을 보존하는 바탕으로 삼는 것이 좋겠습니다. 신이 이미 민간의 몹시 다급한 상황을 직접 목격하였기에 대략 아뢰지 않을 수 없었습니다. 바라건대 성스럽고 명철하신 전하께서 유념하여 살펴 주십시오.

15 분재(分災) : 재해를 입은 정도에 따라 6분(分)에서 9분까지 등급을 나누어 감세(減稅)해 주는 것을 말한다. 절반이 넘게 재상(災傷)을 입은 전지(田地) 중에서 그 재상이 6분에 이른 것은 6분을 면세하고 4분을 수세(收稅)하는데, 9분에 이르기까지 이와 같이 감세하는 것을 원칙으로 하였다.

대사성을 사직하는 소장
辭大司成疏

삼가 아룁니다. 신이 요사이 본직에 있으면서 진상(進上)할 책지(冊紙)를 지방에 분정(分定)한 일은 실로 교서관(校書館)에서 이미 시행했던 최근의 사례를 따른 것입니다. 그런데 입계(入啓 임금에게 글을 올림)하여 서류를 전할 때 우연히 자세한 내막을 상세히 다루지 못하여, 마침내 사람들의 입에 자주 오르내리게 되고 대간(臺諫)의 탄핵을 불러일으켰습니다. 비록 심문(審問)[16]을 안건으로 삼았으나, 그 나열한 죄상은 낭자할 뿐만이 아니었습니다.

무릇 긴요하지 않은 부역을 경솔하게 시행하여 백성을 굶주리게 하는 폐단을 크게 일으키는 것은 그 죄가 어떻겠습니까. 설령 대관(臺官)이 미처 전례를 알지 못하여 이러한 탄핵의 논의가 있었더라도 이미 상소에 실렸고 안팎으로 내보였으니, 누군들 신이 억지로 전에 없는 깜짝 놀랄 만한 일을 만들어 냈다고 하지 않겠습니까.

근래에 사헌부(司憲府)의 관원이 제대로 갖추어지지 못했기 때문에 아직까지도 환히 살펴보지 못하고 있지만, 만약 대계(臺啓 대간에서 의론하여 임금에게 알리는 일)에서 엮은 말에 근거해 본다면 비록 신에게 삭탈(削奪)과 파직(罷職)의 법이 적용되더라도 또한 오히려 남은 허물이 있을 것입니다. 신이 함대(緘對)[17]하기에 앞서 비록 외람되게 전말(顚

16 심문(審問) : 문비(問備)는 관리들의 죄상(罪狀)을 관원 명부(名簿)에 적어두었다가 인사행정에 반영시키기에 앞서 심문하는 일을 말한다.

末)을 아뢰지는 못하지만, 응당 엄중하게 문책을 당할 몸으로 염치 불구하고 편안히 자리를 차지하고 있는 것은 실로 본분과 의리로 볼 때 감히 할 수 있는 일이 아닙니다. 그러므로 단자를 올려 말미를 청하지 않을 수 없었습니다. 이조 참의(吏曹參議)에서 해임되고 나서 허물을 반성하니, 한결같이 황공한 마음으로 공손히 처벌이 내려지길 기다리고 있었습니다. 그런데 뜻밖에 지금 새로운 명이 다시 내려왔습니다. 성스럽고 명철하신 전하께서 신에게 취할 점이 무엇이 있기에 곧바로 관적에 올려서 조금도 신중하게 처리하지 않으시는지 모르겠습니다.

무릇 일을 그르친 사람으로서 다시 이미 실패했던 자리를 차지하는 것은 공적인 의리와 사적인 본분으로 헤아려 볼 때 이미 근거할 바가 없습니다. 하물며 이제 탄핵을 요청한 글의 먹물이 미처 마르지도 않았고 물의는 오히려 비등(沸騰)하고 있습니다. 신이 비록 당돌하게 받아들이고자 한들 사람들의 놀람과 의혹을 어찌하겠습니까.

또한 신은 천한 병이 있는데, 더위와 습기에 손상이 누적되어 예전의 증세는 도리어 극심해지고 새로운 증상이 더하여 발병하였습니다. 위급한 상황을 비록 감히 함부로 아뢸 수는 없지만, 지금의 근력으로는 실로 조금도 기동할 가망이 없습니다.

삼가 바라건대 성스럽고 자애로운 전하께서 신의 정황과 병세가 전혀 움직일 수 없는 형편임을 곡진히 살펴 서둘러 외람되이 차지하고 있는 직명(職名)을 교체하여 주십시오. 그리하여 감당할 수 있는 사람

17 함대(緘對) : 조선 시대에 신문(訊問)을 받을 사람이 관아에 직접 출두하지 않고 서면(書面)으로 올리는 진술서를 가리킨다. 함사(緘辭)・공함(公緘)・함공(緘供)이라고도 한다.

에게 주어 우매한 신의 분수를 편안하게 해 주고 물의(物議)에 답하신다면 매우 다행이겠습니다.

예조 참의를 사직하는 소장
辭禮曹參議疏

삼가 아룁니다. 신이 삼가 지금 승정원(承政院)의 계사(啓辭)를 보니 지극한 두려움을 견딜 수 없습니다. 지금 이 장단(長湍)의 산사(山事)가 송사에 걸려 있는데, 그 옳고 그름을 처결하는 일은 원래 본조(本曹)에서 주관할 바가 아닙니다. 따라서 당초 승정원에서 본조(本曹)에 계하(啓下)한 것이 사체(事體)에 적합한 것인지 모르겠습니다. 그러나 이미 계하한 뒤에는 감히 덮어둘 수만은 없기에, 대략 본관(本官)의 보장(報狀 보고서)에 수록된 내용에 근거하여 복주(覆奏)한 바가 있었고, 끝내 해당 부처로 하여금 죄상을 밝혀 품처(稟處)하도록 청한 것은 신의 생각에 사체의 당연함이라고 여겼습니다. 그런데 문득 책임을 떠넘겼다고 배척하니, 신은 실로 그 의도를 알지 못하겠습니다. 더구나 방계(防啓)하지 않았다는 것[18]으로 신의 죄를 삼는 데에 이르러서는 더욱 알지 못할 것이 있습니다.

대개 비록 눈으로 직접 본 일일지라도 사람들의 의견은 각각 다르기 때문에 반드시 같아야 한다고 책망할 수는 없습니다. 하물며 신은 그 땅을 보지 못했으므로 지세(地勢)가 완만한지 급경사를 이루었는지 실로 다 알지 못합니다. 의지할 수 있는 것은 고작 보고서 한 장뿐이었

18 방계(防啓)하지 않았다는 것 : 타 기관에서 임금에게 아뢴 것에 대해 그렇게 시행하지 못하도록 아뢰지 않았다는 말이다. 방계는 타 기관의 보고에 대해 그 부당함을 아뢰어 시행을 저지하는 것을 가리킨다.

습니다. 보고서의 내용 가운데 "이미 고을의 주산도 아니고 또한 관사와 직접 마주치지도 않으며[19] 또 240보 밖에 있으니, 산소의 주인이 장사 지내려 하는 것이 근거가 없는 것은 아니다."라는 말이 있었습니다. 다만 지붕과 처마가 보이기 때문에 의심스럽고 난처한 점이 있어서 감사에게 보고하였으니, 이는 비록 눈으로 직접 본 본관(本官)도 또한 감히 단정하지 못할 것이 있었던 것입니다. 그런데 지금 승정원에서는 반드시 보지도 못한 사람으로 하여금 방계(防啓)를 하게 하고자 하고, 오직 자기들의 뜻과 같지 않다고 하여 성내는 것은 또한 이상하지 않습니까.

신은 본래 보잘것없는 사람으로 손대는 곳마다 흠집이 생기지만, 지금 당면한 일은 더욱 뜻밖에 발생하였습니다. 어찌 편안히 자리를 차지하고 있을 수 있겠습니까. 삼가 바라건대 성스럽고 명철하신 전하께서는 서둘러 신을 파면하고, 신이 일처리를 잘못한 죄를 다스려서 사람들의 말에 답하십시오. 그리하여 어리석은 신의 분수를 편안하게 해 주신다면 대단히 다행이겠습니다.

19 직접 마주치지도 않으며 : 대충(對沖)은 풍수지리(風水地理)에서 방위(方位)를 마주하여 맞서는 경우를 가리키는 말로, 흉한 것으로 본다.

이조 참의를 사직하며 겸하여 소회를 아뢰는 소장
辭吏曹參議兼陳所懷疏

삼가 아룁니다. 신의 용렬함은 진실로 한 치의 장점도 없습니다. 재주는 맡은 일을 감당하지 못하고 병든 몸은 직무에 이바지하지 못하니, 한낱 썩어빠져 쓸모없는 자질일 뿐입니다. 그런데 어쩌다가 근년 이래 전하의 크신 은혜를 지나치게 입어 무릇 청환(淸宦)과 현직(顯職)의 자리를 번번이 먼저 차지하였으니,[20] 한갓 주고받는 것이 빈번하고 사양하고 면직하기를 어지러이 하여 조정의 벼슬을 거듭 더럽히고 식견 있는 자들의 기롱과 의논을 초래하였습니다. 이것이 어찌 미천한 신의 본분에 감히 편안한 일이며, 또한 성스러운 조정에 어찌 마땅히 있을 수 있는 일이겠습니까.

하물며 이 이조 참의(吏曹參議)는 어떤 직책인데 삼 년 사이에 여섯 번이나 임명을 받는단 말입니까. 처음에는 힘껏 사양하지 못하고 뒤에는 그저 으레 해오던 대로 답습하여 외람되이 자리를 차지하고 있었습니다. 비록 수장(首長)에 의지하여 겨우 실패를 면했으나, 전후를 돌이켜보매 조금이나마 직임에 걸맞은 어떤 실효가 있었다고, 오늘 감히 또 염치없이 받아들이겠습니까.

20 차지하였으니 : 남취(濫吹)는 능력도 없는 사람이 자리를 차지하고 있는 것을 말한다. 제(齊)나라 선왕(宣王)이 우(竽)를 좋아하여 악사(樂士) 3백 명을 불러 우를 불게 하였다. 남곽(南郭)이 부는 방법을 잘 모르면서도 여러 사람들 속에 끼어 불었기 때문에 별 탈 없이 넘어갔다. 그런데 민왕(湣王)이 등극하여 한 사람씩 불게 하자 속일 수 없으므로 도망갔다는 고사가 전한다. 《韓非子 內儲說上》

또 신의 천한 병이 여름을 나며 손상이 누적되더니, 가을이 되면서 더욱 심해졌습니다. 묵은 병과 새로운 병이 함께 일어나 번갈아 공격하니, 지금 정신을 차릴 수 없고 기력은 고갈되어 끊어질 듯한 숨이 조석을 보존하기도 어려울 정도입니다. 비록 신으로 하여금 일을 물리치고 한가롭게 지내며 오랫동안 치료하게 하더라도 오히려 다시 일어나지 못할까 두려운데, 어찌 은혜로운 명에 숙배(肅拜)하고 부지런히 직무 수행하기를 바라겠습니까.

삼가 바라건대 성스럽고 자애로운 전하께서는 불쌍히 여기는 마음으로 곡진히 살펴, 신의 직책을 교체하여 감당할 수 있는 사람에게 되돌려 주어, 공적으로나 사적으로나 다행스럽게 해 주신다면 더 바랄 것이 없겠습니다.

한편 신은 변변찮은 소회(所懷)가 있어서 감히 여기에 덧붙여 아룁니다. 지금 유생(儒生)들이 복제(服制)에서 흰 건을 쓰는 제도에 대해 대신(大臣)이 이미 의견을 올리고 성스럽고 명철하신 전하께서도 이미 처분을 내리셨으니, 진실로 감히 다른 논의가 용납되지 않습니다. 다만 생각건대 애당초 과거에 응시한 선비들의 복색(服色)을 변통하는 일로 말미암아 생겼는데, 마침내 성균관(成均館)도 더불어 옛 제도를 함께 고쳤으니, 이것이 과연 어떠한지 모르겠습니다.

대개 성균관은 곧 문묘(文廟)가 있는 곳이니, 그 사체(事體)의 엄중함이 다른 곳과는 저절로 구별됩니다. 지금 문묘를 지키는 유생들로 하여금 흰 색의 복식으로 바꾸어 입고 밤낮으로 문묘와 지극히 가까운 재실(齋室)에서 지내게 한다면 혹 미안한 점이 없겠습니까. 무릇 성균관에 뽑힌 사람들이 검은색 유건을 쓰고 푸른 띠를 두르는 것은 주자(朱子)의 학설이 분명할 뿐만 아니라, 생도가 학교에서 검은 건을 쓰는 것은 《오례의(五禮儀)》에 실려 있으니, 또한 근거가 있는 듯합니다. 선조(宣祖) 때에 다만 조정 관리의 복색만을 바꾸고 유생의 복색에 대해 논의하지 않은 것은 당시 제현들이 실로 절충하는 깊은 뜻이 있었던 것이 아니겠습니까.

이른바 학교는 도성 안으로는 태학(太學)과 도성 밖으로는 고을의 학교가 바로 이것입니다. 이는 모두 선성(先聖)들의 위패를 모신 곳인데, 예문(禮文)에서 검은색 유건을 쓴다는 내용을 뽑아내어 선철(先哲)들이 그대로 따라 고치지 않았던 것은 어찌 유래하는 바가 없이 그랬겠습니까.

비록 그러하나 이로 인하여 사학(四學),[21] 그리고 대과(大科)와 소과(小科) 시험장에서 모두 검은색 유건을 사용하는 데 이르러서는 과연 상고할 바가 없으니, 이는 응당 바로잡아야 할 일입니다. 문묘가 있는 곳은 서울과 외지를 막론하고 아마도 다른 곳과 같게 보아 하나의 예로 시행할 수 없을 것 같습니다. 이렇게 말한다면 비록 외방의 사원(祠院)에 전대(前代)의 유현(儒賢)들을 봉안한 곳도 또한 두루 미루어 시행하여, 아울러 마땅히 한번 강구하여 결정하는 방도가 있어야 합니다.

다만 시험장을 만약 태학에 설치한다면 흰색이든 검은색이든 모두 문제가 있으니, 과거시험장의 예를 따른다면 검은색을 따를 수 없고, 문묘의 제도를 따른다면 흰색은 마땅하지 않습니다.

21 사학(四學) : 조선 시대 한성(漢城)의 중·동·남·서부에 두었던 중학(中學)·동학(東學)·남학(南學)·서학(西學)을 말한다. 조선 시대의 교육기관으로서 도성 안에는 성균관과 사학을 두었고, 주(州)·부(府)·군(郡)·현(縣)에는 향교(鄕校)를 세웠다.

신의 어리석은 생각으로는 국상을 치르는 삼 년 이내에는 모든 대과와 소과를 다른 곳에서 실시하여야 합니다. 비록 관과(館課)[22]나 잡제(雜製)와 같은 시험도 그 시험장을 사학(四學)에 설치하고 관관(館官 성균관 관원)으로 하여금 문묘에 들어가 지키게 한다면, 아마도 무방하지 않을까 합니다. 이와 같이 처리한다면 성인을 존중하는 도리에 합당하지 않겠습니까.

신이 예조(禮曹)에서 근무할 때에 이미 이 일로 명을 받들어 품계(稟啓)하였는데, 천박한 견해가 본래 이와 같았습니다. 이에 감히 시종 조용히 있지 못하고 대략 면직을 바라는 소장에 덧붙였습니다만, 또한 감히 반드시 옳다는 자신도 없습니다. 바라건대 성스럽고 밝은 전하께서 다시 널리 물어 처리하여 주십시오. 그리하여 극진하지 못했다는 후회가 없게 하신다면 매우 다행이겠습니다.

22 관과(館課) : 문신들에게 시험을 보이는 월과(月課)를 말한다.

이조 참의를 사직하는 소
辭吏曹參議疏

삼가 아룁니다. 신은 오래 앓아 온 병이 있어 위태위태하게 날을 보내고 있습니다. 서늘한 기운이 생긴 이후로는 갈수록 건강이 상하더니 돌연 때아닌 독한 학질에 걸렸습니다. 혹독한 고통을 여러 차례 겪었는데도 아직까지 떨어지지 않았습니다. 원기(元氣)가 바닥나고 묵은 질환까지 함께 심해져 최근 인사행정을 진행하는 자리에 연이어 참석하지 못하였습니다. 몸은 이조의 직책을 맡고 있으면서 자리를 비움이 이 지경에 이르렀으니, 부득불 단자를 올려 휴가를 청하여 사사로운 분수를 편안히 할 수 있기를 바랐습니다. 그러나 승정원(承政院)에서 헤아리지 못하고 줄곧 물리치니, 한층 낭패가 되어 어찌해야할지 모르겠습니다.

그런데 뜻밖에 지금 소패(召牌)가 갑자기 내려왔습니다. 이전에 명을 어긴 죄도 이미 지극히 황공하여 한 가닥 숨이 끊어지지 않는 한 감히 두 번 범할 수는 없었으므로 죽을 것 같은 고통을 참으며 억지로 일어나 겨우겨우 정사에 참여했던 것입니다. 그러나 삼가 사간원(司諫院)의 계사(啓辭)를 보니 인재를 등용함에 공정하지 못하였다고 하여 이조(吏曹)의 수장을 탄핵하니, 그 죄명(罪名)이 매우 무거웠습니다. 비록 참의(參議)를 함께 배척하지는 않았으나, 신이 주제넘게 자리를 차지하고 있었던 날들이 또한 이미 많고, 지금 국가의 인재 등용이 오직 이조로만 말미암는다고 말들을 합니다. 신 또한 이조 관원의 한 사람입니다. 어찌 감히 성명(姓名)이 거론되지 않았다는 이유로 스스로 벗어나 요행히 면할 생각을 하겠습니까. 하물며 신이 전후로 외람되이 자리를 차지한 것이 한두 번이 아니고, 그 사이에 독정(獨政)[23]을 처리한 것도 이미 여러 차례입니다. 신의 주의(注擬)만 어찌 공의(公議)를 만족시켰겠습니까. 간신(諫臣)이 혐의를 피하고자 사직을 청하는 말 가운데 대간(臺諫)의 의망(擬望)이 잘못되었다는 내용으로 백간(白簡 탄핵문)이 서로 이어지고 있는데, 고칠 생각을 하지 않는다며 장관의 죄라고 하고 있습니다.

비록 가리키는 바가 정확히 무엇인지 알 수는 없지만, 아마도 김환(金煥)[24]에 대한 논의를 중단하고 대간에 의망한 일인 듯합니다. 이는 신 또한 똑같이 책임이 있습니다. 그러나 이런 사람들을 제거한다면 무릇 대관의 의망에 실로 비의(備擬)하기가 어려운 것은 단지 전에만 그랬던 것이 아니라, 또한 이날 이후로도 면할 수 없을 것입니다. 비록 바꾸고자 해도 그 형세가 어찌할 수 없습니다. 어찌 감히 그대로 자리를 오랫동안 차지하고 있으면서 죄를 더하겠습니까.

삼가 바라건대 성스럽고 자애로운 전하께서 곡진히 헤아리고 살펴, 서둘러 체직시켜 주십시오. 그리하여 이조의 인재 선발을 소중하게

23 독정(獨政) : 이조 판서(吏曹判書)가 사정이 있을 때, 참판이나 참의 가운데 어느 한 사람이 대신하여 정사(政事)를 맡아보던 일을 말한다.

24 김환(金煥) : ?~1689. 1680년(숙종6) 경신환국(庚申換局)으로 서인이 집권하자, 김석주(金錫胄) 등의 사주를 받아 서인의 과격파로서 활약하였다. 1682년 기패관(旗牌官) 한수만(韓壽萬)·이덕주(李德周)·허새(許璽)·허영(許瑛) 등 남인이 복평군(福平君)을 왕으로 추대하는 역모를 꾸민다고 무고(誣告)하였다. 남인 계열의 다수가 이 사건에 연루되어 파직·유배되었다. 이 공으로 자헌대부(資憲大夫)에 올랐으나, 후일 그가 무고한 사실이 밝혀졌고, 1689년 기사환국(己巳換局)으로 참형되었다.

하고, 어리석은 신의 분수를 편안하게 해 주신다면 매우 다행이겠습니다.

병조 참의를 사직하는 소장 갑자년(1684, 숙종10)

辭兵曹參議疏 甲子

삼가 아룁니다. 신은 지난날 이조(吏曹)에서 근무하다가 마침 독정(獨政)[25]을 하게 되었는데, 승지(承旨)를 의망(擬望)하는 일이 있었습니다. 그 뒤에 동료가 다시 신이 하던 방식대로 했는데, 대신(大臣)이 이를 비난하여 전하 앞에서 진술하고 그 내용을 상소에 나열했으므로, 동료 또한 이 때문에 자신의 입장을 진술하는 상소를 올렸습니다. 신은 그때 이미 다른 일로 파직되어서 비록 동료와 연명(聯名)하여 스스로를 탄핵할 수는 없었으나, 만약 잘못을 따진다면 신이 진실로 주범입니다. 돌이켜 생각하니 두려운 마음이 오래되어도 오히려 가시지 않습니다.

의망할 때의 자세한 내막은 동료가 이미 자세히 밝혔기 때문에 신이 오늘 감히 쓸데없이 중복하여 말씀드릴 수 없을 뿐만 아니라, 또한 이미 오랜 시간이 흐른 뒤에 자세히 말씀드려 전하를 번거롭게 하는 죄를 저지르고 싶지도 않습니다. 그런데 신은 주범으로서 이미 대신의 배척을 받았으니, 처벌을 면한 것도 너무나 다행입니다. 하물며 감히 이미 지난 일이라는 핑계로 시종일관 잠자코 있다가 다시 벼슬을 제수하는 명령에 응하여 무턱대고 직책을 차지하겠습니까.

삼가 바라건대 성스럽고 명철하신 전하께서는 굽어살펴 신에게 새

25 독정(獨政) : 이조 판서(吏曹判書)가 사정이 있을 때, 참판이나 참의 가운데 어느 한 사람이 대신하여 인사행정을 맡아보던 일을 말한다.

롭게 제수한 직명(職名)을 서둘러 교체하여 사체(事體)를 보존하고 어리석은 신의 본분을 편안하게 해 주시면 천만다행이겠습니다.

대사성을 사직하는 소장 을축년(1685, 숙종11)

辭大司成疏 乙丑

삼가 아룁니다. 성균관 대사성은 임무가 매우 막중합니다. 비록 평상시라도 진실로 마땅히 신중히 선발해야 하는데, 하물며 오늘날이겠습니까. 대신(大臣)이 전하의 앞에서 아뢰면서 인망(人望)이 있는 사람을 가려 뽑도록 요청한 것은 진실로 우연이 아닙니다. 자급(資級)을 따지지 말고 오직 적임자를 얻는 데 힘써야 한다는 말까지 하였으니, 그 뜻을 어찌 알기 어렵겠습니까.

지금 당품(當品)[26]과 재상의 반열에 있는 사람들 가운데 진실로 문학(文學)이나 지위와 명망이 이 임무에 합당한 이들이 많습니다. 그런데 대사성에 임명하는 명령이 신의 몸에 미치니, 신은 진실로 놀랍고 곤혹스러우며 황송하여 그 까닭을 모르겠습니다.

신은 본래 노둔하고 졸렬하여 잘난 것이 없습니다. 예전에 염치없이 자리를 차지하고 있던 날,[27] 이른바 훈도(訓導)를 이루어 교주(敎胄)[28]

26 당품(當品) : 일정한 품계에 있는 관원에게 그에 알맞은 자리에 임명하는 일을 말한다. 품계와 관직은 연관되었는데, 품계가 높고 관직이 낮으면 행직(行職)이라 하고, 품계가 낮고 관직이 높으면 수직(守職)이라 하였다. 이러한 행수(行守)에 해당하지 않고 정2품이나 종2품의 품계에 해당한 벼슬을 종2품에, 종2품이나 정3품의 품계에 해당한 벼슬을 정3품에 임명하게 되면 품계에 알맞게 관직이 주어졌다고 하여 당품이라 하였다.

27 예전에……날 : 송규렴은 1681년 4월에 성균관 사성(司成), 1684년 2월, 4월, 7월에 성균관 대사성을 지냈다. 《玉吾齋集 卷15 先府君行狀》

의 책임을 다하는 것은 신의 분수로서는 정말로 할 수 없는 것이었습니다. 그리고 예컨대 약간의 반임(泮任)[29]들이 전례에 따라 재사(齋舍)를 지키는 일에 이르러서는 또한 직접 규합하여 거느리지 못하고 한결같이 폐하고 행하지 못했으니, 이것은 진실로 신이 기반이 가볍고 사람이 미천하여 남들이 보고 어렵게 여기지 않는 탓입니다. 돌이켜 생각하면 지금도 부끄러움이 더욱 깊어집니다.

대저 이 성균관의 재사를 지키는 한 가지 사항은 가장 말단의 일이며 또한 어려운 일도 아닌데, 오히려 제대로 거행하지 못했습니다. 그렇다면 다른 일은 알만 하니, 장차 이와 같은 대사성을 어디에 쓰겠습니까. 지금 대신(大臣)이 규찰(糾察)하고 검속(檢束)하지 못한다고 배척하는 것은 바로 신과 같은 사람을 지적하여 말하는 것입니다. 그가 자세히 건의한 것들은 이전의 일을 징계하고 뒷날의 일을 경계하여 옛 것을 버리고 새것을 도모하려는 뜻이 아님이 없습니다. 어찌 이미 시험해 보았으나 효과가 없던 사람으로 또다시 구차하게 채우려 하십니까. 이조(吏曹)의 주의(注擬)는 착오를 면치 못하였고, 성스럽고 명철하신 전하께서 내리신 은혜는 생각지도 못한 데서 나왔습니다. 이것이 바로 신이 위와 아래가 모두 잘못한 것을 개탄하며, 결코 감히 잘못된 임명에 부응하여 거듭 국사(國事)를 그르칠 수 없는 이유입니다.

28 교주(教胄) : 원래는 순 임금의 신하 기(夔)가 전악(典樂)이 되어 주자(胄子), 즉 왕실과 경대부(卿大夫)의 적자(嫡子)의 교육을 맡았던 일에서 나온 말이다. 《書經 舜典》 여기서는 대사성이 성균관에서 유생을 교육하는 일을 관장했던 사실을 말한다.

29 반임(泮任) : 반궁(泮宮) 즉 성균관(成均館)의 재임(齋任)을 말한다. 재사에서 기숙하며 수업하는 거재 유생(居齋儒生) 중의 임원으로, 동재(東齋)와 서재(西齋)에 각각 장의(掌議) 1인과 색장(色掌) 2인이 있었다.

삼가 바라건대 성스럽고 명철하신 전하께서는 대신이 요청한 본의(本意)를 깊이 생각하고 어리석은 신이 그 자리에 적합하지 않은 실상을 굽어살피십시오. 그리하여 서둘러 신의 직명(職名)을 교체하고 감당할 만한 사람에게 돌려주어 공적으로나 사적으로나 모두 다행스럽게 하시기를 천번 만번 크게 바랍니다.

한편 신은 마음속에 스스로 부끄러운 것이 있으니, 대략 말씀드리지 않을 수 없습니다. 신은 지난 가을에 감히 문묘(文廟) 유생들의 의관(衣冠)을 변통하자는 뜻을 사직 상소에 첨부하여 아뢰었습니다.[30] 그 글에서 조목별로 나열한 것은 비록 감히 스스로 반드시 옳다고 여긴 것은 아니지만, 이미 소회(所懷)가 있었으므로 끝까지 잠자코 있을 수 없었습니다. 그런데 성스러운 전하의 비답(批答)을 보니, 해당 관청에 명하여 한 가지로 정하여 보고한 뒤에 처리하라는 지시를 내렸다는 내용이었습니다. 따라서 말한 내용의 장단점, 일의 옳고 그름은 논할 것도 없이 오직 마땅히 곧바로 회계(回啓)하여 사체(事體)를 보존해야 합니다. 그런데 지금 한 해가 지나도록 그 문제를 거론한 일이 없으니, 신은 진실로 그 까닭을 알지 못하겠습니다.

가령 일이 많아 논의할 겨를이 없었다고 하더라도, 국상(國祥)이 문득 지났고 상소를 진달한 때로부터 국상에 이르기까지 그 사이에 날짜가 이미 여러 달이 지났습니다. 어찌 회계할 겨를이 없었겠습니까. 가령 일을 추진하기에는 너무 때가 늦어서 시행할 수 없다고 하더라도, 또한 마땅히 자세한 내막을 보고하고 전하의 명령을 기다려야 합니다.

30 신은……아뢰었습니다 : 《제월당집》 권5 〈사이조참의겸진소회소(辭吏曹參議兼陳所懷疏)〉에서 말한 내용을 가리킨다.

어찌 줄곧 묻어 두고 그만둘 수 있단 말입니까.

무릇 크고 작은 문제를 다룬 모든 소장(疏狀)은 각사(各司)에 계하(啓下)한 뒤에 검토하여 다시 전하께 아뢰지 않은 경우가 있다는 말을 듣지 못했습니다. 그런데 지금 신이 아뢴 일에 대해서만 부질없게 되었으니, 신이 이에 대해 어찌 부끄럽고 자책하는 마음이 없겠습니까.

대저 성균관에 있으면서 선비들에게 존중받지 못하였고, 정사에 대해 말을 해도 조정에서 거들떠보지 않으니, 가는 곳마다 쓸모없는 신의 실상을 여기에서 알 수 있습니다. 진실로 바라건대 성스럽고 명철하신 전하께서 아울러 밝게 간파하고 물리쳐서 어리석은 신의 분수를 편안하게 해 주신다면 매우 다행이겠습니다.

대사성을 사직하는 두 번째 소장
辭大司成再疏

삼가 아룁니다. 이러한 때에 대사성(大司成)의 임무는 결코 신이 감당할 수 있는 자리가 아닙니다. 대신(大臣)이 적임자를 잘 골라야 한다고 건의한 것은 뜻이 진실로 있는 것입니다. 그런데 지금 대사성에 제수하는 명령이 보잘것없는 신의 몸에 잘못 미쳤으니, 실정(實情)을 대략 드러내어 교체해 주시기를 바랐습니다. 그러나 미미한 정성이 전하를 감동시키지 못해 온화한 비답(批答)이 내려오고, 직무를 수행하는 데 최선을 다하라고까지 말씀하셨습니다. 성스럽고 명철하신 전하께서 면려(勉勵)하심이 이처럼 정성스러우니, 어리석은 신은 송구함이 더욱 심합니다.

아, 신이 맡은 일에 대해서 만일 조금이라도 성과를 낼 수 있다면, 신도 또한 어찌 괴롭게 본분과 의리의 막중함을 생각하지 않고 한갓 회피하려고만 하겠습니까. 지금 명을 받들어 무릅쓰고 나가고자 한다면 이미 능력을 시험한 증험이 매우 분명하니 다시 전철을 밟아 반드시 실패에 이를 것이고, 분수를 따라 물러나고자 한다면 직명(職名)을 신이 차지하고 있으니 병을 핑계로 자리를 비워 두는 허물이 있을 것입니다. 단 하루만이라도 헛되이 자리를 차지하고 있어도 그 죄를 용서받기 어려우니, 신의 정세(情勢)가 또한 매우 낭패스럽지 않겠습니까.

비록 그러하나 일을 그르쳐서 죄를 짓기보다는 차라리 명령을 어겨 견책을 받는 것이 낫지 않겠습니까. 이것이 바로 신이 형벌을 피하지 않고 죽음을 무릅쓰며 다시 하소연하여 오직 요청이 받아지기를 기대하는 까닭입니다. 하물며 신은 겨우 밤낮으로 근무하는 직책[31]을 마치자마자 마침 추운 계절을 만났는데, 병을 무릅쓰고 몹시도 다급한 일을 처리하느라 심하게 건강을 해쳤습니다. 신의 오래된 증상이 추위를 만나 크게 일어나 며칠 만에 갑자기 고통이 심해졌습니다. 갖가지로 위급한 상황은 비록 감히 번거롭게 말씀드리지 않겠지만, 이러한 형편으로는 결단코 열흘이나 한 달 내에 스스로 힘써 일어날 수 없습니다. 더욱 어찌 시일을 끌어 직무를 돌보지 않은 죄를 더하겠습니까.

한편 신이 삼가 조보(朝報)를 보니 하번(下番)의 한림(翰林)을 먼 지역으로 보내기를 허락했다는 이유로, 대간(臺諫)의 평의(評議)가 거듭 일어나고 해당 관청의 승지는 문비(問備)[32]의 처벌까지 받았다고 합니다. 신은 그때 이미 같은 관청에 있었으므로, 그 일을 참여하여 알고 있었으나 전례에 의거하여 막지 못했습니다. 잘못을 따진다면 이치상 다를 바 없으니, 어찌 감히 혼자만 책임을 면하려고 하겠습니까. 지금 신이 무릅쓰고 나가기 어려운 의리는 한두 가지뿐만이 아닙니다.

삼가 바라건대, 성스럽고 명철하신 전하께서는 곡진히 살펴 신이 받은 직명(職名)을 서둘러 파면하고 감당할 만한 사람에게 주십시오. 그리하여 국사(國事)를 소중히 하고, 어리석은 신의 분수를 편안하게 해 주신다면 천만다행이겠습니다.

31 밤낮으로 근무하는 직책 : 《승정원일기》 숙종 8년 8월 20일 기사에 송규렴을 동부승지(同副承旨)에 임명한 기록이 있다.

32 문비(問備) : 벼슬아치의 죄상을 관원 명부에 적어두었다가 인사행정에 반영하기에 앞서 심문하던 일을 말한다.

대사간을 사직하면서 겸하여 소회를 아뢰는 소장
辭大司諫兼陳所懷疏

삼가 아룁니다. 신은 외람되이 전하의 은총으로 휴가를 얻어 고향에 돌아와 묘소를 살피고, 무너진 곳을 보수하여 그런대로 견고하게 완성하였습니다. 돌아가신 분이나 산 사람이 유감이 없게 되어 자식으로서의 정리가 매우 편안하니, 아주 작은 것까지도 모두 성스럽고 자애로운 전하께서 베풀어 주신 것입니다. 신은 본래 마땅히 힘을 다하여 조정으로 돌아가 은혜로운 명령에 복명해야 합니다. 그러나 불행히도 질병이 여행에 시달린 끝에 발생하여 한 달이 지나도록 질질 끌고 있으니, 스스로의 힘으로 일어날 가망이 없었습니다. 신이 맡은 성균관(成均館)의 중요한 직임은 감히 조정 밖에 있으면서 헛되이 차지할 수 없기에, 부득이 이제 막 수령과 감사를 통해 소장을 올려 전하께 아뢰고, 공손히 처분이 내려오기를 기다렸습니다. 그런데 뜻밖에 대사간(大司諫)에 제수하는 새로운 명령이 이러한 즈음에 갑자기 내려왔습니다. 신은 진실로 감격스럽고 두려워서 몸둘 곳을 모르겠습니다.

아, 이 자리가 얼마나 중요한 직임(職任)이며 신이 얼마나 용렬하고 아둔한 사람입니까. 이런 자리에 신을 임명하시는 것은 비록 평상시라도 오히려 전혀 어울리지 않는데, 더구나 이처럼 논의가 분분하고 조정이 어수선한 때를 당하여 용렬한 신을 이런 언론의 자리에 두시니, 풍채(風彩)를 떨치고 언론을 공평하게 하여 어수선한 조정을 안정시켜 조화를 이루도록 할 수 있겠습니까.

비록 그러하나 이것은 오히려 말씀드릴 것도 없으니, 신의 병세는 실제로 할 수 있는 일이 없습니다. 대개 그 주된 증상은 바로 간화(肝火)에다 산증(疝症)까지 있어서 매년 봄철이 되면 번번이 지극히 위태롭고 고통스러운 지경에 이르는데, 오장(五臟) 가운데 간이 사철의 봄에 해당하기 때문입니다.[33] 이번의 먼 여정은 바로 봄추위를 무릅써야 했으므로 더 이상 심해질 수 없을 정도로 몸이 손상되었으니, 여러 증상이 전에 비해 더욱 심해진 것은 진실로 이상할 것이 없습니다. 하지만 지금까지 두 달에 이르도록 줄곧 깊어져, 지금은 기력이 소진되고 정신이 하나도 없으며 불덩이 같은 열이 펄펄 끓고 산증의 덩어리가 쑤셔대니, 모두 지극히 위태로운 형세이며 틀림없이 죽을 징후입니다. 자리에 정신을 잃고 쓰러져 간당간당한 숨이 끊어지려 하니, 비록 죽을 힘을 다해 명령에 달려가서 오직 도로에서 쓰러지기를 기약하고자 한들, 도리어 무슨 수로 몸을 일으켜 앞으로 나아갈 수 있겠습니까.

삼가 바라건대 성스럽고 명철하신 전하께서는 곡진히 살펴, 신의 직명(職名)을 서둘러 교체하여 주십시오. 그리하여 신으로 하여금 편안한 마음으로 몸조리하여 다시 살 길을 찾을 수 있게 해 주신다면 천만다행이겠습니다.

한편 신은 삼가 변변찮은 소회가 있으니, 대략 덧붙여 아뢰지 않을 수 없습니다. 아, 시운(時運)이 불행하여 한 사람의 과실로 인하여 갈수록 혼란해져 이토록 지극한 상황에 이르렀습니다. 장차 국가가

33 오장(五臟)…… 때문입니다 : 오행설(五行說)에 따르면, 간(肝)은 절기상으로는 봄에 해당하며 목(木)에 속한다. 그러므로 봄이 되면 목기(木氣)가 성해지는데, 목기는 화기(火氣)를 생하므로, 화증을 심화시켜 더 고통스러워진다.

끝없는 재앙을 받더라도 어찌 하늘의 뜻이 아니겠습니까. 다행히 성스럽고 명철하신 전하께서 밝게 살피신 덕분에 호오(好惡)가 마땅하게 되고 시비(是非)가 분명해졌습니다. 그러나 유독 한 가지 일만은 여전히 바른 곳으로 돌아가지 못하였습니다. 무엇을 두고 드리는 말씀이겠습니까. 사학(四學) 유생들의 벌명(罰名)[34]이 아직도 남아 있는 것이 바로 그 점입니다.[35]

대개 당초 사학 유생들이 한 일은 만약 노련하고 신중하게 사태를 진정시키려고 힘쓰는 사람의 입장에서 본다면, 진실로 터무니없고 경솔하였다고 할 수 있습니다. 그러나 이 정도의 과격한 행동은 본래

34 벌명(罰名) : 재회에서 결정하는 벌의 명칭으로, 영삭(永削)·부황(付黃)·영손(永損)·명고(鳴鼓)·영출(永黜) 등이 있다. 《六典條例 卷6 禮典 成均館》 영삭은 성균관 유생의 명부에서 영원히 이름을 삭제하는 벌이다. 부황은 이름에 누런 종이쪽지를 붙여서 과거에 응시하지 못하게 하는 벌이다. 영손은 영구히 성균관 유생들과 어울리지 못하게 하는 벌이다. 명고는 북을 울리며 잘못을 성토함으로써 잘못을 범한 사람에게 큰 치욕감을 주는 벌이다. 영출은 유생을 재사(齋舍)에서 영구히 내치는 벌이다. 《太學成典 卷2 齋中規式》

35 사학(四學)……점입니다 : 병자호란 때 강화도로 피란했던 윤선거(尹宣擧)가 성이 함락되자, 아내는 자결했는데 본인은 평민의 옷을 입고 성을 탈출한 사실이 있었다. 윤증(尹拯)이 이에 대한 사실 관계를 밝힐 목적으로 다른 사람에게 편지를 보냈다. 그 편지에서 이이(李珥)의 일을 인용하여 비교하였는데, 심지어 "율곡은 실제로 승려가 되어 산사(山寺)에 들어갔던 잘못이 있었다."라고 하였다. 이에 사론(士論)이 들끓어 윤증이 선대의 바른 신하를 거짓 사실로 핍박한다고 여겼고, 사학의 유생들이 전국에 통문(通文)을 보내 윤증의 죄를 따져 공격하였다. 한림(翰林) 김홍복(金洪福) 등이 윤증의 입장을 옹호하여 사학의 유생들에게 유벌(儒罰)을 내렸다. 문곡 김수항(金壽恒)이 임금을 만나 시비(是非)가 분명하지 않다는 점을 철저하게 논하였다. 김홍복 등이 모두 파직되었으나 사학의 유생들에게 내려진 유벌을 풀어 주라는 명령은 없었다. 《玉吾齋集 卷十五 先府君行狀》

뜻이 크고 고지식한 유생들이 늘 하던 일입니다. 게다가 그 일이 선현(先賢)을 위하는 마음에서 나왔고, 그들의 의도가 후환(後患)을 막으려는 데 있었습니다. 어찌 그들이 말하지 않은 마음을 미리 탐지하여 갑자기 너무 심한 벌을 더한단 말입니까.

더구나 선비들의 의론은 선비들의 의론이고 조정의 의론은 조정의 의론일 뿐이니, 일찍이 조정의 관리로서 사림(士林)의 일에 간섭하여 그 논의를 주고받고 피차에 편들거나 억누른 적이 없습니다. 그러므로 비록 채진후(蔡振後)[36]와 유직(柳稷)[37]이 선현을 모욕한 경우에도 일찍이 사관(四館)[38]에서 처벌을 시행한 일이 없습니다. 이런 관점에서 말하면 오늘날 사관의 관원들이 파직된 것은 진실로 지나친 법 적용이 아닙니다. 대저 이미 사관에서 유생들을 잘못 처벌했다는 이유로 해당 관원들을 처벌하였으니, 유생들의 벌명(罰名)이 아직까지 그대로 남아있는 것은 도리로 헤아려 볼 때 잘못된 일이 아니겠습니까.

신은 청컨대, 신이 직접 겪은 일을 가지고 증명해 보겠습니다. 지난 계사년(1653, 효종4)에 신이 반임(泮任 성균관 유생 중의 책임자)을 맡고

36 채진후(蔡振後) : 1602~? 본관은 평강(平康), 자는 계창(季昌)이다. 송시형(宋時瑩) 등이 이이(李珥)와 성혼(成渾)을 문묘에 배향하자는 소장을 올리자, 채진후는 소두(疏頭)가 되어 그것이 불가하다는 소장을 올렸다. 《仁祖實錄 13年 5月 11日》

37 유직(柳稷) : 1602~1662. 본관은 문화(文化), 자는 정견(廷堅), 호는 백졸암(百拙庵)이다. 1635년(인조13) 황해도의 유생들이 시론(時論)을 타서 이이의 문묘종사(文廟從祀)를 주장하였는데, 유직은 이상진(李象震) 등 영남 유생들과 함께 이에 반대하는 소장을 올렸다. 《孝宗實錄 1年 5月 1日》

38 사관(四館) : 성균관(成均館)・예문관(藝文館)・승문원(承文院)・교서관(校書館)을 통틀어 가리킨다.

있을 때, 마침 영남의 유생 한 사람이 문성공(文成公) 이이(李珥)[39]를 거짓 사실로 모욕한 죄로 부황(付黃)에 처해지는 심한 벌을 받았습니다.[40] 그런데도 그는 버젓이 향시(鄕試)에 응시하여 해액(解額)에 들었고, 장차 전시(殿試)에 응시하려고 하였습니다.[41] 신이 동료들과 상의하여 고례(古例)에 따라 사관(四館)에 통문(通文)을 보냈습니다. 그러자 사관에서 편지를 보내, 부황에 처해진 사람이 멋대로 과거에 응시한 것을 죄목으로 삼아, 그 유생이 과거에 응시하지 못하도록 하였습니다. 그런데 사관에서 그 유생과 친분이 있는 몇몇 사람이 감히 보복할 계획으로 은밀히 사주하여, 사람을 함정에 빠뜨린다는 등의 말로 신들을 과거에 응시하지 못하게 하였습니다.

신이 이때에 또한 해액에 들었으나, 이 일로 인해 끝내 전시(展試)에 응시하지 못하였습니다. 당시 성균관의 대사성이 그 일을 직접 목격하

39 이이(李珥) : 1536~1584. 본관은 덕수(德水), 자는 숙헌(叔獻), 호는 율곡(栗谷)·석담(石潭)·우재(愚齋), 시호는 문성(文成)이다. 《栗谷全書 卷36 附錄4 諡狀》

40 영남의……받았습니다 : 부황(付黃)은 성균관의 거재 유생(居齋儒生)이 학령(學令)을 위반하였을 때 부과하는 유벌(儒罰)의 하나로, 이름을 누런 종이에 써서 큰북에 붙이고 거리를 돌면서 그 비행을 알리는 것을 이른다. 종종 과거 응시를 일정 기간 제한하는 정거(停擧)나 유적(儒籍)에서 이름을 삭제하는 삭적(削籍) 등이 함께 행해졌다. 이때 영남 유생 유직(柳稷)이 이이와 성혼(成渾) 두 선생을 헐뜯어 욕하였으므로, 성균관 유생들이 유직의 이름을 유적(儒籍)에서 삭제하는 일이 있었다.

41 향시(鄕試)에……하였습니다 : 해액(解額)은 생원·진사시 초시(初試) 합격자의 명단을 이른다. 여기서 해(解)는 본디 지방에서 시행한 초시의 합격자를 서울로 보내어 회시에 응시하게 함을 뜻하는 발해(發解)·발견해송(發遣解送)에서 온 말로, 서울에서 시행한 초시의 합격자에게는 쓸 수 없는 글자이나, 이 당시에는 지방과 서울을 막론하고 생원·진사시 초시의 합격을 모두 발해라고 일컬었다. 《與猶堂全書 雅言覺非 卷1 發解》

였는데, 나중에 승정원으로 자리를 옮기게 되자 그 사실을 임금께 보고하였습니다. 효종대왕께서 대단히 놀라며 사관의 관리들을 파직하라고 명령하고, 아울러 신들의 벌을 풀어 주셨습니다. 이는 진실로 동일한 사안이므로, 사관의 관원을 처벌하고 신들의 죄를 풀어 주는 것을 함께 시행하지 않을 수 없었기 때문입니다.

이러한 전례를 가지고 말씀드린다면, 오늘의 처분은 효종대왕 당시의 처분과 다른 점이 없겠습니까. 지금의 사정이 효종대왕 당시와 동일하고, 신이 성균관에서 근무할 때 목격한 것이 또한 효종 당시 성균관의 우두머리가 목격했던 점과 유사한데, 끝내 입을 다물고 말하지 않는다면 진실로 부끄러울 만한 일입니다. 그런데 다만 신은 전하를 뵐 방법이 없습니다. 이에 감히 소장으로 대신 아뢰어 은미하게 간함이 없는 신하의 정성[42]을 바칩니다. 바라건대 성스럽고 명철하신 전하께서 유념하여 처리해 주신다면 다행이겠습니다.

42 은미하게……정성 : 무은(無隱)은 신하가 임금을 섬기는 도리를 말한다. 《예기》 〈단궁 상(檀弓上)〉에 "임금을 섬기되 면전에서 직간함은 있고 은미하게 간함은 없다.〔事君, 有犯而無隱.〕"라고 하였다.

이조 참의를 사직하는 소장
辭吏曹參議疏

삼가 아룁니다. 신이 전후로 이조(吏曹)의 직책을 주제넘게 차지한 것이 두서너 번뿐만이 아니며 관직을 소홀히 하고 일을 그르친 것도 또한 한두 번이 아닙니다. 비록 평상시라도 오히려 두려워 받들기 어려운데, 더구나 오늘날과 같은 상황에서 어찌 다시 염치없이 나가겠습니까.

신은 성격이 본래 고집스럽고 옹졸한데다가 식견 또한 현실 사정에 어둡고 막혀있어, 남들의 비위를 맞추지도 못하고 세상과 더불어 흐름을 함께하지도 못합니다. 그러니 시속을 따르는 선비들이 좋지 않게 여겨서, 한 마디 말을 하자마자 여러 사람들의 노여워하는 말들이 집중되는 것은 당연한 일입니다. 이 때문에 차고 밟으며 삼키고 뱉는 등 못하는 말이 없이 신을 공격하니, 위로는 조정을 욕되게 하고 아래로는 저의 명예를 더럽혔습니다. 혹시라도 성스럽고 명철하신 전하께서 곡진하게 살피는 은혜가 아니었다면, 신이 어찌 오늘날까지 살아 있을 수 있었겠습니까.

비록 그러하나 가령 신이 평소에 조금이나마 남들에게 존중을 받았다면, 그 모욕을 당함이 또한 어찌 이렇게까지 심한 지경에 이르렀겠습니까. 신이 일찍이 장로(長老)에게 들으니 "대각(臺閣)에서 서로 탄핵하는 것은 사체(事體)가 매우 중대하니, 대단히 큰 과실이나 많은 사람들이 모두 잘못되었다고 여기는 경우가 아니라면, 경솔하게 손을 대서는 안 된다."라고 하였습니다. 지금 신이 언관의 자리를 차지하고 있으면서 대략 소회(所懷)를 말씀드리는 것이 신의 개인적인 판단으로는 대단히 잘못된 일인지 진실로 알지 못하겠습니다. 더구나 사람의 의견은 각각 달라서 자기의 의견이 반드시 다 옳은 것도 아니고 남들의 의견이 반드시 다 그른 것도 아닙니다. 가령 남의 말이 자기 뜻과 맞지 않더라도 또한 옳고 그름을 따져 구제하는 데에[43] 무슨 해가 되겠습니까. 그런데 지금 상대방의 의견을 급급하게 배척하고 공격하며 짓눌러서 일찍이 조금도 논란하지 못하게 하는 것은 진실로 신이 경시당한 결과입니다. 어찌 유독 시세(時勢)가 그렇게 만든 것이라고만 하겠습니까. 신이 이에 대해 다만 스스로 자신을 돌아보며 부끄럽고 슬퍼할 뿐입니다. 오히려 누구를 탓하겠습니까.

신은 탄핵을 주장하여 아뢰는 말들이 이미 멈춘 뒤에, 마땅히 빨리 스스로를 탄핵하는 소장을 올리고 파직하라는 명령을 공손히 기다렸어야 합니다. 그런데 마침 신의 질병이 매우 심하여 한창 사경(死境)을 헤매고 있었으므로, 글을 지으려 해도 그럴 만한 형편이 아니었습니다. 부득이 대략이나마 신의 사정과 병의 실상에 대해 소장을 올려 아뢰고 행여 불쌍히 여겨 허락하시는 은명(恩命)이 있기를 바랐습니다. 그런데 생각지도 못했던 몸조리하고 올라오라는 명령이 도리어 내려오니, 신은 진실로 감격스럽고 황공하여 더욱 몸둘 곳을 모르겠습니다. 바야흐로 위태한 정성을 다 드러내어 머리를 들고 애원하려던 참이니, 어찌

43 옳고……데에 : 가부상제(可否相濟)는 어떤 사안에 대해 찬성과 반대를 절충하여 합일점(合一點)을 도출(導出)하여 일을 이루는 것이다. 《서경》 〈함유일덕(咸有一德)〉에 "관직을 맡기되……조화롭고 한결같게 하소서.〔任官……惟和惟一.〕" 하였는데, 주석에 "화는 가와 부로 서로 이루어 주는 것이다.〔和者, 可否相濟.〕" 하였다.

지금 잘못된 은혜를 다시 받으리라 생각이나 했겠습니까.

아, 사대부의 몸가짐은 명분과 의리를 지극히 중시하므로, 비록 미관말직(微官末職)에 있는 사람이 전례에 따라 탄핵을 받더라도 오히려 감히 뻔뻔하게 공직을 행하지 않는 것은 공의(公義)를 두려워하고 염치가 남아 있기 때문입니다. 더구나 신이 차지한 자리가 어떤 자리이며 뒤집어쓴 것이 어떤 죄목(罪目)입니까. 탄핵하는 소장의 먹물이 채 마르지 않았고 비방하는 목소리가 더욱 높아 가니, 비록 얼굴을 들고 뻔뻔하게 나아가려 한들 할 수 있겠습니까.

더구나 신 때문에 연좌법(連坐法)[44]이 이리저리 파급(波及)되어, 그들이 당한 죄상을 따져 보면 죄가 신보다 훨씬 덜한데도, 오히려 감히 편안하지 못하여 곧바로 벼슬을 그만두었습니다. 그들이 물러난 뒤에는 다시 청반(淸班)에 오른 것을 보지 못하였는데, 신만 유독 직명(職名)을 그대로 차지하고 있습니다. 게다가 이렇게 좋은 자리로 옮기는 것은 공적으로나 사적인 도리로 볼 때 어찌 매우 잘못된 일이 아니겠습니까.

지금 신의 묵은 병이 바야흐로 매우 위태로운 지경에 있어, 실로 스스로의 힘으로 할 수 있는 길이 조금도 없고 정세(情勢)의 절박함은 이보다 더 심한 점이 있습니다. 그러나 이것은 진실로 일일이 아뢸 겨를도 없고 또한 말씀드리지 못할 점도 있습니다.

44 연좌법(連坐法) : 수사율(收司律)은 곧 연좌법을 말한다. 수사(收司)는 서로 규찰(糾察)하여 고발하게 하는 것으로, 전국 시대 진(秦)나라 공손앙(公孫鞅)이 제정한 법이다. 열 집이 1보(保)가 되어, 한 집이 죄가 있으면 아홉 집이 연대로 고발하고, 만약 고발하지 않으면 10집이 연좌된다. 《史記 卷68 商君列傳》

삼가 바라건대 성스럽고 명철하신 전하께서는 자세히 살펴 신에게 새로 제수한 직명(職名)을 서둘러 깎아 주십시오. 그리하여 신이 염치를 잃은 사람이 되지 않게 해 주신다면, 이는 실로 천지 부모와 같은 전하께서 시종일관 만물을 생성하시는 은택일 것입니다. 신은 부끄럽고 절박하며 간절하게 바라는 지극한 마음을 감당할 수 없습니다.

강양 감사를 사직하는 소장

辭江襄監司疏

삼가 아룁니다. 신은 재주가 부족하고 사무(事務)에 익숙하지 못한 데다 병이 심하여 힘든 일을 감당하지 못합니다. 비록 예사로운 직무라도 오히려 맡은 책임을 다하지 못하여 비방을 자초한 적이 여러 번입니다. 하물며 감사라는 무거운 임무를 맡기시니, 이것이 얼마나 중요한 직임(職任)인데 제수하는 명령이 신에게 미친단 말입니까. 신은 진실로 황공하고 두려워 몸둘 곳을 모르겠습니다.

비록 그러하나 신의 근력이 조금이라도 내달릴 여지가 있다면, 어찌 힘껏 노둔한 재주를 다하여 직책의 만에 하나라도 수행하려 하지 않겠습니까. 그러나 미천한 신은 질병이 있어서 다시 움직일 수 있는 형편이 아닙니다. 지금 청컨대 전하를 번거롭게 하는 죄를 피하지 않고 대략이나마 저의 위독한 실상을 아룁니다. 바라건대 성스럽고 밝은 전하께서는 굽어살펴 주십시오.

대개 신은 선천적으로 타고난 기질이 허약하고 오래 쌓인 병이 깊어져 평소에도 위태위태합니다. 아침저녁을 보장할 수 없는 상태라는 것을 다만 온 조정의 신하들이 모두 알고 있을 뿐만 아니라, 또한 성스럽고 명철하신 전하께서도 아마 아시는 바일 것입니다.

신이 초봄에 고향으로 내려오고 나서 숙환(宿患)의 온갖 증상이 가지가지로 고통스럽게 하는데도, 마을에 의원이나 약이 없어서 치료하지 못하였으니, 점차 악화되어 자못 극심한 지경에 이르렀습니다. 여름 더위에 한층 더 손상되어 도합 일곱 달 동안 사경(死境)을 헤맸습니다.

집안의 우환도 심하여 최근에 동기(同氣)를 잃는 슬픔[45]을 겪었습니다. 부모를 잃고 의지할 곳 없던 여생이 오직 형님 하나만 있었는데 이제 갑자기 잃었으니, 지극한 아픔이 가슴 속에 있어서 스스로 억누를 수 없습니다. 더할 수 없이 건강을 해쳐서 원기(元氣)가 다 빠지고 온갖 증상이 번갈아 심해졌습니다. 비록 방안의 지척의 거리도 움직이지 못하는데, 어떻게 산을 넘고 물을 건너 먼 길을 가서 전하께서 계신 궁궐의 섬돌 아래에 다다르기를 바라겠습니까.

지금 신의 재주와 분수가 미치지 못함을 스스로 잘 알고 있지만, 이런 말은 의례적인 사양에 해당할 뿐이라 자세히 아뢰지 않고, 다만 억지로라도 부임하기 어려운 병세만을 죽음을 무릅쓰고 우러러 아뢰니다. 그러나 정신이 몽롱하여 또한 글에 다 드러내지 못하였습니다. 삼가 바라건대 성스럽고 자애로운 전하께서 불쌍히 여기고 잘 살펴 신의 직명(職名)을 서둘러 교체해 주신다면, 공적으로나 사적으로나 매우 다행이겠습니다.

45 동기(同氣)를 잃는 슬픔 : 송규렴의 맏형인 송규연(宋奎淵)이 죽은 슬픔을 말한다. 송규렴의 아들인 송상기(宋相琦)의 〈선부군행장(先府君行狀)〉에 "8월에 강양 감사(江襄監司)에 임명되셨다.……그런데 부군께서는 마침 큰형님인 연안공(延安公)의 상을 당했다. 장사를 치르지 않은 상황에서 차마 먼 곳으로 부임할 수 없었으므로, 거듭 소장을 올려 병든 상황을 아뢰고 교체되셨다." 하였다. 《玉吾齋集 卷15》

강양 감사를 사직하는 두 번째 소장

辭江襄監司再疏

삼가 바랍니다. 신은 꿈에서도 생각하지 못했는데, 외람되이 관찰사에 임명하는 명령을 받았습니다. 스스로 돌아보건대 재주와 분수가 조금도 미치지 못하지만, 이것은 의례적인 사양에 해당하므로 일일이 아뢸 겨를이 없습니다. 오직 미천한 신의 질병이 실로 스스로 힘쓸 수 있는 형세가 없습니다. 그러므로 감히 위독한 상황을 지엄한 전하께 간략하게 아뢰어 행여 면직을 허락해 주시는 은혜가 있기를 바랐습니다. 그런데 삼가 전하의 비답(批答)을 받들어 보니 윤허하지 않았을 뿐만 아니라, 도리어 온화한 교지를 내려 속히 부임하라고 하셨으니, 신은 진실로 감격스럽고 황공하여 더욱 몸둘 곳을 모르겠습니다.

아, 신이 비록 보잘것없지만 또한 본분과 의리를 알고 있으니, 만일 근력이 조금이라도 달려 나갈 만하다면 어찌 감히 은혜로운 명령을 어기고 집에 누워서 스스로 명령을 회피하고 업신여기는 죄를 초래하겠습니까. 신의 병은 젊은 사람에게 한 때 우연히 발생하는 것과는 비교할 수 없으니, 수년간 쌓인 숙환이 늙어서 더욱 고질이 된 것입니다. 반년 동안 심하게 앓던 나머지에, 또한 동기가 죽는 슬픔[46]을 당하여 상심과 애통함으로 몸이 심히 훼손되어 원기가 다 빠지고 온갖 증상

46 동기가 죽는 슬픔 : 송규렴의 맏형인 송규연(宋奎淵)이 죽은 슬픔을 말한다. 159쪽 각주45 참조.

이 극심한 지경에 이르렀습니다. 이어서 때아닌 지독한 학질에 걸려 혹독한 통증이 여러 차례 반복되었는데, 오랜 시간이 지나도 낫지를 않습니다. 지금은 한기와 열기가 번갈아 일어나고 설사까지 겸하여 발생하였습니다. 충산(衝疝 한기로 인해 생긴 병)은 더욱 심해지고 담화(痰火 열기로 인해 생긴 병)는 더욱 맹렬하여 침식(寢食)을 전폐하게 되었으니, 정신과 기력이 거의 소진되었습니다. 겸하여 또한 비장(脾臟)과 위장(胃臟)마저 더욱 상하였고, 수도(水道)가 피부에 멋대로 행하여 사지에까지 온몸이 부었으며,[47] 눈두덩이 방울처럼 부풀어 눈을 뜰 수 없고 배는 북처럼 불러 몸을 뒤척일 수도 없습니다. 그 외에 갖가지 위험하고 나쁜 증상을 비록 감히 낱낱이 들어 번거롭게 해 드리지 못합니다만, 이와 같은 형세로 어찌 다시 일어나 사람 노릇할 수 있기를 바라겠습니까.

신이 삼가 저보(邸報 조정에서 지방에 보내는 문서)를 보니, 묘당(廟堂)에서 강원도의 흉작이 타 지역에 비해 매우 심한데 전임 감사가 병이 있다는 이유를 들어, 임기가 차지 않았는데도 전하께 아뢰어 교체할 것을 청하였습니다. 그러면서 재해의 실태를 살피고 진휼 대책의 수립까지 모두 신임 감사로 하여금 주관하게 해야 한다고 했습니다.

지금은 가을일이 너무 늦었으니 서둘러 시행해야 하는데, 신의 병이 앞에서 아뢴 것과 같으니 실로 만분의 하나도 힘써 하기 어려운 상황입

47 수도(水道)가……부었으며 : 신장(腎臟)이 매우 나빠져 온몸이 붓는 증상을 설명한 것이다. 한의학에서 몸이 붓는 증상은 수종(水腫), 혹은 수창(水脹)이라 하여 수기(水氣)와 연관된 질병으로, 비장, 폐, 신장이 조화롭지 못할 때 나타나는 증상으로 본다.

니다. 비록 혹 죽음을 면한다 하더라도 또한 한철 안에 기동할 수 있는 처지가 아니니, 어찌 기다리면서 시간만 끌다가 기회를 잃고 거듭 나랏일을 그르칠 수 있겠습니까.

삼가 생각건대 성스럽고 명철하신 전하께서는 이에 대해 틀림없이 그 사세(事勢)를 이미 훤히 알고 계실 것입니다. 그런데 지금 이런 처분이 예상 밖에서 나왔으니, 이는 곧 온갖 정무를 살피시는 가운데 우연히 그냥 지나쳐서 그랬던 것이 아니겠습니까. 지금은 묘당(廟堂)에서 아마도 이미 변통할 것을 아뢰었을 것인데, 신이 멀리 있어서 듣지 못하였습니다. 이에 감히 번거롭게 해 드리는 죄를 피하지 않고 죽음을 무릅쓰며 다시 하소연합니다.

삼가 바라건대 성스럽고 명철하신 전하께서는 강원도의 사세(事勢)가 매우 시급함을 살피고, 미천한 신의 병이 지극히 위급함을 가련히 여겨 주십시오. 그리하여 신의 직명(職名)을 서둘러 교체하여 감당할 수 있는 사람에게 내려 공적으로나 사적으로 다행스럽게 하신다면, 신은 아마도 마음을 편안히 하여 죽음을 맞이할 수 있을 것입니다. 신은 하늘을 우러르고 전하를 바라보며, 눈물을 흘리면서 간절히 기원하는 지극한 마음을 견디지 못합니다.

대사간을 사직하면서 겸하여 백성의 일을 아뢰는 소장
辭大司諫兼陳民事疏

삼가 아룁니다. 신이 서울을 떠난 지 어느덧 일 년이 지났는데, 전후로 관직에 제수하는 명령이 자주 내려왔습니다. 그런데 병든 몸에 초상까지 당하여 스스로 힘쓸 가망이 없어서 여러 차례 소명(召命)을 어기고 명을 회피하고 업신여기는 죄를 자초하였으니, 한결같이 황공하여 몸둘 곳이 없는 듯합니다.

지금 이 새로운 명령을 받은 날은 마침 미천한 신의 병이 조금 나아졌을 때이고, 또한 앞으로 국상(國祥)[48]이 겨우 한 달 남은 것을 생각하면 신하의 분수와 의리로 감히 줄곧 물러나 있을 수 없었습니다. 그래서 병을 무릅쓰고 길을 나서서 부축을 받으며 떠났습니다. 그런데 하루이틀 사이에 이미 먹는 양과 잠자는 시간이 점점 줄어들더니, 원기가 완전히 소진되는 것을 느꼈습니다. 그래도 조금씩 전진하여 엿새 뒤에야 비로소 도성 밖에 도착하였습니다. 그러나 여독(旅毒)에 시달려 숙환(宿患)이 갑자기 극심해지고, 여러 증상이 점점 더할 수 없는 지경에 이르게 되었습니다. 갖가지 위험하고 나쁜 증상을 비록 감히 번거롭게 아뢰지 못합니다만, 지금 숨은 거의 끊어질 듯하여 잠시도 지탱하기 어려운 상황입니다. 비록 죽음을 무릅쓰고 억지로라도 일어나고자 한

48 국상(國祥) : 국상(國喪)의 소상이나 대상을 뜻하는 말로, 여기서는 현종(顯宗)의 비 명성왕후(明聖王后, 1642~1683)의 상을 말한다. 명성왕후는 청풍부원군 김우명(金佑明)의 딸로, 경기도 구리시의 숭릉(崇陵)에 현종과 합장되었다.

들 어떻게 할 수 있겠습니까.

생각건대 신이 외람되이 본직(本職)을 차지한 것이 지금 이미 한 달이 되었는데, 또한 이 병의 증상으로는 한철 안으로 일어나 움직일 수 없습니다. 막중한 사간(司諫)의 직책을 어찌 감히 줄곧 비워 두어 죄를 초래하겠습니까. 또한 신은 일찍이 이 자리에 있을 때 한 마디라도 말을 꺼내면 거듭 탄핵을 불렀는데, 그 치욕은 실로 예사로운 것이 아니었습니다. 이미 지난 일이라 신이 다시 끌어내고 싶지 않지만, 감히 함부로 차지해서는 안 되는 의리는 여기에서 더욱 분명할 듯합니다.

삼가 바라건대 성스럽고 명철하신 전하께서는 신의 병이 위독함을 살피고 신의 실정이 불안함을 헤아려, 신의 직명(職名)을 서둘러 파면하여 주십시오. 그리하여 남아 있는 숨이나마 연장하고 신의 분수를 편안하게 해 주신다면 매우 다행이겠습니다.

한편 신이 오랫동안 시골에 머물면서 백성들의 위급한 상황을 목격하였기에 대략 아뢰지 않을 수 없습니다. 나라가 불행하여 기근(飢饉)이 거듭 이르렀는데, 금년에 이르러서도 한 해 농사가 또 흉작입니다. 가뭄과 홍수로 입은 피해와 태풍과 우박 때문에 생긴 손해로 논밭의 수확이 평년에 비해 자못 열에 다섯은 감소하였습니다. 가을로 접어든 이후에도 수확하는 대로 먹기 바쁘니, 한 섬도 비축하지 못합니다. 지금의 황급한 상황은 봄이나 여름과 다를 것이 없어서 한 번 요역에 응하는 것조차 실로 마련할 길이 없습니다.

환곡(還穀)을 감하여 바치라는 명령이 비록 이미 반포되었지만, 매우 심한 고을이라야 단지 그 하나를 감면 받는 정도이니, 마땅히 내야 하는 수가 적지 않음을 알 수 있습니다. 가난한 백성들은 대책을 마련할 길이 없어 한 번 관의 명령을 듣고는 모두 놀라고 허둥대며 도망가 흩어지는 무리들이 이미 열 집에 서너 집이나 됩니다. 이런 때를 당하여 만약 별도로 감면해 주는 정책이 시행되지 않는다면, 신은 와해되는 환난이 장차 그치는 바가 없을까 걱정입니다.

신이 가만히 들으니 지방에 한두 가지 일은 더욱 변통하지 않을 수 없는 것이 있습니다. 각 고을마다 봄 사이에 첩가미(帖價米)[49]를 나누어 주어 진휼할 물자로 삼게 했는데, 지금 와서 조정에서 환곡(還穀)과 함께 모두 거두려 한다고 합니다. 무릇 첩가미를 받아먹는 부류는 모두가 땅도 없고 의뢰할 것도 없는 지극히 곤궁하고 지극히 가난한 자들입니다. 그들 중에는 타 지역에서 굴러와 유리걸식하는 무리가 또한 절반입니다. 이 무리들은 비록 한 되나 한 말의 곡식조차도 오히려 마련하기 어려울까 걱정입니다. 그런데 지금 만약 일시에 독촉하여 징수한다면 곧 거북이 등에서 털을 깎는 일[50]로도 그 어려움을 비유하지 못할 것이니, 신은 결코 받아 낼 수 없음을 잘 알고 있습니다. 끝내 받아내지도 못하면서 한갓 백성들의 원망만 사는 것이 어찌 흔쾌히 탕감해 주어 민심을 수습하는 것만 같겠습니까.

또한 각 고을에 남아 있는 영곡(營穀)은 본래 감사(監司)가 사적인 용도로 쓸 것이므로, 국곡(國穀)과 비교한다면 그 요긴한 정도가 분명

49 첩가미(帖價米) : 조선 시대 백성들이 첩(帖)을 받고 그 대가로 내는 쌀이다. 큰 흉년이 들면 조정에서 진휼할 곡식을 마련하기 위해 품계(品階)나 가설직(加設職)을 준다는 첩을 만들어 팔았다. 첩가미는 반은 중앙에서 가져가고 나머지 반은 해당 지역에서 환자곡(還子穀)이나 무상으로 분배하였다.

50 거북이……일 : 경제적 여유가 전혀 없음을 말한 것이다. 소식(蘇軾)의 시에 "거북이 등에서 털을 깎은들, 어느 세월에 털 담요가 되리오.〔刮毛龜背上, 何時得成氈.〕"라고 한 데서 유래하였다.《蘇東坡詩集 卷21 東坡八首》

히 다르고 중요성 또한 현격합니다. 그런데도 감사가 모든 고을에 분부하여 모두 바치도록 하였습니다. 이토록 백성들이 어려운 시기를 당하여 막중한 국곡도 오히려 감하여 바치게 했는데, 국가의 뜻을 알지 못하고 홀로 사적인 곡식을 반드시 다 바치게 하여 국가에 원망이 돌아가게 하니, 이것이 무슨 사리(事理)입니까.

신이 들으니 전라와 경상 두 도에서는 예전부터 줄곧 국곡을 감한 수에 의거하여 받으며 일찍이 털끝만큼도 더하지 않았다고 합니다. 그런데 유독 충청도에서만 전후로 관찰사가 잘못된 규례를 교대로 지키면서 한 번도 고치지 않았으니, 말도 안 되는 일이 이보다 더 심한 것은 없습니다.

삼가 바라건대 전하께서 유사(有司)에게 분명히 지시하여 첩가미와 영곡에 대해 탕감하고 조절해야 할 이유를 빨리 의논하게 하여, 기아에 허덕이는 백성들로 하여금 세금 징수 때문에 이중으로 곤란을 겪지 않도록 하십시오. 그렇게 하신다면 백성의 마음을 수습하고 나라의 근본을 굳건히 하는 도에 반드시 조금이나마 도움이 없지 않을 것입니다. 신은 지극히 황송하고 두려운 마음을 견디지 못합니다.

대사간을 사직하며 겸하여 소회를 아뢰는 소장
辭大司諫兼陳所懷疏

삼가 아뢰웁니다. 신이 시골에서 상경한 지 겨우 한 달이 지났습니다. 도중에 괴로움이 쌓여 기력의 쇠잔함이 이미 극도에 이르렀습니다. 그런데 마침 성스러운 전하께서 병환이 나셔서 아랫사람들이 모두 걱정하고 두려워하며, 객사(客使)[51]는 관(館)에 있고 조사할 일은 염려가 많아 본분과 의리로 볼 때 감히 숙소에 물러가 편안히 있을 수 없었습니다. 그래서 병든 몸을 이끌고 새벽부터 저녁까지 분주히 일하며 오직 사력(死力)을 다할 것을 기약하였습니다.

국상(國祥)[52]의 제관(祭官) 반열에 죽음을 무릅쓰고 참여하는 데 이르러서는 옥외의 차가운 뜰에 엎드려 있다가 몸을 상한 것이 특히 심하여, 문득 온 몸을 꽁꽁 묶은 것처럼 뼈 마디마디가 모두 아픔을 느꼈습니다. 제관의 반열에서 물러난 뒤에 가까스로 가마에 올라 집으로 돌아와 약을 먹으며 치료한 지가 이미 여러 날이 지났지만, 병은 낫지 않고 증세는 더욱 고통스러워 자리에 누워 날마다 거의 숨이 끊어질 듯했습니다. 그런데 대사간(大司諫)에 제수하는 새로운 명령이 마침 이때에

51 객사(客使) : 다른 나라에서 온 사신(使臣)을 이르는 말이다. 새해 첫날이나 동지(冬至)에 모든 관원이 조하(朝賀)할 때 반열(班列)에 참여하는 일본이나 유구(琉球)의 사신과 모든 야인(野人)의 관원들을 가리킨다.

52 국상(國祥) : 임금이나 왕비의 기일에 지내는 제사로 소상(小祥)과 대상(大祥)이 있었다. 여기서는 현종의 비(妃)이자 숙종의 생모인 명성왕후(明聖王后)의 국상을 말한다. 명성왕후는 1683년(숙종9) 12월에 창경궁에서 운명하였다.

내려왔습니다. 그러나 이렇게 병든 상태로는 비록 대궐에 나아가 사은(謝恩)하고 싶어도 형편상 할 수 없으므로, 부득이 단자를 올려 휴가를 청하고 교체하라는 은혜로운 명령을 바랐습니다. 그런데 승정원에서 저지당하여 전하께 올릴 수 없으니, 낭패스럽고 답답하여 어쩔 줄을 모르겠습니다.

엊그제 엄하게 부르시는 명령이 다시 뜻밖에 내려왔으니 깜짝 놀라 두렵고 떨려서 더욱 몸둘 곳이 없었습니다. 신이 진실로 조금이라도 스스로 힘쓸 수 있는 형편이라면 어찌 감히 걱정 없이 편안히 누워 있으면서 전하께 달려가는[53] 의리를 생각하지 않겠습니까. 몹시 지치고 심하게 건강을 잃은 나머지 오랫동안 먹지도 못하고 잠도 자지 못하여 정신과 기력을 이미 잃었으며, 한기와 열기가 번갈아 일어나 머리가 깨질 듯이 아프고 담화(痰火)가 위로 올라와 기침이 너무도 괴롭습니다. 숙환(宿患)인 산괴증(疝塊症)이 때를 틈타 도져서 조금만 찬 기운을 쏘여도 문득 온몸이 쑤십니다. 안질(眼疾)도 심하여 마치 침으로 찌르는 것 같고 눈을 감으면 눈물이 줄줄 흘러 고통을 감당할 수 없습니다. 이러한 형세로 어찌 다시 반걸음이라도 나아가 헌신할 가망이 있겠습니까. 일어나려고 해도 도로 쓰러져 끝내 달려갈 수 없습니다. 자취는 거만하고 죄는 매우 오만불손하니 황공하고 송구스러워 죽을 곳이 어딘지도 모르겠습니다. 그러나 이 위독한 병의 증상으로는 결단코 열흘이나 한 달 안에 일어나 움직일 수 없습니다. 바른 말을 해야 하는

53 전하께 달려가는 : 불사가(不俟駕)는 임금의 부름을 받고 급히 달려가는 것을 말한다. 《논어》 〈향당(鄕黨)〉에 "군주가 명하여 부르시면, 수레에 멍에하기를 기다리지 않고 도보로 걸어가셨다.〔君命召, 不俟駕行矣.〕"라고 하였다.

책임이 있는 자리는 매우 중요한데, 어찌 감히 헛되이 직명(職名)만 띠고 오래도록 비워 두어 스스로 죄를 초래할 수 있겠습니까.

삼가 바라건대 성스럽고 명철하신 전하께서는 가엾게 여기고 실상을 살펴, 신의 직명을 서둘러 파직하여 주십시오. 이어서 신이 본분을 범한 죄를 다스려 신료들을 경계하신다면, 신은 아마도 편안한 마음으로 몸조리하며 얼마 남지 않은 목숨을 연명할 수 있을 것입니다.

한편 신은 병들어 누워 있는 가운데 조보(朝報)를 보고 변변찮은 소회가 없지 못하여, 이에 감히 대략이나마 덧붙여 아뢰니다. 이번에 형관(刑官)이 죄수를 석방한 일은 언뜻 들으면 비록 놀랄 만한 일이지만 차분하게 살펴보면 스스로 곡절(曲折)이 있으니, 처분하는 도리를 자세히 살피지 않을 수 없습니다. 이 일의 핵심은 고방(姑放 임시 석방)이냐 전석(全釋 완전 석방)이냐에 달려 있습니다. 만약 옥리(獄吏)가 보고한 것처럼 과연 버젓이 석방해 보냈다면 특별히 형관을 파면한 것은 잘못이 아닙니다. 그런데 이 사건의 경우 다만 갑자기 죽을까 염려되어 전례에 따라 우선 보방(保放 보증인을 세우고 석방)한 것이라면 전석과 비교하여 어찌 차이가 있지 않겠습니까.

옥리가 구속하여 가두지 않고 제멋대로 집으로 돌려보냈다가, 부정한 행위를 적발하는 날이 되자 자기의 죄를 면하려고 감히 곧바로 방면하였다고 핑계를 대며 거짓말로 속여 보고했습니다. 그 사이의 정상(情狀)이 이미 분명히 드러났는데, 지금 형관에게 죄를 지워 조금도 관용을 베풀지 않으니, 정상과 죄가 서로 어긋나 처분이 지나칩니다. 정상은 가벼운데 죄는 무겁다면 작은 벼슬아치들도 오히려 원통할 텐데, 하물며 중신(重臣)의 경우이겠습니까.

무릇 원고와 피고의 경우 아직 판결이 나기 전에 한쪽은 그대로 가두고 한쪽은 전석(全釋)하는 것은 비록 보통의 죄수라도 오히려 감히 할 수 없는 일입니다. 하물며 전하의 재가를 받은 죄인의 경우이겠습니까. 이것은 옥사의 원칙과 사리(事理)로 볼 때 전혀 근거가 없어서 비록 오척동자(五尺童子)라도 쉽게 아는 것인데, 형관이라는 사람이 이것을 알지 못하겠습니까. 신은 그렇지 않다는 것을 확실히 압니다.

곧바로 보방(保放)한 일에 이르러서는 타당한지 여부를 떠나 이미 전례가 있으니, 갑작스러운 사이에 미처 보고하지 못한 것이 어찌 큰 죄가 되겠습니까. 주의하지 않아서 그렇다고 여기시고 간단히 주의시켜 꾸짖으시는 것도 아마 괜찮을 것입니다. 그런데 이 일로 파직하는 것은 실로 너무 무거우니, 대각(臺閣)에서 거두어들이라는 요청을 그만둘 수 없는 것입니다. 그 사이에 다른 주장이 나올 것을 생각하지 않고 심지어 제멋대로 했다는 것을 구실 삼아, 마치 형관이 독단을 처음 시작한 사람처럼 간주하여 끝내 논의를 시작한 대관(臺官)을 교체하셨으니, 신은 진실로 그 까닭을 알지 못하겠습니다.

대저 일시적으로 신하들이 견책을 받는 것은 원래 대단한 일은 아니지만, 이 사건의 경우 아전이 무고하여 관원이 죄를 받는 것이니, 정형(政刑)의 본질로 따져볼 때 관계된 바가 작지 않습니다. 이것이 신이 말씀드리지 않을 수 없는 까닭입니다.

삼가 바라건대 성스럽고 명철하신 전하께서는 다시 자세히 살펴 마땅히 시행해야 할 처벌을 행하여, 처분이 중도(中道)를 얻고 그 처벌의 경중(輕重)을 마땅하게 해 주신다면 매우 다행이겠습니다.

대사간을 사직하며 겸하여 소회를 아뢰는 두 번째 소장
辭大司諫兼陳所懷再疏

삼가 아룁니다. 신은 며칠 전에 병든 상황을 외람되이 말씀드리면서 불쌍히 여겨 허락해 주시는 은혜가 있기를 바랐습니다. 그러나 미미한 정성이 전하를 감격시키지 못하여 도리어 빨리 나오라는 명령을 받았습니다. 신은 진실로 곱절이나 황송하여 몸둘 곳이 없습니다.

신의 근력이 조금이라도 일어나 움직일 수 있다면, 어찌 감히 공경히 받들 것을 생각하지 않고 한갓 스스로 편할 것만을 생각하겠습니까. 요사이 며칠은 이래저래 찬바람을 쐬었더니 병의 증세가 더욱 고통스럽습니다. 그래서 잇달아 장문의 단자를 올려 죽음을 무릅쓰고 호소하지 않을 수 없었는데, 승정원에서 저지당해 전하께 올릴 수 없었습니다. 부질없이 직명(職名)만 차지하고 있은 지가 이렇게 오래 되었고, 병으로 사리를 비운 날이 점점 늘어나 죄가 더욱 쌓이고 정세(情勢)가 날로 위축되니, 낭패스러움이 갈수록 심합니다.

신은 종일토록 걱정하고 밤새도록 방황하였더니, 이 때문에 먹는 양과 잠자는 시간이 더욱 줄고 질병은 이로 인하여 더욱 심해졌습니다. 옛날에 이른바 "하늘과 땅이 덮어 주어도 사물 중에는 간혹 살 곳을 잃기도 하고, 해와 달이 비춰 주어도 깊은 차양 속까지는 통하지 못한다."라는 말에 불행히도 가깝게 되었습니다. 전하께서는 병들어 쓸모없는 신에게 무엇을 취하시려고 부질없이 벼슬을 내리고 처분의 도(道)를 쓰지 않으십니까.

생각건대 이렇게 병이 위독한 상황에 대해서는 지난번 상소에서 이미 간략하게 말씀드렸으므로, 지금 감히 다시 번거롭게 말씀드리지 않겠습니다. 그러나 신의 집안에 재앙이 끝나지 않아 다시 한 집안에 처절하고 서글픈 일을 만났습니다.[54] 상심하고 애통한 나머지 여러 증상이 더욱 고통스러우니 갖가지 위급한 형상으로 볼 때 실로 다시 일어날 가망이 없습니다. 비록 죽음을 면한다 하더라도 한 철 안으로는 결단코 스스로 힘쓸 형편이 되지 못합니다. 바른 말을 담당해야 하는 막중한 자리가 어찌 신이 병을 요양하는 곳이겠습니까.

삼가 바라건대 성스럽고 자애로운 전하께서는 불쌍히 여기고 잘 살펴, 신의 직책을 서둘러 교체하여 주십시오. 그리하여 신으로 하여금 마음을 다해 치료하고 편안한 마음으로 몸조리하여 얼마 남지 않은 목숨을 조금이나마 연명할 수 있게 해 주십시오. 신은 진실로 간절히 바라고 기원하는 지극한 마음을 견디지 못합니다.

신이 지금 병 때문에 휴가를 청하는 입장에서 쓸데없이 다른 말을 하는 것은 마땅하지 않습니다. 그러나 편안하기가 매우 어려운 정세(情勢)에 이르러서는 또한 대략이나마 드러내지 않을 수 없습니다.

신이 삼가 동료들이 공동 책임을 지고 사직하면서 하는 말을 보니, 심지어 "떼 지어 일어나 죄가 없음을 밝혀 구원하는데, 마치 미치지 못할까 두려워하듯 합니다."라는 등의 말로 신을 드러내 놓고 배척하였습니다. 이것은 신을 사심에 따라 형관(刑官)을 감싸는 것으로 간주하는 것입니다. 신은 진실로 놀랍기도 하고 부끄럽기도 하다가 잇달아 쓴웃음을 지었습니다.

54 처절하고……만났습니다 : 1685년(숙종11) 송규렴의 맏형 송규연(宋奎淵)이 죽은 것을 말한다. 159쪽 각주45 참조.

지금 형관이 죄를 얻은 것은 다만 죄수를 전석(全釋 완전 석방)했다는 것에 있습니다. 그런데 이른바 전석했다는 것은 바로 옥리(獄吏)가 날조한 것입니다. 끝내는 승정원(承政院)과 성스럽고 명철하신 전하까지도 속음을 면치 못하였으니, 사체(事體)의 한심함과 정상(情狀)의 분통함이 과연 어떠합니까. 이와 같은 상황에서 억울하게 받은 처벌을 거두어들이고 간사하게 꾸민 죄를 다스리고자 하는 것이 대각(臺閣)의 체통으로 볼 때 과연 구차하다 할 만하며, 별도로 의견을 세워 억지로 옳고 그름을 판단하려 하는 것이 과연 정당하게 처리하는 것이라 하겠습니까. 처벌의 경중(輕重)은 따질 것도 없이 아전의 무고로 인해 관원(官員)이 죄를 받은 것만으로도 나라의 체통이 크게 손상되었는데, 대각에 몸담고 있으면서 한 번도 다투어 논의하지 않는 것이 과연 도리에 맞는 일이겠습니까. 그렇다면 신이 소회(所懷)를 대략 말씀드려 전하께 올리는 것이 과연 사사로운 것이라 하겠습니까.

한편 신의 어리석은 생각으로는 일의 정황이 이미 드러난 마당에, 농간을 부린 간사한 아전은 마땅히 미워해야 하고[55] 무고를 당한 형관은 마땅히 용서해야 합니다. 그런데 사람들의 의견이 이것과는 상반되

55 농간을……하고 : 주희(朱熹)의 제자가 "맹자는 양주와 묵적을 왜 불공대천의 원수처럼 미워하였습니까?"라고 묻자, 주희가 도적을 쫓는 사람에 비유하여 다음과 같이 말하였다. "어떤 사람이 도적을 보고도 잡지 않는다면 그는 곧 도적의 무리이니, 도적은 사람들의 마음에 마땅히 싫어하는 것이다. 만약 '도적을 잡아 주벌해야 마땅하다.'라고 한다면 이는 주인 편의 사람이고, 만약 '도적은 잡을 수도 있고 용서할 수도 있다.'라고 한다면 이는 도적 편의 사람이다.〔有人見了自不與捉, 這便喚做是賊之黨, 賊是人情之所當惡. 若說道賊當捉當誅, 這便是主人邊人, 若說道賊也可捉可恕, 這只喚做賊邊人.〕" 《朱子語類 卷55 孟子 55條》

니, 신이 이른바 알 수 없다는 것은 바로 이 점입니다. 신은 본래 보잘것없는 사람이라 남들에게 신뢰를 받지 못하여 한 마디 말이라도 하면 문득 기롱과 배척을 받으니, 자책하는 방도 이외에는 다시 해결책이 없습니다.

한편 삼가 들으니 전하를 가까이에서 모시는 신하의 상소 중에 삼사(三司)의 관원들이 말을 하지 않는 잘못을 깊이 배척하자, 여러 신하들이 이 때문에 공동 책임을 지고 사직했다고 합니다. 신이 언관(言官)의 자리에서 근무한 것이 전후로 한 번이 아닙니다. 그런데도 한 마디 말씀도 올리지 못했고 하나의 일도 논의하지 못했으니, 직책에서 성과를 거둔 것이 적음과 잠자코 입을 닫은 죄는 신이 진실로 최고입니다. 서둘러 마땅히 전하께 나아가 스스로를 탄핵하고 공손히 파면을 기다림에 겨를이 없어야 합니다. 그런데 병세가 이렇게 위급한지라 몸을 일으킬 길이 없어 말없이 며칠이 지났으니, 염치와 의리가 다 없어졌습니다. 집에서 움츠리고 엎드려 있으니, 부끄러움과 두려움이 날마다 쌓입니다.

이에 감히 소장의 끝에 대략 붙여서 위태한 정성을 드러냈습니다. 진실로 바라건대 성스럽고 명철하신 전하께서는 아울러 밝게 살펴 신의 직책을 서둘러 파면하고, 이어서 신의 죄를 다스려 어리석은 신의 분수를 편안하게 해 주신다면 천번 만번 다행이겠습니다.

특명으로 출사한 뒤에 대사간을 사직하는 소장
特命出仕後 辭大司諫疏

삼가 아룁니다. 신이 진실로 헤아리지 못하여 망령되이 물의(物議)를 빚었으니, 이런 낭패를 당하는 것은 진실로 마땅합니다. 신이 일전에 아뢴 피혐(避嫌)으로 이미 틀림없이 체직될 줄 알고 있었는데, 전혀 뜻밖에 출사(出仕)하라는 명이 나올 줄은 생각지도 못하였습니다. 신은 진실로 놀랍고 두려워 몸둘 곳을 모르겠습니다.

무릇 대각(臺閣)이 처리하는 것은 본래 규례(規例)가 있으니, 오직 마땅히 공의(公議)에 부쳐 결과를 기다려야 할 뿐인데, 어찌 성급하게 결단하여 거듭 민심을 어겨서 더욱 분란의 단서를 초래하실 수 있습니까. 대관(臺官)의 사체(事體)는 뭇 신료와 분명히 달라, 조금이라도 남들의 말이 있으면 오히려 또한 무릅쓰고 나가기 어려운데, 더구나 구자하다고 배척하고 곧바로 탄핵하는 소장을 올리는 경우이겠습니까. 그리고 이미 체직했다가 다시 그 자리를 맡는 것은 결단코 이런 이치가 없습니다. 성스럽고 명철하신 전하께서 비록 신의 입장을 곡진하게 위하고자 하시지만, 신이 어찌 감히 염치와 의리를 돌아보지 않고 뻔뻔스럽게 다시 나아갈 수 있겠습니까.

또한 신이 병을 무릅쓰고 대각에 나갔다가 찬 기운에 몸을 몹시 상하여 병이 심해졌습니다. 병석에 누워 숨이 곧 끊어질 듯한 처지라 소패(召牌)가 내려왔는데도 끝내 달려가지 못하였으니, 신하로서의 분수와 의리가 땅을 쓴 듯 없어져 죄를 피하기 어렵습니다.

삼가 바라건대 성스럽고 명철하신 전하께서는 불쌍히 여기고 잘 헤아려 신의 직명(職名)을 서둘러 파면하여 물의(物議)에 답하고, 어리석은 신의 분수를 편안하게 해 주신다면 매우 다행이겠습니다.

병조 참판을 사직하는 소장 정묘년(1687, 숙종13)

辭兵曹參判疏 丁卯

삼가 아룁니다. 신이 쌓인 병으로 기운이 없고 야위었다는 것은 온 조정의 신하들이 모두 알고 있을 뿐만 아니라, 또한 아마 성스럽고 명철하신 전하께서도 밝게 아실 것입니다. 이처럼 고질병에 걸린 몸으로 외람되이 일이 많은 충청 감사가 되어 한 해가 지나도록 바삐 일하다 보니,[56] 몸을 상한 것이 극도로 심해져 몰골은 비록 남아 있지만 정력은 이미 고갈되었습니다. 그런데 조정으로 돌아오던 날 또 첫 추위를 만났는데, 도중에 설린 감기가 미처 낫지 않은 상태에서 가마에 올라 도성에 들어오니, 점점 더 심해져 모든 묵은 병이 한꺼번에 크게 도졌습니다. 단자(單子)를 올리고 물러나 여러 날 조리하였으나, 병의 뿌리가 이미 고질이라 시간이 한참 흘러도 차도가 없습니다. 그런데 승진 발탁한다는 은혜로운 명령이 꿈에도 생각지 못한 상황에서 나왔습니다. 위태로운 마음을 아뢰어 드러냈으나, 직명(職名)을 거두겠다는 명령을 받지 못했습니다. 신하로서의 분수와 의리를 생각할 때 감히 줄곧 물러나 있을 수 없어서 병을 무릅쓰고 나아가 숙배하지 않을 수 없었습니다. 나아가 숙배한 뒤에는 또 감히 금

56 충청 감사가……보니 : 얼(臬)은 일개 도(道)의 사법을 주관하던 지방관을 말한다. 《승정원일기》 숙종 12년 5월 21일 기사에 송규렴을 공홍 감사(公洪監司)에 임명한 기록이 있다. 공홍 감사는 충청 감사의 이칭이며, 송규렴은 1687년 8월에 대사간에 임명될 때까지 충청 감사로 있었다.

방 그만둘 수 없어서 병들어 숨을 헐떡이는 몸을 이끌고 애써 직무를 맡았습니다. 총부(摠府 비변사)에 입직(入直)하고 경조(京兆)에서 개좌(開坐)하며[57] 억지로 분주하게 일한 지가 열흘에 이르자, 여지가 없을 정도로 몸을 상하게 되었습니다.

평소에 앓던 담화(痰火)·해수(咳嗽)·산괴(疝塊) 등의 증상이 갑자기 심각한 상태에 이르니, 다시 장문의 단자를 올리지 않을 수 없었습니다. 그런데 병조(兵曹)에 제수하는 명령이 또 이때에 내려왔습니다. 신이 만일 조금이라도 스스로 힘쓸 만한 형편이 된다면, 어찌 감히 삼가 숙배하기를 오랫동안 미루면서 여전히 이렇게 고집을 부리겠습니까. 그런데 승정원에서 헤아려 주지 않아 소장을 올릴 길이 없으니, 낭패스럽고 두려우며 답답하여 몸둘 곳을 모르겠습니다. 이런 상황에서 생각지도 않게 부르는 명령이 또 병조에서 나오니 신은 진실로 곱절이나 놀라고 황송하여 더욱 몸둘 곳을 모르겠습니다.

돌아보건대 이렇게 신의 병이 갖가지로 위태로운 형편을 비록 감히 일일이 열거할 수 없으나, 여러 해 계속되어 온 늑골 아래의 통증이 지금은 고름이 생길 정도가 되었고, 부기(浮氣)가 겉으로 드러나 그 크기가 참외만합니다. 몸을 굽혔다 펴거나 돌아눕는 것도 마음대로 할 수 없어서 병석에 뻣뻣이 누운 채 밤낮으로 고통에 신음하고 있습니다. 이와 같은 증상으로 어찌 다시 대궐에 나아가 공손히 사은숙배(謝恩肅拜)할 가망이 있겠습니까.

57 경조(京兆)에서 개좌(開坐)하며 : 송규렴은 1687년(숙종13) 10월에 한성부 우윤에 임명되었다. 개좌는 관서에서 공사(公事)를 처리하기 위하여 관원들이 자리를 정하고 기구를 갖추어 벌여 앉는 것을 말한다.

삼가 바라건대 성스럽고 자애로운 전하께서는 신을 가엾게 여기고 사정을 살펴, 신의 직명(職名)을 서둘러 교체해 주십시오. 그리하여 공적으로나 사적으로 편안하게 하고, 이어 전하의 명령을 어기고 업신여긴 신의 죄를 다스려 모든 신료들을 경계하신다면 매우 다행이겠습니다.

도승지를 사직하는 소장 무진년(1688, 숙종14)

辭都承旨疏 戊辰

삼가 아룁니다. 승정원(承政院)의 도승지(都承旨)는 지위와 명망이 남다르니, 진실로 신처럼 아둔하고 용렬한 자가 외람되이 차지할 자리가 아닙니다. 분수를 헤아려 보고 스스로를 살펴보매 어찌 한 터럭만큼이라도 받들어 감당할 가망이 있겠습니까. 그러나 이런 말씀으로 사직하는 것은 으레 사양하는 것으로 치부할 것이니, 신이 자세히 아뢰어 전하를 번거롭게 할 겨를이 없습니다. 다만 지금 신의 병든 상태로는 실로 감히 단 하루도 이 직책을 감당할 수 없습니다. 비록 매우 주제넘고 외람되지만 죽음을 무릅쓰고 대략이나마 사실을 털어놓아 성스럽고 명철하신 전하께서 가엾게 여기고 살펴 주시기를 바라지 않을 수 없습니다.

대개 신이 앓고 있는 병은 반복되어 고질이 된 지가 거의 수십 년입니다. 병의 위중한 형세와 쇠약한 증상은 한두 마디로 말씀드리기 어렵지만, 뭐니 뭐니 해도 담화(痰火)가 빌미가 되고 산괴(疝塊)가 배에 가득하여 조금이라도 시끄럽고 소란하면 전혀 잠을 이루지 못합니다. 하루의 해로움이 갑자기 매우 위태롭고 고통스러운 지경에 이르러 화기가 동하고 담증에 막히면 기가 위로 치밀고[58] 산괴가 쑤셔 거의 죽다가 간신히 살아난 경우가 몇 번이지 모릅니다. 그러므로 평소에도 위태

58 기가 위로 치밀고 : 기역(氣逆)은 기운이 위로 치미는 것으로, 가슴이 답답하고 손발이 차고 머리가 아프며 어지럽고 목이 마르는 증상이 나타난다.

위태하니 스스로 머지않아 죽을 사람처럼 여겨 보호하고 조리하기를 어린아이 보살피듯 합니다. 비록 한산한 관직에 있더라도 오히려 힘써 명령을 수행하기 위해 분주히 일할 수 없으니, 벼슬자리에 있던 날을 헤아려 보면 병으로 자리를 비운 기간이 대부분입니다. 더구나 도승지의 직임은 얼마나 힘든 직책인데, 이렇게 쇠약하고 숨마저 헐떡이는 신이 힘써 일하기를 바라겠습니까.

신이 지난날 여러 차례 승정원에서 근무했지만, 얼마 못가 번번이 버티지 못하고 체직을 호소한 것이 한두 번이 아닙니다. 삼가 생각건대 성스럽고 명철하신 전하께서도 분명히 남김없이 밝게 아실 것입니다. 비록 그러하나 이것은 오히려 이미 지난 일입니다. 지금 병의 상태가 위독한 정도는 더욱 전날과 비교할 바가 아닙니다. 신이 외람되이 병조(兵曹)에 있을 때, 마침 동료 관원(官員)의 유고(有故)를 만나 여러 날 입직하며 교대할 수 없었습니다. 자고 먹는 것을 제때에 하지 못하고 조섭(調攝)을 제대로 하지 못해, 숙환(宿患)의 여러 증상들이 장차 크게 도질 기세였습니다.

그저께 갑자기 개정(開政)[59]할 일이 있어서 겨우겨우 병든 몸을 이끌고 참석하였습니다. 마침 그날 비바람이 심하여 차가운 청사에 오래 앉아 있다 보니, 몸이 몹시 심하게 상하였습니다. 가마에 올라 집으로 돌아온 뒤에 곽란(霍亂)의 위급한 증세가 갑자기 발생하여 위로는 먹은 것을 계속 토하고 아래로는 대소변이 통하지 않다가, 가슴과 배가 쥐어짜듯 아프기만 하고 토하거나 설사조차 하지 못하였습니다. 호흡

59 개정(開政) : 이조(吏曹)에서 관원들의 인사 문제를 처리하는 것을 말한다. 대개 6월과 12월에 시행하였다.

도 통하지 않아 혼절하여 쓰러질 정도로 꽉 막혀 죽음이 경각에 달하였습니다. 급히 약물을 투여하여 겨우 살아날 수 있었지만, 밤새도록 고통으로 신음하며 한 번도 눈을 붙이지 못했습니다. 다음 날이 되자 새로운 병증과 묵은 병증이 일시에 모두 심해져서 원기가 완전히 빠져나가고 증상이 위급하여 하루하루 더 심해졌습니다. 이 같은 형세로는 결코 열흘에서 한 달 안에는 조금도 차도를 보일 상황이 아닙니다. 왕명을 출납하는 막중한 직임을 어찌 자리만 차지한 채 오래 비워 두어 죄를 자초(自招)할 수 있겠습니까.

삼가 바라건대 성스럽고 명철하신 전하께서는 신을 불쌍히 여기고 사정을 살펴, 신의 직명(職名)을 서둘러 교체하여 주십시오. 그리하여 신으로 하여금 편안한 마음으로 조리하고 치료하여 살 길을 찾을 수 있게 해 주신다면 천만다행이겠습니다.

사재감 제조를 사직하는 소장
辭司宰監提調疏

삼가 아룁니다. 신이 지금 삼가 이조(吏曹)의 정목(政目)[60]을 보니, 신을 사재감 제조(司宰監提調)에 비의(備擬)하여 낙점을 받는 데까지 이르렀습니다. 신은 이에 지극히 두려운 마음을 감당할 수 없습니다.

대저 승지(承旨)가 이조와 병조(兵曹)에 나누어 배치되고, 인사 후보자를 결정하는 자리에 함께 앉는 것은 의도가 있습니다. 신이 이제 이조의 승지가 되었으니 비록 오늘은 병 때문에 참석하지 못했더라도, 사리로 헤아려 보면 어찌 정방(政房)의 승지를 다른 사람들과 똑같이 보아 인사 후보자 사이에 거론할 수 있단 말입니까. 신도 또한 어찌 감히 우연히 자리에 참석하지 못한 것을 핑계 삼아 염치없이 명령을 받들기를 마치 당연한 듯이 하겠습니까. 반복하여 생각해 보아도 끝내 감히 스스로 마음에 편안하지 않습니다. 이에 죽음을 무릅쓰고 아뢰어 호소하지 않을 수 없습니다.

삼가 바라건대 성스럽고 명철하신 전하께서는 이러한 사실을 헤아리고 살펴, 신의 직명을 서둘러 교체하여 주십시오. 그리하여 인사행정의 체통을 엄격하게 하고 신의 분수를 편안하게 해 주시면 매우 다행이겠습니다.

60 정목(政目) : 관원들의 임명 및 해임과 관련된 인적 사항과 변동 사항 등을 기록한 문서이다.

대사헌을 사직하는 소장
辭大司憲疏

삼가 아룁니다. 신은 변변찮고 용렬하여 백에 한 가지도 잘하는 것이 없는데, 전하의 큰 은혜를 입고 지나치게 인정을 받았습니다. 전후로 외람되이 차지한 자리가 분수에서 벗어나지 않음이 없었지만, 털끝만큼의 효과도 없이 죄만 쌓였으니, 평소에 두려워하고 삼가서 마치 용납 받을 곳이 없을 것 같았습니다. 뜻밖에 지금 관직에 제수하는 새로운 명령이 또 내려오니, 신은 진실로 놀랍고 두려워 스스로 몸둘 곳을 알지 못하겠습니다.

아, 한 나라의 사헌부(司憲府)의 수장이 얼마나 중요한 직임입니까. 비록 오랫동안 덕을 쌓고 두터운 인망이 있어 한 시대의 추앙을 받는 사람이 평상시에 이 자리를 맡더라도, 또한 쇠퇴한 기강을 떨쳐 일으키고 폐습(弊習)을 바로잡으며 논의를 공평하게 하고 조정을 안정시켜 그 직책을 다하기 어렵습니다. 하물며 이렇게 세도(世道)가 무너지고 인심(人心)이 타락한 시대에 신처럼 전혀 보잘것없는 사람이 조금이라도 도움이 될 수 있겠습니까. 비록 굶주린 모기가 태산을 짊어지는 꼴과 한 가닥 머리카락으로 천균(千鈞)의 무거운 물건을 끄는 꼴이라는 말로도 신이 대사헌의 직책을 감당할 수 없음을 비유하기에는 부족할 것입니다. 분수를 따져 보고 스스로를 헤아려 보건대 실로 한 터럭만큼도 명령을 받들 가망이 없으니, 여론의 비웃음거리가 된다거나 관직을 더럽히는 점에 대해서는 말할 겨를도 없습니다.

한편 신의 병 상태는 성스럽고 명철하신 전하께서도 틀림없이 환하게 알고 계실 것입니다. 근래에 밤낮으로 일하는 승지의 임무를 맡는 바람에 얼마 남지 않은 근력마저 남김없이 사라졌습니다. 얼굴에 생긴 악성 종기가 과로 끝에 거듭 생겼는데, 종기의 뿌리를 제거하고 약을 붙여 부기와 통증이 잠시 누그러지면 또다시 다른 곳에 이어서 생깁니다. 이렇게 된 것이 지금 네 군데에 이르는데, 한 군데의 통증이 거의 열흘이나 지속됩니다. 이토록 이상하고 추악한 병증은 비록 온갖 숙병(宿病)을 몸에 달고 사는 신이지만, 또한 아직까지 경험하지 못한 것입니다. 이 때문에 자지도 못하고 먹지도 못하니 원기가 크게 빠져나가고 숙환(宿患)인 담화(痰火)와 산괴(疝塊) 등 여러 증상들이 갈수록 더욱 심해지고 있습니다. 병상에 엎어져 고통으로 신음한 지가 이제 한 달 남짓 되었습니다. 비록 집안의 아주 가까운 곳이라도 또한 움직여 걷지 못하는데, 오히려 어찌 몸을 일으켜 숙배의 예를 올리고 힘을 다해 직무를 수행하기를 바랄 수 있겠습니까.

삼가 바라건대 성스럽고 자애로운 전하께서는 신을 불쌍히 여기고 사정을 살펴, 신의 직명(職名)을 서둘러 깎아 교체하여 주십시오. 그리하여 신으로 하여금 마음 편히 병을 치료하여 미약한 목숨이나마 보존할 수 있게 해 주신다면 공적으로나 사적으로 매우 다행이겠습니다.

도승지를 사직하는 소장
辭都承旨疏

삼가 아룁니다. 신의 위독한 질병이 고질화된 상태는 실로 사람들이 다함께 알고 있는 것입니다. 삼가 생각건대 성스럽고 명철하신 전하께서도 환히 알고 계실 것입니다. 평소에도 위태위태하여 아침저녁을 보존하지 못할 것 같으니, 비록 잠시 호전된 날에 애써 직무를 수행한다고 해도 관직에 있었던 날을 계산해 보면 열에 네다섯도 되지 못합니다.

지금 밤낮으로 일해야 하는 도승지(都承旨)의 임무는 더욱 감당할 만한 가망이 없습니다. 그러나 마침 전하께서 약을 잡수시는 걱정스러운 때를 만났으므로, 쓰러질 지경에 이르지 않는 이상 감히 병든 상황을 고할 수 없었습니다. 야위고 헐떡이는 몸을 억지로 지탱하여 죽을 것 같은 고통을 참아가며 분주히 일한 것이 자못 수십 일에 이르렀습니다. 홀연 사흘 전부터 평소 앓던 가슴 통증이 산증(疝症)을 끼고 재발하였습니다. 찌르는 듯 혹독한 아픔은 칼로 도려내는 듯할 뿐만이 아니고, 쑤셔대는 급박함은 그 형세가 마치 치닫는 멧돼지와도 같아서 잠깐 사이에 숨이 막혀 혼절한 적이 여러 번입니다. 게다가 위로는 선혈(鮮血)을 토하고 아래로는 찬 설사를 쏟으니, 원기는 크게 빠져나가고 정력은 이미 사라졌습니다. 어지러워 병석에 쓰러진 채 간당간당한 숨이 끊어지려 합니다.

또 어제 저녁부터는 왼쪽 목구멍 부근이 부어올라 통증을 일으키며 뚜렷이 곪으려는 형상이 있으니, 묽은 죽조차 목에 걸려 삼킬 수 없습니다. 이는 의학에서 말하는 단아(單蛾)[61]라는 증상으로, 모든 병중에서도 가장 위험한 것입니다. 만약 벼슬에서 물러나 한가롭게 쉬면서 편안한 마음으로 치료하지 않는다면, 한 가닥 남은 가쁜 숨도 얼마 못가 갑자기 끊어지지 않겠습니까.

신이 비록 보잘것없으나 또한 분수와 의리는 알고 있습니다. 미천한 신의 질병이 심각한 지경에 이른 것이 아니라면, 이런 때를 당하여 전하를 측근에서 모시는 직책을 맡은 사람으로서 어찌 감히 한 터럭만큼이라도 몸을 편하게 하려는 사사로운 생각을 품고 헛된 말로 병에 의탁해서 거듭 죄를 초래하겠습니까.

삼가 바라건대 성스럽고 자애로운 전하께서는 신을 불쌍히 여기고 사정을 살펴, 신의 직명(職名)을 특별히 교체하여 주십시오. 그리하여 천지와 같은 지극한 사랑을 드리워 땅강아지나 개미와 같이 하찮은 목숨을 온전히 보존하게 해 주십시오. 신은 정신이 몽롱하고 기력이 떨어져 거칠게 글을 엮으면서 병의 위독한 증상을 만에 하나도 다 말씀드리지 못했으니, 황송하고 두려운 지극한 마음을 더욱 견디지 못합니다.

61 단아(單蛾) : 후두에 생기는 부종인데, 한의학에서는 매우 위험한 질병의 증상으로 여긴다. 《산림경제(山林經濟)》 권3 〈급후폐(急喉閉)〉에 "회염(會厭)이 흡문(吸門)이 되는데, 그 양쪽 곁이 모두 부은 것은 쌍아(雙蛾)라 하는 것으로 치료하기 쉽고, 한쪽에만 부은 것은 단아라 하는 것으로 치료하기 어렵다. 이것을 통틀어 후폐(喉閉)라 한다. 이 증세가 생기기 며칠 전에 가슴의 기가 긴박하여 숨이 빨라지다가 홀연히 목구멍이 붓고 아프며 손과 발이 궐랭(厥冷)하고 기(氣)가 막혀서 통하지 못하면 죽음이 수유(須臾) 사이에 있게 된다."라고 하였다.

병조 참판을 사직하는 소장
辭兵曹參判疏

삼가 바랍니다. 신은 융질(癃疾 늙어 허리가 굽는 병) 때문에 비록 한가로운 자리에 있어도 자리를 비우는 일이 오히려 많았는데, 하물며 밤낮으로 일하는 도승지(都承旨)의 바쁜 자리이겠습니까. 그러나 외람되이 그 자리를 맡았을 때 마침 전하께서 약을 잡수시는 걱정스러운 때를 만났습니다. 병이 비록 심했지만 그래도 쓰러지지는 않았으니, 이러한 때에 물러나 있는 것은 의리로 볼 때 감히 할 수 없는 일입니다. 그러므로 부득불 힘써 나아가 숙배(肅拜)하고, 죽을 것 같은 고통을 견디며 분주히 일한 지가 거의 한 달이 되었습니다.

그런데 하늘이 혹독한 재앙을 내려 큰 슬픔[62]을 만났습니다. 천지가 무너지는 두려움과 애통함이 지극하여 그대로 호곡하는 반열에 섞여 있었는데, 며칠 사이에 이미 쇠잔함이 갑자기 극심해졌음을 느꼈습니다. 겨우 성복(成服)을 하고 나니 남은 기력이 없었지만, 오히려 다시 더없이 분발하여 연일 직무를 수행하였습니다. 이에 지난 달 보름쯤부터 큰 병이 도졌는데, 증상의 혹독함은 실로 일찍이 겪어보지 못한 것이었으니, 열흘이 안 되어 까마득히 눈을 감지 않은 시체처럼 되었습니다. 하늘의 신령함을 힘입어 다행히 소생하기는 했지만, 남은 숨이 위태위태하여 다시 스스로 힘쓸 길이 없습니다. 부득이 공제(公除 국상

62 큰 슬픔 : 인조(仁祖)의 계비(繼妃)인 장렬왕후(莊烈王后, 1624~1688) 조씨(趙氏)의 죽음을 말한다.

(國喪)에 공식적으로 상복을 벗는 일)가 지나기를 기다렸다가 장문의 사직 단자를 올렸는데, 삼가 성스럽고 자애로운 전하께서 특별한 은혜를 베풀어 주셔서 교체될 수 있었습니다. 신은 진실로 크신 은혜를 우러르며, 이로부터 오로지 마음을 다해 치료하여 미천한 목숨을 조금이나마 연장할 수 있기를 바랐습니다.

그런데 뜻밖에도 며칠 지나지 않아 또다시 병조 참판으로 임명하는 새로운 명령이 있게 되니, 신은 더욱 감격하고 황공하여 몸둘 곳을 모르겠습니다. 그러나 삼가 생각건대 성스럽고 명철하신 전하께서 미천한 신의 병에 대해 오히려 분명히 아시지 못하는 것이 있는 듯합니다. 신은 본래 오랜 숙환이 골수에 박혀 다시 해 볼 만한 방법이 없는데다가 이번에 받은 손상은 이선에 비해 특히 심합니다. 그러므로 발병한 정도 또한 그에 따라서 대단합니다. 지금의 상태를 처음과 비교한다면 비록 잠시 덜한 듯하지만, 스스로 형세와 증상을 살펴보고 정력을 참작하면 지극히 위험한 조짐으로 반드시 죽을 징후가 아닌 것이 없습니다. 모든 증상이 갖가지로 나타나고 원기는 날로 빠져나가 시시각각 달라지니, 간당간당한 숨이 아침저녁을 버티기도 어려운 형세입니다. 비록 그 갖가지 매우 위독한 증상을 감히 하나하나 낱낱이 들지는 못하지만, 한철 안에 일어나 움직일 가망이 전혀 없는 것은 분명합니다. 방위를 책임진 막중한 자리를 어찌 신 때문에 오래 비워 두어 공적으로나 사적으로나 해를 끼칠 수 있겠습니까.

이에 감히 번거롭게 어지럽히는 죽을죄를 피하지 않고 죽음을 무릅쓰며, 엄려(嚴廬)[63]에서 슬퍼하시는 전하께 애절하게 하소연합니다.

63 엄려(嚴廬) : 상주가 거처하는 여막을 가리키는데, 여기서는 당시 장렬왕후(莊烈

삼가 바라건대 성스럽고 자애로운 전하께서는 신을 불쌍히 여기고 사정을 살펴, 신의 본직(本職)과 겸직(兼職)을 특별히 교체하여 주십시오. 그리하여 신으로 하여금 편안한 마음으로 병을 치료하여 남은 목숨을 조금이나마 연명할 수 있게 해 주시기를 간절히 기원합니다.

한편 신은 한 가닥 숨이 아직 끊어지지 않았고 지각(知覺)이 오히려 남았으니, 정세(情勢)의 불안한 바에 대해 또한 끝까지 잠자코 있을 수 없습니다. 신이 승정원(承政院)에 있을 때 전 첨사(僉使) 허빈(許彬)이 와서 한 소장을 올렸는데,[64] 그 글을 보니 다른 대수롭지 않은 일들과는 차이가 있는 것 같았습니다. 그러므로 신이 여러 신료들과 함께 앉아 상의하여 "비록 봉입(捧入)하지 못하더라도, 마땅히 품지(稟知)한 뒤에 물리치는 것이 마땅할 것 같다."라고 하였습니다. 그러나 경황이 없는 사이에 취사(取舍)를 결정하지 못하고 이것저것 생각하며 머뭇거리다가, 마침내 소장을 돌려주기에 이르렀습니다.

그 다음날 또다시 소장이 올라오고 밖의 여론 또한 신들과 서로 합한다는 말을 듣자, 드디어 결정된 의론과 함께 대략 상소를 물리친 뜻을 문서로 작성하여 올렸는데, 이어서 봉입하라는 전하의 명령이 있었습니다. 그간의 곡절이 다만 이와 같았으니, 이것이 어찌 원래 살피지 않고 공공연히 봉입한 것이겠습니까.

王后)의 상을 당한 숙종(肅宗)의 거처를 가리키는 말로 사용되었다.

64 전 첨사(僉使)……올렸는데 : 첨사는 첨절제사(僉節制使)의 약칭으로, 조선 시대 각 진영(鎭營)에 속한 종3품의 무관이다. 《숙종실록》 13년 8월 10일 기사에 전 훈련원 판관(訓鍊院判官) 허빈(許彬)의 "장릉(長陵)의 용혈(龍穴)이 사수(砂水)로 허물어진 데가 많으니, 마땅히 지리를 잘 아는 사람으로 하여금 가서 살펴보고 잘잘못을 정하게 하소서."라는 상소가 기록되어 있다.

그런데 대계(臺啓 대간(臺諫)에서 올린 보고서)가 나온 것은 곧 신이 퇴근한 뒤였습니다. 그날 여러 신료들이 이미 모두 합의하고 함께한 일들이 해당되지 않는 것이 없었으니, 나아가 기다리기도 편하지 않고 교지를 받들기에도 애로가 있는 것은 일의 형세가 진실로 그러하였습니다. 따라서 대계가 직접 전해지고 윤허(允許)가 내린 뒤에, 모든 신료들이 훗날 신임 신료들이 들어오길 기다려 추후에 교지를 받들겠다는 뜻으로, 넌지시 정탈(定奪 임금의 결재)을 아뢰었습니다. 이어 또한 신에게 묻기에, 신이 대답하기를 "사리로 볼 때 진실로 마땅히 이와 같이 해야 하니 전례 또한 한둘이 아니다."라고 하였습니다. 이어서 보고하러 온 아전에게 당부하여 해당 일에 대해 아뢸 때에 신의 이름도 함께 적어서 감사(勘司 남낭관 혹은 조사관)에게 보내라고 하였습니다.

그 후 공제(公除)[65] 다음날 모든 신료들이 상소하여 편치 못한 뜻을 아뢰었습니다. 그런데 신은 병세가 바야흐로 심해져 사직 단자를 올리는 데 급급하였으므로, 감히 다시 다른 일로 이름을 덧붙여서 거듭 하소연할 수 없었기에 잠시 입을 다물고 조용히 있다가 곧 체직되었습니다.

지금 대간의 논의가 거듭 일어났는데, 처음에는 몽매하게 봉입(捧入)했다는 말로 배척하더니, 이어서 나아가 기다리지 않았다는 이유로 비난합니다. 백간(白簡)과 소장(疏狀)으로 탄핵함이 모두 지극히 엄격하니, 신은 시종 일을 같이한 사람으로서 진실로 감히 편안히 있을 수 없습니다. 하물며 같은 승정원의 일은 그 책임이 수석(首席)인 도승

65 공제(公除) : 국상(國喪)을 당하여 일정 기간 동안 일반 공무(公務)를 중지하며 조의를 표하였다가, 그 기간이 지난 후에 복(服)을 벗는 일을 말한다.

지에게 있습니다. 지금 비록 이미 그 자리를 떠났지만, 어찌 감히 이미 지나간 일이라고 핑계하며 한 번 아뢰어 드러내지도 않고 홀로 요행히 면할 생각을 하겠습니까.

삼가 바라건대 성스럽고 명철하신 전하께서는 신이 전후로 실수한 죄를 서둘러 다스려 공의(公議)에 답하고 어리석은 신의 분수를 편안하게 해 주신다면 천만다행이겠습니다.

선산을 살필 수 있게 해 달라고 요청하는 소장 기사년(1689, 숙종15)

請歷省丘墓疏 己巳

삼가 아룁니다. 지금 영정(影幀)을 봉환(奉還)할 때 신은 본조(本曹)의 당상관(堂上官)으로서 마땅히 모시고 가게 되었습니다.[66] 신의 부모 묘소가 공주(公州) 땅에 있는데, 큰 길에서 불과 두어 번 쉬어 갈 만한 거리에 있습니다. 신이 조정의 관직에 매여 오랫동안 성묘하지 못했는데, 이처럼 새해를 맞이하니 그리운 마음이 더욱 간절합니다.[67] 신의 근력이 여지가 있다면, 돌아오는 길에 잠시 들러 성묘함으로써 정리(情理)를 펼치려고 합니다.

이에 감히 외람되고 주제넘음을 피하지 않은 채, 무릎쓰고 아뢰어 공손히 은혜로운 허락의 말씀을 기다립니다. 신은 황공하고 두려운 지극한 마음을 견디지 못합니다.

66 지금……되었습니다 : 1689년(숙종15) 1월에 송규렴은 예조 참판으로 태조(太祖)의 영정(影幀)을 봉환(奉還)하는 임무를 맡아 전주(全州)에 다녀왔다. 배왕(陪往)은 어른을 모시고 가는 것인데, 여기서는 태조의 영정을 봉환하는 일을 가리킨다.

67 그리운……간절합니다 : 상로지감(霜露之感)은 돌아가신 부모를 그리워하는 마음을 의미한다. 《예기》 〈제의(祭義)〉에 "서리와 이슬이 내리거든 군자는 이것을 밟고 반드시 서글픈 마음이 있기 마련이니, 그 추움을 말함이 아니다. 봄에 비와 이슬이 적셔주거든 군자는 이것을 밟고 반드시 놀라는 마음이 있어 장차 부모를 뵈올 듯이 여긴다.〔霜露旣降, 君子履之, 必有悽愴之心, 非其寒之謂也. 春雨露旣濡, 君子履之, 必有怵惕之心, 如將見之.〕"라고 한 데서 유래하였다.

예조 참판과 겸직을 사직하는 소장
辭禮曹參判及兼職疏

삼가 아룁니다. 신이 영정(影幀)을 모셔 놓고 돌아오던 날,[68] 감히 성묘할 수 있게 허락해 달라는 개인적인 사정을 아뢰어 삼가 지엄하신 전하를 번거롭게 했습니다. 이에 성스럽고 자애로운 전하께서 특별히 은혜로운 허락을 내리셨으니, 신은 진실로 감격하고 황공하였습니다.

돌아오는 길에 질병이 크게 도져 근력이 거의 다 떨어져 다른 길로 접어들었으나, 한 걸음이 천리나 되는 듯하여 끝내 가마에 올라 곧장 돌아올 수밖에 없었습니다. 병세가 점점 위독해져 길을 재촉하여 빨리 달려갈 방도가 없었으므로, 하루 가고 한 번 쉬며 조금씩 전진하다 보니, 여러 신하들과 더불어 같은 시간에 복명(復命)하지 못하였습니다. 이제서야 비로소 여러 날이나 늦게 도착하였으니, 태만하게 군 죄를 진실로 피할 수 없습니다. 진실로 황공하고 송구스러운 마음을 견디지 못하겠습니다.

생각건대 신은 본래 병이 쌓여 있는 몸으로 서울에서 출발하던 전날 저녁부터 감기를 심하게 앓았습니다. 병이 미처 낫지 않은 채 다음 날 새벽 아픈 몸을 이끌고 대궐에 나갔습니다. 길을 나서서는 한껏 기운을 내서 말을 몰아 오백 리 길을 내달렸는데, 가는 길에 거의 죽을

68 영정(影幀)을……날 : 1689년(숙종15) 1월에 송규렴은 예조 참판으로 태조(太祖)의 영정(影幀)을 봉환(奉還)하는 임무를 맡아 전주(全州)에 다녀왔다.

뻔한 것이 여러 번이었습니다.

지금 비록 겨우겨우 살아 돌아왔으나, 새로 발병한 병과 오래된 병의 여러 증상이 몹시 지친 나머지 함께 심해졌습니다. 비록 감히 일일이 번거롭게 말씀드릴 수는 없으나, 간당간당하게 남은 위태로운 숨이 마치 장차 아침저녁 사이에 끊어질 것 같으니, 다시 일어나 사람 노릇하기는 진실로 가망이 없습니다.

예조(禮曹)는 중요한 자리입니다. 어찌 감히 헛되이 직명(職名)만 띠고 오래 비워 두어 죄를 더하겠습니까. 하물며 지금은 객행(客行)[69]이 당도하여 예조의 일이 바야흐로 많을 때입니다. 수석(首席)인 예조 판서는 조정 밖에 있고 신은 참판으로서 병이 이처럼 심하니, 공사 간에 사세(事勢)가 신실로 낭패스럽습니다.

삼가 바라건대 성스럽고 명철하신 전하께서는 신을 불쌍하게 여기고 사정을 살펴, 먼저 신의 죄를 다스려 모든 신료들을 경계하시고, 신의 본직 및 사재감(司宰監)과 승문원(承文院)의 제조(提調) 등의 직임을 모두 교체하여 주십시오. 그리하여 신으로 하여금 편안한 마음으로 몸조리하여 땅강아지나 개미같이 초라한 목숨을 조금이라도 연명하게 하신다면 천만다행이겠습니다.

69 객행(客行) : 외국에서 온 사신을 이르는 말이다.

고향으로 돌아온 뒤에 겸직을 사직하는 소장
還鄕後 辭兼職疏

삼가 아룁니다. 신이 위독한 질병에 걸려 평소에도 위태로운 상태임은 삼가 생각건대 성스럽고 명철하신 전하께서 이미 환히 알고 계실 것입니다. 근년 이래로 나이를 먹을수록 더욱 쇠약해지고 병의 증상은 더욱 고질이 되어 진실로 하루도 조금이나마 편안한 때가 없습니다.

그런데 지난 해 세 번이나 승지(承旨)의 임무를 맡았는데, 바야흐로 나라에 큰 연고가 있을 때를 만나[70] 감히 병을 아뢰지 못하고 분주하게 어려운 일들을 처리하다가 드디어 크게 몸을 상하게 되었습니다. 이어서 영정(影幀)을 모시고 가는 일[71]이 마침 신에게 맡겨졌는데, 불행히도 출발하기 전날 저녁에 심한 감기에 걸렸습니다. 하룻밤 사이에 미처 낫지 못한 채로 새벽에 대궐에 나아가 죽을힘을 다해 길에 올랐는데, 가는 도중에 거의 죽을 뻔한 것이 여러 차례였습니다. 하늘의 신령함을 힘입어 겨우 살아 돌아와 복명(復命)은 했지만, 근력과 정신이 다시 남은 것이 없었고 새로운 병과 묵은 병의 갖가지 증상이 마침내 어찌할 수 없는 지경에 이르러, 도합 5개월 동안 아침저녁으로 목숨이 다하기

70 나라에……만나 : 인조(仁祖)의 계비 장렬왕후(莊烈王后)가 승하(昇遐)한 사실을 말한다. 《숙종실록》 숙종 14년 8월 26일 기사에 "묘시(卯時)에 대왕대비(大王大妃)가 창경궁(昌慶宮) 내반원(內班院)에서 승하하였다."라는 기록이 보인다.

71 영정(影幀)을……일 : 1689년(숙종15) 1월에 송규렴은 예조 참판으로 태조(太祖)의 영정(影幀)을 봉환(奉還)하는 임무를 맡아 전주(全州)에 다녀왔다.

만 기다리고 있습니다.

신은 본래 멀리 지방에서 온 외로운 신세라서 일가의 여러 친척들은 모두 시골에 있고 도성 안에는 사방 어디에도 족속(族屬)이 없으니, 병을 앓거나 죽게 되어도 돌봐 줄 사람이 없습니다. 다만 허약한 자식이 곁에서 밤낮으로 애를 태우고 있을 뿐이고, 신도 또한 병중의 언짢은 마음을 참고 견딜 수 없어서 고향에 돌아가 죽고 싶었습니다. 그렇지만 집에 두어 마리의 조랑말도 없어 몸을 맡길 방법이 없을 즈음에, 마침 돌아가는 마부와 말을 얻었습니다. 만약 이것을 놓치면 어찌 할 방법이 없었습니다. 어쩔 수 없이 부축을 받아 말에 실려 길을 떠나 조금씩 전진하여 서울을 떠난 지 9일 만에 겨우겨우 집에 도착할 수 있었습니다. 길 위에서 죽음을 면할 수 있었던 것은 진실로 천지 부모와 같은 전하께서 생성(生成)해 주시는 은택 덕분이지만, 그 사이에 거의 기절했다가 깨어난 것이 몇 번인지 알 수 없습니다. 집으로 돌아와 몸조리한 지 이미 20일이 되었습니다만, 더운 여정에 시달려 병세가 더욱 심해지니 죽을 날이 얼마 남지 않았습니다. 신세가 이러한 지경에 이르렀으니, 다른 것을 어찌 말씀드리겠습니까.

한편 신이 비록 산반(散班)에 있지만, 어찌 대궐에 들어가 사직하고 싶지 않겠습니까. 그러나 여러 달 깊은 병을 앓은 나머지 숨이 실낱같은데다가, 무엇보다 몸이 몹시 여위어 뼈만 남아 있어 잠시도 다리를 꼿꼿이 할 수 없습니다. 비록 스스로 힘써 대궐로 달려가고 싶지만 그럴 방도가 없습니다. 이렇게 제멋대로 고향으로 서둘러 돌아올 수밖에 없었던 것이 비록 대단히 어쩔 수 없는 상황에서 발생했으나, 본분과 의리로 따져 보면 중한 처벌을 받는 것이 합당합니다. 황공하고 송구스러워 죽을 곳도 알지 못하겠습니다.

돌아보건대 신이 띠고 있는 군직(軍職)은 비록 하는 일이 없다고 하지만 분명히 녹을 받는 직책이고, 겸하고 있는 양사(兩司)의 제조(提調)는 군직에 비하여 더욱 긴밀한 업무입니다. 하물며 지금 인사 평가[72]를 앞두고 있으니, 조정 밖에 있는 자가 헛되이 차지하고 있을 수 없고 신의 병세도 다시 대궐문에 들어갈 가망이 없으므로, 공사 간의 사세(事勢)가 진실로 낭패스럽습니다.

이에 감히 죽음을 무릅쓰고 어짊으로 세상을 덮어 주는 전하께 애절하게 하소연하옵니다. 삼가 바라건대 성스럽고 자애로운 전하께서는 신을 불쌍히 여기고 사정을 살펴, 먼저 신이 제멋대로 귀향한 죄를 다스려 조정의 기강을 엄숙하게 하고, 신의 군직 및 사재감(司宰監)과 승문원(承文院)의 제조를 함께 교체하여 주십시오. 그리하여 신으로 하여금 편안한 마음으로 죽게 하신다면 천만다행이겠습니다.

72 인사 평가 : 전최(殿最)는 관원들의 근무 성적을 심사하여 우열(優劣)을 매기는 것으로, 상(上)을 최(最), 하(下)를 전(殿)이라고 한다.

대사헌을 사직하는 소장 을해년(1695, 숙종21)

辭大司憲疏 乙亥

삼가 아룁니다. 신은 이번 달 7일에 승정원(承政院)에서 관인을 찍은 교지를 받들었는데, 신을 사헌부(司憲府) 대사헌(大司憲)으로 삼으니 서둘러 역마를 타고 올라오라는 내용이었습니다. 신은 명령을 듣고 나서 놀랍고 두렵다가 이어서 답답하고 초조한 심정이 들었습니다. 놀랍고 두려웠던 것은 직명(職名)과 신의 기량이 전혀 어울리지 않았기 때문이고, 답답하고 초조했던 것은 질병과 근력이 도저히 힘써 일하기 어려웠기 때문입니다.

비록 그러하나 직함과 신의 기량이 어울리지 않는 부끄러움은 의례적인 사양에 속하므로 신이 우선 자세히 말씀드리지는 않겠습니다. 그러나 힘써 일하기 어려운 형편은 비록 또한 말이 고갈되고 뜻이 궁하더라도 감히 다시 대략이나마 위태한 마음을 드러내어, 머리를 우러러 슬피 하소연하여 성스럽고 명철하신 전하께서 불쌍히 여겨 주시기를 바라겠습니다.

신은 본래 병이 누적된 사람입니다. 더욱이 최근 7년 동안에는 쇠약하고 야위어 더 이상 여지가 없을 정도이므로, 일상적인 인사(人事)마저도 모두 폐하여 끊은 상황에 이르렀습니다. 심지어 지척에 있는 가묘(家廟)와 부모의 제사에도 또한 참여하지 못한 지가 이미 여러 해입니다. 이런 일도 오히려 이와 같은데 다른 일이야 어찌 말하겠습니까.

지난해 초여름부터는 홀연히 전에 없던 괴상한 증상이 더하여 일 년 내내 아침저녁으로 거의 죽을 것 같았습니다. 비록 죽을 시기가 이르지 않아 실낱같은 목숨을 아직 연명하고 있으나, 몸의 원기는 다 없어지고 정력이 사라진 것은 예전에 비해 훨씬 심각하고, 추운 계절을 만나 또 점점 더 몸을 상하게 되었습니다. 지금의 위급한 형상은 비록 감히 번거롭게 전하께 말씀드리지 않습니다만, 이전에 아뢴 것이 또한 한두 번이 아닙니다. 그러므로 삼가 생각건대 성스럽고 명철하신 전하께서 이미 반드시 남김없이 살펴 아실 것이니, 신의 말이 끝나기를 기다릴 필요가 없을 것입니다.

신이 병들어 몸을 쓰지 못하는 실상이 진실로 이와 같음을 이조(吏曹)에서 모두 듣지 않은 것이 아니고, 성스럽고 명철하신 전하께서도 또한 이미 환히 아실 것입니다. 그런데 도리어 추천이 빈번하고 은혜로운 임명이 이어지니, 다만 주고받음이 넘칠 뿐만 아니라 사직하는 일이 너무 많아 공사 간에 누를 끼치고 사체(事體)를 대단히 손상시키고 있습니다. 신이 이에 대해 반복해서 생각해 보아도 그 까닭을 알 수 없습니다. 만약 인재가 없어서 그렇다고 한다면, 지금 밝은 조정의 여러 선비들을 손가락으로 다 꼽을 수 없을 정도입니다. 신료 가운데 병을 핑계하는 사람이 한둘이 아니기 때문에 똑같이 으레 상투적인 말로 보아 구별하지 않는다면, 신이 평소에 상하의 사람들로부터 신뢰를 받지 못하여 이런 결과를 초래한 것입니다. 그러니 자책하는 것 이외에 다시 무슨 말을 하겠습니까.

생각건대 신은 본래 보잘것없는 사람으로서 여러 조정의 큰 은혜를 입어 재상의 반열에 이르렀으니, 은혜를 받은 것이 하늘처럼 큰데도 평생을 돌아보건대 보답한 것이 하나도 없습니다. 끝내 몸이 이러한 지경에 이르러 다시 힘써 일할 가망도 없으니, 장차 살아서는 의리 없는 사람이 되고 죽어서는 한을 머금은 귀신이 되는 신세를 면치 못할 것입니다. 비통하고 한스러움이 지극하여 눈물만 나옵니다.

삼가 바라건대 성스럽고 자애로운 전하께서는 신을 불쌍히 여기고 사정을 살펴, 신의 본직(本職)과 겸직(兼職)을 함께 교체하고 이조(吏曹)에 지시하여 영원히 천거하지 말도록 하여 주십시오. 그리하여 편안한 마음으로 죽을 수 있게 하신다면, 공적인 의리와 사사로운 본분에 모두 지극히 다행일 것입니다. 신은 바야흐로 가쁜 숨이 위태위태하고 정신이 이미 없어서 깊이 위독해진 병의 실상과 개인적으로 마음에 담고 있는 충정을 만에 하나도 다 표현하지 못했습니다. 신은 격렬하고 간절히 바라며 서글프고 두려운 지극한 마음을 견디지 못합니다.

제월당집

제6권

疏소
啓계
行狀행장

墓誌묘지
墓誌銘묘지명
墓碣銘묘갈명

소 疏

예조 판서를 사직하는 소장 기묘년(1699, 숙종25)
辭禮曹判書疏 己卯

삼가 아룁니다. 신은 봄과 여름 이래로 거듭 은수(恩數)를 입어 자급(資級)이 과분하게 오르고 직명(職名)이 연이어 더해졌으니, 이는 실로 신같이 늙고 쇠약하며 용렬하고 진부한 사람이 받을 수 있는 것이 아닙니다. 게다가 병으로 거의 죽을 지경이고 스스로 힘쓸 가망도 없어서 거듭 명지(明旨)를 어겼으니, 죄가 산처럼 쌓였습니다.

외람되이 의정부(議政府)의 서벽(西壁)에 자리하라는 명을 받고[1] 두 번 사직하는 소장을 올려 위급한 마음을 드러냈지만, 작은 정성이 전하를 감동시키지 못하여 온화한 비답이 도리어 내려왔습니다. 심지어 "병이 낫기를 기다렸다가 길을 나서서 나의 뜻을 저버리지 마오."라는 말씀까지 하셨습니다. 말씀하신 뜻이 높고 중하여 상례(常例)에서 멀

1 의정부(議政府)의……받고 : 서벽(西壁)은 벼슬아치가 출근하여 모여 앉을 때 서쪽에 앉는 벼슬을 말한다. 좌석의 동쪽에 앉는 벼슬을 동벽(東壁)이라 하였다. 의정부의 경우 삼공(三公)이 정면, 좌・우 찬성이 동벽, 좌・우 참찬이 서벽에 앉았다. 송규렴은 1699년(숙종25) 4월에 좌참찬(左參贊)에 임명되었다. 《玉吾齋集 卷15 先府君行狀》

리 벗어나니, 신은 진실로 감격스럽고 황공하여 더욱 몸둘 곳이 없었습니다. 바야흐로 다시 작은 마음을 다 드러내어 머리를 들고 애절하게 하소연하여 성스럽고 명철하신 전하께서 불쌍히 여겨 주시길 기대하려고 하였습니다. 그런데 뜻밖에 지금 다시 외람되게도 새로운 자리에 제수되었습니다. 예조 판서(禮曹判書)는 얼마나 중요한 자리인데, 신처럼 못나고 졸렬한 사람에게 취할 만한 것이 무엇이기에 과분한 은혜를 연달아 내려 한결같이 이러한 상황에 이르게 한단 말씀입니까.

아, 신이 비록 보잘것없지만 또한 목석(木石)이 아니기에, 진실로 분수와 의리가 지극히 엄격하다는 것과 은명(恩命)을 저버리기 어렵다는 사실을 알고 있습니다. 만약 신의 근력이 조금이라도 일어나 움직일 수 있다면, 어찌 감히 줄곧 고집하여 버티며 다만 전하를 번거롭게 하여 거듭 명령을 어기고 업신여기는 죄를 저지르면서 스스로를 돌보지 않겠습니까.

신의 병이 위중한 실상은 전후로 올린 소장에서 남김없이 다 아뢰었으므로, 지금 감히 다시 전하를 혼란스럽게 하지 않겠습니다. 그러나 반년 동안 병이 깊어져서 아침저녁으로 죽기만을 기다리고 있습니다. 주된 증상인 화열(火熱)은 비록 다행히 조금 덜하지만, 원기(元氣)가 다 사라져 이미 극도에 이르렀습니다. 다른 증세들이 허약한 틈을 타서 발작하였는데, 가지가지라 이름을 붙이기도 어렵습니다. 몹시 더운 때를 만나 점점 더 건강이 상했는데, 안질까지 심하여 전혀 사물을 보지 못하며, 눈을 감으면 눈물이 끊임없이 흐릅니다. 밤낮으로 고통에 신음하느라 잠도 자지 못하고 먹지도 못하니, 몰골이 매우 달라져 다시 일어나 사람 노릇할 가망이 없습니다.

신은 이 병을 얻기 전에도 정력이 이미 다하여 거의 식지 않은 송장처럼 되어 일상적인 인사(人事)마저 그만두고 끊은 지 오래되었습니다. 하물며 이처럼 거의 목숨이 끊어져 겨우 연명하는 상황에서야 더 말할 것이 있겠습니까. 지금 침상에 누워 숨은 간당간당하고 정신은 흐릿하여, 앉거나 눕거나 용변을 볼 때에도 모두 옆 사람의 도움을 받아야 합니다. 이런 모습을 보는 사람들마다 두려워하여 위태롭게 여기지 않는 이가 없으니, 이와 같은 형편으로는 실로 한 걸음이라도 나아가 몸을 바칠 가망이 없습니다. 비록 억지로 일어나 명령에 달려가고자 하지만 방도가 없습니다. 하늘의 태양과 같은 전하께 어찌 감히 허위로 꾸미겠으며, 신세가 이 지경인데 어찌 스스로 슬프지 않겠습니까. 우러러 대궐을 바라보며 단지 눈물만 흘릴 뿐입니다.

신은 지금 가쁜 숨이 실낱과 같고 정신이 없어서, 그 위급한 형편을 글로 다 드러내지 못하였고 아뢰는 말씀 또한 두서가 없으니, 더욱 지극히 송구스러워 죽을 곳도 알지 못하겠습니다.

삼가 바라건대 성스럽고 자애로운 전하께서는 신을 불쌍히 여기고 사정을 살펴, 신의 본식(本職)과 겸직(兼職)을 교체하라는 명령을 서둘러 내리고, 이어 오만하게 군 죄를 다스려 경계하고 권면하는 도(道)를 보존하십시오. 그리하여 신으로 하여금 편안한 마음으로 죽을 수 있게 해 주신다면 공적으로나 사적으로나 천만다행이겠습니다.

대사헌을 사직하는 두 번째 소장 경진년(1700, 숙종26)
辭大司憲再疏 庚辰

삼가 아룁니다. 미천한 신의 나이가 이미 70이 넘었습니다. 비록 지금 조정에서 벼슬살이를 하고 있는 경우라도 오히려 마땅히 나이를 내세워 일을 사양하여 옛 사람이 종이 울렸는데도 밤길을 간다고 경계했던 것[2]을 범하지 말아야 합니다. 하물며 지금 초야에 살면서 질병이 위독하여 한 오라기 실낱같은 숨이 아침저녁 사이에 다하기를 기다리고 있는데, 제수하는 명령이 오히려 또 빈번하게 내려오고 있습니다. 돌아보건대 이 사간원(司諫院)의 대사헌(大司憲)이 또한 얼마나 중요한 직임인데, 체직하자마자 바로 제수하여 관직을 거듭 더럽히신단 말씀입니까.

신의 노병(老病)에 대한 실상을 전후로 아뢴 것이 여러 번이었으니, 삼가 생각건대 성스럽고 명철하신 전하께서 틀림없이 이미 남김없이 알고 계실 것입니다. 이번에 새로 제수하신 명령에 사직을 청하면서 처분을 받을 수 있으리라 여겨, 혹은 소장을 올리고 혹은 장계를 올렸습니다. 그러나 아직 윤허(允許)를 받지 못하였으니, 신은 진실로 황송

2 옛 사람이……것 : 종명야행(鐘鳴夜行)의 경계는 나이가 넘었는데도 벼슬길에 머물러 있는 것을 지적한 말이다. 삼국 시대 위(魏)나라의 전예(田豫)가 치사(致仕)를 청하면서 말하기를 "나이 칠십이 넘었는데도 여전히 벼슬자리를 차지하고 있는 것은 비유하자면, 통행금지를 알리는 종이 울리고 물시계가 다했는데도 밤길을 쉬지 않고 가는 것과 같으니, 이는 죄인이다.〔年過七十而以居位, 譬猶鐘鳴漏盡而夜行不休, 是罪人也.〕"라고 한 말에서 유래하였다. 《三國志 卷26 魏志 田豫傳》

하고 두려워 몸둘 곳을 모르겠습니다.

아, 신이 비록 초췌하고 혼미하여 정신이 이미 없으나 아직 한 가닥 지각(知覺)은 남아 있으니, 또한 분수와 의리를 범해서는 안 된다는 것과 은명(恩命)을 저버려서는 안 된다는 것을 알고 있습니다. 만일 조금이라도 스스로 힘쓸 수 있는 형세라면, 어찌 감히 한갓 호소만을 일삼아 줄곧 버티면서 스스로 전하의 명령을 어기고 업신여기는 죄를 초래하겠습니까.

신의 실상에 대해서는 말이 다하고 뜻이 다하였으니 다시 번거롭게 해드릴 것이 없습니다. 그러나 요즈음 바람과 날씨가 매우 사나워 감기가 특히 심한데다가, 앓고 있는 눈병이 점차 더욱 심해져 눈동자에 온통 핏발이 서고 진물이 눈에 가득하여 밤낮으로 통증을 일으키니, 그 혹독함을 견딜 수 없습니다. 여러 가지로 처방을 하고 다양한 약들을 써 보지만 조금도 효과를 보지 못하니, 이미 시력을 잃은 것이 분명합니다. 잠자는 시간과 식사량이 날마다 줄어들고 원기(元氣)가 날마다 빠져나가니, 사리와 형세로 볼 때 당연합니다. 침석에 누운 채 숨을 헐떡이며 나날을 보내고 있으니, 이러한 형세로 어찌 다시 한 걸음이라도 나아가 몸을 바칠 가망이 있겠습니까. 이에 어쩔 수 없이 형벌을 무릅쓰고 다시 지엄하신 전하를 번거롭게 하오니, 신의 죄는 만 번 죽어 마땅합니다.

삼가 바라건대 성스럽고 자애로운 전하께서는 특별히 신을 불쌍히 여기고 사정을 살펴, 신의 본직(本職)과 겸직(兼職)을 서둘러 교체하고, 이어서 신이 여러 차례 전하의 명령을 어긴 죄를 다스려 주십시오. 그리하여 신으로 하여금 편안한 마음으로 죽을 수 있도록 해 주신다면 매우 다행이겠습니다.

대사헌을 사직하는 세 번째 소장
辭大司憲三疏

삼가 아룁니다. 신이 주제넘게도 미천한 신의 병든 상태를 가지고 지엄하신 전하를 여러 차례 번거롭게 해드리면서, 두 번 세 번에 이르도록 스스로 그칠 줄을 알지 못합니다. 비록 그 실상이야 도저히 그만둘 수 없는 점이 있더라도 은명(恩命)을 저버리고 분수를 범한 죄는 실로 피할 곳이 없습니다. 밤이나 낮이나 두려운 마음에 공손히 처분을 기다리고 있습니다.

이번에 지방 관아에 내리신 전유(傳諭)를 통하여 삼가 전하의 비답(批答)을 받아 보니, 위엄 있는 견책(譴責)을 가하지 않았을 뿐만 아니라, 도리어 따뜻하게 타이르는 뜻을 내리셨습니다. 사직한 직명(職名)에 대해서는 또 윤허(允許)를 하지 않고 상경(上京)하여 공무를 수행하라는 지시까지 하셨습니다. 생각건대 이토록 보잘것없는 미천한 신이 어떻게 성스럽고 명철하신 전하께 이런 은혜를 받을 수 있단 말입니까. 신은 진실로 은혜에 감격하고 스스로를 돌아봄에 마음이 불안하여 몸둘 곳을 알지 못하겠습니다.

아, 신이 비록 우매(愚昧)하지만 그렇다고 목석(木石)도 아니니, 분수와 의리가 지극히 엄격하고 은명이 지극히 무겁다는 것을 어찌 모르겠습니까. 또한 어찌 한 번 달려가 사은(謝恩)하고 물러나 구학(溝壑)에서 죽음으로써 공의(公義)를 보존하고 사사로운 분수를 편안하게 하고 싶지 않겠습니까. 오직 노병(老病)이 갈수록 심해지고 근력이 이미 다 떨어져서 비록 죽음을 무릅쓰고 스스로 힘쓰고자 해도 어찌할 방법이 없습니다. 헛되이 중요한 직임을 띠고 있는 것도 또한 감히 할 수 없는 일인지라, 이에 어쩔 수 없이 처벌 받을 것을 무릅쓰고 다시 혈심(血心)의 간절함을 드러내 말씀드리니, 신의 죄는 만 번 죽어 마땅합니다.

신이 평생 앓아온 숙환(宿患)은 바로 심장과 간에 화기(火氣)가 쌓인 것입니다. 그러므로 매년 봄과 여름철을 만날 때마다 번번이 반드시 때맞춰 발병하였습니다. 늘그막에 이르러서는 갑절이나 더 심하여 종전(從前)에 거의 죽을 뻔했다가 겨우 연명한 것을 이루다 기억할 수 없을 정도입니다. 또 일찍이 여러 차례에 걸쳐 아뢴 것이 한두 번이 아니니, 삼가 생각건대 성스럽고 명철하신 전하께서도 이에 대해서는 분명히 이미 남김없이 아시고 계실 것입니다.

올 봄에 이르러서는 전에 없이 바람과 날씨가 차갑고 안개비가 지나치게 습하였습니다. 비록 젊고 건강한 사람이라도 그 영향으로 병에 걸린 사람이 많습니다. 하물며 신은 병들어 야위고 원기(元氣)도 허약하여 실로 견디낼 수 없는 사람이라 저도 모르게 점점 더 건강이 손상되었으니, 안질(眼疾)이 전보다 더 심해졌을 뿐만이 아닙니다. 또 열흘쯤 전부터 평소에 앓던 화열(火熱)이 빈틈을 타고 다시 도지더니 날로 더 심해져 이미 크게 번지는 지경에 이르렀는데, 그동안의 위태로운 형세는 거의 전년의 매우 심한 때와 같습니다. 비록 감히 일일이 열거하여 매번 전하를 번거롭게 하지는 않습니다만, 침식(寢食)을 완전히 폐하고 진원(眞元)이 크게 빠져나가 실로 매우 심각한 상황이니, 나머지 다른 불길한 조짐과 나쁜 증세에 대해서는 말할 거리도 못됩니다. 이와 같은 형편으로는 실로 조금도 일어나 움직일 가망이 없으니, 침상에 누워 있는 아직 식지 않은 하나의 강시(僵尸)일 뿐입니다. 하늘의 해가 위에 있으니, 신이 어찌 감히 털끝만큼이라도 거짓으로 꾸며 거듭 기만하는 죄를 저지르겠습니까.

생각건대 신은 본래 매우 보잘것없는 사람으로서 여러 대의 조정에서 큰 은혜를 입었는데, 전하에 이르러 은혜가 더욱 융성하였습니다. 실낱같은 숨을 지금까지 이어온 것도 또한 덮어 주고 생성해 주는 은택 덕분입니다. 그러나 평생을 돌아보니 아주 작은 보답조차 하지 못하였고, 소명(召命)을 받고서도 한 번도 받들지 못했습니다. 신하로서 이와 같이 하였으니 죄를 어찌 피할 수 있겠습니까. 더구나 삼가 듣건대, 요즘 경연(經筵)에서 전하께서 재신(宰臣)들이 물러난 일을 두고 미안(未安)하다는 말씀을 내려, 조정 밖에 있던 두세 명의 신하들이 모두 이미 차례로 조정으로 돌아왔다고 합니다. 신처럼 칩거한 채 지내는 진부한 사람은 진실로 남들과 비교될 수 없기에 끝내 여러 신료들의 뒤를 따라 전하의 명에 달려 나가는 공손함을 조금도 펴지 못하였습니다. 고금(古今)의 신하들로서 임금의 은총을 부질없이 욕되게 하여 잘못이 쌓이고 죄를 짊어진 이들 가운데 그 누가 신과 같은 사람이 있겠습니까. 생각이 이에 미치니, 더욱 저도 모르게 마음이 착잡하여[3] 식은땀이 등을 적십니다.

신은 거의 죽어가는 가운데 정신이 없어서 질병의 위독한 상황과 개인적으로 마음에 담고 있는 충정을 만에 하나도 제대로 아뢰지 못하

3 마음이 착잡하여 : 빙탄교중(氷炭交中)은 얼음과 숯이 마음속에서 교차한다는 말인데, 정신적으로 갈등과 번뇌에 시달리는 것을 비유한다. 《장자(莊子)》 〈인간세(人間世)〉에 "기쁨과 두려움이 가슴속에서 싸우는데, 이는 원래 인간의 오장 속에 얼음과 숯이 한데 뒤엉겨 있기 때문이다.〔喜懼戰于胸中, 固已結氷炭于五臟矣.〕"라고 한 데서 유래하였다.

였습니다. 그 아뢴 내용 또한 순서와 조리가 없으니, 더욱 지극히 황공하여 죽을 곳도 알지 못하겠습니다.

삼가 바라건대 성스럽고 자애로운 전하께서는 신을 불쌍히 여기고 사정을 살펴, 신의 본직(本職)과 겸직(兼職)을 서둘러 파직하고, 이어서 신이 여러 번 전하의 명령을 어긴 죄를 다스려 조정의 기강을 엄숙하게 하고 모든 신료들을 경계시키십시오. 그리하여 신으로 하여금 편안한 마음으로 죽을 수 있게 해 주신다면 매우 다행이겠습니다.

대사헌을 사직하는 네 번째 소장
辭大司憲四疏

삼가 아룁니다. 신은 여러 차례 전하의 소명(召命)을 어겼으니, 그 죄가 만번 죽어도 마땅합니다. 그런데 삼가 전하의 비답(批答)을 받아보니 온화한 뜻을 또 내려 주셨습니다. 게다가 병이 조금 낫기를 기다린 뒤에 상경(上京)하여 공무를 수행하라는 말씀까지 있었으니, 땅강아지나 개미 같은 미천한 사람을 염려하고 곡진히 생성(生成)의 은택을 내려 주시는 것이 바다처럼 포용하고 하늘처럼 덮어 주며 봄바람이 불고 햇볕이 따뜻한 것과 같을 뿐만이 아니었습니다. 신이 어떤 사람이기에 감히 이런 은수(恩數)를 받는단 말입니까. 신은 진실로 분수를 헤아려 봄에 부끄럽고 두렵다가도 이어서 감격하여 더욱 스스로 몸둘 곳을 알지 못하겠습니다.

분수와 의리상 어찌 생사를 따지지 않고 있는 힘을 다해 명령에 달려가다가 도로에서 넘어지더라도 돌아볼 겨를이 없기를 바라지 않겠습니까. 그러나 근력이 이미 다하였고 겨우 붙어 있는 숨은 실낱같아 비록 움직이고 싶어도 그 형세가 어찌할 방법이 없습니다. 이제 다시 간절한 충정을 다 드러내어 머리를 들고 애절하게 호소하려고 하지만, 정신이 희미하여 글을 짓지 못한 채 여러 날을 지체하였습니다. 어찌해야 할지 모르던 참에 삼가 승정원(承政院)에서 작성한 유지(有旨)를 보니, 또 외람되게도 경연관(經筵官)에 새로이 임명되었는데, 글을 지어 각별히 타이르기까지 하셨습니다. 신은 이에 대해 갑절이나 두려워 몸둘 곳이 없습니다. 이것은 반드시 신이 살 날이 이미 다하고 죽을 날이 장차

다가오기 때문에 분수 밖의 은혜로운 명령이 줄곧 거듭되는 것이니, 이치와 형세가 자연스럽게 서로 재촉하는 것 같습니다. 아, 어찌 천명이 아니겠습니까. 신처럼 거칠고 보잘것없어 모든 것이 남만 못한 사람은 비록 젊었을 때라도 진실로 감히 이 직책을 감당할 수 없었을 것입니다. 하물며 나이는 많고 일은 다급한데, 복건을 쓰고[4] 죽음을 기다리는 때이겠습니까.

신은 병이 위중하고 거의 죽게 되어 다시 할 수 있는 일이 없는 상황을 전후로 올린 소장에서 남김없이 다 드러냈으니, 이제는 더 이상 아뢸 만한 것이 없으며, 또한 어찌 감히 매번 번거롭게 해드릴 일이 있겠습니까. 그러나 신의 실상은 젊은 사람이 한때 병이 나서 한철 안에 나을 수 있는 것과는 같지 않습니다. 평생 앓은 지독한 열병이 늙을수록 점점 더 심하여 이미 극도에 이르렀습니다. 죽을 날이 아침이 아니면 저녁일 텐데, 어찌 다시 조금이라도 병이 회복되어 다시 보통 사람들 사이에 나란히 서는 행운이 있겠습니까. 힘을 써서 반열에 나아가는 것이 이생에서는 희망이 없으니, 전하의 은혜에 결초보은할 것을 오직 지하에서나 기약하겠습니다. 생각이 여기에 미치니 저도 모르게 눈물이 마구 흘러내립니다.

삼가 바라건대 성스럽고 자애로우며 천지 부모와 같은 전하께서는 신을 가련하게 여겨 특별히 은혜를 내려 신의 본직(本職)과 겸직(兼職)을 서둘러 한꺼번에 깎아 내십시오. 이어 신이 전하의 은혜를 저버리고 분수를 범한 죄를 다스려 신하들 중에 의리를 무시하고 편의만을 도모

4 복건을 쓰고 : 식건(飾巾)은 복건으로 머리장식을 하고 관면(冠冕)은 쓰지 않는 것으로, 대개 벼슬을 그만두었다는 뜻으로 쓰인다. 《後漢書 趙咨傳 注》

하는 자들의 경계로 삼으십시오. 그리하여 신으로 하여금 편안한 마음으로 죽을 수 있게 해 주신다면 천만다행이겠습니다.

대사헌을 사직하는 소장
辭大司憲疏

삼가 아뢰니다. 신이 일찍이 외람되게 대사헌(大司憲)을 맡고 있을 때 또 경연관(經筵官)을 겸대(兼帶)하였는데, 여러 번 사직한 뒤에야 비로소 대사헌을 교체한다는 허락을 받았습니다. 그러나 다만 겸대한 직책은 함께 허락받지 못하였으므로, 의리로 볼 때 마땅히 이어 사직하여 해직(解職)을 빌어 어리석은 본분을 편안하게 해야 합니다. 하지만 병이 위독할 뿐만 아니라 연이어 전하를 번거롭게 하는 것을 두렵게 여겨 차일피일 비두넌 잠에 삼가 들으니, 이조(吏曹)의 관리가 상소하여 예외적으로 자급(資級)이 남발됨을 논했다고 하는데, 신 또한 능력도 없이 자리를 차지한 사람[5] 가운데 하나입니다. 그러므로 더욱 마땅히 스스로 탄핵하는 소장을 서둘러 올려야 합니다. 그런데 또 듣긴대, 그 소장을 묘낭(廟堂)으로 내려보내 장차 복주(覆奏)하는 일이 있을 것이라고 하니, 논의가 마무리되기 전에 지레 앞서 스스로의 죄를 진술하는 것은 혹 미안한 점이 있는 것 같았습니다. 그러므로 마침내 다시 잠자코 있으면서 공손히 기다린 것이 자못 수개월이 지났는데, 아직까지도 어떻게 처분(處分)되었는지 소식을

5 능력도……사람 : 남취(濫吹)는 능력도 없는 사람이 자리를 차지하고 있는 것을 비유하는 말이다. 제(齊)나라 선왕(宣王)이 우(竽)를 좋아하여 악사(樂士) 3백 명을 불러 우를 불게 하였다. 남곽(南郭)은 부는 방법을 잘 몰랐지만 여러 사람들 속에 끼어 불었기 때문에 탈 없이 넘어갔다. 그런데 민왕(湣王)이 등극하여 한 사람씩 불게 하자 속일 수 없으므로 도망갔다는 고사가 전한다.《韓非子 內儲說上》

듣지 못하였습니다.

비록 그 이유가 어디에 있는지 알지 못하지만, 신의 염치와 의리로 볼 때 끝내 묻어둘 수 없는 점이 있습니다. 겨우 소장 하나를 엮어 바로잡아 옮겨 쓰기를 마치고 바야흐로 봉하여 올리려고 하는 참인데, 생각지도 않게 승정원(承政院)의 관인이 찍힌 유지(有旨)가 문득 누추한 신의 집에 내려왔습니다. 신이 놀라 경황이 없는 가운데 받들어 보니, 대사헌(大司憲)에 새로 제수한다는 명령이었습니다. 신은 진실로 놀랍고 의아하며 당황스러워 몸둘 곳을 모르겠습니다.

아, 이 자리가 얼마나 중요하며 신은 얼마나 비천한 사람입니까. 그런데 교체하자마자 곧바로 제수하여 이처럼 지극히 외람되게 하신단 말입니까. 이는 비록 조정에서 능력을 다 발휘하여 명망과 실제가 모두 훌륭한 사람이라도 오히려 치우친 인사라는 혐의가 없지 못할 것입니다. 하물며 신처럼 못나고 적합하지 않으며 병이 깊어 장차 죽을 사람이 어찌 조정에 수치와 치욕을 거듭 끼치고 식자들의 기롱하는 논의를 심하게 초래할 수 있겠습니까.

신은 본래 용렬하고 비루한 자질로, 한갓 성스런 조정의 큰 은혜를 입어 몸은 재상의 반열에 올랐으나 보답은 실오라기만큼도 없었으니, 평소 부끄럽고 두려워 몸둘 곳이 없는 듯하였습니다. 이처럼 늙고 병들어 죽어가는 날을 만나, 다시 특별하고 비상(非常)한 은전을 받게 될 줄을 어찌 꿈엔들 생각이나 하였겠습니까. 서열과 자급을 뛰어넘어 상경(上卿)의 반열에 발탁된 일에 이르러서는 또한 다른 사람들에게는 없던 일이니, 그 가볍게 임명하심을 논한다면 신이 실로 가장 심합니다.

당초 강력히 사직한 것은 진실로 가슴 속에서 나왔습니다. 그러나 정성이 전하께 이르지 못하여 한 번의 허락도 끝내 내려오지 않았습니다. 멀리 지방에 있는 비천한 신이 비록 감히 매사에 시끄럽게 굴지는 못하지만, 조심스럽고 불안함이 어찌 일찍이 마음에서 조금이라도 풀린 적이 있었겠습니까. 요즈음 공의(公議)가 이미 발하였는데 의논이 매우 정당하니, 그럭저럭 구차하게 눌러 앉아 관방(官方 관리의 도리)에 누가 되고 국체(國體)를 손상시킬 수 없음이 분명합니다.

또한 이제 가을이 되어 법연(法筵)이 장차 열리면, 경연(經筵)의 관리들은 날마다 돌아가며 전하를 모셔야 합니다. 이러한 때에 이 직임(職任)은 더욱더 긴요하고 중요한데, 신처럼 허술하고 거친데다가 병으로 향리에 누워있는 사람이 어찌 감히 줄곧 헛되이 직명만 띠고서 현인들의 길을 방해하여 죄를 초래하겠습니까.

하물며 삼가 들으니 중궁전의 안녕하지 못한 징후[6]가 여러 달 지속되었는데, 아직 건강이 회복되지 않아 도성 안팎의 신민(臣民)들이 모두 근심한다고 합니다. 그런데 신의 병세는 실로 움직일 수 없어서 끝내 한 번 조정의 반열에 나아가 문후하는 예를 갖추지 못했으니, 이 또한 신의 죄입니다. 비천한 신의 질병이 이미 어찌할 수 없는 실정임에 대해서는 이전에 다 드러내어 아뢴 것이 여러 번입니다. 이 점에 대해서는 성스럽고 명철하신 전하께서 틀림없이 아시고 묵묵히 헤아리심이 있었을 것입니다. 그러므로 감히 매번 위독하고 비루한 증상을 가지고 성총(聖聰)을 더럽히지 않겠습니다.

삼가 바라건대 성스럽고 자애로운 전하께서는 특별히 신의 사정을

6 중궁전의……징후 : 인현왕후(仁顯王后)가 병으로 누워 있는 상황을 가리킨다. 인현왕후는 갑술환국(甲戌換局)으로 복위된 뒤에 원인 모를 병을 앓다가 1701년(숙종27)에 35세의 나이로 승하하였다.

살펴, 전례에 맞지 않게 올려 준 자급(資級)을 환수(還收)하고, 이어서 신의 본직(本職)과 겸직(兼職)을 교체하여 주십시오. 또한 전후로 전하의 명령을 회피하고 업신여긴 신의 죄를 다스려 신료들을 경계하고 신의 미천한 본분을 편안하게 해 주신다면 천만다행이겠습니다.

산릉에 가지 못하였으므로 사정을 아뢰어 죄를 기다리고 겸직을 해직시켜 달라고 요청하는 소장

未赴山陵 陳情待罪 仍乞解兼職疏

삼가 아룁니다. 하늘이 재앙을 내려 왕후께서 승하하시니, 마치 친부모를 잃은 것 같은 아픔[7]을 온 나라의 백성들이 함께 느끼고 있습니다. 하물며 신처럼 백발로 남은 숨을 가쁘게 쉬는 사람이 이런 지극한 슬픔을 만나 부여잡고 부르짖으며 찢어질 듯 통곡함은 오히려 어떤 마음이겠습니까.

생각건대 신은 늙고 병듦이 이미 지극하여 아침저녁으로 죽기를 기다리는 신세라, 중전마마께서 병으로 누워 계신 2년 동안 한 번도 문후를 드리는 반열에 참석하여 신하로서의 정의와 예의를 펴지 못하였습니다. 이처럼 인산(因山) 날이 다가와 장례 행렬이 장차 출발하려는 날을 만났는데, 끝내 기어서라도 들어가 상여를 뒤따르는 대열에 참여하지 못하였으니, 분수와 의리는 깨끗이 사라지고 그 죄는 산과도 같습니다. 신하들 가운데 이런 사람이 있다는 말을 예부터 들은 적이 없으니, 신은 참으로 애통하고 황송하여 죽고자 해도 죽지 못하여 집에서 거적을 깔고 엎드려 다만 처벌을 기다립니다.

7 마치……아픔 : 여상지통(如喪之痛)은 백성이 마치 부모상을 당한 것처럼 임금의 죽음을 슬퍼하는 것을 말한다. 《서경》 〈순전(舜典)〉에 "임금이 승하하시니, 백성은 부모의 상을 당한 듯이 삼년복을 입었고, 사해에서는 8음의 악기를 그쳐 조용히 하였다. 〔帝乃殂落, 百姓如喪考妣三載, 四海遏密八音.〕"라고 한 데서 유래하였다. 여기서는 인현왕후(仁顯王后)의 죽음에 대한 슬픔을 가리키는 말로 사용되었다.

삼가 바라건대 성스럽고 명철하신 전하께서는 특별히 유사(有司)에게 명하여 신의 죄를 다스림으로써, 나라의 법을 엄숙하게 하고 신하의 절의를 가다듬게 하신다면 천만다행이겠습니다.

한편 신이 외람되이 차지한 경연과 전설사(典設司 장막 등을 치는 일을 맡은 관아) 등의 직임(職任)이 아직도 신에게 남아 있는데, 일찍이 여러 차례 사직하였으나 모두 받아들여지지 않았습니다. 한결같이 전하를 번거롭게 해드리는 것은 감히 하지 못할 바가 있어서, 지금에 이르도록 아무 말도 못하고 있었습니다. 헛되이 직명만 띠고 여러 해가 지나도록 중요한 자리를 비워 두었으니, 이 또한 신의 죄입니다.

아울러 바라건대 성스럽고 자애로운 전하께서는 신을 불쌍히 여기고 사정을 헤아려 교체를 허락해 주신다면 이보다 더 큰 바람이 없겠습니다. 신이 죄를 청하는 소장에서 다른 일을 언급하는 것은 마땅하지 않지만, 분수 밖의 직명을 오랫동안 벗어나지 못하고 있으니, 진실로 하루아침에 갑자기 죽어서 눈을 감지 못할까 두렵습니다. 이에 감히 죽음을 무릅쓰고 대략 드러내 아뢰니, 신은 두려워하며 죄를 알고 명령을 기다리는 지극한 마음을 견디지 못합니다.

계 啓

지평을 인피하는 계사 정유년(1657, 효종8)

持平引避啓辭 丁酉

보잘것없는 소신(小臣)은 모든 면에서 다른 사람만 못한데, 성스럽고 명철하신 전하께서 잘못 등용하여 언관(言官)의 책임을 맡기셨습니다. 전하께서 부르시는 말씀이 멀리 궁벽한 집에까지 내려왔으니, 이 어찌 미천한 신의 분수로 감당할 수 있는 일이겠습니까. 놀랍고 두려워 몸둘 곳을 모르겠습니다. 그러나 분수와 의리가 막중하니 감히 물러나 있을 수 없어서 엎어지고 넘어지면서 상경하여 은혜로운 명령에 공손히 사례했습니다.

그러나 다만 신이 일찍이 사관(史官)의 자리에 있었는데, 당시 맡았던 일기(日記)를 대부분 미처 정리하지 못하여 마침내 조정의 견책을 받았습니다. 직무를 소홀히 한 죄는 실로 피할 곳이 없었으나, 전하께서 은혜를 베풀어 주셔서 말감(末減)[8]으로 논의하고 특별히 그 기한을 연장하여 수정할 수 있도록 해 주셨습니다.

8 말감(末減) : 죄인에게 형법을 적용함에 있어 법률이 허용하는 한 가장 가벼운 규정을 적용하여 처벌하는 것을 말한다.

신은 진실로 감격하고 황송하여 기일 안에 완성하여, 위로는 성스럽고 자애로운 전하께서 정상을 고려하여 용서해 주신 은혜를 이행하고, 아래로는 미천한 신하의 태만한 죄를 면하려고 생각했습니다. 그래서 다른 일을 완전히 끊고 주야로 오로지 이 일에 매달렸습니다. 그러나 원래 수효가 많아서 공역(功役)을 이루기 어려웠을 뿐만 아니라, 또한 금년에 93세인 신의 조모가 질병이 위태로워 아침저녁을 보장하기 어려웠으므로 병 치료에 급하다 보니, 스스로 전일하지 못하여 끝내 정한 기일 안에 해내지 못하였습니다. 하물며 이제는 기한이 지난 지도 이미 오래되었고 인사 평가[9]도 임박했는데, 역시 다 정리하여 정납(呈納 물건을 윗사람에게 보냄)하지 못하였으니, 신의 죄가 이에 이르러 더욱 큽니다. 바야흐로 견책(譴責)을 기다릴 겨를도 없는데, 어찌 감히 스스로 무고한 사람들과 똑같이 사헌부(司憲府)의 자리에 편안히 있을 수 있겠습니까.

또한 백관(百官)들이 가자(加資)되어 숙배(肅拜)할 때는 의례적으로 본직(本職)을 사은숙배할 때 일시에 하는데, 신도 전하의 재가를 받았으나 얼마 전에야 밖에서 와서[10] 미처 알지 못하였고 하리(下吏)도

9 인사 평가 : 전최(殿最)는 관원들의 근무 성적을 심사하여 우열(優劣)을 매기는 것으로, 상(上)을 최(最), 하(下)를 전(殿)이라고 한다.

10 신도……와서 : 송규렴이 지평(持平)에 단독으로 천거되었으나, 벼슬에서 물러나 있다가 갓 돌아와서 미처 살피지 못하였다는 말이다. 하비(下批)는 이조에서 관리를 천거할 때 본래는 삼망(三望)이라 하여 세 명의 후보자를 추천하는데, 한 사람만 적어 올려서 임금의 재가를 받는 일을 말한다. 송상기(宋相琦)의 〈선부군행장(先府君行狀)〉에 의하면, 송규렴은 1656년(효종7) 전적(典籍)에 승진하였으나 인척의 혐의가 있어서 관직을 맡지 않고 있다가 이듬해인 1657년 여름에 비로소 지평에 임명되었다. 《玉吾齋集 卷15》

말해 주지 않아 끝내 사은(謝恩)에 참석하지 못하였습니다. 잘못이 이러한 정도에 이르렀으니 더욱 이 자리를 차지하고 있기 어렵습니다. 청컨대 명을 내려 신의 직책을 교체하여 주십시오.

대사간을 인피하는 계사 계해년(1683, 숙종9)

大司諫引避啓辭 癸亥

신같이 보잘것없는 사람이 차지해서는 안 될 자리를 여러 차례 차지하여 조금도 성과는 내지 못하고 다만 죄만 쌓였습니다. 이처럼 국사(國事)에 걱정거리가 많고 인심이 안정되지 않은 때를 만나, 비록 힘과 정성을 다해 서로 공경하고 협력하는[11] 아름다움을 돕지는 못할지라도, 또한 끓는 물을 퍼내거나[12] 풍파를 일으켜 어그러지고 어지러운 형세를 돕고 싶지는 않습니다. 그런데 이선(李選)의 일[13]은 실로

11 공경하고 협력하는 : 인협(寅協)은 《서경》 〈고요모(皐陶謨)〉의 "공경함을 함께 하고 공손함을 합하여 마음을 화합하게 하소서.〔同寅協恭, 和衷哉.〕"라는 말에서 유래한 것으로, 동료 관원들이 공경히 임금을 섬기면서 다 함께 훌륭한 정사를 이루기 위해 협력하는 것을 의미한다.

12 끓는 물을 퍼내거나 : 양탕(揚湯)은 원래 펄펄 끓는 물을 퍼냈다가 다시 부어 끓지 않게 한다는 뜻인데, 흔히 임시방편으로 일을 처리하여 눈앞의 급한 일만 우선 모면하려는 것을 비유하는 말로 쓰인다. 한(漢)나라 매승(枚乘)의 〈상서간오왕(上書諫吳王)〉에 "끓는 물을 식히려 할 경우, 한 사람이 불을 때고 있으면 백 사람이 아무리 퍼냈다가 다시 담는다 하더라도 소용이 없으니, 장작에 붙은 불이 꺼지도록 하는 것만 같지 못하다.〔欲湯之滄, 一人炊之, 百人揚之, 無益也, 不如絶薪止火而已.〕"라고 한 데서 유래하였다.

13 이선(李選)의 일 : 이선(1632～1692)의 본관은 전주(全州), 자는 택지(擇之), 호는 지호(芝湖)·소백산인(小白山人)이다. 이선은 사관으로 있을 때, 강화도에 간직한 선대왕들의 실록을 보수할 것을 청한 사건으로 우의정 허적(許積)의 비위를 거슬러 구성에 귀양 갔다. 예조 참판으로 사신이 되어 청나라에 다녀온 뒤 이조 참판이 되었다가, 1689년(숙종15) 대간의 탄핵을 받고 기장(機張)에 귀양 가 유배지에서 죽었다.

마음속에 석연치 못한 것이 있으니, 대략이나마 드러내어 말씀드리지 않을 수 없습니다.

무릇 사람들의 의견과 언론은 본래 동일하지 않습니다. 갑(甲)을 진실로 을(乙)이라 할 수 없고 을을 또한 갑이라 할 수 없으니, 다만 마땅히 각각의 견해를 갖고 있다가 공의(公議)가 절충되기를 기다려야 할 뿐입니다. 만일 한 마디 말이 합치되지 않는다는 이유로 갑자기 서로 탄핵하고 공격하여 진정시키는 방법을 생각하지 않는다면, 이것이 어찌 조정의 복이겠습니까.

이선이 지난날 피혐(避嫌)한 것은 스스로 자신의 견해를 지키고 구차히 남들의 견해를 따르려고 하지 않은 것에 불과합니다. 비록 사기(辭氣)의 사이에 조금 강렬한 점이 있었으나, 그가 견지한 것은 나라를 위하여 근심거리를 막으려는 뜻이었고 근거로 든 것은 인조(仁祖)께서 이미 행한 일이었습니다. 그가 한 말이 또한 분명히 근거가 있는데, 오랜 세월이 흐른 지금에 와서 반드시 추론(追論)하려는 것은 진실로 그 일이 옳은 것인지 신은 모르겠습니다.

대저 사람을 살필 때는 마땅히 그 사람의 마음으로써 해야 하고, 상을 주거나 벌을 내릴 때는 마땅히 그 사람이 한 일로써 해야 합니다. 지금 이선이 뜻을 세운 것과 글을 지은 것은 오로지 문회(文晦)[14]를

여기서 이선의 일이라는 것은 1683년에 대사간이었던 이선이 조지겸·김환의 일로 인피하면서 김환을 문회(文晦)에 비유한 일을 가리킨다.《肅宗實錄 9年 10月 19日》

14 문회(文晦) : 1624년(인조2) 전임 교수(敎授)의 신분으로, 이우(李佑)·김광숙(金光肅)과 함께 윤인발(尹仁發) 등이 인성군(仁城君) 이공(李珙)을 추대하는 역모를 꾸민다고 고변하였다. 이에 기자헌(奇自獻)·김원량(金元亮) 등 40여 명이 투옥되었으며, 곧 이괄(李适)의 난이 터지자 그 대부분이 처형당하였다. 난이 평정된 뒤 진무

처리한 고사에 근거하고 있으니, 만약 이선에게 죄를 주고자 한다면 마땅히 본 사건의 옳고 그름을 먼저 가려서 그가 들이댄 증거가 잘못된 것을 따져 나무라야 합니다. 그러나 지금은 그렇게 하지 않고 다만 모호한 말로 곧바로 그의 마음에 간직된 것을 판단하여, 사사로움이 있으니 죄를 주어야 한다고 합니다. 이것이 과연 처벌하는 도리에 맞겠습니까.

이 점이 신이 이해하지 못하여 감히 계사(啓辭)를 올리는 데에 억지로 동참하지 못하는 이유입니다. 이미 계사를 올리는데 참여하지 못했으니, 또 어찌 한순간이라도 그대로 우두머리의 자리를 차지하고 있겠습니까. 청컨대 신의 직책을 갈아 내치도록 명령하여 주십시오.

공신(振武功臣) 3등에 책록되고 가선대부(嘉善大夫)가 되었다. 1625년 다시 박응성(朴應晟) 등의 역모를 고발하였으나 공을 탐낸 무고임이 밝혀져 절도(絶島)에 정배되었다. 그 뒤 풀려나 1628년 오천군(鰲川君)에 봉하여지고 가의대부(嘉義大夫)에 올랐다.

대사간을 인피하는 계사
大司諫引避啓辭

대관(臺官)이 집행하는 것은 법이고 법의 중요한 것은 체통(體統)입니다. 윗사람이 비록 실제로 법을 범하였더라도 아랫사람의 고자질로 인하여 죄를 주는 것도 오히려 체통에 손상됨이 있는데, 하물며 실제 법을 범하지 않고서 무고(誣告)를 당하는 경우이겠습니까.

며칠 전에 형관(刑官)이 죄를 얻은 것은 오로지 하리(下吏)의 무고로 말미암았습니다. 당초에 성스럽고 명철하신 전하께서 만약 그가 보방(保放 보증인을 세우고 석방함)한 실상을 아셨다면, 처분이 반드시 특별히 파면에 이르지는 않았을 것입니다. 실상이 이미 드러난 뒤에 대신(臺臣)이 벌을 거두고 하리의 죄를 다스려 달라고 요청한 것은 사체(事體)의 당연한 것입니다.

비록 법과 기강의 관점에서 말하더라도 잘못된 인습을 따른 실수와 윗사람을 무고한 죄는 피차를 비교해 보면 경중(輕重)이 현격하게 다릅니다. 그런데 다른 의견을 세워 도리어 무고를 받은 벌을 그대로 두고, 무고한 하리에 이르러서는 거론조차 하지 않으려고 하였습니다. 신의 생각으로는 이와 같은 조치는 사실상 상정(常情)의 도달할 바가 아니며, 정형(政刑)의 대체(大體)에 손상이 작지 않다고 여겼습니다. 그러므로 감히 신의 소회(所懷)를 사직 소장의 끝에 대략이나마 말씀드렸던 것입니다.[15] 그런데 신이 형관을 구원하려고 든다는 배척이 사

15 소회(所懷)를……것입니다 : 송규렴은 《제월당집》 권5의 〈대사간을 사직하며 겸

실과 다르게 마구 더해질 줄은 예상하지 못했습니다. 신은 바야흐로 두려워 정신이 없었습니다.

이어서 사헌부(司憲府)가 처치(處置)한 말을 보니, 또 의견이 진실로 좋다는 말로 동료를 내쫓기를 요청했습니다. 이른바 좋다는 것은 비록 주된 의도가 어디에 있는지 자세하지 않으나, 어리석은 신이 반복해서 생각해 보아도 끝내 좋다고 말하는 이유를 알 수 없으니, 신의 미혹하고 막힌 것이 심하다고 할 수 있습니다.

또한 환수(還收)하려고 하지 않는 것을 좋은 의견이라고 생각한다면, 이것은 파직을 옳게 여기고 환수를 그르게 여기는 것입니다. 만약 그렇다면 환수하라는 명령이 내려진 지 이미 오래되었습니다. 동료가 이미 쫓겨난 뒤에, 어찌 지금에 이르러 자기 의견을 고집하여 잘못된 것을 바로잡으려 하지 않는단 말입니까. 이 또한 알 수 없는 일입니다.

비록 그러하나 동료의 의견이 정말로 좋다면, 신의 의견이 좋지 않음을 이로부터 알 수 있습니다. 대저 좋지 않은 의견으로 망녕되이 전하를 번거롭게 하고, 이미 내린 명령을 되돌려[16] 처분이 마땅함을 잃게 한 것은 그 죄가 어떻겠습니까. 돌아보건대 이렇게 죄를 범한 상태로는 진실로 잠시라도 구차히 자리를 차지하고 있을 수 없습니다. 그런데 신의 병이 오랫동안 위급했고, 또한 상까지 당하여 여러 날이 지난 지금에야 비로소 예대(詣臺)[17]하여 스스로 탄핵하니, 신의 잘못이 여기

하여 소회를 아뢰는 소장〔辭大司諫兼陳所懷疏〕〉에서 이 글에서 언급하고 있는 사건을 자세히 기술하였다.

16 이미……되돌려 : 반한(反汗)은 한 번 내리면 되돌리기 힘든 왕명을 되돌리는 것을 말한다. 땀〔汗〕은 한 번 몸에서 나오면 다시 돌아가지 않기 때문에 한 번 내린 임금의 명령을 취소하기 어려움을 비유한 말이다.

에 이르러 더욱 큽니다. 청컨대 신의 직책을 파직하여 내치도록 명령하여 주십시오.

17 예대(詣臺) : 사헌부나 사간원의 관원이 진계(陳啓)할 일이 있을 때 궁중의 대청(臺廳)에 나아가는 일을 말한다.

대사헌을 인피하는 계사 무진년(1688, 숙종14)
大司憲引避啓辭 戊辰

신의 천한 질병이 여러 달 동안 더욱 고질이 되어 지금까지 전하께 문안드리는 반열에 한 번도 참여하지 못하였고, 새로운 명령이 내려온 지도 이미 오래 되었습니다. 그런데 이제야 비로소 야위고 숨찬 몸을 억지로 부추겨 간신히 숙배(肅拜)하니, 지체하고 태만하게 군 죄를 진실로 면할 수 없습니다. 그러나 신은 사헌부(司憲府)의 계(啓)에 대해 또 감히 억지로 동의할 수 없는 점이 있으니, 이를 대략이나마 드러내어 말씀드리지 않을 수 없습니다.

지금 이선(李選)의 일은 사실인 것처럼 꾸민 구차한 정황을 당초 대신(大臣)과 대각(臺閣)의 여러 신하들이 다 이미 남김없이 자세하게 논의했으니, 옳고 그름의 분별은 전하의 감식안(鑑識眼)에 달려 있다고 생각합니다. 신은 다시 중복되는 말씀을 드리고 싶지 않습니다. 대개 그 논의는 이선을 미워하고 원망하는 데서 시작되었습니다. 이어서 당론(黨論)에 치우친 사람들 사이에서 이루어졌으니, 사람들이 원한을 갚고 의견이 다른 자를 공격한다고 의심하는 것은 진실로 당연합니다. 그래서 인심이 만족하지 못하고 식견 있는 자들이 근심하며 탄식하는 것도 괴이할 것이 없습니다. 사정이 이러한데 억지로 공론(公論)을 핑계대어 줄곧 자신의 의견만 고집하는 것이 대각의 체통(體統)으로 볼 때 당연한 것이겠습니까. 신이 이미 그것이 옳지 않다는 것을 알고 있으니, 어찌 구차하게 따라 참여할 수 있었겠습니까.

한편 신은 충청 감사 이언강(李彦綱)[18]을 추문(推問)할 것을 요구하는 논의에 대해서도 감히 편안히 있을 수 없습니다. 신 또한 일찍이 충청도 관찰사가 되어 전(前) 공주 목사 조태기(趙泰期)[19]와 공주에서 함께 머무른 기간이 1년이 넘습니다. 그러나 벼슬을 낮추거나 파직하지 못했을 뿐만 아니라, 또한 따라서 고과 성적을 최상으로 연달아 처리했으니, 직책을 제대로 수행하지 못한 책임을 진실로 면하기 어렵습니다. 그런데 지금 심문(審問)[20]하는 벌이 홀로 미치지 않았습니다. 어찌 감히 우연히 누락된 것을 다행으로 여겨 잠자코 있으면서 구차히 자리에서 버티고 있겠습니까. 이 일로 보나 저 일로 보나 모두 그대로 자리에 있을 수 없습니다. 청컨대 명을 내려 신의 직책을 갈아 내쳐 주십시오.

18 이언강(李彦綱) : 1648~1716. 본관은 전주(全州), 자는 계심(季心)이다. 1688년(숙종14) 충청 감사가 되었으나 이듬해 기사환국으로 남인이 집권하자, 사간 김주(金澍)와 정언 김몽양(金夢陽)의 탄핵으로 관작을 삭탈당하고 귀양 갔다. 5년 후 갑술환국으로 서인이 재집권하면서 도승지로 기용되고 병조 참판을 역임하였다.

19 조태기(趙泰期) : 1638~? 본관은 양주(楊州), 자는 회이(會而)이다.

20 심문(審問) : 문비(問備)는 원래 벼슬아치의 죄상을 관원 명부에 적어두었다가 인사행정에 반영하기에 앞서 심문하는 일을 가리킨다.

행장 行狀

선고 증 이조 참판 부군 행장 을축년(1685, 숙종11)
先考贈吏曹參判府君行狀 乙丑

부군(府君)의 휘(諱)는 국전(國銓), 자(字)는 방형(邦衡), 성(姓)은 송씨(宋氏)이다. 우리 송씨의 본적은 은진(恩津)으로, 고려(高麗)의 판원사(判院事) 휘 대원(大原)이 시조이시다. 3대를 전하여 휘 명의(明誼)에 이르러 맑은 풍채와 곧은 지조로 정포은(鄭圃隱)[21]과 더불어 명성을 나란히 하셨다. 회덕 황씨(懷德黃氏)인 판서(判書) 수(粹)의 따님에게 장가들어 자손들이 여기에서 정착하여 살았다.

우리 조선조에 들어와 휘 유(愉)[22]는 태종(太宗) 대에 덕을 숨기고 벼슬하지 않으셨다. 호를 쌍청당(雙淸堂)이라 하였으니, 세상에서 고상한 지조를 지닌 분으로 우러렀고 지금까지도 칭찬하고 있다. 이 분이 휘 계사(繼祀)를 낳으셨는데, 상주 판관(尙州判官)을 지내고 사헌부

21 정포은(鄭圃隱) : 정몽주(鄭夢周, 1337~1392)로, 본관은 연일(延日), 호는 포은, 시호는 문충(文忠), 초명은 몽란(夢蘭)·몽룡(夢龍)이다.

22 송유(宋愉) : 1388~1446. 본관은 은진(恩津), 호는 쌍청당(雙淸堂)이다. 부사정(副司正) 벼슬을 하다가 사퇴하고 회덕에 은거하여 학문을 닦으며 여생을 보냈다.

지평(司憲府持平)에 추증되셨다. 이 분이 휘 요년(遙年)[23]을 낳으셨는데, 군자감정(軍資監正) 겸 교서관판교(校書館判校)를 지내셨다. 이 분이 휘 여림(汝霖)을 낳으셨는데, 양근 군수(楊根郡守)를 지내고 통례원 좌통례(通禮院左通禮)에 추증되셨으니, 바로 부군의 고조(高祖)이시다. 증조(曾祖) 휘 세훈(世勛)은 안악 군수(安岳郡守)를 지내고 승정원 좌승지(承政院左承旨)에 추증되셨다. 조부 휘 남수(枏壽)[24]는 가의대부 행 용양위 부호군(嘉義夫大行龍驤衛副護軍)이시다. 선고(先考) 휘 희원(希遠)[25]은 권지 성균관 학유(權知成均館學諭)를 지내고 승정원 도승지(都承旨)에 추증되셨다. 선비(先妣)는 숙부인(淑夫人)으로 추증된 연안 김씨(延安金氏)로, 사재감 정(司宰監正) 휘 찬선(纘先)[26]의 따님이시다. 만력(萬曆) 을미년(1595, 선조28)에 부인께서 시아버지이신 호군공을 따라 가셨는데, 그곳 통천군(通川郡) 관아에서 6월 28일에 부군을 낳으셨다.

부군께서는 어려서부터 아름다운 자질을 지녀 보통의 아이들과는 같지 않으셨다. 겨우 젖니를 길 나이에 부모 섬기는 예절을 알아, 부모님께서 부르시면 반드시 온화한 목소리로 대답하고 바삐 달려가 받들었으니, 보는 사람들이 기특하게 여겼다. 조금 성장해서는 스스로 분발하여 배움에 힘썼는데, 경서 공부에 더욱 힘을 다해 강독하여 외기를

23 송요년(宋遙年) : 1429~1499. 본관은 은진, 자는 기수(期叟)이다.

24 송남수(宋枏壽) : 1537~1626. 본관은 은진, 자는 영로(靈老), 호는 송담(松潭)이다.

25 송희원(宋希遠) : 1565~1623. 본관은 은진, 자는 의백(毅伯)이다.

26 김찬선(金纘先) : 1535~? 본관은 연안(延安), 자는 공서(公緖)이다.

그치지 않으셨다. 틈틈이 과거 공부를 하여 여러 차례 향시에 합격하였으나, 운수가 기구하여 과거에 합격하지는 못하셨다. 병자년(1636, 인조14)과 정축년(1637) 이후로는 관직에 진출할 것을 단념하여 마침내 과거 공부를 접고 그대로 생애를 마칠 계획을 세웠으니, 그 지조를 알 수 있다.

숭정(崇禎) 기축년(1649) 12월 3일 병으로 회덕(懷德)의 본가에서 돌아가시니 향년 55세였다. 이듬해인 경인년(1650) 3월 7일 공주(公州) 사한리(沙寒里)에 있는 통례(通禮 송여림(宋汝霖)) 부군의 무덤 뒤쪽 건좌(乾坐) 손향(巽向)의 등성이에 장사 지냈다. 36년이 지난 숭정 을축년(1685, 숙종11)에 불초(不肖) 규렴(奎濂)이 강양 관찰사(江襄觀察使)에 제수됨에 따라 가선대부 이조참판 겸 동지의금부사 오위도총부 부총관(嘉善大夫吏曹參判兼同知義禁府事五衛都摠府副摠管)에 추은(推恩)[27] 증직되셨다.

부군은 성품이 지극히 효성스러워 어려서부터 양친(兩親)을 섬김에 정성과 예를 극진히 하였으며 사랑과 공경을 모두 지극하게 하셨다. 무릇 거처에 필요한 도구와 맛좋은 음식으로 봉양함에 힘을 다해 마련하지 않음이 없었으니, 이 때문에 집은 비록 가난했지만 부모님은 맛있는 음식을 잡수시며 매우 편안히 지내실 수 있었다.

천계(天啓) 계해년(1623, 인조1)에 승지(承旨 송세훈(宋世勛)) 부군께서 앓아누우시자, 부군께서는 꼬박 한 달 동안 옷을 벗지 않고 눈도 붙이지 않으셨다. 승지 부군의 병이 위독해지자 슬피 울며 분주하게 돌아다니면서 하늘에 호소하여 대신 아프게 해달라고 청하셨다. 집안

27 추은(推恩) : 조선 시대에 임금이 신하의 부모에게 관작을 내리던 일을 말한다.

사람들은 부군께서 손가락을 자르려고 한다는 것을 알아채고 날이 있는 물건을 모두 치웠다. 이에 몰래 마구간으로 들어가 여물 써는 칼로 손가락을 자르니, 피가 흘러 뚝뚝 떨어졌다. 온 집안사람들이 당황하였으나, 부군께서는 안색이 어지럽지 않았고 손수 그릇에 피를 받아 죽과 섞어 승지 부군께 올렸다. 당시에 승지 부군의 병은 거의 숨이 넘어갈 정도였으므로 한 모금의 물도 목구멍으로 넘기지 못했는데, 갑자기 피를 취하여 흠뻑 마시자 기운과 지각이 갑자기 깨어나 마침내 다시 4일을 연명할 수 있었으니, 사람들이 모두 지극한 정성이 하늘을 감동시킨 것이라고 하였다.

승지 부군의 상을 당함에 가슴을 치고 발을 구르며 하늘을 향해 울부짖느라 기절했다가 거우 살아났는데, 이를 보는 사람들 중에 눈물을 흘리지 않는 이가 없었다. 상중에 건강이 몹시 상하여 거의 온전하지 못하였는데, 상기를 마치고 얼마 지나지 않아 다시 호군공(護軍公 송남수(宋枏壽))의 상을 당하였지만, 전후로 장례를 치르고 제사를 지낼 때에 한결같이 예제(禮制)를 따르셨다.

부군께서는 평소 병치레를 많이 하셨는데, 거듭 상을 당해서도 몸을 보전할 수 있었던 것은 다른 이유가 없었으니, 사람들이 신명(神明)이 도왔기 때문이라고 하였다. 매번 제사 때가 되면 반드시 기일(期日)에 앞서 치재(致齊)[28]를 하고 종일 애통해하기를 처음 거상(居喪) 때처럼

28 치재(致齊) : 치재(致齋)로도 쓴다. 제사의 재계는 산재(散齊)와 치재로 나뉘는데, 산재는 제사가 다가오면 미리부터 조문하거나 문병하지 아니하여 흐트러진 마음을 거두는 것이며, 치재는 제사에 임박하여 음악을 듣지 않고 출입하지 않으면서 오로지 제사하는 선조만을 생각하여 정성을 지극히 하는 것으로, 시제(時祭)에는 4일 동안 산재하고 3일 동안 치재하며, 기제(忌祭)에는 2일 동안 산재하고 1일 동안 치재하였다.

하셨다.

조비(祖妣)의 성품이 엄격하셨는데, 부군께서는 즐거운 표정과 온순한 태도로 곡진히 받들어 어김이 없었다. 무릇 조비의 마음을 기쁘게 해드릴 수 있는 것과 뜻을 따르는 것은 지극한 정성을 쏟지 않음이 없었으니, 철마다 반드시 술과 음식을 장만하였으며 매년 생신 때마다 생신 상을 준비하여 친족들을 모아 술잔을 올리고 축수하며 즐겁게 해드렸다.

친구가 선물해 주는 것은 비록 지극히 자잘한 것이라도 조금도 자신이 차지하지 않고, 반드시 모두 친히 부모님 앞에 갖다 드려 처리할 방법을 들으셨다. 부모님이 병을 앓으실 때마다 밥을 짓고 음식을 삶으며 약을 달이는 등의 일을 반드시 몸소 행하여, 일찍이 한 번도 남에게 맡기는 일이 없으셨다. 심지어 누우시는 요가 대소변으로 더러워지면 또한 스스로 빨고 하인들에게 맡기지 않으셨다. 집안사람들이 너무 애쓰신다고 말하면, 곧 "내가 내 정성을 다하고 싶어서이지, 하인들에게 맡길 수 없다고 여기는 것은 아니다."라고 하셨다. 부모를 위해서 하는 일은 아무리 비루한 것이라도 꺼리지 않는 것이 대부분 이와 같았다.

조비께서 평소 들오리를 즐기셨는데, 일찍이 병중에 간절히 잡숫고 싶어 하셨다. 부군께서 들에 나가 잡으려고 하였는데, 마침 오리 한 마리가 다리 밑 물가에 있는 것을 발견하셨다. 기어서 다가가도 오리가 날아가지 않아 마침내 잡아서 올려 드리니 사람들이 모두 놀라고 감탄하며 잉어가 뛰어오르고 죽순이 싹튼 것에 비유하였다.[29]

29 잉어가……비유하였다. 약리(躍鯉)는 후한(後漢)의 효자 강시(姜詩)와 그의 아

기축년(1649, 인조27) 겨울에 조비께서 병에 걸리셨다. 부군께서 낮에는 탕약을 준비하고 밤에는 차가운 방에서 지내시느라, 먹지도 못하고 잠도 이루지 못한 지가 거의 수십 일이 되었다. 이로 인하여 몸이 상한 것이 쌓여 병에 걸리고 평소 앓던 담증(痰症)이 마침내 심해지자, 집안사람들에게 일러 말씀하시기를 "내게 노친(老親)이 계신데 능히 효를 다하지 못하고 문득 이 지경에 이르렀다. 생각하자니 천지간에 아득하기만 하구나. 너희들은 모름지기 내 뜻을 본받아 잘 봉양하여 나로 하여금 지하에서 편히 눈을 감을 수 있게 하여라."라고 하셨다. 병을 앓으시는 중에 정성스러운 말씀이 마치 잠꼬대 같았는데, 그 말씀은 모두 노친에 관계된 것이었고 숨이 끊어지고서야 그만두셨다. 이때 조비께서 병이 조금 나으셨는데, 통곡하며 말씀하시기를 "이런 효자를 잃었으니 나는 장차 누구를 의지하나."라고 하셨다. 친척과 이웃 사람들 또한 슬퍼하지 않는 이가 없었는데, 모두 말하기를 "착한 분이 돌아가셨다."라고 하였다.

동춘(同春) 선생께서 항상 공경하고 존중하였으므로, 장례를 치를 때 친히 묘도(墓道)에 나와 제문(祭文)을 지어 제사하며 그 정성과

내 방씨(龐氏)에 대한 고사에서 유래하였다. 강시 부부는 어머니가 강물로 끓인 차를 좋아하여 매일 멀리 있는 강가에 가서 찻물을 길어 오고, 또 생선회를 좋아하여 강가로 가서 물고기를 잡아왔는데, 늘 즐거운 마음으로 효도를 다하며 싫은 내색을 하지 않았다. 그러던 어느 날 집에서 멀지 않은 곳에 강물 맛과 똑같은 샘물이 솟아오르고 거기서 매일 잉어 두 마리가 튀어나왔다. 이를 일러 용천약어(湧泉躍魚)라고 한다. 추순(抽筍)은 삼국 시대 오(吳)나라의 효자 맹종(孟宗)의 고사에서 유래하였다. 늙고 병든 어머니가 겨울에 죽순을 먹고 싶어 하자 맹종은 안타까운 마음에 대숲에 들어가서 슬피 울었는데, 갑자기 땅 위로 죽순 두어 줄기가 나왔으므로 가지고 돌아가서 어머니에게 드려 병을 낫게 하였다고 한다. 《藝文類聚 卷89》

효성을 찬미하셨는데, 가난하면서도 뜻을 받들어 효도를 다하였다는 등의 말씀이 있었다. 목사(牧使) 노문한(盧文漢)[30]은 부군의 매제이다. 일찍이 부군의 집에 장가들어 부군의 아름다운 행실을 자세히 알고 있었으므로, 시를 지어 애도하기를 "청빈함은 원헌(原憲)[31]과 같아 마음이 항상 태연하였고, 순수한 효성은 왕상(王祥)[32]과 같아 세상에서 함께 어질게 여겼네."라고 하였다. 또 제문을 지어 제사하기를 "〈북문(北門)〉의 가난함을 사람들이 견디지 못하는데,[33] 〈남해(南陔)〉의 봉양에 예를 다하지 않음이 없었네."[34]라고 하였다. 또 항상 불초(不肖)한

30 노문한(盧文漢) : 본관은 교하(交河), 자는 사장(士章)이다. 1646년(인조24) 지평이 되고, 이후 능주 목사(綾州牧使)를 역임하였다.

31 원헌(原憲) : 춘추 시대 노(魯)나라 사람으로, 자는 자사(子思)·원사(原思)이며 공자(孔子)의 제자이다. 그는 생활이 빈궁하여 토담집에 거적을 치고 깨진 독으로 구멍을 내어 문으로 삼았는데, 비가 오면 지붕이 새서 축축한데도 꼿꼿이 앉아 금슬(琴瑟)을 연주했다고 한다. 《莊子 讓王》

32 왕상(王祥) : 진(晉)나라 때의 효자 왕상은 일찍 어머니를 여의고 계모(繼母)의 학대를 받으며 살았으나 늘 효도를 지극히 하였다. 한번은 추운 겨울날 계모가 산 물고기를 먹고 싶어 하므로 왕상이 얼음을 깨고 직접 들어가 물고기를 잡으려 하자, 얼음이 갑자기 녹으면서 잉어 두 마리가 뛰어나왔다고 한다. 《晉書 卷33 王祥列傳》

33 북문(北門)〉의……못하는데 : 〈북문〉은 《시경》의 편명으로, 어지러운 조정에서 벼슬하는 현인의 체념하는 심정을 읊은 시이다. 그 시에 "북문으로부터 나가며, 마음에 근심하기를 많이 하였노라. 끝내 어렵고 또 가난하거늘, 나의 어려움을 알아주는 이 없구나. 어쩔 수 없구나, 하늘이 실로 이렇게 만드셨으니, 말한들 무엇하랴.〔出自北門, 憂心殷殷. 終窶且貧, 莫知我艱. 已焉哉, 天實爲之, 謂之何哉.〕"라고 하였다.

34 남해(南陔)의……없었네 : 〈남해〉는 《시경》 생시(笙詩)의 편명으로, 어버이를 봉양하는 효자의 심정을 담고 있다. 진(晉)나라 속석(束晳)이 지은 〈보망시(補亡詩)〉에 "남쪽 섬돌을 따라 올라가, 난초 캐어 어버이께 바쳐 올리리. 어버이 계신 곳 돌아보며 생각하느라, 마음이 편안할 틈이 없다오.〔循彼南陔, 言采其蘭. 眷戀庭闈, 心不遑安.〕"

우리들에게 말하기를 "너희 부친의 지극한 행실은 진실로 천성에서 나왔으니, 이루 다 기록할 수 없다."라고 하였다.

승지(承旨 송세훈(宋世勛)) 부군께서 돌아가신 뒤에는 시집가지 않은 두 여동생을 부군께서 돌보고 아끼기를 더욱 돈독히 하였으며, 매제를 골라 시집보낼 때는 힘을 다해 혼수를 마련하여 조금도 서운함이 없게 하셨다. 두 매제에게 한 가지라도 선(善)한 점을 보시면 문득 기뻐하며 칭찬하고 이를 남들에게 자랑삼아 전하였으니, 두 매제가 그 성의에 감격하여 모두 애지중지하였다. 무릇 동기간을 대할 때는 은혜와 의리가 모두 지극하여 매번 형제간에 서로 화목하게 지내고 서로 도모하지 말라는 말[35]로 경계를 삼고, 이를 미루어 종족에 이르기까지 능히 친밀하고 화목한 정의(情誼)를 나타내셨다.

다른 사람에게 환난(患難)이 있는 것을 보면, 또한 지성으로 걱정하고 염려하여 반드시 구제할 방법을 생각하셨으니, 남들이 미치지 못하는 것이 많았다. 타고난 자질이 온화하고 활달하며 마음속에 품은 뜻이 대범하고 솔직하여 사람들을 대하고 사물을 접할 때에 마음을 다하고 숨김이 없어 조금도 마음의 장벽이 없으셨다. 거칠고 속된 말이 입에서 나오지 않았고 오만한 용모를 몸에 나타내지 않았으며, 상대의 뜻을 거스르지 않았고 남들과 다투지 않으셨다. 혹 도리에 어긋나게 대하는 사람이 있어서 옆 사람이 팔목을 불끈 쥐며 분개하여도 담담하게 못들

라고 하였다. 《詩補傳 卷16》

35 형제간에……말 : 식호(式好)와 무유(無猶)는 《시경》 〈사간(斯干)〉의 "형과 아우가 서로 좋아하고, 서로 도모함이 없으리로다.〔兄及弟矣, 式相好矣, 無相猶矣.〕"라는 말에서 유래하였다.

은 체하고, 조용해진 뒤에 말씀하기를 "내가 잘못이 없는데 저 사람이 이렇게 대하니, 잘못은 저 사람에게 있지 내게 무슨 잘못이 있겠는가." 라고 하셨다. 남이 나쁜 행실이 있으면 귀를 막고 못들은 체하였고, 선한 행실이 있으면 반드시 즐거이 듣고 자주 칭찬하셨다. 세상 사람들이 분주하게 이익(利益)을 추구하는 것을 부끄럽게 여겨 매번 말씀하기를 "남아가 이름을 이루지 못하면 그만이지, 남을 좇아 이익을 구걸하는 것은 또한 부끄럽지 않겠는가."라고 하셨다. 전후로 친척과 지인들 가운데 이조(吏曹)의 전형(銓衡)을 맡은 사람이 줄줄이 이어졌지만, 끝내 한 번도 은택을 구하지 않으셨다.

평생 특별한 취미가 없었고 특별히 경영하는 것도 없어서 일체의 번잡하고 화려한 것과 세력과 이끗에 대해 담박하셨다. 유일하게 술을 즐겼으나 또한 과음하지 않으셨으니, 한 잔을 마신 뒤에는 결코 잔을 들지 않아 일찍이 취하여 흐트러지는 때가 있지 않았다. 일찍이 사회모임자리에서 어떤 친구 한 분이 술잔을 들고 말하기를 "아무개는 경계를 지킴이 매우 확고하니, 감히 억지로 권할 수 없다."라고 하였다. 동춘(同春) 선생이 기뻐하면서 말씀하시기를 "이는 매우 좋은 일이니, 남들이 미칠 바가 아니니다."라고 하셨다. 이 때문에 술자리에 갈 때마다 비록 모든 사람들이 술에 취해 떠들썩하여도 초연히 홀로 깨어 온화하게 스스로 지키고 보전하셨으니, 사람들이 모두 그 바른 절조에 감복하여 감히 함부로 하지 않았다.

자제들을 반드시 올바른 도리로 가르치셨으며, 항상 말씀하기를 "덕행(德行)은 근본이고 문예(文藝)는 말단이다. 만일 근본이 없다면 볼만한 것이 있겠는가."라고 하셨다. 나의 선생 및 동춘 선생과는 같은 마을에서 사셨는데, 그 도덕과 의리에 맞는 행동을 사모하여 자식들이 겨우 말을 배우게 되면 번번이 모두 보내어 배우게 하였으니, 보고 느껴 성취하기를 바라신 것이다. 불초(不肖)한 나는 강독하여 외는 재주가 조금 있다고 하여 경서 읽기를 권하고 친히 공부시키기를 여러 해 동안 게을리하지 않으셨으니, 불초한 내가 일찍 과거에 급제한 것은 오로지 여기에 힘입었다.

부군께서는 형제 중에 둘째이셨는데, 형님인 학생 부군께서 결혼하기 전에 요절하였으므로 부군께서 대신 상례(喪禮)와 제사를 이어받았으니, 실로 우리 송씨 가문의 곧은 줄기가 되셨다. 쌍청(雙淸)의 세업을 공경히 준수하면서 가업(家業)[36]을 실추시키지 않았으며, 비록 꽃 한 송이 돌 하나라도 옛 모습을 손상시키지 않으셨다. 가난을 편안히 여기고 지킴이 요약되었으며,[37] 청렴결백으로 자신을 단속하면서 선대에서 물려준 가산(家産) 이외에는 조금의 땅도 늘리지 않으셨다. 한 대그릇의 밥과 한 표주박의 음료도 비는 때가 많았지만 거처하기를 편안히 하셨다.[38] 오직 제사만은 반드시 풍성하고 청결하게 하였고,

36 가업(家業) : 당구(堂構)는 긍당긍구(肯堂肯構)의 준말로, 가업을 이어받아 발전시키는 것을 비유하는 말이다. 《서경》 〈대고(大誥)〉에 "만일 아버지가 집을 지어 이미 법을 이루었거늘, 그 자식이 기꺼이 당의 터도 만들려고 하지 않는데, 하물며 기꺼이 구축하겠는가.〔若考作室, 旣底法, 厥子乃弗肯堂, 矧肯構.〕"라고 한 데서 유래하였다.

37 가난을……요약되었으며 : 안빈(安貧)은 안빈낙도(安貧樂道)의 생활을 가리킨다. 수약(守約)은 지킴이 요약되었다는 말이다. 《맹자》 〈공손추 상(公孫丑上)〉에 "맹시사의 지킴은 기이니, 또 증자의 지킴이 요약함만 못하다.〔孟施舍之守, 氣, 又不如曾子之守約也.〕"라고 하였는데, 주희(朱熹)는 맹시사(孟施舍)가 지킨 것은 바로 한 몸의 기이니, 또 증자가 자기 몸에 돌이켜 이치를 따라서 지킨 바가 더욱 그 요약함을 얻음만 못함을 말씀한 것이라고 풀이하였다. 즉 밖으로 박학(博學)만 추구하는 것이 아니라 근본적인 이치를 알아서 그 요체를 실천하는 것이 수약이다.

의식(儀式)은 모두 옛 제도를 따랐으며, 반드시 정성스럽게 하고 반드시 신중히 하여 부족함이 없게 하셨다.

부인 순흥 안씨(順興安氏)는 사인(士人) 휘 경인(敬仁)의 따님이시다. 아들 셋을 두셨는데, 장남 규연(奎淵)[39]은 부사(府使)이고, 차남 규락(奎洛)은 감역(監役)이며, 삼남인 불초(不肖) 규렴(奎濂)은 대사간(大司諫)이다.

규연은 사직서 영(社稷署令) 민계(閔枅)의 따님에게 장가들어 3남 1녀를 두었다. 아들은 참봉(參奉)인 상변(相抃), 생원(生員)인 상증(相曾), 그리고 상적(相迪)이며, 딸은 이세기(李世箕)에게 시집갔다. 측실(側室)을 통해 4남 1녀를 두었는데, 아들은 상언(相彦), 상현(相賢), 상우(相愚), 상인(相仁)이고, 딸은 어리다.

규락은 사인(士人) 김성진(金聲振)의 따님에게 장가들어 1남 3녀를 두었다. 아들 상철(相哲)은 참봉이고, 딸들은 이동근(李東根), 박희경(朴禧慶), 이지관(李志寬)에게 시집갔다.

규렴은 동지(同知) 김광찬(金光燦)[40]의 따님에게 장가들어 2남 1녀

38 한 대그릇……하셨다 : 단표누공(簞瓢屢空)은 안빈낙도하는 생활을 비유하는 말로 쓰인다. 《논어》 〈옹야(雍也)〉에 "한 대그릇의 밥과 한 표주박의 음료로 추한 시골에 있는 것을 다른 사람들은 그 근심을 견뎌내지 못하는데, 안회는 그 즐거움을 변치 않는다.〔一簞食, 一瓢飮, 在陋巷, 人不堪其憂, 回也不改其樂.〕"라고 하였으며, 《논어》 〈선진(先進)〉에 "안회는 도에 가깝고 자주 끼니를 굶는다.〔回也, 其庶乎, 屢空.〕"라고 한 데서 그 뜻을 취하였다. 도잠(陶潛)의 〈오류선생전(五柳先生傳)〉에도 "도시락도 표주박도 자주 비었지만 태연했다.〔簞瓢屢空, 晏如也.〕"라는 표현이 있다.

39 송규연(宋奎淵) : 본관은 은진(恩津), 자는 자정(子靜), 호는 한산(閒山)이다. 연안 부사(延安府使)를 역임하였다.

40 김광찬(金光燦) : 1597~1668. 본관은 안동(安東), 자는 사회(思晦), 호는 운수

를 두었다. 아들은 정자(正字)인 상기(相琦)[41]와 상유(相維)[42]이고, 딸은 이익명(李益命)에게 시집갔다.

상변은 2남 3녀, 이세기는 1남 2녀, 상철은 2남, 이동근은 1녀, 박희경은 2남을 낳았으니, 내외(內外)의 자손 남녀를 모두 합하여 40여 명이다.

아, 부군의 지극한 성품과 순수한 행실은 비록 옛사람에게서 찾는다 해도 또한 드물 것이다. 마땅히 세상에 환히 알려지고 하늘에서 보답을 받아야 할 것인데, 몸은 이미 곤궁하게 살다 돌아가셨고 연세 또한 장수를 누리지 못하셨으니, 이것은 진실로 이치의 알 수 없는 부분이다. 그리고 불초(不肖)한 우리들이 어리석고 보잘것없었기 때문에 선대의 업적을 널리 드러내어 표창의 은전을 입시노 못하였다. 매번 생각이 여기에 미칠 때마다 나도 모르는 사이에 가슴을 찌르는 듯하고 이마에 땀이 흐른다.

한편 또 생각건대 불초한 우리들은 진실로 부군께서 선을 쌓아 남겨 준 혜택 덕분에 조정의 녹을 먹을 수 있었는네, 여러 차례 고을 수령에 임명되었으나 부모 봉양에는 미치지 못했으니, 이는 진실로 평생 씻지 못할 지극한 아픔이다. 그런데 또 비길 데 없이 뛰어난 부군의 행실을

(雲水)이다. 아버지는 김상관(金尙寬)이며, 작은아버지인 김상헌(金尙憲)의 양자로 들어갔다. 음서(蔭敍)로 세마(洗馬)가 되었다. 통진·교하의 현감 등 지방관을 역임하던 중, 아들 김수흥(金壽興)·김수항(金壽恒)이 출세하자 1661년(현종2) 공조 참의에 특별히 제수되었으며, 뒤에 동지중추부사(同知中樞府事)에 올랐다.

41 송상기(宋相琦) : 1657~1723. 본관은 은진(恩津), 자는 옥여(玉汝), 호는 옥오재(玉吾齋)이다.

42 송상유(宋相維) : 1668~1740. 본관은 은진, 자는 지경(持卿)이다.

끝내 사라지게 하여 후세에 전하지 못한다면, 이는 불초한 우리들의 불효한 죄가 장차 하늘이 다하도록 용서받기 어려울 것이고 죽어도 또한 눈을 감을 수 없을 것이다.

무릇 남의 선한 점을 즐겨 말하여[43] 영원히 후세에 드리우는 것은 군자의 일입니다. 하물며 우리 선생께서는 우리 선부군을 오랫동안 종유(從遊)하여 서로 깊이 아는 데다, 더욱이 일가간의 정분을 중히 여기십니다. 게다가 우리 할아버지의 묘도(墓道)를 이미 선생의 글로 빛내 주셨으니, 지금 부군의 묘에 유독 선생의 글이 없을 수 있겠습니까. 혹시라도 가련히 여겨 한 마디 귀중한 말씀을 주어 숨은덕을 밝게 드러내 후세에 밝게 보여 주신다면, 돌아가신 분과 산 자의 감동을 어찌 헤아릴 수 있겠습니까. 구구하게 간절히 바라는 지극한 마음을 견디지 못합니다.

43 남의……말하여 : 공자(孔子)께서 유익한 좋아함이 세 가지이고 손해되는 좋아함이 세 가지임을 말씀하시면서 "예악의 절도를 분별하기를 좋아하며, 남의 선함을 말하기 좋아하며, 어진 벗이 많음을 좋아하면 유익하다.〔樂節禮樂, 樂道人之善, 樂多賢友, 益矣.〕"라고 하였다.《論語 季氏》

선비 증 정부인 순흥 안씨 행장

先妣贈貞夫人順興安氏行狀

선비(先妣)의 성은 안씨(安氏), 본관은 순흥(順興)이니, 고려의 상장군 휘(諱) 자미(子美)[44]가 시조이시다. 4대를 전하여 휘 석(碩)에 이르러 과거에 급제하였으나 벼슬하지 않고 죽계(竹溪)에 은거하였으니, 죽계는 곧 순흥의 별호(別號)이다. 이 분이 휘 축(軸)[45]을 낳았으니, 호는 근재(謹齋)이시다. 아우 보(輔)[46]와 함께 원(元)나라에서 제과(制科)[47]에 급제하셨다. 문학(文學)과 덕망(德望)이 한 시대의

44 안자미(安子美) : 순흥 안씨(順興安氏)의 시조로, 고려 시대 흥위위 보승별장(興威衛保勝別將) 신호위 상호군(神號衛上護軍)에 추봉되었다.

45 안축(安軸) : 1282~1348. 본관은 순흥(順興), 자는 당지(當之), 호는 근재(謹齋), 시호는 문정(文貞)이다. 1324년(충숙왕11)에 원나라 제과(制科)에 급제하여 요양로개주판관(遼陽路蓋州判官)에 임명되었으나 부임하지 않았다. 경기체가 〈관동별곡(關東別曲)〉과 〈죽계별곡(竹溪別曲)〉을 지어 명성이 높았다. 강원도 존무사로 있을 때 나라에 충성하고 백성을 사랑하는 내용을 담아 《관동와주(關東瓦注)》라는 문집을 남겼다. 저서로 《근재집(謹齋集)》이 전한다.

46 안보(安輔) : 1302~1357. 본관은 순흥, 자는 원지(員之), 시호는 문경(文敬)이다. 1320년(충숙왕7) 문과에 급제하여 광주 사록(廣州司錄)에 임명되었고, 다시 춘추관 수찬(春秋館修撰)을 거쳐 편수관(編修官)을 역임하였다. 1344년(충목왕1)에 원나라의 제과(制科)에 합격하여, 요양행중서성조마 겸 승발가각고(遼陽行中書省照磨兼承發架閣庫)로 있다가 노모(老母)를 위해 귀국하였다.

47 제과(制科) : 인재를 선발하기 위해 천자가 친히 시험하던 과거제도로, 뒤에 와서는 유사(有司)에게 위임하였다. 과목(科目)도 처음에는 행의(行義)·경술(經術)로부터 기예(技藝)에 이르기까지 여러 과목이 있었는데, 송 태조(宋太祖) 때에 와서 3과목,

존중을 받았고, 가정(稼亭)[48]과 여러 현인들이 모두 스승으로 섬겼다. 벼슬은 찬성사 우문관 대제학 홍녕 부원군(贊成事右文館大提學興寧府院君)에 이르렀다. 시호는 문정(文貞)이시다. 이 분이 휘 종원(宗源)[49]을 낳았으니, 벼슬은 영삼사사 집현전 대제학 흥녕부원군(領三司事集賢殿大提學興寧府院君)이고, 시호는 문간(文簡)이시다. 이 분이 휘 경공(景恭)[50]을 낳았으니, 우리 태조(太祖)를 보좌한 개국 원훈(開國元勳)으로 흥녕부원군(興寧府院君)에 봉해지고 집현전 대제학(集賢殿大提學)을 겸하셨다. 시호는 양도(良度)이시다. 이 분이 휘 순(純)[51]을 낳았으니, 벼슬은 보문각 대제학(寶文閣大提學)이며 시호는 정숙(靖肅)이시다. 이 분이 휘 숭선(崇善)[52]을 낳았으니, 세

그 뒤에 현량(賢良)・방정(方正) 등 국정(國政)에 직접 관계있는 6개 과목으로 확정되었다.《日知錄 卷16 制科條》

48 가정(稼亭) : 이곡(李穀, 1298～1351)으로, 본관은 한산(韓山), 초명은 운백(芸白), 자는 중보(仲父), 호는 가정, 시호는 문효(文孝)이다. 이제현(李齊賢) 등과 함께 민지(閔漬)가 편찬한《편년강목(編年綱目)》을 증수하고, 충렬・충선・충숙 3조(三朝)의 실록을 편수하였다. 저서로《가정집(稼亭集)》이 있다.

49 안종원(安宗源) : 1325～1394. 본관은 순흥(順興), 자는 사청(嗣淸), 호는 쌍청당(雙淸堂), 시호는 문간(文簡)이다.

50 안경공(安景恭) : 1347～1421. 본관은 순흥, 자는 손보(遜甫)이다. 조선 건국에 참여하여 개국 공신 3등이 되었다. 1416년 보국숭록대부 집현전 대제학(輔國崇祿大夫集賢殿大提學)에 임명되었고 흥녕부원군(興寧府院君)으로 봉작되었다.

51 안순(安純) : 1371～1440. 본관은 순흥, 자는 현지(顯之), 시호는 정숙(靖肅)이다.

52 안숭선(安崇善) : 1392～1452. 본관은 순흥, 자는 중지(仲止), 호는 옹재(雍齋), 시호는 문숙(文肅)이다. 중추원 지사(中樞院知事)・집현전 대제학(集賢殿大提學)을 역임하고 병조 판서・춘추관 지사(春秋館知事)로《고려사(高麗史)》수찬(修撰)에 참여하였다.

종대왕의 지우(知遇)를 받아 벼슬이 병조 판서(兵曹判書)와 예문관 대제학(藝文館大提學)에 이르고, 시호는 문숙(文肅)이시다.

안씨는 문정공(文貞公 안축(安軸))에서부터 대대로 귀하고 현달하였으며, 세 번이나 수훈(首勳)에 봉해졌고 다섯 번이나 문형(文衡)을 담당하여 문벌(門閥)이 융성하였다. 당시 사람들이 원씨(袁氏)[53]와 비교하면서, 그 공훈과 덕망과 문채와 품위는 원씨보다 훨씬 낫다고 하였다.

문숙공(文肅公 안숭선(安崇善))이 휘 의(誼)[54]를 낳았으니, 생원시에 장원하였으며 벼슬은 연안 부사(延安府使)에 이르셨다. 이 분이 휘 우익(友益)을 낳으셨는데 일찍 별세하셨다. 이 분이 휘 겸(謙)을 낳았으니 전생서 봉사(典牲署奉事)였고 어머니에게는 고조(高祖)가 되신다. 증조(曾祖) 휘 세관(世寬)은 기묘사화(己卯士禍) 때 여러 유생들과 함께 대궐문 앞에 엎드려 항소(抗疏)하여 정암(靜庵)[55] 선생을 신원(伸冤)하면서 대사헌(大司憲) 유운(柳雲)[56]이 지극히 간쟁하지 못했음을 책망하셨는데, 말끝마다 눈물을 흘려 보는 자들이 크게 격동하였다.

53 원씨(袁氏) : 후한 시대 부자간에 삼공(三公)이 된 여남 원씨를 말한다. 원안(袁安)의 경우, 그의 아들 창(敞), 창의 아들 탕(湯), 탕의 아들 봉(逢)과 외(隗) 등 4대에 걸쳐 5공(公)이 배출되었다. 《谿谷漫筆 西漢唐父子作相者》

54 안의(安誼) : 1423~1467. 본관은 순흥, 자는 의지(宜之)·지순(之順)이다. 1447년(세종29) 사마시에서 생원 3등으로 합격하였다. 1462년(세조8) 연안 도호부사를 지내고, 성주 목사로 재직 중 병으로 사망하였다.

55 정암(靜庵) : 조광조(趙光祖, 1482~1519)로, 본관은 한양(漢陽), 자는 효직(孝直), 호는 정암, 시호는 문정(文正)이다.

56 유운(柳雲) : 1485~1528. 본관은 문화(文化), 자는 종룡(從龍), 호는 항재(恒齋)·성재(醒齋), 시호는 문경(文敬)이다.

이로 인해 명성이 있었으나 벼슬이 진원 현감(珍原縣監)에 그쳤으므로 세상 사람들이 등용에 인색함을 애석하게 여겼다. 조부(祖父) 휘 지(祉)는 문과에 급제하여 병조 정랑(兵曹正郎)과 지제교(知製敎)를 지내셨다. 문학과 행실이 있었으나 결국 그걸 다 쓰지 못하셨다.

선고(先考) 휘 경인(敬仁)은 뛰어난 식견과 높은 행실이 있었으나 불우하게 세상을 떠나셨다. 선비(先妣) 밀양 손씨(密陽孫氏)는 또한 정숙한 범절이 있으셨다. 부친인 현감(縣監) 여해(汝諧)[57]는 곧 선조(宣祖) 때의 문사(文士)로, 부사(府司) 여성(汝誠)[58]의 아우이시다. 효행이 보통 사람보다 뛰어나 정려(旌閭)가 내려지고 복호(復戶)[59]되었으며, 사적(事蹟)이 《삼강행실(三綱行實)》에 실렸다.

선비께서는 만력(萬曆) 병신년(1596, 선조29) 4월 5일에 태어나 숭정(崇禎) 무오년(1678, 숙종4) 12월 24일에 돌아가셨으니 향년 83세였다. 이듬해 기미년(1679) 2월 26일에 부군의 묘 왼쪽에 합장하였으니, 공주(公州) 사한리(沙寒里) 건좌(乾坐)의 등성이에 있다. 7년 후인 을축년(1685)에 불초(不肖)한 내가 강양 관찰사(江襄觀察使)에 제

57 손여해(孫汝諧) : 본관은 밀양(密陽), 호는 식암(息菴)이다. 인조 때 부여 현감(扶餘縣監), 중직대부(中直大夫), 사헌부 감찰(監察)을 역임하였고 병자호란에 공이 있어 평난 원종공신(平難原從功臣)이 되었고, 이조 참의(吏曹參議)를 증직했다. 효행으로 정려(旌閭)가 내렸다.

58 손여성(孫汝誠) : 본관은 밀양, 자는 극일(克一), 호는 용담(龍潭)이다. 조선 시대 명종과 선조 연간의 관료이자 효자로 유명했던 사람이다. 지극한 효성으로 권지부정자(權知副正字)에서 참상직(參上職)인 성균관 전적으로 승진하였고, 남원 부사(南原府使)를 지냈다.

59 복호(復戶) : 충신이나 효자 등에게 조세(租稅)나 요역(徭役)을 면제해 주는 것을 말한다.

수되었으므로, 추은(推恩)하여 정부인(貞夫人)에 증직되셨다.

선비께서는 성품이 곧고 엄숙하셨다. 식견과 지혜를 일찍 성취하여 13세의 나이에 손 부인(孫夫人 밀양 손씨(密陽孫氏))이 돌아가시자, 제사를 받들고 음식을 주관하는 등 집안일을 잘 처리하여 여유가 있었다. 나의 선고(先考)에게 시집오시는데 이르러서는 부덕(婦德)이 매우 잘 갖추어져 친족들 가운데 열복(悅服)하지 않는 이가 없었다. 집안은 비록 가난하였으나, 경영하고 처리함에 방책이 있었고 제사를 받들고 손님을 대접함에 조금도 유감이 없게 하셨다.

자식들이 말을 배우자마자 친히 《천자문(千字文)》 등을 가르쳐 문자를 알게 한 연후에 스승의 서당에 예물을 갖춰 보내어 학업을 청하셨다. 부녀자들을 가르칠 때는 더욱 엄격하여 중문 밖으로 나가지 못하게 하셨다. 혹 바깥채에 손님이라도 오면 혹여 문구멍으로 엿볼까 걱정하여 통렬히 금지하며 "여자가 외간을 엿보는 것은 매우 아름답지 못한 행동이다."라고 말씀하셨다. 비복(婢僕)들을 다스림에 법도가 있었으니, 돌보고 사랑하기를 비록 지극히 했으나 살봇이 있으면 호되게 다스려 용서하지 않으셨다. 이처럼 은혜와 의리가 모두 극진하였으므로 집안이 숙연하였다.

안 부군(安府君 안경인(安敬仁))께서 돌아가시자 선비께서 장례(葬禮)에 달려갔는데, 졸곡(卒哭)[60]을 지내고 돌아오시려 할 때 사촌 오빠 진사 안척(安惕)[61]이 집에 보관하던 여러 문권(文券)을 내어 주며 말하

60 졸곡(卒哭) : 삼우제(三虞祭)가 지난 뒤에 지내는 제사이다. 죽은 지 석 달 만에 오는 첫 정일(丁日)이나 해일(亥日)을 받아서 지낸다.

61 안척(安惕) : 1579~? 본관은 순흥(順興), 자는 경숙(敬叔)이다.

기를 "이것은 긴요하고 중요한 것들인데 집안에 나이 많은 자손이 없으니, 어린 애들에게 맡겨 유실되게 할 수는 없네. 그러니 누이가 마땅히 가져갔다가 훗날 재산을 나눌 때에 대비하게."라고 하였다. 어머니께서 문득 눈물을 흘리며 말씀하기를 "내가 이런 망극한 마음을 품고 어찌 차마 이것을 가져가 재산을 염두에 둔 것처럼 하겠습니까. 결코 그렇게 할 수 없습니다."라고 하셨다. 안척이 감동하여 말하기를 "이는 참으로 대장부도 하기 어려운 일이다."라고 하였다.

여러 자식들을 따라 현읍(縣邑)에 갔을 때, 융숭한 봉양을 만나면 안절부절 불안해하였고, 음악이 어지럽고 화려하면 더욱 즐거워하지 않으셨다. 이 때문에 자식들이 감히 뜻을 거슬러 억지로 올리지 못하였다. 사사로운 만남은 단호히 물리쳐 절대로 바깥일에 참견하지 않으며 말씀하기를 "어찌 나 때문에 내 자식의 정치에 누가 되게 하겠는가."라고 하셨다.

쌍청당(雙淸堂) 앞의 큰 전답은 선조로부터 매번 종파(宗派)에 전해졌는데, 풍수가들이 집터로 적합하다고 하자 좋은 땅과 바꾸자고 청하는 사람이 많았으나 끝내 듣지 않으셨다. 여러 자식들이 다른 곳으로 이사하여 살았지만, 또한 집짓는 것을 허락하지 않으면서 말씀하기를 "선조들이 만드신 법을 어찌 사사로이 좋아한다고 무너뜨릴 수 있겠는가."라고 하셨다.

안 부군(安府君 안경인(安敬仁))의 자손들이 쇠락하여 겨우 서자 하나만 남았는데, 데려다 결혼시키고 가까이 곁에 두고서 자산을 두텁게 주시며 제사를 주관하게 하셨다. 그가 가정을 이루기 전에는 사당과 묘소의 모든 제사를 홀로 행하셨고, 차츰 가정을 이룬 뒤에는 오히려 나누어 주고 혼자서 맡지 않으셨다. 묘소가 먼 곳에 있었으므로 또한 묘소와 가까운 전답을 별도로 주어서 제수를 마련하는 비용을 도왔고, 또 노비를 주어 제사 때 사용할 수 있게 대비하셨다.

안 부군(安府君 안경인(安敬仁))의 묘도에 오랫동안 묘표(墓標)와 묘지(墓誌)가 없었으므로 매양 애통하게 여기셨다. 여러 자식들로 하여금 힘써 비석을 세우게 하였으나, 일할 능력이 미치지 못하여 묘갈(墓碣)은 함께 거행할 수 없었다. 그렇기 때문에 항상 눈물을 흘리며 말씀하기를 "돌아가신 아버지와 어머니의 사적(事蹟)이 장차 사라져 전하지 못할 텐데, 어찌 가슴 아프지 않겠느냐."라고 하셨다.

팔순의 연세에 병세가 바야흐로 위독해지자, 말씀과 행실을 하나하나 기록하는 한편 자제들에게 입으로 전해 주고 실제 자취를 기록하게 하여 우재(尤齋)[62] 선생에게 비명을 부탁하게 하셨다. 글은 이미 완성되었지만 석공에게 줄 돈이 없어 곧바로 글자를 새기지는 못하였다. 그러자 길쌈에 필요한 물품을 마련하여 부녀자와 노비들에게 나누어 주어 함께 만들도록 하고 또한 스스로 친히 일을 독려하셨다.

임종(臨終)[63]하기 이틀 전에 숨이 약해지사 부녀자들을 불러 상자 안에 보관한 것을 꺼내도록 명하시고 매우 상세하게 지시하며 말씀하기를 "이를 미처 마무리하지 못했으니, 내가 죽으면 초상(初喪) 후에 즉시 이 일을 마무리하여 돌에 새겨 비를 세운 연후에 내 장례를 치르는 것이 옳을 것이다. 내가 이것으로 나의 정성을 바치고자 하였으나,

62 우재(尤齋) : 송시열(宋時烈, 1607~1689)로, 본관은 은진(恩津), 자는 영보(英甫), 호는 우암(尤菴) 또는 우재이다.

63 임종(臨終) : 속광(屬纊)은 햇솜을 코 밑에 놓아 숨졌는지를 알아보는 것으로, 임종을 달리 이르는 말이다.

이제 미치지 못하는구나."라고 하시더니, 이에 눈물이 줄줄 흘렀다. 여러 자식들이 한결같이 그 가르침을 따라 먼저 비석 세우는 일을 하여 유지(遺志)를 이루었다.

타고난 성품이 인자하고 은혜로워 남들에게 환난(患難)이 있다는 소식을 들으면 정성스런 마음과 측은히 여기는 생각이 마치 자신이 만난 것과 다름없으셨다. 궁핍함이 있다는 소식을 들으면 인색함이 없이 기꺼이 베풀어 친소(親疏)를 따지지 않으셨다. 이러한 것들은 오히려 규문(閨門) 안의 자잘한 일이다. 평소 남편을 받들고 시부모를 섬기며 종족을 대우하고 이웃을 대하던 맑은 행실과 아름다운 범절에 이르러서는 실로 탁월한 것이 많아서 일일이 다 진술할 수 없다. 내외(內外)의 자손들은 이미 부군(府君)의 가장(家狀)에 자세하므로, 여기서는 다시 기록하지 않는다.

아, 선비의 행적 가운데 사라져서는 안 될 것이 한둘이 아닌데, 갑자기 모아 지으려니 열에 일고여덟은 누락되었다. 우선 그 대강을 위와 같이 기록하여 입언(立言)하는 군자가 채택하기를 기다린다.

외조부 순흥 안 부군 행장

外王考順興安府君行狀

부군(府君)의 휘(諱)는 경인(敬仁), 자(字)는 근원(謹元)이시다. 안씨(安氏)는 가계(家系)가 순흥(順興)에서 나왔다. 시조(始祖) 자미(子美)[64]는 고려의 상장군(上將軍)을 지냈다. 4대를 지나 휘(諱) 석(碩)에 이르러 과거에 급제하였으나, 벼슬하지 않고 죽계(竹溪)에 은거하였다. 자손이 이곳을 본적으로 삼았으니, 죽계는 바로 순흥의 다른 이름이다.

이 분이 휘 축(軸)[65]을 낳으셨는데, 아우 보(輔)[66]와 더불어 원(元)나라의 제과(制科)[67]에 급제하여 문학과 덕망이 일세에 존중을 받았으니, 세상에서 근재(謹齋) 선생이라고 일컬었으며, 가정(稼亭)[68] 등 여러 현인들이 다 이 분을 스승으로 삼았다. 벼슬이 찬성사 우문각 대제학 홍녕부원군(贊成事右文閣大提學興寧府院君)에 이르렀으며, 시호는 문

64 안자미(安子美) : 순흥 안씨(順興安氏)의 시조로, 고려 시대 흥위위 보승별장(興威衛保勝別將) 신호위 상호군(神號衛上護軍)에 추봉되었다.

65 안축(安軸) : 1282~1348. 본관은 순흥(順興), 자는 당지(當之), 호는 근재(謹齋), 시호는 문정(文貞)이다. 246쪽 각주45 참조.

66 안보(安輔) : 1302~1357. 본관은 순흥, 자는 원지(員之), 시호는 문경(文敬)이다. 246쪽 각주46 참조.

67 제과(制科) : 인재를 선발하기 위해서 천자(天子)가 친히 시험하던 과거제도로, 뒤에 와서는 유사(有司)에게 위임하였다. 246쪽 각주47 참조.

68 가정(稼亭) : 이곡(李穀, 1298~1351)으로, 본관은 한산(韓山), 자는 중보(仲父), 호는 가정이다. 목은(牧隱) 이색(李穡)의 아버지이다. 247쪽 각주48 참조.

정(文貞)이시다. 이 분이 휘 종원(宗源)[69]을 낳으셨으니, 벼슬이 영삼사사 집현전 대제학 홍녕부원군(領三司事集賢殿大提學興寧府院君)에 이르렀고 시호는 문간(文簡)이시다. 이 분이 휘 경공(景恭)[70]을 낳으셨는데, 우리 태조(太祖)를 도와 개국원훈(開國元勳)으로서 흥녕부원군에 봉해졌으며 집현전 대제학(集賢殿大提學)을 겸하셨다. 시호는 양도(良度)이시다. 이 분이 휘 순(純)[71]을 낳으셨는데, 벼슬이 보문각 대제학(寶文閣大提學)에 이르렀고 시호는 정숙(靖肅)이시다. 이 분이 휘 숭선(崇善)[72]을 낳으셨는데, 세종(世宗)의 지우(知遇)를 받아 벼슬이 병조 판서(兵曹判書)·예문관 대제학(藝文館大提學)에 이르렀으며 시호는 문숙(文肅)이시다.

안씨는 문정공(文貞公 안축(安軸))으로부터 시작하여 대대로 귀하고 현달하였으니, 세 번이나 수훈(首勳)에 봉해졌고 다섯 번이나 문형(文衡)을 담당하였다. 당시의 사람들이 원씨(袁氏)[73]와 비교하였는데, 그 공훈과 덕망과 문채와 품위는 원씨보다 훨씬 낫다고 하였다. 문숙공(文肅公 안숭선(安崇善))이 휘 의(誼)[74]를 낳으셨는데, 생원시에 장원하였으

69 안종원(安宗源) : 1325~1394. 본관은 순흥, 자는 사청(嗣淸), 호는 쌍청당(雙淸堂), 시호는 문간(文簡)이다.

70 안경공(安景恭) : 1347~1421. 본관은 순흥, 자는 손보(遜甫)이다. 247쪽 각주50 참조.

71 안순(安純) : 1371~1440. 본관은 순흥, 자는 현지(顯之), 시호는 정숙(靖肅)이다.

72 안숭선(安崇善) : 1392~1452. 본관은 순흥, 자는 중지(仲止), 호는 옹재(雍齋), 시호는 문숙(文肅)이다.

73 원씨(袁氏) : 후한(後漢) 시대 부자간에 삼공(三公)이 된 여남 원씨를 말한다. 248쪽 각주53 참조.

74 안의(安誼) : 1423~1467. 본관은 순흥, 자는 의지(宜之)·지순(之順)이다. 248

며 벼슬은 연안 부사(延安府使)에 이르렀다. 이 분이 휘 우익(友益)을 낳으셨는데, 일찍 별세하였으며 부군에게 고조(高祖)가 되신다. 증조(曾祖) 휘 겸(謙)은 전생서 봉사(典牲署奉事)를 지내셨다. 조부(祖父) 휘 세관(世寬)은 기묘사화(己卯士禍) 때 여러 유생들과 대궐문 앞에 엎드려 항소(抗疏)하여 정암(靜庵)[75] 선생을 신원(伸寃)하면서 대사헌(大司憲) 유운(柳雲)[76]이 지극히 간쟁하지 못했음을 책망하였는데, 말끝마다 눈물을 흘려 보는 자들이 크게 격동하였다. 이 때문에 유명해졌으나 벼슬은 진원 현감(珍原縣監)에 이르렀으니, 세상 사람들이 등용에 인색함을 애석히 여겼다.

선고(先考) 휘 지(祉)는 문과에 급제하여 병조 정랑(兵曹正郎)과 지제교(知製敎)를 지내셨다. 선비(先妣) 영인(令人) 순창 설씨(淳昌薛氏)는 절도사 광원(光遠)의 따님이시다. 5남을 낳았는데 부군은 그중에 막내이시다. 부군을 임신했을 때 아버지인 정랑공(正郎公 안지(安祉))이 왕명을 받들어 함경도에 사신 갔다가 중도에 돌아가셨다. 부군은 유복자로 태어났는데, 9세에 또 어머니의 상을 당하였으므로 의지할 데 없는 외로운 신세가 되어 외숙의 집에서 양육되었다.

안으로는 엄한 아버지의 가르침이 없었고 밖으로는 스승과 친구들의 도움이 없었으나, 스스로 배움에 힘쓰고 시문을 공부함에 조금도

쪽 각주54 참조.

75 정암(靜庵) : 조광조(趙光祖, 1482~1519)로, 본관은 한양(漢陽), 자는 효직(孝直), 호는 정암, 시호는 문정(文正)이다.

76 유운(柳雲) : 1485~1528. 본관은 문화(文化), 자는 종룡(從龍), 호는 항재(恒齋)·성재(醒齋), 시호는 문경(文敬)이다.

게을리하지 않으셨다. 성장한 뒤에는 문장이 남보다 뛰어나 명성이 매우 높아 충청도에서 이름난 선비로서 재주 있다고 칭송받는 사람들 가운데 부군보다 앞서는 이가 없었다. 앞뒤로 과거 시험에 나아가면 문득 높은 성적을 받았으나, 운수가 기박하여 급제하지는 못하셨다.

성품이 이익과 녹봉을 좋아하지 않아 세상에 연줄을 대고 빌붙는 자들을 마치 겨나 여물처럼 하찮게 보셨다. 친구들 중에 요직을 맡고 있는 사람들이 간혹 이끌어 줄 뜻이 있으면, 문득 말씀하기를 "남아가 태어나 이름을 이루지 못했으면 또한 그만둘 것이니, 남의 은혜에 의지하여 음사(蔭仕)를 구걸하는 것은 또한 구차한 일이 아닌가."라고 하며 끝내 즐겨하지 않으셨다.

무신년(1608, 선조41) 봄에 부군께서 마침 서울에 가셨는데, 당시 선조(宣祖)의 국상(國喪)을 만났다. 부군의 내사촌 매형인 박홍구(朴弘耈)[77]가 빈전(殯殿)을 관리하는 직책을 맡고 있었다. 그가 재랑(齋郎)으로 천거하려고 하면서 "그대의 재주가 아깝도다. 집 또한 가난하니 내가 바야흐로 그대를 위해 자리를 마련할 테니, 그대는 우선 기다려라."라고 하였다. 부군은 이를 부끄럽게 생각하여 듣지 않은 것처럼 하고 곧바로 고향 집으로 돌아오셨으므로, 박홍구가 그 뜻을 억지로 할 수 없음을 알았다. 이 일에 대해 들은 사람들이 칭찬하며 "용감하게 벼슬을 사양하는 것도 진실로 어렵지만, 박홍구에게 아부하지 않은 것은 더욱 귀하다."라고 하지 않는 이가 없었다.

77 박홍구(朴弘耈) : 1552~1624. 본관은 죽산(竹山), 자는 응소(應邵)이다. 탐욕스럽고 혼탁한 인물로 궁중과 연결하여 좌의정에 이르렀으며, 인조반정 후에 삭출되었다. 《燃藜室記述 卷21 光海朝相臣》

부군께서는 타고난 자질이 고결하여 취하고 버리는 사이에 털끝만큼도 구차하지 않으셨다. 사람들에게 한 가지 선함이 있으면 위아래를 묻지 않고 장려하고 칭찬하여 오직 미치지 못할까 두려워하였으며, 만일 선하지 못한 점이 있으면 비록 권세가 있고 귀한 사람이라도 본체만체하셨다. 성품이 온후하고 화락하여 사람을 대하고 사물과 접할 때 마음의 장벽을 두지 않아 대인(大人)이나 소인(小人)이나 귀한 사람이나 천한 사람이나 모두 그 기뻐하는 마음을 얻어서 헐뜯는 사람이 없었다.

곤궁하고 가난한 사람을 불쌍하게 여겨 돕는 것이 지극한 정성에서 나왔으며, 친구가 상을 당하면 있는 힘을 다하여 도우셨다.[78] 제사 음식을 올리는 일[79]을 일찍이 한 번도 그만둔 적이 없었고, 다른 사람으로 하여금 대신하게 하지도 않으셨다. 이 때문에 사람들이 모두 그 덕에 감동하고 그 의리를 가슴에 새기면서 칭찬해 마지않았다. 식견이 밝고 판단력이 신과 같아서 온 고을 사람들이 무릇 일체의 할 일이 있으면 반드시 나아가 여쭌 뒤에 행하였고, 이웃 고을의 수령들 또한 그 풍도(風度)와 우의(友誼)를 듣고 따르는 자들이 많아 대문 밖에 수레바퀴

78 친구가……도우셨다 : 《시경》 〈곡풍(谷風)〉에 "모든 사람이 상사가 있을 적에는 포복하여 달려가 구원하였노라.〔凡民有喪, 匍匐救之.〕" 하였고, 《예기》 〈공자한거(孔子閒居)〉에 "모든 사람이 초상이 있을 때, 포복하여 달려가 구원하는 것은 복이 없는 초상인 것이다.〔凡民有喪, 匍匐救之, 無服之喪也.〕"라고 하였다.

79 제사……일 : 계서(鷄絮)는 척계서주(隻鷄絮酒)의 준말로, 변변찮은 제수로 죽은 친구를 애도한다는 의미이다. 후한(後漢)의 서치(徐穉)는 남방의 고사(高士)인데, 먼 곳으로 문상(問喪)하러 갈 때 솜을 술에 적셔 햇볕에 말린 다음, 그것으로 구운 닭을 싸서 휴대하기 간편하도록 만들어 가지고 가서, 솜을 물에 적셔 술을 만들고 닭을 앞에 놓아 제수를 올린 뒤 떠났다고 한다. 《後漢書 卷53 徐穉列傳》

자국이 거의 서로 뒤섞일 정도였다.

집이 비록 매우 가난했으나 근심하는 표정을 짓지 않았고 즐겁고 편하게 사셨다. 제사를 받들 적에는 반드시 힘써 풍성하고 깨끗이 하였으며 손님을 대접할 때는 곡진히 예우하였으므로, 사람들이 보면서도 가난[80]한 줄을 알지 못하였다. 효성과 우애의 돈독함은 천성에서 나왔으니, 형제 사이에 화기가 애애하여 남들이 흠잡는 말을 할 수 없었다. 어려서 부모를 잃어 충성스럽게 봉양하지 못한 것을 평생의 지극한 아픔으로 여겨, 매년 제삿날이 되면 반드시 한 달 전부터 심신을 깨끗이 하고 채식을 하며 추복(追服)[81]하는 뜻을 부치셨다. 연로(年老)한 후에도 여전히 7일 동안 재계하는 예를 폐하지 않고 애통한 마음을 마치 돌아가셨을 때[82]처럼 하여 죽을 때까지 마치 하루와 같이 하셨다.

자녀들을 가르칠 때는 반드시 올바른 도리를 따르도록 하였으며 하인들을 다스릴 때는 은혜와 위엄을 아울러 행했으므로 규방 안이 매우 정숙했다. 가정(嘉靖) 갑자년(1564, 명종19) 10월 25일에 태어나 숭정(崇禎) 임신년(1632, 인조10) 8월 21일에 돌아가셨으니 향년 69세였다. 돌아가시던 해 10월 14일에 은진현(恩津縣)의 동쪽에 있는 동현(銅峴) 사향(巳向)의 등성이에 장사하였다.

80 가난 : 누공(屢空)은 쌀뒤주가 자주 빌 정도로 가난한 살림을 표현할 때 사용한다. 공자(孔子)께서 제자 안연(顔淵)에 대해 말씀하시면서 "회는 도에 가깝고 자주 끼니를 굶는다.〔回也其庶乎, 屢空.〕"라고 한 데서 유래하였다. 《論語 先進》

81 추복(追服) : 상례(喪禮) 의식의 하나로, 부모가 돌아갔을 때 나이가 어렸거나 어떤 사고로 인하여 상복(喪服)을 입지 못하였다가 나중에 상복을 입는 일을 말한다.

82 돌아가셨을 때 : 봉휘(奉諱)는 원래 후비(后妃)가 승하하여 상사(喪事)를 행함을 이르는 말인데, 여기서는 어머니의 상례를 뜻하는 말로 사용되었다.

부인 유인(孺人) 밀양 손씨(密陽孫氏) 또한 명망 있는 가문 출신이다. 아버지 부여 현감(扶餘縣監) 여해(汝諧)[83]는 효행으로 정려(旌閭)를 받아 요역(徭役)의 감면을 받았는데, 그 사실이 《삼강행실(三綱行實)》에 실려 있다. 유인께서는 어려서부터 가정의 가르침을 따라 매우 부도(婦道)가 있었으며 부군을 섬기면서 덕에 어긋나는 일이 없었다. 부군이 장가든 지[84] 오래되지 않아 책 상자를 지고 산방(山房)으로 가서 공부할 때 마침 선대의 기일을 만났는데, 유인에게 편지를 보내 간소한 반찬을 갖추어 보내게 하셨다. 그때는 기일까지 한 달이나 남아 있었고 유인은 바야흐로 병을 앓고 있던 중에 물고기를 먹고 싶어 했으므로 집안사람들이 국을 끓여 올렸는데, 유인께서 마침 부군의 편지를 보고 문득 잡숫지 않으셨다. 부모님이 기일이 아직 멀었다며 먹기를 권하였으나 끝내 수긍하지 않으셨다. 이때부터 매년 부군처럼 소식(素食) 먹기를 처음부터 끝까지 바꾸지 않으셨다. 부군과 같은 해 정월 초사흘에 태어나 부군보다 24년 먼저 만력(萬曆) 무신년(1608, 선조41) 5월 12일에 돌아가셨으니 향년 35세였다. 부군과 합장(合葬)하였다.

4남 5녀를 낳았으나 다만 아들 하나와 딸 둘만을 길렀다. 아들 흘(忔)은 뛰어난 재주가 있어서 14세 때 초시에 급제하였으며, 약관(弱冠)의 나이에 진사가 되어 사람들이 모두 원대한 성취를 기약했으나

83 손여해(孫汝諧) : 본관은 밀양(密陽), 호는 식암(息菴)이다. 249쪽 각주57 참조.

84 장가든 지 : 위금(委禽)은 혼례(婚禮)에서 납채(納采)할 때에 나무로 만든 기러기를 올리던 데에서 유래하여, 장가드는 일을 뜻하는 말로 쓰인다. 《춘추좌씨전》 소공(昭公) 원년 기사에 "춘추 시대 정나라 서오범의 여동생이 아름다웠다. 공손초가 그녀에게 장가들려 했는데, 공손흑이 또 심부름꾼을 보내 억지로 기러기를 맡겼다.〔鄭徐吾犯之妹美, 公孫楚聘之矣, 公孫黑又使强委禽焉.〕"라고 하였다.

불행히 일찍 돌아갔다. 장지는 부군의 무덤 아래에 있다. 이 분이 현령(縣令) 신수무(愼守武)의 따님에게 장가들어 딸 하나를 두었는데, 사인(士人) 윤민익(尹敏益)에게 시집갔다.

부군의 장녀는 송공(宋公) 휘 국전(國銓)에게 시집갔으니, 바로 나 규렴(奎濂)의 선친이시다. 세 아들을 두었는데, 큰아들 규연(奎淵)은 호군(護軍)이고, 둘째아들 규락(奎洛)은 감역(監役)이며, 규렴은 막내인데 사간(司諫)이었으나 지금은 관직이 삭탈되었다. 차녀는 사인 소창문(蘇昌門)에게 시집가서 딸 하나를 두었는데, 그 딸이 사인 박동신(朴東信)에게 시집갔다. 윤민익은 아들 셋을 낳았는데, 형갑(衡甲), 치갑(致甲), 세갑(世甲)이다.

규연은 3남 1녀를 낳았는데, 아들은 상변(喪變), 생원(生員)인 상증(相曾), 상적(相迪)이고 딸은 이세기(李世箕)에게 시집갔다. 규락은 1남 3녀를 두었는데, 아들은 상철(相哲)이고 딸은 이만당(李萬堂), 박희경(朴禧慶)에게 시집갔고 막내딸은 아직 시집가지 않았다. 규렴은 2남 1녀를 낳았는데, 아들은 상기(相琦)이고 딸은 이익명(李益命)에게 시집갔으며 나머지는 어리다. 박동신은 3남 1녀를 두었는데, 아들은 세성(世成), 세형(世衡), 무과에 급제한 세정(世挺)이고 딸은 아직 시집가지 않았다.

측실이 1남 3녀를 두었는데, 아들 출(怵)은 적자(嫡子)가 되어 제사를 주관한다. 이철남(李哲男)의 딸에게 장가가서 2남 1녀를 두었는데, 아들은 춘방(春邦)과 해방(海邦)이고 딸은 이식(李湜)에게 시집갔다. 측실 소생의 장녀는 이득만(李得晩)에게 시집가서 1남 1녀를 두었는데, 아들은 태해(泰海)이고 딸은 손시태(孫始泰)에게 시집갔다. 둘째 딸은 송국빈(宋國彬)에게 시집가서 1남 4녀를 두었는데, 아들은 규오

(奎五)이고 딸들은 이상여(李尙輿), 조시환(趙是煥), 이수명(李秀命), 정윤하(鄭潤河)에게 시집갔다. 셋째딸은 송규언(宋奎彦)에게 시집가서 딸 셋을 두었는데, 큰딸은 우낙서(禹洛瑞)에게 시집갔고 나머지는 어리다. 춘방은 딸 하나를 낳았고 해방은 아들 하나를 낳았으며 태해는 1남 1녀를 낳았는데 모두 어리다. 자손이 모두 50여 명이다.

아, 부군은 훌륭한 가문에서 태어나 재능을 쌓고 행실을 닦았으니, 마땅히 등용되어 보답을 받아야 했으나 끝내 쑥대밭에서 몸을 마쳐 불우한 신세로 뜻을 펴지 못하셨다. 어찌 하늘이 시킨 일이 아니겠는가. 거기다가 자손들도 영락하여 후사를 맡길 사람이 오직 어린 서자밖에 없었다. 평소의 언행 가운데 본받을 만하고 전할 만한 것이 반드시 이 정도에 그치지 않았을 것인데, 모두 없어져 일컬어지지 아니하니 슬프도다.

요즈음 어머니께서 병중에 눈물을 흘리면서 불초(不肖)한 우리들에게 다음과 같이 말씀하셨다.

"아버지를 장례지낸 것이 지금 4년이나 되었는데 묘비가 아직도 없으니, 이것은 실로 너희들의 책임이다. 내가 죽기 전에 서둘러 없어지지 않을 일을 도모하여 선인의 숨겨진 덕과 그윽한 빛을 만에 하나라도 발휘하게 된다면, 나는 죽어서라도 눈을 감을 수 있을 것이고 너희들도 또한 훗날 할 말이 있을 것이다."

그리고는 마침내 우리 선생님을 들어 부탁하게 하시니,[85] 그 말씀이

85 우리……하시니 : 송시열(宋時烈)이 쓴 안경인(安敬仁)에 대한 묘표(墓表)가 《송자대전(宋子大全)》 권198에 〈학생안군묘표(學生安君墓表)〉라는 제목으로 수록되어 있다.

매우 슬프고 간절하십니다. 불초(不肖)한 저희들은 그 뜻을 능히 이루지 못할까 두려워 어머니의 뜻을 받들 방법을 서둘러 생각하였습니다. 그러나 태어난 것이 한참 뒤이고 외가 조상들의 일은 열 가지 가운데 여덟아홉 가지를 알지 못합니다. 그러므로 어머니께 들은 것 중에서 한두 가지나마 대략 뽑아서 이상과 같이 엮었습니다. 만약 선생님께서 가엾이 여겨 한마디 소중한 말씀을 주신다면, 노모(老母)의 마음을 위로할 수 있을 것이고 불초한 저희들의 책임 또한 조금은 가릴 수 있을 것입니다. 구구하고 간절하게 기원하는 지극한 마음을 견디지 못합니다.

묘지 墓誌

외조부 순흥 안 부군 묘지
外王考順興安府君墓誌

공의 휘(諱)는 경인(敬仁), 자(字)는 근원(謹元), 성(姓)은 안씨(安氏)이시다. 시조(始祖) 자미(子美)[86]는 고려의 상장군(上將軍)을 지내셨다. 그 뒤에 휘 석(碩)이 처음으로 순흥(順興)에서 거주하면서 마침내 순흥을 본관으로 하였다. 이 분이 휘 축(軸)[87]을 낳았는데, 원(元)나라 제과(制科)[88]에 급제하였고 찬성사 대제학(贊成事大提學)을 지냈다.

이때부터 가문이 더욱 크게 번창하여 휘 종원(宗源)[89]은 영삼사사

86 안자미(安子美) : 순흥 안씨(順興安氏)의 시조로, 고려 시대 흥위위 보승별장(興威衛保勝別將) 신호위 상호군(神號衛上護軍)에 추봉되었다.

87 안축(安軸) : 1282~1348. 본관은 순흥(順興), 자는 당지(當之), 호는 근재(謹齋), 시호는 문정(文貞)이다. 246쪽 각주45 참조.

88 제과(制科) : 인재를 선발하기 위해서 천자(天子)가 친히 시험하던 과거 제도로, 뒤에 와서는 유사(有司)에게 위임하였다. 246쪽 각주47 참조.

89 안종원(安宗源) : 1325~1394. 본관은 순흥, 자는 사청(嗣清), 호는 쌍청당(雙清堂), 시호는 문간(文簡)이다.

(領三司事), 휘 경공(景恭)[90]은 흥녕부원군(興寧府院君), 휘 순(純)[91]은 보문각 대제학(寶文閣大提學), 휘 숭선(崇善)[92]은 병조 판서(兵曹判書)를 지니셨으니, 찬성사(贊成事 안축(安軸))로부터 5대에 걸쳐 문형(文衡)을 잡은 것이다. 휘 의(誼)[93]는 부사(府使)를 지냈으며, 휘 우익(友益)은 벼슬하지 않았으니, 공에게는 고조(高祖)가 되신다. 증조(曾祖) 휘 겸(謙)은 봉사(奉事)를 지내셨다. 조부(祖父) 휘 세관(世寬)은 기묘사화(己卯士禍) 때 대궐에 엎드려 정암(靜庵)[94] 선생을 신원(伸冤)하면서 사헌부(司憲府)의 신하들이 지극히 간하지 않은 것을 책망하셨는데, 말할 때마다 눈물이 흘렀다. 이 때문에 명성이 있었으나, 벼슬은 현감(縣監)에 그쳤다.

선고(先考) 휘 지(祉)는 병조 정랑(兵曹正郎)과 지제교(知製敎)를 지냈으며, 선비(先妣) 순창 설씨(淳昌薛氏)는 절도사(節度使) 광원(光遠)의 따님이시다. 공을 임신했을 때 정랑공(正郎公 안지(安祉))은 사신의 임무를 받들고 함경도에 갔다가 중도에 별세하셨다. 공은 유복자(遺腹子)로 태어났는데, 9세에 다시 어머니의 상을 당하였으므로 의지할

90 안경공(安景恭) : 1347~1421. 본관은 순흥, 자는 손보(遜甫), 시호는 양도(良度)이다.

91 안순(安純) : 1371~1440. 본관은 순흥, 자는 현지(顯之), 시호는 정숙(靖肅)이다.

92 안숭선(安崇善) : 1392~1452. 본관은 순흥, 자는 중지(仲止), 호는 옹재(雍齋), 시호는 문숙(文肅)이다.

93 안의(安誼) : 1423~1467. 본관은 순흥, 자는 지순(之順)이다. 연안 부사(延安府使)를 거쳐 성주 목사(星州牧使)로 재직하던 중 지병으로 순직했다.

94 정암(靜庵) : 조광조(趙光祖, 1482~1519)로, 본관은 한양(漢陽), 자는 효직(孝直), 호는 정암, 시호는 문정(文正)이다.

데 없는 외로운 신세가 되어 외숙의 집에서 자라셨다. 조금 성장하자 스스로의 힘으로 시문(詩文)을 공부하여 명성이 동년배들을 압도하였으나 끝내 대과에 급제하지는 못하셨다.

성품이 이익과 작록(爵祿)을 좋아하지 않았으므로, 친구들 가운데 혹 이끌어 주려는 뜻이 있으면 곧 말하기를 "남아가 스스로 지위와 명예를 이루지 못하고 남에게 의지하여 영화를 구하는 것은 구차한 일이다."라고 하셨다. 광해군(光海君) 때에 요행으로 재상이 된 사람 중에 공과 동서간이 되는 자[95]가 공의 재능을 알고 천거하려고 하였는데, 공이 이를 부끄럽게 여겨 못들은 체하고 곧바로 시골집으로 돌아오셨으니, 여기서 그 절개를 알 수 있다.

사양하고 받음과 취하고 버림에 터럭만큼도 구차하지 않으셨다. 남의 선(善)을 칭찬함에 소원하고 친함을 따지지 않았으나, 진실로 선하지 않을 때에는 비록 권세가 있고 귀한 사람이라도 본체만체 하셨다. 성품이 또한 온후하고 화락하여 사람을 대하고 사물을 접함에 마음의 장벽을 두지 않으셨으며, 곤궁하고 환난이 있는 사람을 불쌍히 여기고 돕는 것이 지극한 정성에서 나왔다. 이 때문에 사람들이 모두 그 덕에 감동하고 그 의리를 가슴에 담았다.

집이 비록 가난했으나 즐겁게 지내셨다. 오직 조상을 받드는 일에는

95 공과……자 : 안경인(安敬仁, 1564~1632)과 동서 간으로 높은 벼슬을 하고 있던 사람은 박홍구(朴弘耉, 1552~1624)로, 본관은 죽산(竹山), 처음 이름은 홍로(弘老), 자는 응소(應邵)이다. 호남・호서・관서(關西) 등의 감사와 찬성을 지냈다. 탐욕하고 혼탁한 인물로 좌의정에 이르렀으나, 인조반정 후에 삭출되었다. 갑자년(1624, 인조2)에 군복을 입고 이괄(李适)을 영접하려다가 이괄이 패하였다는 말을 듣고 돌아왔다. 여러 아들의 역모로 인하여 사사(賜死)되었다.《燃藜室記述 卷21 光海朝相臣》

돈독히 하여 제사를 지낼 때에는 힘써 지극히 풍성하고 깨끗이 하셨다. 스스로 부모를 미처 섬기지 못한 것을 지극한 아픔으로 여겨, 매년 제삿날이 되면 반드시 제사 전에 심신을 깨끗이 하고 채식을 하며 곡하기를 처음 상을 당했을 때처럼 하셨다. 형제들 사이에 화기가 애애하여 남들이 흠잡는 말을 하지 않았으니, 대개 효도와 우애의 돈독함은 천성에서 나온 것이었다.

가정(嘉靖) 갑자년(1564, 명종19)에 태어나 숭정(崇禎) 임신년(1632, 인조10)에 별세하셨으니 향년 69세였다. 은진현(恩津縣)의 동현(銅峴) 해좌(亥坐) 등성이에 장사 지냈다. 부인 밀양 손씨(密陽孫氏)는 현감(縣監) 여해(汝諧)[96]의 따님이니, 부덕(婦德)이 매우 갖추어졌으므로 어진 배필이라 일컬어졌다. 공과 같은 해에 태어나 공보다 24년 먼저 별세하였고 공의 왼쪽에 합장되었다. 우재(尤齋) 송 선생이 지은 묘표(墓表)가 있다.[97]

외아들 흘(忔)은 뛰어난 재주를 지녀 18세에 성균관(成均館)에 올랐으나 불행히도 일찍 죽었다. 현령(縣令) 신수무(愼守武)의 따님에게 장가들어 딸 하나를 낳았는데, 사인(士人) 윤민익(尹敏益)에게 시집갔다. 부군은 두 딸을 두셨는데, 장녀는 증 참판(贈參判) 송공(宋公) 휘 국전(國銓)에게 시집갔으니, 바로 나 규렴(奎濂)의 선친(先親)이시다. 세 아들을 두었으니, 장남 규연(奎淵)은 부사(府使), 차남 규락(奎洛)

96 손여해(孫汝諧) : 본관은 밀양(密陽), 호는 식암(息菴)이다. 인조 때 부여 현감(扶餘縣監)을 지냈다.

97 우재(尤齋)……있다 : 송시열(宋時烈)이 쓴 안경인(安敬仁)에 대한 묘표(墓表)가 《송자대전(宋子大全)》 권198에 〈학생안군묘표(學生安君墓表)〉라는 제목으로 수록되어 있다.

은 감역(監役), 나 규렴은 막내로 지금 관찰사(觀察使)이다. 부군의 차녀는 사인 소창문(蘇昌門)에게 시집가서 딸 하나를 낳았는데, 사인 박동신(朴東信)의 아내가 되었다. 측실 소생으로 아들 출(怵)이 적자(嫡子)가 되어 제사를 주관하며, 이철남(李哲男)의 딸에게 장가들어 아들 춘방(春邦), 해방(海邦)을 낳았고, 딸은 이식(李湜)에게 시집갔다. 측실 소생의 장녀는 이득만(李得晩)에게 시집가서 아들 태해(泰海)를 낳았고 딸은 손시태(孫始泰)에게 시집갔다. 차녀는 송국빈(宋國彬)에게 시집가서 아들 규오(奎五)를 낳았으며, 딸들은 이상여(李尙輿), 조시환(趙始煥), 이수명(李秀命), 정윤하(鄭潤河)에게 시집갔다. 셋째 딸은 송규언(宋奎彦)에게 시집가서 아들 이필(頤弼)을 낳았고 딸은 우낙서(禹洛瑞)에게 시집갔다.

아, 공의 덕(德)과 재능이 어찌 남에게 뒤지겠는가만, 끝내 불우한 신세로 뜻을 펴지 못하여 평생을 침울(沈鬱)하게 살았으니, 어찌 하늘의 뜻이 아니겠는가. 게다가 뒤의 일은 다 없어져서 행적을 알 수 없기 때문에, 지금 여기에 서술한 것은 겨우 그 십분의 일에 지나지 않으니, 어찌 그의 행적을 충분히 드러내어 밝힐 수 있겠는가. 비록 그러하나 우재 선생의 글로 공의 묘에 비명을 새겼으니, 이것으로 또한 공을 후세에 전하기에는 충분할 것이다.

외숙부 성균 진사 안공 묘지

舅氏成均進士安公墓誌

외숙부 안공(安公)의 휘(諱)는 흘(仡), 자(字)는 화로(和老), 본관은 순흥(順興)이다. 선고(先考)는 휘 경인(敬仁)이고, 선비(先妣) 밀양 손씨(密陽孫氏)는 현감(縣監) 여해(汝諧)의 따님이시다. 만력(萬曆) 정해년(1587, 선조20) 7월 3일에 공을 낳았다.

공은 어려서부터 뛰어난 재주가 있어서 번거롭게 감독하지 않고도 문장이 날로 진보하여 14세에 향시에서 장원을 차지하였으므로, 당시에 그 글이 입으로 전해졌다. 18세에 진사시에 합격하여 명성을 크게 떨치자, 사람들이 모두 말하기를 "조만간에 장원 급제할 만한 인물이다."라고 하였는데, 갑인년(1614, 광해6) 5월 3일에 병에 걸려 일어나지 못하셨으니, 향년이 겨우 28세였다. 은진현(恩津縣)의 동현(銅峴) 선영 아래 사향(巳向)의 등성이에 장사 지냈다.

아, 공의 재능으로 하늘이 더 오래 살게 해 주었다면 그 성취할 바를 어찌 헤아릴 수 있었겠는가. 그러나 중도에 세상을 떠나 꽃만 피고 열매를 맺지 못하였으니[98] 슬프도다. 게다가 사후(死後)에 청전(靑氈)[99]을 또한 맡길 곳이 없었으므로, 평소 행적 가운데 열에서 하나도

98 꽃만……못하였으니 : 《논어》 〈자한(子罕)〉에 "싹이 나고서 꽃이 피지 못하는 자도 있으며, 꽃이 피고서 열매를 맺지 못하는 자도 있다.〔苗而不秀者, 有矣夫, 秀而不實者, 有矣夫.〕"라고 한 공자(孔子)의 말씀을 인용한 것으로, 여기서는 송규렴의 외숙부 안흘이 뛰어난 재주를 지녔지만 일찍 타계한 것을 안타까워한 말이다.

99 청전(靑氈) : 청전은 푸른 모포라는 뜻으로, 선대로부터 전해 오는 귀한 유물이나

파악할 수 없다. 오직 일찍이 어머니의 말씀을 들었는데, 공이 부모에게 효도하고 형제에게 우애한 것은 남들이 미치지 못할 정도였다고 하셨다. 그렇다면 공을 칭찬할 만한 점이 어찌 유독 문장뿐이겠는가.

안씨(安氏)는 그 세계(世系)가 멀리 거슬러 올라가는데, 고려 시대부터 우리 조선에 들어오기까지 이름난 신하와 훌륭한 선비가 전후(前後)로 끊임없이 이어졌다. 그 가문의 대대로 쌓은 공덕(功德)과 선조의 계보는 외조부의 묘표(墓表)에 자세히 기록되었으므로, 여기서는 다시 드러내지 않는다.

부인 의인(宜人) 거창 신씨(居昌愼氏)는 현령(縣令) 수무(守武)의 따님이시다. 공보다 6년 뒤에 태어났으며 공보다 40년 뒤에 별세하셨다. 장지는 평산(平山) 신가(愼家)의 선산에 있다. 딸 하나를 두었는데 사인(士人) 윤민익(尹敏益)에게 시집갔다. 윤민익은 아들 셋을 두었는데 형갑(衡甲), 치갑(致甲), 세갑(世甲)이다. 치갑이 의인의 명을 받들어 지금 제사를 주관하고 있다.

나는 공이 너무 빨리 세상을 떠난 것을 마음속으로 슬퍼하고, 또한 그의 행적이 사라져 전하지 않는 것이 안타깝다. 그러므로 대략 몇 마디 말을 주워 모아 공의 묘소에 넣어서 후세의 사람들로 하여금 여기에서 살펴 믿게 하노라.

가업을 가리킨다. 진(晉)나라 왕헌지(王獻之)가 누워 있는 방에 도둑이 들어와서 물건을 모두 훔쳐 가려 하자 "도둑이여, 그 푸른 모포는 우리 집안의 유물이니, 그것만은 놓고 가라.〔偸兒, 靑氈我家舊物, 可特置之.〕"라고 하였다는 고사에서 유래하였다.《晉書 卷80 王羲之列傳 王獻之》 여기서는 안흘이 남긴 행적을 말한다.

백씨 연안 부사 부군 묘지
伯氏延安府使府君墓誌

공의 휘(諱)는 규연(奎淵), 자(字)는 자정(子靜), 성은 송씨(宋氏), 본관은 은진(恩津)이다. 시조(始祖) 대원(大原)은 고려 시대에 판원사(判院事)를 지내셨다. 이로부터 관직에 오른 사람이 연이어 나와 세상에 알려진 인물들이 있었으니, 집단(執端) 휘 명의(明誼), 쌍청당(雙淸堂) 휘 유(愉)[100] 같은 분들이 가장 이름이 드러났다. 안악 군수(安岳郡守) 증 좌승지(贈左承旨) 휘 세훈(世勛), 부호군(副護軍) 호(號) 송담(松潭) 휘 남수(枏壽),[101] 학유(學諭) 증 도승지(贈都承旨) 휘 희원(希遠),[102] 증 이조 참판(贈吏曹參判) 휘 국전(國銓),[103] 이 분들이 공의 4대 조상들이시다. 공의 어머니 증 정부인(贈貞夫人) 순흥 안씨(順興安氏)는 사인(士人) 경인(敬仁)의 따님이시다.

공은 만력(萬曆) 경신년(1620, 광해12) 6월 11일에 회덕(懷德)에 있는 집에서 태어나셨다. 겨우 다박머리에 이를 갈 나이에 우암(尤菴)[104]과 동춘(同春)[105] 두 선생의 문하를 출입하며 공부하셨다. 조금

100 송유(宋愉) : 1388~1446. 본관은 은진(恩津), 호는 쌍청당(雙淸堂)이다. 부사정(副司正) 벼슬을 하다가 사퇴하고 회덕에 은거하여 학문을 닦으며 여생을 보냈다.

101 송남수(宋枏壽) : 1537~1626. 본관은 은진, 자는 영로(靈老), 호는 송담(松潭)이다.

102 송희원(宋希遠) : 1565~1623. 본관은 은진, 자는 의백(毅伯)이다.

103 송국전(宋國銓) : 1595~1649. 본관은 은진, 자는 방형(邦衡)이다.

104 우암(尤菴) : 송시열(宋時烈, 1607~1689)로, 본관은 은진, 아명은 성뢰(聖賚),

성장해서는 글을 짓고 기예를 닦는 데 조금도 게을리하지 않았으나, 운수가 기박하여 여러 차례 과거에 실패하셨다.

숭정(崇禎) 임인년(1662, 현종3)에 처음으로 선공감 감역(繕工監監役)에 제수되었으나, 병 때문에 벼슬을 버리고 돌아오셨다. 갑진년(1664)에 전설사 별검(典設司別檢)에 다시 제수되었으나, 사직하고 부임하지 않으셨다. 다시 청암도 찰방(青巖道察訪)에 제수되었고, 사포서 별제(司圃署別提)로 승진하였다가 장악원 주부(掌樂院主簿)로 자리를 옮기셨다. 외직으로 나아가 함열 현감(咸悅縣監)이 되었다가 다시 영동 현감(永同縣監)으로 교체되어 도적떼[106]를 소탕한 공로로 통정대부(通政大夫)로 자급(資級)이 올랐다. 공은 진실한 마음으로 이를 바라지 않았으나, 끝내 감히 사양하지 못하셨다. 얼마 지나지 않아 어떤 일 때문에 파직되어 돌아오셨다. 갑인년(1674) 이후로는 결코 벼슬에 뜻을 두지 않고 고향에서 유유자적하며 생애를 마감하려고 하셨다.

자는 영보(英甫), 호는 우암 또는 우재(尤齋)이다.

105 동춘(同春) : 송준길(宋浚吉, 1606~1672)로, 본관은 은진, 자는 명보(明甫), 호는 동춘당, 시호는 문정(文正)이다. 《宋子大全 卷182 同春堂宋公墓誌》

106 도적떼 : 환부(萑苻)는 춘추 시대 정(鄭)나라의 도적들이 출몰했던 늪지대 이름으로, 도적떼라는 뜻으로 쓰인다. 정나라 자산(子産)이 병들었을 때 자대숙(子大叔)에게 "내가 죽으면 자네가 정사를 맡게 될 것이다. 불은 맹렬하기 때문에 백성이 두렵게 여기고, 물은 순하기 때문에 백성이 가볍게 여기다가 빠져 죽는다. 정사도 이 물처럼 너무 너그럽게만 하면 다스리기 어렵다."라고 하였다. 그가 죽은 다음 과연 자대숙이 정사를 맡았는데, 차마 백성에게 사납게 할 수 없다 하여 너그럽게만 하다가 환부에 도적떼가 일어나자, 어쩔 수 없이 엄하게 다스려 섬멸시킨 후 "일찍 자산의 말대로 했다면 이런 살해는 없었을 것이다."라고 후회하였다. 《春秋左氏傳 昭公20年》

무오년(1678, 숙종4)에 어머니 상을 당하였고, 신유년(1681)에 상기(喪期)를 마쳤다. 내직으로는 오위장(五衛將), 첨지중추부사(僉知中樞府事), 외직으로는 용담 현령(龍潭縣令), 연안 부사(延安府使), 옥천 군수(沃川郡守)가 모두 그 이력(履歷)인데, 연안 부사와 옥천 군수는 좋아하지 않는 자들의 모함을 받아 혹 부임하지 않기도 하고, 혹 부임하자마자 곧바로 교체되기도 하셨다.

을축년(1685) 7월 4일에 병으로 정침(正寢)에서 생을 마감하셨으니 향년 66세였다. 그 해 9월 12일에 회덕현(懷德縣) 남쪽 용전(龍田)에 새로 정한 장소의 유좌(酉坐) 등성이에 장사 지냈다.

공은 어려서부터 아름다운 자질이 있었다. 송담공(松潭公 송남수(宋柟壽))께서 일찍이 제철 과일 한 쟁반을 차려 놓고 여러 아이들을 불러 먹게 하셨다. 공이 홀로 천천히 남은 것을 가져가자, 송담공께서 기특하게 여기며 칭찬하셨다. 어릴 때 어머니께서 일찍이 질병을 앓았는데, 근심이 얼굴에 가득한 상태로 약물을 준비하여 올렸으니, 그 돈독한 정성과 효성은 본성에서 나온 것이었다.

참판(參判 송국전(宋國銓)) 부군께서 돌아가실 당시 모부인(母夫人 송국전의 어머니)께서 생존해 계셨는데, 돌아보며 말씀하기를 "내가 이제 능히 효를 다하지 못하니, 너는 내 뜻을 이어 봉양하도록 하라."라고 하셨다. 공이 울면서 지시를 받들어 어김이 없으셨다. 왕부인(王夫人)과 어머니를 봉양함에 안색을 살펴 뜻을 순순히 따르면서 마음을 기쁘게 해드리는 데 힘쓰고, 육신의 봉양에도 힘을 다해 음식을 장만하셨다. 어머니 상을 당했을 때 지나치게 슬퍼하여 몸이 야윈 나머지 병에 걸리셨다. 집안사람들이 생강과 계피를 쓰려고 하자 공이 울면서 말씀하기를 "어찌 차마 이렇게 하겠는가."라고 하시므로, 집안사람들이 감히 강요하지 못하였다.

집은 비록 가난했지만 제사를 지낼 때는 반드시 힘써 풍성하고 청결하게 하였고, 모든 선조를 받드는 일은 정성과 공경을 한결같이 하셨다. 승중(承重)의 상복[107]을 벗고 장차 살림을 나누려 할 때에 나이 많은 노비[108]를 차지하며 말씀하기를 "이 사람은 왕모(王母)께서 살아계실 때 친히 부리시던 사람이다."라고 하셨으니, 재물에 임하여 구차하지 않았음을 알 수 있다.

관직에 있을 때에는 오로지 청렴결백으로 자신을 단속하셨다. 함열(咸悅) 근처에 해창(海倉)이 있었는데, 수령들이 그곳의 세금이 많은 것을 이롭게 여겨 그곳 수령으로 뽑히기를 구하는 사람도 있었다. 방백(方伯)이 특별히 공으로 정하사, 공은 남은 것을 모두 관청으로 돌려보내셨다. 용담 현령(龍潭縣令)이 되어서는 삼가고 단속하기를 더욱 지극히 하여, 집에 있는 여러 자식들이 궁핍하여 제 목숨도 보존하지 못할 지경이었다. 어떤 사람이 녹봉을 떼어 구제하기를 권하였으나, 공은 말씀하기를 "관직에 있으면서 집안 식구들을 염려하는 것은 내가 수치스러워하는 것이다."라고 하셨다. 자신을 단속함이 이와 같았으므로, 하급 관리들이 엄하게 단속하는 것을 괴로워하다가 유언비어를 날조하여 상사(上司)에게 알려 마침내 중상(中傷)을 입으셨다. 그 뒤에 연안 부사와 옥천 군수에 임명되었으나 나아가지 못했던 것은 실로

107 승중(承重)의 상복 : 아버지를 대신하여 조부모의 상에 입는 복으로, 3년복을 말한다. 여기서는 송규연의 아버지 송국전이 어머니보다 먼저 운명하였으므로 송규연이 조모의 상에 복을 입은 것을 가리킨다.

108 노비 : 창적(蒼赤)은 창생적자(蒼生赤子)의 준말로, 일반적으로 백성을 가리키나 여기서는 노비라는 의미로 쓰였다.

이 때문이었다.

공은 정사를 함에 엄격하여 매번 간사하고 교활한 사람을 만날 때마다 준엄하게 제재하여 용서하지 않으셨다. 식자(識者)들은 이 때문에 혹 해를 당할까 진실로 염려하였지만, 한 소리(小吏)로 하여금 마음속에 품은 생각을 마음대로 펼 수 있게까지 하셨으니, 이는 실로 세도(世道)와 관계가 있었다. 또한 조정이 장차 바뀔 때를 만나, 한 무리의 사람들이 바야흐로 사문(師門)[109]을 적대시 하여 불초(不肖)한 나에게까지 영향이 미쳤으니, 사람들이 말하기를 "공이 곤액을 당한 것은 오로지 이 때문이다."라고 하였다. 세상을 떠나자 집에는 염하고 장사를 지낼 도구조차 없어 남들에게 신세짐을 면하지 못하였으니, 사람들이 모두 그의 청렴함에 감복하면서 세상에 공을 알아주는 사람이 적은 것을 더욱 한탄하였다.

부인 여흥 민씨(驪興閔氏)는 사직서 영(社稷署令) 계(枅)의 따님이며, 참판(參判) 여임(汝任)의 손녀이다. 공을 따라 숙부인(淑夫人)에 제수되었는데, 부덕(婦德)이 매우 순수하였으며 온화하게 웃어른을 받들고 은혜로 아랫사람을 대하셨다. 동서들 사이에서 헐뜯는 말을 하는 사람이 없었으니, 시부모님이 매우 편안하게 여기셨다. 공보다 1년 먼저 태어났으며, 공이 별세하던 해 12월 11일에 쇠약함이 누적되어 마침내 일어나지 못하셨다. 이듬해 2월 22일에 공의 왼쪽에 합장되었다.

장남 상변(相抃)은 참봉(參奉), 차남 상증(相曾)은 생원, 삼남은 상적(相迪)이다. 딸은 사인 이세기(李世箕)에게 시집갔다. 측실 소생으

109 사문(師門) : 송시열과 송준길을 가리킨다.

로 아들은 상언(相彦), 상현(相賢), 상우(相愚), 상인(相仁)이 있고, 딸은 어리다. 상변은 처음에 현감 정운익(鄭雲翼)의 딸에게 장가들어 아들 필흡(必熻)을 두었고, 뒤에 사인 안응경(安應庚)의 딸에게 장가들어 아들 필섭(必燮)을 두었으며, 세 딸은 어리다. 상증은 판관(判官) 이민도(李敏道)의 딸에게 장가들어 1남 3녀를 두었는데 모두 어리다. 상적은 사인 심흔(沈俒)의 딸에게 장가들었는데 자식이 없다. 이세기는 1남 2녀, 상언은 1남 2녀, 상우는 1남, 필흡은 1녀를 낳았다. 내외(內外)의 자손이 모두 26명이다.

묘지명 墓誌銘

통덕랑 박공 묘지명 병서
通德郞朴公墓誌銘 幷序

나의 고모부 통덕랑(通德郞) 박공(朴公)이 별세하고 장사 지낸 지 1기(一紀 12년)가 지났다. 공의 여러 자식들이 내가 친척으로서 공의 평생을 처음부터 끝까지 잘 알고 있다 하여 산소에 묘지명을 쓰게 하였다. 아, 공을 아는 사람으로는 과연 나만한 자가 없으니, 어찌 감히 글이 보잘것없다는 이유로 사양하겠는가.

삼가 살피건대 박씨의 가계(家系)는 무안(務安)에서 나왔다. 휘(諱) 진승(進昇)[110]은 고려조에 공을 세워 식읍을 받았으니, 이분이 시조(始祖)이다. 좌복야(左僕射) 섬(暹)[111]에 이르러 또한 훈봉(勳封 공신과 부원군의 봉호)이 있어 공신각(功臣閣) 위에 화상이 그려졌다. 밀직부사

110 박진승(朴進昇) : 무안 박씨(務安朴氏)의 시조로, 신라 제54대 경명왕의 여섯째 아들 완산대군(完山大君) 박언화(朴彦華)의 5세손이다. 고려시대에 문과에 급제하여 국자 좨주(國子祭酒)를 지냈으며 무안(務安)을 식읍(食邑)으로 하사받았다.

111 박섬(朴暹) : 고려 현종 때의 공신으로 상서우복야(尙書右僕射)에 올랐다. 거란이 침입했을 때에 왕을 호종한 공로가 현저하고 개경을 수복하는 동안 변함없는 절개로 사직을 안정시켰다고 하여, 1052년(문종6) 공신각에 도형(圖形)되었다.

(密直副使) 부(垺)와 면성군(綿城君) 문오(文晤)[112]를 지나, 우리 조선조에 들어와 휘 의룡(義龍)[113] 및 강(綱)이 연달아 2세에 걸쳐 형조(刑曹)의 판서(判書)와 참판(參判)이 되었다. 또 군수 형(亨)[114]과 현령 이(頤)[115]를 지나, 부사(府使) 증 판서(判書) 임경(臨卿)[116]에 이르렀으니, 이 분이 바로 노산(魯山)[117]의 충신 성삼문(成三問)의 사위이며, 공의 5대조이다. 증 형조 참의(刑曹參議) 휘 증(增),[118] 내섬시 봉사(內贍寺奉事) 증 형조 참판 휘 대성(大成), 증 공조 판서(工曹判書) 휘

112 박문오(朴文晤) : 1258~1358. 박섬의 6세손으로, 호는 면남(綿南)이다. 《면성읍지(綿城邑誌)》에 "박문오는 고려조 문과에 급제하여 정승에 이르렀고, 적을 토벌한 공으로 면성부원군(綿城府院君)에 봉해졌다. 만년에 벼슬을 내놓고 무안읍에 정자를 지어 유산정(遊山亭)이라 하고, 못을 파서 생선지(生鮮池)라 하여 그곳에서 소요했다." 라고 하였다.

113 박의룡(朴義龍) : 1330~1430. 본관은 무안(務安), 호는 풍정(楓亭)이다. 조선 개국에 공을 세워 원종공신(原從功臣)에 녹훈(錄勳)되었고, 호조 판서(戶曹判書)·병조 판서(兵曹判書)·형조 판서(刑曹判書)를 거쳐 영중추부사(領中樞府事)를 역임하였다.

114 박형(朴亨) : 본관은 무안으로, 단양 군수(丹陽郡守)를 지냈다.

115 박이(朴頤) : 본관은 무안으로, 평강 현령(平康縣令)을 지냈다.

116 박임경(朴臨卿) : 1436~1485. 본관은 무안으로, 성삼문(成三問)의 사위이다. 1456년(세조2) 병자사화(丙子士禍)로 장인이 참화를 당하자 그 시신을 김시습(金時習) 등과 수습하여 노량(露梁)에 매장하고 두문불출하였다.

117 노산(魯山) : 단종(端宗)으로, 문종(文宗)의 뒤를 이어 왕위에 올랐으나 수양대군에 의해 축출되었다가 살해되었다. 1456년 단종 복위 거사가 실패하자 이듬해 1457년 6월 노산군(魯山君)으로 강봉되었다가 1681년(숙종7)에 노산대군으로 추봉되었다. 1698년 전 현감 신규(申奎)의 상소에 의해 복위가 결정되었다.

118 박증(朴增) : 1461~1517. 본관은 무안, 자는 익지(益之), 호는 암천(巖川)이다. 외조부 성삼문이 병자사화를 당하자 출세에 대한 뜻을 접고 학문에만 전념하였다.

윤(尹), 지중추부사(知中樞府事) 휘 종원(宗元)이 공의 고조(高祖), 증조(曾祖), 조부(祖父)와 아버지이다.

참의공(參議公 박증(朴增))으로부터 니산(尼山)[119]에서 살기 시작했다. 지사공(知事公 박종원(朴宗元))이 천계(天啓) 정묘년(1627, 인조5)의 호란을 당하여 군량을 운송하는 일을 도왔다. 호소사(號召使) 사계(沙溪)[120] 김 선생(金先生)이 여러 대신들과 더불어 탑전(榻前)에서 표창할 것을 아뢰니, 인조(仁祖)께서 가상하게 여겨 특별히 군수에 임명하셨다. 우암(尤庵) 송 선생이 묘표를 지었다.[121]

어머니 정부인(貞夫人) 문화 유씨(文化柳氏)는 생원(生員) 증 감찰(贈監察) 명(蓂)[122]의 딸이며, 영의정 문천부원군(文川府院君) 사공(思恭)의 5세손이다.

공은 만력(萬曆) 신해년(1611, 광해군3)에 노성(魯城) 동쪽 명학리(鳴鶴里)에서 태어났다. 휘는 겸(謙), 자는 자익(子益)이다. 어려서부

119 니산(尼山) : 노성(魯城)의 옛 이름으로, 지금의 충청남도 논산군 노성면(魯城面)이다.

120 사계(沙溪) : 김장생(金長生, 1548～1631)으로, 본관은 광산(光山), 자는 희원(希元), 호는 사계, 시호는 문원(文元)이다. 1627년 정묘호란(丁卯胡亂)이 일어나자 양호 호소사(兩湖號召使)에 임명되어 호남과 호서의 의병을 모집하는 일에 나섰다.

121 우암(尤庵)……지었다 : 우암은 송시열(宋時烈, 1607～1689)로, 본관은 은진(恩津), 아명은 성뢰(聖賚), 자는 영보(英甫), 호는 우암 또는 우재(尤齋)이다. 송시열의 《송자대전(宋子大全)》 권198에 〈통천군수박공묘표(通川郡守朴公墓表)〉가 수록되어 있다.

122 유명(柳蓂) : 1548～? 본관은 문화(文化), 자는 서숙(瑞叔), 호는 죽정(竹亭)이다. 1596년(선조29) 이몽학(李夢鶴)의 반란(叛亂)이 일어나자 포의(布衣)로 의병을 일으킨 공으로 감찰(監察)에 증직되었다.

터 영특하여 보통의 아이들과는 같지 않았다. 자라서는 큰 키에 기골이 장대하고 풍채가 당당하여 사람들이 모두 원대(遠大)하게 성취하기를 기약하였으나, 끝내 대과에 급제하지 못하게 되자 또 애석해하지 않는 사람이 없었다. 음직(蔭職)으로 통덕랑(通德郎) 산계(散階)[123]에 임명되고, 숭정(崇禎) 기미년(1679, 숙종5)에 병으로 정침(正寢)에서 별세하였다.

공은 타고난 자질이 순수하고 아름다웠으며 집안에서의 행실이 매우 잘 갖추어졌다. 부모를 섬김에 효성을 다하고 형제간에는 우애를 극진히 하여, 지물(志物)의 봉양[124]과 담흡(湛翕)의 즐거움[125]이 늙을수록 더욱 돈독하였다.

일찍이 초시(初試)에 합격하여 서울로 올라갔었는데, 돌아오는 길에 중도에 이르러 홀연 걱정하고 놀라며 어쩔 줄을 몰라 하였다. 사람들이 그 이유를 캐묻자, 곧 대답하기를 "병든 어버이 곁을 오래 떠나 있었는데, 꿈이 매우 상서롭지 못하여 가슴이 방망이질하는 것 같다." 라고 하였는데, 오래지 않아 과연 부고가 도착하였다. 사람들이 이르기를 "독실한 효성의 감응하는 바가 검루(黔婁)[126]와 같다." 하였다. 매번

123 산계(散階) : 숭록대부(崇祿大夫), 절충장군(折衝將軍), 종사랑(從仕郎) 등 이름만 있고 직무는 없는 벼슬의 품계(品階)를 가리키는 말이다.

124 지물(志物)의 봉양 : 지(志)는 양지(養志)로, 어버이의 뜻을 받들어 어버이를 즐겁게 하는 것을 말하고, 물(物)은 의복·음식 등 물질로 봉양하는 것을 말한다.

125 담흡(湛翕)의 즐거움 : 형제간의 우애에서 나오는 즐거움을 말한다. 《시경》 〈상체(常棣)〉에 "형제간이 화합하여야 화락하고 또 길이 즐길 수 있다.〔兄弟旣翕, 和樂且湛.〕"라고 한 데서 유래하였다.

126 검루(黔婁) : 남조 양(梁)나라의 효자인 유검루(庾黔婁)를 말한다. 유검루가 잔

기일이 되면 번번이 눈물을 흘리며 말하기를 "아버지께서 돌아가시는 데 자식이 되어 얼굴을 뵙고 영결하지 못하였으니, 나는 실로 천지간의 죄인이다."라고 하였다. 전후의 상례(喪禮)와 장례와 제사(祭祀)에 한결같이 예경(禮經)을 따랐으며, 슬피 사모하는 마음이 종신토록 이어져 영혼이 계신 듯한 정성[127]을 다하였다.

누이 하나가 자식도 없이 일찍 과부가 되었는데, 집안에서 모시면서 살아서는 봉양하고 죽어서는 장례를 치름에 조금도 서운함이 없게 하였다. 재물을 나눌 때에 반드시 척박한 땅을 갖고 기름진 땅은 사양하니, 형님과 여러 누이들이 그 지극한 마음을 알고 그 원하는 것을 들어주었다. 형님 현감공(縣監公)이 다만 아들 하나를 두었는데, 공은 그 외로움을 가슴 아파하며 돌보아 주고 사랑함이 매우 지극하여, 무릇 원하는 것이 있으면 반드시 곡진히 그를 위해 경영하여 도왔다. 아들과 조카들은 선으로 가르치고 종친들을 은혜로 어루만져 주었다. 손님과 벗을 대접하고 비복들을 부리는 일들에 이르러서도 모두 법도에 맞았다. 비록 신분이 비천한 사람을 대하더라도 안색과 말씨에는 엄하면서도 온화함이 있었으니, 강포한 사람도 또한 두려워 복종하였다.

대대로 재물이 풍족하였는데, 절대로 더 늘리지 않고 쓸 만큼만 취하는 데서 그쳤다. 자신에 대한 봉양은 매우 검약하면서도 베풀기를 좋아

릉 영(孱陵令)에 부임한 지 10일도 채 안 되었을 때, 갑자기 가슴이 두근거리고 온몸에 식은땀이 나기에 그날로 관직을 버리고 집으로 돌아가 보니, 그의 아버지가 병석에 누워 있었다고 한다.《梁書 卷47 庾黔婁列傳》

127 영혼이……정성 : 공자(孔子)께서 "제사 지낼 적에는 선조가 계신 듯이 하셨으며, 외신을 제사 지낼 적에는 외신이 계신 듯이 하셨다.〔祭如在, 祭神如神在.〕"라고 한 것을 변용하였다.《論語 八佾》

하여 아끼는 일이 없었다. 족인(族人) 가운데 궁핍하여 제사를 지내지 못하거나 비석을 세우지 못하는 사람이 있으면, 넉넉하게 재물을 내어 도와주었다. 혼례나 상례를 만난 친구들 가운데 공의 도움을 받아 무사히 마치는 이들도 또한 많았다.

평생 일찍이 남들의 시비(是非)를 말하지 않았다. 그러나 잘못이 있으면 반드시 낯빛을 바르게 하고 경계하였다. 적신(賊臣) 색(澯 누구인지 미상임)과 같은 고을에 살았는데 그의 사람됨을 미워하여 절대로 왕래하지 않았고, 혹 어쩌다 마주쳐도 문득 피하였으니, 사람들이 그 선견지명에 감복하였다. 신재(愼齋),[128] 동춘(同春),[129] 우암(尤庵)[130] 등 여러 선생들이 모두 공의 사람됨을 익히 알고 있어서 매번 그 헛되이 늙음을 애석해하였다.

부제학(副提學) 김경여(金慶餘)[131] 공이 일찍이 추천해 줄 뜻을 보이자, 공은 사양하며 차마 부모를 떠나 멀리 갈 수 없다고 하였다. 고을 사람들이 여러 차례 인재로 천거하여 관아에 알렸으나, 공의 뜻은 확고

128 신재(愼齋) : 김집(金集, 1574~1656)으로, 본관은 광산(光山), 자는 사강(士剛), 호는 신독재(愼獨齋), 시호는 문경(文敬)이다. 이이(李珥)의 학문을 계승하고 예학(禮學)을 일으킨 김장생(金長生)을 이어받아, 그 학문을 송시열(宋時烈)에게 전해 주어 기호학파를 형성하였다. 저서에 《신독재집(愼獨齋集)》과 《의례문해속(疑禮問解續)》 등이 있다.

129 동춘(同春) : 송준길(宋浚吉, 1606~1672)로, 본관은 은진(恩津), 자는 명보(明甫), 호는 동춘당이다.

130 우암(尤庵) : 송시열(宋時烈, 1607~1689)로, 본관은 은진, 자는 영보(英甫), 호는 우암·우재(尤齋)이다.

131 김경여(金慶餘) : 1596~1653. 본관은 경주(慶州), 자는 유선(由善), 호는 송애(松崖), 시호는 문정(文貞)이다. 저서로 《송애집(松崖集)》이 있다.

하여 한 번도 요로(要路)에 자취를 남기지 않았으니, 세상에서는 진실로 공이 있음을 알지 못하였다.

병이 심해졌을 때도 정신은 어지럽지 않아서 집안일을 처리함이 정확하게 사리에 맞았다. 장차 임종(臨終)[132]할 즈음에 침석으로 옮기라고 명하고, 정성스레 여러 아들들에게 말한 내용은 오직 힘써 배우고 독실하게 실천하며 조상을 받들고 추모하라는 것뿐이었다.

부인 은진 송씨(恩津宋氏)는 학유(學諭) 증 이조 참판 휘 희원(希遠)의 딸이며, 군수 송담(松潭) 선생 휘 남수(枏壽)의 손녀이다. 목사 김찬선(金纘先)[133]이 외조부가 되신다. 만력(萬曆) 병오년(1606, 선조 39)에 태어났다. 깊고 아름다웠으며 맑고 총명하여 부덕(婦德)이 잘 갖추어졌다. 공보다 4년 앞서 을묘년(1675, 숙종1)에 별세하니 향년 70세였다. 집 뒤 모향(某向)의 등성이에 장사 지냈다가 공이 별세한 후에 오른쪽에 합장하였다.

아들은 상로(尙魯), 상의(尙義), 상신(尙信), 상주(尙周), 상빈(尙彬)이고, 딸은 이광전(李光全), 이휘태(李彙泰), 김득형(金得衡)에게 시집갔다. 상의는 아들 아무개와 딸 아무개를 두었다. 상신은 아들 아무개와 딸 아무개를 두었다. 상주는 아들 아무개와 딸 아무개를 두었다. 상빈은 아들 아무개와 딸 아무개를 두었다. 상로는 자녀가 없어서 아무개를 취하여 후사(後嗣)로 삼았다. 장녀 또한 아들은 없고 딸만 하나 두었다. 차녀는 아들 아무개와 딸 아무개를 두었다. 막내딸은

132 임종(臨終) : 속광(屬纊)은 임종할 때의 한 절차로, 햇솜을 코 밑에 놓아 숨졌는지를 알아보는 것이다.

133 김찬선(金纘先) : 1535~1594. 본관은 연안(延安), 자는 공서(公緖)이다.

아들 아무개와 딸 아무개를 두었다. 나이가 어린 아이들은 모두 기록하지 않는다.

내가 일찍이 여러 번 공의 집에 가서 간혹 이틀 밤을 머물러 묵으며 그 집안을 다스리고 사람을 대하는 것을 보았는데 모두 법도가 있었다. 손님이 오면 대소(大小)를 따지지 않고 한결같이 모두 진정을 토로하고 정성을 다하였다. 말과 용모는 너그러웠고 표정과 태도는 뛰어나고 시원시원하여 술에 취한 듯 매료되지 않는 이가 없었으나, 또한 감히 지나치게 친하여 오만하게 구는 이도 없었다. 아, 참으로 이른바 돈후한 장자(長者)라고 할 것이다.

또한 남녀 노복(奴僕)들을 보니 매일 날이 밝기도 전에 모여 각각의 역할을 맡아 처리하고 종일 부지런히 일하는데, 처음부터 일을 시키거나 독촉하기를 기다리지 않고서도 내외의 모든 일이 질서 있게 다스려지지 않음이 없었다. 뜨락과 섬돌 사이에 풀 한 포기도 남아 있지 않았고 돌 한 조각도 비뚤어진 것이 없었다. 이는 비록 자질구레한 것이지만 그 규범의 일단을 볼 수 있었다.

일찍이 여러 자식들을 위해 두서너 칸의 집을 지었는데, 하루도 못되어 완성하면서도 지은 것이 섬세하고 치밀하여 더 이상의 솜씨가 없을 정도였다. 보는 사람들이 이를 찬미하자, 공이 웃으며 말하기를 "가령 내가 나라를 맡아 다스린다면 장차 이 집처럼 만들 수 있을 텐데."라고 하였다. 이는 비록 농담 삼아 한 말이지만, 또한 자부심이 얕지 않음을 볼 수 있다.

아, 공의 재주와 행실로 세상에 나아가 쓰였다면, 어찌 남만 같지 못했겠는가. 그러나 종내 초야에서 지내며 떨치지 못하였으니, 어찌 운명이 아니겠는가. 비록 그러하나 공은 이미 장수와 부와 안녕을 누리다가 덕으로 생을 마쳤으니, 이른바 오복에 하나라도 빠진 것이 없음은 하늘이 공에게 베풂이 두터웠기 때문이리라. 구구한 한때의 형통함과 비색함이야 또한 어찌 따질 것이 있겠는가. 게다가 그 자손들이 번성하여 바야흐로 문아(文雅)함을 힘쓰고 있으니, 선을 쌓은 보답이 뒤에 있지 않을 줄을 어찌 알겠는가. 다음과 같이 명(銘)을 쓴다.

빛나는 그 자태	有赫其姿
엄격한 그 위의	有儼其儀
영걸스런 법도	英杰之規
넓고 여유로웠지	恢恢而游
너그럽고 넉넉하니	綽綽乎優
어디 간들 맞지 않으랴만	何往不周
어찌 준 것은 많으면서	胡畀之豐
쓰임은 인색했단 말인가	而嗇乎庸
아 운명은 궁했지만	嗟命之窮
이미 큰 복 내리셨으니	旣錫純嘏
어찌 다른 것을 논하랴	奚論其他
이치가 잘못된 것은 아니지	非理之頗
더구나 남은 경사가	矧惟餘慶
장차 후손에게 있을 터	將在後姓
오직 하늘이 정한 것이니	維天之定
내 말이 사사로운 것은 아니지	我言匪私
공의 음덕 밝게 드리워	公騭昭垂
끝없이 길이 보이노라	永視無期

묘갈명 墓碣銘

석동 이공 묘갈명 병서
石洞李公墓碣銘 幷序

고(故) 석동(石洞) 이공(李公)의 맏아들 성진(聖眞)[134]이 그의 고을 남원(南原)에서 수백 리 길을 달려 회천(懷川)의 북쪽 산기슭으로 와서 내게 만나기를 청하였다. 서둘러 들어오게 하여 아버지의 안부를 물었더니, 눈물을 줄줄 흘리며 말하기를 "불초(不肖)한 제가 최마복(衰麻服)을 벗은 지 겨우 한 달이 지났습니다."[135]라고 하였다. 이어 일어나 말하기를 "선친(先親)께서 평소에 이르시기를 '집사(執事)[136]가 나를 아니, 한 마디 말을 얻어 묘도(墓道)에 드러내기를 바란다.' 라고 하셨는데, 이것이 유지입니다."라고 하였다.

아, 기억해 보면 내가 약관(弱冠)의 나이에 이공과 함께 성균관(成均館)에 들어가 공부하였다. 공은 나보다 15세나 많았지만, 나이를 잊고

134 이성진(李聖眞) : 1645~? 본관은 전주(全州), 자는 중순(仲淳)이다.

135 최마복(衰麻服)을……지났습니다 : 부친의 삼년상을 마치고 한 달이 지났다는 말이다. 최마(衰麻)는 부모상을 당한 상주가 입는 거친 베로 만든 상복이다.

136 집사(執事) : 상대에 대한 존칭으로, 여기서는 송규렴을 가리킨다.

사귐을 허락하였고 서로 뜻이 맞아 잘 지냈다. 비록 중간에 멀리 떨어져 지낸 것이 수십 년이지만, 언제나 그리워하는 마음은 줄어들지 않았다. 그런데 이제 생사가 갈리는데도 서로 소식을 듣지 못하였으니, 어찌 슬프지 않겠는가.

돌아보건대 불후(不朽)의 글을 지어 달라는 부탁은 내가 감당할 바가 아니기에 여러 차례 사양하였으나, 그 부탁이 더욱 정성스러웠다. 무릇 지난날에 대한 그리움이 깊고 외람되이 지기(知己)의 허락까지 받았던 데다가, 또 효자의 요청이 이처럼 독실하고 지극하니, 또한 어찌 차마 끝까지 거절할 수 있겠는가. 마침내 행장을 살펴보고 다음과 서술하노라.

이씨의 가계(家系)는 국성(國姓)에서 나왔으니, 태종대왕(太宗大王)의 둘째 아들 효령대군(孝寧大君) 보(補)의 후손이다. 증(贈) 승지(承旨) 휘(諱) 혼(渾)은 벼슬하지 않았고, 휘 경윤(慶胤), 휘 욱(昱), 홍문관 교리(弘文館校理) 휘 상형(尙馨)이 공의 4대 조상들이다. 승지공(承旨公 이혼(李渾))으로부터 남원(南原)에서 살기 시작하였고, 교리공(校理公 이상형(李尙馨))은 경학(經學)으로 인조(仁祖) 때에 명성이 있었다. 어머니 선산 임씨(善山林氏)는 부정(副正) 극립(克立)의 딸이다. 만력(萬曆) 을묘년(1615, 광해군7)에 공을 낳았다.

공은 어려서부터 특이한 자질을 지녀 행동거지에 법도가 있었다. 조금 자라서는 곧 스스로 학문에 힘써 문장에 전심하지 않고서도 글 짓는 솜씨가 일취월장하니, 선배 명사(名士)들이 모두 원대하게 성취하리라 기대하였다.

병자호란(丙子胡亂)이 일어나자 교리공이 임금을 호종하여 남한산성(南漢山城)으로 들어갔다. 공이 변란 소식을 듣고 달려가다가 길에서 화친이 이루어졌다는 소식을 듣고 돌아와 시대를 아파하는 강개한 마음을 시에 많이 드러냈다.

을유년(1645, 인조23)에 부친상을 당하였다. 삼년상을 마치고 신재(愼齋)[137] 김 선생의 문하에서 공부하였는데, 선생께서 깊이 장려하고 인정하셨다. 무자년(1648)에 진사시에 합격하였고, 기축년(1649)에 사직 참봉(社稷參奉)에 천거되었다. 얼마 후 동료가 어떤 일 때문에 견책(譴責)[138]을 당하였다. 공에게는 상관이 없는 일이었으나, 공은 혼자만 견책을 면한 것을 부끄러워하여 즉시 자신을 탄핵하는 소장을 올리고 물러나니, 식자(識者)들이 공을 칭찬하였다. 이로부터 임천(林泉)을 거닐며 세상에 뜻을 두지 않았고, 세상 또한 다시는 공이 있는 줄을 알지 못하였다. 그러나 공이 자득(自得)하고 스스로 즐거워함은 날로 더욱 깊고 확고하여 남이 알아주기를 바라지 않았다.

대개 공은 정훈(庭訓)[139]에 젖어 물들었고 사우(師友)들과 강론하고 질정하며 배웠다. 그 학문은 《소학(小學)》과 《근사록(近思錄)》에 전심전력하였으며, 손수 주자(朱子)의 글을 석어 아침저녁으로 눈으로 보며 표준과 모범으로 삼았다. 일찍이 말하기를 "배우는 자는 마땅히 참으로 힘을 다하여 시작과 끝이 한결같아야 바야흐로 터득하는 것이

137 신재(愼齋) : 김집(金集, 1574~1656)으로, 본관은 광산(光山), 자는 사강(士剛), 호는 신독재(愼獨齋), 시호는 문경(文敬)이다. 282쪽 각주128 참조.

138 견책(譴責) : 하문(何問)은 견책한다는 뜻이다. 가의(賈誼)의 〈치안책(治安策)〉에 "크게 꾸짖어 힐문하다.〔大譴大何〕"라고 한 데서 유래하였다. 《古文雅正 卷2》

139 정훈(庭訓) : 뜰에서 내린 교훈이란 뜻으로, 아버지가 자식에게 내리는 교훈을 말한다. 공자께서 뜰에 혼자 서 계실 때, 아들이 종종걸음으로 뜰을 지나가자〔鯉趨而過庭〕, 시(詩)와 예(禮)를 배우도록 가르쳤던 고사에서 유래하였다. 《論語 季氏》

있다."라고 하였다. 또 말하기를 "학문을 하는 요체는 경(敬)을 주로 하는 것보다 귀한 것이 없다."라고 하였다. 이 때문에 존양성찰(存養省察)하는 공부가 늙을수록 더욱 돈독하였다. 평소 엄숙한 자세로 고요히 앉음에 어깨와 등이 곧았고 겸손하고 신중하여 덕기(德器)가 혼연히 이루어졌으니, 그 말을 듣고 그 모습을 보면 조예(造詣)의 깊이를 알 수 있었다.

상수학(象數學)에 더욱 정통하였다. 젊어서 도해(圖解)를 참조하여 선기옥형(璿璣玉衡)를 만들었는데, 터럭만큼도 어긋남이 없었다. 만년에는 《주역》과 《황극경세(皇極經世)》 등의 책에 대해 마음을 다해 연구하여 밝혀낸 것이 많았다. 방기(方技)와 술수(術數)의 여러 책에 대해서도 또한 관통하지 않은 것이 없었다.

천성이 효성스럽고 우애가 있었다. 부친이 병을 앓으실 때는 대변을 맛보았고, 상을 당해서는 그 슬픔을 다하였으며, 제사 지낼 때에는 그 정성을 다하였다. 선조의 묘갈을 힘껏 마련하였고 묘전(墓田)을 늘려 마련하였다. 외로운 조카를 어루만지고 가르침에 친자식들과 차이가 없었다. 남의 선을 말하기 좋아하고 허물은 숨겨주었으나, 그 의리와 이익, 옳음과 그름에 이르러서는 분간하고 재단함에 누구도 그 뜻을 꺾을 수 없었다.

조정의 한 관원이 선비라는 이름을 빌어서 사귀기를 원하는 자가 있었는데, 곧 피하고 만나지 않았다. 권세 있고 임금의 총애를 받는 간사한 사람 중에 대대로 사귀어 온 정의(情誼)가 있는 사람이 공과 친하기를 바랐으나 끝내 완곡하게 거절하였으니, 그 절개가 이와 같았다. 무엇보다 무속(巫俗)과 불교(佛敎)와 잡류(雜流)를 미워하여 일체 배척함으로써 마을에 가까이 다가오지 못하게 하였다. 집안에서는 엄숙히 예법이 있어 내외의 구분이 분명하였다. 주고받기를 반드시 신중히 하여 일찍이 구차한 바가 있지 않았다. 집안일을 경영함에 그 지출과 수입을 제한하였으나 관혼상제의 씀씀이는 여유로웠으니, 이것은 또한 노재(魯齋)[140]의 가르침에 부합하였다.

숭정(崇禎) 기사년(1690, 숙종15) 정월에 병으로 정침(正寢)에서 생을 마치니 향년 75세였다. 평생 저술한 것이 매우 많았으나, 그 《기삼백기형주해(朞三百機衡註解)》 한 권이 사우(士友) 간에 전송(傳誦)되고 있다.

공의 휘(諱)는 문재(文載), 자는 자원(子遠)이고, 석동(石洞)은 그의 호이다. 부인 삭녕 최씨(朔寧崔氏)는 익위사(翊衛司) 휘지(徽之)[141]의 딸이며, 좌윤(左尹) 증 판서(判書) 연(葕)[142]의 손녀이다. 부드럽고 아름다우며 효성스럽고 순하였으니, 부덕이 매우 잘 갖추어졌다. 공보

140 노재(魯齋) : 원(元)나라의 학자 허형(許衡, 1209~1281)으로, 자는 중평(仲平), 호는 노재, 시호는 문정(文正)이다. 과거에 뜻을 두지 않고 학문에 전념하여 여러 차례 불러 벼슬을 내렸으나 나아가지 않았다. 원나라 세조가 그의 제자 왕재(王梓), 유계위(劉季偉), 한사영(韓思永) 등 12인을 불러 국자감(國子監)의 재장(齋長)으로 삼았다. 소문산(蘇門山)에 은거하고 있던 조복(趙復)의 문인 요추(姚樞)에게 정주학을 배운 뒤로 송대 성리학에 전념하여 북방에 정주학을 일으켰다. 주자의 사서집주(四書集註)가 과시(科試)에 채택되게 하는 데 크게 공헌하였다. 저술에 《독역사언(讀易私言)》, 《노재심법(魯齋心法)》, 《허노재집(許魯齋集)》이 있다.

141 최휘지(崔徽之) : 1598~1669. 본관은 삭녕(朔寧), 자는 자금(子琴), 호는 오주(鰲洲)이다. 저서로 《오주집(鰲洲集)》이 있다.

142 최연(崔葕) : 1576~1651. 본관은 삭녕, 자는 유장(孺長), 호는 성만(星灣)·성연(星淵)이다. 1636년(인조14) 병자호란 때 좌승지로서 왕을 호종하여 남한산성에 들어갔다. 1649년 한성부 좌윤에 임명되었다.

다 5년 후에 태어나 공보다 15년 먼저 별세하였다. 공의 장지(葬地)는 임실현(任實縣) 마암면(馬巖面) 건좌(乾坐)의 등성이에 있다. 부인 최씨와 같은 등성이에 있으나 묘혈은 다르다.

아들 셋을 낳았다. 큰아들 성린(聖麟)은 요절하였다. 둘째아들 성진(聖眞)은 곧 내게 와서 묘지명을 부탁한 사람이다. 그의 아들은 이근(頤根)이고 딸은 조헌서(曺憲瑞)에게 시집갔으며, 나머지는 어리다. 셋째아들 성원(聖元)은 1남 1녀를 두었는데 또한 어리다. 측실에게서 아들 성유(聖儒), 성우(聖愚), 성하(聖夏)를 두었다.

아, 공이 세상에 나아가 쓰였다면 그 뜻과 사업에 드러난 것을 쉽게 개관할 수 있으랴만, 은둔하여 드러내지 않은 채 시골에서 생을 마감하였다. 공은 진실로 내외 경중의 분변을 이미 환히 깨달았으나, 후대의 논평자들은 문득 당세에 현자를 잃은 것에 대해 유감이 없겠는가. 비록 그러하나 군자가 이름을 세움은 한 때의 쓰이고 버려짐에 달려 있는 것이 아니라 따로 전할 만한 것이 있느냐에 달려 있으니, 또한 어찌 공을 위해 개탄하겠는가. 다음과 같이 명(銘)을 쓴다.

없는데 있다 함은	無而爲有
진실로 있는 것 아니요	固非有
있어서 있다 함도	有而爲有
또한 참으로 있는 것은 아니지	亦非眞有
공이 지닌 것은	如公之有
지니려고 한 것이 아니라 저절로 있는 것이지	不有有而自有
당시에 명성을 구하지 않았고	不求聞於時
훗날에 알아주기를 원하지 않았어도	不要知乎後

오직 그 실재가 안에 있어	惟其實之在內
끝내 덮을 수 없었네	不可得以終覆
아 여기에서 공을 볼 수 있으니	於虖此足以觀公
어찌 나를 기다려야 불후하겠는가	奚待余而不朽

광릉 참봉 한공 묘갈명 병서○계미년(1703, 숙종29)
光陵參奉韓公墓碣銘 幷序○癸未

공의 휘(諱)는 양오(養吾), 자(字)는 호연(浩然) 또는 여직(汝直)이다. 청주 한씨(淸州韓氏)는 고려에서 태위(太尉)를 지낸 난(蘭)에서부터 시작하였다. 우리 조선조에 들어와 휘 종손(終孫)은 관직이 병조 참판(兵曹參判)에 이르렀고 시호는 안양(安襄)이다. 이 분의 아들 휘 석(晳)은 관직이 부사(府使)였고, 처음으로 남원(南原)에 거주하였다. 휘 계보(繼輔), 휘 열(烈), 휘 충서(忠恕), 휘 응록(應祿), 휘 빈(賓)이 바로 공의 5대 조상들이다. 어머니 흥성 장씨(興城張氏)는 봉세(奉世)의 따님으로, 천계(天啓) 병인년(1626, 인조4) 6월 5일에 공을 낳았다.

공은 겨우 5세가 되었을 때 문득 문자를 알았으며, 병술년(1646)에 소과(小科)에 급제하여 성균관을 출입하였는데,[143] 동료들에게 존중받았다. 당시 우암(尤庵) 송 선생이 이조(吏曹)에서 인재를 모으는 것을 급선무로 삼고 있었는데,[144] 공의 어짊을 알고 서둘러 재랑(齋郞)[145]으

143 소과(小科)에……출입하였는데 : 상상(上庠)은 태학(太學)을 말하는 것으로 곧 성균관(成均館)이다. 소과(小科)에 급제한 자들이 들어갔으므로 초시에 합격했다는 말로도 쓰인다. 현관(賢關)은 현자가 진출하는 통로로, 바로 태학을 이른다. 《한서(漢書)》 권56 〈동중서전(董仲舒傳)〉에 "태학은 현자가 진출하는 관문이고 교화의 본원이다."라고 하였다.

144 당시……있었는데 : 우암(尤庵)은 송시열(宋時烈, 1607~1689)로, 본관은 은진(恩津), 자는 영보(英甫), 호는 우암·우재(尤齋)이다. 송시열은 1658년(효종9) 2월

로 의망(擬望)하였다. 이때부터 공의 명성이 더욱 널리 알려져 이조의 의망에 들어간 것이 전후로 한 번이 아니었으나, 정묘년(1687, 숙종 13)에 이르러서야 비로소 광릉 참봉(光陵參奉)에 제수되었다. 10년이 지나 무인년(1698) 10월 6일에 병으로 집에서 별세하였고, 그해 12월 12일에 남원부(南原府) 북쪽 뇌천(磊川)에 있는 선영의 미향(未向)의 등성이에 장사 지냈다. 영인(令人) 안씨(安氏)를 왼쪽에 합장하였다.

공은 어려서부터 착한 행실이 있었다. 10세에 어머니 상을 당했는데, 슬퍼하고 사모하며 상례를 행하는 것이 한결같이 성인과 같았다. 자라서 아버지를 받들어 모실 때에는 얼굴빛을 온화하게 하여 봉양하기를 지극히 하였으며,[146] 병을 앓으시면 밤낮으로 울부짖으며 목욕하고 하늘에 호소하였다. 병이 위급함에 이르러서는 칼을 꺼내 손가락을 자르려고 하였는데, 옆 사람들이 만류하자 바로 손가락을 깨물어 피를 받아 드렸다. 상을 당해서는 너무 슬퍼하다가 건강을 잃고 병들어 거의 일어날 수 없을 지경이었으므로, 고을과 이웃 사람들이 그 효도를 칭송하였다.

에 이조 참의, 9월에 이조 판서에 임명되었다. 《承政院日記 孝宗 9年 2月 11日, 9月 18日》

145 재랑(齋郎) : 묘(廟), 사(社), 전(殿), 궁(宮), 능(陵), 원(園) 따위의 참봉을 달리 이르는 말이다.

146 얼굴빛을……하였으며 : 색양(色養)은 자식이 얼굴빛을 온화하게 하여 부모를 봉양하는 일을 뜻한다. 일설에는 부모의 얼굴빛을 살펴서 그 뜻을 잘 받드는 일이라고도 한다. 자하(子夏)가 효에 대하여 묻자, 공자(孔子)께서 말씀하시기를 "얼굴빛을 온화하게 하기가 어려우니, 부형에게 일이 있으면 자제가 그 수고를 대신하고, 술과 밥이 있으면 부형이 드시도록 하는 것을 일찍이 효라고 할 수 있겠는가.〔色難, 有事, 弟子服其勞, 有酒食, 先生饌, 曾是以爲孝乎.〕"라고 하였다. 《論語 爲政》

상기(喪期)를 마치고 나서는 출세할 뜻이 없어서 드디어 과거 공부를 그만두었다. 평소에 몸가짐을 반드시 공경하고 반드시 삼가서, 몸을 온전히 하여 돌아가는 가르침[147]에 깊이 감동함이 있었다. 비록 깎은 머리털이나 빠진 이도 반드시 거두어 모아 깊이 간직하면서 말하기를 "이것은 부모님이 물려주신 몸이다."라고 하였다. 조상을 받드는 일에는 더욱 삼가서, 한결같이 《주자가례(朱子家禮)》를 따라 일정한 법식을 만들어 시행하였다. 집에서는 지나치게 화려한 것을 금하고 쓸데없이 낭비하는 것을 절제하였으며, 오직 궁핍하고 환난을 당한 자들을 구휼하는 것으로 임무를 삼았다.

성품이 또한 간결(簡潔)하여 방 하나를 깨끗이 쓸고 담담한 자세로 고요히 앉아 있었다. 산수 유람을 좋아하여 매년 봄가을에는 비실대는 나귀를 몰고 나막신을 신고 마음 내키는 대로 어디를 가든 피곤해하지 않았다. 명절에는 문득 친척과 친구들을 맞이하여 시를 짓고 술을 마시며 거문고를 연주하고 바둑을 두면서 진솔한 취미를 지극히 하였다. 무릇 사람과 사물을 대할 때에는 화기(和氣)가 애애하여 그 환심을 얻지 아니함이 없었다. 그러나 일의 시비(是非)와 가부(可否)에 대해서는 분별하고 이해함이 구차한 바가 없었으니, 한 고을의 선비들이 추대하여 원장(院長)으로 삼고 모든 일을 반드시 여쭈어 결정하였다.

우계(牛溪)와 율곡(栗谷) 두 선생을 배향(配享)해야 한다는 논의[148]

147 몸을……가르침 : 전귀(全歸)는 생전에 신체에 손상을 끼치지 않고 자신을 욕되게 하지 않고 죽는 것이다. 증자(曾子)의 제자 악정자춘(樂正子春)이 "부모가 온전히 낳아 주셨으니, 자식이 온전하게 돌아가야만 효도라 할 것이다.〔父母全而生之, 子全而歸之, 可謂孝矣.〕"라고 한 데서 유래하였다. 《禮記 祭義》

148 우계(牛溪)와……논의 : 우계는 성혼(成渾, 1535～1598)으로, 본관은 창녕(昌

가 사림(士林)에서 여러 차례 일어났다. 공이 번번이 남쪽 지방의 선비들을 앞장서서 거느리고 가서 대궐문에서 호소하며 청원하였는데, 시간이 지날수록 더욱 부지런히 하였다.

기사년(1689, 숙종15)에 간사한 사람 조사기(趙嗣基)가 상소하여 선후(先后)를 무고하였는데,[149] 말이 매우 흉악하고 도리에 어긋났다. 공은 분노를 스스로 이기지 못하고 여러 선비들과 약속하여 성토를 요청하는 소장을 올리고자 하였다. 그러나 곧바로 재직하고 있으면서 여러 선비들과 연명(聯名)하는 것이 법에 위배됨을 염려하였다. 드디어 사위 김유경(金裕慶) 및 아들 진상(震相)에게 일러 말하기를 "너희들은 서둘러 선비들을 데리고 의리를 들어 끝까지 논쟁하라. 비록 이

寧), 자는 호원(浩原), 호는 묵암(默庵)・우계, 시호는 문간(文簡)이다. 율곡은 이이(李珥, 1536~1584)로, 본관은 덕수(德水), 자는 숙헌(叔獻), 호는 율곡・석담(石潭), 시호는 문성(文成)이다. 두 선생을 배향(配享)해야 한다는 논의는 성혼과 이이를 문묘에 배향해야 한다는 의견을 말한다. 두 사람의 문묘 배향 문제는 당시의 복잡한 정국과 얽혀 50여 년간 끌어오다가 경신환국(1680, 숙종6)으로 서인이 집권한 뒤에 이루어졌고, 기사환국(1689) 때는 문묘에서 퇴출되는 출향(黜享)의 조치가 단행되었다. 이후 갑술환국(1694)으로 서인이 재집권한 뒤에 다시 배향되었다.

149 간사한……무고하였는데 : 조사기(趙嗣基, 1617~1694)의 본관은 한양(漢陽), 자는 경지(敬止)이다. 조사기가 1680년(숙종6) 경신대출척(庚申大黜陟) 때 유배당했다가 풀려나 돌아올 때, 도중에서 스스로 해명하는 소를 올리면서 송시열(宋時烈)이 찬한 명성왕후(明聖王后)의 지문(誌文) 중에 "태후가 밤에 임금과 함께 선정전(宣政殿)에 나아가 임금은 동쪽으로 향해 앉게 하고 태후는 문을 닫고 합내(閤內)에 계시면서 대신들을 불러 놓고 목놓아 통곡했다."라는 등의 말을 인용하면서 "시열의 당에서 무고하고 망극한 말로써 태후를 놀라게 한 것이 이와 같으니, 만일 성상께서 받들어 주선(周旋)하여 태후의 성심(聖心)을 깨우치게 하지 않았다면, 당일의 여러 신하들은 이미 주륙(誅戮)을 당하였을 것입니다."라고 했던 일을 가리킨다.

때문에 죄를 얻어 죽더라도 또한 영광스러울 것이다."라고 하고 곧바로 관직을 버리고 귀향했다. 거처하는 정자의 편액(扁額)을 바꾸어 '반환(盤桓)'이라고 하였으니, 이것은 도연명(陶淵明)의 소나무를 어루만진 뜻을 취한 것이다.[150]

대개 공이 일찍이 신독재(愼獨齋)[151] 김 선생의 문하에서 공부할 때 예복(禮服)에 대해 강론하였는데 칭찬을 받았다. 이로 인해 우암(尤庵)과 동춘(同春) 두 선생을 스승으로 모시면서 우러러 사모하고 존경하여 믿는 것이 늙도록 바뀌지 않았다. 그 마음을 세우고 스스로 행동하는 방법은 어찌 근본이 없이 그럴 수 있었겠는가. 전원에 은거하여 자취를 감추고 자신을 거두어 베풀지 않은 것이 안타깝도다. 만년에야 낮은 관직을 얻었으나,[152] 곧바로 헌신짝 버리듯 떠나 드디어 자신을 감추어 드러내지 않았으니, 어찌 운명이 아니겠는가. 비록 그러하나 처음 공선(公選)에 올랐을 때는 대현(大賢 여기서는 송시열(宋時烈))이 조정에 있을 때였고, 마지막에 몸을 이끌고 돌아온 것은 또 세도(世道)가 변한 때였으니, 공의 굴신(屈伸)과 영욕(榮辱)이 세도의 소장(消長)과

150 이것은……것이다 : 도연명(陶淵明)은 진(晉)나라 도잠(陶潛)으로, 그의 〈귀거래사(歸去來辭)〉에 "그림자 어둑어둑 장차 해가 지려 하는데, 외로운 소나무를 어루만지며 서성이네.〔影翳翳以將入, 撫孤松而盤桓.〕"라고 하였다. 정자의 이름을 여기에서 취하여 '반환'이라고 한 것은 곧 초야에 은거하겠다는 의지의 표현이다.

151 신독재(愼獨齋) : 김집(金集, 1574~1656)으로, 본관은 광산(光山), 자는 사강(士剛), 호는 신독재이다. 282쪽 각주128 참조.

152 낮은 관직을 얻었으나 : 일명(一命)은 본래 조정으로부터 임명받는 최하등의 관직을 가리키는 말로, 조선 시대의 첫 등급인 종9품과 같다. 주대(周代)의 일명에서 구명(九命)까지의 관계(官階)에서 유래하였다. 여기서는 한양오가 광릉 참봉에 제수된 것을 말한다.

승강(升降)의 즈음에 관계가 있는 것 같다. 아, 이것으로 공을 살필 수 있지 않겠는가.

영인(令人) 순흥 안씨(順興安氏)는 학생 진(璡)의 따님이고 문성공(文成公) 유(裕)[153]의 후손이다. 임술년(1622, 광해14)에 태어나 기미년(1679, 숙종5)에 별세하였다. 부덕(婦德)을 잘 갖추어 시아버지를 효성으로 섬기고 남편을 순종으로 받들었으며, 자녀를 의리로 가르치고 하인들을 은혜로 거느렸으므로, 친척들이 모두 아름답게 여겼다.

4남 5녀를 낳았는데, 아들은 이상(履相), 태상(泰相), 진상(震相), 사상(師相)이고 딸들은 권대경(權大經), 조안기(趙安期), 정재화(丁載和), 현감 김유경(金裕慶), 참봉 김주현(金胄賢)에게 시집갔다. 측실의 아들은 민상(敏相)이고 딸은 유중무(柳重茂)에게 시집갔으며 작은딸은 어리다. 이상은 아들 셋이 있는데, 익기(翊箕), 윤기(胤箕), 원기(源箕)이고 두 딸은 어리다. 태상은 아들이 하나인데, 후기(後箕)이고 딸은 장택(張澤)에게 시집갔다. 진상은 아들 넷을 두었는데, 상기(象箕), 효기(孝箕), 성기(聖箕), 준기(浚箕)이고 딸은 송상항(宋相沆)에게 시집갔다. 사상은 아들 둘을 두었는데, 경기(經箕)와 위기(緯箕)이고 세 딸은 모두 어리다. 권대경은 아들 둘을 두었는데, 만웅(萬

153 안유(安裕) : 1243~1306. 본관은 순흥(順興), 자는 사온(士蘊), 호는 회헌(晦軒), 시호는 문성(文成)이다. 초명을 유(裕)라고 부르다가 향(珦)으로 개명하였으나, 조선 시대에 들어와 문종의 이름과 같아 이를 피하여 초명인 유로 다시 고쳐 부르게 되었다. 원나라 연경(燕京)에서 《주자전서(朱子全書)》를 필사하여 돌아와 주자학(朱子學)을 연구하였다. 중종 때 풍기 군수 주세붕(周世鵬)이 백운동(白雲洞)에 그의 사묘(祠廟)를 세우고 서원을 만들었고, 1549년(명종4) 풍기 군수 이황(李滉)의 요청에 따라 소수서원(紹修書院)이라는 명종 친필의 사액(賜額)이 내려졌다.

雄)과 세웅(世雄)이다. 딸은 최봉조(崔鳳朝)에게 시집갔다. 조안기는 아들 하나인데 정규(正規)이며 딸은 생원 이광(李絖)에게 시집갔다. 정재화는 양아들 후(垕)가 있다. 김유경은 아들 하나를 두었는데 변(抃)이고, 네 딸 가운데 큰 딸은 권길(權佶)에게 시집갔으며 나머지는 어리다. 김주현은 2남 1녀를 두었는데 모두 어리다. 내외의 손주와 증손주가 많아 다 기록하지 못하니, 아, 많도다. 공이 다 받지 못한 하늘의 보답이 장차 여기에 있는 것인가. 다음과 같이 명(銘)을 쓴다.

준 것은 심히 두터운데 보답은 어찌 인색한가	厥畀孔厚胡報嗇
하늘이 준 것 있으니 이치가 어긋난 것 아니네	所餉者存非理忒
하늘이 준 것 무엇인가 바로 천작[154]이라네	其餉伊何曰天爵
어떻게 이루었나 덕을 좋아하였도다[155]	曷以致之攸好德
그 넉넉함 여기에 있거늘 누가 불우했다 하는가	其贏在斯孰云絀
하물며 남은 경사를 하늘이 기필할 수 있으니	矧維餘慶天可必
내가 그윽한 빛 드러내면서 붓에 부끄러움 없노라	我闡幽光無愧筆

154 천작(天爵) : 사람이 주는 작위(爵位)라는 뜻의 인작(人爵)과 상대되는 말로, 아름다운 덕행과 같은 천연(天然)의 작위라는 뜻이다. 《맹자》 〈고자 상(告子上)〉에 "인의와 충신과 선을 좋아하여 게을리하지 않음은 이것이 천작이요, 공・경과 대부는 이것이 인작이다.〔仁義忠信樂善不倦, 此天爵也, 公卿大夫, 此人爵也.〕"라고 한 말에서 유래하였다.

155 덕을 좋아하였도다 : 유호덕(攸好德)은 덕을 좋아한다는 뜻으로, 오복(五福)의 하나이다. 오복은 수(壽), 부(富), 강녕(康寧), 유호덕, 고종명(考終命)이다. 《書經 洪範》

제월당집

제7권

묘갈명 墓碣銘

정릉 참봉 송공 묘갈명 병서
靖陵參奉宋公墓碣銘 幷序

아, 이곳은 나의 재종형 수우당(守愚堂) 송공(宋公)의 묘소이다. 공은 숭정(崇禎) 경오년(1630, 인조8) 정월 초하루에 태어났고, 나는 공보다 15일 뒤에 태어났다. 또 같은 마을에서 살았으므로, 함께 놀고 함께 공부하면서 갓난아이 때부터 아동이 될 때까지 일찍이 하루도 서로 떨어져 지낸 적이 없었다. 나중에 비록 인사(人事)가 바뀌어 만나고 헤어짐이 일정하지 않았으나, 정애(情愛)의 돈독함은 자못 동기간과 다름이 없었다.

무진년(1688, 숙종14) 4월 5일에 공이 병으로 시골의 집에서 별세하였다. 나는 당시 서울에 있다가 다음 해에야 비로소 고향으로 돌아와 공을 곡하였으니, 공의 음성과 용모가 이미 멀어지고 만사가 이미 끝난 뒤였다. 지금까지 17년이라는 긴 세월이 흘렀지만, 유명을 달리한 아픔이 머리가 허옇게 세도록 하루와 같았으니, 생각건대 내 붓으로 어찌 차마 공의 묘갈명을 쓸 수 있겠는가. 비록 그러하나 내가 공의 묘갈명을 쓰지 않는 것도 또한 어찌 차마 하겠는가. 마침내 눈물을 닦고 다음과 같이 서술한다.

공의 휘(諱)는 규창(奎昌), 자(字)는 계흥(季興)이다. 우리 송씨의 본관은 은진(恩津)이다. 고려 시대 판원사(判院事) 휘 대원(大原)으로부터 생원 부군(生員府君) 휘 국시(國蓍)[1]에 이르기까지 모두 12세(世)인데, 그 사이에 집단(執端) 휘 명의(明誼), 쌍청당(雙淸堂) 선생 사정(司正) 휘 유(愉),[2] 송담(松潭) 선생 임천 군수(林川郡守) 휘 남수(枏壽),[3] 이 세 부군이 가장 저명하다. 송담 부군의 둘째아들 안동 판관(安東判官) 휘 희건(希建)은 중부(仲父) 삼가 현감(三嘉縣監) 휘 계수(桂壽)의 후사(後嗣)가 되었다. 생원공(송국시(宋國蓍))은 곧 판관공(송희건(宋希建))의 맏아들인데, 갖고 있는 재주와 품행이 뛰어났으니, 공은 그의 막내아들이다. 어머니 경주 김씨(慶州金氏)는 현감 증(贈) 참판(參判) 덕민(德民)의 따님으로, 정숙하고 현명하며 아름다운 규범이 있었다. 용궁(龍宮)[4]에 있는 참판공의 임소(任所)에서 공을 낳았다.

공은 타고난 자질이 남보다 월등하여 보통 아이들과는 같지 않았으니, 총명하고 슬기로움이 일찍 이루어져 일을 보면 곧바로 이해하였다. 8세 때에 어떤 사람이 주사위를 던져 승부를 겨루는 놀이를 하였다. 공이 한 번 눈으로 보고 금방 그 방법을 깨우쳐서 남과 대국(對局)하였는데, 비록 숙련된 사람이라도 미치지 못하였으니, 사람들이 모두 기이하게 여겼다.

1 송국시(宋國蓍) : 1600~? 본관은 은진(恩津), 자는 사징(士徵), 호는 백류헌(百柳軒)이다.

2 송유(宋愉) : 1388~1446. 본관은 은진, 호는 쌍청당(雙淸堂)이다. 부사정(副司正) 벼슬을 하다가 사퇴하고 회덕에 은거하여 학문을 닦으며 여생을 보냈다.

3 송남수(宋枏壽) : 1537~1626. 본관은 은진, 자는 영로(靈老), 호는 송담(松潭)이다.

4 용궁(龍宮) : 현재의 경상북도 예천 지역의 옛 지명이다.

조금 성장하여 동춘(同春)[5] 선생에게 나아가 배웠다. 당시에 신익륭(申翊隆)[6] 공이 선생과 같은 집에서 함께 지내고 있었다. 공은 겸하여 신공에게 시를 배웠는데 기억력이 남들보다 뛰어나서 글을 줄줄 외었으며, 제목을 내어 시를 짓게 하면 시어가 빼어나게 기발하였으므로, 선생과 신공께서 입을 모아 칭찬하셨다.

하루는 선생께서 총명함을 시험해 보려고 저물녘에 《자치통감강목(資治通鑑綱目)》과 《가례(家禮)》 중에서 400여 줄을 뽑아 주고 다음 날 아침에 외게 하였는데 한 글자도 빼놓지 않고 외었다. 선생께서는 더욱더 놀라고 감탄하면서 "이 아이는 내 문하의 보배이다."라고 하셨다. 또 우암(尤庵)[7] 선생에게서 배웠는데, 선생께서 중히 여겨 기대가 적지 않으셨다. 미촌(美村)[8] 윤공(尹公)이 사람들에게 말하기를 "우리 무리에 인물이 나왔다."라고 하였다.

약관(弱冠)의 나이에 장가들었는데, 처가에서 비단 금침(衾枕)을 깔아 놓은 것을 보고 즉시 모두 물리치면서 말하기를 "이것이 어찌 가난한 선비에게 마땅하겠는가."라고 하였다. 훗날 치가살이 힐 때에

5 동춘(同春) : 송준길(宋浚吉, 1606~1672)로, 본관은 은진, 자는 명보(明甫), 호는 동춘당, 시호는 문정(文正)이다. 《宋子大全 卷182 同春堂宋公墓誌》

6 신익륭(申翊隆) : 1602~1657. 본관은 평산(平山), 자는 군필(君弼), 호는 호량(濠梁)이다. 병자호란 때 빈궁(嬪宮)을 모시고 강화로 피난 갔다가 화약(和約)이 성립되자 벼슬을 버리고 30년 동안 유랑하였고 회덕(懷德)에서 객사하였다.

7 우암(尤庵) : 송시열(宋時烈, 1607~1689)로, 본관은 은진, 자는 영보(英甫), 호는 우암·우재(尤齋)이다. 《寒水齋集 卷31 尤菴先生墓表》

8 미촌(美村) : 윤선거(尹宣擧, 1610~1669)로, 본관은 파평(坡平), 자는 길보(吉甫), 호는 미촌·노서(魯西)·산천재(山泉齋), 시호는 문경(文敬)이다. 저서로는 《노서유고(魯西遺稿)》가 있다.

장인이 넉넉하게 토지와 노비를 주어 생업에 도움이 되게 하였다. 부인이 운명하자 공은 모든 재산을 돌려주며 말하기를 "주인이 이미 죽었으니 내가 마땅히 소유할 것이 아니다."라고 하였다. 장인이 사양하였으므로 두세 번 서로 양보하다가 마침내 기꺼이 하나도 남기지 않고 내놓았으니, 재물에 임하여 구차하지 않은 것이 대부분 이와 같았다.

일찍이 과거 공부를 하여 글을 잘한다는 명성이 자자했으므로, 매번 과거 시험장에 들어갈 때마다 와서 묻는 자들이 많았는데, 공은 좌우로 응대하면서 여유가 만만하였다. 시험을 맡은 어떤 사람이 공과 아는 사이였는데, 은밀히 하리(下吏)를 보내 지은 글의 머리 구(句)를 보여 달라고 청하였으니, 아마도 인재를 잃었다는 책망을 당할까 염려했던 듯하다. 공이 정색을 하고 꾸짖으며 물리치자, 그 사람이 크게 부끄러워하였으며, 그 후에 집으로 찾아와 사죄하였다. 여러 차례 향시에 합격하여 번번이 우수한 성적을 차지하였으나, 계묘년(1663, 현종4)에 이르러서야 비로소 성균관에 오르니, 사람들이 모두 늦었다고 여겼다.

을사년(1665)에 부친상을 당하였다. 상례를 매우 엄격하게 지키고 너무 슬퍼한 나머지 몸이 상하고 수척해져 병이 들었다. 거의 위급한 상태가 한 해를 넘기도록 이어졌지만 여전히 묘를 지키며 떠나지 않았다. 상을 마치자 병든 몸을 말에 싣고 먼 지역에 있는 의원으로 갔는데, 도착하자마자 몇 동이의 피를 토하고 정신이 아득하여 쓰러져 거의 다 죽게 되었다. 의원이 급히 삼을 삶아 미처 올리기도 전에 곧바로 기운을 차려 일어나 평소처럼 말하고 웃자, 의원이 혀를 내두르며 말하기를 "이와 같은 정신력과 골상(骨相)을 가진 사람을 일찍이 보지 못하였으니, 이분은 필시 비상(非常)한 일을 할 사람이다. 다만 세상 물정에 합하지 못하는 것이 한스럽다."라고 하였다. 아마도 의원이 사람을 많이 겪어보았기 때문에 사람을 볼 줄 알았던 것 같다.

모부인(母夫人)을 따라 백씨(伯氏)[9]의 부여(扶餘) 임소에 갔는데, 백씨가 정령(政令)에 대하여 모두 공에게 물어 행하였다. 얼마 뒤에 백씨가 세상을 떠나자 공은 관청의 문서와 장부를 가지런히 정리하여 조금도 누락하지 않았으니, 아전들이 감히 제멋대로 농간을 부리지 못하였다. 백씨가 관직에 있을 때 매를 선물로 보내온 사람이 있었는데, 어머니 봉양을 위해 받아 두었었다. 공이 그것을 남겨 놓도록 지시하며 말하기를 "이것은 비록 관직과 관련하여 얻은 것이 아니지만, 사람들이 혹 정확한 내막을 알지 못한다면 우리 백씨의 청렴한 덕에 허물이 될 것이다."라고 하였다.

공의 효성과 우애는 천성에서 나왔으니, 사람들이 흠잡을 데가 없었다. 모부인께서 일찍이 역병에 걸리셨는데, 어떤 약도 효과가 없어서 거의 돌아가실 뻔한 적이 있었다. 공은 갓을 벗은 채 맨발로 집 뒤에 있는 동산으로 가더니, 머리를 조아리며 하늘에 기도하였다. 한참 뒤에 갑자기 가슴 속이 상쾌해지는 느낌이 들어 돌아가서 살펴보니, 모부인의 몸에서 이미 땀이 나기 시작하였고, 잠시 뒤에 온 몸을 흠뻑 적시더니 마침내 병이 나아 편안해지셨다. 사람들이 모두 지극한 정성이 하늘을 감동시켰다고 하였다. 박씨(朴氏)에게 시집간 뒤에 죽은 여동생의 두 아이를 데려다 집에서 길렀는데, 모부인이 매우 지극히 사랑하셨다.

9 백씨(伯氏) : 송규창의 맏형 송규정(宋奎禎, 1622~1669)으로, 본관은 은진, 자는 백흥(伯興)이다. 《승정원일기》 현종 9년 7월 27일 기사에 송규정을 부여 현감(扶餘縣監)으로 제수한 기록이 있다.

공이 모친의 뜻을 받들어 무릇 어루만지고 보호함이 지극한 정에서 나왔으니, 모부인이 기뻐하며 말씀하기를 "네 여동생이 비록 살아 있었더라도 반드시 이 정도에는 미치지 못했을 것이다."라고 하셨다. 계부(季父) 전중공(殿中公)[10]이 자식이 없었으므로 공을 후사(後嗣)로 삼고 싶어 했는데 그 뜻이 매우 확고하였다. 공이 모부인이 허락하지 않으셨기 때문에 끝내 감히 뜻을 받들지 못하자, 전중공이 매우 노여워하였다. 공은 송구스러워 마치 용납되지 못할 것처럼 하면서, 우러러 섬기는 모든 일에 정성과 힘을 다함으로써 감동시켰다.

계축년(1673, 현종14)에 어머니 상을 당하였다. 거상(居喪)에 예를 다하여 한결같이 아버지 상을 당했을 때처럼 하였다. 어머니를 섬기던 방법으로 큰형수를 모시면서 곡진하게 그 뜻을 받들어 한 번도 어기는 바가 없었다. 집안의 모든 일을 마음을 다해 경영하고 조치하여 걱정을 끼치지 않았다. 형수가 매우 편안히 여기면서 말하기를 "내가 비록 남편[11]을 잃었지만, 이 시동생이 행실이 고상하고 재주가 넉넉하여 나를 편안하게 해 주니, 다른 사람의 형제들도 이와 같을 수 있겠는가."라고 하였다. 무릇 집안에서 두루두루 곡진하게 의를 행하는 것이 모두 이러한 식이었다.

일찍이 외가의 상을 당했을 때 이종 사촌형인 윤휴(尹鑴)[12]가 주자

10 계부(季父) 전중공(殿中公) : 송규창의 계부는 송국신(宋國藎, 1613~?)으로, 본관은 은진, 자는 토신(土臣)이다. 전중은 고려 시대 전중시어사(殿中侍御史)의 약칭으로, 사헌부 감찰의 이칭이다. 《승정원일기》 현종 3년 7월 8일 기사에 송국신을 사헌부 감찰에 임명한 기록이 있다.

11 남편 : 소천(所天)은 하늘처럼 받들면서 의지해야 할 대상이라는 말로, 임금이나 어버이 그리고 남편 등을 뜻하는 말이다. 여기서는 남편을 가리키는 말로 쓰였다.

(朱子)의 심의(深衣)[13] 제도를 따르지 않고 자기 마음대로 바꾸려고 하였다. 공이 엄한 말로 그 뜻을 꺾었으므로 윤휴가 자기 뜻대로 실행하지 못하였다. 윤휴가 뜻을 이루어 권력을 잡자 우암(尤庵) 선생에게 악랄하게 하였다. 공이 전후로 이랬다저랬다 한 상황을 낱낱이 들어 여러 차례 편지를 보내 책망하였으나 윤휴는 뉘우치지 않았다. 그가 더욱 방자하여 어찌할 방법이 없게 되자 다시 편지를 보내 절교하였는데, 오히려 지친(至親)을 대하는 도리에 혹 다른 의리가 있을까 하여 선생에게 여쭈어 태도를 바꾸었다. 그리하여 편지를 받으면 답장하고 찾아오면 만나기로 정하였는데, 공을 좋아하지 않는 자들이 이로 인하여 공을 배척하여 이러쿵저러쿵 말들이 분분하였다. 선생께서는 공의 심사를 환히 알아 사우(士友)들 사이에서 힘껏 변론해 주셨으니, 비방하는 말들이 마침내 사라졌다.

병인년(1686, 숙종12)에 정릉 참봉(靖陵參奉)에 제수되었으나, 사직하고 부임하지 않았다. 3년 뒤에 앓아누웠는데 병세가 이미 어찌할

12 윤휴(尹鑴) : 1617~1680. 본관은 파평, 자는 희중(希仲), 호는 백호(白湖)·하헌(夏軒)이다. 1660년(현종1)에 복상(服喪) 문제로 제1차 예송(禮訟)이 일어나자, 서인의 기년설(期年說)에 대하여 3년설을 주장하여 송시열(宋時烈)과 논쟁을 벌였으나, 패하여 사문난적(斯文亂賊)으로 몰렸다. 제2차 예송으로 남인 정권이 수립되자 복직되었다. 경신대출척으로 남인이 실각할 때 갑산(甲山)에 유배되었다가 허견(許堅)의 옥사에 관련되어 사사(賜死)되었다. 1689년(숙종15)에 아들 윤하제(尹夏濟)의 상소로 신원되고 영의정에 추증되었다.

13 심의(深衣) : 조선 시대 유학자들이 입던 옷으로 머리의 복건과 함께 착용하였다. 흰 비단으로 소매를 넓게 하여 옷깃, 소매 끝, 옷단에 검정색 선을 둘렀다. 허리에는 띠를 두르고 오색의 띠를 늘어뜨렸다. 이 옷은 중국 고대에서부터 있었던 것으로 우리나라에는 송나라 때에 주자학과 함께 전해졌다.

방법이 없을 정도로 악화되었으나, 정신은 또렷하여 흐트러지지 않았다. 여러 자식들을 불러 붓을 잡게 하고 입으로 불러 각각 한 통씩 유서를 작성하여 경계하였다. 그 해 6월 7일 회덕(懷德)의 치소(治所) 북쪽에 있는 삼정동(三政洞) 구리현(九利峴) 묘향(卯向)의 언덕에 장사 지냈다.

부인 능성 구씨(綾城具氏)는 참봉(參奉) 봉우(鳳羽)[14]의 따님이고, 병암 선생(屛庵先生) 수복(壽福)[15]의 5세손이다. 부인은 정숙하고 조용하며 단아하고 고결하여 부덕(婦德)을 잘 갖추었다. 남편을 받들고 시부모를 섬길 때 자연스럽게 예에 맞아서 터럭만큼도 어긋남이 없었다. 동서(同壻)를 대할 때에도 또한 한결같이 정성을 다하여 화기(和氣)가 애애하였다. 비록 난처한 단서나 불평스러운 일이 있더라도 또한 말이나 얼굴에 낌새를 드러내는 일이 없었다. 그러므로 감격하고 기뻐하며 마음으로 복종하지 않는 이가 없었으니, 규문(閨門)의 안이 화목하였다. 생원공(生員公 송국시(宋國蓍))이 탄식하며 말하기를 "이 사람이 진실로 지극한 행실이 있구나. 비록 그 타고난 자질이 그래서 그렇지만, 마음을 잡아 지키는 공부가 실로 남보다 뛰어나다."라고 하였다. 갑술년(1634, 인조12) 10월 22일에 태어나 정미년(1667, 현종8) 4월 8일에 별세하였다. 처음에는 보은(報恩)에 장사 지냈다가 계유년(1693, 숙종19) 10월 27일에 이장하여 공의 묘소 왼쪽에 합장하였다.

14 구봉우(具鳳羽) : 1612~? 본관은 능성(綾城), 자는 경요(景耀)이다. 《승정원일기》 인조 22년 3월 26일 기사에 구봉우를 선릉 참봉(宣陵參奉)에 임명한 기록이 있다.

15 구수복(具壽福) : 1491~1535. 본관은 능성, 자는 백응(伯凝)·정지(挺之), 호는 병암(屛菴)·수재(睡齋)이다.

계비 김씨(金氏)는 안동(安東)의 명망 있는 가문의 사람으로, 사인(士人) 휘(徽)의 따님이다. 을유년(1645, 인조23) 3월 12일에 태어나 기미년(1679, 숙종5) 9월 5일에 별세하였다. 공주(公州) 사한리(沙寒里)에 있는 선산 곁 병향(丙向)의 등성이에 장사 지냈다.

3남 3녀를 두었는데, 모두 전실(前室) 소생이다. 장남 하적(夏績)은 생원공(生員公 송국시(宋國蓍))의 명으로, 백부(伯父) 현감공(縣監公)의 후사(後嗣)가 되었다. 차남은 하명(夏明), 삼남은 하형(夏亨)이다. 딸들은 신필혼(申必混), 심세유(沈世維), 이만령(李萬齡)에게 시집갔는데, 사위들은 모두 사인(士人)이다. 측실 소생으로 세 아들을 두었는데 하시(夏時)와 하직(夏稷)이고, 딸 둘 가운데 장녀는 정상즙(鄭相楫)의 아내가 되었으며 나머지는 어리다.

하적의 세 아들은 필복(必復), 필익(必益), 필제(必濟)이며, 딸 넷은 사인 권택(權擇), 이세철(李世徹), 진사(進士) 이찬경(李纘慶), 사인 윤태정(尹台鼎)에게 시집갔다. 하명은 아들 셋을 두었는데, 진사(進士) 필항(必恒)과 필관(必觀)이고, 딸 둘을 두었는데, 장녀는 이명보(李命輔)에게 시집갔으며 나머지는 어리다. 하형의 두 아들은 필화(必華)와 필무(必茂)이고 딸 셋은 모두 어리다. 신필혼은 딸 둘을 두었는데, 장녀는 사인 이재대(李載大)에게 시집갔으며 나머지는 어리다. 심세유는 딸 하나를 두었는데, 사인 정효윤(鄭孝胤)에게 시집갔다. 이만령은 아들 하나를 두었는데 성시(聖時)이며, 딸 하나는 어리다. 필항은 아들 하나에 딸 둘을 두었는데, 모두 어리다.

공은 일찍부터 스승의 가르침을 받아 능히 수립(樹立)한 것이 있었고, 그의 행실은 세상의 풍속을 벗어났다. 그러나 진실로 타고난 바탕이 훌륭하고 배움의 힘이 깊은 자가 아니라면, 어찌 여기에 미칠 수 있겠는가. 식견과 재지(才智)는 곧 공의 부수적인 것이었지만, 무릇 하는 일에 대하여 밝게 이해하고 모두 민첩하였으며 일처리가 정밀하고 주밀(周密)하여 정확하게 핵심에 들어맞았다. 우암이 말씀하기를 "아무개와 일을 의논하면 내 마음이 시원하다."라고 하였으며, 동춘이 말씀하기를 "비록 호조(戶曹)에서 일한다 해도 능하지 못할 것이 없을 것이다."라고 하였으니, 소중히 여김을 받음이 이와 같았다.

성품이 굳고 곧아 무릇 속여 꾸미는 행동과 아첨하여 아양을 떠는 태도가 비록 남에게 있어도 마치 장차 자신을 더럽힐 것처럼 여겼다. 바르지 않은 행동을 하는 사람을 보면 일찍이 조금도 낯빛과 말을 부드럽게 하지 않았으니, 이 때문에 노여워하고 미워하는 사람들이 많았다. 지난 번 모함을 당한 것은 실로 이러한 데에서 연유하였으니, 의원이 한 말이 맞는 것이다. 그러나 내면은 진실로 인자(仁慈)하여 늘 사람들을 돕고 살리는 것으로 마음을 삼았으니, 실질적인 은혜를 입은 사람 또한 많았다. 일찍이 온공(溫公)의 말[16]을 들어 내게 말하기를 "내가 비록 옛 사람에게는 미치지 못하지만, 이른바 '남에게 말하지 못할 것'이라는 것에 대해서는 거의 부끄러울 것이 없다."라고 하였다. 아, 공은 과장된 말로 남을 기만할 사람이 아니니, 오직 이 한 마디 말에서 그의 평생을 평가할 만하다. 다만 이토록 착하고 아름다운 자질을 갖고 있으면서 하늘에서 얻지 못했고, 이러한 재지(才智)와 학문을 갖고 있으면

16 온공(溫公)의 말 : 온공은 송나라 사마광(司馬光, 1019~1086)을 말한다. 사마광이 말하기를 "내가 다른 사람보다 나은 점이 없다. 다만 평소의 행위 중에 일찍이 남에게 말하지 못할 것은 없었다.〔吾無過人者. 但平生所爲, 未嘗有不可對人言者耳.〕"라고 하였다. 《宋史 卷336 司馬光列傳》

서 등용되지 못한 것이 안타깝다. 나이는 60을 채우지 못했고 지위는 가장 낮은 벼슬에 불과하였으니,[17] 이것은 무슨 까닭인가. 비록 그러하나 길이 전해질 것이 따로 남아 있으니, 자질구레한 한 때의 잘됨과 못됨은 또한 어찌 따질 것이 있겠는가. 다음과 같이 명(銘)을 쓴다.

아 형은 재주가 넉넉하고 식견이 넓었으며　嗟惟兄才優而識周
행실이 온전하고 지조가 확고했지　行全而操確
하늘에서 얻은 것은 어찌 그리 풍성하며　得之何豐
세상에 쓰인 것은 어찌 그리 인색했나　用之何嗇
어쩌면 시운이 어긋나고 운수가 막힌 것인가　豈時之乖而命之阨耶
꽉 찼는데도 빈 것 같았으니　實而若虛
남들이 알지 못하는 것은 진실로 당연했네　人不知者固然
착한데도 보답을 받지 못했으니　善而莫報
의심스러운 것은 오직 하늘이지　所可疑者惟天
대현에게 인정받은 것은 깊으니　蒙大賢賞與則深
아 이것만으로도 후세와 지금에 밝게 내걸 만하도다　於虖此足以昭揭來今

17 가장……불과하였으니 : 일명(一命)은 본래 조정으로부터 임명받는 최하등의 관직을 가리키는 말로, 조선 시대의 첫 등급인 종9품과 같다. 주대(周代)의 일명에서 구명(九命)까지의 관계(官階)에서 유래하였다. 송규창이 1686년(숙종12)에 정릉 참봉(靖陵參奉)에 제수된 것을 말한다.

제문 祭文

칠성에 제사하는 글 경자년(1660, 현종1)

祭七星文 庚子

오직 신령이 빛나고 밝음이여 惟靈煌煌哲哲
일곱 번 자리 바꾸며 문장 이루시니[18] 七襄成章
그 빛이 드러나지 않을까 不顯其光
아래에 임함에 밝음이 있어 臨下有赫
사물의 근간 되어 빠뜨리지 않으니[19] 體物無遺

18 일곱……이루시니 : 칠양(七襄)은 묘시(卯時)부터 유시(酉時)까지 낮 동안 7차례 천문의 자리가 변동된다는 뜻이다. 성장(成章)은 문장을 이룬다는 뜻이다. 《시경》〈대동(大東)〉에 "모퉁이에 있는 저 직녀성은 종일토록 자리를 일곱 번 바꾸네. 비록 일곱 번 자리를 바꾸나 보답해 줄 문장을 이루지 못하네.〔跂彼織女, 終日七襄. 雖則七襄, 不成報章.〕"라고 하였다. 이 시는 본래 부역과 징세에 시달리는 백성들이 하늘의 직녀성이라도 베를 짜서 자신들에게 보답할까 기대해 보지만 직녀성은 온종일 움직이면서도 베를 짜주지 않는다고 한탄한 말인데, 여기서는 단장취의(斷章取義)하여 반대의 뜻으로 활용하였다.

19 사물의……않으니 : 칠성신이 모든 만물을 살핀다는 말이다. 《중용장구》 제16장에 "귀신의 덕 됨이 성하구나. 보아도 보지 못하며 들어도 듣지 못하나, 사물의 근간이 되어 빠뜨릴 수 없다.〔鬼神之爲德, 其盛矣乎. 視之而弗見, 聽之而弗聞, 體物而不可

어찌 감히 혹시라도 속이랴　其敢或欺

장수와 요절 그리고 재앙과 복록을　壽夭禍福

실로 그 기틀 주관하는지라　實主其機

백성들이 바라보고 의지합니다　民所瞻依

감응이 있으면 반드시 미덥게 하고　有感必孚

호소하면 반드시 들어주어　有籲必聽

마치 메아리가 응하는 듯이 하십니다　如響斯應

돌아보건대 저 소자는　顧余小子

일찍 아버지를 여의고[20]　早失所怙

오직 홀어머니만 계십니다　唯有偏母

콩이나 물로도[21] 봉양하지 못해　菽水無養

물 긷는 일과 절구질을 친히 하시니　井臼親執

자식의 본분을 다하지 못했습니다　子職都闕

근력을 수고롭게 하시다가　筋力所勞

영위[22]를 잃게 되어　榮衛致愆

遺.〕"라고 한 말을 원용하였다.

20 아버지를 여의고 : 소호(所怙)는 아버지를 가리킨다. 《시경》 〈육아(蓼莪)〉에 "아버지가 없으면 누구를 믿으며, 어머니가 없으면 누구를 믿을꼬.〔無父何怙, 無母何恃.〕"라고 한 데서 유래하였다. 송규렴의 아버지 송국전(宋國銓)은 송규렴이 20세가 되던 1649년(인조27)에 운명하였다.

21 콩이나 물로도 : 숙수(菽水)는 집안이 가난하더라도 어버이를 정성껏 봉양하는 것을 말한다. 공자(孔子)의 제자 자로(子路)가 집안이 가난하여 효도를 제대로 못한다고 탄식하자, 공자께서 "콩죽을 먹고 냉수를 마시더라도 기쁨을 다한다면, 그것이 바로 효이다.〔啜菽飮水盡其歡, 斯之謂孝.〕"라고 위로했던 고사가 전한다. 《禮記 檀弓下》

22 영위(榮衛) : 영(榮)은 피의 순환을, 위(衛)는 기의 흐름을 이르니, 영기(榮氣)는

질병에 걸리셨습니다 疾病纏綿
잠시 차도가 있다가도 곧 심해져 乍歇旋緊
덜하고 심함이 일정하지 않으니 進退無常
한 해도 편안하신 적이 없었습니다 無一歲寧
정유년 가을에 丁酉之秋
아들의 임소에 따라가시니 隨子之官
장기가 있는 남쪽 바닷가였는데[23] 瘴海之濱
중동의 달에 仲冬之月
오래된 병이 재발하고 舊痾復作
새로운 증상까지 더해 생겼습니다 新症添發
고향으로 돌아오신 뒤에는 歸鄕之後
더욱더 심해져 益復苦劇
거의 위태롭게 된 적이 여러 번이었습니다 幾危者數
이 의원 저 의원 다 불러오고 靡醫不延
이 약 저 약 다 써서 靡藥不試
온갖 의술[24] 동원했지만 殆盡方技

혈액 생산과 영양 조절을, 위기(衛氣)는 각 기관을 보위(保衛)하는 작용을 한다. 《황제내경소문(黃帝內經素問)》 권9 〈열론(熱論)〉에 "오장이 이미 상하고 육부가 통하지 않으면 영위가 행하지 못한다. 이렇게 3일이 지나면 죽게 된다.〔五藏已傷, 六府不通, 榮衛不行. 如是之後, 三日乃死.〕"라고 하였다.

23 정유년(丁酉年)……바닷가였는데 : 송규렴은 1657년(효종8) 7월에 무장 현감(茂長縣監)으로 부임하였다.

24 의술(醫術) : 방기(方技)는 도교(道敎)나 신선술(神仙術) 등을 통해 내려오는 의술이나 방중술로 주로 불로장생의 비법 등이 전해지는데, 여기서는 치료 방법을 뜻하는

정성이 하늘을 감동시키지 못해 誠未格天
신령께서 은혜를 드리우지 않으시니 神罔垂惠
꼭 맞는 처방을 얻지 못했습니다[25] 不得對劑
주무시고 잡수시는 것이 날로 줄어들어 寢食日減
몸은 날로 여위고 肥肉日脫
원기는 날로 허약해지시며 元氣日薾
전후로 병석에 누우신 지 前後沈綿
지금까지 사 년인데 四載于玆
회복할 기약 없습니다 差復無期
속수무책으로 앉아서 束手而坐
닥칠 위기 기다릴 뿐 以待其危
어떻게 해야 할지 모르겠습니다 罔知攸爲
오장이 타서 五內焚灼
불로 지지는 듯하니 如火斯煎
차라리 죽고 싶습니다 寧欲溘然
근심스럽고 초조한 마음을 悶迫之懷
어디에 하소연할 곳도 없어 無處告訴
눈물만 비처럼 흐릅니다 有淚如雨
이에 길일 택해 정결히 제사할 때[26] 玆用吉蠲

것으로 번역하였다.

25 꼭……못했습니다 : 훌륭한 의원을 불러오고 좋은 약을 다 썼지만 어머니 병이 낫지 않았다는 말이다. 대제(對劑)는 증상에 꼭 들어맞는 처방을 의미한다.

26 길일(吉日)……때 : 길견(吉蠲)은 길일을 택하여 정결하게 제사를 지낸다는 말이

목욕재계 엄숙히 하고 齋沐致肅
감히 답답한 심사를 아룁니다 敢陳愊臆
폐백이 두텁지 않고 幣旣不腆
단술도 향기롭지 않지만 醴亦非馨
오직 이 정성을 살펴 주십시오 惟鑑此誠
불쌍히 여기고 가엾게 여겨 哀之憫之
특별히 은밀한 도움을 내려 特垂陰騭
제게 큰 복을 주소서 畀我景福
빨리 어머니 병을 낫게 하여 快除母病
속히 건강을 회복하게 하고 速就康强
만수무강하게 하소서 壽考無疆
원추리가 늙지 않게 하여 萱陰不老
백발까지 늘 청춘처럼 鶴髮長春
다시는 병들어 신음하지 않게 하소서 無復吟呻
온 집안이 화목하고 一堂融融
길이 맛난 음식 봉양하게 하신다면 永奉甘旨
어찌 신령의 은혜를 다 갚을 수 있겠나이까 曷報神賜
저의 말은 끝이 있으나 我言有終
저의 정성 한이 없으니 我悃無極
부디 흠향하소서 庶幾歆格

다. 《시경》 〈천보(天保)〉에 "길일을 잡아 정결히 술밥을 지어 이것을 효성으로 제향하네.〔吉蠲爲饎, 是用孝享.〕"라고 하였다.

족형 정랑 송광식[27]을 제사하는 글 갑진년(1664, 현종5)
祭族兄宋正郎 光栻 文 甲辰

아, 우리 형이 이 정도에 그친단 말입니까. 난새와 고니가 우뚝 서 있는 듯한 용모[28]와 금과 옥이 온윤(溫潤)하고 정밀한 듯한 자태를 이제는 다시 볼 수 없게 되었습니다. 고을에서는 훌륭한 선비를 잃었고 동료들은 좋은 벗을 잃었으며, 사문(師門)에는 의탁할 사람이 사라지고 종당(宗黨)에서는 의지할 사람을 잃었습니다. 더구나 저는 서로 사랑하는 돈독함이 골육과도 같았으니, 어찌 목놓아 울며 눈물을 훔치지 않을 수 있으며, 하늘에 호소하며 비통한 마음을 쏟아 내지 않을 수 있겠습니까.

아, 공의 아름다운 자질은 동배(同輩)들 가운데 탁월하였으니, 향기로운 난초에 씨가 있고 좋은 옥에 티가 없는 것과 같았습니다. 일찍 부친의 가르침[29]을 받아 예를 익히고 시에 밝았으며, 행실을 삼가고

27 송광식(宋光栻) : 1625~1664. 본관은 은진, 자는 희장(希張)이다. 송준길(宋浚吉)의 장남으로 송준길보다 먼저 죽었다.

28 난새와……용모 : 난정곡치(鸞停鵠峙)는 난새와 고니처럼 훌륭한 자손을 비유하는 말로, 송광식의 빼어난 용모를 비유한 표현이다. 당(唐)나라 한유(韓愈)의 〈전중소감마군묘명(殿中少監馬君墓銘)〉에 "물러나와 소부를 보건대 푸른 대와 벽오동에 난새와 고니가 우뚝 서 있는 듯하였으니, 가업을 제대로 지킬 만한 분이었다.〔退見少傅, 翠竹碧梧, 鸞鵠停峙, 能守其業者也.〕"라고 한 데서 유래하였다. 《韓昌黎集 卷33》

29 부친의 가르침 : 정훈(庭訓)은 뜰에서 내린 교훈이란 뜻으로, 아버지가 자식에게 내리는 교훈을 말한다. 공자(孔子)의 제자 진강(陳亢)이 공자의 아들 백어(伯魚)에게 선생님에게서 특이한 들음이 있느냐고 묻자, 공자께서 홀로 서 계실 때 백어가 종종걸음

몸을 세웠으니 진실로 가문의 명성에 걸맞은 아들이 되셨습니다. 그 맑은 지조와 우아한 도량, 넓은 식견과 높은 재주는 실로 동료들이 추앙하였으니, 대개 그들의 기대는 가깝고 작은 것을 성취하는 데 있는 것이 아니라 모두 원대(遠大)한 성취를 기약했습니다. 아름다운 명성이 널리 퍼져 관직에 오름에 미쳐서는 내직과 외직을 두루 맡았는데 마땅하지 않음이 없었습니다.

그 내행(內行)의 돈독함에 이르러서는 남들보다 더욱 뛰어남이 있었으나, 사람들은 간혹 다 알지 못하였습니다. 노선생(老先生 송준길(宋浚吉))께서 생존해 계실 때 항상 병 때문에 괴로워하셨는데, 밤낮으로 안색을 살펴 봉양함[30]에 즐겁고 기쁜 태도로 하였습니다. 기거(起居)하고 응대(應對)하는 예절로부터 음식과 약을 올리는 작은 일에 이르기까지 직접 담당하여 하나도 빠뜨리는 일이 없었으며, 공손한 정성과 삼가는 마음은 대개 일찍이 하루라도 전혀 줄어들지 않았습니다. 선생께서 의지하여 중하게 여기시고 일이 있으면 반드시 물으셔서 부자의 사이가 지기(知己)처럼 되었으니, 어찌 이른바 하나라고 적다고 할 수 없다[31]는 경우가 아니겠습니까.

으로 뜰을 지나가는데 시(詩)와 예(禮)를 배웠느냐고 물으신 일이 있다고 대답한 고사에서 유래하였다. 《論語 季氏》

30 안색을 살펴 봉양함 : 색양(色養)은 자식이 얼굴빛을 온화하게 하여 부모를 봉양하는 일을 뜻한다. 일설에는 부모의 얼굴빛을 살펴서 그 뜻을 잘 받드는 일이라고도 한다. 자하(子夏)가 효에 대하여 묻자, 공자(孔子)께서 말씀하시기를 "얼굴빛을 온화하게 하기가 어려우니, 부형에게 일이 있으면 자제가 그 수고를 대신하고, 술과 밥이 있으면 부형이 드시도록 하는 것을 일찍이 효라고 할 수 있겠는가.〔色難, 有事, 弟子服其勞, 有酒食, 先生饌, 曾是以爲孝乎.〕"라고 하였다. 《論語 爲政》

바야흐로 아버지의 사업을 잘 계승하여 갖옷을 짓고 키를 만들어[32] 가문의 명성을 더욱 크게 하고 원대한 계획 더욱 드러내리라 여겼는데, 천지조화에 막혀 갑자기 병에 걸려 문득 하루저녁에 영원히 떠나가서, 유림(儒林)으로 하여금 적막하게 하고 벗들로 하여금 탄식하게 할 줄을 어찌 알았겠습니까. 애통하고 애통합니다. 어쩔 수 없고 어쩔 수 없습니다.

아, 생사가 갈리는 즈음에 능히 변하지 않는 사람이 거의 드무니, 비록 팔십의 나이에 그렇게 하더라도 또한 감탄합니다. 하물며 젊은 나이에 갑자기 병들었는데 위로는 백발의 병든 노친이 계시고 아래로는 앞에 가득 자식들과 부인이 있으니,[33] 이는 진실로 인정상 지극한

31 하나라고……없다 : 남조 양(南朝梁)의 임방(任昉)이 어려서부터 매우 총명하였는데, 저언회(褚彦回)가 일찍이 임방의 아버지 임요(任遙)에게 말하기를 "듣자하니 경에게 자식이 있어 서로 기뻐한다고 하니 이른바 백이라고 많다고 할 수 없고, 하나라고 적다고 할 수 없다는 것이다.〔聞卿有令子, 相爲喜之, 所謂百不爲多, 一不爲少.〕"라고 하였다는 고사가 전한다.《南史 卷59 任昉列傳》 송광식이 송준길의 외아들이기에 이렇게 말한 것이다.

32 아버지의……만들어 : 송광식이 아버지 송준길의 사업을 잘 이어갈 것으로 기대했다는 말이다. 간고(幹蠱)는 아버지의 사업을 이어받아 발전시키는 것을 의미한다.《주역》〈고괘(蠱卦) 초육(初六)〉에 "아버지의 일을 주관함이니, 훌륭한 아들이 있으면 아버지가 허물이 없으리라.〔幹父之蠱, 有子, 考无咎.〕"라고 하였다. 위구위기(爲裘爲箕)도 아버지의 사업을 잘 계승하여 더욱 발전시킨다는 말이다.《예기》〈학기(學記)〉에 "훌륭한 대장장이의 아들은 반드시 가죽옷 만드는 것을 배우고, 활을 잘 만드는 궁장의 아들은 반드시 키 만드는 것을 배운다.〔良冶之子, 必學爲裘. 良弓之子, 必學爲箕.〕"라고 하였다.

33 위로는……있으니 : 송광식이 죽었을 때에 부친인 송준길은 59세로 아직 살아 있었고, 아내와 어린 네 아들이 있었다.

아픔으로 벗어날 수 없는 것입니다. 그런데 공은 태연히 죽음을 맞으며 일찍이 낯빛과 말투에 드러내지 않았습니다. 여기에서 수양의 실제를 충분히 엿볼 수 있습니다. 아, 옛사람과 비교해 볼 때 부끄러울 것이 없고, 후대에 드러내어 밝게 전할 만합니다.

아, 어진 사람은 반드시 장수하는 법인데 공의 나이는 마흔 살로 단명했고, 착한 사람은 반드시 복을 받는 법인데 공의 지위는 5품으로 낮았으니, 하늘의 보답이 이처럼 어긋날 수 있단 말입니까. 오직 저 고아들이 모두 빼어나 지란과 옥수처럼 서로 빛나 마치 신령스런 망아지가 우뚝 특이하고 봉황이 빛나게 기이한 것과 같으니,[34] 저는 아직 다하지 않은 보답이 여기에 있는 줄을 알겠습니다. 돌아가신 분이 지각이 있다면 또한 이것으로 스스로 위로할 것입니다. 슬프고도 슬픕니다.

저는 같은 가문에서 태어나고 같은 마을에서 살면서 학업도 같이 했고 놀 때도 함께 즐겼습니다. 조정에 벼슬살이 나간 것도 같은 때에 했습니다. 취향이 같기는 난초와 지초 같았으며, 기뻐하고 사랑함이 깊기로는 질나발 같고 피리 같았습니다.[35] 아교와 옻처럼 떨어지지 않고 쇠와 돌처럼 변하지 않아서 평생 지속되기를 기약하며 어우러져

34 신령스런……같으니 : 송광식의 어린 자식들의 뛰어난 자질을 읊은 것이다. 신구(神駒)는 하루에 천 리(千里)를 달릴 수 있는 신령한 망아지로, 뛰어난 자질을 타고난 사람을 비유하는 말인데, 후위(後魏) 때 배준(裴駿)이 어려서 매우 총명하고 출중하여 친척들이 그를 신구라 칭한 데서 유래하였다. 《魏書 卷45 裴駿列傳》

35 질나발……같았습니다 : 송규렴이 송광식과 형제처럼 서로 화목하게 지냈다는 말이다. 훈지(塤篪)는 질나발과 피리를 말하는데, 형제가 서로 화목한 것을 비유한다. 《시경》 〈하인사(何人斯)〉에 "형이 질나발 불거든, 동생은 젓대를 분다.〔伯氏吹壎, 仲氏吹篪.〕"라고 한 데서 유래하였다.

살다가 함께 죽기를 바랐는데, 이제는 어쩔 수 없게 되었습니다.

죽은 사람을 따를 수 없으니, 지난날을 생각하매 애통함이 가슴에 사무칩니다. 호대(縞帶)의 복제를 석 달 동안 한들 어찌 사모하는 마음이 다 가시겠습니까. 시간이 어느덧 지나 발인할 때가 되었습니다. 제가 와서 공을 곡하니 휘장은 흔들리고,[36] 당에 오르자 생생해서 마치 용모와 자태를 접한 듯합니다. 영령이 계시다면 이 애사(哀詞)를 보소서. 아, 애통합니다.

36 휘장은 흔들리고 : 첨첨(襜襜)은 흔들거리는 모양을 형용하고, 세유(繐帷)는 영구(靈柩)의 앞에 치는 휘장을 가리키는 말이다. 한유(韓愈)의 〈고한(苦寒)〉에 "태양 빛에 꽃잎은 눈부시고, 바람에 나뭇가지 흔들리네.〔日萼行鑠鑠, 風條坐襜襜.〕"라고 하였다. 《韓昌黎集 卷4》

규암 선생[37]을 제사하는 글 대신 지음○기유년(1669, 현종10)
祭圭菴先生文 代作○己酉

아 선생이여	於惟先生
산하의 빼어난 기운[38] 받아	山河間氣
아름다운 옥처럼 좋은 자질로	圭璧良姿
젊은 나이에 학문을 시작해	妙年發軔
멀리 근원 찾고 널리 선비들 따라	遠泝旁追
예와 악에 흠뻑 젖고	涵淹禮樂
서와 시에 감화되셨습니다	被服書詩
법도를 준수하고 따르며	遵繩蹈墨
성현을 스승으로 삼아	聖賢爲師
수립과 성취가	樹立成就

37 규암(圭菴) 선생 : 송인수(宋麟壽, 1499~1547)로, 본관은 은진(恩津), 자는 미수(眉叟)·태수(台叟), 호는 규암, 시호는 문충(文忠)이다. 1521년(중종16) 문과에 급제하여 홍문관 정자가 되었는데, 김안로(金安老)를 탄핵하다가 오랫동안 유배 생활을 하였다. 성리학의 전파와 인재 양성에 힘써 사림의 추앙을 받았고 유희춘(柳希春), 백인걸(白仁傑) 등과 교유하였는데, 윤원형(尹元衡)을 탄핵하다가 파직되어 을사사화 때 사사되었다. 효성과 우애가 뛰어난 것으로 유명하였다. 저서로 《규암집(圭菴集)》이 있다.

38 산하의 빼어난 기운 : 간기(間氣)는 영웅호걸이 세상에 드물게 타고난다는 천지의 특수한 기운을 말한다. 《춘추연공도(春秋演孔圖)》에 "정기는 황제가 되고 간기는 신하가 되며, 음률은 성이 되고 빼어난 기운이 사람이 된다.〔正氣爲帝, 間氣爲臣, 宮商爲姓, 秀氣爲人.〕"라고 한 데서 유래하였다.

비길 데 없이 뛰어나고 크게 기이했습니다	卓絕閎奇
과거에 급제하여[39] 조정에 오르니	釋褐揚庭
기린이 나오고 봉황이 춤추는 듯했습니다[40]	麟出鳳儀
효는 모든 행실의 근원인데	孝源百行
공이 실로 이를 지녔으니	公實有之
상을 당해 슬픔 다하자	當喪致感
흰 제비 날아왔습니다[41]	白燕來思
집에서 지낼 때 닦은 것으로	居家所修
나라에서 한 일 미루어 알 수 있으니	在國可推
조정에선 우뚝 서서	玉立朝端
낯빛을 바르게 하고 말을 곧게 하셨습니다	正色直辭
전석[42]에서는 온화한 기운으로	雍容前席

39 과거에 급제하여 : 석갈(釋褐)은 천한 자가 입는 모포(毛布)인 갈옷을 벗는다는 뜻으로, 과거에 급제하여 벼슬함을 이른다.

40 기린이……듯했습니다 : 기린은 신수(神獸)의 하나로서 성스러운 임금이 나와 태평시대를 이룰 때 나온다고 하는데, 여기서는 송인수 같은 훌륭한 인재가 나왔다는 말이다. 봉의(鳳儀)는 봉황의 의용(儀容)이라는 뜻으로, 송인수가 영준한 자태와 용모를 지녔다는 말이다.

41 상을……날아왔습니다 : 송인수의 지극한 효성을 말한 것이다. 《성호전집(星湖全集)》 권8 〈백연사(白燕詞)〉에 "규암 송인수는 자가 미수이다. 효성과 우애를 천성으로 타고나서 부모의 안색을 받들어 봉양이 지극하지 않은 것이 없었다. 모친상을 일체 주자의 《가례(家禮)》에 따라 하였으나, 지나치게 슬퍼하여 엎드려 있던 자리가 눈물 때문에 썩어 버렸다. 살고 있던 여막에 흰 제비가 둥지를 틀었는데 그 새끼들까지 모두 흰색이니, 사람들은 효성에 감동한 소치라고 하였다." 하였다. 흰 제비는 예부터 상서로운 일을 불러온다는 길조로 알려져 있다.

42 전석(前席) : 자리를 앞당긴다는 뜻으로, 임금이 신하의 말을 경청하는 것을 뜻한

요순을 본받게 했습니다　舜矩堯規
난봉이 상서로운 세상에서　鸞鳳瑞世
어찌 부엉이에게 지랴만　何負梟鴟
간사한 자들이 난을 일으키고　姦回作釁
비방하는 말이 홀연 뒤따르더니　謠諑忽隨
슬며시 함정 한 번 설치하자　陰穽一設
밝은 해가 빛을 잃었습니다　白日無光
애석합니다 선조의 사당에서　讀矣先祠
각각하는 소리 나고[43]　閣閣有聲
원통한 기운 흰 빛으로 변하여[44]　冤氣化白

다. 한(漢)나라 가의(賈誼)가 좌천되어 장사왕(長沙王)의 태부(太傅)로 있다가 일 년 남짓 만에 소명(召命)을 받고 조정으로 돌아오니, 문제(文帝)가 선실(宣室)에 있다가 그에게 귀신의 본원(本源)에 대해 물었다. 이에 가의가 귀신의 유래와 변화 등을 자세히 이야기하였다. 한밤에 이르자 문제가 그 이야기에 빠져서 자기도 모르게 자리를 앞으로 당겨 가의 가까이로 다가갔다 한다. 《史記 卷84 賈生列傳》

43 각각(閣閣)하는 소리 나고 : 송인수의 죽음에 얽힌 전설을 읊은 것이다. 이제신(李濟臣, 1536~1583)이 이에 대하여 소개하기를 "송응개(宋應漑)가 일찍이 내게 말하기를 '당숙 규암공(圭庵公)이 장차 죽으려던 날에……그 집 신주(神主)가 있는 방안에서 각각하는 소리가 나는 것을 듣고 이상하게 여겨 살펴보았더니, 규암공의 아버지의 신주가 스스로 영상(靈床)에서 내려와 창문 밑에 이르러서 머리로 벽을 두드려 걱정이 아주 절박한 모양을 짓는 듯하였다. 이윽고 금오랑(金吾郎)이 사약을 가지고 적소(謫所)로 갔다는 소식을 들었다.' 하였다."라고 하였다. 《淸江先生鯸鯖瑣語》

44 원통한……변하여 : 송인수가 사약을 받고 죽을 때의 상황을 묘사한 것이다. 《을사전문록(乙巳傳聞錄)》 〈송인수전(宋麟壽傳)〉에 "공이 목욕하고 의관을 갖추고 친구에게 글을 주어 이르기를 '천지신명이 내 마음을 드러낼 것이다.' 하고,……태연자약하게 조용히 죽음에 나아갔다. 이날 흰 기운이 집을 꿰뚫어 하늘에 뻗쳤는데, 하루 종일

천지가 슬퍼하고 놀랐습니다 乾坤慘驚
천지신명이 皇天后土
내 마음 드러내리라는 可表此心
여덟 자[45] 남긴 말씀이 八字遺詞
영원토록 옷깃을 적시게 합니다 千古沾襟
도에는 소멸과 생장이 있으니 道有消長
하늘이 하는 것을 어찌하겠습니까 奈何乎天
하늘의 뜻 정해지면 사람을 이기니[46] 天定勝人
백년을 기다리지 않아도 不待百年
간악한 자를 죽여 억울함 씻어내니 誅奸雪誣
그윽한 울분을 시원하게 쏟아냈습니다 快洩幽憤
높은 지위와 아름다운 시호 崇班美謚
차례로 추존되어 次第追典
유림은 기상을 토하고 儒林吐氣
지사는 서글픔 풀었으며 志士紓憯
애통과 영광 다 누렸으니[47] 哀榮終始

흩어지지 않았다."라고 하였다.

45 천지신명이……여덟 자 : 송인수가 벗들에게 보낸 편지에 있는 말이다. 326쪽 각주44 참조.

46 하늘의……이기니 : 난세에 악인이 영화를 누리다가도 천운(天運)이 돌아와 정상을 회복하면 마침내 악인이 망한다는 말이다. 《사기(史記)》 권66 〈오자서열전(伍子胥列傳)〉에 "사람이 많으면 하늘을 이기는 경우도 있지만, 하늘의 뜻이 정해지면 역시 사람을 능히 이기는 법이다.〔人衆者勝天, 天定亦能破人.〕"라고 하였다.

47 애통과……누렸으니 : 애영종시(哀榮終始)는 생영사애(生榮死哀)와 같은 말로,

참으로 서운함이 없습니다　　允矣無憾
다만 저는 늦게 태어나　　顧余生晩
한스럽게도 옷섶 걷지 못했지만[48]　　恨未摳衣
유풍이 사라지지 않아　　遺風不沫
존경하고 우러르는 마음 더욱 깊습니다　　景仰逾深
마침 관찰사에 임명되어　　適忝觀風
이곳에 부임하였기에　　來莅是邦
묘소를 참배하니　　瞻拜丘壟
영령이 계시는 듯합니다　　彷彿英靈
술 한 잔 올리니　　一杯致酹
부디 흠향하고 제 말씀 들어 주소서　　庶幾歆聽

살아서는 영광을 죽어서는 애통을 모두 누렸다는 뜻이다. 자공(子貢)이 공자(孔子)를 일러 "'살아계시면 영광스럽게 여기고, 죽으면 슬퍼한다.'라는 것이니, 어떻게 따라갈 수 있겠는가.〔其生也榮, 其死也哀, 如之何其可及也.〕"라고 한 데서 유래하였다.《論語 子張》

48 한스럽게도……못했지만 : 송인수의 가르침을 받지 못했다는 말이다. 구의(摳衣)는 옷섶을 걷는다는 말로, 제자가 스승에게 나아가 가르침을 청할 때 스승에 대한 공경을 표시하는 행동이다.《禮記 曲禮上》

동춘 선생을 제사하는 글 계축년(1673, 현종14)

祭同春先生文 癸丑

아, 애통합니다. 선생의 도덕과 학문, 그리고 문장과 사업은 사람들의 귀와 눈에 분명하게 남아 있으니, 어찌 저 소자(小子)의 칭술(稱述)을 기다리겠습니까. 대개 선생의 순수하고 아름다운 자품은 온윤(溫潤)한 옥(玉)과 정밀한 금(金)과 같고, 고매하고 고결한 풍채는 날아다니는 봉황과 난새 같으셨습니다.

기품과 도량의 따뜻함은 상서로운 구름이 피어오르고 상서로운 햇빛이 비추는 것 같고, 흉금과 운치의 맑음은 눈 속의 날이 빛나고 얼음 항아리처럼 맑으셨습니다. 봄바람 같은 안색과 미소, 주옥같은 말씀, 기린 같은 걸음걸이, 고니처럼 서 있는 용모는 바로 선생께서 타고난 자질이 보통 사람들보다 매우 뛰어난 것이었습니다. 젊은 나이에 학문을 시작해 멀리 구원을 찾고 널리 선비들을 따라 성리(性理)의 영역을 깊이 연구하고 명성(明誠)[49]의 공부를 극진히 하신 것은 들어간 문과 다닌 길이 올바르고 실천이 독실하며 견식이 뛰어나고 조예가 깊으신 것이었습니다.

나아가 조정에 계시면 국가의 시귀(蓍龜)가 되고 낭묘(廊廟)의 번여

49 명성(明誠) : 사리를 분명히 아는 것을 명(明)이라 하고, 마음에 거짓이 없고 지극히 진실한 상태를 성(誠)이라 한다. 《중용장구》 제21장에 "성으로 말미암아 밝아짐을 성이라 하고, 명으로 말미암아 성실해짐을 교라 이르니, 성실하면 밝아지고 밝아지면 성실해진다.〔自誠明, 謂之性, 自明誠, 謂之敎, 誠則明矣, 明則誠矣.〕"라고 한 데서 유래하였다.

(璠璵)가 되어[50] 모든 관리가 본받았고, 물러나 초야에 계시면 사문(斯文)의 뿌리가 되고 사림(士林)의 태산북두(泰山北斗)가 되어 선류(善類)의 종주가 되셨습니다. 이것은 선생의 성취한 바가 고원하고 수립한 바가 탁월함이니, 후학들이 감히 엿보아 헤아릴 수 있는 것이 아닙니다. 본체를 밝혀 용도에 맞게 하는 재주, 임금을 사랑하고 나라를 걱정하는 정성, 시대를 아파하고 세상을 염려하는 뜻, 사람을 포용하고 남을 돕는 인(仁), 종족을 보호하고 가정을 화목하게 하는 덕(德) 등과 같은 것은 모두 선생께서 스스로 터득하신 것입니다. 선생의 출처(出處)로 세도(世道)의 소장(消長)을 점칠 수 있었고, 선생의 존망(存亡)이 시운(時運)과 관계되어, 살아서는 영광스러웠고 운명해서는 애통해하니,[51] 선생과 같은 분은 어찌 이른바 천지에 참여하고 성쇠(盛衰)에 관계되어[52] 아득히 따를 수 없는 분이 아니겠습니까.

50 나아가……되어 : 시귀(蓍龜)는 국가의 중요한 일을 결정할 때 사용하던 점치는 풀과 거북의 껍질인데, 여기에서 나라의 원로대신을 의미하게 되었다. 《주역》 〈계사전 상(繫辭傳上)〉에 "잡란한 것을 상고하고 숨은 것을 찾으며 깊은 것을 찾아내고 먼 것을 이루어 천하의 길흉을 정하며 천하의 힘써야 할 일을 이룸은 시초와 거북보다 더 큼이 없다.〔探賾索隱, 鉤深致遠, 以定天下之吉凶, 成天下之亹亹者, 莫大乎蓍龜.〕"라는 말이 보인다. 번여(璠璵)는 공자께서 그 아름다움을 칭찬한 노(魯)나라의 보옥으로, 도덕이 높은 사람을 비유하는 말이다.

51 살아서는……애통해하니 : 사람들이 모두 송준길을 존경하여 송준길이 살아 있을 때는 영광스럽게 여기고 세상을 떠난 뒤에는 슬퍼했다는 말이다. 327쪽 각주47 참조.

52 천지에……관계되어 : 천지에 참여하고 성쇠에 관계된다〔參天地關盛衰〕는 말은 소식(蘇軾)의 〈조주한문공묘비(潮州韓文公廟碑)〉에 보인다. 천지에 참여한다는 것은 덕이 천지와 같아서 하늘, 땅과 함께 셋이 된다는 말이고, 성쇠에 관계된다는 것은 현자(賢者)의 존망이 국가의 성쇠와 관계된다는 말이다. 《古文眞寶 後集 卷8》

비록 그러하나 선생의 수립(樹立)과 성취는 스스로 본말(本末)이 있고, 등용되면 도를 행하고 버려지면 도를 간직한 것은[53] 저절로 의취(義趣)가 있으셨습니다. 처음에 선생께서 도를 품고 산중에 은거하며 문을 닫아걸고 뜻을 구할 때는 아무 바람 없이[54] 스스로 즐기며 마치 그 상태로 일생을 마치실 것 같았습니다. 그러나 두 조정의 은혜가 천고(千古)에 드물 정도로 커서 부르시는 명령이 자주 이르고 예물을 가지고 오는 사자(使者)가 잇달음에 미쳐서는 담장을 넘어가는 것이 의(義)가 아니고 문을 닫아거는 것도 공손하지 못한 것이라 여겼으므로,[55] 애써 한 번 일어나 신하의 본분을 펼치지 않을 수 없었습니다.

53 등용되면……것은 : 용사행장(用舍行藏)은 세상에 쓰일 때는 나가서 자기의 도를 행하고, 버림을 받았을 때는 물러나서 숨는 것을 말한다. 공자(孔子)께서 안연(顏淵)에게 이르기를 "써주면 도를 행하고, 버리면 은둔하는 것을 오직 나와 너만이 이것을 가지고 있다.〔用之則行, 舍之則藏, 惟我與爾, 有是夫.〕"라고 한 데서 유래하였다. 《論語 述而》

54 아무 바람 없이 : 효효(囂囂)는 스스로 만족하여 욕심이 없는 모양을 말한다. 《맹자》〈진심 상(盡心上)〉에 어떻게 해야 효효할 수 있느냐는 송구천(宋句踐)의 질문에 맹자께서 말씀하기를 "덕을 높이고 의를 즐거워하면 효효할 수 있다.〔尊德樂義, 則可以囂囂矣.〕"라고 하였다. 이에 대한 조기(趙岐)의 주에 "효효는 스스로 만족하여 욕심이 없는 모양이다.〔囂囂, 自得無欲之貌.〕"라고 하였다.

55 담장을……여겼으므로 : 《맹자》〈등문공 하(滕文公下)〉에 "옛날에 신하가 되지 않았으면 군주를 만나보지 않았다. 단간목은 담장을 넘어 피하였고, 설류는 문을 닫고 받아들이지 않았으니, 이는 모두 너무 심하다. 만나보려는 정성이 절박하면 만나볼 수 있는 것이다.〔古者, 不爲臣, 不見, 段干木踰垣而辟之, 泄柳閉門而不內, 是皆已甚, 迫, 斯可以見矣.〕"라고 한 것을 인용하였다. 단간목은 위 문후(魏文侯) 때의 사람이고, 설류는 노 목공(魯穆公) 때의 사람이다. 문후와 목공이 이 두 사람을 만나보고자 하였으나, 이들 두 사람은 만나보려 하지 않았으니, 아직 신하가 되지 않았을 때이다.

하지만 출사하여 세상일을 담당하는 것은 본래 선생의 뜻이 아니었기 때문에, 빈사(賓師)로 존중받았으나 영광으로 여기지 않았고 많은 녹을 받았으나 좋아하지 않으셨습니다.

비록 중대(中臺)에서 악인을 징벌하고 선인을 권장하고,[56] 국자감(國子監)에서 인재를 기르고,[57] 이연(离筵)[58]에서 세자를 도와 인도하고, 경연에서 전하께 바른대로 말씀하고,[59] 이조(吏曹)에서 인재를 선발하여 임금을 도운 공이 가는 곳마다 많으셨지만, 선생에게는 모두 조박(糟粕)[60]의 나머지였습니다. 평소에 품었던 뜻과 사업에 이르러서는 일찍이 만에 하나도 펼치지 못하셨습니다. 그러므로 은거(隱居)[61]하겠다는 한 생각이 물결처럼 넘실거려 큰 기러기나 고니가 날아가듯이

56 악인을……권장하고 : 격탁(激濁)은 격탁양청(激濁揚淸)의 준말로, 탁류(濁流)를 밀어 내보내고 청류(淸流)를 끌어올린다는 뜻이니 악을 제거하고 선을 장려하는 것을 말한다.

57 인재를 기르고 : 조모(造髦)의 모(髦)는 아이들의 이마에 드리운 짧은 머리를 뜻하므로, 조모는 인재를 가르친다는 뜻으로 사용된다.

58 이연(离筵) : 세자에게 경사(經史)를 강의하고 교육하는 자리인 서연(書筵)을 이르는 말이다. 임금의 경연(經筵)과 구별하기 위해 서연이라 칭하였는데, 주연(胄筵)이라고도 하였다.

59 바른대로 말씀하고 : 계옥(啓沃)은 선도(善道)를 개진하여 임금을 인도하고 보좌한다는 뜻이다. 《서경》 〈열명 상(說命上)〉에, 은(殷)나라 고종(高宗)이 부열(傅說)에게 "네 마음을 열어 내 마음에 대도록 하라.〔啓乃心, 沃朕心.〕" 하였다.

60 조박(糟粕) : 원래 술을 거르고 남은 술지게미를 가리키는 말로, 하찮고 변변찮은 것을 비유적으로 이르는 말이다.

61 은거(隱居) : 수초(遂初)는 벼슬을 그만두고 은거하려고 했던 본래의 뜻을 말한다. 진(晉)나라 손작(孫綽)이 〈수초부(遂初賦)〉를 지어 산림에 숨어 살려는 자신의 뜻을 서술한 고사가 전한다. 《晉書 卷56 孫楚列傳 孫綽》

날이 다 가기를 기다리지 않으셨습니다.[62] 이것은 선생께서 벼슬길에 나아가서도 초야에 살 것을 생각하고 조정에 나아가서도 물러날 것을 생각하여 처음부터 끝까지 한결같은 절개가 높고 깨끗하며 밝게 빛난 것입니다. 그러나 이것은 일부만을 일찍이 시험한 것인데도 인심(人心)을 착하게 하고 천리(天理)를 밝혀 세도(世道)로 하여금 힘을 얻게 하고 국맥(國脈)으로 하여금 견고해지게 한 것은 속일 수 없습니다. 그러므로 이것은 선생께서 버팀목이 되어 유지(維持)시킨 공이 이미 우뚝하게 하늘에 닿은 것입니다.

몸은 비록 초야로 물러났으나 밥 한 번 먹을 때라도 우리 임금을 잊은 적이 없어서, '망신거(望宸居 임금의 거처를 바라봄)' 세 글자를 써서 벽에 걸어 놓고 아침저녁으로 바라보며 임금을 그리는 정성을 부치기까지 하셨습니다. 매양 임금께서 좋은 일을 하셨다는 말을 들으면 기쁨이 얼굴에 넘치고, 조정의 정사가 잘못되었다는 소식을 들으면 근심이 안색에 드러나셨습니다. 아는 것을 말하지 않음이 없었고 말을 하면 끝까지 다하지 않은 것이 없어서, 오직 임금의 은혜에 보답할 것을 생각할 뿐 일신의 이해는 돌아보지 않으셨습니다.

임종에 이르러 쓴 한 소장은 병들어 다시 일어나지 못할 것을 스스로 알고 사후(死後)의 시간(尸諫)[63]을 대신하려 하셨던 것입니다. 서로

62 날이……않으셨습니다 : 《주역》 〈계사전 하(繫辭傳下)〉에 "군자는 기미를 보고 가서 하루가 마치기를 기다리지 않는다. 역에 이르기를 '돌처럼 절개가 굳은지라 하루를 마치지 않으니, 정하고 길하다.'라고 하였다. 절개가 돌과 같으니, 어찌 하루를 마치겠는가. 결단함을 알 수 있다.〔君子見幾而作, 不俟終日. 易曰, 介于石, 不終日, 貞, 吉. 介如石焉, 寧用終日, 斷可識矣.〕"라고 하였다.

63 시간(尸諫) : 죽어서도 간언하는 것을 가리킨다. 《한시외전(韓詩外傳)》 권7에 "위

맞지 않음[64]을 알지 못한 것은 아니지만, 요컨대 의리의 당연한 바를 다하여 자정자헌(自靖自獻)[65]의 도리로 삼으셨습니다. 그러니 이것은 선생께서 임금께 충성하고 나라를 사랑하는 독실한 정성이 죽음에 이르도록 변하지 않은 것입니다.

아, 애통합니다. 태산이 무너지고 들보가 내려앉았으며 철인(哲人)이 시들었으니,[66] 백 년에 한 번 나올까 말까 한 인물의 정기[67]가 흩어져

(衛)나라 대부 사어(史魚)가 병이 들어 죽게 되자, 그 아들에게 말하기를 '나는 남의 신하가 되어 살아서는 능히 어진 이를 등용하지 못했고 불초한 자를 물리치지 못했으니, 죽으면 정당(正堂)에서 치상하지 말고 나를 실(室)에서 빈(殯)해 주는 것이 족하다.' 하였다. 위군(衛君)이 이 말을 듣고, 거백옥(蘧伯玉)을 부르고 미자하(彌子瑕)를 물리쳤다. 그는 살아서는 몸으로써 간하고 죽어서는 시(尸)로써 간하였으니, 곧다고 할 만하다."라고 하였다.

64 서로 맞지 않음 : 예조(枘鑿)는 방예원조(方枘圓鑿)의 준말로, 모난 자루에 둥근 구멍이라는 뜻이니, 사물이 서로 용납하지 않거나 모순되는 것을 비유하는 말로 쓰인다. 《초사(楚辭)》 〈구변(九辯)〉에 "둥근 자루에 모난 구멍을 뚫으니, 어긋나서 들어가기 어려울 줄을 나는 알겠다.〔圓枘而方鑿兮, 吾固知其鉏鋙而難入.〕"라고 한 데서 유래하였다.

65 자정자헌(自靖自獻) : 스스로 분의(分義)에 마땅히 해야 할 바를 편안한 마음으로 다하여 자기의 뜻을 왕에게 진달하는 것이다. 은(殷)나라가 점점 망해가자, 은나라의 종실(宗室)인 미자(微子)가 기자(箕子)와 비간(比干)에게 앞으로의 일을 상의하여 말하기를 "스스로 의리에 편안하여 사람마다 스스로 선왕께 뜻을 바쳐야 한다.〔自靖, 人自獻于先王.〕"라고 한 데서 유래하였다. 《書經 微子》

66 태산이……시들었으니 : 송준길의 죽음을 슬퍼하는 말이다. 공자(孔子)께서 세상을 떠나기 일주일 전에 "태산이 아마도 무너지려나 보다. 들보가 아마도 내려앉으려나 보다. 철인이 아마도 시들려나 보다.〔泰山其頹乎, 梁木其壞乎, 哲人其萎乎.〕"라고 노래하였는데, 자공(子貢)이 이 노래를 듣고 "태산이 무너지면 내가 장차 어디를 우러르며, 들보가 내려앉으며 철인이 시들면 내가 장차 어디에 의지하리오.〔泰山其頹, 則吾將安仰, 梁木其壞, 哲人其萎, 則吾將安放.〕"라고 하였다. 《禮記 檀弓上》

어디로 갔단 말입니까. 이제부터 선류(善類)들은 누구를 우러러 의지하고, 모든 신하들은 누구를 본받는다는 말입니까. 유림은 적막해지고 나라와 국가는 초췌하며,[68] 군자는 믿을 곳이 없고 소인은 꺼릴 것이 없으며, 인심은 바로잡을 수 없고 세도는 힘입을 곳이 없어졌습니다. 아, 애통합니다.

보잘것없는 저 소자(小子)는 외람되이 선생의 친척이면서 또 어진 마을의 아래에 살아, 총각 때부터 책 상자를 지고 가서 차분히 함장에서 가르침을 받은[69] 지가 지금 40년이 되었으니, 보고 느낀 것이 이미 깊고 영향을 받은 것이 실로 많습니다. 제가 본 것이 있으면 선생께 여쭙지 않은 적이 없고, 선생께서 들은 것이 있으면 저에게 일러 주지 않으신 적이 없었으니, 정의(情義)의 돈독함과 우리리 존경하는 부시런함은 부자(父子)와도 전혀 다를 것이 없었습니다. 노둔한 저를 돌아보아 가치를 높였고[70] 마른 가지를 불어 꽃이 피게 하셨으니, 살갗 하나

67 백 년에……정기 : 간기(間氣)는 영웅호걸이 세상에 드물게 타고난다는 천지의 특수한 기운을 말한다. 324쪽 각주38 참조.

68 유림은……초췌하며 : 《시경》 〈첨앙(瞻卬)〉에 "선인이 없으니, 나라가 곯기고 병들리로다.〔人之云亡, 邦國殄瘁.〕"라고 보이는데, 송준길 같은 어진 사람이 죽은 것은 개인적인 비통함을 넘어서 국가의 슬픔이라는 뜻이다.

69 차분히……받은 : 송규렴이 송준길의 문하에서 공부한 것을 말한다. 함장(函丈)은 스승이나 장자(長者)가 앉는 자리를 뜻하는 말로, 함연(函筵)이라고도 한다. 제자는 스승의 자리와 한 발〔一丈〕의 거리를 둔 것에서 유래하였다. 《예기》 〈곡례 상(曲禮上)〉에 "만일 음식 대접하려고 청한 손이 아니고 강학의 자리이거든, 자리를 펼 때에 자리와 자리의 사이가 한 길 정도 되게 한다.〔若非飮食之客, 則布席, 席間, 函丈.〕"라고 하였다. 저본(底本)에는 "從容亟丈"로 되어 있는데 문맥을 고려하여 "從容函丈"으로 수정하여 번역하였다.

와 터럭 하나도 비춰 주고 적셔 주신 은택이 아님이 없습니다. 입은 은혜를 보답하지 못해 항상 마음속으로 잊지 않으면서, 수명이 무궁하고 존체(尊體)에 병이 없으시기를 기원하여 아침저녁으로 모시며 일생을 마치려 했는데, 하늘이 이처럼 빨리 앗아가서 저로 하여금 갈팡질팡 의지할 곳을 잃게 할 줄을 어찌 생각이나 했겠습니까. 아, 애통합니다.

지금 선생께서 돌아가시니, 가족으로부터 친척들, 그리고 벗들과 이웃까지 모두 눈물을 흘리며 애간장이 끊어지듯 슬퍼하지 않는 사람이 없습니다. 그러나 저의 슬픔은 저들보다 더 심한 것이 있습니다. 바야흐로 선생께서 병을 앓으실 때 저 또한 어머니의 병환이 있었고, 얼마 후 저도 잇달아 병이 났습니다. 선생께서 병상에 계신데 부축하는 대열에 끼지 못했고, 선생께서 돌아가셨는데[71] 반함(飯含)하고 염습(殮襲)하는 일[72]을 보지 못했습니다. 비록 병을 무릅쓰고 한 번 가서

70 노둔한……높였고 : 고로증가(顧駑增價)는 고마증가(顧馬增價)와 같은 말이다. 노둔한 말을 돌아보면 가격이 올라간다는 뜻으로, 백락(伯樂)의 고사에서 나왔다. 백락은 춘추 시대 진(秦)나라 사람으로 말을 잘 알아보았다. 《전국책(戰國策)》〈연책(燕策)〉에 "어떤 사람이 말을 팔려고 하였으나 3일을 저자에 갖다 놓아도 사려는 사람이 없었다.……백락이 가서 한 번 쳐다보니, 그 말의 값이 10배로 뛰었다."라고 하였다. 여기서는 송규렴이 송준길의 문생(門生)이 되어 학문을 연마함으로써 스스로의 인망이 높아졌다는 뜻으로 한 말이다.

71 돌아가셨는데 : 역책(易簀)은 스승의 죽음을 가리키는 말이다. 증자(曾子)가 임종할 때 일찍이 계손(季孫)에게 받은 대자리에 누워 있었는데, 자신은 대부가 아니기 때문에 이를 깔 수 없다며 다른 자리로 바꾸게 한 다음 운명한 고사에서 유래하였다. 《禮記 檀弓上》

72 반함(飯含)하고 염습(殮襲)하는 일 : 함렴(含斂)은 반함과 염습하는 일이다. 반함은 사망자의 입에 구슬이나 쌀을 물리는 절차이고, 염습은 시체를 깨끗이 닦고 수의를 입히는 일을 말한다.

잠시 선생님을 뵙고 영결하였으나, 선생님의 병이 이미 위독하여 끝내 다시 가르침을 받지 못했으니, 지금 와서 생각하면 오장을 도려내는 것 같습니다. 아, 애통합니다. 아, 애통합니다.

시간이 지나 장례를 치를 때가 되어 선생의 용모를 영원히 뵐 수 없게 되었으니, 슬퍼하며 사모한들 어찌 미칠 수 있겠습니까. 한 잔 술과 향 한 자루로 삼가 제사를 올리면서, 짧고 거친 글로 어찌 슬픈 심정을 다 드러낼 수 있겠습니까. 한 번 곡하고 영원한 이별을 고하자니, 애통한 마음이 하늘까지 닿습니다. 아, 애통합니다.

석호 윤문거[73] 공을 제사하는 글 대신 지음

祭石湖尹公 文擧 文 代作

생각건대 영령께서는 산하의 빼어난 기운[74] 받아　惟靈山河間氣
덕성[75]이 순수하고 아름다웠으며　圭璧精英
몸가짐 단정하고 지조 지키면서　飭躬勵操
청빈하게 생활하셨습니다[76]　蘗苦氷淸
뜻과 사업과 행실과 의리는　志業行義
가문의 명성 이었으니　克紹家聲

73 윤문거(尹文擧) : 1606～1672. 본관은 파평(坡平), 자는 여망(汝望), 호는 석호(石湖), 시호는 충경(忠敬)이다. 김집(金集)의 문인으로 송시열(宋時烈)·송준길(宋浚吉) 등과 교유하였으며, 조익(趙翼)·김상헌(金尙憲) 등에게도 배웠다. 병자호란 때 사간원 정언으로 척화의(斥和議)를 진계(陳啓)하였고, 그해 12월 청나라가 침입하자 아버지를 따라 인조를 남한산성으로 호가(扈駕)하였다. 그 뒤 동부승지·호조 참의·경주 목사·홍문관 부제학·대사헌·이조 참판 등에 임명되었으나 모두 응하지 않았다. 좌찬성에 추증되었으며, 연산(連山)의 구산서원(龜山書院)·노성(魯城)의 노강서원(魯岡書院)·석성(石城)의 봉호서원(蓬湖書院) 등에 제향되었다. 저서로는 《석호유고(石湖遺稿)》가 있다.

74 산하의 빼어난 기운 : 간기(間氣)는 영웅호걸이 세상에 드물게 타고난다는 천지의 특수한 기운을 말한다. 324쪽 각주38 참조.

75 덕성(德性) : 규벽(圭璧)은 제사와 조빙(朝聘)에 쓰이는 일종의 옥기(玉器)로, 원만한 덕성을 비유한다. 《詩經 雲漢》

76 청빈하게 생활하셨습니다 : 벽고빙청(蘗苦氷淸)은 음빙식벽(飮冰食蘗)과 같으며 차가운 얼음물을 마시고 쓴 약재인 황벽을 먹는다는 뜻으로, 고생스럽고 청빈한 생활을 비유하는 말로 쓰인다.

향기로운 난초는 종자가 있고	芳蘭有種
좋은 옥은 흠이 없는 것 같았습니다	良玉無瑕
이른 나이에 이름 드날려	早歲蜚英
화려한 명성 자자했고	蔚然聲華
높고 귀한 관직에 올라	淸塗華省
우뚝한 명망 높고 높았습니다	峻望巍峨
그런데 곧바로 헌신짝 버리듯 하였고	旋若脫屣
부귀를 뜬구름 같이 여기셨으니[77]	富貴浮雲
덕은 세상의 모범이 될 만하고	德可範世
도는 사람을 다스릴 만하였습니다	道足治人
자취를 거두어 시험하지 않았으니	斂而不試
누가 그 은미한 뜻 헤아리겠습니까	孰究微意
구름 속 문에 높이 누워	高臥雲扃
세상 길 천리나 멀리 하였으니	世路千里
조정에서 자주 불러도[78]	三徵七辟
나가지 않고 더욱 굳게 지키셨습니다	一脚愈牢

77 부귀를……여기셨으니 : 《논어》 〈술이(述而)〉에 "의롭지 못하고서 부하고 귀함은 내게는 뜬구름과 같다.〔不義而富且貴, 於我如浮雲.〕"라고 하였다.

78 조정에서 자주 불러도 : 삼징칠벽(三徵七辟)은 임관(任官)시키려고 조정이나 지방 관아에서 자주 부르는 것을 이르는 말이다. 삼징(三徵)은 임금이 세 번 부르는 일이고, 칠벽(七辟)은 고을의 관아에서 일곱 번 부르는 일이다. 진(晉)나라 왕부(王裒)는 자기 부친이 비명에 세상을 떠난 것을 애통하게 여겨 은거한 채 학생을 가르치면서 조정에서 세 차례 소명을 내리고 주군(州郡)에서 일곱 차례 불렀으나 모두 나아가지 않았다고 한다. 《晉書 卷88 王裒列傳》

천 길 위를 나는 봉황이 鳳翔千仞
탁월한 높은 태도이고 卓犖層標
횡류에 우뚝 선 절벽이[79] 壁立橫流
중천을 떠받치는 하나의 기둥이라 中天一柱
사문의 뿌리이며 斯文根柢
사림의 태산북두셨습니다[80] 士林山斗
처음부터 끝까지 한결같은 절개 終始一節
높고 깨끗하며 밝고 빛났는데 峻潔光明
어찌 하늘은 남겨두지 않고 胡天不憖
대들보를 갑자기 기울게 했나 樑木遽傾
우리들은 어디에 의지하며[81] 吾徒安放
선류들은 누구를 의지할까 善類疇依

79 횡류(橫流)에……절벽이 : 벽립(壁立)은 벽립만인(壁立萬仞)의 준말이다. 만 길의 절벽이 온갖 풍상에도 변하지 않고 의연하게 서 있다는 뜻으로, 험난한 세파에도 조금도 흔들리지 않는 의연한 기상을 이른다. 횡류는 어지러운 세상에서 스스로 유학(儒學)을 부지하는 책임을 떠맡을 사람이 없음을 탄식한 말이다. 진(晉)나라 범녕(范甯)이 지은 《춘추곡량전(春秋穀梁傳)》 〈서문(序文)〉에 "공자께서 창해의 횡류를 보고 위연히 탄식했다.〔孔子睹滄海之橫流, 乃喟然而嘆.〕"라는 말이 나오는데, 그 주(註)에 "백성들이 어지럽게 이산하는 것이 마치 물이 마구 넘쳐흐르는 것과 같다.〔百姓散亂, 似水之橫流.〕"라고 하였다.

80 태산북두(泰山北斗)셨습니다 : 산두(山斗)는 태산북두의 준말로, 학술이나 명망이 태산이나 북두칠성처럼 높고 찬란한 것을 가리키는 말이다.

81 대들보를……의지하며 : 윤문거가 운명하여 의지할 곳이 없다는 말이다. 공자(孔子)께서 세상을 떠나기 전에 했던 노래와 그에 대한 자공(子貢)의 말을 인용한 것이다. 334쪽 각주66 참조.

순후하고 깊은 도량　醇深之量
독실하고 후덕한 자세　篤厚之姿
소탈하고 깨끗한 모습　灑潔之表
엄하고 장중한 거동　嚴重之儀
아 이제는 끝났습니다　嗚呼已矣
어찌 다시 공과 같은 분 있겠습니까　寧復有之
보잘것없는 저 후배는　藐余後生
외람되이 인근 글방에 의탁하여　猥托隣黌
일찍부터 풍모와 법도를 우러러　夙仰風範
때때로 문하에서 찾아뵈었습니다　時謁門屛
하물며 이 고을에　矧惟弊邦
남은 자취가 미친 바이겠습니까　遺躅所及
평소 모습 돌이켜 생각하니　追念平素
슬픔이 어찌 끝이 있겠습니까　愴悼何極
이제 변변찮은 제수로[82]　絮酒今來
공손히 슬픈 정성을 올리노니　敬薦哀誠
어둡지 않은 영혼이 계시다면　不昧者存
부디 흠향하고 들으시기를　庶賜歆聽

82 변변찮은 제수(祭需)로 : 서주(絮酒)는 솜뭉치에 적신 술이라는 뜻으로, 변변찮은 제수를 뜻한다. 후한의 서치(徐穉)는 남방의 고사(高士)인데, 먼 곳으로 문상(問喪)하러 갈 때 솜을 술에 적셔 햇볕에 말린 다음, 그것으로 구운 닭을 싸서 휴대하기 간편하도록 만들어 가지고 가서, 솜을 물에 적셔 술을 만들고 닭을 앞에 놓아 제수를 올린 뒤 떠났다고 한다. 《後漢書 卷53 徐穉列傳》

송자신[83] 상민 을 제사하는 글 신유년(1681, 숙종7)

祭宋子愼 尙敏 文 辛酉

아 사람들이 또한 말하기를 嗚呼人亦有言兮

지극한 슬픔에는 말이 없다 했으니 至哀無詞

내가 그대에 대하여 余於君兮

차마 다시 혀를 놀려 말을 하겠는가만 忍復措舌而爲辭

아 내가 그대를 곡하면서 嗚呼余哭君兮

또 어찌 차마 한마디 말로 슬픔을 쏟아내지 않으랴 又安忍無一辭而洩悲

아 그대의 죽음을 嗚呼君之死兮

그대가 어찌 스스로 헤아리지 못했으랴만 君豈不能自揣

그대의 일을 君之事兮

그대 스스로 처리하여 피하지 않았지 君獨自辦而不避

이미 스스로 알고 旣自知之兮

스스로 행했으니 而自爲之

목숨을 기러기의 털처럼 가벼이 여겼고 生若鴻毛兮

83 송자신(宋子愼) : 송상민(宋尙敏, 1626~1679)으로, 본관은 은진(恩津), 자는 자신, 호는 석곡(石谷)이다. 송시열과 송준길의 문인이다. 1675년(숙종1) 갑인예송으로 송시열이 유배되자, 1679년 3월 12일에 스승을 변호하기 위하여 예론의 시말과 윤휴 및 허목을 비판하는 책을 만들어서 숙종에게 바쳤다. 이 일로 송상민은 물론 연루자들이 모두 국문을 받고 장살되거나 유배되었다. 이를 노론에서는 석곡옥(石谷獄)이라고 부른다. 《宋子大全隨箚 卷13 目錄》

의리를 산보다 중히 여겼다네	義重丘山
아 내가 일찍이 그대 위태롭게 여겼으니	嗚呼我嘗危君兮
그대의 한 몸 때문이 아니었네	非爲君之一身
그대가 내 말을 듣지 않았어도	君不聽我兮
또한 이미 나의 진심을 알았고	亦旣諒我之忱恂
스스로 그 직분을 다하려 하였으니	要以自盡其職分兮
혹 하늘과 사람 감동시키기를 바랐네	蘄或感動乎天人
아 사나운 불길 꺼지고 몸은 태웠으나	嗚呼毒火熸而焚躬兮
오히려 다행히 하늘이 사문을 도왔으니	尙幸天佑乎師門
내 걱정은 부질없는 것이었고	我所虞者爲妄兮
그대가 고집한 일은 올곧았네	君所執者克正
아 사람이 혹 이기기도 하지만	嗚呼人之或勝兮
하늘이 또한 정하기도 하나니[84]	天亦有定
누가 알았으랴 한때 굽혔다가	誰知一時之屈兮
곧바로 만세토록 펴질 줄을	旋爲萬世之伸
성상께서 슬퍼하며 감동하고 깨달아	淵衷惻怛而感悟兮
덕음을 조서로 반포하셨네[85]	德音渙發乎絲綸

84 사람이……하나니 : 수많은 사람들이 비록 한때의 난폭한 행동으로 천명을 어길 수 있을지라도, 천명 역시 재앙을 내려 난폭한 자들을 징계한다는 뜻이다. 춘추 시대 초(楚)나라의 신포서(申包胥)는 "사람이 많으면 하늘을 이기지만, 천명도 정해지면 사람들을 능히 격파한다.〔人衆者勝天, 天定亦能破人.〕"라고 하여, 초나라 평왕(平王)의 시신을 매질하여 복수한 벗 오자서의 난폭한 행동을 나무란 데서 유래하였다. 《史記 卷66 伍子胥列傳》

85 조서(詔書)로 반포하셨네 : 사륜(絲綸)은 임금의 조서를 뜻하는 말이다. 《예기》

그렇다면 그대가 능하지 못한 것은 비록 사람이나
然則君之所不能者雖人兮

능한 것은 하늘이었네 其所能者天

아 유도는 대궐에 호소했으나 嗚呼劉陶叫閤兮

형벌을 받았다는 소리 듣지 못했고[86] 未聞桎梏之厄

이규는 소장을 올렸으나 李規抗章兮

오히려 혹독한 고문을 면했지 猶免榜掠之酷

오직 그대의 지극히 원통함은 惟君至冤兮

천지와 더불어 끝이 없겠지만 與天壤而無極

오직 그대의 큰 명성은 惟君大名兮

해와 별과 함께 빛을 다투리라 幷日星而爭光

원통함이 깊을수록 명성 더욱 성대하고 冤愈深而名益盛兮

명성이 더욱 성대할수록 의리 더욱 빛나리라 名益盛而義愈彰

아 나무는 뿌리 있어야 가지가 번창하고 嗚呼樹有根而枝暢兮

〈치의(緇衣)〉의 "왕의 말이 실 같으면 그것이 나가 실을 합한 것만큼 커지고, 왕의 말이 실을 합한 것과 같으면 그것이 나가 동아줄만큼 커지는 것이다.〔王言如絲, 其出如綸, 王言如綸, 其出如綍.〕"라는 말에서 유래하였다.

86 유도(劉陶)는……못했고 : 한나라 주목(朱穆)이 기주 자사(冀州刺史)로 부임하여 권귀(權貴) 및 환관들의 비리를 척결하는 데 주력하였는데, 환관 조충(趙忠)이 부친상에 여번(璵璠)과 옥갑(玉匣) 등 사치한 물건을 쓰자, 관리를 시켜 조사하게 하였다. 그 관리는 주목을 두려워하여 무덤을 파헤쳐 관을 쪼개기까지 하여 엄히 조사하였다. 황제가 이 소식을 듣고 노하여 주목을 법관에게 넘기자, 태학생 유도 등 수천 명이 주목이 권신들의 횡포에 맞서 충직함으로 임무를 수행했음을 간언하며 자신들이 대신 처벌을 받겠다고 하였다. 이에 황제가 주목을 사면하였다. 《後漢書 卷43 朱穆列傳》《史略 卷3 東漢》

샘은 근원 있어야 멀리 흐르니　泉有源而流長
군자가 수양이 없다면　君子無養兮
어떻게 수립하여 흔들리지 않으랴　曷以樹立而不撓
그대의 행의는 근본이 있어　惟君行誼之有素兮
이미 혼탁한 세상을 떠나 은거하였는데　固已絶坌濁而高蹈
끝내 분발하여 한 손으로 기둥 떠받쳐　終能奮隻手而撑柱兮
이미 거꾸러진 데서 사나운 물결 막았고　遏狂瀾於旣倒
미묘한 칠 척의 작은 몸으로　以眇然七尺之微軀兮
만 길 높이 솟은 지주[87] 되었네　作砥柱萬丈之層標
문장은 곧 여사일 뿐이라　文章乃其餘事兮
진실로 경중을 따질 것 없지만　固不足爲重輕
그러나 화려한 문사 빼어났으니　然藻翰之瑰麗兮
또한 순수하고 아름다움 볼 수 있네　亦可見夫精英
아 이미 하늘이 준 것 많은데　嗚呼旣畀之豐兮
어찌하여 보답은 인색했단 말인가　胡報之嗇也
이는 때가 그런 것이지　寔時之會兮
이치가 어긋남은 아니라네　非理之忒也
큰 집 무너져 장차 새로 지으려면　大廈頹而將新兮
소나무와 측백나무 찍어 들보 만들어야 하고　松柏斲而爲樑
깨끗한 제사[88]에 장차 제물 올리려면　禴祠潔而將薦兮

87 지주(砥柱) : 중국 삼협(三峽)의 지주산(砥柱山)을 말하는데, 탁한 황하(黃河)의 급류 속에 우뚝 버티고 서서 거센 물결을 혼자 감당하고 있다는 지주중류(砥柱中流)의 고사에서 유래하여, 혼탁한 세파에 흔들리지 않는 굳은 지조를 비유하는 말로 쓰인다.

녹나무와 계수나무 태워 향기 이르게 하듯　枏桂燒而達香
세상 운수 막힌 것을 장차 태평하게 하려고　世運否而將泰兮
그대 한 몸 희생하여 공적 드러냈네　君隕身而播烈
내가 그 쓰임 매우 큰 줄을 아나니　吾知厥用之甚大兮
또한 사그라져 죽임 당한 것을 어찌 한하랴　亦何恨消鑠而斬伐
돌아보니 이 비천하고 보잘것없는 사람을　顧此蹇淺而無似兮
고명한 그대가 비루하게 여기지 않았으니　荷高明之不鄙
서로 마음이 잘 맞는다고 기뻐하여[89]　忻針芥之克合兮
좋은 벗되어 서로 의지하리라 생각했네[90]　擬蓬麻之相倚
그대의 언론을 듣고 귀가 깨었고　聞言論而耳醒兮
그대의 풍도를 보고 심취했었지　覩風範而心醉
때로 노둔한 나를 채찍질하며　時加鞭而策駑兮
천 리 먼 길 가도록 권면했으니　勉遐步於千里
부족한 힘으로 그에 맞지 못할까 두려워　懼孱力之莫稱兮
떨쳐 일어나 좇아가려고 생각했는데　思奮迅而追軌

88 제사(祭祀) : 약사(禴祠)는 약사증상(禴祠烝嘗)의 준말로, 약은 봄, 사는 여름, 증은 가을, 상은 겨울에 올리는 종묘의 제사인데, 널리 제사의 의미로 쓰인다. 《시경》 〈천보(天保)〉에 "봄 제사 여름 제사 가을 제사 겨울 제사를, 선공과 선왕에게 올린다.〔禴祠烝嘗, 于公先王.〕" 하였다.

89 서로……기뻐하여 : 침개(針芥)는 침개상투(針芥相投)의 준말로 자석(磁石)에 붙는 바늘과 호박(琥珀)에 붙는 먼지라는 뜻인데, 사람끼리 서로 의기가 잘 투합함을 비유하는 말이다.

90 좋은……생각했네 : 봉마(蓬麻)는 봉생마중(蓬生麻中)의 준말로, 훌륭한 벗을 둔 것을 말한다. 《순자(荀子)》 〈권학(勸學)〉에 "쑥이 삼밭 속에서 자라면 붙들어 주지 않아도 곧아진다.〔蓬生麻中, 不扶而直.〕"라고 하였다.

문득 내 끌채 중간에 꺾였으니 忽吾轅之中摧兮

슬프다 머뭇거리며 어디로 갈까 悵踟顧其何之

외로운 그림자 갈팡질팡 하나니 孑隻影之倀倀兮

남은 삶 어루만지며 더욱 탄식하네 撫餘生而增嘻

하물며 그대의 발인 날은 矧君卽遠之日兮

마침 내가 거상 중이었으니[91] 適余在疚之時

돌아보건대 예제에 가로막혀 顧禮制之有防兮

달려가 상례를 보지도 못했네 莫克奔走而相緬儀

평소 모습 추억하며 스스로 상심하니 追平素而自傷兮

눈물만 줄줄 하염없이 흐르네 淚洿洿而長流

무덤의 풀 묵은 뒤에 와서 곡하노니 墓草宿而來哭兮

문득 하늘의 별이 두 번 돌았네[92] 忽天星之再周

음성과 용모는 어렴풋이 어제와 같은데 音容怳其如昨兮

그대의 모습 사라져 더욱 아득하네 典刑閟而愈邈

지초와 난초의 진한 향을 芝蘭之郁習兮

91 거상(居喪) 중이었으니 : 재구(在疚)는 거상 중임을 뜻하는 말이다. 성왕(成王)이 무왕(武王)의 상(喪)을 마치고 비로소 선왕(先王)의 사당에 조회하면서 지은 시에 "불쌍한 나 소자가 외롭고 외로이 병듦에 있다.〔閔予小子, 遭家不造, 嬛嬛在疚.〕"라고 하였다.《詩經 閔予小子》 송규렴은 1678년(숙종4) 모친상을 당하여 1681년 3월에 상기(喪期)가 끝났다.《玉吾齋集 卷15 先府君行狀》

92 무덤의……돌았네 : 송상민이 운명하고 나서 2년이 지난 뒤에야 무덤에 와서 곡을 한다는 말이다. 초숙(草宿)은 숙초(宿草)와 같은 말로, 사람이 죽은 지 이미 오래되었음을 뜻하는 말이다. 여기서는 송규렴이 송상민의 무덤에 풀이 묵도록 와보지 못했음을 탄식하는 말로 쓰였다.《예기》〈단궁 상(檀弓上)〉에 "벗의 무덤은 1년이 넘어 풀이 묵으면 곡하지 않는다.〔朋友之墓, 有宿草而不哭焉.〕"라고 한 데서 유래하였다.

다시는 맡을 수 없게 되었고	不可得以復襲
주옥의 쟁쟁한 소리를	珠玉之琅琤兮
다시는 들을 수 없게 되었네[93]	不可得以復聆
생각건대 한 가닥 숨이 남아 있는 한	惟一息之尙在兮
이 애통함이 풀릴 수 있겠는가	可此痛之或解
마땅히 노둔한 재능을 다해 스스로 힘써	惟當竭魯鈍而自勵兮
멀리 떠난 그대의 기대 저버리지 않으리라	庶不負於長逝
아 그대의 육신은	嗚呼君之體魄兮
아득한 구천에 묻혔지만	雖藏九地之冥漠
그대의 밝은 영혼은	君之靈爽兮
위로 하늘에 닿아 밝게 빛나네	上薄太淸而森朗
내가 지금 한 번 통곡하며 마음을 토로하니	我今一慟而攄臆兮
그대 반드시 강림하여 흠향하오	君必降監而來格
아 애통하도다	嗚呼哀哉

93 지초와……되었네 : 송상민의 고매한 인품과 좋은 말을 다시 보고 들을 수 없게 된 것을 비유적으로 말한 것이다.

남간 선생[94]을 제사하는 글 기사년(1689, 숙종15)
祭南澗先生文 己巳

아 애통합니다	嗚呼哀哉
아 애통합니다	嗚呼哀哉
어찌 그리 수립함이 우뚝하며	何所立之卓
어찌 그리 겪은 일이 가혹했습니까	何所遭之酷
오직 우뚝했기에	惟其卓
이처럼 가혹한 일 있었으니	所以有此酷也
가혹한 일 있지 않았다면	不有酷
무엇으로 그 우뚝함을 볼 수 있겠습니까	何以見其卓也
아 이런 일이	噫噫此事
자고이래 얼마나 많았습니까	古來何限
한 시대의 사람들 입에 용납되기 어려우니	難容一時之口
오직 만세의 공론을 기다립니다	惟俟萬世之論
아 애통합니다	嗚呼哀哉
아 애통합니다	嗚呼哀哉
지극한 정은 글로 표현할 수 없고	至情無文
지극한 슬픔은 말로 드러낼 수 없으니	至悲無辭

94 남간(南澗) 선생 : 송시열(宋時烈, 1607~1689)로, 본관은 은진(恩津), 자는 영보(英甫), 호는 우암(尤菴) 또는 우재(尤齋)이다. 송시열이 대전광역시 소제동에 남간정사(南澗精舍)를 세웠기 때문에, 그 이름을 따서 남간 선생이라고 하였다.

소리 죽여 울며 한 번 곡함에　　呑聲一哭
애통한 마음을 한 잔에 부칩니다　　寄慟單巵
아 애통합니다　　嗚呼痛哉
아 애통합니다　　嗚呼痛哉

송서구[95] 주석 를 제사하는 글 계유년(1693, 숙종19)

祭宋敍九 疇錫 文 癸酉

아 서구여	嗟嗟敍九
떠나서 어디로 갔는가	逝而何之
어찌 조금 더 머물러서	曷不少淹
가업을 마무리하지 않았는가[96]	以卒裘箕
사문의 뒷일을	師門後事
그대가 실로 주관하여	君實尸之
두려워하고 조심하며	懍懍兢兢
혹 무너뜨릴까 늘 두려워하더니	常恐或隳
어찌하여 하루 저녁에	云胡一夕
없는 것처럼 조용해졌나	寂若無思
생각해보니 옛날 사문에서	念昔師門
오직 그대가 사랑 받았지	鍾愛惟君

95 송서구(宋敍九) : 송주석(宋疇錫, 1650~1692)으로, 본관은 은진(恩津), 자는 서구, 호는 봉곡(鳳谷)이다. 송시열(宋時烈)의 손자이다. 송시열이 박세채(朴世采)·이단하(李端夏) 등과 주고받은 시사(時事)를 기록하고 정리하여 《향동문답(香洞問答)》을 펴냈고, 송시열의 유소(遺疏)를 직접 받기도 했다. 저서로는 당쟁에 얽힌 집안의 일을 기록한 《구화사실(構禍事實)》이 있다.

96 어찌……않았는가 : 송주석이 송시열의 문집을 정리하다가 마무리를 못했다는 말이다. 기구(箕裘)는 키와 가죽옷이라는 뜻으로, 가업(家業)을 비유하는 말이다. 321쪽 각주32 참조.

어찌 다만 사랑하기만 하셨으랴 豈徒愛已
다 알려 주고 다 들려주셨으니 竭知殫聞
가르침이 집안에서 이루어져 敎成于家
내게 훌륭한 후손 있다 하셨지 曰余有後
차분하게 기쁜 마음으로 모시면서 從容懽侍
왼쪽에서 하고 오른쪽에서 하니 于左于右
그 총명함이 해박해져서 聰明博洽
거의 나를 도와줄 거라 하셨지[97] 幾奬助我
거의 장도에서 庶幾長道
높은 걸음으로 멀리 가길 바랐는데 高步遐邁
매우 잔혹한 온갖 재앙 만나 百罹孔憯
높은 산이 홀연히 꺾이니 喬岳忽摧
땅이 놀라고 하늘이 참담해 하였으며 地驚天慘
귀신도 슬피 울었지[98] 神泣鬼哀

97 거의……하셨지 : 송서구가 매우 뛰어나서 송시열의 학문에 도움을 줄 수 있으리라 여겼다는 말이다. 《논어》 〈선진(先進)〉에 "회는 나를 돕는 자가 아니로다. 나의 말에 대해 기뻐하지 않음이 없구나.〔回也, 非助我者也. 於吾言, 無所不說.〕"라고 한 말을 원용하였다.

98 매우……울었지 : 송시열이 사사(賜死)된 일을 말한 것이다. 숙종(肅宗)이 희빈(禧嬪) 장씨(張氏)가 낳은 아들 윤(昀), 즉 훗날의 경종(景宗)을 원자(元子)로 삼자, 송시열이 상소를 올려 명호(名號)를 정한 것이 너무 성급한 조처라며 반대하였다. 이에 격노한 숙종은 송시열을 제주에 위리안치(圍籬安置)하는 한편, 서인을 축출하고 남인을 대거 등용하는 기사환국(己巳換局)을 단행하였다. 그 뒤 송시열을 극형에 처하라는 삼사(三司)의 요청에 따라 숙종은 송시열에게 사사의 처분을 내렸다. 송시열은 상경하는 도중 정읍에서 사약을 마시고 죽었다. 《宋子大全 卷11 年譜》

곤강의 사나운 불길에도	崑岡烈焰
옥돌 한 조각은 오히려 남는 법[99]	片玉猶遺
선조의 사업 이을 사람[100]	克幹厥蠱
그대 아니고 그 누구겠는가	非君其誰
남기신 글 편집하려고	遺文編緝
솜씨 부리기 시작했는데	手才云始
이렇게 빨리 앗아가니	奪之斯亟
저 하늘은 무슨 마음인가	彼蒼何意
그대 황천으로 돌아가	君歸泉壚
응당 선생을 배알하고[101]	應拜丈席
슬하에서 뒤따라 모시리니	膝下追陪
평소와 어찌 다르랴	寧間平昔
다만 그대가 하던 일은	顧君所事
반드시 이을 사람 있으리니	繼必有人
대현의 일이	大賢之業

99 곤강(崑岡)의……법 : 《서경》 〈윤정(胤征)〉에 "불이 곤강을 태우면 옥과 돌이 모두 불탄다.〔火炎崑岡, 玉石俱焚.〕"라고 한 말과 《진서(晉書)》 권52 〈극선열전(郤詵列傳)〉에 현량 대책(賢良對策)에서 장원한 극선(郤詵)이 소감을 묻는 무제(武帝)의 질문에 "계수나무 숲의 가지 하나요, 곤륜산의 옥돌 한 조각입니다.〔桂林之一枝, 崑山之片玉.〕"라고 답변한 고사를 종합하여, 큰 환란을 만나 선악에 상관없이 모두 피해를 당하는 혹독한 재앙을 겪으면서도 훌륭한 재능을 가진 송주석이 살아남았음을 말한 것이다.

100 선조의……사람 : 송주석이 조부 송시열의 뜻을 계승하여 완성할 것이라는 말이다. 간고(幹蠱)는 아들이 부친의 뜻을 잘 계승하여 부친이 이루지 못한 일을 완성하는 것을 말한다. 321쪽 각주32 참조.

101 응당 선생을 배알하고 : 송주석이 저승에서 송시열을 만날 것이라는 말이다.

어찌 끝내 없어지랴	夫豈終淪
내가 와서 그대에게 곡하는데	我來哭君
무덤의 풀은 이미 황폐해졌으니	墳草已荒
옛일을 슬퍼하고 지금을 상심하며	愴舊傷今
눈물이 눈에 그렁그렁하네	有淚盈眶
바라건대 영령이여	尙冀英靈
애도하는 이 술잔을 흠향하오	歆此哀觴

정절서원[102]의 수옹[103] 송 선생 철향 제문

靖節書院睡翁宋先生腏享祭文

천지의 사이에	天地之間
바른 기운 있으니	曰有正氣
이것이 사람에게 모이면	鍾之於人
곧 열사가 됩니다	乃爲烈士
생각건대 공이 이를 얻어	惟公得之
이미 두텁고 완전하신데	旣厚且備
가정에서 가르침 받아	擩染家庭
더욱 도량이 넓고 의지가 굳세셨습니다[104]	益弘而毅
세덕에 빛을 더하였으니	光增世德
노나라에 군자 있는 것 같았고[105]	魯有君子

102 정절서원(靖節書院) : 현재의 대전광역시 동구 가양동에 있던 서원이다. 1684년(숙종10)에 송유(宋愉)·박팽년(朴彭年)·송갑조(宋甲祚)의 학문과 덕행을 추모하기 위해 창건하였다. 1701년에 김경여(金慶餘)와 송상민(宋尙敏)을, 1822년(순조22)에 송국택(宋國澤)을 추가 배향하였다.

103 수옹(睡翁) : 송갑조(宋甲祚, 1574~1628)로, 본관은 은진(恩津), 자는 원유(元裕), 호는 수옹, 시호는 경헌(景獻)이다. 송시열의 아버지이다.

104 도량이……굳세셨습니다 : 홍의(弘毅)는 도량이 넓고 의지가 굳은 것을 말한다. 《논어》 〈태백(泰伯)〉에 증자(曾子)가 말하기를 "선비는 마음이 넓고 의지가 굳세지 않으면 안 되니, 임무가 무겁고 길이 멀기 때문이다.〔士不可以不弘毅, 任重而道遠.〕"라고 한 데서 유래하였다.

105 노(魯)나라에……같았고 : 공자(孔子)께서 자천(子賤)을 평하여 "군자답다, 이

탁한 세상에서 우아한 풍모는	翩翩濁世
고니와 난새가 우뚝 선 듯 했습니다[106]	鵠停鸞峙
그런데 백륙의 때[107]를 만나	時當百六
소인들 고슴도치 털처럼 일어나더니[108]	群壬如蝟
종용하기에 몸부림쳐서	慫慂奰屭
물여우 되고 귀신 되었습니다[109]	爲蜮爲鬼

사람이여, 노나라에 군자가 없었다면, 이 사람이 어디에서 이러한 덕을 취했겠는가.〔君子哉, 若人, 魯無君子者, 斯焉取斯.〕"라고 한 말을 변용하였다. 《論語 公冶長》

106 탁한……했습니다 : 송갑조가 혼탁한 세상에서 간사한 무리들과 어울리지 않고 홀로 고고한 삶을 견지했다는 말이다. 편편탁세(翩翩濁世)는 혼탁한 세상을 초탈한 우아한 풍모를 뜻한다. 《사기(史記)》 권76 〈평원군열전(平原君列傳)〉에 "평원군은 혼탁한 세상을 초탈한 훌륭한 공자이다.〔平原君, 翩翩濁世之佳公子也.〕"라고 하였다. 곡정난치(鵠停鸞峙)는 난정곡치(鸞停鵠峙)와 같은 말로, 본래 현사(賢士)가 벼슬자리에 있음을 뜻하는 말이나, 여기서는 송갑조의 훌륭한 풍모를 형용하는 말로 사용되었다. 319쪽 각주28 참조.

107 백륙(百六)의 때 : 재앙이 겹쳐 일어나는 매우 어지러운 때를 가리킨다. 음양가(陰陽家)에서는 106년마다 극심한 액운(厄運)이 돌아온다고 한다. 《漢書 律歷志上》 여기서는 광해군의 실정을 가리킨다.

108 소인들……일어나더니 : 간사한 소인들이 모여 음모를 꾸미고 들고 일어났다는 말이다. 《한서(漢書)》 권48 〈가의전(賈誼傳)〉에 "배반하는 자가 고슴도치 털처럼 일어난다.〔反者, 如蝟毛而起.〕"라고 하였다. 여기서는 광해군 때 전횡을 일삼던 대북파를 가리킨다.

109 물여우……되었습니다 : 물여우는 물속에 사는 독충(毒蟲)으로, 사람 몰래 그림자를 보고 독기를 쏘아 병들게 한다는데, 보통 음모를 꾸며 남을 해치는 자를 비유한다. 《시경》 〈하인사(何人斯)〉에 "귀신이 되고 물여우가 된다면 볼 수 없지만, 버젓이 면목이 있어 사람을 봄이 다함이 없노라.〔爲鬼爲蜮, 則不可得, 有靦面目, 視人罔極.〕"라고 하였는데, 집전(集傳)에 "모래를 머금어 물속에 비치는 사람의 그림자를 쏘면, 그 사람은 곧 병이 드나 물여우의 형체를 볼 수가 없다.〔能含沙以射水中人影, 其人輒病, 而不見其

재앙이 장추궁에 미쳐[110]	禍及長秋
인륜과 기강을 참담하게 하고	慘惔倫紀
금용에 이미 감금되었는데[111]	金墉已錮
누가 대수를 노래하겠습니까[112]	孰賦大隧
베어 죽이고 철저히 제거하여	斬伐芟薙
바른 사람들 남기지 않고	正人靡遺
사나운 불길이 하늘까지 닿았으니	虐焰薰天
누가 감히 가까이 다가갈 수 있었겠습니까	誰敢嚮邇
충신은 간담이 서늘하고	忠臣膽破

形也.〕"라고 하였다.

110 재앙이 장추궁(長秋宮)에 미쳐 : 영창대군의 생모 인목대비(仁穆大妃)에게 재앙이 미쳤다는 말이다. 장추(長秋)는 황후가 거처하던 한(漢)나라 궁전의 이름인데, 흔히 황후의 대칭(代稱)으로 쓰인다. 여기서는 인목대비를 가리키는 말로 사용되었다.

111 금용(金墉)에 이미 감금되었는데 : 광해군에 의해 인목대비가 서궁(西宮)에 감금된 것을 말한다. 금용은 중국 하남성(河南省) 낙양현(洛陽縣)의 옛 낙양성(洛陽城) 서북 모퉁이에 있던 성(城) 이름으로, 삼국 시대 위(魏)나라 명제(明帝)가 여기에 성을 쌓고 성안에 서궁을 두었다. 그 뒤 254년에 사마사(司馬師)가 위주(魏主)인 방(芳)을 폐위시켜 금용에 옮기게 하였고, 그 뒤 진(晉)나라의 양후(楊后), 민회태자(愍懷太子), 가후(賈侯)를 폐하여 모두 금용성에 감금하였으며, 진나라의 조왕윤(趙王倫)이 왕위를 찬탈하여 혜제(惠帝)를 여기에 감금하였다. 《讀史方輿紀要 河南府 洛陽縣》

112 누가 대수(大隧)를 노래하겠습니까 : 유폐(幽廢)된 인목대비를 구하기 위해 나설 사람이 누구였느냐는 말이다. 대수는 유폐되어 있던 것을 뜻한다. 정(鄭)나라 장공(莊公)이 아우 공숙단(共叔段)의 반란을 평정한 뒤에 그와 공모한 어머니 강씨(姜氏)를 성영(城穎)에 유폐했다가, 영고숙(穎考叔)의 충언을 듣고 땅굴을 통해 들어가 강씨를 만났다. 그때 장공이 노래하기를 "대수 안에 그 즐거움이 화락하네.〔大隧之中, 其樂也融融.〕"라고 하였고, 어머니가 나와 노래하기를 "대수 밖에는 그 즐거움이 펴지도다.〔大隧之外, 其樂也洩洩.〕"라고 하였다. 《春秋左氏傳 隱公元年》

용사도 마음으로 두려워했습니다	勇夫魂悸
공이 성균관에 들어가	公登國庠
마침 이런 때를 만났으니	適丁斯際
때의 일에 분노하여	憤念時事
먹고 자는 것도 잊으셨습니다	忘食與寐
흉악한 음모 더욱 무르익고	凶謀益稔
반역의 기미 더욱 방자해져	逆機愈肆
붕당을 부르고 무리를 모으더니	呼朋聚類
벌떼와 개미떼처럼 뒤섞여	逌遝蜂蟻
사론이라 가탁하여	托以士論
장차 궁전을 위협하려 했습니다[113]	將脅楓戺
공이 의리를 분발하여	公奮厥義
몸을 일으켜 꾸짖기를	挺身而誶
오늘의 일은	今日之擧
무슨 의의인가 하셨습니다	抑何意義
사리는 곧고 말은 씩씩하며	理直辭壯
음성과 안색 모두 엄격했으니	聲色俱厲
흉악한 무리들 목을 움츠리며	凶徒縮頸
서로 바라보고 넋을 잃었습니다	相視魄褫

113 궁전(宮殿)을 위협하려 했습니다 : 간사한 무리들이 인목대비를 죽이려 했다는 말이다. 풍사(楓戺)는 단풍나무 지도리인데 궁궐을 뜻한다. 한(漢)나라 때 궁전에 단풍나무를 많이 심어 단풍나무는 궁궐을 은유하게 되었다. 풍금(楓禁), 풍신(楓宸), 풍폐(楓陛) 등이 모두 궁궐을 뜻한다. 삼국 시대 위(魏)나라 하안(何晏)의 〈경복전부(景福殿賦)〉에 "회화나무와 단풍나무가 궁에 가득하다.〔槐楓被宸〕" 하였다. 《文選》

급히 성명을 물으니 急討姓名
집어 삼키려는 의도였습니다 意在呑噬
눈치 봄은 장부의 일 아니니[114] 鼠端非夫
내 어찌 저들을 두려워하랴 하고 吾豈畏彼
크게 이름 쓰고 나아가 大書而出
비난하는 소리 들으셨습니다 聽其睢恣
곧바로 서궁으로 가서 旋詣西宮
예를 다해 공경했으니 伸禮克祗
이백 명 가운데 二百人中
오직 한 사람뿐이라 惟一人爾
보는 사람마다 놀라고 見者聳動
듣는 사람마다 감동하여 눈물 흘렸습니다 聞亦感涕
증오의 손길 몰래 시행하여 毒拳潛施
마침내 그들의 분노를 푸니 果逞其恚
명예를 더럽힘 비록 참혹했지만 汚衊雖憯
어찌 공에게 손상이 되겠습니까 何損於己

114 눈치……아니니 : 서단(鼠端)은 수서양단(首鼠兩端)의 준말로, 쥐가 의심이 많아 동굴 속에서 머리를 밖으로 내놓고 형세를 관망하는 것처럼 진퇴(進退)와 거취(去就)를 결정하지 못하고 망설이는 것을 비유하는 말이다. 한(漢)나라 무안후(武安侯) 전분(田蚡)이 어사대부(御史大夫) 한안국(韓安國)을 불러서 수레에 태우고 성을 내며 "내가 장유와 함께 대머리 늙은이 하나를 공동으로 처치할까 하였는데, 어찌하여 머리 내민 쥐처럼 진퇴를 결정하지 못한 채 머뭇거린단 말인가.〔與長孺共一老禿翁, 何爲首鼠兩端.〕"라고 하였다.《史記 卷107 魏其武安侯列傳》 장유(長孺)는 한안국의 자이고, 대머리 늙은이는 두영(竇嬰)을 가리킨다.

예부터 소인배는	從古宵人
하는 짓이 이와 같았으니	手段如是
곧은 신하 있지 않다면	不有貞臣
나라는 누구를 믿는단 말입니까	國其何恃
강상이 덕분에 바로서고	綱常賴植
인륜이 떨어지지 않았으니	人紀不墜
한겨울의 외로운 소나무이며	大冬孤松
거센 물결 속의 한 지주셨습니다[115]	狂瀾一砥
물러나 스스로 지조를 지키며	捲而自靖
평생 달갑게 여기셨습니다만	甘心沒齒
한 가지 생각 남몰래 상심한 것은	一念暗傷
불타는 듯한 왕실이었습니다[116]	王室如燬
반정이 일어나자[117]	逮乎改玉

115 강상(綱常)이……지주(砥柱)셨습니다 : 송갑조의 의로운 행동 때문에 인목대비가 목숨을 구하고 인륜이 바로설 수 있었으며, 그런 일을 해낸 송갑조는 한겨울에도 푸른 소나무처럼 의리를 아는 사람이며, 거친 물결 속에서도 흔들리지 않는 지조를 지닌 인물이라는 말이다. 지주는 하남(河南) 삼문협(三門峽) 동북쪽 황하 중심에 있는 산 이름이다. 345쪽 각주87 참조.

116 불타는 듯한 왕실이었습니다 : 왕실이 마치 불타는 것처럼 위급한 처지에 놓였다는 말이다. 《시경》〈여분(汝墳)〉에 "방어의 꼬리가 붉거늘, 왕실 불타는 듯하네.〔魴魚赬尾, 王室如燬.〕"라는 말을 원용하였다.

117 반정이 일어나자 : 개옥(改玉)은 개보개옥(改步改玉)의 준말로, 본래는 걸음걸이를 바꾸고 패옥을 바꾸어 신하로서의 법도에 부합하게 함을 이르는 말인데, 뒤에 제도, 왕조, 임금 등이 바뀜을 일컫는 말로 쓰였다. 여기서는 인조반정을 가리키는 말로 사용되었다. 《春秋左氏傳 定公5年》

뭇사람들의 권면을 한 몸에 받아　輿奬咸萃
일명이 뜻밖에 내려왔지만[118]　一命倘來
공의 본래 뜻 아니었습니다　非我素志
나라의 운수가 불행하여　邦運不幸
반란이 폭풍처럼 일어나고　逆節猋起
임금의 수레 다급하게　翠華蒼黃
멀리 남쪽으로 내려가자[119]　逖矣南紀
능의 장정들을 모아 통솔하여　糾率陵丁
한 번 목숨 바치길 바랐습니다　願效一死
충성스런 계책이 막혔으니　忠謨見格
혼자 힘으로 어찌 할 수 있었겠습니까만[120]　隻手焉試
발이 부르트도록 왕에게 달려가니[121]　繭足勤王
의로운 마음만 끓어올랐습니다　義膽徒沸

118 일명(一命)이 뜻밖에 내려왔지만 : 일명은 주관(周官)의 9명(命)에서 나온 것으로, 최하위 품계인 종9품의 관직을 말한다. 인조반정 후 송갑조는 강릉 참봉(康陵參奉)에 임명되었다.《淸陰集 卷31 司饔院奉事宋君墓碣銘 幷序》 강릉(康陵)은 명종(明宗)과 비 인순왕후(仁順王后)의 무덤이며, 참봉은 종9품에 해당한다.

119 나라의……내려가자 : 이괄(李适)의 난이 발생했을 때 인조(仁祖)가 공주로 피신한 것을 말한다. 취화(翠華)는 물총새 깃으로 장식한 천자의 기치(旗幟)와 수레 덮개를 말하는데, 보통 어가(御駕)나 제왕(帝王)의 대칭(代稱)으로 사용된다.

120 능(陵)의……있었겠습니까만 : 송갑조는 강릉 참봉으로 있으면서 능에 소속된 장정들을 뽑아 거느리고 이괄의 무리를 토벌하려 하였으나, 상사(上司)가 허락하지 않아 뜻을 이루지 못하였다.《淸陰集 卷31 司饔院奉事宋君墓碣銘 幷序》

121 발이……달려가니 : 송갑조는 인조가 난을 피해 공주로 행차하자, 걸어서 행재소까지 나아갔다.《淸陰集 卷31 司饔院奉事宋君墓碣銘 幷序》

평소에 수양이 없었다면	平素無養
어찌 이런 일 있었겠습니까	曷能有此
효성을 옮겨 충성하여	移孝爲忠
집과 나라를 하나로 헤아렸으며	家國一揆
모든 다른 덕행도	凡他制行
터럭만큼의 허물도 없으셨습니다	罔有毫累
뭇 선을 다 갖추어	衆善咸具
다 기록하기 어려울 정도이니	有難殫記
그 수립한 것이	其所樹立
옛사람에게 어찌 부끄럽겠습니까	古人何愧
빼어난 풍채와 우뚝한 법도는	英風卓軌
천년토록 밝게 빛나	輝映千祀
나약한 지아비와 완고한 사람도	懦夫頑人
또한 분발할 것입니다	亦且投袂
게다가 어진 후손이 있어	況有賢嗣
한 시대의 종장이 되었습니다	宗匠一世
신령한 지초와 단 샘물은	靈芝醴泉
뿌리와 근원이 시작 있으니	本源有自
이로써 헤아려 보면	此以槪之
더욱 표창할 만합니다	尤足表異
우주가 생긴 이래	宇宙歸來
이런 경우 다시 얼마나 있었을까요	斯復有幾
오직 주위와 주회만이	惟朱韋晦
아름다움 나란하다 할 수 있습니다[122]	獨可齊美

의로운 명성 미치는 곳에	義聲所被
띠와 혜초가 모두 감화되어 쓰러집니다	茅蕙俱靡
강한의 그리움이	江漢之思
죽을 때까지 어찌 그치겠습니까[123]	沒世何已
돌아보건대 이곳 고향 땅은	顧玆桑鄉
고상한 자취 미친 곳이고	高躅攸暨
묘소도	衣履之藏
또한 이곳에 있으니	亦在此地
숭고한 덕행[124]을	高山景行
칭송하고 우러름이 더욱 지극합니다	誦仰彌至
사당에 제향하는 일	明宮俎豆
오래 전에 공의가 일어났는데	久騰公議

122 주위(朱韋)와……있습니다 : 송갑조를 주위에, 송시열을 주회(朱晦)에 비교하여 부자가 나란히 훌륭했음을 말한 것이다. 주위는 주희(朱熹)의 아버지 주송(朱松, 1097~1143)으로, 자는 교년(僑年), 호는 위재(韋齋)이다. 진회(秦檜)의 화친(和親) 정책에 반대했다가 탄핵을 당했다. 주회는 주희(1130~1200)로, 자는 원회(元晦)·중회(仲晦), 호는 회암(晦庵)·회옹(晦翁)·운곡산인(雲谷山人)이다.

123 강한(江漢)의……그치겠습니까 : 송갑조의 훌륭한 덕을 잊을 수 없으리라는 말이다. 공자께서 돌아가시자 제자들이 모여 유약(有若)의 모습이 공자와 비슷하니 그를 스승의 예로 섬기고자 하였는데, 증자(曾子)가 반대하며 "강한의 물로 씻으며 가을볕으로 쪼이는 것과 같아서 결백하여 더할 수 없다.〔江漢以濯之, 秋陽以暴之, 皜皜乎不可尙已.〕"라고 하여 이들의 주장을 꺾었다.《孟子 滕文公上》

124 숭고한 덕행 : 고산경행(高山景行)은 숭고한 덕행을 비유하는 말이다.《시경》〈거할(車舝)〉에 "높은 산을 우러러보며 큰길을 행하도다.〔高山仰之, 景行行止.〕"라고 한 데서 유래하였다.

중간에 지체하였으니 中間遷就
대개 또한 까닭이 있습니다 蓋亦有以
일은 진실로 기다림이 있는 것이니 事固有待
조금 더딘들 어찌 해가 되겠습니까 何害差遲
엄숙한 사당을 有儼斯廟
근래에 경영하기 시작하여 經始屬耳
먼저 평양[125]을 받들었으니 先奉平陽
진실로 옛 터를 취하였습니다 寔取遺址
쌍청당[126] 고택이 雙淸舊宅
또한 같은 마을에 있으니 又同邑里
자취는 비록 다르지만 跡雖殊塗
도는 곧 일치합니다 道則一致
공께서 또 이어 일어나 公又繼作
선대의 아름다움에 필적할 만하니 克媲前徽
어찌 다만 덕만 같겠습니까 豈惟同德
자손이 조상의 훌륭함 계승했습니다 孫承祖懿
이제 함께 제사하는 것은 到今合享

125 평양(平陽) : 순천(順天)의 고호가 평양이므로, 곧 순천 박씨인 박팽년(朴彭年, 1417~1456)을 가리킨다. 박팽년의 본관은 순천, 자는 인수(仁叟), 호는 취금헌(醉琴軒), 시호는 충정(忠正)이다.

126 쌍청당(雙淸堂) : 고려 말부터 조선 초기에 부사정(副司正)을 지낸 송유(宋愉, 1389~1446)의 별당이다. 쌍청당은 평소 송유와 교분이 두터웠던 박팽년이 지어 준 당호인데, 청풍(淸風)과 명월(明月)의 기상을 가슴에 새긴다는 의미가 내포되어 있다. 《東文選 卷82 雙淸堂記》 여기서는 송유를 가리키는 말로 쓰였다.

예의에 당연하니	禮則然矣
사림들 이구동성이라	士林一辭
의심과 이견 없습니다	無有疑貳
한 사당에 같이 올려	同躋一堂
세 분 제사 나란히 거행하니	併擧三祀
좋은 날 좋은 때에	日吉辰良
향기로운 술과 정갈한 음식으로 제사합니다	芳酌蠲饎
많은 선비들이	青衿濟濟
분주히 임무를 수행하니	駿奔將事
부디 밝게 이르시어[127]	尙其昭假
이 성의를 흠향하소서	歆此誠意
계족산이 푸르고 푸르며	鷄山蒼蒼
갑천이 넘실넘실하듯	甲水瀰瀰
훌륭한 기풍 오래 남아	風範長存
천지와 함께 하소서	天壤共敝

127 밝게 이르시어 : 소격(昭假)의 격(假)은 격(格)과 같다. 《시경》 〈반수(泮水)〉에 "진실로 문무를 겸하여 열조께 밝게 이르시니, 효도하지 않음이 없어 스스로 복을 구하시도다.〔允文允武, 昭假烈祖, 靡有不孝, 自求伊祜.〕"라고 하였다.

검담서원에 동춘당 송 선생을 옮겨 봉안하는 제문[128]

黔潭書院同春堂宋先生移奉祭文

아 아름답습니다 선생이여	於休先生
영원토록 어찌 잊겠습니까	永世何忘
덕은 높고 사업은 성대하였으며	德尊業盛
여사인 문장도 뛰어나셨습니다	餘事文章
생전에는 상서로운 세상에서	生而瑞世
봉황이 높이 날 듯하셨고	鳳鸞高翔
사후에는 혈식[129] 받아	歿而血食
천지와 함께 영원할 것입니다	天壤俱長
생각건대 이곳 검강은	惟此黔江

128 검담서원(黔潭書院)에……제문 : 검담서원은 현재의 세종시 부강면 금호리에 있던 서원이다. 《미호집(渼湖集)》 권16 〈검담서원묘정비(黔潭書院廟庭碑)〉에 "문의현(文義縣) 서쪽 형강(荊江) 하류에 이른바 검담이란 곳이 있다. 우리 동춘(同春) 송선생(宋先生)께서 일찍이 이곳 산수의 절경을 사랑하여 작은 정자를 지어 보만정(保晩亭)이라 이름 짓고, 때때로 찾아와 노닐고 쉬며 도(道)를 강구하는 것으로 낙을 삼았다. 선생께서 별세하자, 처음에 송규암(宋圭庵) 등 제현(諸賢)과 함께 노봉서원(魯峯書院)에 배향하였는데, 이윽고 사림이 모두 검담이 우리 선생께는 회옹(晦翁)의 무이(武夷)와 같은 곳이어서 선생 한 분만 이곳에서 제사하는 것이 낫다고 하였다. 그리하여 숙종 을해년(1695, 숙종21)에 마침내 사우를 건립하여 이봉(移奉)하였는데, 이 일이 전해지자 검담서원이라 사액(賜額)하셨다."라고 하였다.

129 혈식(血食) : 피 묻은 생고기를 그대로 제물로 바치는 제사를 말한다. 옛날에 종묘·향교·서원 등에서 제사를 지낼 때 고기를 삶지 않고 날것으로 올렸다.

빼어난 풍광 모인 곳이니	形勝攸萃
지세 아늑하고 경치 아름다우며	地奧境佳
산은 밝고 물은 수려합니다	山明水麗
살펴보고 감상하여	瞻言留賞
이에 터를 잡아 집 지으시고	爰決卜築
조석으로 편안히 머물며	朝夕芋寧
소요 자적하셨지요	逍遙自適
가슴 속 맑고 깨끗하여	胸襟灑落
달빛처럼 맑고 바람처럼 밝으셨습니다	月霽風光
마음의 사색 높고 밝게 하며	玩心高明
단정히 앉아 향을 피우셨습니다	端坐燒香
만년의 즐거움이	晩歲所樂
오직 이 땅에 있었으니	惟在斯土
이곳에서 제향 올리며	於焉俎豆
평소의 모습 그리는 것이	以像平素
정의와 예의로 헤아려 볼 때	揆以情禮
어찌 진실로 마땅하지 않겠습니까만	寧不允當
돌아보건대 물력이	顧其事力
미처 겨를이 없었습니다	有所未遑
생각건대 저 노원[130]은	惟彼魯院

130 노원(魯院) : 노봉서원(魯峯書院)을 가리킨다. 충청북도 문의현(文義縣)에 있었던 서원이다. 1615년(광해군7)에 지방 유림의 공의로 송인수(宋麟壽)와 정렴(鄭礦)의 학문과 덕행을 추모하기 위해 창건하여 위패를 모셨다. 1658년(효종9)에 사액을

검강과 매우 가까우니	與黔密邇
그곳에 함께 제향함이	合腏于斯
의의가 없는 건 아니지만	非無意義
어찌 이 검강에	豈若玆黔
남은 자취가 있는 것과 같겠습니까	遺躅所於
일은 진실로 기다림이 있는 것이니	事固有待
마땅히 서둘러 다시 도모해야 합니다	宜速改圖
사론이 한 번 일어나자	士論一發
이의가 없었습니다	無有異議
이 사당 지었으니	落此明宮
선생께서 거니시던 곳입니다	于杖屨地
재실과 집은 모두 새로우나	齋寮併新
강의실은 옛 모습 그대로이고	講室仍故
건물의 형상과 사방 모퉁이는	體勢方隅
모두 옛 모습을 따랐습니다	悉遵舊貌
공정이 빨리 이루어져	工役亟就
하루도 안 되어 낙성되자[131]	不日輪奐

청해 1662년(현종3)에 사액되었다. 이후 1687년(숙종13)에 송준길을, 1694년에 송시열을 추가로 배향하였다. 《圭菴集 卷3 魯峯書院廟庭碑銘》

131 낙성(落成)되자 : 윤환(輪奐)은 건물이 웅장하고 많음을 형용하는 말로, 건물이 낙성된 것을 축하할 때 쓰는 상투적인 표현이다. 진(晉)나라 헌문자(獻文子)가 저택을 신축하여 준공하자 진나라 대부들이 가서 축하하였는데, 그 중에 장로(張老)가 말하기를 "규모가 크고 화려하여 아름답도다. 이 집에서 살며 기쁜 일로 노래도 하고, 이 집에서 살다가 죽어 곡도 하게 되고, 이 집에서 국족들을 모아 번창함을 누리게 되시

산천은 경색을 바꾸고	山川動色
물고기와 새는 모습을 바꾸었습니다	魚鳥改觀
어렴풋이 밝은 신령이	恍如明靈
신령스럽게 그 가운데 계셔서	肹蠁其中
예전처럼 선생님 자리에서	依然丈席
다시 봄바람 쐬는 것 같으니[132]	更襲春風
강한의 그리움이	江漢之思
이에 이르러 더욱 깊어지는데[133]	到此愈深
다행히 높이 받들어 모심을	尙幸崇奉
이제야 비로소 부끄러움이 없게 되었습니다	今始無歉
돌아보건대 이렇게 옮겨 봉안하는 것은	顧玆移安
일이 중대한데	事體重大
게다가 거듭 설치함은	況其疊設
조정에서 금지하여 애로가 있습니다[134]	朝禁有礙

라.〔美哉輪焉, 美哉奐焉, 歌於斯, 哭於斯, 聚國族於斯.〕"라고 하였다. 《禮記 檀弓下》

132 봄바람……같으니 : 마치 송준길이 그 자리에 있는 듯 봄바람처럼 온화한 기운이 느껴진다는 말이다. 《근사록(近思錄)》 권40에 주공섬(朱公掞)이 정호(程顥)를 만난 뒤에 "내가 한 달 동안이나 봄바람 속에 앉아 있었다.〔某在春風中坐了一箇月〕"라고 했다는 말이 나온다.

133 강한(江漢)의……깊어지는데 : 송준길의 훌륭한 덕을 사모하는 마음이 더욱 깊어진다는 말이다. 강한은 증자(曾子)가 공자를 두고 한 말이다. 363쪽 각주123 참조.

134 게다가……있습니다 : 검담서원을 설립하여 송준길을 제향하는 일이 첩설(疊設) 금지령에 저촉되어 어려움이 많았다는 말이다. 첩설은 한 인물을 제향하는 서원이 여러 곳에 설립되는 것을 가리킨다. 17세기 중반 이후 서원이 첩설, 혹은 남설(濫設)되며 붕당의 온상 역할을 하자, 1644년(인조22) 서원 설립을 허가제로 하고, 이후 특히 첩설

대궐에 호소하여 요청하기를　叫閽陳請
그치지 않았더니　在所不已
예조 판서가 상주하여　宗伯敷奏
전하의 교지를 받았습니다　劃蒙明旨
은혜로운 편액을 함께 내려 주시고　恩額兼宣
예조의 관리들이 공손히 임하니　禮官儼臨
이런 일 전례가 없었던지라　事曠前古
영광이 유림에 진동하였습니다　榮動儒林
이에 좋은 날을 가려　玆涓吉辰
위패를 모시는데　以揭以妥
수많은 선비들[135]　衿佩濟濟
일을 담당하여 소홀함이 없습니다　將事靡惰
우러러 생각건대 신령의 이치는　仰惟神理
인정과 멀지 않으니　無遠人情
살 곳을 얻은[136] 흥취가　爰得之趣

에 대한 규제를 더욱 강화하였다.

135 선비들 : 금패(衿佩)는 옷깃과 패옥으로, 공부하는 선비를 가리킨다. 《시경》 〈자금(子衿)〉에 "푸르고 푸른 그대의 옷깃이여, 아득하고 아득한 나의 그리움이로다.…… 푸르고 푸른 그대의 패옥이여, 아득하고 아득한 나의 그리움이로다.〔青青子衿, 悠悠我心.……青青子佩, 悠悠我思.〕"라고 한 데서 유래하였다.

136 살 곳을 얻은 : 원득(爰得)은 《시경》 〈석서(碩鼠)〉에 "떠나서 장차 너를 버리고 저 낙토로 가리라. 낙토여, 낙토여. 이에 내 살 곳을 얻으리로다.〔逝將去汝, 適彼樂土, 樂土樂土, 爰得我所.〕"라고 한 데서 유래한 말로, 여기서는 송준길의 위패를 봉안할 검담서원을 새로 완공했기에 한 말이다.

어찌 이승과 저승의 차이가 있겠습니까	豈間幽明
이제부터 시작하여	其始自今
영원히 여기에 귀의하시리니	永有歸依
이 제물[137] 흠향하시고	歆此芬苾
우리를 혹시라도 떠나지 마소서	毋我或違

137 제물(祭物) : 분필(芬苾)은 향기롭다는 뜻으로, 제물에서 나는 향기를 이른다. 《시경》〈초자(楚茨)〉에 "향기로운 효손의 제사에, 신령이 음식을 즐긴다.〔苾芬孝祀, 神嗜飮食.〕"라고 한 데서 유래하였다.

동춘[138] 선생을 천장할 때의 제문 경진년(1700, 숙종26)
同春先生遷葬時祭文 庚辰

아, 선생께서 후학(後學)들을 버리신 지 이제 30년이 되었는데, 소자(小子)가 스승을 잃은 애통함[139]은 백발이 되도록 마치 하루처럼 변함이 없어, 고산(高山)을 우러르고 강한(江漢)을 그리워함은 날이 갈수록 더욱 깊어만 갑니다.[140] 봄바람 같았던 안색과 미소, 그리고 봉황이 나는 듯한 거동과 모습을 때때로 꿈속에서 뵌 것이 한두 번이 아니었으니, 이것은 소자의 정성이 한밤중 꿈으로 드러난 것입니다. 그러나 한편 밝게 드러나 영원히 존재하시는 선생의 영령이 반드시 어두운 가운데 감응함이 있었던 것입니다.

아, 선생께서 돌아가신[141] 뒤로 세도(世道)와 시운(時運)이 너무 많

138 동춘(同春) : 송준길(宋浚吉, 1606~1672)로, 본관은 은진(恩津), 자는 명보(明甫), 호는 동춘당, 시호는 문정(文正)이다. 《宋子大全 卷182 同春堂宋公墓誌》

139 소자(小子)가……애통함 : 안방(安放)은 어디에 의지하겠느냐는 뜻으로, 공자께서 장차 운명을 암시하는 노래를 읊조리자 자공(子貢)이 "내가 장차 어디에 의지하리오.〔吾將安放〕"라고 한 데서 유래하였다. 334쪽 각주66 참조.

140 고산(高山)을……갑니다 : 고산은 스승의 훌륭한 도를 비유하는 말이다. 《시경》 〈거할(車舝)〉에 "높은 산을 우러러보며 큰 길을 간다.〔高山仰止, 景行行止.〕"라고 하였는데, 공자는 이에 대하여 평하기를 "시에서 인(仁)을 좋아함이 이와 같다. 도를 행하여 가다가 중도에 쓰러지더라도 자신의 늙음을 잊어 연수(年數)의 부족함을 모르고 열심히 날마다 부지런히 하여 죽은 뒤에야 그만둔다." 하였다. 《禮記 表記》 강한(江漢)은 중국의 양자강과 한수(漢水)로 큰물을 이르는데, 흔히 스승을 그리워하는 뜻으로 쓰인다. 363쪽 각주123 참조.

이 변한 것은 진실로 말할 겨를이 없고, 친구와 친척들이 거의 다 사망한 것도 말할 필요가 없습니다. 다만 괴이하게도 선생님의 손자 셋 중에 맏이와 둘째가 한창 젊은 나이에 잇달아 죽었으니,[142] 이것이 무슨 이치란 말입니까. 더구나 그 영특하고 우아한 자질과 높고 고결한 행실이 무리에서 출중하였으니, 선생께서 일찍이 기대한 바가 어떠하셨습니까. 그런데 하늘이 이처럼 빨리 앗아가 한결같이 이런 지경에 이르렀으니, 지난날을 생각하고 지금의 현실에 상심하며 진실로 그 슬픔을 견딜 수 없습니다.

아, 선생의 묘지를 애초에 어찌 신중히 고르지 않았겠습니까만, 풍수가들의 말이 서로 어긋나니 진실로 부득이 옮기지 않을 수 없어서, 지금까지 네 차례 이장하였습니다. 생각건대 이곳 새로 정한 등성이는 여러 풍수가들의 말이 일치하고 위치도 편리하고 가까우니, 제 생각으로는 영원한 안식처가 이곳에 있고, 체백(體魄)이 편안하며 향불이 오래도록 이어져 무궁할 것을 기약할 수 있습니다.

아, 소자는 이에 남달리 지극한 한과 깊은 슬픔이 있습니다. 젊어서는 놀면서 게으름만 피우고 늙어서는 이룬 것이 없으니, 선생께서 장려하신 지극한 뜻을 저버렸습니다. 게다가 이처럼 위독한 질병이 골수에 맺혀 정력이 이미 다 소진되었으며, 마침 또 감기가 심하게 들어 미약

141 돌아가신 : 역책(易簀)은 증자(曾子)의 고사에서 유래한 말로, 스승의 죽음을 의미한다. 336쪽 각주71 참조.

142 맏이와……죽었으니 : 송준길의 큰아들 송광식(宋光栻, 1625~1664)은 송준길보다 앞서 40세에 요절하였고, 손자는 송병문(宋炳文, 1640~1682), 송병하(宋炳夏, 1646~1697), 송병익(宋炳翼, 1655~1718)이다. 이 제문을 지을 때 송병문과 송병하가 이미 사망한 사실을 말한 것이다.

한 숨이 끊어지려고 합니다. 처음에는 죽을 것 같은 고통을 참으며 힘을 내 기어가서라도 상여가 지나는 길에서 곡하며 뵈려고 했는데, 끝내 그렇게 하지 못했습니다. 그러니 숨이 붙어 있는 한, 이 애통함을 풀기 어렵습니다.

아, 돌아보건대 제 여생도 세상에 있을 날이 얼마 남지 않았으니, 황천에서 혹 선생을 모실 기회가 생긴다면, 오늘의 한을 조금이나마 풀 수 있을 것입니다. 아, 이것을 기약할 수 있겠습니까, 기약할 수 없겠습니까. 아, 슬픕니다. 아, 슬픕니다.

죽은 조카 부사 송상철[143]을 제사하는 글 병술년(1706, 숙종32)
祭亡姪府使 相哲 文 丙戌

아, 애통하다. 네가 정말 죽었단 말이냐. 죽은 것이 만약 참이라면 하늘이 어찌 알지 못했단 말이냐. 하늘이 만약 알았다면 틀림없이 너를 이렇게 빨리 앗아가지 않았을 것이다. 하늘도 믿기 어렵게 된 지 오래되었으니, 어찌할 것인가, 어찌할 것인가. 애통하고 애통하다.

나는 늘 네가 나의 시신을 거둘 것이라 여겼으니, 지금처럼 내가 먼저 너를 곡하게 될 줄을 어찌 생각이나 했겠느냐. 더구나 구순(九旬)의 노인이 의지할 곳이라고는 오지 너뿐인데, 이제 갑자기 너를 잃었으니 장차 누구를 의지하신단 말이냐. 애통하고 애통하다.

너는 스무 살이 되기도 전에 아버지를 잃어[144] 의지할 데 없이 외롭고 고달픈 신세라, 나를 아비처럼 생각하고 나도 너를 자식처럼 생각했으니, 천륜의 지극한 정[145]은 다른 사람들에 비해 분명히 다르다. 네가

143 송상철(宋相哲) : 1653~1706. 본관은 은진(恩津), 자는 원명(原明)이다. 송규렴의 형 송규락(宋奎洛)의 아들이다. 《승정원일기》 숙종 29년 12월 21일 기사에 송상철을 여산 부사(礪山府使)에 임명한 기록이 있다.

144 아버지를 잃어 : 소호(所怙)는 아버지를 의미한다. 315쪽 각주20 참조.

145 천륜의 지극한 정 : 천현(天顯)은 천명(天明)과 같은 말로, 존비(尊卑)의 드러난 질서를 뜻한다. 《서경》 〈강고(康誥)〉에서 무왕(武王)이 동생 강숙(康叔)에게 "아우가 하늘의 드러난 이치를 생각하지 아니하여 능히 그 형을 공경하지 않으면, 형 또한 부모가 자식을 기른 수고로움을 생각하지 아니하여 아우에게 크게 우애하지 않을 것이다.〔于弟弗念天顯, 乃弗克恭厥兄, 兄亦不念鞠子哀, 大不友于弟.〕"라고 한 말에서 유래하여, 형제 관계를 나타내는 말로 자주 사용되지만, 여기서는 송규렴이 조카 송상철과

가정 살림을 살핀 이래 30여 년 동안, 무릇 내가 병들거나 우환이 있을 때 네가 돌보아 주고 주선한 힘에 의지한 것을 이루 다 기억할 수 없을 정도이다. 나를 섬긴 것이 이와 같았으니, 어버이를 섬기는 효성은 말할 필요가 없을 것이다.

너는 천성이 우아하고 고결하며 밝고 정직하여 진실로 보통 사람들이 미칠 수 있는 바가 아니었고, 재주와 지혜의 능력에 이르러서도 보통 사람들보다 훨씬 뛰어날 뿐만이 아니었다. 벼슬길에 들어선 뒤로는 무슨 일을 맡든 이름이 드러났으며, 다섯 고을을 차례로 맡아 다스렸는데[146] 다스림이 모두 제일이어서, 임금께서 조서를 내려 포상한 것이 지금까지 한두 번이 아니었다. 높은 관직의 반열[147]에 올라서는 이른바 '유능한 관리〔能吏〕'라 할 만한 사람이 세상에 없지는 않지만, 너처럼 탁월한 사람은 진실로 거의 들은 적이 없다. 이조(吏曹)의 공의(公議)가 바야흐로 주(州)나 목(牧), 또는 큰 진(鎭)의 우두머리 자리가 비면 그 자리를 맡기려고 했지 중간 이하의 고을은 논의하지도 않았다. 그런데 이렇게 갑자기 세상을 떠나 조금도 머물지 않을 줄을 누가 짐작이나 했겠느냐.

부자와 같은 지극한 정이 있었다는 말로 사용되었다.

146 다섯……다스렸는데 : 송상철은 1689년(숙종15) 영동 현감(永同縣監), 1696년 정산 현감(定山縣監), 1697년 면천 군수(沔川郡守), 1701년 김제 군수(金堤郡守), 1703년 여산 부사(礪山府使)를 연이어 역임하였다.

147 높은 관직의 반열 : 초옥(貂玉)의 초(貂)는 담비 꼬리와 매미 날개 모양으로 장식한 초선관(貂蟬冠)인데, 삼공(三公)들이 썼으므로 현귀(顯貴)한 대신을 일컫는다. 옥(玉)은 옥관자(玉貫子)로, 이 역시 대신들이 썼기 때문에 대신의 반열에 오름을 말한 것이다.

아, 어찌 가정에서 효자를 잃었을 뿐이겠느냐. 조정에서는 또한 좋은 관리 하나를 잃은 셈이다. 너를 아는 사람이든 모르는 사람이든 따질 것 없이 네가 죽었다는 소식을 듣는 이마다 탄식하고 애석해 하지 않는 사람이 없었다. 이것으로 말한다면 앞에서 "하늘이 알지 못했다."라고 한 것이 어찌 다만 믿기 어려울 뿐이겠느냐. 비록 "하늘이 어질지 못하다."라고 해도 괜찮을 것이다. 애통하고 애통하다.

너는 비록 어려서부터 중한 병을 갖고 있었으나, 나이가 그리 많지 않았고 근력도 그리 쇠하지 않았으니, 일가의 여러 친지들이 바라는 바와 종당(宗黨)과 친구들의 기대하는 바가 어찌 한 주의 부사(府使)로서 60도 넘기지 못하고 그치는 데에 있었겠느냐. 애통하고 애통하다.

늙은 나는 세상을 오래 살아 일생 동안 수많은 상을 만났지만, 너의 상을 당해서는 마음이 애통하고 도려내는 것 같아 진실로 스스로 감당하기 어렵구나. 비록 살 날이 얼마 남지 않아 다만 슬프기만 할 뿐 도움이 되지 못한다는 것을 알지만, 한 숨이 붙어 있고 오정(五情)[148]이 사라지지 않았으니, 비록 마음을 달래고 슬픔을 억누르려 해도 그럴 수 없구나. 애통하고 애통하다.

나는 노병(老病)이 너무 심하여 숨이 실오라기 같아 잠자리 밖으로 몸을 움직일 수 없어서, 네가 죽은 지 이미 석 달이나 지나고 이렇게 지척에 살면서도 아직 널을 어루만지며 한 번 통곡하지도 못하였다. 더구나 장사를 지낼 날짜가 있어서 발인하는 날이 이미 닥쳤는데도 끝내 한 번 영결하여 너를 보내지 못했으니, 사람 도리도 못하였구나.

148 오정(五情) : 사람의 다섯 가지 정으로 기쁨과 노여움, 슬픔과 즐거움, 원망을 가리킨다.

목숨이 끊어지지 않는 한, 이 한을 어찌 풀 수 있단 말이냐. 애통하고 애통하다.

너의 영혼은 생각건대 틀림없이 밝을 것이니, 내가 올리는 이 잔을 흠향하고 나의 이러한 심정을 받아주겠느냐. 애통하고 애통하다.

서 序

명부 이준[149]을 전송하는 서문 갑진년(1664, 현종5)

送李明府 穆 序 甲辰

아, 진기한 새와 기이한 짐승이 사람에게 유익한 것은 아니지만, 사람들이 모두 그것을 좋아하여 아로새긴 새장과 아름다운 우리에서 극진히 보호하여 기르는 것은 기이한 털과 고운 깃이 화려하여 눈을 즐겁게 하기 때문이 아니겠는가. 야윈 말과 파리한 소가 사람을 위해 수고하여 그 이로움이 매우 넓지만, 사람들이 모두 천하게 여겨 채찍질하고 고삐를 매어 모욕하지 않음이 없는 것은 모양과 비탕이 소박하여 특별히 볼 만한 점이 없기 때문이 아니겠는가.

사람에게 있어서도 또한 마찬가지이다. 내면은 대수롭지 않으나 말로 꾸미고 민첩함으로 뽐내면 재주 있고 능력 있는 자라고 여기지 않는 사람이 없다. 반면에 내면에 간직한 것이 지극히 귀하더라도 조용히 말이 없어 어눌한 것 같고 담백하고 투명하여 화려함이 없으면, 평범하고 비루한 자라고 여기지 않는 사람이 없다. 그리고 이것을 가지고

149 명부(明府) 이준(李稕) : 명부는 지방관에 대한 경칭이다. 《승정원일기》 현종 4년 11월 10일 기사에 이준을 회덕 현감(懷德縣監)에 임명한 기록이 있다.

취하거나 버리고 이것을 가지고 내치거나 등용한다. 무릇 이와 같기 때문에 시대의 흐름에 영합하는 추악한 무리들은 이리저리 내달리며 뜻을 이루지만, 도를 지키고 겸손한 선비들은 영락하여 설 자리를 잃게 되니, 이것은 진실로 쇠퇴한 세상의 일이며 식자(識者)들이 깊이 탄식하는 바이다.

우리 현감 이준(李稕)씨가 이곳에 부임한 지 일 년도 되지 않아 정사는 공평하고 인심은 화합하여 사방이 편안하였는데, 갑자기 관장(官長)에게 쫓겨나게 되었다. 백성들이 모두 깜짝 놀라 괴이하게 여기며 서로 떠들썩하게 말하기를 "우리 현감의 어짊은 여러 군의 모든 관리들 중에서 이보다 더 나은 이가 없는데도, 저들은 모두 편안하여 평소와 다름이 없고 우리 현감만 홀로 내쫓기는 굴욕을 당하는 것은 어째서인가."라고 하였다. 내가 이에 다음과 같이 응답하였다.

"우리 현감이 불행히도 지금 세상에 태어났으니, 어찌 이런 굴욕을 면할 수 있겠는가. 현감이 비록 지극히 아름다운 것을 내면에 간직하고 있지만, 빛을 감추고 아름다움을 숨겨 밖으로 꾸미지 않으니, 저 세상 사람 중에 누가 기꺼이 진기한 새와 기이한 짐승을 사랑하듯이 하여 채찍질하고 고삐를 매지 않겠는가.

내가 우리 현감이 고을을 다스리는 모습을 보니, 근원을 맑게 하고 근본을 바르게 하며 자신을 바로잡아 남을 이끌며, 화락한 마음을 미루어 지친 백성들을 어루만져 주고 법금(法琴)을 엄격히 적용하여 횡포하고 교활한 자들을 제재하였으므로, 백성들은 병들지 않고 일은 거행되지 않음이 없었다. 현감으로 재직한 1년 동안 녹봉 이외에는 관청의 재물에 털끝만큼도 손을 대는 일이 없었으며, 온전한 솜옷 하나 없고 고기를 두 가지 이상 먹는 일이 없었으니, 그의 청백한 지조와 굳은 절개는 곧바로 빙벽(氷蘗)[150]과 더불어 그 깨끗함이 같다. 부서기회(簿書期會)[151]에 쩨쩨하게 마음을 기울이거나 응접(應接)할 물품을 마련하는 일에 자질구레하게 정신을 쓰지 않아, 진심에 맡기고 분수를 미루어 마땅히 할 일을 할 뿐, 실정을 꾸며 남을 기쁘게 하거나 도를 어기면서 명예를 구하는 일은 하지 않았다.[152]

그러니 우리 현감을 세상에서 과시하여 스스로 큰 체하며 뽐내는 것을 유능한 것으로 여기고, 손님을 맞이하고 나그네를 접대하는 일에 연연하여 그들의 환심이나 얻으려고 힘쓰며, 남을 속이고 아첨을 취하여 스스로 자신에게 이롭게 하고자 하는 사람과 비교한다면, 그 청탁(淸濁)과 우열(優劣)의 차이가 진실로 크다. 그런데 세상은 바야흐로 외면에 힘쓰고 내면을 버리며 화려함을 숭상하여 실제를 물리친다. 현감이 편안히 여기는 것은 세상에서 박하게 여기는 것이고, 세상에서 숭상하는 것은 현감이 비루하게 여기는 것이니, 어찌 세상과 어긋나 내침을 당하여 곤경에 처하고 시련을 겪지 않겠는가.

가령 우리 현감이 조금이라도 스스로 타고난 성정을 거슬러서 세속에서 좋아하는 것을 좇고 사람들의 안목에 부합하였다면, 어찌 오늘날

150 빙벽(氷蘗) : 얼음과 소태나무로, 굳게 절조를 지키면서 청백하게 사는 것을 비유할 때 쓰는 표현이다. 당(唐)나라 백거이(白居易)의 "3년 동안 자사로 있으면서, 맑은 얼음물을 마시고 쓰디쓴 소태를 씹었노라.〔三年爲刺史, 飮氷復食蘗.〕"라는 시구에서 유래하였다. 《白樂天詩集 卷1 三年爲刺史》

151 부서기회(簿書期會) : 1년 동안의 회계를 장부에 기입하여 기일 내에 조정에 보고하는 것을 뜻한다.

152 도를……않았다 : 《서경》 〈대우모(大禹謨)〉에 "도를 어기면서 백성의 찬양을 구하지 마소서.〔罔違道, 以干百姓之譽〕"라고 한 말을 변용하였다.

과 같은 일이 있었겠는가. 그러나 현감은 꼿꼿한 자질로 대현(大賢)의 가문에서 태어나 의리(義理)와 내외(內外)의 구분에 대하여 평소에 익혔기 때문에, 선택함이 정밀하고 잡음이 견고하였다. 어찌 그가 지키던 것을 바꾸어 속리(俗吏)의 태도를 본받겠는가. 차라리 이렇게 하다가 스스로 굴욕을 당할지라도, 저렇게 하여 구차히 영화를 추구하지는 않겠다는 것이 우리 현감의 뜻이다."

사람들이 모두 말하기를 "그대의 말은 옳다. 그렇다면 우리 현감은 장차 끝내 불우한 채 억울하게 살아야 하는가."라고 하였다. 내가 다음과 같이 말하였다.

"아니다. 내실이 있으면 마침내 반드시 스스로 드러나는 것이니, 천리마가 마구간에 엎드려 있어도 백락(伯樂)이 돌아보고, 아름다운 옥이 돌 속에 있어도 변화(卞和)는 그것을 알아보았으니,[153] 비록 지금 세상인들 또한 어찌 현감을 알아보는 사람이 없겠는가. 현감이 뜻을 펼칠 수 있는 날이 반드시 있을 것이니, 어찌 여기서 끝날 뿐이겠는가."

마침 현감이 장차 황해도의 옛집으로 돌아가게 되어 내게 글을 요구

153 천리마가……알아보았으니 : 내면이 충실하면 알아보는 사람이 있다는 말이다. 춘추 시대 진(秦)나라의 백락(伯樂)은 준마를 잘 감별하기로 유명했다. 전국 시대 종횡가(縱橫家)인 소대(蘇代)가 순우곤(淳于髡)에게 "준마를 팔기 위해 사흘간 시장에 내놓았지만 아무도 거들떠보지 않더니, 백락이 한 번 돌아보자 하루아침에 그 말의 값이 열 배나 뛰어올랐다."라고 하였다. 《戰國策 燕策2》 춘추 시대 초(楚)나라의 변화(卞和)는 형산(荊山)에서 박옥을 얻어 여왕(厲王)과 무왕(武王)에게 바쳤으나, 옥을 감정하는 사람이 잘못 보고 돌이라 하여 두 차례에 걸쳐 발이 잘리는 형벌을 받았다. 그 후 문왕(文王)이 즉위하자, 변화가 형산 아래에서 박옥을 안고 사흘 밤낮을 슬피 울었다. 이에 문왕이 옥공(玉工)을 시켜 박옥을 다듬게 하니, 직경이 한 자나 되고 티 한 점 없는 큰 옥이 나왔다고 한다. 《韓非子 卷4 和氏》

하기에 마침내 사사로이 서로 주고받은 말을 차례대로 써서 주니, 이별 하는 마음과 떠나는 사람과 남는 사람의 한스러움에 대해서는 말하지 않았다.

향약을 중수하는 서문 임자년(1672, 현종13)

重修鄕約序 壬子

고을에 규약이 있는 것은 나라에 교육이 있는 것과 같으니, 교육으로 한 나라의 백성을 교화시키는 것과 규약으로 한 고을의 백성들을 바로잡는 것이 그 의의가 일찍이 어찌 다르겠는가. 비록 그러하나 나라는 크고 고을은 작다. 작기 때문에 한 고을의 사람들을 바로잡기는 쉽지만, 크기 때문에 온 백성을 교화하기는 어렵다. 진실로 능히 고을에서 시작하여 나라에까지 이르고 한 고을의 사람들로부터 시작하여 온 백성에게까지 이른다면, 그 작은 것이 반드시 큼이 되지 못하는 것은 아니니, 이른바 "바람은 일어나는 근원이 있으며, 먼 것은 가까이에서 시작한다."[154]라는 말이 이런 경우를 두고 하는 말이다. 그렇다면 표범 전체에서 한 점의 얼룩무늬와 솥 전체에서 한 점의 저민 고기를 작다고 해서 버릴 수 있겠는가.

향약은 남전(藍田)이 강구하고[155] 자양(紫陽)이 자세히 검증하여 그

154 바람은……시작한다 : 《중용장구》 제33장에 "《시경》에 이르기를 '비단옷을 입고 홑옷을 덧입는다.'라고 했으니, 그 문채가 너무 드러남을 싫어해서이다.……멂이 가까운 데로부터 시작함을 알며, 바람이 일어나는 근원을 알며, 은미함이 드러남을 안다면, 더불어 덕에 들어갈 수 있을 것이다.〔詩曰, 衣錦尙絅, 惡其文之著也.……知遠之近, 知風之自, 知微之顯, 可與入德矣.〕"라고 한 말을 변용하였다.

155 향약은 남전(藍田)이 강구하고 : 남전은 남전 여씨(藍田呂氏)로, 송(宋)나라 때 남전현(藍田縣)의 여대충(呂大忠)·여대방(呂大防)·여대균(呂大鈞)·여대림(呂大臨) 등 여씨(呂氏) 4형제를 이른다. 이들이 그 고을 사람들과 자치 규범을 정하여 서로 지키기로 약속하였으니, 이것이 여씨향약(呂氏鄕約)으로 "덕업을 서로 권면하고, 과실

법이 갖추어졌다.[156] 그러나 적막하게 수백 년에서 천 년 세월이 흐르는 동안 하나라도 시행한 사람이 있었다는 말을 듣지 못하였다. 그 까닭이 무엇인가. 우리나라에서는 오직 율곡(栗谷) 이 선생이 일찍이 청주 목사(淸州牧使)에 부임했을 때, 미루어 모방하여 시행하였으나[157] 또한 얼마 안가 그만두고 말았으니, 식자(識者)의 이에 대한 한이 지극하였다.

생각건대 우리 회천(懷川 회덕) 고을이 본디 예절과 의리를 잘 지키는 고을이라고 일컬어지는 것은 어찌 의관(衣冠)과 문물(文物)이 다른 고을에 비하여 성대하고 백성들의 풍속이 다소 볼 만한 점이 있기 때문이 아니겠는가. 그러나 그 유풍(遺風)이 점차 쇠미해지고 퇴폐한 풍속이 점차 어지러워, 그 실제를 살펴보면 대체로 없어져 장차 이웃에 본보기가 되고 후세에 모범을 남길 수 없을 것이니, 어찌 깊이 애석하지 않겠는가.

지금 동춘(同春)[158] 선생께서 개탄하며 내게 다음과 같이 말씀하셨다.

을 서로 바로잡아 주고, 예의의 풍속으로 서로 사귀고, 어려울 때 서로 돕는다.〔德業相勸, 過失相規, 禮俗相交, 患難相恤.〕"라는 네 조항으로 되어 있다. 《小學 卷6 善行》

156 자양(紫陽)이……갖추어졌다 : 자양은 송(宋)나라 주희(朱熹)의 호이다. 주희가 복건성(福建省) 숭안현(崇安縣)에 있을 때 서재를 자양서실(紫陽書室)이라 명명하고, 아울러 호로 삼았다. 여씨향약은 주희에 의해 그 가치가 인정되어 그의 증손(增損)을 거쳐 《주자증손여씨향약(朱子增損呂氏鄕約)》으로 완성되었다.

157 율곡(栗谷)……시행하였으나 : 율곡은 이이(李珥, 1536~1584)로, 본관은 덕수(德水), 자는 숙헌(叔獻), 호는 율곡·석담(石潭), 시호는 문성(文成)이다. 이이는 1571년(선조4) 청주 목사(淸州牧使)로 부임했을 때, 이 고을의 교화를 위하여 서원향약(西原鄕約)을 만들었다. 서원은 청주의 옛 이름이다.

158 동춘(同春) : 송준길(宋浚吉, 1606~1672)로, 본관은 은진(恩津), 자는 명보(明

"우리 고을이 점점 어지러운 방향으로 나아가는 것은 진실로 검속(檢束)에 방도가 없고 인재를 양성하는 법이 없기 때문이다. 향음례(鄕飮禮)와 향사례(鄕射禮), 그리고 법령을 읽어 주는 일들에 이르러서도 또한 제쳐 두고 거행하지 않으니, 날로 더럽고 낮은 데로만 치닫는 것은 괴이할 것이 없다. 어찌 손질하여 진작(振作)시킬 방도를 꾀하지 않겠는가. 이에 전례(前例)를 찾아 조사하다가 《남전유의(藍田遺議)》라는 작은 책 하나를 얻었는데, 대개 조송년(趙松年)[159]이 당시에 향약을 시행하려고 여씨(呂氏)가 남긴 제도를 모방하여 조금 가감한 듯하다. 다만 그 절목(節目)이 갑자기 모두 시행하기에는 어려움이 있다."

그리고는 마침내 내게 명하여 우선 지금 상황에 적합하고 쉽게 시행할 수 있는 것을 모으게 하여 다음과 같이 약속을 만들었다.

이것은 진실로 전체를 다 담지는 못했지만, 힘써 실천하여 게으름을 피우지 않고 다시 한 걸음씩 나아간다면, 전법(全法)의 아름다움도 또한 장차 차례로 시행할 수 있을 것이다. 그리하여 마침내 이웃 고을이 본받고 미루어서 나라 전체에 이르게 한다면, 앞에서 말한 한 점의 얼룩무늬로 인하여 표범의 전체 무늬를 다 알고 저민 고기 한 점을 들어서 솥 전체의 맛을 알 수 있다는 것이 여기에 있을 것이다. 이것이 선생께서 오늘 향약을 만드신 뜻이다. 우리 향당의 선비들이 어찌 서로 더불어 힘쓰지 않겠는가.

甫), 호는 동춘당, 시호는 문정(文正)이다. 《宋子大全 卷182 同春堂宋公墓誌》

159 조송년(趙松年) : 1607~1649. 정암(靜菴) 조광조(趙光祖)의 현손으로, 사계(沙溪) 김장생(金長生)의 문인이다. 《沙溪全書 卷47 門人錄》 1639년(인조17) 회덕 현감에 임명되었다. 《承政院日記 仁祖 17年 4月 4日》

상량문 上樑文

미호의 새 집 상량문 신사년(1701, 숙종27)

漢湖新舍上樑文 辛巳

대개 들으니 득실을 아는 것은	蓋聞知得知喪
《주역》에 성인의 가르침 드러났고[160]	著聖訓於羲經
집을 지어 편안히 지낼 곳은	攸芋攸寧
《시경》에 좋은 축원문 있다 했지[161]	存善祝於周雅

160 주역에……드러났고 : 이해득실(利害得失), 진퇴존망(進退存亡)의 이치를 특히 《주역》을 통하여 성인이 밝혔다는 말이다. 복희씨(伏羲氏)가 팔괘(八卦)를 처음 그었다고 하여 《주역》을 희경(羲經)이라고도 한다. 《주역》 〈건괘(乾卦) 문언전(文言傳)〉에 "항이라는 말은 나아감만 알고 물러날 줄을 모르며, 보존함만 알고 망할 줄을 모르며, 얻음만 알고 잃을 줄을 모르는 것이다. 오직 성인뿐인가. 진퇴와 존망의 이치를 알아 정도를 잃지 않는 자는 오직 성인뿐일 것이다.〔亢之爲言也, 知進而不知退, 知存而不知亡, 知得而不知喪, 其唯聖人乎. 知進退存亡而不失其正者, 其唯聖人乎.〕"라고 하였다.

161 시경에……했지 : 주아(周雅)는 주나라 아악(雅樂)이라는 뜻으로, 《시경》의 소아(小雅)와 대아(大雅)를 가리키는데, 여기서는 소아의 〈사간(斯干)〉을 이른다. 이 시는 새 집을 지은 기쁨을 노래한 시인데, 그중에 "비바람을 제거하며, 새와 쥐를 제거하였으니, 군자가 높고 크게 계실 곳이로다.……깊고 넓은 어두운 곳이니, 군자가 편안히 계실 곳이로다.〔風雨攸除, 鳥鼠攸去, 君子攸芋.……噦噦其冥, 君子攸寧.〕"라고 하였다.

차고 따뜻함을 마땅히 살피거늘 冷煖宜審

잠기고 뜀이 어찌 일정하랴[162] 潛躍何常

주인은 저력처럼 쓸모없는 나무이나[163] 主人樗櫟散材

강호가 성품에 맞도다 江湖素性

처음에 급제자 명단에 이름 올려 비록 부모님 위해 영화 구했지만

始題名於黃甲雖云爲親求榮

막상 궁궐에 발 들여놓자 실로 분수에 넘쳐 허물 초래할까 두려웠지

終厠跡於丹墀實懼踰分速累

더구나 나이는 늙어가고 況且年齡之遲暮

게다가 질병은 깊어가니 重以疾病之沈淹

전공의 용퇴하는 풍모 실로 흠모했으며[164] 錢公勇退之風寔所慕者

162 잠기고……일정하랴 : 그때그때의 상황에 맞춰 집에 들어와 있거나 세상에 나아간다는 말이다. 잠약(潛躍)은 은거하여 몸을 숨기거나 때가 되면 세상에 나아간다는 말이다. 《주역》 〈건괘(乾卦) 초구(初九)〉에 "못에 잠겨 있는 용이니, 쓰지 말아야 한다.〔潛龍, 勿用.〕" 하였고, 같은 괘 〈구사(九四)〉에 "혹 뛰어오르거나 연못에 있으면, 허물이 없으리라.〔或躍在淵, 无咎.〕" 하였다.

163 저력(樗櫟)처럼 쓸모없는 나무이나 : 저력산재(樗櫟散材)는 가죽나무와 상수리나무처럼 재목이 될 수 없는 나무라는 뜻으로, 재능이 부족한 사람을 비유한다. 《장자(莊子)》 〈소요유(逍遙遊)〉에 "가죽나무는 밑동이 크고 옹이가 많아서 먹줄에도 맞지 않고, 가지가 작고 굽어서 규구(規矩)에도 맞지 않는다. 이 때문에 길거리에 서 있어도 장인(匠人)이 돌아보지 않는다."라고 한 데서 유래하였다. 여기서는 송규렴 자신을 가리키는 말로 사용되었다.

164 전공(錢公)의……흠모했으며 : 벼슬에서 물러나 초야에서 지내고 싶은 마음이 간절했다는 말이다. 전공은 송(宋)나라의 전약수(錢若水, 960~1003)로, 자는 담성(澹成)·장경(長卿), 시호는 선정(宣靖)이다. 한 도승(道僧)이 진단(陳摶)에게 전약수에 대하여 "그는 급류 속에서 용감히 물러날 수 있는 사람이다.〔是急流中勇退人也〕"라고

소부의 그칠 줄 알고 만족할 줄 알라는 교훈[165] 감히 소홀히 하겠는가

疏傅止足之訓其敢忽諸

기쁜 마음으로 달려가 율리의 집에 세 갈래 오솔길 내고[166]

載欣載奔栗里之宅三徑

여기서 살며 여기서 머물 것이니 옥천의 두어 칸 집이라네[167]

했는데, 뒤에 과연 전약수가 나이 40 이전에 벼슬이 추밀부사(樞密副使)에 이를 만큼 관로(官路)가 환하게 트였음에도 불구하고 용감하게 관직에서 물러났다고 한다.《聞見前錄 卷7》

165 소부(疏傅)의……교훈 : 한(漢)나라 소광(疏廣)이 관직을 버리고 고향으로 돌아가 말년을 보낸 교훈을 말한다. 소부는 선제(宣帝) 때 태자 태부(太子太傅)를 지낸 소광을 가리킨다. 소광이 태자 태부가 되고 5년이 지나자 이미 지위와 명성이 높아졌다. 그러자 자기 조카인 태자 소부(太子少傅) 소수(疏受)에게 "내가 들으니 만족할 줄 알면 욕되지 않고, 그칠 줄 알면 위태롭지 않다고 하였다. 공을 이루면 떠나는 것이 하늘의 도리이다.〔吾聞知足不辱, 知止不殆, 功遂身退, 天之道也.〕"라고 하고 함께 사직하였다. 이들은 고향으로 돌아가 친척과 친구들을 불러 날마다 잔치를 베풀며 황제와 태자로부터 하사받은 황금을 다 써버렸다고 한다.《漢書 卷71 疏廣傳》

166 기쁜……내고 : 동진(東晉)의 도잠(陶潛)처럼 은퇴하고 고향으로 내려가 소박하게 살겠다는 말이다. 도잠이 팽택 영(彭澤令)을 사직하고 낙향하며 지은 〈귀거래사(歸去來辭)〉에 "마침내 집이 보이자 기뻐 달려갔네.〔乃瞻衡宇, 載欣載奔.〕"라고 하였고, "세 오솔길은 황폐해졌어도, 소나무와 대나무는 여전히 있네.〔三逕就荒, 松竹猶存.〕"라고 하였다. 율리(栗里)는 도잠의 고향 이름이다. 삼경(三經)은 세 갈래 오솔길로, 대개 은자가 사는 곳을 가리킨다. 한(漢)나라의 장후(蔣詡)가 뜰에 세 오솔길을 만들어 놓고 소나무와 국화와 대나무를 심었던 고사에서 유래하였다.《三輔決錄 逃名》

167 여기서……집이라네 : 당(唐)나라의 시인 노동(盧仝)처럼 허름한 집 두어 칸을 짓고 살겠다는 말이다. 옥천(玉川)은 노동의 자호(自號)이다. 노동은 간의대부(諫議大夫)로 부름을 받았으나, 나가지 않고 소실산(少室山)에 은거하였다. 한유(韓愈)의 〈기노동(寄盧仝)〉에 "옥천 선생은 낙양성 안에 사는데, 가진 거라곤 부서진 집 두어 칸뿐일세.〔玉川先生洛陽裏, 破屋數間而已矣.〕"라고 하였다.

爰居爰處玉川之廬數間

물에서 낚시하고 산에서 나물 캐리니 누가 이원의 반곡 다투며[168]

釣水採山誰爭李愿之盤谷

병을 요양하고 몸을 쉬리니 유간의 장빈을 스스로 즐거워하노라[169]

養痾休體自樂劉幹之漳濱

애오라지 한 골짝에서 생애 보내며 聊專一壑生涯

백년 인생사 마치려는데 擬了百年身事

다만 저 황폐한 마을 너무도 가까우니 第惟墟落之太近

시끄럽고 번잡한 방해 어찌할까 其奈鬧擾之相妨

준읍에는 깃발 날리니 수시로 장자의 수레 번거롭게 다니지만[170]

168 물에서……다투며 : 당(唐)나라 이원(李愿)의 고사를 빌어 시골에서 유유자적하는 삶을 읊은 것이다. 이원은 서평왕(西平王) 이성(李晟)의 아들로, 하중(河中)과 진주(晉州) 등의 절도사를 역임했으나 병이 들어 은거하였다. 반곡(盤谷)은 하남(河南)의 태항산(太行山) 남쪽에 있는 곳으로 이원이 은거한 곳이다. 한유(韓愈)의 〈송이원귀반곡서(送李愿歸盤谷序)〉에 "산에서 나물 캐니 맛이 좋아 먹음직하고, 물에서 낚시질하니 물고기도 먹을 만하다.〔採於山, 美可茹. 釣于水, 鮮可食.〕"라고 하였다.

169 병을……즐거워하노라 : 삼국 시대 유정(劉楨)의 고사를 빌어 은거하면서 요양하겠다는 뜻을 읊은 것이다. 유간(劉幹)은 삼국 시대 건안칠자(建安七子)의 한 사람인 유정을 가리킨다. 그의 자가 공간(公幹)이기 때문에 이렇게 부른 것이다. 장빈(漳濱)은 유정이 요양하기 위해 은거한 장수(漳水) 물가이다. 그의 〈오관중랑장에게 주다〔贈五官中郎將〕〉에 "나는 고질병에 걸려 맑은 장수 물가에 숨어 사네.〔余嬰沈痼疾, 竄身淸漳濱.〕"라고 하였다. 《文選 卷23 贈五官中郎將》

170 준읍(浚邑)에는……다니지만 : 화려한 도시에서의 번거로운 삶을 읊은 것이다. 준읍은 위(衛)나라의 고을 이름이고, 간모(干旄)는 소의 꼬리를 단 아름다운 깃발이다. 《시경》 〈간모〉에 "우뚝 솟은 쇠꼬리 깃대여, 준읍의 교외에 있도다. 흰 실로 짜서 매달고 좋은 말 네 필을 멍에하니, 저 아름다운 그대는 무엇으로 보답해 주려는가.〔孑孑干旄,

浚邑干旄時煩長者之轍

형문은 한가롭고 넉넉하니 혹 석인의 오두막도 없다네[171]

衡門薖軸或輟碩人之槃

어찌하면 겹겹산이 빙 두른 깊은 땅 얻어 얼기설기 집을 짓고

安得回嶂疊麓之奧區粗成棟宇

맑은 시내와 너른 들의 멋진 경치 거두어 모두 창으로 들어오게 할까

兼收晴川曠野之奇觀盡入軒窓

너무 사치스럽지 않은가 비록 농 땅 얻고 촉 땅 바라봄과 비슷해도[172]

不已泰乎雖近得隴而望蜀

내가 좋아하는 것을 따르리니 어찌 옛 것 버리고 새로 도모함을 꺼리랴

從吾好也何嫌去舊而圖新

터를 잡아 집 짓는 일 일찍이 옛 현인들도 그런 경우 있었는데

在浚之郊. 素絲紕之, 良馬四之, 彼姝者子, 何以畀之.〕"라고 하였다.

171 형문(衡門)은……없다네 : 시골의 한적함을 읊은 것이다. 형문은 두 개의 기둥에 한 개의 횡목을 가로질러서 만든 허술한 대문으로 가난한 은자의 삶을 비유한다. 과축(薖軸)은 비록 가난하더라도 넉넉하며 여유로운 은자의 모습을 형용하고, 반(槃)은 산수에 머물며 즐거워하는 모습을 가리키는 말이다. 《시경》 〈고반(考槃)〉에 "은거하는 집이 언덕에 있으니, 대인의 마음이 넉넉하도다.……은거하는 집이 육지에 있으니, 대인이 한가로이 머뭇거리도다.〔考槃在阿, 碩人之薖.……考槃在陸, 碩人之軸.〕"라고 하였고, 그 주(注)에 "고는 이룬다는 뜻이고 반은 머뭇거리며 멀리 떠나지 않는다는 뜻이니, 은거하는 집을 이룬다는 말이다.〔考, 成也, 槃, 盤桓之意, 言成其隱處之室也.〕"라고 하였다. 석인(碩人)은 덕이 높고 큰 사람을 가리키는 말이다. 《詩傳通釋 卷3》

172 너무……비슷해도 : 너무 지나친 욕심을 부리고 있은 것은 아닌지 스스로 경계하는 말이다. 후한(後漢)의 광무제(光武帝)가 잠팽(岑彭)에게 내린 조서에 "사람은 만족할 줄 모르는 것이 병통이다. 이미 농 땅을 평정하고서도 다시 촉 땅을 바라보는구나.〔人苦不知足, 旣平隴, 復望蜀.〕"라고 하였다. 《後漢書 卷17 岑彭列傳》

卜地誅茅曾古賢之亦有

밭을 구하고 집 묻는 일 지금 사람만 홀로 없을 수 있겠는가[173]

求田問舍可今人而獨無

오직 이곳 미호는 깊고 그윽하니 惟玆渼湖之深幽

실로 아름다운 경치 매우 빼어나네 實是佳境之特絶

계족산 모이고 금강[174] 끼었으니 안팎의 띠와 옷깃이고

鷄山會荊水控表裏之帶襟

노수와 이어지고 현봉 늘어서니[175] 원근의 병풍이네

魯岫聯懸峯列遠近之屛障

뭇 산들이 사방에서 모이니 천 겹 두른 속에서 푸른 기운 뜨고

群巒四集挹翠嵐於千重

한 들녘이 서쪽에 펼쳐졌으니 십 리 밖까지 푸른 풀밭 볼 수 있네

一郊西開望靑蕪於十里

173 밭을……있겠는가 : 밭을 구하거나 집에 관한 일 등에 당시 사람으로 관심이 없을 수 없다는 말이다. 구전문사(求田問舍)는 밭을 구하고 집을 묻는다는 뜻으로, 세상을 경영할 큰 뜻은 없고 집안일이나 걱정하는 것을 말한다. 삼국 시대 유비(劉備)가 허사(許汜)에게 "그대는 밭이나 구하고 집이나 물으니 취할 말이 없다. 이것이 원룡이 꺼린 것이다.〔君求田問舍, 言無可采. 是元龍所諱也.〕"라고 말한 고사에서 유래하였다. 《三國志 卷7 魏書 陳登傳》

174 금강 : 형수(荊水)는 금강의 옛 이름이다.

175 노수(魯岫)와……늘어서니 : 노수는 충청북도 청주시 서원구 현도면 하석리에 있었던 노봉서원 근처의 산으로 보인다. 노봉서원은 송인수(宋麟壽)와 정렴(鄭磏)의 위패를 모신 서원으로, 1668년(현종9)에 사액되었으나 1871년(고종8)에 훼철된 뒤 복원하지 못하였다. 현봉(懸峯)은 현재의 충청북도 청주시 상당구 문의면 덕유리 현암사(懸巖寺)가 자리한 구룡산(九龍山)을 가리키는 것으로 보인다.

맑은 강과 깨끗한 바위 모두 어부의 낚시터로 제격이고

清江白石摠宜漁子之釣磯

낙조 물든 높은 하늘 몇 번이고 소치는 아이의 피리 소리 들어오네

落照長天幾入牛童之牧笛

둘러싼 형세 저절로 병 속의 세상을 이루어[176]

周遭體勢自作壺裏之乾坤

속세와 격리되니 머리 위의 해와 달만 보이는구나

隔離塵寰但見頭上之日月

도원[177]의 경치 바로 이곳이 그러하니 桃源之物色卽是

망천[178]의 풍경을 어찌 논하랴 輞川之風景奚論

누가 알았으랴 대로변 지척 간에 誰知通衢咫尺之傍

강산의 경치 빼어난 별천지 있음을 乃有別界江山之勝

하늘이 아끼고 땅은 숨겨 무진장[179]한 것이 몇 년이던가

176 병……이루어 : 미호의 집터가 별천지(別天地) 같다는 말이다. 호리(壺裏)는 호리병의 안쪽이라는 말인데, 신선이 사는 별천지를 뜻한다. 호공(壺公)이라는 신선이 저잣거리에서 약을 팔고 있었는데, 모두 그저 평범한 사람인 줄로만 알고 있었다. 비장방(費長房)이 호공이 천장에 걸어둔 호로 속으로 들어가는 것을 보고 비범한 인물임을 알아 매일같이 정성껏 그를 시봉하였다. 하루는 호공이 그를 데리고 호로 속으로 들어갔는데, 호로 속은 완전히 별천지로 해와 달이 있고 선궁(仙宮)이 있었다고 한다.《神仙傳 壺公》

177 도원(桃源) : 호남성(湖南省)의 무릉(武陵)에 있다고 전해지는 이상향으로, 무릉도원(武陵桃源)이라 불린다. 도잠(陶潛)의 〈도화원기(桃花源記)〉에서 유래하였다.

178 망천(輞川) : 중국 섬서성(陝西省) 남전현(藍田縣) 종남산(終南山) 자락에 있는 계곡이다. 당(唐)나라의 시인 왕유(王維)가 이곳에 별장을 짓고 살면서 그곳의 승경(勝景) 20곳을 골라 〈망천도(輞川圖)〉를 제작하기도 하였다.

天慳地祕無盡藏者幾年

귀신이 드러내고 신령이 지시하여 오늘을 기다렸던 것 같구나

鬼發神揮有若待於今日

아름답고 좋구나 오랜 소원 장차 이루어지리니

美矣善矣旣夙願之將諧

경영하고 다스려 조금은 느긋하게 새 집 지으리라

經之營之可新構之少緩

전체 부지에서 형편 헤아려 마땅히 가운데에 자리 잡고

度形便於全局宜據中央

높은 등성이에서 탁 트인 곳을 정하니 가장 좋은 곳이로다

占爽塏於隆岡最在上處

측량하여 위치를 정하니 남북의 좌향이 어긋나지 않고

測圭定位北南之坐向不差

넉넉한 곳 깎아 부족한 곳 메우니 높고 낮은 터 바르게 되었도다

削腴塡羸高低之基址得所

힘을 다해 목재와 기와를 모으고 鳩材聚瓦之殫力

때를 맞춰 목공 불러 일을 채근하네 命工趨事之及時

돌아보건대 이 일이 빨리 완공됨은 顧此功役之亟完

179 무진장(無盡藏) : 본래는 불가(佛家)의 말이나, 여기서는 아무리 써도 다함이 없는 자연의 풍광을 가리킨다. 소식(蘇軾)의 〈적벽부(赤壁賦)〉에 "강 위의 맑은 바람과 산속의 밝은 달은 귀로 들어오면 소리가 되고 눈에 담겨지면 색깔을 이루는데, 이를 취하여도 막는 사람이 없고 아무리 써도 없어지지 않으니, 이것이 바로 조물주의 무진장한 보배이다.〔惟江上之淸風, 與山間之明月, 耳得之而爲聲, 目遇之而成色, 取之無禁, 用之不竭, 是造物者之無盡藏也.〕"라고 하였다.

대개 또한 조화옹이 몰래 도와주심이리라 蓋亦造化之陰相

높고 크도다[180] 비록 웅장한 저택 아닐지라도

有輪有奐縱非廈屋之渠渠

비 가리고 바람 막아 주니 오히려 변변찮은 오두막보다 훌륭하네

庇雨庇風猶勝蝸角之楚楚

평상에 누워 무릎을 펴는 데 어찌 넓은 정자와 큰 집 필요하며

偃床舒膝何須廣榭宏軒

난간에 기대 마음 상쾌하게 함에 꼭 사루나 등각[181]에 오를 필요 없지

凭欄快心不必謝樓滕閣

시내와 들판이 빛나니 새가 좋아하고 물고기도 기뻐하는 듯하고

川原動色若鳥喜而魚歡

시내와 골짝에 빛을 더하니 갑절이나 산은 푸르고 물도 푸르도다

澗谷增輝倍山青而水綠

시의 재료 가득하니 눈에 가득 풍광 넘쳐나고

詩料滾滾溢滿目之風光

180 높고 크도다 : 윤환(輪奐)은 규모가 크고 아름답다는 뜻으로, 낙성된 건물을 칭송하는 표현이다. 368쪽 각주131 참조.

181 사루(謝樓)나 등각(滕閣) : 중국의 유명한 누각이다. 사루는 남조(南朝) 제(齊)나라의 사조(謝朓, 464~499)가 선성 태수(宣城太守)로 있을 때 지은 누각으로, 사공루(謝公樓)라고 부른다. 등각은 당 고조(唐高祖) 이연(李淵)의 아들 등왕(滕王) 이원영(李元嬰)이 홍주 자사(洪州刺史)로 있을 때 지은 누각으로, 등왕각(滕王閣)이라 부른다. 황학루(黃鶴樓), 악양루(岳陽樓)와 더불어 강남 3대 명루(江南三大名樓)의 하나로 일컬어진다.

취한 흥치 도도하니 엷은 구름 기운 비껴 있네

醉興滔滔橫薄雲之氣象

어찌 좋은 경치 탐하는 마음이 지나치다 하랴 豈曰耽勝之過

오직 마음에 맞아 편안함을 취했을 뿐이라네 惟取適意而安

이에 들보를 올릴 때가 되어 玆當擧樑

문득 송시를 바치노라 輒效陳頌

어영차 들보를 동쪽으로 던져라 兒郎偉抛樑東

햇살이 창에 비치니 새벽빛 붉구나 日射窓櫳曙色紅

산 너머로 나루터 가는 길 있음을 아나니 山外卽知津路在

몇 사람이나 다투어 건너 분주히 오가는가 幾人爭渡去來悤

어영차 들보를 서쪽으로 던져라 兒郎偉抛樑西

지는 노을과 외로운 따오기[182]에 석양이 낮구나 落霞孤鶩夕陽低

넓은 들판 긴 강둑 바라보니 望中平楚長江畔

맑게 갠 열두 봉우리 온통 검푸르다 十二晴巒黛色齊

어영차 들보를 남쪽으로 던져라 兒郎偉抛樑南

세 봉우리 우뚝 솟아 어울리는 모습 좋구나 三峯突兀好相參

182 지는……따오기 : 낙하고목(落霞孤鶩)은 당나라 왕발(王勃)이 지은 〈등왕각서(滕王閣序)〉에 "지는 놀은 짝 잃은 따오기와 나란히 날고, 가을 강물은 끝없는 하늘과 한 색이로다.〔落霞與孤鶩齊飛, 秋水共長天一色.〕"라고 한 데서 유래한 말인데, 깊은 가을날의 저녁 경치를 절묘하게 묘사한 표현으로 유명하다.

천태산과 안탕산[183]같이 기묘하고 빼어나 天台雁蕩同奇秀
만고토록 언제나 푸른빛 머금고 있겠지 萬古長留翠色含

어영차 들보를 북쪽으로 던져라 兒郎偉抛樑北
만 길 높은 봉우리는 북극성 떠받친 듯하구나 萬丈危峯撑斗極
꼭대기의 산사[184] 반공에 매달려 絶頂招提懸半空
불등이 캄캄한 강어귀를 비추네 佛燈照破江門黑

어영차 들보를 위로 던져라 兒郎偉抛樑上
구름 그림자와 하늘빛 어찌 저리 밝은가 雲影天光何晃朗
밤 되자 흰 달이 푸른 하늘 떠가니 入夜銀輪輾碧空
마찬가지로 흉금도 시원해짐을 느끼네 一般頓覺胸襟爽

어영차 들보를 아래로 던져라 兒郎偉抛樑下
푸른 나무와 푸른 숲이 한 들을 에웠구나 碧樹靑林圍一野
풍광이 시절 따라 달라 光景隨時各不同
차가운 소리와 저녁 빛이 자리에 들어오네 寒聲暮色來侵座

183 천태산(天台山)과 안탕산(雁蕩山) : 중국의 절강성(浙江省)에 있는 대표적인 명산 이름이다. 천태산은 불교의 성지로도 유명하다. 진(晉)나라 손작(孫綽)의 〈유천태산부(遊天台山賦)〉에 "아 우뚝 솟은 천태산 기이하도다, 참으로 신명이 붙들어 일으켰도다.〔嗟台嶽之所奇挺, 寔神明之所扶持.〕"라고 하였다. 《文選 卷11》 안탕산은 높은 절벽과 기이한 봉우리, 그리고 폭포로 유명하다.

184 산사(山寺) : 초제(招提)는 범어(梵語) caturdeśa의 음역(音譯)으로, 사원(寺院)의 별칭이다.

삼가 바라건대 상량한 뒤에 伏願上樑之後
서까래 끝이 영원히 견고하고 榱題永固
경물도 길이 보존되기를 雲物長存
북쪽 창에 높이 누워 서강의 파랑 소리 듣지 않고[185] 高臥北牕不聞西江之波浪
백발의 남은 생애 도성 거리의 먼지와 티끌 쫓지 말기를 殘生白髮莫追紫陌之塵埃
쇠퇴하는 만절 지켜내어 保晩節之衰頹
평소의 지조 변함이 없기를[186] 庶無變於素履
여러 조정의 큰 은혜 입었으니 荷累朝之恩渥
더욱 돈독히 할 것은 붉은 마음 뿐 尤所篤者丹忱
죽을 때까지 여유롭게 노니니 이것을 누가 주었는가 沒齒優遊是誰之賜

185 북쪽……않고 : 미호에서 유유자적하며 편히 지내고 세상의 거친 물결에 휩쓸리지 않기를 바란다는 말이다. 와북창(臥北牕)은 도잠(陶潛)이 〈여자엄등소(與子儼等疏)〉에서 "오뉴월 중에 북창 아래에 누워 있으면 서늘한 바람이 잠시 스쳐 지나가는데, 그럴 때면 내가 태곳적 희황 시대의 사람인가 하는 생각이 든다.〔五六月中, 北窓下臥, 遇涼風暫至, 自謂是羲皇上人.〕"라고 한 데서 유래한 말이다. 《陶淵明集 卷8》 서강(西江)은 파촉(巴蜀)을 지나는 양자강 중류로, 물살이 매우 세기로 유명하다. 서강의 파랑은 평탄하지 못한 세상사를 비유한다. 두목(杜牧)의 〈수장호처사견기장구사운(酬張祜處士見寄長句四韻)〉에 "북극의 누대는 언제나 꿈속에 들어오고, 서강의 물결은 멀리 하늘을 삼킨다.〔北極樓臺長掛夢, 西江波浪遠呑空.〕"라고 하였다. 《樊川詩集 卷4》

186 평소의……없기를 : 본분대로 평소의 소신과 지조를 지키면서 살아가기를 염원한 말이다. 《주역》 〈이괘(履卦) 초구(初九)〉에 "본래의 행함으로 가면 허물이 없으리라.〔素履, 往, 無咎.〕"라고 하였다.

분골쇄신의 보답은 내가 능히 할 수 있는 일 아니지만

糜身報答非我之能

오직 만수무강을 비는 정성 품고 惟懷祝陵之誠

관 뚜껑 덮는 날 기다리리[187] 以俟蓋棺之日

187 오직……기다리리 : 나라의 은혜에 보답할 능력은 없지만, 임금의 만수무강을 비는 한결같은 마음만은 죽을 때까지 변하지 않겠다는 말이다. 축릉(祝陵)은 《시경》 〈천보(天保)〉에 "산과 같고 언덕과 같으며, 산마루와 같고 구릉과 같다.〔如山如阜, 如岡如陵.〕"라고 한 데서 유래한 말로, 임금의 만수무강을 기원하는 뜻으로 사용하는 말이다.

명 銘

옥등명

玉燈銘

너의 바탕 희니 어찌 이리도 깨끗할까	爾質白何太潔
너의 몸 둥그니 이지러질까 걱정하지 않노라	爾體圓不憂缺
속이 비었으니 마땅히 그 안이 밝을 테고	心之虛矣宜內明
얼굴 윤나니 밖으로 드러남을 알겠노라	顏之渥矣認外形
그 빛이 사방으로 퍼지니 누가 막으랴	光輝四達孰能遏
어두운 방과 그윽한 창에서 공용 특별하구나	暗室幽窓功用別
산 속 집 고요한 밤에	山齋靜夜
너 아니면 누구와 친할까	微爾誰親
서로 따르며 떨어지지 말아서	相隨不離
내 몸 마치리라	以終吾身

금명
琴銘

음란하지도 않고 우아하지도 않으며　　不淫不雅
옛 음악도 아니고 지금 음악도 아니라서　　非古非今
남들은 모두 귀를 막지만　　人皆掩耳
나는 스스로 마음 즐겁네　　我自怡心

잡저 雜著

책문
策問

묻노라. 세운(世運)이 한 번 비색(否塞)하고 한 번 형통(亨通)함이 마치 추위와 더위가 차례로 바뀌고 밤과 낮이 반드시 그런 것과도 같으니, 이는 이치와 운수가 자연적으로 그렇게 되는 것인가, 아니면 인사(人事)에 의해 초래되는 것인가?

비색한 운세가 이르면 소인(小人)이 등용되고 군자(君子)는 쫓겨나며, 태평한 운세가 돌아오면 군자가 진출하고 소인은 배척된다. 예부터 차례로 살펴보면 모두 이와 같지 않은 경우가 없었으니, 등용됨과 쫓겨남, 그리고 진출함과 배척됨은 하늘이 하는 일인가, 사람이 하는 일인가?

하늘이 하는 일이라고 한다면 장차 한결같이 이치와 운수에만 귀를 기울여 들어야 할 뿐, 반드시 인사에는 힘을 쓸 필요가 없는 것인가? 사람이 하는 일이라고 한다면 오로지 인사에만 책임이 있을 뿐, 이치와 운수를 탓하지 못하는 것인가?

비색하더라도 그것을 제거할 수 있는 도(道)가 있고 형통할 때 그것을 지킬 수 있는 도가 있어서, 진실로 그 도를 다한다면 형통함만 있고 비색함은 없을 것인가? 당우(唐虞)의 융성한 시대에도 요(堯) 임금은 9년 동안 홍수를 겪었고,[188] 순(舜) 임금은 사흉(四凶)을 벌하기에 이르렀다.[189] 삼대(三代)가 융성할 때에도 하(夏)나라는 후예(后羿)의 변고[190]가 있었고, 은(殷)나라는 상림(桑林)의 가뭄[191]이 있었으며, 주(周)나라는 상엄(商奄)의 반란[192]이 있었으니, 이것은 어째서인가? 비

188 요(堯) 임금은……겪었고 : 한(漢)나라 조착(晁錯)이 한 문제(漢文帝)에게 올린 〈논귀속소(論貴粟疏)〉에 "그러므로 요 임금과 우 임금 때에는 9년 동안의 홍수가 있었고 탕 임금 때에는 7년 동안의 가뭄이 있었습니다.〔故堯禹有九年之水, 湯有七年之旱.〕"라고 하였다. 《前漢書 卷24上 食貨志》

189 순(舜) 임금은……이르렀다 : 순 임금 때에 네 사람의 악인(惡人)을 죽이거나 멀리 추방한 일을 말한다. 사흉(四凶)은 공공(共工)·환도(驩兜)·삼묘(三苗)·곤(鯀)을 가리킨다. 《서경》 〈순전〉에 "공공을 유주에 유배하고, 환도를 숭산에 유치하고, 삼묘를 삼위로 몰아내고, 곤을 우산에 가두어 네 사람을 죄주시니, 천하가 다 복종하였다.〔流共工于幽洲, 放驩兜于崇山, 竄三苗于三危, 殛鯀于羽山, 四罪, 而天下咸服.〕"라고 하였다.

190 후예(后羿)의 변고 : 하(夏)나라 때 후예가 일으킨 변란을 가리킨다. 후예는 동이족(東夷族)인 유궁씨(有窮氏)의 수령으로, 활을 잘 쏘았다. 하후(夏后) 태강(太康)이 정사를 돌보지 않고 사냥에만 몰두하자, 그를 쫓아내고 태강의 동생인 중강(仲康)을 왕위에 앉힌 뒤에 권력을 행사하다가 한착(寒浞)에게 살해되었다.

191 상림(桑林)의 가뭄 : 은(殷)나라 탕 임금 때에 7년 동안이나 가뭄이 지속된 일을 가리킨다. 당시 탕 임금이 자신을 희생으로 삼아 상림의 들판에서 기우제를 지내면서 "정사가 절도가 없는가? 백성이 생업을 잃었는가? 궁실이 너무 높은가? 부녀자의 청탁이 많은가? 뇌물이 행해지는가? 아첨하는 자가 많은가?〔政不節歟, 民失職歟, 宮室崇歟, 女謁盛歟, 苞苴行歟, 讒夫昌歟.〕"라고 하여 여섯 가지를 들어 자책하였다고 한다. 《十八史略 殷 殷王成湯》《說苑 卷1 君道》

192 상엄(商奄)의 반란 : 은나라 마지막 왕인 주(紂)의 아들 무경(武庚)이 주(周)나라 무왕(武王)이 죽은 뒤에 엄(奄), 서(徐), 박고(薄姑) 등과 연합하여 일으킨 반란을 말한다.

색함을 제거하고 형통함을 지키는 도를 다하였는가의 여부(與否)를 말할 수 있는 사람이 있겠는가?

영씨(嬴氏)의 진(秦)나라로부터 원(元)나라에 이르기까지 상하로 수천 년 동안, 비색했던 적이 한 번이 아니었고 형통했던 때도 한 번이 아니었다. 그 극도로 비색했던 것은 어느 시대이고, 극도로 형통했던 것은 어느 시대인가? 비색한 시대를 만나 비색함을 제거하는 도를 다한 사람은 누구이며, 형통한 시대를 만나 형통함을 지키는 도를 다한 사람은 누구인가? 혹은 비색함이 극에 달하였는데도 형통함으로 되돌리지 못하여 끝내 망한 경우도 있고, 혹은 조금 형통하다가 곧바로 비색해져 마침내 위기와 환난에 빠진 경우도 있었으니, 모두 하나하나 지적하여 상세히 말할 수 있겠는가?

오직 우리나라는 성조(聖祖)께서 기틀을 다지고 신령한 후손이 밝음을 이어 태평 시대의 교화가 옛날보다 뛰어났으니, 형통하지 못했다고 말할 수는 없다. 그러나 중엽 이래로 사변이 여러 차례 일어났으니, 또한 비색하지 않았다고 말할 수도 없다. 우리 임금께서 즉위하신 초기에 불량한 무리들이 조정에 가득하였는데, 귀를 속이고 눈을 가려 임금을 기만하고 사사로움을 행하였다. 그리하여 모든 법도가 무너지고 모든 업적이 다 실추되어 마침내 역모의 싹이 터 종묘와 사직이 거의 위태롭게 되는 지경에 이르렀으니, 이것은 비색한 운수의 지극한 경우라고 할 수 있다.

다행히 신령이 암암리에 도와주고 성상(聖上)의 결단이 분명함에 힘입어, 많은 흉적들이 법의 처벌을 받고 간사한 무리가 모조리 배척되어, 빼어난 인재들이 등용되고 조정이 맑게 됨을 다시 보게 되었다. 이것은 어찌 형통한 운수가 거듭 돌아온 것이 아니겠는가. 성상께서는 막 변고를 겪고 난 뒤에 척연(惕然)히 깨달아 두려워하시고, 뭇 신료들은 쫓겨났다가 등용되자 감격하여 보은(報恩)을 생각하니, 군신(君臣)이 한 마음이 되어 상하가 서로 닦아 무릇 정치와 법을 시행하고 조치하는 것들이 백성의 마음을 크게 복종시키고 여망(輿望)에 진실로 흡족하지 않은 것이 없었다. 그러니 형통함을 지키는 도에 진실로 부족함이 없었다고 말할 만하다.

그러나 다스리기 어려운 것은 일이고 잃기 쉬운 것은 기회이다.[193] 진실로 그 시작을 잘하지 못하면, 어떻게 그 마침이 있기를 바랄 수 있겠는가. 무릇 평탄함과 기욺 사이에서 주고 빼앗음은 큰 공정성을 지키기 어렵고,[194] 소멸하고 생장하는 즈음에 옥과 돌이 모두 불타는 데에 이르기는 쉬우니, 신중하지 않을 수 없음이 분명하다.

성인이 《주역》에서 형통함에 처하는 도를 논한 것이 "거친 것을 포용함〔包荒〕과 맨몸으로 하수를 건넘〔憑河〕"[195]이라고 한 데에 지나지 않

193 다스리기……기회이다 : 잘 다스리는 것은 어렵고 기회는 잃기 쉽다는 말이다. 제갈량(諸葛亮)의 〈출사표(出師表)〉에 "다스리기 어려운 것이 일입니다.〔難平者事也〕"라고 하였다. 《사기(史記)》 권92 〈회음후열전(淮陰侯列傳)〉에 "공은 이루기는 어려워도 망치기는 쉽고, 때는 얻기는 어려워도 잃기는 쉽다. 지금처럼 좋은 때는 다시 오지 않을 것이다.〔夫功者難成而易敗, 時者難得而易失也. 時乎時乎, 不再來.〕"라는 괴통(蒯通)의 말이 나온다.

194 무릇……어렵고 : 평탄함과 기욺이 교차하면서 발생하는 생사여탈은 공정하기 어렵다는 말이다. 평피(平陂)는 평탄함과 기욺을 말한다. 《주역》 〈태괘(泰卦) 구삼(九三)〉에 "평평하기만 하고 기울지 않는 것은 없으며, 가기만 하고 돌아오지 않는 것은 없다.〔无平不陂, 无往不復.〕"라고 하였다.

195 거친……건넘 : 《주역》 〈태괘(泰卦) 구이(九二)〉에 "거친 것을 포용해 주고, 황하를 맨몸으로 건너는 용맹을 쓴다.〔包荒, 用馮河.〕"라고 하였는데, 포황은 거칠고 더러

는다. 지금 의논하는 자들의 의견이 일치하지 않고 언론도 각각 다르다. "우두머리는 비록 섬멸하지 않을 수 없지만, 위협에 눌려 복종한 자들은 반드시 심하게 다스릴 필요는 없다. 티는 씻어내고 때는 닦아서,[196] 함께 대도(大道)에 나감으로써 포황(包荒)의 도를 보존해야 한다."라고 말하는 것은 묘당(廟堂)의 관대한 견해이다. "옳고 그름은 밝히지 않을 수 없고 사특함과 바름은 분별하지 않을 수 없다. 미세한 흠과 작은 잘못도 일체 통렬히 다스려서 빙하(憑河)의 의리를 힘써 다해야 한다."라고 말하는 것은 대각(臺閣)의 준엄한 의론(議論)이다.

이 두 가지를 적절하게 조절하기는 진실로 어렵다. 포황이 지나치면 혹 너무 관대하다는 문제점이 발생하니, 그물을 벗어나는 폐단[197]과 호랑이를 기르는 환난(患難)을 염려하지 않을 수 없다. 빙하가 지나치면 혹 너무 엄격하게 하는 문제점이 있으니, 큰 기러기가 그물에 걸리는 폐단과 잔이 넘치는 우환[198]을 유념하지 않을 수 없다.

운 것도 포용한다는 의미로 너그러운 포용 정책을 가리키며, 빙하(憑河)는 맨몸으로 거친 황하를 건너는 것과 같은 용기와 과단성을 뜻하는 말로 엄한 징벌을 의미한다.

196 티는……닦아서 : 한유(韓愈)의 〈팔월 십오일 밤 장공조에게 주다〔八月十五夜贈張功曹〕〉에 "좌천된 자들이 다시 복직되고 유배 받았던 자들이 돌아오며, 흠을 닦고 때를 씻어 조정을 깨끗이 하였네.〔遷者追回流者還, 滌瑕蕩垢淸朝班.〕"라고 한 것을 원용한 말이다. 작은 허물과 흠을 가진 사람을 포용한다는 말이다.

197 그물을 벗어나는 폐단 : 망루(網漏)는 망루탄주(網漏呑舟)와 같은 말로, 그물이 헐거우면 배를 삼킬 만한 큰 고래도 빠져나가듯이 법망이 허술하고 약하면 큰 죄인이 모두 빠져나간다는 의미이다. 《史記 卷122 酷吏列傳序》

198 잔이 넘치는 우환 : 처음에는 작았으나 후에 커지는 우환을 말한다. 남상(濫觴)은 술잔에 넘칠 정도의 적은 물이거나 또는 술잔을 띄울 정도의 적은 물이라는 의미로, 일의 시초나 기원은 매우 작은 것이었음을 나타낸다. 공자께서 화려한 복장을 하고

만약 형법이 중도를 얻고 조치를 마땅하게 하여 백성들의 마음이 기뻐 복종하고 나라의 형세가 안정되며 견고해져서, 길이 아름답게 형통하는 운수를 보존하고 다시 전복되는 근심[199]이 없게 하고자 한다면, 그 도는 무엇으로 말미암아야 하겠는가?

오만한 낯빛을 한 제자 자로(子路)를 나무라면서 "장강이 처음 민산에서 시작될 때, 그 근원은 잔에 넘치는 정도였다.〔江始出於岷山, 其源可以濫觴.〕"라고 한 데서 유래하였다. 《孔子家語 卷2 三恕》

199 전복되는 근심 : 나라의 운수가 다시 비색(否塞)되는 근심을 말한다. 복황(覆隍)은 《주역》 〈태괘(泰卦) 상육(上六)〉에 "성이 무너져 해자로 돌아간다.〔城復于隍〕"라고 한 데서 온 말인데, 여기서는 復을 覆으로 쓴 것이다.

책문 두 번째
策問 又

묻노라. 천운(天運)이 순환(循環)하여 가고 돌아오지 않는 것이 없다.[200] 성인(聖人)이 《주역》에 괘(卦)를 그리고 상(象)을 드리웠으니, 복(復)의 시의(時義)가 심원하도다. 음(陰)이 극에 이르러 양(陽)이 생기고 양이 극에 이르러 음이 생기니, 그 이치는 하나인데 오직 양이 오는 것에 대해서만 복이라고 한 것은 어째서인가?

소멸함과 자람, 굽힘과 폄이 극에 이르면 반드시 돌아오니, 만물이 다 그러하지만 인사(人事)를 미루어 보면 그렇지 않은 것이 있다. 위태로운 것이 반드시 편안함으로 회복되는 것은 아니며, 비색(否塞)한 것이 반드시 형통(亨通)함으로 회복되는 것도 아니다. 예부터 국가가 다스려지는 날은 항상 적고 어지러운 날은 많았으니, 그 까닭은 무엇인가?

《춘추》의 원수를 갚는 의리와 《논어》의 예를 회복한다는 교훈도 또한 천운의 왕복(往復)에서 취한 것인가? 《주역》의 "해자로 돌아간다."[201]에서 드리운 경계는 어떤 의리이며, "공후(公侯)가 그 시조의 지위로 돌아간다."[202]라고 하였는데, 그렇게 기필(期必)한 것은 어떤

200 가고……없다 : 《주역》 〈태괘(泰卦) 구삼(九三)〉에 "평평하기만 하고 기울지 않는 것은 없으며, 가기만 하고 돌아오지 않는 것은 없다.〔无平不陂, 无往不復.〕"라고 하였다.

201 해자로 돌아간다 : 치세에서 난세로 돌아간다는 말이다. 《주역》 〈태괘(泰卦) 상육(上六)〉에 "성이 무너져 해자로 돌아간다.〔城復于隍〕"라고 하였다.

도리인가? 소강(少康)이 우(禹)의 업적을 회복한 것[203]과, 주 선왕(周宣王)이 주나라 왕실을 회복한 것[204]은, 나라의 운명이 중도에 끊겼을 때였다. 소열(昭烈)이 중원을 회복하지 못한 것[205]과 선종(宣宗)이 정관(貞觀)의 다스림을 회복하지 못한 것[206]은 난이 극에 이르러 마땅히 다스려져야 했던 때였다. 어디에 그 극에 이르러 반드시 돌아감이 있단 말인가.

바야흐로 지금은 다스리는 도가 회복되지 못한 지 오래되었다. 성상께서 즉위하여 부지런히 밤낮으로 애쓰시며[207] 사람들의 마음을 순후

202 공후(公侯)가……돌아간다 : 춘추 시대 진(晉)나라 대부 신료(辛廖)가 필만(畢萬)을 위해 점을 쳐서 길한 괘를 얻은 뒤에 "공후의 자손이 반드시 그의 시조의 지위로 복귀할 것이다.〔公侯之子孫, 必復其始.〕"라고 하였다. 《春秋左氏傳 閔公元年》

203 소강(少康)이……것 : 소강은 하(夏)나라를 중흥시킨 군주이다. 과(過)나라의 요(澆)가 소강의 아버지 상(相)을 죽이고 하나라를 멸망시켰는데, 이때 임신 중이던 상의 부인 민(緡)이 하수구로 빠져나가 친정인 잉(仍)으로 돌아가 소강을 낳았다. 요가 소강을 죽이기 위해 온갖 방법을 다 동원하였으나, 소강은 갖은 위기를 넘기고 과나라를 멸망시켰으며 우(禹) 임금의 업적을 이었다. 《春秋左氏傳 哀公元年》

204 주 선왕(周宣王)이……것 : 주(周)나라 선왕의 중흥을 말한 것이다. 선왕은 여왕(厲王)의 아들로 왕위를 계승한 뒤에 주나라의 부흥을 위해 노력하였다. 안정을 찾은 유민(流民)들이 〈홍안(鴻鴈)〉 3장을 지어 선왕의 덕을 칭송하였다. 《詩經 鴻鴈》

205 소열(昭烈)이……것 : 삼국 시대 촉한(蜀漢)의 유비(劉備, 161~223)가 끝내 중원을 회복하여 한(漢)나라의 정통을 계승하지 못하고 죽은 것을 말한다. 유비의 자는 현덕(玄德)이고, 묘호는 소열제(昭烈帝)이다.

206 선종(宣宗)이……것 : 당(唐)나라 선종의 노력에도 불구하고 끝내 성당(盛唐)의 치세를 회복하지 못한 것을 말한다. 선종은 당나라 16대 황제 이침(李忱)으로, 조카인 무종(武宗)의 뒤를 이어 황제의 자리에 올라 중흥을 위해 노력하였으나 성공하지 못하였다. 정관(貞觀)은 당 태종(唐太宗)의 연호로, 그가 다스리던 때를 정관지치(貞觀之治)라고 부른다.

(淳厚)한 데로 돌아가게 하고자 하지만 야박하고 게을러 예양(禮讓)의 아름다움을 보지 못하고, 선비들의 기운을 강대(剛大)한 데로 돌아가게 하고자 하지만 쓰러지고 나약해져 강직한 기풍[208]을 회복하지 못하였다. 나라의 형세를 공고한 데로 회복하고자 하지만 점점 흩어져 수습할 수 없고, 백성들의 삶을 안락한 데로 돌이키고자 하지만 굶주려 죽는 일이 날로 심해지니 사랑으로 보듬어 보호할 수 없다.

기강이 문란하지만 진작시켜 엄숙한 데로 돌이키지 못하고, 교화가 쇠퇴하였지만 화목하고 광명한 데로 돌이키지 못하여, 차츰차츰 모든 일이 자질구레해지고[209] 온갖 법도가 무너져서 장차 나라가 나라답지 않은 지경에 이르게 되었다. 어떻게 하면 인심(人心)을 맑게 하고 사기(士氣)를 진작시켜 국세(國勢)를 태산처럼 굳건한 데에 올려놓고, 백성들의 삶을 봄 누대처럼 온화한 데에 올려놓으며, 기강을 진작시키고 교화를 밝혀서 융성했던 고대의 성대함을 회복할 수 있겠는가.

207 밤낮으로 애쓰시며 : 소간(宵旰)은 소의간식(宵衣旰食)과 같은 말로, 임금이 새벽에 일어나고 밤늦게 밥을 먹는다는 뜻인데, 정치에 부지런히 힘쓰는 것을 의미한다.

208 강직한 기풍 : 건악(謇諤)은 꼿꼿하고 강직하게 바른 말을 하는 자세를 말한다.

209 모든 일이 자질구레해지고 : 총좌(叢脞)는 좀스럽고 자질구레함을 말한다. 《서경》〈익직(益稷)〉에 "원수가 좀스럽고 자질구레하시면 신하가 태만해져서 만사가 폐해질 것입니다.〔元首叢脞哉, 股肱惰哉, 萬事墮哉.〕"라고 한 데서 유래하였다.

지수설
地水說

계곡(谿谷) 장유(張維)[210]가 옛사람의 "땅은 사유(四游)가 있다."[211]라는 주장과 "하늘과 땅은 물 위에 떠있다."[212]라는 주장을 들어 그것이 옳지 않음을 지적하고, 스스로 "물은 땅 위에 있다."라는 주장을 내세워 이를 변증(辨證)하는 데 매우 힘을 들였다. 그 가운데 말하기를 "땅이 물을 싣고 있는 것이 이치에 맞지, 물이 땅을 싣고 있다는 것이 어찌 이치에 맞겠는가."[213]라고 하였다.

내가 가만히 생각해 보니, 이 또한 그렇지 않다. 어째서인가. 하늘과 땅과 사람은 그 이치가 하나이니, 땅에 물이 있는 것은 사람에게 피가 있는 것과 같다. 사람의 몸은 어디를 가든 피가 아닌 것이 없고, 땅은 어디를 가든 물이 아닌 것이 없다. 바늘로 살갗을 찌르면 피가 나지

210 장유(張維) : 1587~1638. 본관은 덕수(德水), 자는 지국(持國), 호는 계곡(谿谷)이다. 효종비 인선왕후(仁宣王后)의 아버지이며 김장생(金長生)의 문인이다.

211 땅은 사유(四游)가 있다 : 《고령요(考靈曜)》에 "땅은 사유가 있어서 동지에는 지상에서 북쪽으로 움직여 서쪽에서 3만 리이고, 하지에는 지하에서 남쪽으로 움직여 동쪽에서 3만 리이며, 춘분과 추분에는 그 가운데에 있다.〔地有四游, 冬至地上北而西三萬里, 夏至地下南而東三萬里, 春秋二分則中矣.〕"라고 하였다.

212 하늘과……떠있다 : 소식(蘇軾)의 《동파전집(東坡全集)》 권2 〈부산동(浮山洞)〉에 "하늘과 땅은 물 위에 떠 있고 물은 공중에 떠 있도다.〔乾坤浮水水浮空〕"라는 구절이 있다.

213 땅이……맞겠는가 : 이 내용은 장유의 《계곡만필(谿谷漫筆)》 권1 〈논천부지재(論天覆地載)〉에 수록되어 있다.

않음이 없고, 땅을 파면 물이 나오지 않음이 없으니, 육체와 피는 본래 서로 융합되어 있고, 흙과 물은 본래 서로 뒤섞여 있어서 애당초 피차(彼此)와 상하(上下)의 구분이 없다.

대개 피는 몸의 진액(津液)이다. 몸의 진액이 운행하여 피가 만들어지니, 온몸에 퍼졌다가 오장(五臟)으로 돌아와 거두어지는데, 그 이름은 간(肝)이다. 그 기운이 묽은 것은 구멍을 통해 나와 눈물과 콧물이 되고 침이 된다. 물은 흙의 진액이다. 흙의 진액이 조화롭게 합해져 물이 되니, 땅 속에 스며들어 있다가 큰 골짜기로 흘러나와 모이게 되는데, 그 이름은 바다이다. 그 기운이 맑은 것은 틈새로 쏟아져 나와 우물과 샘이 되고 연못이 된다. 무릇 몸의 진액과 흙의 진액은 천일(天一)이 낳는 바에[214] 근본하지 않는 것이 없다. 사람이 하늘과 땅에 대하여 배합의 오묘함이 이와 같으니, 사람을 제외하고 하늘과 땅을 논의하는 것이 어찌 가능하겠는가.

그렇다면 피가 몸에 대하여 과연 피차의 간격이 있겠으며, 물이 땅에 대하여 과연 상하의 차이가 있겠는가. 이미 상하의 차이가 없다면 물이 땅을 싣고 있다거나 땅이 물을 싣고 있다고 하는 것은 마땅히 변론할 것이 아니다.

214 천일(天一)이 낳는 바에 : 《주역》의 수리(數理)에 의하면 하늘은 홀수이고 땅은 짝수이다. 주자가 오행의 생성의 이치를 말하면서 "하늘이 일(一)로서 수(水)를 낳으면 땅은 이(二)로서 화(火)를 낳고, 하늘이 삼(三)으로서 목(木)을 낳으면 땅은 사(四)로서 금(金)을 낳는다." 하였다. 《近思錄 卷1 太極圖說註》 몸의 진액과 흙의 진액은 물이므로 이렇게 말하였다.

밀물과 썰물에 대한 설
潮汐說

바다에는 밀물과 썰물이 있는데, 선유(先儒)들의 주장은 한 가지가 아니다. 계곡(谿谷)[215]은 땅이 숨을 쉰다는 말이 옳다고 단정하여 "땅의 형세는 북쪽이 등이고 남쪽이 배인데, 배는 숨을 쉬지만 등은 숨을 쉬지 않는다."라고 하였다. 이로 인하여 우리나라의 동해에 밀물과 썰물이 없다는 것으로 그것을 증명하여 말하기를 "우리나라는 천하의 동북쪽 모퉁이에 자리 잡고 있는데, 동쪽 지역 일면은 천하로 따진다면 당연히 동북쪽에서 북쪽에 가까운 땅이니, 그 바다 또한 북해의 변두리이다. 대저 오직 북해에는 밀물과 썰물이 없으므로, 이곳 또한 밀물과 썰물이 없는 것이다. 이로 미루어 보면, 비록 서역(西域)의 서쪽 가운데 북쪽에 가까운 바다는 또한 반드시 우리나라의 동해처럼 밀물과 썰물이 없을 것이다."[216]라고 하였다.

나는 이 주장에 대하여 깊은 의심이 있다. 어째서인가. 만약 남쪽이 배이기 때문에 숨을 쉰다고 한다면, 중국의 남해 일대는 마땅히 모두 밀물과 썰물이 있어야 하는데, 다만 동남쪽 모퉁이 부근의 바다에만 있고 운남(雲南)과 귀주(貴州)의 서남쪽 가까운 바다에는 밀물과 썰물

215 계곡(谿谷) : 장유(張維, 1587～1638)로, 본관은 덕수(德水), 자는 지국(持國), 호는 계곡이다.

216 땅의……것이다 : 이 부분에서 인용하고 있는 장유의 말은 《계곡만필(谿谷漫筆)》 권1 〈논동해조석지유무(論東海潮汐之有無)〉에 수록되어 있다.

이 있다는 말을 듣지 못했다. 이러한 사실은 옛사람들이 지은 시를 살펴보아도 알 수 있다.

우리나라의 정동(正東)은 강원도이고 정서(正西)는 황해도이다. 동쪽을 중심으로 서쪽을 헤아려 보면 지세(地勢)의 높낮이가 한결같다. 만약 강원도가 북쪽에 가깝기 때문에 밀물과 썰물이 없다면, 마찬가지로 북쪽에 가까운 황해도에만 어찌 유독 밀물과 썰물이 있단 말인가. 어찌 강원도와 황해도만 이와 같겠는가. 경상도와 평안도는 남쪽과 북쪽으로 매우 멀리 떨어져 있을 뿐만이 아닌데, 어찌해서 북쪽에 있는 평안도의 서쪽 지역에는 밀물과 썰물이 있고, 남쪽에 있는 경상도의 동쪽 지역에는 밀물과 썰물이 없단 말인가. 이로써 본다면 남쪽이 배이고 북쪽이 등이라는 말은 막혀서 통하지 못한다. 그렇다면 그 이치를 끝내 알 수 없는 것인가?

내가 일찍이 이에 대해 생각해 보고 가만히 이렇게 판단하였다. 밀물과 썰물은 대지가 숨을 쉬어서 생기는 것이 아니라, 바로 물의 본성에서 말미암는 현상이다. 물의 본성은 본래 움직이는 것이니, 고여 있는 물이 많이 쌓이면 움직이는 것은 이치가 그러하다. 다만 고여 있는 물은 활발하게 흐르는 물과 달라서, 반드시 지극히 쌓이고 지극히 많아진 뒤에야 그 기운이 장성(壯盛)하여 움직이는 것이다. 그렇지 않으면 약해서 움직이지 못한다.

대저 물은 반드시 깊은 골짜기에 다다른 뒤에야 많아질 수 있는데, 골짜기는 반드시 두 산이 다한 곳이라야 깊어질 수 있다. 그렇지 않으면 골짜기가 반드시 깊지 않아서 물도 반드시 많아질 수 없다. 이와 같다면 중국의 동남쪽과 우리나라의 서남쪽에만 밀물과 썰물이 있고 다른 바다에는 없는 것은, 어쩌면 골짜기는 깊고 얕음이 있고 물은 많고 적음이 있기 때문이 아니겠는가.

그렇다면 두 나라의 밀물과 썰물이 있는 바다는 그 골짜기가 반드시 가장 깊고 물이 반드시 가장 많을 것이다. 무엇을 가지고 이와 같은 줄을 알겠는가? 중국의 산은 서북쪽에서 일어나 동남쪽에서 다하고, 우리나라의 산은 동북쪽에서 일어나 서남쪽에서 다한다. 양쪽의 산이 마주 보고 다하는 곳에 하나의 거대한 바다가 이루어져 있으니, 그 골짜기가 지극히 깊고 물이 지극히 많음을 알 수 있다. 그 기운이 장성(壯盛)하여 움직여서 밀물과 썰물이 됨을 또 어찌 의심하겠는가.

그렇다면 밀물이 되었다가 썰물이 되고 썰물이 되었다가 또 밀물이 되는 것은 어째서인가. 기운이 굽혀졌다가 펴지기도 하고 갔다가 오기도 하기 때문에 그런 것이다. 그칠 곳에 이르러 그치는 것은 어째서인가. 기운이 미치는 것에 한계가 있어서 그런 것이다. 중국의 밀물과 썰물은 어느 지역에서 그치는지 알 수 없으나, 우리나라는 서쪽의 경우 호남과 호서, 그리고 경기와 황해도의 서쪽 지역을 지나 평안도 지역에 이르러 그치고, 동쪽의 경우 호남의 남쪽 지역을 지나 영남의 동남 지역에 이르러 그친다.

서쪽에서 생겨서 동쪽에 영향을 주는 것은 기운이 더욱 왕성하기 때문이고, 더욱 왕성한 것은 바로 골짜기의 물이 모인 곳에 해당되기 때문이다. 동쪽에서 이른 것이 서쪽까지 미치지 못하는 것은 기운이 조금 약하기 때문이고, 조금 약한 것은 골짜기 물이 모인 곳에서 약간 멀기 때문이다. 이로써 헤아려 보면, 동서남북을 막론하고 무릇 천하에 헤아릴 수 없이 큰 골짜기와 헤아릴 수 없이 많은 물이 있는 곳에는 모두 밀물과 썰물이 있을 것이니, 어찌 다만 중국의 동남쪽과 우리나라의 서남쪽뿐이겠는가. 헤아릴 수 없이 큰 골짜기와 헤아릴 수 없이 많은 물이 있는 곳이 아니라면, 반드시 모두 밀물과 썰물이 없을 것이니, 어찌 다만 우리나라의 동쪽 지역과 서역(西域)의 서쪽 지역뿐이겠는가. 이것은 바로 마땅히 널리 탐구하고 널리 논의해야 하니, 하나만 들고 백 가지를 잃어서는 안 된다.

옛사람의 말에 "동남쪽은 사해(四海)의 끝이다."[217]라고 하였는데, 이 또한 이 바다가 다른 바다에 비해 가장 깊다는 것을 말한다. 그러나 또한 다만 배와 수레가 미치고 사람의 발과 눈이 이르는 곳에서 한 말이다. 하늘과 땅은 지극히 크고 사해는 지극히 넓은데, 중국 동남쪽 한 모퉁이 밖으로 다시 이렇게 크고 넓은 구역이 없을 줄을 어찌 알겠는가.

대저 사물은 저마다 본성이 있고 본성은 바꿀 수 없다. 물이라는 사물의 본성은 활발한 것이다. 오직 활발하기 때문에 비록 고요한 곳에 있더라도 또한 움직인다. 지금 연적(硯滴)에 물을 가득 담아 평평한 곳에 두면 물이 반드시 윗구멍으로 솟아 나온다. 이것은 사람마다 함께 보는 것이니, 어찌 유독 바다의 조수에 대해서만 의심하겠는가. 연적의 물은 기운을 저장한 것이 전일(專一)하니, 전일하므로 왕성하여 움직이게 된다. 바닷물은 기운을 쌓은 것이 많으니, 많으므로 왕성하여 움직이게 된다. 그 이치가 어찌 다르겠는가.

217 동남쪽은 사해(四海)의 끝이다 : 장유의 《계곡집(谿谷集)》 권5 〈송이종사상고봉사일본서(送李從事尙古奉使日本序)〉에 나오는 말이다.

제월당집

부록

행장
行狀

부군(府君)의 휘(諱)는 규렴(奎濂), 자는 도원(道源), 호는 제월당(霽月堂)이시다. 고조부 휘 세욱(世勖)은 안악 군수(安岳郡守)를 지내고 좌승지(左承旨)에 증직되셨다. 증조부 휘 남수(枏壽)[1]는 호군(護軍)을 지냈고, 호는 송담(松潭)이시다. 조부 휘 희원(希遠)은 성균관 학유(成均館學諭)를 지내고 이조 참판(吏曹參判)에 증직되셨다. 선고 휘 국전(國銓)은 이조 판서(吏曹判書)에 증직되셨다. 선비(先妣) 순흥 안씨(順興安氏)는 정부인(貞夫人)에 증직되셨다. 양대(兩代)가 증직된 것은 부군께서 높은 지위에 올랐기 때문인데, 송담 부군(松潭府君)은 본래 당신의 관직이 이미 높았으므로 증직되시지 않았다.[2]

우리 송씨의 관향은 은진(恩津)이다. 시조는 고려 시대 판원사(判院事)를 역임한 휘 대원(大原)이시다. 이후로 10여 대에 걸쳐 자손이 번성하고 연이어 관직에 진출하였으므로, 세상에서 명문거족(名門巨族)으로 일컬어졌다. 승지 부군(承旨府君 송세욱(宋世勖)) 이상의 세계

1 송남수(宋枏壽) : 1537~1626). 본관은 은진(恩津), 자는 영로(靈老), 호는 송담(松潭)이다. 통천 군수(通川郡守), 임천 군수(林川郡守) 등을 역임하였다. 저서에 《송담집(松潭集)》이 있다. 《宋子大全 卷188 松潭宋公墓誌》

2 송담 부군(松潭府君)은……않았다 : 자손의 현달로 그 조상이 증직될 때는 3대를 증직하는 것이 원칙이다. 그러므로 제월당 송규렴의 증조부인 송남수가 증직되지 않은 이유를 밝힌 것이다.

(世系)는 이미 선대의 비갈(碑碣)에 기록되어 있으므로, 여기서는 다시 쓰지 않는다. 애초에 판서 부군(判書府君 송국전(宋國銓))은 지극한 행실과 남들이 알지 못하는 덕을 지니고 있었으나, 감추고 세상에 드러내지 않아 후세의 자손들에게 그 복이 미쳤다.

부군께서는 명(明)나라 숭정(崇禎) 경오년(1630, 인조8) 정월 15일 자시(子時)에 회덕(懷德)의 댁에서 태어나셨다. 어렸을 때 몸이 허약하고 병이 많아서 선조비(先祖妣) 안 부인(安夫人)께서 이를 걱정하셨는데, 당시 우연한 기회에 관상을 잘 보는 어떤 절강 사람이 부군을 보고 "이 아이는 장차 크게 귀한 인물이 될 것이니 염려하지 마시오."라고 하였다.

겨우 7세가 되던 해인 병자년(1636, 인조14)에 오랑캐가 쳐들어왔다는 소식이 들려왔다. 당시 증조비(曾祖妣) 김 부인은 연세도 높고 병마저 깊었으므로, 먼 곳으로 피란(避亂)하기 어려우셨다. 부군께서 이를 걱정하느라 종일 기둥에 기댄 채 식사도 거르고 말을 하지 않으시니, 집안사람들이 모두 기이하게 여겼다.

이듬해 봄에 삼가(三嘉)[3]의 임시 거처에서 전쟁이 끝났다는 소식을 들으셨다. 하루는 집안에서 부리는 종이 고향에서 오는 것을 바라보고 문밖으로 달려 나가 맨 먼저 "쌍청당은 전란 중에 불타지 않았는가?"라고 묻고, 다시 급히 앞서 달려와 집안 어른들에게 고하기를 "쌍청당이 온전하답니다."라고 하셨다. 쌍청당은 곧 집안 대대로 조상의 제사를 지내던 곳이다. 선왕고(先王考)와 조비께서 크게 기특하게 여겨 부군의 등을 쓰다듬으며 "이 아이가 진실로 가문을 위하는 마음이 있구나."

3 삼가(三嘉) : 현재의 경상남도 합천군 남부에 위치한 지명이다.

라고 하셨다.

7, 8세가 넘어 스승에게 나아가 학문을 익히게 되었는데, 남들보다 빼어나게 총명하여 번거롭게 과정을 독려하지 않아도 스스로 차례차례 순조롭게[4] 이해하셨다. 동춘(同春)[5] 선생에게서 《상서》를 배우셨다. 기삼백(朞三百)[6]에 관한 주석은 본디 알기 어려운 부분으로 일컬어졌는데, 한 번 가르쳐 주면 막힘없이 완전히 이해하셨다. 선기옥형(璿璣玉衡)[7]에 이르러서는 전(傳)에서 설명하는 글이 더욱 어렵고 까다로워 문리(文理)를 가지고 논할 수 없었다. 선생께서 부군의 재능을 시험해 보고자 기한을 정해 놓고 외우게 하셨는데, 부군은 일고여덟 번 읽고

4 차례차례 순조롭게 : 영인(迎刃)은 칼날을 받는다는 의미이다. 《진서(晉書)》 권34 〈두예열전(杜預列傳)〉에 "대나무를 자를 때 몇 개의 마디만 지나가면 모두 칼을 들이대는 대로 똑바르게 잘려 나간다.〔破竹, 數節之後, 皆迎刃而解.〕"라는 말이 있고, 《장자(莊子)》 〈양생주(養生主)〉에 포정(庖丁)이 소를 잡을 때 능란한 솜씨로 칼을 놀려〔遊刃〕 부위별로 해부한다는 이야기가 있다. 여기서는 배우는 과정에 따라 순조롭게 익혀 나갔다는 의미로 사용되었다.

5 동춘(同春) : 송준길(宋浚吉, 1606~1672)로, 본관은 은진(恩津), 자는 명보(明甫), 호는 동춘당, 시호는 문정(文正)이다. 《宋子大全 卷182 同春堂宋公墓誌》

6 기삼백(朞三百) : 《서경》 〈요전(堯典)〉에 "기는 366일이다.〔朞, 三百有六旬有六日.〕"라고 하였는데, 이것은 월력(月曆)을 만드는 기본이 되는 기록이다. 하늘 둘레가 365와 4분의 1도이므로 그에 맞추어 월력을 만들되 1년을 355.56일로 정하고, 그 나머지 수를 모아 3년마다 한 번 또는 5년에 두 번의 윤월(閏月)을 두었던 것이다.

7 선기옥형(璿璣玉衡) : 《서경》 〈순전(舜典)〉에 "선기옥형으로 살펴 칠정을 고르게 하셨다.〔在璿璣玉衡, 以齊七政.〕"라고 하였다. 선기옥형은 천체(天體)를 관측하는 데 쓰는 기구로서, 즉 구형(球形)의 표면에 일월성신(日月星辰)을 그려 사각(四脚)의 틀 위에 올려놓고 이를 회전시키면서 천체를 관측하였다. 칠정은 일월(日月)과 오성(五星)을 가리킨다.

나서 이미 그 뜻을 환하게 이해하였고, 처음부터 끝까지 50줄을 한 글자도 틀리지 않고 외우셨다. 선생께서 대단히 놀라고 감탄하며 "비록 김황강(金黃岡)[8]이나 장계곡(張谿谷)[9]이라도 자못 이 사람에게 미치지 못할 것이다."라고 하셨다. 선생께서 이렇게 말씀하신 것은 아마도 두 공께서 총명하기로 세상에 유명했기 때문일 것이다.

신익륭(申翊隆)[10] 공에게 《당음(唐音)》[11]을 배우셨다. 부군께서 15세가 되던 갑신년(1644, 인조22)에 명나라 수도가 함락되었다는 소식을 듣고, 다음과 같은 시를 지으셨다.

온 세상이 오랑캐 땅 되다니	六合歸胡羯
하늘의 마음 알 수 없어라	天心未可知
중흥을 누가 주도할까	中興誰有主
회복할 날 어찌 없으랴	恢復奈無期

이 시를 보면 마음 깊이 사무치고 슬프고 분한 뜻이 시어(詩語)에

8 김황강(金黃岡) : 김계휘(金繼輝, 1526~1582)로, 본관은 광산(光山), 자는 중회(重晦), 호는 황강이다.

9 장계곡(張谿谷) : 장유(張維, 1587~1638)로, 본관은 덕수(德水), 자는 지국(持國), 호는 계곡·묵소(默所), 시호는 문충(文忠)이다.

10 신익륭(申翊隆) : 1602~1657. 본관은 평산(平山), 자는 군필(君弼), 호는 호량(濠梁)이다. 병자호란 때 빈궁(嬪宮)을 모시고 강화로 피난 갔다가 화약(和約)이 성립되자 벼슬을 버리고 30년 동안 유랑하다가 회덕(懷德)에서 객사하였다.

11 당음(唐音) : 원(元)나라 양사굉(楊士宏)이 찬한 책으로, 모두 14권으로 이루어져 있는데, 당나라 사람들의 시를 채록해 놓았다.

넘쳐나니, 어려서부터 지기(志氣)가 이미 이러하셨다. 또 당나라 사람이 지은 시의 운자에 맞춰 시를 지었는데, 재주가 청일(淸逸)하여 성당(盛唐)[12] 시대의 분위기가 확연히 느껴졌다. 신익륭 공도 대단히 칭찬해 마지않았다. 이로부터 문장 솜씨가 날로 발전하여 붓을 잡으면 곧바로 글을 쓰셨다. 19세에 사마시(司馬試)에 합격하여 비로소 성균관에서 공부하시니, 화려한 명성이 더욱 드러났다.

기축년(1649, 인조27)에 판서 부군의 상을 당하셨다. 부군께서는 너무 슬퍼한 나머지 몸이 상하여 거의 온전하지 못하셨다. 계사년(1653, 효종4)에 실시된 별시에서 1등으로 합격하셨는데, 부군이 지은 책문(策文)을 많은 사람들이 서로 전해 외웠다. 당시 부군께서는 성균관의 재임(齋任 기숙생 중의 임원)을 맡고 있었는데, 영남 유생 가운데 처벌을 받은 사람이 응시하여 합격한 자를 벌주셨다. 그런데 도리어 간당(奸黨)들에게 미움을 사서 과거 응시 자격을 박탈당하여 전시(殿試)에 응시하지 못하니, 사론(士論)이 모두 놀라 마지않았다.

이듬해 갑오년(1654)에 특별히 죄를 용서해 주는 명령이 내렸다. 또 이해는 식년과(式年科)[13]가 시행되는 해였다. 부군은 경서(經書)를

12 성당(盛唐) : 당시(唐詩)의 품격을 논함에 있어서는 흔히 초당(初唐), 성당(盛唐), 중당(中唐), 만당(晩唐)의 네 시기로 구분하는데, 초당 때에는 왕발(王勃)·낙빈왕(駱賓王)·송지문(宋之問) 등이 주로 활동하였으며, 성당 때에는 이백(李白), 두보(杜甫), 왕유(王維), 맹호연(孟浩然), 고적(高適), 잠삼(岑參) 등이 주로 활동하였다.

13 식년과(式年科) : 대비(大比)는 3년마다 현능(賢能)한 사람을 등용하는 시험 방법을 말한다. 《주례(周禮)》 〈지관(地官) 향대부(鄕大夫)〉에 "3년이 되면 크게 과거를 보여 그 덕행과 도예(道藝)를 고사하여 현능한 자를 일으킨다."라고 하였다. 3년마다 한 번씩 과거 보이는 것을 대비과(大比科)라 하는데, 우리나라에서는 자(子)·오(午)·묘(卯)·유(酉)년에 실행하고 이를 식년과라 하였다. 《大典會通 禮典 諸科》

대단히 익숙하게 꿰어 모든 내용을 외우고 계셨다. 강석(講席)에 들어갔을 때 용모와 행동이 빼어나고 얌전하였으며, 구두(句讀)를 정해 읽는 글소리가 마치 구슬이 구르는 듯하였다. 여러 시험관들이 눈여겨 바라보고 빙 둘러 서서 듣고는 칭찬해 마지않았다. 마침내 전시에 합격, 을과 4등으로 뽑혀 곧바로 승문원 권지정자(承文院權知正字)에 임명되셨다. 이듬해 4월에 천거되어 사국(史局)으로 들어가 가장 오랫동안 하번(下番)으로 근무하셨다.

아침저녁으로 임금을 가까이에서 모시면서 자세하면서도 신속하게 임금의 말과 행동을 기록하여 효종에게 여러 차례 칭찬을 들으셨다. 임금께서 일찍이 이경여(李敬輿)[14] 공을 만나 보고 술을 내려 주셨는데, 아울러 당시 자리에 있던 여러 신하들에게도 술을 내려 주셨다. 이공은 주량이 달려서 마실 수 없다고 사양했지만, 부군께서는 몇 잔의 술을 금세 마시고도 자세가 흐트러지지 않으셨다. 효종께서 좋아하시며 "'큰 고래가 온갖 냇물을 마시듯 술을 마신다.'[15]라는 구절은 이 사람을 두고 하는 말이다."라고 말씀하셨다.

경연(經筵)에 출입하실 때는 고운 빛이 옆 사람에게까지 비추어 주변의 사람들이 모두 눈여겨보았다. 이일상(李一相)[16] 공이 부군에게

14 이경여(李敬輿) : 1585~1657. 본관은 전주(全州), 자는 직부(直夫), 호는 백강(白江)·봉암(鳳巖), 시호는 문정(文貞)이다.

15 큰 고래가……마신다 : 두보(杜甫)의 〈음중팔선가(飮中八仙歌)〉에 "좌상은 날마다 주흥으로 많은 돈을 허비하여, 술 마시기를 큰 고래가 온갖 시내를 마시듯 하네.〔左相日興費萬錢, 飮如長鯨吸百川.〕"라는 구절이 있다.

16 이일상(李一相) : 1612~1666. 본관은 연안(延安), 자는 함경(咸卿), 호는 청호(靑湖)이다.

보낸 시에 "연영(延英)[17]에서 강론 마치고 붉은 섬돌 내려설 때, 경연관[18]들이 옥과 눈처럼 빛나는 모습을 다투어 바라보네."라는 구절이 있는데, 아마 사실대로 기록한 듯하다.

이듬해 병신년(1656, 효종7)에 상번 한림(上番翰林)인 홍여하(洪汝河)[19]가 사천(史薦)[20]의 일 때문에 소장을 올려 부군을 비방하였다. 부군도 소장을 올려 그의 잘못된 주장을 반박하였으나, 이 일로 부군께서 파직되셨다. 얼마 뒤에 검열(檢閱)에 서용(敍用)되고, 대교(待敎)와 봉교(奉敎)를 거쳐 9월에 전례에 따라 전적(典籍)으로 승진하였으나, 인척의 혐의가 있어서 이조(吏曹)의 관직을 맡지는 않으셨다.

정유년(1657) 여름에 비로소 지평에 임명되셨다. 그러나 사초(史草)를 미처 끝마치지 못했다는 이유로 책임지고 물러나 교체되셨다. 실록청(實錄廳)과 춘추관(春秋館)에 차출되고 정언(正言)에 임명되었으나 곧바로 교체되셨다. 당시 증조비와 조비 모두 연세가 많으셨으므로, 부군께서는 두 분을 편안히 모시는 일이 급선무였다. 그러므로 7월에 외직으로 나가 무장 현감(茂長縣監)에 임명되었다가 이듬해 가

17 연영(延英) : 당나라 때의 궁전인 연영전(延英殿)으로 연영문(延迎門) 안에 있었다. 정례적인 때가 아닌 경우 천자가 연영전에서 대신을 소대(召對)하였다 한다. 여기서는 궁궐을 가리킨다.

18 경연관 : 잠필(簪筆)은 관원이 관(冠)이나 홀(笏)에 붓을 꽂아서 서사(書寫)에 대비하는 것을 이르는 말로, 제왕(帝王)의 근신(近臣)이 된 것을 의미한다. 여기서는 경연에 참석한 경연관을 가리키는 것으로 풀이하였다.

19 홍여하(洪汝河) : 1620~1674. 본관은 부계(缶溪), 자는 백원(百源), 호는 목재(木齋)·산택재(山澤齋)이다.

20 사천(史薦) : 신임 사관(史官)을 뽑을 때에는 반드시 전임 사관의 천거를 통해 선발하는데, 이를 사천 또는 비천(祕薦)이라고 한다.

을에 그만두고 돌아오셨다. 이조에 친혐(親嫌)이 있어서 오랫동안 한 직에 계셨다. 임인년(1662, 현종3)에 거듭 병조 정랑(兵曹正郎)이 되셨다. 전해지는 이야기에 병조의 좌랑을 거치지 않고 곧바로 정랑에 임명되는 것은 전례가 드문 인사라는 말이 있다. 다시 지평(持平)으로 옮겼다가 교체되셨다.

부군께서는 젊은 나이에 벼슬길에 올라 일찍부터 당시 사람들의 기대를 받으셨으니, 김익희(金益熙),[21] 유계(兪棨),[22] 홍명하(洪命夏)[23] 공 등이 모두 마음으로 부군을 중히 여겼다. 다만 부군께서는 물욕(物欲)을 버리고 마음을 편안히 하여 본분을 지키면서, 높은 벼슬에 오를 생각은 하지 않으셨다. 이 해 여름에 처음으로 옥당(玉堂)에 선발되셨는데, 공론(公論)은 모두 너무 늦었다고 안타까워하였다. 홍문관에서는 필요한 권점을 받았으나, 도당록(都堂錄)[24]을 작성할 때 문곡(文谷) 김공(金公)[25]이 친척이라는 혐의가 있어서 권점을 하지 않았는데, 사람

21 김익희(金益熙) : 1610~1656. 본관은 광산(光山), 자는 중문(仲文), 호는 창주(滄洲), 시호는 문정(文貞)이다.

22 유계(兪棨) : 1607~1664. 본관은 기계(杞溪), 자는 무중(武仲), 호는 시남(市南), 시호는 문충(文忠)이다.

23 홍명하(洪命夏) : 1608~1668. 본관은 남양(南陽), 자는 대이(大而), 호는 기천(沂川), 시호는 문간(文簡)이다.

24 도당록(都堂錄) : 의정부에서 홍문관의 교리·수찬을 선임하기 위한 제2차 추천 기록이다. 의정부의 정승과 이조의 판서·참판·참의 등이 모여 홍문록에 오른 명단에서 적합한 사람의 성명 위에 다시 권점을 찍어 찬반을 표시하고, 그 결과를 임금에게 올리면 득점의 순위에 의하여 관직을 임명하였다.

25 문곡(文谷) 김공(金公) : 김수항(金壽恒, 1629~1689)으로, 본관은 안동(安東), 자는 구지(久之), 호는 문곡이다. 《農巖集 卷25 先集跋》

들이 오히려 권점 하나가 부족하다고 혐의를 삼았다. 요직에 있으면서 본래 음험하고 바르지 못한 성격을 지닌 사람은 도리어 이것을 가지고 말을 만들어 다른 몇몇 사람들까지 함께 거론하여 소장으로 꾸짖으니, 온 세상에 놀라지 않는 사람이 없었다. 부군께서는 진실로 태연하였으나, 이때부터 조정에서 물러날 생각이 더욱 간절하셨다.

겨울에 용담 현령(龍潭縣令)에 임명되어 계묘년(1663, 현종4) 봄에 부임하셨다. 아마도 부군께서는 이 일을 계기로 조정에서 물러나 점차 시골로 돌아가려고 하신 것 같다. 갑진년(1664) 봄에 부수찬(副修撰)에 임명되었는데, 마침내 조비를 모시고 회덕으로 돌아와 여러 차례 소장을 올려 교체되셨다. 이후로 임명하는 명령이 해마다 내려왔다. 을사년(1665)에는 부수찬, 병오년(1666)에는 수찬·정언·부수찬, 정미년(1667)에는 부교리·부수찬, 무신년(1668)에는 정언·교리·수찬에 임명되셨다.

당시에 현종(顯宗)께서 온천에 행차하셨는데, 도내(道內)의 시종신(侍從臣) 가운데 부모의 연세가 70세 이상인 사람들에게 음식을 내려주게 하셨다. 조비께서도 그 하사품을 받으셨다. 부군께서는 하사품을 사양하는 소장을 통해 감사의 마음을 아뢰셨다. 해운 판관(海運判官)에 임명되었으나 역시 부임하지 않으셨다.

기유년(1669)에 지평·문학·헌납, 그리고 다시 지평·교리·이조 좌랑에 임명되셨다. 경술년(1670)에 부교리·헌납·이조 좌랑에 임명되고 지제교에 뽑혔으며, 다시 헌납으로 옮기셨다. 당시에 큰 흉년을 만났으므로 소장을 올려 백성들의 황급한 사정을 남김없이 아뢰고, 부역을 줄여 줄 것과 환곡을 정지할 것, 서둘러 진휼 정책을 베풀 것을 요청하셨다. 또 소장[26]에서 다음과 같이 말씀하셨다.

"임금의 마음은 모든 교화의 근본입니다. 진실로 근본의 공부에 먼저 힘을 기울여서 다스림의 근원을 맑게 하지 않는다면, 어떻게 사사로운 욕심을 극복하여 백성을 차마 해치지 못하는 정치[27]를 다할 수 있겠습니까. 예부터 부지런히 힘써 정치를 도모했던 성스러운 황제와 명철한 왕, 정성을 다해 경계를 아뢰었던 훌륭한 신하와 큰 선비 중에 이것을 가장 중요한 일로 여기지 않은 이는 없었습니다.

신 또한 오늘날 전하의 급선무가 여기에 지나지 않는다고 생각합니다. 최근에 삼가 들으니 전하께서 자주 경연을 열어 신료(臣僚)들을 만나 백성들의 일을 강구하신다고 합니다. 도성 밖 멀리에서 이 소식을 듣고 기쁜 마음 감출 길이 없습니다. 진실로 바라건대 성지(聖志)를 더욱 가다듬어 처음부터 끝까지 변함이 없게 하소서. 유신(儒臣)들을 더욱 가까이 하여 강론을 폐지하지 마십시오. 그리하여 전하의 학문이 날마다 고명(高明)한 경지로 진보하고 어진 마음이 전국 방방곡곡에 미치게 하십시오. 이것으로 몸을 닦고 백성을 편안하게 하며 나라의 운세가 영원하도록 하늘에 기원하는[28] 근본을 삼으십시오."

부군의 이런 말씀을 현종께서 아름답게 여겨 받아들이셨다.

임자년(1672, 현종13)에 헌납·부교리에 임명되었고, 다시 헌납으

26 소장 : 이 내용은 《제월당집》 권4 〈헌납을 사직하고 겸하여 민사를 아뢰는 소장〔辭獻納兼陳民事疏〕〉에 수록되어 있다.

27 백성을……정치 : 불인인지정(不忍人之政)은 맹자(孟子)께서 제시한 인정(仁政)를 가리킨다. 《孟子 公孫丑上》

28 나라의……기원하는 : 《서경》 〈소고(召誥)〉에 "새 도읍에 머무시어 왕께서는 빨리 덕을 공경하소서. 왕께서 덕을 씀이 하늘의 영원한 명을 비는 것입니다.〔宅新邑, 肆惟王, 其疾敬德. 王其德之用, 祈天永命.〕"라고 한 데서 유래하였다.

로 옮기셨다. 부군께서 임금의 소명(召命)을 연이어 어긴 것은 비록 어머니의 병 때문이었지만, 관직에서 교체되자마자 곧바로 임명하는 명령이 내려왔으므로 관직을 갖지 않은 달이 거의 없었다. 그럴 때마다 혹은 소장을 올리고 혹은 장계를 올리느라 번거로움을 견딜 수 없어 마음으로 항상 근심하고 걱정하셨다. 이때에 이르러 다시 소장[29]을 올리셨는데, 대략의 내용은 다음과 같았다.

"신의 어머니가 고질병에 걸린 지 이제 벌써 30년이나 되었습니다. 심할 때도 있고 덜할 때도 있어 병세가 일정하지 않습니다. 신이 만약 전하의 은혜에 감사드리기 위해 달려갔다가 돌아오지 못한 상황에서, 그 사이에 만일 병세가 더욱 심해졌는데도 미처 와서 구제하지 못한다면, 틀림없이 장차 끝없는 고통을 안고 불효의 죄를 무겁게 짊어질 것입니다. 신이 비록 창자를 들어내고 심장을 도려낸들 어떻게 그 고통을 덜 수 있겠으며, 머리를 바수고 몸을 가루낸들 어떻게 그 죄를 용납할 수 있겠습니까. 아, 신의 실정이 이와 같은 경우가 발생한다면 또한 서글프지 않겠습니까.

신이 들으니 법령에 70세 이상의 부모를 둔 신하에게는 도성에서 3백 리 밖의 관직에 임용하지 말라[30]는 조문(條文)이 있다고 합니다.

29 소장 : 이 내용은 《제월당집》 권4 〈사정을 아뢰어 헌납을 사직하는 소장〔陳情辭獻納疏〕〉에 수록되어 있다.

30 법령에……말라 : 영갑(令甲)은 법령 또는 정령을 이른다. 원래 천자의 명령을 영(令)이라 하여 법령의 제 1조를 영갑, 제 2조를 영을(令乙)이라 하였다. 이 내용은 《경국대전(經國大典)》 〈이전(吏典) 외관직(外官職)〉에 보이는데, 그 글에 "어버이의 나이가 70세 이상인 자는 300리 밖 먼 고을의 수령으로 차임하지 않는다.〔親年七十歲以上者, 勿差三百里外遠邑守令.〕"라고 하였다.

생각건대 그렇게 법을 만든 본래의 뜻에 어찌 내직과 외직의 차이가 있겠습니까. 지금 신의 어머니 연세는 70을 훨씬 넘겼고, 사는 곳까지의 거리는 삼백 리가 훨씬 넘습니다. 효로 다스리는 세상에서 법을 제정한 본래의 뜻을 특별히 준수하여 신이 고향으로 돌아가 어머니를 봉양할 수 있도록 허락해 주신다면, 어찌 성스러운 조정의 아름다운 일이 아니겠습니까.

늙은 어머니께서 세상에서 살 날이 얼마 남지 않았고 신의 나이는 겨우 마흔을 넘겼으니,[31] 신령한 하늘에 힘입어 죽지 않는다면 분주히 힘을 다하여 충성을 바칠 날이 어찌 없겠습니까. 신의 형세는 궁하고 이치는 다하였으니, 벼슬에 나아갈 이유를 알지 못하겠습니다. 이에 피가 끓는 정성을 다하여 눈물을 흘리며 아뢰니다."

이 소장이 임금께 전해지자 곧바로 교체되셨고, 이로부터 몇 달 동안은 관직에 임명하는 명령이 내려오지 않았다. 비록 혹 이조에서 추천하는 경우가 있더라도 임금께서 선발하지 않으셨다. 아마도 현종께서 부군의 사정을 생각할 때 억지로 조정에 나오게 하기 어렵다고 판단하여 잠시 부르지 않으신 듯하다. 부군께서는 임금의 은혜에 감격하였고 마음도 편안할 수 있었다. 문곡(文谷) 김공(金公)이 부군에게 편지를 보내 "소장의 말이 간절하고 애통하니 임금의 마음을 감동시키기에 충분하였다."라고 하였다.

31 신의……넘겼으니 : 견마지치(犬馬之齒)는 개나 말처럼 한갓 하는 일도 없이 나이만 들었다는 의미로, 자기 나이를 낮추어 부르는 겸사이다. 강사(强仕)는 40세를 말한다. 《예기》 〈곡례 상(曲禮上)〉에 "나이 사십을 강이라고 하니 벼슬길에 나선다.〔四十曰强而仕〕"라고 하였다.

계축년(1673, 현종14)에 헌납에 임명되고, 같은 해 7월에 사예(司藝)에 올랐다가 곧바로 응교(應教)로 옮기셨다. 조정에서는 부군이 끝내 조정에 나올 뜻이 없다는 사실을 알고 고향과 가까운 고을을 맡기려고 하여 8월에 서천 군수(舒川郡守)에 임명하였다. 당시에 마침 효종(孝宗)의 능을 옮겨 모시는 일이 추진되었다. 부군께서는 임금의 은혜로운 명령에 사례하고 겸하여 달려가 곡하려고 하셨다. 그러나 도중에 조정에 나와 올리는 부임 인사를 생략하라는 명령이 내려졌다는 소식을 듣고 곧바로 임지(任地)로 가면서 다음과 같은 시를 쓰셨다.

성주께서 주신 당시의 사랑	聖主當年寵
외로운 신하의 오늘의 심정	孤臣此日情
창오에서 지난 일 슬퍼하며	蒼梧悲往事
백발로 남은 생 아파하려 했는데[32]	白首痛餘生
북쪽 바라보고 하염없이 눈물 흘리다가	北望千行淚
군수[33]로 부임하려 남쪽으로 돌아오네	南來五馬行
능침에 곡하려던 계획 어긋났으니	喬山乖一哭
애통한 정성 어디에 펼칠까	何處展哀誠

이 시를 읽어 보면 한 글자마다 눈물을 흘리게 된다.

32 창오(蒼梧)에서……했는데 : 영릉(寧陵)을 참배하여 효종(孝宗)이 생전에 주신 총애를 떠올리며 백발노인이 되어 홀로 남겨진 자신의 서글픈 심정을 토로하고 싶었다는 말이다. 창오는 순(舜) 임금이 남쪽으로 순행(巡行) 중에 승하하여 묻힌 곳이다.
33 군수 : 오마(五馬)는 한(漢)나라 때 태수(太守)가 다섯 필의 말이 끄는 수레를 타고 부임하였던 데에서 유래하여 지방 수령을 뜻한다.

처음 군에 도착했을 때 그곳 선비들의 기풍이 궁벽하고 비루한 것을 염려하여 글을 짓고 외우도록 매달 일정한 규례(規例)를 정하고, 잘하는 사람은 장려하고 그렇지 못한 사람은 바로잡아서 지성으로 가르치고 타이르셨다. 한 고을이 홍기하여 습속(習俗)이 크게 변하니, 서천의 선비들이 그제야 조금 세련되어 볼만하게 되었고, 기타 다스린 공적이 원근에 알려졌다. 암행어사가 이를 칭찬하여 보고하자, 임금께서 옷의 겉감과 안감을 상으로 주셨다.

갑인년(1674, 현종15) 8월에 현종께서 승하하시고, 숙종대왕께서 어린 나이로 왕위에 오르셨다. 이때 많은 소인들이 예론(禮論)을 가탁하여 사화(士禍)를 일으키니, 정국이 크게 변하였다.[34] 을묘년(1675, 숙종1) 봄에 이르러 우암(尤庵) 선생은 바닷가로 유배되고,[35] 동춘(同春) 선생은 생전에 지녔던 관작이 삭탈되었다. 부군께서는 대단히 가슴 아파하고 괴로워하여 곧바로 대궐문에 달려가 그분들이 무고를 당한 억울함을 밝히려고 하셨다. 비록 이런 일을 하다가 처벌을 받게 되더라도 마다하지 않으려고 하셨다. 그러나 외직에 있었기 때문에 당신의 뜻대로 하지 못하셨다.

마침 이때에 사간(司諫)에 임명하는 명령이 있었다. 곧바로 조비(祖

34 소인들이……변하였다 : 효종(孝宗)의 모후인 자의대비(慈懿大妃)가 며느리인 인선왕후(仁宣王后)의 상(喪)에 어떤 상복을 입을 것인가 하는 문제를 두고 벌어진 갑인예송(甲寅禮訟)에서 현종(顯宗)은 15년 전 기해예송(己亥禮訟)의 결과를 뒤엎고 남인의 편을 들어주었다.

35 우암(尤庵)……유배되고 : 숙종이 즉위하여 송시열에게 현종의 묘지문(墓誌文)을 짓도록 명하였는데, 남인이 기해년에 송시열이 효종을 서자로 봐도 좋다고 했던 일을 트집잡아 묘지문을 짓지 못하게 하고, 죄를 물어 덕원(德源)에 유배하도록 하였다.

妣)를 모시고 고향으로 돌아와서 소장을 통해 두 선생의 원통함과 여러 소인들이 무고한 정상을 낱낱이 말씀하셨다. 이를 본 일가의 사람들과 자제들이 모두 재앙을 부를 것이라고 염려하였으나, 부군께서는 개의치 않으셨다. 조카 하나가 이 사실을 조비께 말씀드리자, 조비께서는 병들어 누워 계시다가 이 소식을 듣고 깜짝 놀라셨다. 부축을 받아 사랑채로 나오신 조비께서 눈물을 흘리며 다음과 같이 말씀하셨다.

"내가 지금 이처럼 늙고 병들어 자네를 의지하여 살고 있는데, 자네가 만약 소장을 올린다면 반드시 죄를 얻어 먼 곳으로 쫓겨날 것이니, 나는 어찌한단 말인가. 장차 자네가 없다면 나 또한 없는 것이지. 스승과 제자의 의리가 중함을 나도 알고 있네. 그러나 자네의 형편은 다른 사람과 다르네. 비록 한 마디 말을 임금께 아뢰지 않더라도 끝내 관직을 그만두고 나아가지 않는다면, 또한 자네가 지킬 의리를 펼 수 있지. 나는 언제 죽을지 모르는 사람이니, 얼마나 더 살겠는가. 내가 죽은 뒤에는 자네가 하고 싶은 대로 하게나. 그러나 지금은 결코 해서는 안 되네."

부군께서도 눈물을 흘리며 임기응변으로 "그런 일은 없습니다. 그러나 어머니 말씀대로 하지 않을 수 있겠습니까."라고 대답하셨다. 조카를 불러 꾸짖어 말씀하기를 "너는 어찌 말을 함부로 하여 노친(老親)의 마음을 이처럼 놀라게 하느냐."라고 하셨다. 그리고 곧바로 작성하던 소장을 찢고 다만 어머니의 병을 핑계 삼아 사직하는 소장을 올려서 교체되셨다. 이후로 몇 년 동안은 인사를 논하는 당시 논의에 거론되지 않았고, 부군께서도 여유로운 마음으로 노친을 봉양하셨다. 그러나 가슴속에 응어리진 억울한 심정은 잠시도 잊지 않으셨다.

정사년(1677, 숙종3) 여름에 이르러 갑자기 집의(執義)에 임명하는 명령이 있었다. 당시에 화란(禍亂)의 기색이 더욱 급박하여 간사한 무리들이 종묘에 고해야 한다는 논의[36]를 부추겼으니, 큰 재앙이 장차 일어날 상황이었다. 부군께서 차마 끝까지 잠자코 있을 수 없어서 소장[37]을 올리셨으니, 대략의 내용은 다음과 같다.

"송시열과 송준길은 신의 스승입니다. 근래에 들으니 의논하는 자들이 반드시 극형으로 다스리려 한다고 합니다. 바야흐로 종묘에 고해야 한다는 논의를 대각(臺閣)에서 발의하였다고 합니다. 신이 만약 이런 때에 용감히 나서서 그 논의에 응수한다면, 이는 곧 송시열의 죽음이 신의 손에서 나오는 것입니다. 고금 천하에 어찌 제자가 그 스승을 죽이는 일이 있겠습니까. 지금 의논하는 자들이 말하기를 '비록 종묘에 고하는 법을 행하더라도, 송시열이 반드시 죽음에 이르지는 않을 것이다.'라고 하는데, 이는 기만하고 진실을 가리는 말로, 반드시 있을 수 없는 이치입니다. 예부터 지금에 이르기까지 어찌 죄를 나열하고 종묘에 고하고서 목숨을 보존한 자가 있었겠습니까. 생각건대 우리나라는 인후(仁厚)함으로 나라를 세웠습니다. 선대의 왕들께서 이백 년[38]을

36 종묘에……논의 : 고묘(告廟)는 죄인들을 종묘에 고한다는 의미인데, 여기서는 갑인예송(甲寅禮訟) 이후 남인들이 효종의 비(妃)인 인선왕후(仁宣王后)의 상에 자의대비(慈懿大妃)의 복(服)을 대공복(大功服)으로 정한 송시열과 서인들을 역적으로 몰아 종묘에 고하고 토벌해야 한다고 주장한 일을 가리킨다.

37 소장 : 이 내용은 《제월당집》 권4 〈집의를 사직하고 겸하여 소회를 아뢰는 소장〔辭執義兼陳所懷疏〕〉에 수록되어 있다.

38 이백 년 : 《제월당집》 권4 〈사집의겸진소회소(辭執義兼陳所懷疏)〉에는 "생각건대 우리나라는 인후(仁厚)함을 근간으로 나라를 세웠습니다. 선대의 왕들께서 300년을 내려오며 일찍이 조정의 신하를 억울하게 죽인 일이 없었습니다.〔惟我本朝仁厚立國, 祖宗三百年來, 未嘗枉殺朝臣.〕"라고 하여 200년이 아니라 300년으로 되어 있다. 송규렴

내려오며 일찍이 조정 신하를 억울하게 죽이는 일이 없었으니, 이것은 실로 전하의 가법(家法)입니다. 이제 전하께서 곡진히 보전하는 방법을 생각하여 선대왕들의 인후한 덕을 잃지 않도록 해야 하지 않겠습니까."

소장이 올라갔으나 의견이 받아들여지지 않았고 곧바로 교체되셨으니, 아마도 부군께서 이 문제를 심도 있게 논의하지 못한 것은 또한 어머님이 계셨기 때문이었을 것이다.

부군께서 처음 소장[39]을 올렸다가 건의한 내용이 받아들여지지 않자 입을 닫고 말씀하지 않으셨으니, 그것을 아는 사람이 없었다. 이 소장이 제출되자 김석주(金錫胄)[40] 공은 "말을 공손하게 하는 의리(義理)[41]에 조금도 손색이 없다."라고 했지만, 어떤 사람은 "지나치게 온순하다."라고 하였다. 이에 대해 부군께서는 침묵하여 스스로 변론하지 않으셨다. 다만 "옛사람들도 부모님이 살아 계실 때 어떤 사변을 만나면 대처하는 의리가 서로 같지 않았으니, 요컨대 동일한 기준으로 말하기는 어렵다."라고 하셨다.

은 1630년에 태어났고, 이 글은 1677년에 지어졌다. 따라서 조선이 개국한 1392년부터 계산해 보면 285년의 세월이 흘렀으므로 300년이 옳은 듯하다.

39 처음 소장 : 송시열과 송준길 두 선생의 원통함과 여러 소인들이 무고를 꾸민 정상을 낱낱이 아뢰려고 작성했으나, 조카가 송규렴의 어머니에게 고하는 바람에 찢었던 소장을 말한다.

40 김석주(金錫胄) : 1634~1684. 본관은 청풍(淸風), 자는 사백(斯百), 호는 식암(息菴), 시호는 문충(文忠)이다. 저서로 《식암집(息庵集)》이 있다.

41 말을……의리(義理) : 《논어》 〈헌문(憲問)〉에 "나라에 도가 있을 때는 말을 높게 하고 행실을 높게 하며, 나라에 도가 없을 때는 행실은 높게 하되 말은 낮게 해야 한다.〔邦有道, 危言危行, 邦無道, 危行言孫.〕"라고 하였다.

우암 선생이 유배지에 계실 때에 부군과 주고받은 편지 가운데 권고하고 깨우쳐 주는 말씀이 있었는데, 말씀하기를 "오늘의 일은 먼 곳으로 유배되는 것은 진실로 절박하지만, 벼슬을 삭탈하여 내쫓는 수준 이하의 형벌은 진실로 달게 받아야 한다."라고 하셨다. 이것은 부군의 마음을 알고서 의리의 경중에 따라 마땅하게 처신하기를 바랐다고 이를 만하다. 그러나 유배 보내느냐 삭탈하느냐는 저들에게 달렸지 내게 달린 것이 아니었으므로, 집 안에 머물면서 일의 형편이나 정리 상 진실로 대단히 슬퍼서 견디기 어려운 점이 있었다. 이것이 부군께서 당시에 고심하신 부분이다. 어찌 당신 한 몸의 사정 때문에 의심하고 염려하여 머뭇거리는 바가 있었겠는가.

겨울에 또 사간에 임명되자, 부군께서 비장한 각오로 말씀하기를 "권력을 잡은 무리들이 내가 바른 말을 하지 못한다고 판단하여 나를 계속 대각(臺閣)에 두려고 하니, 나를 모욕함이 심하다. 이제 말해서 나의 마음을 분명히 하지 않으면 안 된다."라고 하고, 드디어 소장[42]을 올리셨다. 그 내용은 다음과 같다.

"신은 어려서부터 송시열과 송준길의 문하에서 배웠으므로, 존경하고 추앙하며 독실하게 믿는 마음은 늙도록 변하지 않았습니다. 두 사람이 처벌된 뒤로 평소 그들의 문하에 출입한 문생들과 벗들이 모두 연루되어 처벌되었습니다. 지금에 이르러서는 계책이 날로 심화되고 말은 지극히 참혹하여, 심지어는 그들을 반역의 원흉이라고 말합니다. 만일 한 마디라도 두 사람에 관계된 말을 하면, 곧바로 그들의 무리로 지목

42 소장 : 이 내용은 《제월당집》 권4 〈사간을 사직하고 겸하여 소회를 아뢰는 소장〔辭司諫兼陳所懷疏〕〉에 수록되어 있다.

하여 더할 나위 없이 배척하고 공격합니다. 신이 지난번에 전하의 위엄을 두려워하여, 비록 감히 구름을 밀치고 대궐에 부르짖어[43] 원통함을 하소연하지 못했지만, 서글프고 아픈 마음은 실로 다른 사람보다 몇 배나 됩니다. 오늘날의 법으로 따진다면 신은 마땅히 가장 먼저 배척받아야 합니다.

신이 일찍이 《송사(宋史)》를 살펴보니, 이천(伊川) 정이(程頤)[44]가 얼굴빛을 바로 하고 조정에 서서 상을 주고 폄하하는 것을 논의할 적에 돌아보고 피하는 바가 없었는데, 마침내 유감이 있는 여러 사람들에게 원수가 되어서 비난과 모욕이 날조되어 못하는 말이 없었습니다. 그래서 문인 범조우(范祖禹)[45]가 스승의 원통함을 하소연하였는데, 내용은 대략 다음과 같습니다.

'정이의 경술(經術)과 의리에 맞는 행실에 대해서는 천하가 다 알고 있습니다. 그런데 말하는 자들이 심지어는 대단히 아첨하고 대단히 사악하며 탐욕스런 마음으로 청탁하러 이리저리 분주하게 돌아다니면서 사람들과 관계를 맺었다고 합니다. 이것은 다 거짓이고 사실이 아닙

43 구름을……부르짖어 : 대궐에 상소함을 뜻한다. 한유(韓愈)의 〈악착(齷齪)〉에 "구름을 밀치고 대궐 앞에서 부르짖고, 배를 갈라서 낭간을 바치고 싶구나.〔排雲叫閶闔, 披腹呈琅玕.〕"라고 하였다. 《古文眞寶 前集 卷3》

44 정이(程頤) : 1033~1107. 자는 정숙(正叔), 호는 이천(伊川)이다. 형 정호(程顥)와 함께 주돈이(周敦頤)에게 배웠고, 형과 아울러 이정자(二程子)라고 불리며 정주학(程朱學)의 창시자로 알려졌다.

45 범조우(范祖禹) : 1041~1098. 송(宋)나라 화양(華陽) 사람으로, 자는 순보(淳甫)·몽득(夢得)이다. 사마광(司馬光)을 따라 《자치통감(資治通鑑)》을 편수하는 일에 참여하여 비서성 정자(祕書省正字)에 제수되었다.

니다. 신이 오래전부터 정이를 위해 한 말씀을 드리고자 하여 여러 해 동안 마음속에 품고 있었는데, 미루고 실행하지 못하여 정이가 오랫동안 무고와 비방을 받게 되었습니다. 이것을 생각할 때마다 부끄럽습니다.'

정이가 부주(涪州)로 쫓겨난 뒤에 그의 문인 윤언명(尹彦明)[46]이 조정의 부름을 받았으나, 사양하고 부임하지 않으며 말하기를 '정씨에게 배운 사람은 바로 저 윤원명이니, 청컨대 함께 쫓겨나기를 바랍니다.' 라고 하였습니다.

지금 신이 처한 상황은 바로 두 사람과 서로 비슷합니다. 그러나 범조우는 비록 당시에는 곧바로 말하지 못했지만, 마침내 뒷날에는 스승의 원통함을 하소연했습니다. 그런데 지금 신은 4년 동안이나 아픈 마음을 간직하고 있으면서도 아직까지 한 마디 말도 하지 못하였으니, 이미 범조우의 죄인입니다. 지금 만약 영화를 탐하고 전하의 총애를 바라서 염치없이 조정에 달려 나간다면, 또한 어찌 윤언명의 죄인이 되지 않겠습니까. 신처럼 보잘것없는 사람은 진실로 옛사람과 비교될 수 없습니다. 그러나 어려서부터 두 사람의 가르침을 받아서 염치와 의리를 숭상해야 한다는 것을 대강 알고 있으니, 진실로 옛사람들이 하지 않았던 일을 차마 할 수 없습니다.

아, 두 사람의 원통함은 천지와 귀신이 실로 굽어본 것입니다. 그런데 신이 이미 신의 진심을 다해서 그들이 무고를 받고 있는 실상을 밝히지 못했고, 또한 알기 쉬운 것부터 말씀드려서[47] 전하의 마음을

46 윤언명(尹彦明) : 송나라 하남(河南) 사람 윤돈(尹焞, 1071~1142)으로, 자는 언명 또는 덕충(德充), 호는 화정(和靖)이다.

깨우치지도 못하였습니다. 마음과 실제 일이 어긋나고 의리와 분수가 모두 어그러졌습니다. 신에게 이런 잘못이 있는데, 장차 어디에 쓰시겠습니까."

여러 소인들이 부군의 이 소장을 보고 크게 화를 냈다. 승지(承旨) 권해(權瑎) 등이 먼저 비방하는 계(啓)[48]를 올려서 다음과 같이 말하였다.

"삼가 송규렴이 올린 소장을 보니, 죄지은 괴수를 찬양하여 심지어 정이에게 비교하고 자신을 범조우 등 여러 사람에게 비교하였습니다. 마침내는 '두 사람의 원통함은 천지와 귀신이 실로 굽어본 것입니다.'라고 하여, 뻔뻔스럽게도 송시열과 송준길은 진실로 어진 군자(君子)인데 어울하게 처벌되었다는 듯이 말하였습니다. 어쩌면 그 말이 방자하고 거리낌 없음이 이토록 극도에 이르렀단 말입니까.

아, 송시열과 송준길 등이 임금의 권위를 깎아내리고 종통(宗統)을 어지럽힌 죄는 실로 천지 사이에 용납하기 어렵습니다. 지금까지 그들이 살아 있는 것은 성스러운 조정의 인후(仁厚)한 덕 때문입니다. 그런데 그들의 문도(門徒)인 사람이 도리어 이런 어처구니없는 말로 한없이 원망을 늘어놓고, 또 현혹하는 말을 하여 은연중 판단을 시험해

47 알기……말씀드려서 : 납약자유(納約自牖)는 《주역》 〈감괘(坎卦) 육사(六四)〉에 "맺음을 들이되 통한 곳으로부터 하면 끝내 허물이 없으리라.〔納約自牖, 終无咎.〕"라고 한 데서 유래한 말이다. 이는 신하가 군주를 깨우칠 때는 극진한 충성과 옳은 방법으로 군주의 마음을 유도하되, 반드시 군주가 잘 알 수 있는 것부터 시작해야 한다는 뜻이다.

48 권해(權瑎)……계(啓) : 권해(1639~1704)의 본관은 안동(安東), 자는 개옥(皆玉), 호는 남곡(南谷)이다. 이 계문은 《승정원일기》 숙종 3년 10월 20일 기사에 실려 있다.

보려는 계획이 있습니다.”

그 소장이 임금께 들어가자 임금께서 소장을 돌려보내라고 명하고 관직에서 교체하도록 지시하셨다.

그날 대사간 이하진(李夏鎭)과 헌납 권환(權瑍), 정언 정환(鄭煥)이 계(啓)[49]를 올려 다음과 같이 말하였다.

“죄인들의 우두머리가 조정에서 쫓겨난 뒤로 그들의 무리가 모두 원망하며 목숨을 바치려는 마음을 품고 있습니다. 서로 다그치고 본받아 오직 혹 뒤질까 걱정하고 있습니다. 지금 송규렴의 소장은 원망과 한탄이 더욱 지극합니다. 그의 의도를 살펴보면 오로지 송시열과 송준길을 보호하고자 하여 방자하게 기회를 틈타 전후에 걸쳐 근거 없는 내용의 소장을 올렸습니다. 심지어는 범조우가 정이의 억울한 사정을 알려서 풀어 준 말을 인용하여 자신을 견주었습니다. 죄수들의 우두머리를 구제하려는 마음이 비록 가슴 속에 간절하더라도, 선현(先賢)을 모욕한 죄를 어찌 면할 수 있겠습니까.

또 그 소장에서 ‘두 사람의 원통함은 천지와 귀신이 실로 굽어본 것입니다.’라고 하였는데, 이것이 무슨 말입니까. 두 사람의 죄는 종통을 어지럽힌 데에 있습니다. 그렇다면 실로 이 죄는 천지도 용납하지 않고 귀신도 몰래 죽이려고 할 터인데, 송규렴의 말은 마치 그들이 아무 잘못도 없이 처벌되어 지극히 원통한 것처럼 표현하고 있습니다.

49 이하진(李夏鎭)과……계(啓) : 이하진(1628~1682)의 본관은 여주(驪州), 자는 하경(夏卿), 호는 매산(梅山)·육우당(六寓堂)이다. 권환(權瑍, 1636~1716)의 본관은 안동(安東), 자는 중장(仲章), 호는 제남(濟南)이다. 정환(鄭煥, 1649~1680)의 본관은 동래(東萊), 자는 문보(文甫)이다. 이들이 올린 계문은 《승정원일기》 숙종 3년 10월 21일 기사에 실려 있다.

스승과 제자 사이라는 사실에 가탁해서 전하의 판단을 속이고 예를 어지럽히는 논의를 은근히 도와서 조정을 현혹시키며 혼란하게 만들려 하고 있습니다. 청컨대 그의 관작을 삭탈하여 도성 밖으로 내쫓으소서."

임금께서는 다만 부군을 파직하고 다시 등용하지 말라고 지시하셨다. 그러나 저들이 연이어 다섯 차례 계(啓)를 올리자, 비로소 부군의 관작을 삭탈하고 도성 밖으로 쫓아내는 것을 윤허하셨다.

그럼에도 소인들은 만족하지 못하고 이하진 등이 다시 법을 더하여 먼 곳으로 유배 보낼 것을 요청하였다. 그들이 올린 계문[50]의 내용은 다음과 같다.

"지금 이 대례(大禮)는 선왕께서 일찍이 친히 다스려 바로잡은 것이니, 백세(百世) 뒤에 성인이 나온다 해도 한 점 의혹이 없을 것입니다. 모든 혈기를 지닌 사람치고 누가 송시열 등이 예법(禮法)을 무너뜨리고 종통을 어지럽힌 것을 가슴 아파하지 않으며 국시(國是)가 확실히 정해진 것을 다행으로 여기지 않겠습니까. 지금 송규렴의 소장은 그 의도와 말이 오로지 송시열과 송준길 등을 구제하려고 했지만, 자신도 모르는 사이에 세상을 속이고 전하를 기만하는 죄에 빠졌습니다.

아, 송시열 등이 죄를 지은 것은 무슨 일이며 송규렴이 말하는 원통하게 무고를 받았다는 것은 무슨 일입니까. 이미 원통하게 무고를 받았다고 한다면, 이것은 송시열 등이 그르친 예를 바꾸지 못할 의론으로 인정하는 것이니, 선왕께서 다스려 바로잡은 일은 도리어 예에 맞지 않게 됩니다. 이러한 그의 의도는 장차 선왕(先王)을 어떤 위치에 두려

50 계문 : 이 계문은《승정원일기》숙종 3년 10월 28일 기사에 실려 있다.

는 것입니까. 이런데도 무거운 형벌을 더하지 않는다면, 마침내 신하는 신하답지 못하고 나라는 나라답지 못한 상황에 이르게 될 것이니, 관작을 삭탈하여 한양 밖으로 내쫓는 정도의 벌로는 그의 죄를 징계하기에 충분하지 못할 것입니다."

예론(禮論)은 당시 나라에서 금기하는 사항이었는데, 여러 소인들이 이것으로 함정을 만들어 만일 한 마디 말이라도 당시의 금기를 범하는 내용이 있으면 곧바로 반역의 죄명을 더하였다. 부군의 소장은 비록 예론에 대해 말씀하지 않았지만, 소장에서 지적하여 아뢴 내용은 바로 저 무리들의 간사한 정황에 적중하였다. 그러므로 부군께서 전후(前後)에 올린 소장을 아울러서 말한 것이다. 이른바 이전에 올린 소장이란, 곧 부군께서 집의(執義)로 있을 때 올리신 것을 가리킨다. 이에 대해 저들은 예론에 관계되는 말로 끼워 넣어서 무고를 얽었으니, 그 말의 뜻이 흉악하고 참담하였다.

권환은 또 경연 석상에서 자신의 생각임을 전제하고, 먼저 "임금은 마땅히 신하들의 간언을 받아들이는 데 힘써야 합니다."라는 말로 임금의 마음을 흔들더니, 이어서 다음과 같이 말하였다.

"송규렴이 예론에 대해 대단히 잘못을 저질렀습니다. 송시열의 무리들 가운데 지금까지 처벌된 자가 많지만, 감히 송시열이 죄가 없다고는 하지 않았습니다. 그런데 송규렴은 하늘의 해가 위에 있다는 등의 말로 버젓이 소장을 지어 올렸습니다. 그를 먼 곳으로 유배해야 한다는 요청을 결코 따르지 않을 수 없습니다. 그런데 전하께서는 매번 말씀하기를 '지나치게 고집하지 말라.'라고 하시니 신은 진실로 서글픕니다."

하늘의 해가 위에 있다는 말은 부군의 소장에 없는 말이다. 그런데 권환은 요청을 강력히 주장해 마지않아서 마치 임금을 협박하는 듯이 하였다. 임금께서 말씀하시기를 "내가 예론을 무너뜨리고자 하는 것은 아니니다. 그러나 이미 관작을 삭탈하여 한양 밖으로 내쫓았으니, 반드시 먼 곳으로 유배할 필요는 없다. 그러므로 윤허하지 않는다."라고 하셨다.

권환의 계획은 실현되지 않았지만, 강석구(姜碩耉),[51] 조지석(趙祉錫),[52] 권적(權𥛚), 김덕원(金德遠),[53] 박신(朴紳)[54] 등이 차례로 연이어 계문을 올려 반드시 자신들의 요청에 대해 임금의 허락을 받고자 하였다. 이런 요청은 석 달 동안 그치지 않았지만, 임금께서 강력한 입장을 견지하여 들어주지 않으셨다. 12월에 이르러 저들은 어쩔 수 없이 계문 올리기를 멈췄다.

대개 부군께서 올린 소장의 내용은 이치에 맞고 말도 정당하여 명백하고 간절하였으므로, 임금께서 이미 거기에 다른 뜻이 없음을 잘 알고 계셨다. 저들이 사실을 부풀렸지만, 또한 임금의 통찰력을 피하지는 못하였다. 비록 관작을 삭탈하여 도성 밖으로 내쫓으라는 계를 따랐지만, 본래 크게 죄를 주려는 의도는 없으셨다. 대저 부군께서 그동안 사정을 아뢴 소장은 말의 뜻이 간절하고 정성스러워 여러 차례 임금의 귀에 들어갔으므로, 이번에도 임금의 마음을 감동시켜서 특별히 자애로운 마음으로 덮어 주셨기 때문에 그런 것인가. 아, 선대왕의 융성한

51 강석구(姜碩耉) : 1632~? 본관은 진주(晉州), 자는 위망(渭望)이다.

52 조지석(趙祉錫) : 1648~? 본관은 양주(楊州), 자는 선경(善慶)이다.

53 김덕원(金德遠) : 1634~1704. 본관은 원주(原州), 자는 자장(子長), 호는 휴곡(休谷)이다.

54 박신(朴紳) : 1638~? 본관은 밀양(密陽), 자는 화경(華卿)이다.

덕과 지극한 명철함과 지극한 어짊이 아니었다면, 어찌 이렇게 될 수 있었겠는가.

처음 먼 곳으로 유배해야 한다는 계문이 올라오기 시작했을 때, 부군께서는 집안 식구들을 경계하여 조비(祖妣)께 말씀드리지 못하게 하고 행장을 꾸려 임금의 명령을 기다리셨다. 그러므로 이때까지도 조비께서는 그런 일이 있었다는 사실을 알지 못하셨다. 몇 달이 지나서야 우연히 어떤 말로 인해 비로소 아시고, 크게 놀라고 기뻐하며 말씀하기를 "임금의 은혜가 헤아릴 수 없이 크다. 이제부터는 내가 걱정할 것이 없구나."라고 하셨다. 부군께서도 죄를 받은 것을 영광으로 여겨서 더 이상 남은 한이 없으셨다. 결국 공적인 은혜와 사적인 의리가 모두 온전하게 된 셈이다. 이에 지난날 부군께서 침묵하고 계셨던 것에 대해 의심했던 자들이 모두 의심을 풀었다. 사림(士林) 또한 일제히 부군을 추앙하고 존중하지 않는 이들이 없었다.

이듬해 무오년(1678, 숙종4) 겨울에 조비께서 세상을 떠나셨다. 부군께서는 노쇠한 나이에 어머니를 잃는 큰 슬픔을 당했고, 게다가 계절마저 한겨울이었기 때문에 사람들이 모두 부군의 건강을 염려하였다. 그러나 하늘의 도움을 받아 겨우 견뎌내셨다. 상례와 장례의 모든 절차에 정성을 다하고 예제(禮制)를 다해서 조금도 서운함이 없게 하셨다.

경신년(1680)에 정국이 바뀌자[55] 부군을 서용(敍用)하라는 명령이 가장 먼저 내려졌다. 신유년(1681) 3월에 이르러 비로소 모친의 상기(喪期)가 끝나고 4월에 사성(司成)에 임명되셨다. 김석주 공이 관직에

55 정국이 바뀌자 : 개기(改紀)는 정세가 바뀌는 것을 말하는데, 여기서는 경신대출척(庚申大黜陟)을 가리킨다.

서 담담하게 물러난 부군의 절의를 장려해야 한다고 임금에게 요청하니, 임금께서 그 요청을 받아들이셨다. 5월에 특명으로 품계를 뛰어넘어 공조 참의(工曹參議)에 임명되셨다. 부군께서는 두렵고 감격하여 소장을 올려 강력히 사양하셨으나, 임금께서는 넉넉한 비답을 내려 조정에 나오도록 재촉하셨다. 창릉(昌陵)[56] 정자각(丁字閣) 개건청(改建廳)의 당상에 뽑혔으나, 오랫동안 부임하지 않았으므로 교체되셨다. 곧바로 호조 참의(戶曹參議)와 대사간에 임명되셨다.

당시에 동춘 선생은 관작을 회복하고 제사를 하사받았으며, 우암 선생은 유배에서 풀려나 고향으로 돌아오자, 임금께서 간곡히 조정에 나오도록 부르셨다. 조정의 분위기가 맑아지고 선비들이 대거 조정에 진출하였다. 부군께서 이에 비로소 몸을 일으켜 임금의 명령에 응하셨다. 대개 계묘년(1663, 현종4)에 관직에서 물러난 뒤로, 이때까지 19년의 세월이 흘렀다. 조정에서는 부군께서 나온다는 소식을 듣고 기대감이 더욱 커서 심지어는 인사행정을 다루는 자리를 비워놓고 기다렸다.

임술년(1682, 숙종8) 정월, 예조 참의(禮曹參議)에서 이조 참의(吏曹參議)로 옮겨 임명되셨다. 같은 해 7월에 교체되어 예조 참의, 우부승지에 임명되셨다. 9월에 다시 대사간에 임명되셨다. 부군께서 소장[57]을 올려 당시의 폐단을 네 조목으로 논하셨는데, 자세하여 수천 자에 달한다. 그 중에 부역이 편중되는 문제를 논한 내용은 대략 다음과

56 창릉(昌陵) : 조선 시대 제8대 왕인 예종(睿宗)과 예종비(睿宗妃) 안순왕후(安順王后)의 능이다.

57 소장 : 이 내용은 《제월당집》 권4 〈대사간을 사직하고 시폐를 아뢰는 소장〔辭大司諫兼陳時弊疏〕〉에 수록되어 있다.

같다.

"여러 해 흉년이 들어 기근이 거듭되고 있으니, 백성들의 궁핍한 생활은 이미 최고조에 이르렀습니다. 경작지에서 거둔 수확으로 세밑까지 버틸 수 있는 집은 열에 네댓 집도 되지 않습니다. 대동미로 내야 하는 열 말도 오히려 무겁다고 생각하는데, 지금은 다시 두 말을 더하여 부과하였습니다. 절반을 무명으로 내는 경우에도 처음에는 다섯 새에 35자였는데, 지금은 일곱 새에 40여 자에 이르고 있습니다. 연전(年前)에 지방에 있는 대신(大臣)이 백성들이 겪는 폐단을 목격하고 샛수와 척수를 줄여 주도록 요청하였는데, 이것은 진실로 정당한 의론이며 지극히 간절한 말이었습니다. 전하의 재가를 받고 다시 자전(慈殿)의 뜻을 여쭈어 이제 막 공문을 보내 알렸는데, 곧바로 중지된 것은 무슨 까닭입니까.

만약 공인(貢人)들이 이전과 다름을 탐탁찮게 여겨서 받아들이지 않는다면, 적절한 수준을 헤아려 더해 주는 것도 괜찮습니다. 그런데 지금 몇몇 공인들이 바라지 않는다고 해서 수많은 백성들이 겪는 커다란 폐단을 생각하지 않고, 당초에 설립한 정식 규정을 어기며 전하와 대비께서 백성들을 불쌍히 여기시는 지극한 뜻을 사라지게 하는 것이 과연 어떻겠습니까."

체납된 세금을 이웃과 친족에게 대신 납부하는 것을 논한 내용은 대략 다음과 같다.

"우리나라의 양역(良役) 제도는 실로 백 년 동안 흘러온 고질적인 폐단입니다. 하지만 국가의 경비를 오로지 여기에 의존하고 있기 때문에 만약 완전히 탕감하고자 한다면 경비를 무시할 수 없습니다. 왕자(王者)의 정치는 불쌍한 백성들을 애달프게 여기는 것인데, 도리어 죽은 사람과 어린 아이들에게 세금을 징수하고 있으니, 왕도정치를 지향하는 나라에서 차마 할 수 있는 일이 아닙니다. 그러나 형편이 어쩔 수 없고 이치도 다하여 달리 해결할 방도가 없습니다.

호포법(戶布法)을 시행하자는 논의는 이미 시행되지 못하였으니, 요즈음 병조에서 이웃이나 친족에게 징수할 세를 강보(襁褓)에 싸인 아이들에게 대신 징수하자고 요청한 것은 또 어쩔 수 없는 데에서 나왔습니다. 비록 그러하나 금년 농사의 참혹함은 실제로 근고(近古)에 없던 것입니다. 이러한 때에 민정(民丁)[58]을 수색하기 위해 소란스럽게 각 고을을 뒤지고 다닌다면 어찌 민심을 거듭 잃게 되고 나라의 근본을 더욱 깎아 내는 결과를 초래하지 않겠습니까.

무릇 천하의 일은 궁하면 변하고 변하면 통하는 것이니, 이것은 당연한 이치입니다. 신이 가만히 헤아려 보건대, 안으로는 은포(銀布)를 필요로 하는 기관이 있고, 밖으로는 각 군영과 각 고을, 우(郵)와 역(驛)과 진(鎭)과 보(堡)에서 모두 마땅히 사용해야 할 물품이 있습니다. 지금 만약 우선 이웃과 친척에게 대신 부과하는 일을 늦추고, 어린 아이와 도망간 사람들에게 징수할 세금을 거두지 못했을 때 줄어드는 세액을 계산하여 전국 각 아문(衙門)에 나누어 배정하며, 비록 내탕고(內帑庫)의 소유라도 또한 마땅히 약간 출연(出捐)하여 몸소 솔선수범하신다면, 백성들은 침탈당할 근심이 없고 국가는 재정 지출을 용이하게 하는 이로움이 있을 것입니다. 지친 백성들도 이런 소식을 들으면 반드시 전하의 덕음에 감격하여 춤추며 기뻐할 것입니다."

58 민정(民丁) : 정군(正軍) 또는 군보(軍保)의 역(役)을 감당할 수 있는 20세 전후의 남자를 말한다.

모든 경비에 절도가 없음을 논한 내용은 대략 다음과 같다.

"집이 지나치게 화려하여 공사 비용이 수만금이 되어도 여러 문중에 하사하여 비용을 낭비함이 두 배 혹은 다섯 배가 됩니다. 그리고 공주(公主)의 잔치 비용을 대주는 물품의 값은 깎아도 백여 금이 되고, 익릉(翼陵)[59]의 대상(大祥) 뒤에 시상(施賞)한 베의 숫자가 천여 필을 넘습니다. 그 나머지 각종 불필요한 경비로 아낄 수 있는 데도 아끼지 않은 것이 셀 수 없을 정도로 많다는 것은 두루 아는 사실입니다.

나라의 계책을 말하자면 난리를 당하고 전쟁을 겪은 뒤처럼 어려움이 있는데, 조정에서 취한 조치를 보면 향락이 극에 달한[60] 때와 다를 것이 없습니다. 이것은 다른 이유가 있어서가 아니라, 오로지 전하의 마음의 본원(本源)에 천리(天理)가 완전히 순수하지 못하고 사사로운 뜻이 완전히 정화되지 못하여, 경계하고 두려워하는 마음이 안일을 추구하는 나쁜 마음을 이기지 못하고, 아끼고 절약하려는 생각이 지난날의 나쁜 습관을 극복하지 못해서 그러한 것입니다.

윗사람이 좋아하는 것을 아랫사람들은 반드시 더 심하게 좋아합니다. 사치하는 기풍과 방랑(放浪)하는 습속이 날마다 더욱 심해지고

59 익릉(翼陵) : 경기도 고양시 덕양구 신도동에 있는 숙종의 비 인경왕후(仁敬王后)의 능이다. 여기서는 인경왕후를 가리키는 말로 쓰였다. 인경왕후는 광성부원군(光成府院君) 김만기(金萬基)의 딸이다.

60 향락이 극에 달한 : 예대풍형(豫大豐亨)은 원래 재정(財政)이 풍부하여 모든 일이 막힘없이 통하고 천하가 안락하다는 말인데, 후세에는 궁중에 경사가 있을 때 성대하게 의식을 거행하는 뜻으로 전용(轉用)되었다. 풍형(豐亨)은 《주역》 풍괘(豐卦)의 괘사(卦辭)로 재물이 풍부하여 모든 일이 형통하다는 뜻이고, 예대(豫大)는 〈예괘(豫卦) 단사(彖辭)〉에 "예의 때와 의가 크다.〔豫之時義, 大矣哉.〕"라고 한 데서 유래하였다.

있으니, 무릇 쓸데없는 비용을 없애지 않으면 정상적인 비용을 절약할 수 없고, 정상적인 비용을 절약하지 않으면 백성의 부역을 줄일 수 없고, 백성의 부역을 줄일 수 없다면 백성의 생활을 편안히 보전할 수 없고, 백성의 생활을 편안히 보전할 수 없다면 끝내 나라가 나라답지 못한 상황에 이르게 될 것입니다. 그 근원을 추구해 보면 진실로 전하께서 사치를 억제하고 검소함을 따르지 못하시는 데에 있습니다. 처음에는 털끝만큼 소홀하고 미약한 것에서 시작하지만, 마지막에는 하늘까지 퍼지는 큰일에 이릅니다. 진실로 바라건대 지금부터 통렬히 스스로 각오하고 힘써 사사로움을 이기고, 무릇 지나친 상과 헛된 비용을 모두 제거하십시오. 여러 신하들에게 주의를 주어서 지난날의 사치하는 습관을 고치게 하십시오."

아전들의 주구(誅求)가 끝이 없음을 논한 내용은 대략 다음과 같다.

"세상의 도가 낮아지고 나라의 기강이 해이해져, 아전들이 제멋대로 하는 폐단이 진실로 백성들에게 막대한 피해가 되고 있습니다. 백성들이 공물과 세금을 상납하는 즈음에, 오직 뇌물의 있고 없음과 많고 적음으로 받아들일지 말지를 결정합니다. 먼 고을의 보잘것없는 아전들이 외로이 여관에서 지내면서 괴로움을 견디지 못하고, 매달 이자를 내는 돈을 빌려서 주고 빨리 돌아갈 궁리를 합니다.

돌아간 뒤에는 빌린 이자를 민간에서 곱절로 징수하여 절반은 덜어 채권자에게 갚고 나머지는 자기의 주머니를 채우니, 힘없는 백성들의 고혈(膏血)이 다 이런 무리들의 손에 들어갑니다. 마땅히 바쳐야 하는 부역도 오히려 다 바치지 못하는데, 이처럼 규정 이외로 끝없이 뜯어가니, 백성들이 어떻게 견딜 수 있겠습니까. 생각건대 마땅히 해당 조목을 엄격하게 확립하여 아전들의 수탈을 통렬히 금지하고, 또 양사로

하여금 주관하게 하여 그중에 더욱 심하다고 소문난 자들을 특별히 무거운 법률로 처벌하여 경계와 두려움의 본보기로 삼으십시오."

임금께서 너그러운 비답을 내리셨으나 면포의 품질은 그대로 보존되었고, 어린아이들로 대신 정하는 문제는 변통을 허락하지 않으셨으니, 의론하는 사람들이 대부분 안타깝게 여겼다.

교체되어 이조 참의에 임명되셨는데, 또 상소[61]하여 다음과 같이 말씀하셨다.

"지금 백성들은 전하의 덕음(德音)이 있다는 사실을 알지 못한 지 오래되었습니다. 원망하고 탄식하며 근심하고 괴로워하는 상황은 실로 차마 말로 표현하지 못할 점이 있습니다. 한 번 정국이 바뀐 이후로 백성들은 눈을 씻고 목을 길게 빼면서 은혜롭고 소생시켜 주는 정치를 볼 수 있으리라 생각하였습니다. 그러나 1년, 2년 그럭저럭 세월만 지날 뿐, 지금까지 백성들의 바람을 조금이라도 위로할 만한 정책이나 명령은 하나도 없었습니다. 이처럼 특히 심한 흉년을 만났는데, 더욱이 이전에 없던 일을 거행하여 마을마다 들쑤시고 다니며 민정(民丁)을 찾아내고 있습니다. 그리하여 민심을 더욱 잃고 백성의 사기를 더욱 저하시키고 있습니다. 이것이 바로 신이 크게 민망하게 여기고 매우 곤란하게 여기는 것입니다."

당시 첨정(簽丁)[62]은 크게 민폐(民弊)가 되었으므로 거듭 언급하신

61 상소 : 이 내용은 《제월당집》 권5 〈이조 참의를 사직하고 겸하여 민사를 논하는 소장〔辭吏曹參議兼論民事疏〕〉에 수록되어 있다.

62 첨정(簽丁) : 군역에 종사할 장정을 군적(軍籍)에 올려 기록하는 일, 또는 그에 해당하는 장정을 가리킨다.

것이다. 그러면서 백성들에게 부과하는 세금을 줄여 주고 백성들의 생활을 보호하는 정책을 요청하셨다. 임금께서는 "내가 마땅히 유념하겠다."라는 내용의 비답을 내리셨다.

계해년(1683, 숙종9)에 참지(參知)·예조 참의·우부승지를 역임하고 6월에 부제학에 임명되셨다. 그러나 문곡(文谷) 김공(金公)이 영춘추관사(領春秋館事)였으므로 친족의 혐의가 있어서 사직하여 교체되셨다. 다시 이조 참의에서 교체되어 호조 참의에 임명되셨다. 8월에 다시 이조 참의가 되었는데, 휴가를 요청하여 성묘하셨다. 소장을 통해 농사가 대단히 흉작임을 말하고, 논밭에 부과하는 세금을 줄여 주어서 지친 백성들을 보호해야 한다고 요청하셨다. 9월에 조정으로 돌아와 사직하여 교체되셨다.

갑자년(1684) 정월에 대사간에 임명되셨다. 당시 조정의 의론은 날마다 반목이 심해졌다. 이선(李選)[63] 공이 전에 대직(臺職)에 있으면서 김환(金煥)[64]을 국문(鞫問)하자는 계문에 이견을 제시하였고, 또 인조조(仁祖朝)에 있었던 문회(文晦)[65]의 일을 인용하여 증거를 삼았다.

63 이선(李選) : 1632~1692. 본관은 전주(全州), 자는 택지(擇之), 호는 지호(芝湖)·소백산인(小白山人), 시호는 정간(正簡)이다.

64 김환(金煥) : 노론의 거두인 김익훈(金益勳)의 사주를 받아 남인인 허새(許璽), 허영(許瑛) 등의 역모를 고변하여 자헌대부에 올랐으나, 무고라는 주장이 대두되면서 도배(島配)되었다.

65 문회(文晦) : 1624년(인조2) 전임 교수(教授)의 신분으로, 이우(李佑), 김광숙(金光肅)과 함께 윤인발(尹仁發) 등이 인성군(仁城君) 이공(李珙)을 추대하는 역모를 꾸민다고 고변한 인물이다. 이에 기자헌(奇自獻), 김원량(金元亮) 등 40여 명이 투옥되었으며, 곧이어 이괄(李适)의 난이 터지자 그 대부분이 처형되었다. 난이 평정된 뒤 진무 공신(振武功臣) 3등에 책록되고 가선대부가 되었다.

그러자 사간원에서는 이 논의를 가지고 이선 공을 탄핵하여 조정의 혼란이 날로 심해졌다. 부군께서는 다음과 같이 말씀하셨다.[66]

"이선이 지난날 피혐(避嫌)한 것은 스스로 자신의 견해를 지키고 구차히 남들의 견해에 따르려고 하지 않은 것에 지나지 않습니다. 비록 말투에 조금 강렬한 점이 있었으나, 바로 그가 고집한 것은 나라를 위하여 근심거리를 방비하려는 뜻이었습니다. 그리고 근거로 든 것은 인조(仁祖)께서 이미 행하신 일이었습니다. 그가 한 말이 또한 분명히 근거가 있는데, 오랜 세월이 흐른 지금에 와서 굳이 뒤미처 따지는 것이 진실로 옳은 것인지 신은 모르겠습니다.

대저 사람을 살필 때는 마땅히 마음을 살펴야 하고, 상을 주거나 벌을 내릴 때는 마땅히 그 일을 살펴야 합니다. 지금 이선이 뜻을 정하고 글을 지은 것은 오로지 문회(文晦)를 처리한 고사에 근거하고 있으니, 만약 이선에게 죄를 주고자 한다면 마땅히 본 사건의 옳고 그름을 먼저 가려서 그가 들이댄 증거가 잘못된 것을 따져 나무라야 합니다. 그러나 지금은 그렇게 하지 않고 다만 모호한 말로 곧바로 그의 마음에 간직된 것을 판단하여, 사사로움이 있으니 죄를 주어야 한다고 합니다. 이것이 과연 처벌하는 도리에 맞겠습니까. 이 점이 바로 신이 이해하지 못하여 감히 계사(啓辭)를 올리는 데에 억지로 동참하지 못하는 이유입니다."

부군께서는 책임을 지기 위해 공무를 피해 있다가 교체되셨다. 형조참의를 거쳐 우부승지가 되셨다. 2월에 대사성, 3월에 승지, 4월에

66 부군께서는……말씀하셨다 : 이 내용은 《제월당집》 권6 〈대사간을 인피하는 계사〔大司諫引避啓辭〕〉에 수록되어 있다.

호조 참의・대사성, 5월에 이조 참의, 7월에 대사성・예조 참의를 지내고, 8월에 다시 이조 참의가 되셨다. 이때에 명성왕후(明聖王后)[67]께서 돌아가셨는데, 소장[68]을 통해 태학의 유생들이 흰색 베옷을 입는 것이 예에 맞지 않는다고 논의하셨다. 대략의 내용은 다음과 같다.

"문묘(文廟)의 사체(事體)가 엄중함은 다른 곳과는 분명히 구별됩니다. 이제 문묘를 지키는 유생들로 하여금 흰색의 복식으로 바꾸어 밤낮으로 문묘와 지극히 가까운 재실에서 지내게 한다면 혹 편치 못한 점이 없겠습니까. 무릇 성균관에 뽑힌 사람들이 검은색 유건을 쓰고 푸른 띠를 두르는 것은 주자(朱子)의 학설로 분명히 알 수 있을 뿐만 아니라, 생도가 학교에서 검은 건을 쓰는 것은 《오례의(五禮儀)》에 실린 것으로, 또한 근거가 있을 듯합니다. 선조(宣祖) 때에 다만 조정 관리의 복색만을 바꾸고 유생의 복색을 논의하지 않은 것은 당시에 제현들이 실로 절충하는 깊은 뜻이 있었던 게 아니겠습니까.

도성 안에는 태학(太學)이 있고 도성 밖에는 고을의 학교가 있습니다. 이는 모두 선성(先聖)들의 위패를 모신 곳인데, 예문(禮文)에 검은색 유건을 쓴다고 나오고 선철들이 그대로 따라 고치지 않았던 것이 어찌 유래하는 바가 없어서 그렇겠습니까. 비록 그러하나 이로 인하여 사학(四學)[69]과, 대과와 소과 시험장에서 모두 검은색 유건을 사용하기

67 명성왕후(明聖王后) : 1642~1683. 조선 제18대 왕인 현종(顯宗)의 비이다. 본관은 청풍(淸風)이며 청풍부원군 김우명(金佑明)의 딸이다. 1651년(효종2) 세자빈에 책봉되었고, 1659년 왕비에 책립되었다. 능은 경기도 구리의 숭릉(崇陵)이다.

68 소장 : 이 내용은 《제월당집》 권5 〈이조 참의를 사직하며 겸하여 소회를 아뢰는 소장〔辭吏曹參議兼陳所懷疏〕〉에 수록되어 있다.

69 사학(四學) : 조선 시대 한성(漢城)의 중・동・남・서부에 두었던 중학(中學)・

에 이르러서는 과연 심히 근거 없는 것입니다. 이는 응당 바로잡아야할 과제이나, 문묘(文廟)가 있는 곳은 서울과 외지를 막론하고 아마도 다른 곳과 같게 보아 똑같은 예로 시행해서는 안 될 것 같습니다.

다만 과거시험장을 만약 태학에 설치한다면 흰색이든 검은색이든 모두 문제가 있으니, 과거시험장을 따른다면 검은색은 따를 수 있는 것이 아니고, 문묘가 있는 곳을 따른다면 흰색은 마땅한 것이 아닙니다. 그러므로 신의 어리석은 생각으로는 국상(國喪)을 치르는 삼 년 이내에는 모든 대과와 소과를 다른 곳에서 실시해야 합니다. 비록 관과(館課)[70]나 잡제(雜製)와 같은 시험도 또한 사학(四學)에서 실시하고, 관관(館官 성균관 관원)으로 하여금 문묘에 들어가 지키게 해야 합니다. 이와 같이 결정하여 처리한다면 성인을 존중하는 도리에 합당하지 않겠습니까."

임금께서 해당 관청에 지시하여 한 가지 색깔로 의논하여 보고한 뒤에 결정하게 하셨다. 10월에 시관에 임명하는 소패(召牌)에 응하지 않았으므로 파직되셨다. 11월에 병조 참의와 우부승지에 서용되어 임명되셨다.

을축년(1685, 숙종11) 정월에 대신들이 대사성을 엄격하게 선발해야 한다고 임금께 요청하였다. 부군께서는 일찍이 이 자리를 여러 차례 역임한 적이 있었는데, 이때에 이르러 다시 임명되므로 소장을 올려

동학(東學)·남학(南學)·서학(西學)을 말한다. 조선 시대의 교육기관으로서 도성 안에는 성균관과 사학을 두었고, 주(州)·부(府)·군(郡)·현(縣)에는 향교(鄕校)를 세웠다.

70 관과(館課) : 문신들에게 시험을 보이는 월과(月課)를 말한다.

사직하셨다. 그 소장[71]에서 또 다음과 같이 말씀하셨다.

"신은 지난 가을에 감히 성묘(聖廟 문묘)의 유생들의 의관(衣冠)을 바꾸자는 뜻을 사직하는 소장에 첨부하여 말씀드렸습니다. 성스러운 전하께서 이에 해당 관청에 명하여 한 가지로 지정하고 보고하여 결정하게 하셨습니다. 그러나 지금 한 해가 지나도록 그 문제를 거론한 일이 없습니다. 가령 '일이 많아 논의할 겨를이 없었다.'라고 하더라도 그 사이에 날짜가 이미 여러 달이 지났는데, 어찌 전하께 아뢸 겨를이 없었겠습니까. 가령 '일을 추진하기에는 너무 때가 늦어 시행할 수 없다.'라고 하더라도 또한 마땅히 자세한 내막을 보고하고 전하의 명령을 기다렸어야 하는데, 어찌 줄곧 묻어 두고 그만두었단 말입니까."

당시 예조(禮曹)에서는 오래도록 유보한 채 보고하지 않았다. 그러므로 소장에서 이 문제를 함께 언급하신 것이다.

임금께서 답하시기를 "그대의 소장을 재가하여 해당 부서에 내려 보냈는데, 해당 관청에서 곧바로 보고하지 않으니 과연 일을 지체하였다. 해당 관청의 당상관을 문책할 것이니, 그대는 사직하지 말고 서둘러 조정에 나와 직책을 수행하는 데 온 힘을 기울이라." 하셨다. 부군께서 거듭 소장을 올려 사직하였는데, 임금께서 또 "그대는 지나치게 사양하지 말라."라고 교유(教諭)하시므로, 어쩔 수 없이 조정에 나가 감사의 뜻을 표하고 관직을 받으셨다. 2월에 휴가를 요청하여 고향으로 돌아오셨다. 3월에 대사간으로 옮겨 임명되셨다.

이 일에 앞서 윤증(尹拯)[72]이 자기 선친이 강화도에서 했던 일[73]을

71 소장 : 이 내용은 《제월당집》 권5 〈대사성을 사직하는 소장〔辭大司成疏〕〉에 수록되어 있다.

밝힐 목적으로 다른 사람에게 편지를 보냈다. 그 편지에서 문성공(文成公) 이이(李珥)[74]의 일을 인용하여 비교하였는데, 심지어 "율곡은 실제로 산사(山寺)에 들어갔던 잘못이 있었다."라고 하였다. 사론(士論)이 들끓어 윤증이 선대의 바른 신하를 거짓 사실로 핍박한다고 여겼다. 사학(四學)의 유생들이 전국에 통문(通文)을 보내 윤증의 죄를 따져 공격하였다. 한림(翰林) 김홍복(金洪福)[75] 등은 윤증의 입장을 옹호하여 도리어 사학의 유생들에게 유벌(儒罰)을 내렸다. 문곡(文谷) 김공(金公)이 임금을 뵙고 시비(是非)가 분명하지 않다는 점을 철저하게 논하였다. 김홍복 등이 모두 파직되었으나 유벌을 풀어 주라는 명령이 없었다. 부군께서 소장[76]을 올렸으니 그 대략의 내용은 다음과 같다.

"당초 사학 유생들이 한 일은 만약 노련하고 신중하게 사태를 진정시키려고 힘쓰는 사람의 입장에서 본다면, 진실로 터무니없고 경솔하였다고 할 수 있습니다. 그러나 이 정도의 과격한 행동은 본래 뜻이 크고

72 윤증(尹拯) : 1629~1714. 본관은 파평(坡平), 자는 인경(仁卿)·자인(子仁), 호는 명재(明齋)·유봉(酉峯), 시호는 문성(文成)이다. 소론의 영수이다.

73 선친이……일 : 윤선거(尹宣擧)가 병자호란 때 강화도로 피란하였는데 성이 함락되었다. 이때 그의 아내는 자결하였으나 윤선거는 평민의 옷을 입고 성을 탈출하여 목숨을 부지하였다. 윤선거의 이 행적은 평생 그를 괴롭히는 일이 되었다.

74 이이(李珥) : 1536~1584. 본관은 덕수(德水), 자는 숙헌(叔獻), 호는 율곡(栗谷)·석담(石潭)·우재(愚齋), 시호는 문성(文成)이다.

75 김홍복(金洪福) : 1649~1698. 본관은 김해(金海), 자는 자회(子懷), 호는 동원(東園)이다. 지평을 거쳐 1688년(숙종14)에는 고부사(告訃使)의 서장관으로 청나라에 다녀왔다. 1694년에 황해도 관찰사에 임명되었다. 예조 참의, 대사간 등을 역임하였다.

76 소장 : 이 내용은《제월당집》권5 〈대사간을 사직하고 겸하여 소회를 아뢰는 소장〔辭大司諫兼陳所懷疏〕〉에 수록되어 있다.

고지식한 유생들이 늘 하던 일입니다. 게다가 그 일이 선현을 위하는 마음에서 나왔고, 그들의 의도가 후환을 막으려는 데 있었습니다. 어찌 그들이 말하지 않은 마음을 미리 탐지하여 갑자기 너무 심한 벌을 내리신단 말입니까. 더구나 선비들의 의론은 선비들의 의론이고 조정의 의론은 조정의 의론입니다. 비록 채진후(蔡振後)[77]와 유직(柳稷)[78]이 선현(先賢)을 모욕한 경우에도 일찍이 사관(四館)[79]에서 처벌을 시행한 일이 없었습니다.

이런 관점에서 말하면 오늘날 사관의 관원들이 일에 연루되어 파직되는 것은 진실로 지나친 법이 아닙니다. 이미 사관에서 유생들을 잘못 처벌했다는 이유로 해당 관원들을 죄주었다면, 유생들의 벌명(罰名)이 지금까지 그대로 남아있는 것은 도리에 비추어 볼 때 잘못된 일이 아니겠습니까.

신은 청컨대, 신이 직접 겪은 일을 가지고 증명해 보겠습니다. 지난 계사년(1653, 효종4)에 신이 반임(泮任 성균관 유생 중의 책임자)을 맡고 있을 때, 마침 영남의 유생 한 사람이 문성공 이이(李珥)를 거짓 사실

77 채진후(蔡振後) : 1602~? 본관은 평강(平康), 자는 계창(季昌)이다. 송시형(宋時瑩) 등이 이이(李珥)와 성혼(成渾)을 문묘에 배향하자는 소장을 올리자 채진후는 소두(疏頭)가 되어 그것이 불가하다는 소장을 올렸다.《仁祖實錄 13年 5月 11日》

78 유직(柳稷) : 1602~1662. 본관은 문화(文化), 자는 정견(廷堅), 호는 백졸암(百拙庵)이다. 1635년(인조13) 황해도의 유생들이 시론(時論)을 타서 이이의 문묘종사(文廟從祀)를 주장하였는데, 유직은 이상진(李象震) 등 영남 유생들과 함께 이에 반대하는 소장을 올렸다.《孝宗實錄 1年 5月 1日》

79 사관(四館) : 성균관(成均館)·예문관(藝文館)·승문원(承文院)·교서관(校書館)을 통틀어 가리킨다.

로 모욕한 죄로 부황(付黃)에 처해지는 심한 벌을 받았습니다.[80] 그런데도 그는 버젓이 향시(鄕試)에 응시하여 해액(解額)에 들었고, 장차 전시(殿試)에 응시하려고 하였습니다.[81] 신은 동료들과 상의하여 고례(古例)에 따라 사관에 통문(通文)을 보냈습니다. 그러자 사관에서 편지를 보내, 부황에 처해진 사람이 멋대로 과거에 응시한 것을 죄목으로 삼아 그 유생이 과거에 응시하지 못하도록 하였습니다. 그런데 사관에서 그 유생과 친분이 있는 몇몇 사람이 감히 보복할 계획으로 은밀히 사주하여 사람을 함정에 빠뜨린다는 등의 말로 신들을 과거에 응시하지 못하게 하였습니다.

신이 이때에 또한 해액에 들었으나, 이 일로 인해서 끝내 전시에 응시하지 못하였습니다. 당시 성균관의 대사성이 그 일을 직접 목격하였는데, 나중에 승정원으로 자리를 옮기게 되자 그 사실을 임금께 보고하였습니다. 효종대왕께서 대단히 놀라며 사관의 관리들을 파직하라

80 영남의……받았습니다 : 부황(付黃)은 성균관의 거재 유생(居齋儒生)이 학령(學令)을 위반하였을 때 부과하는 유벌(儒罰)의 하나로, 이름을 누런 종이에 써서 큰북에 붙이고 거리를 돌면서 그 비행을 알리는 것을 이른다. 종종 과거 응시를 일정 기간 제한하는 정거(停擧)나 유적(儒籍)에서 이름을 삭제하는 삭적(削籍) 등이 함께 행해졌다. 이때 영남 유생 유직(柳稷)이 이이(李珥)와 성혼(成渾) 두 선생을 헐뜯어 욕하였으므로 성균관 유생들이 유직의 이름을 유적에서 삭제하는 일이 있었다.

81 향시(鄕試)에……하였습니다 : 해액(解額)은 생원·진사시 초시(初試) 합격자의 명단을 이른다. 여기서 해(解)는 본디 지방에서 시행한 초시의 합격자를 서울로 보내어 회시에 응시하게 함을 뜻하는 발해(發解)·발견해송(發遣解送)에서 온 말로, 서울에서 시행한 초시의 합격자에게는 쓸 수 없는 글자이나, 이 당시에는 지방과 서울을 막론하고 생원·진사시 초시의 합격을 모두 발해라고 일컬었다.《與猶堂全書 雅言覺非 卷1 發解》

고 명령하고, 아울러 신들의 벌을 풀어 주셨습니다. 이는 진실로 동일한 사안이므로, 사관의 관원을 처벌하고 신들의 죄를 풀어 주는 것을 병행(幷行)하지 않을 수 없었기 때문입니다.

이러한 전례를 가지고 말씀드린다면, 오늘 전하의 처분은 효종대왕 당시의 처분과 다른 점이 없겠습니까. 지금의 이러한 사정이 효종대왕 당시와 동일하고, 신이 성균관에서 근무할 때 목격한 것이 효종대왕 당시에 국자감의 우두머리가 목격했던 점과 유사합니다. 그런데 다만 신은 전하를 뵐 방법이 없으니, 이에 감히 소장으로 대신 아뢰니다."

임금께서 답하시기를 "소장의 말이 진실로 옳다. 과거 응시 자격 박탈이라는 처벌을 받은 선비들을 모두 풀어 주어라." 하시고, 부군에게 한양으로 올라와 공무를 수행하라고 지시하셨다

당시에 요직을 차지한 젊은 사람들이 우암(尤庵)을 의심하고 윤증(尹拯)을 옹호하는 데 매우 힘을 썼다. 김홍복 등이 처벌되자 떼를 지어 일어나 구원하면서 성균관 유생에게 화를 내다가 부군의 소장을 보고 더욱 심해졌다. 승지 김세정(金世鼎)[82]이 단독으로 계문을 올려서 처벌을 풀어 주라는 명령을 취소하라고 요청하였다. 장령 홍수주(洪受疇)[83]는 당시 무리들의 뜻을 따라서 이튿날 경연 석상에서 장황한 말로 논계하였으나, 임금께서 들어주지 않으셨다. 또 부군의 관직을 교체해야 한다고 요청하면서 심지어 "견해가 전도(顚倒)되고, 생각도 좋지 못합니다."라고 하였다. 임금께서 말씀하시기를 "견해가 각각 다르므

82 김세정(金世鼎) : 1620~1686. 본관은 광산(光山), 자는 자중(子重)이다.

83 홍수주(洪受疇) : 1642~1704. 본관은 남양(南陽), 자는 구언(九言), 호는 호은(壺隱)·호곡(壺谷)이다.

로 자신의 생각을 반드시 말하는 것이 안 될 것은 아니나, 그를 논박해서 교체하라고까지 할 줄은 내가 미처 생각지 못하였다."라고 하셨다. 집의(執義) 이돈(李墪)[84]이 또 이어서 여러 차례 계문을 올렸으나, 임금께서 끝내 윤허하지 않으셨다. 대각에서 그 논의에 대한 의견이 첨예하게 달랐다. 한쪽에서 옳지 못하다고 공격하면 다른 한쪽에서 또 배척하고 나서서 반드시 상대방을 이기려고 하였으니, 조정은 더욱 조용할 날이 없었다. 당시에 부군은 고향에 머물고 있었는데, 얼마 뒤에 이조 참의로 옮기게 되셨다. 이때 올린 소장[85]의 내용은 다음과 같다.

"신이 겨우 한 마디 말이라도 꺼내면 여러 사람들의 노여워하는 말들이 따라서 집중됩니다. 차고 밟으며 삼키고 뱉는 일이 없을 때가 없어서, 조정을 욕되게 하고 저의 명예를 더럽혔습니다. 혹시라도 성스럽고 명철하신 전하의 곡진하게 살피는 은혜가 아니었다면, 신이 어찌 오늘날까지 살아 있을 수 있었겠습니까. 신이 일찍이 장로(長老)에게 들으니 '대각에서 서로 탄핵하는 것은 사체(事體)가 매우 중대하니, 대단한 과실이나 많은 사람들이 모두 잘못이라고 여기는 경우가 아니면, 일찍이 경솔하게 손을 대서는 안 된다.'라고 하였습니다. 지금 신이 언관(言官)의 자리를 차지하고 있으면서, 대략 마음속에 품은 생각을 말씀드린 것이 대단히 잘못된 일인지 진실로 알지 못하겠습니다.

또 사람의 의견은 각각 다릅니다. 자기의 의견이 반드시 다 옳은

84 이돈(李墪) : 1642~1713. 본관은 전주(全州), 자는 진오(進吾), 호는 문천(文泉)이다.

85 소장 : 이 내용은 《제월당집》 권5 〈이조 참의를 사직하는 소장〔辭吏曹參議疏〕〉에 수록되어 있다.

것도 아니고 남들의 의견이 반드시 다 그른 것도 아닙니다. 그런데 상대방의 의견을 급급하게 배척하고 공격하며 짓눌러서 일찍이 조금도 논란하지 못하게 하는 것은 진실로 신이 경시당한 결과이니, 어찌 유독 시세(時勢)가 그렇게 만든 것이라고만 하겠습니까. 더구나 신 때문에 연좌법(連坐法)[86]이 이리저리 파급(波及)되었는데, 신만 유독 직명(職名)을 그대로 차지하고 있습니다. 또 이렇게 좋은 자리로 옮기는 것은 어찌 매우 잘못된 일이 아니겠습니까."

임금께서는 "경박한 논의를 어찌 마음에 담아 두겠는가. 사직하지 말고 서둘러 올라오라."라고 답하셨다. 그러나 부군께서는 조정에 나갈 마음이 없었으므로, 여러 차례 사직을 청하여 교체되셨다.

8월에 강양 감사(江襄監司)에 임명되셨다. 당시에 이숙(李翻)[87] 공이 이조 판서를 맡고 있었는데, 부군께서 조정에 있는 것을 좋아하지 않는다는 사실을 알고 있었으므로, 아마도 부군에게 한가한 시간을 주기 위한 것이었던 듯하다. 부군께서는 마침 큰형님인 연안공(延安公)[88]의 상을 당했다. 장사를 치르지 않은 상황에서 차마 먼 곳으로 부임할 수 없었으므로, 거듭 소장을 올려 병든 상황을 아뢰고 교체되셨

86 연좌법(連坐法) : 수사율(收司律)은 곧 연좌법을 말한다. 수사(收司)는 서로 규찰(糾察)하여 고발하게 하는 것으로, 전국 시대 진(秦)나라 공손앙(公孫鞅)이 제정한 법이다. 열 집이 1보(保)가 되어, 한 집이 죄가 있으면 아홉 집이 연대로 고발하고, 만약 고발하지 않으면 열 집이 연좌된다. 《史記 卷68 商君列傳》

87 이숙(李翻) : 1626~1688. 본관은 우봉(牛峰), 자는 중우(仲羽), 호는 일휴정(逸休亭), 시호는 충헌(忠獻)이다.

88 연안공(延安公) : 송규연(宋奎淵, 1620~1685)으로, 본관은 은진(恩津), 자는 자정(子靜)이다. 연안 부사(延安府使)를 지냈다. 《霽月堂集 卷6 伯氏延安府使府君墓誌》

다. 이후로 연이어 호조와 예조, 사간원에 임명하는 명령이 있으므로, 어쩔 수 없이 11월에 조정으로 들어가셨다. 소장을 통해 흉년이 들어 기아에 허덕이는 백성들의 상황을 아뢰고, 첩가(帖價)[89]와 체납된 영곡(營穀 감영의 곡식)을 줄여 주어 백성들의 고통을 덜어주어야 한다고 요청하셨다. 임금께서는 묘당에 지시하여 의논한 뒤에 보고하고 처리하도록 조치하셨다.

당시에 형관(刑官)이 재가한 죄수를 석방했다는 이유로 그를 파직하라는 명령이 내렸다. 이 일은 대개 하급 관리가 자신의 죄를 면해보려고 정원(政院)에 거짓으로 보고한 데서 비롯되었다. 부군께서 소장[90]을 올려 다음과 같이 말씀하셨다.

"일시적으로 신하들이 견책을 받는 것은 원래 대단한 일은 아니지만, 이 사건의 경우 아전이 무고하여 관원이 죄를 받는 것이니, 정형(政刑)의 본질로 따져볼 때 관계된 바가 작지 않습니다."

임금께서 다만 추가로 조사하고 파직하지는 말라고 명령하셨으나, 그 형관은 바로 당시 정국을 이끌던 사람들에게 미움을 받는 사람이므로 대관(臺官)들이 시끄럽게 들고 일어나 논척하였다. 그러자 부군께서도 그 일에 책임을 지고 사건의 전말을 밝히셨다. 장령 이국방(李國芳)[91]이 이 일을 처치하여 교체할 것을 요청했다. 임금께서 특명으로

89 첩가(帖價) : 첩가미(帖價米)로, 조선 시대 백성들이 첩(帖)을 받고 그 대가로 내는 쌀이다. 큰 흉년이 들면 조정에서 진휼할 곡식을 마련하기 위해 품계(品階)나 가설직(加設職)을 준다는 첩을 만들어 팔았다.

90 소장 : 이 내용은 《제월당집》 권5 〈대사간을 사직하며 겸하여 소회를 아뢰는 소장〔辭大司諫兼陳所懷疏〕〉에 수록되어 있다.

91 이국방(李國芳) : 1641~1718. 본관은 전의(全義), 자는 방경(芳卿)이다.

출사를 지시하셨으나, 부군께서는 관직에 나가지 않고 소장을 올려 교체되셨다.

병인년(1686, 숙종12) 정월에 우부승지에 임명되었으나, 곧바로 병 때문에 교체되셨다. 부군께서는 시국이 날로 그릇되고 조정의 분위기가 좋지 못한 것을 보고, 힘써 외직을 구하여 안변 부사(安邊府使)에 임명되어 2월에 부임하셨다. 안변은 바다와 산 경치가 좋았으므로, 공무를 처리하고 여가에 고을의 선비들과 함께 좋은 경치를 찾아다니며 술과 시를 즐기셨다. 그러한 모습에는 이은(吏隱)[92]의 풍취가 짙게 배어 있었다. 엄격한 법률을 적용하지 않아도 경내가 잘 다스려졌으니, 지금까지도 안변 사람들이 이를 말하고 있다.

몇 개월 뒤에 조정에서는 부군을 먼 고을에 오래 두지 않으려고 충청 감사(忠淸監司)로 옮겨 임명하였다. 마침 참혹한 수해를 입었는데, 계획을 수립하고 시행함에 한결같이 편의를 따르셨다. 곡식을 빌려주고 세금을 감면하여 백성들의 고통을 덜어주었다. 인사행정은 공정하고 소송은 분명하게 판단하셨으니, 풍화(風化)가 미치는 곳마다 모두 엄숙하게 변화되었다.

이듬해 가을에 임기가 끝나 교체되셨다. 첨지(僉知)·대사간(大司諫)에 임명되고 다시 이조 참의로 옮겼으니, 대개 부군께서 비록 바른 의론을 견지하여 여러 차례 비방을 받았지만 인망(人望)을 얻고 있었으므로 마침내 그것을 가릴 수 없었기 때문인 듯하다.

10월에 이조 판서 이민서(李敏敍)[93] 공이 아경(亞卿)에 마땅한 인재

92 이은(吏隱) : 관직에 있으면서도 은자(隱者) 같은 생활을 하며 이록(利祿)에 마음을 두지 않는 것을 말한다.

가 없다는 뜻을 경연에서 임금께 아뢰었다. 임금의 마음은 이미 부군에게 있었으므로 마침내 한성부 우윤(漢城府右尹)에 발탁하여 임명하셨다. 부군께서는 조정에 나온 지 가장 오래된 사람이었고, 부군과 함께 나온 사람들은 모두 공경(公卿)의 지위에 올라 있었다. 부군보다 늦게 출사한 사람들도 부군보다 높은 지위에 있었는데, 유독 부군만은 하대부(下大夫)의 지위에 머물러 있었다. 이때에 이르러 공적인 의론이 흡족하게 여겼으나 부군께서 상소하여 사직하셨다. 임금께서는 "지금 그대를 승진 발탁한 것은 우연이 아니다."라며 타이르고, 부총관을 겸하게 하셨다. 11월에 병조 참판으로 옮기셨다. 12월에 임금께서 희정당(熙政堂)에서 친히 도목정사(都目政事)[94]를 행하시므로 부군께서 참여하셨다.

무진년(1688, 숙종14) 2월에 특진관(特進官)으로 경연에 들어가 임금을 모시고 강론하셨다. 당시에 임금께서는 《주역》을 익히고 계셨다. 모든 특진관들 가운데 《주역》의 문의(文義)를 따져서 아뢰는 사람이 거의 없었다. 부군만이 문의를 해석하여 아룀에 조금도 막힘이 없었으니, 아마도 경학(經學)에 대하여 평소에 전념하여 익히셨기 때문인 듯하다.

3월에 동지의금부사(同知義禁府事)를 겸하고 도승지로 옮기셨다. 어느 날 인사행정에서 이조가 부군을 사재감 제조(司宰監提調)로 임명

93 이민서(李敏敍) : 1633~1688. 본관은 전주(全州), 자는 이중(彝仲), 호는 서하(西河)이다. 저서로는 《서하집(西河集)》이 있다. 《睡谷集 卷14 西河李公諡狀》

94 도목정사(都目政事) : 정기적으로 매년 음력 6월과 12월에 인사고과를 통해 승진시키거나 좌천하는 정기 인사로, 6월에 하는 것을 권무정(權務政)이라 하고, 12월에 하는 것을 대정(大政)이라 하였다.

하였다. 대개 도승지가 비록 인사 후보자를 추천하는 일을 겸하므로 이런 임명이 본래 구애될 것은 없었으나, 부군은 홀로 마음이 편치 않아서 곧바로 소장[95]을 올려 다음과 같이 말씀하셨다.

"승지가 이조와 병조에 나누어 배치되고 인사 후보자를 결정하는 자리에 함께 앉는 것은 의도하는 것이 따로 있습니다. 신이 이제 이조의 승지가 되었으니 비록 그날 병 때문에 참석할 수 없었지만, 사리로 헤아려 보면 어찌 다른 사람들과 똑같이 보아 인사 후보자 사이에 거론할 수 있겠습니까. 신 또한 어찌 감히 우연히 자리에 참석하지 못한 것을 핑계 삼아 염치없이 전하의 명령을 받들겠습니까."

비록 임금의 윤허를 받지 못했으나, 당시의 의론은 근세에 볼 수 없었던 일이라고 하였다. 얼마 뒤에 승정원에서 교체되셨다.

5월에 대사헌(大司憲)에 임명되셨다. 당시 이선(李選) 공이 시론(時論)을 거스른 일이 많아 대각(臺閣)의 탄핵을 심하게 받고 있었으니, 그들이 죄를 꾸민 것은 오로지 배척하려는 목적에서 나온 것이었다. 부군께서는 구차하게 그들과 의사를 함께하지 않으려고 자리에서 물러나 다음과 같이 논척하셨다.[96]

"지금 이선의 일의 경우, 사실인 것처럼 꾸민 구차한 상황에 대해서는 대신(大臣)과 대각의 여러 신하들이 다 이미 자세히 논하였습니다. 신은 다시 중복되는 말씀을 드리고 싶지 않지만, 대개 그 논의는 이선

95 소장 : 이 내용은 《제월당집》 권5 〈사재감 제조를 사직하는 소장〔辭司宰監提調疏〕〉에 수록되어 있다.

96 다음과 같이 논척하셨다 : 이 내용은 《제월당집》 권6 〈대사헌을 인피하는 계사〔大司憲引避啓辭〕〉에 수록되어 있다.

을 미워하고 원망하는 데서 시작되었으며, 이어서 당파에 치우친 사람들 사이에서 이루어졌습니다. 그러므로 사람들이 원한을 갚고 의견이 다른 자를 공격한다고 의심하는 것은 진실로 당연합니다. 인심이 만족하지 못하고 식견 있는 자들이 근심하며 탄식하는 것도 괴이할 것이 없습니다. 사정이 이러한데 억지로 공론(公論)을 핑계 대어 줄곧 자신의 의견만을 고집하는 것이 대각의 사체로 볼 때 당연한 것이겠습니까."

이에 집의 심평(沈枰),[97] 장령 남필성(南弼星),[98] 지평 김홍복(金洪福)[99] 등도 자리에서 물러나 부군을 공격하였다. 사간 이선부(李善溥)[100]와 헌납 남치훈(南致熏),[101] 정언 박태순(朴泰淳)[102] 등은 부군의 의견이 이선 공을 보호하는 데 치우쳐서 바른말 하는 사람을 강력히 꾸짖었다는 명목으로, 교체해야 한다고 주장하였다. 대개 이때는 소론(少論)들이 막 자신들의 마음대로 할 수 있는 때를 얻었으므로, 일의 시비를 따지지 않고 오직 사적인 마음으로 돕거나 억제하는 것이 대부분 이와 같았다.

97 심평(沈枰) : 1642~? 본관은 청송(靑松), 자는 여기(汝器)이다.

98 남필성(南弼星) : 1632~? 본관은 의령(宜寧), 자는 우경(右卿)이다.

99 김홍복(金洪福) : 1649~1698. 본관은 김해(金海), 자는 자회(子懷), 호는 동원(東園)이다.

100 이선부(李善溥) : 1646~1721. 본관은 덕수(德水), 자는 계천(季泉), 호는 육송(六松)이다.

101 남치훈(南致熏) : 1645~1716. 본관은 의령, 자는 훈연(熏然), 호는 지산(芝山)이다.

102 박태순(朴泰淳) : 1653~1704. 본관은 반남(潘南), 자는 여후(汝厚), 호는 동계(東溪)이다.

승문원 제조(承文院提調)를 겸임하셨다. 또 병조 참판에 임명되어 동의금부사를 겸임하셨다. 8월에 다시 승정원의 우두머리가 되셨는데, 장렬대비(莊烈大妃)[103]께서 승하하셨다. 부군께서는 밤낮으로 국상을 위해 수고하다가 건강을 해쳐 병이 심해졌으므로 사직하여 교체되셨다. 9월에 병조 참판, 10월에 공조 참판이 되셨다. 11월에 또 병조 참판과 지신사(知申事)에 임명되셨다. 12월에 교체되어 예조 참판으로 옮기셨다.

기사년(1689, 숙종15) 정월에 태조의 영정을 모시고 전주에 가셨다. 미처 조정으로 돌아오시기 전인 2월 2일에 재앙[104]이 일어났다. 복명(復命)한 뒤에 곧바로 본직(本職)과 겸직(兼職)을 모두 사직하셨으나, 임금께서는 본직만을 교체하도록 허락하셨다. 당시에 간사하고 흉악한 무리들이 국정을 담당하여 가장 먼저 우암(尤庵)과 문곡(文谷)을 죽이고 선비들을 모두 제거하였다. 그러나 부군에 대해서는 한 가지 일도 시비(是非)를 걸 만한 일이 없었으므로 부군을 해치지는 못하였다. 당시 부군께서는 병을 무릅쓰고 일을 하다가 묵은 병이 위중해져서 몇 개월 동안 인사불성의 상태로 지내셨다.

4월에 이르러 인현왕후(仁顯王后)[105]가 대궐에서 나와 사가(私家)로

103 장렬대비(莊烈大妃) : 조선 시대 제16대 왕 인조(仁祖)의 계비(繼妃)인 장렬왕후(莊烈王后, 1624~1688) 조씨(趙氏)를 가리킨다.

104 재앙 : 1689년(숙종15) 소의(昭儀) 장씨(張氏)가 낳은 아들을 원자로 정하는 문제를 계기로, 서인이 정권에서 물러나고 남인이 정권을 장악하게 되는 기사환국(己巳換局)을 가리킨다.

105 인현왕후(仁顯王后) : 1667~1701. 조선 시대 제19대 왕 숙종의 계비(繼妃) 여흥 민씨(驪興閔氏)이다. 아버지는 노론(老論)인 여양부원군(驪陽府院君) 민유중(閔維

거처를 옮기셨다. 부군께서 이 소식을 듣고 깜짝 놀라 일어나 "내 심장과 창자가 마치 불에 타는 것처럼 아프다. 지금 비록 길에서 죽는 한이 있더라도 차마 이대로 있을 수는 없다."라고 하고 그날로 가마에 몸을 싣고 도성을 나오셨다. 고향으로 돌아오는 길에 여러 차례 위태로운 고비를 맞이하셨다. 집으로 돌아오시고 한 달쯤 후에 병이 조금 차도를 보이자, 상소하여 승문원과 사재감의 제조에서 교체해 줄 것을 요청하니 임금께서 곧바로 허락하셨다. 이때부터 부군께서는 문을 닫고 바깥세상과 단절한 채 사람들도 잘 만나지 않으셨다. 오직 경서와 역사서를 읽는 것으로 세월을 보내며, 위로는 나랏일을 애통해하고 아래로는 사문(師門)의 일을 슬퍼하셨다. 차츰 이 세상에 머물지 않으시려는 뜻이 읊은 시 속에 많이 표현되었다.

6년 뒤인 갑술년(1694, 숙종20)에 중전의 지위가 다시 바로 잡히고 시국이 다시 새롭게 변화되었다.[106] 부군께서 가장 먼저 부제학에 임명

重)이고, 어머니는 서인의 거두 송준길(宋浚吉)의 딸이다. 1680년(숙종6) 김만기(金萬基)의 딸인 인경왕후(仁敬王后)가 죽고 5월 경신대출척으로 서인들이 다시 집권한 뒤, 1681년 가례(嘉禮)를 올리고 숙종의 계비가 되었다. 왕자를 낳지 못해 왕과의 관계가 원만하지 못했는데, 1688년 소의(昭儀) 장씨(張氏)가 뒤에 경종이 되는 왕자 이윤(李昀)을 낳았다. 1689년 2월 송시열(宋時烈) 등 노론이 이윤을 원자로 봉하는 데 반대하면서 숙종과 대립한 결과 기사환국으로 남인이 다시 집권하였고 장씨는 희빈이 되었다. 민씨는 그해 5월 남인들의 주장으로 폐위되었고, 다음 해 10월 희빈 장씨가 왕비로 책봉되었다. 그러나 1694년 김춘택(金春澤), 한중혁(韓重爀) 등의 폐비복위운동을 계기로 갑술환국이 일어나 다시 남인이 밀려나고 소론이 정권을 장악하자, 장씨는 희빈으로 강등되고 민씨가 다시 왕비로 복위되었다. 1701년 8월 원인 모를 질병으로 죽었고, 이와 관련되어 희빈 장씨도 무고사(巫蠱事)로 사사(賜死)되었다. 존호는 효경숙성장순(孝敬淑聖莊純), 휘호는 의열정목(懿烈貞穆), 능호는 명릉(明陵)이다.

106 갑술년에……변화되었다 : 남인이 소론 일파를 제거하려다가 실패하여 정국의

되고, 승문원과 전설사(典設司)의 제조를 겸하셨다. 당시 조정이 어수선한 분위기였으므로 부군에 대한 기대가 더욱 컸다. 임금께서도 아무 사심 없이 어진 신하를 기다리는 마음이 있으셨다. 부군께서 두 차례 소장을 올려 사직하니, 임금께서는 "경악(經幄)은 중요한 자리이니 장관을 오랫동안 비워둘 수 없다. 그대는 서둘러 올라오라."라는 내용으로 비답을 내리셨다. 교체를 허락하실 때에도 "병을 조리한 뒤에 올라오라."라는 말씀으로 타이르셨다. 7월에 동지(同知)가 되고, 11월에 대사간, 12월에 대사헌이 되셨다.

을해년(1695, 숙종21) 5월에 대사헌, 병자년(1696) 5월에 동지, 정축년(1697) 2월에 대사헌, 5월에 예조 참판, 무인년(1698) 12월에 동지가 되셨다. 기묘년(1699)에 부군의 연세가 일흔이 되셨다. 경연에 참석한 신하들이 임금께 "옛 신하를 마땅히 우대해야 합니다."라고 아뢰었고, 또 내가 이조 판서를 맡고 있었으므로, 임금을 가까이서 모시는 신하의 아버지에게 은혜를 베푸는 전례에 따라 특별히 품계를 뛰어넘어 자헌대부(資憲大夫)에 오르셨다. 정월에 도헌(都憲)에서 교체되어 지중추부사(知中樞府事)에 임명되셨다. 기로소(耆老所)에 들어가게 되므로 소장을 올려 사직하면서 자급(資級)을 환수해 달라고 요청하셨다. 임금께서 너그러운 비답을 내려 윤허하지 않으셨다. 4월에 좌참찬(左參贊)에 임명되셨다. 부군이 사직을 청하며 올린 소장에 대한 비답에서 임금께서는 "병이 낫기를 기다렸다가 길을 나서서 나의 뜻을 저버리지 말라."라는 말씀을 하셨다. 6월에 예조 판서에 임명되셨다. 당시 장릉(莊陵)[107]을 개수(改修)하는 일이 있었다. 대신들이 "예조

주도권을 상실하고 서인이 정권을 주도하게 된 갑술환국(甲戌換局)을 가리킨다.

의 당상이 마땅히 가야 하는데, 송규렴[108]이 시골에 머물러 있습니다." 라고 아뢰었다. 임금께서 말씀하시기를 "늙고 병든 사람의 근력으로는 미치지 못하는 바가 있을 것이다. 우선 다른 사람으로 다시 뽑아 보내라."라고 하셨다. 7월과 12월에 연이어 대사헌에 임명되셨다.

경진년(1700, 숙종26) 2월에 대사헌 겸 동지경연관이 되었고, 7월과 8월과 11월에 세 차례 대사헌이 되셨다. 신사년(1701) 7월에 대사헌이 되고, 임오년(1702) 5월과 12월에 두 차례 대사헌이 되셨다. 계미년(1703) 12월에 지사(知事), 을유년(1705) 10월에 대사헌, 병술년(1706) 3월에 지사가 되셨다. 9월에 나라에 경사가 있어 궁중에서 잔치가 베풀어졌는데, 부군께서 참석하지 못하셨으므로 소장을 올려 견책을 바랐으나, 임금께서 온화한 비답으로 위로하고 타이르셨다.

기축년(1709)에 부군의 연세가 여든이 되셨다. 대신의 건의에 따라 1월에 또 숭정대부(崇政大夫)에 오르고 지돈녕부사(知敦寧府事)에 임명되셨다. 부군께서 상소하여 사양하자 임금께서는 "자급(資級)을 올려 주라는 명령은 우연한 것이 아니니, 마음을 편히 하여 사양하지 말라."라고 답하셨다. 대개 15, 6년 사이에 관직에 임명하는 명령이 연이어져 거두어 부르시기를 마지 않으셨다. 그때마다 소장을 통해 사직을 요청하여 반드시 서너 번 계속된 뒤에야 비로소 교체를 허락하셨다. 또한 전후로 내린 은혜로운 비답의 내용도 매우 너그럽고 융숭하

107 장릉(莊陵) : 조선 시대 제6대 왕인 단종(端宗)의 능으로, 강원도 영월군 영월읍 영흥4리에 있다.

108 송규렴 : 원문은 府君인데, 여기서는 직접화법으로 표현하기 위해 성명을 그대로 사용하였다.

였다. 임금의 마음은 반드시 부군을 조정에 나오게 하려는 데 있었지만, 끝내 부군의 뜻을 꺾지는 못하셨다.

부군께서는 비록 병에 잘 걸렸지만, 젊어서부터 노년에 이르기까지 섭양(攝養)하는 방법이 있어서 여든의 고령에도 정신과 기운이 오히려 쇠하지 않으셨다. 그런데 이해 6월에 우연히 작은 병에 걸려 5일 오후 미시(未時)에 정침(正寢)에서 운명하셨다. 아, 애통하다.

부음(訃音)이 전해지자 임금께서 곧바로 하교하여 "조정에 오래 종사한 신하가 운명하니 내 마음이 슬프다."라고 하셨다. 이어서 상례에 필요한 물품을 넉넉히 지급할 것과 예관(禮官)을 보내 제사할 것을 명령하셨다. 죽은 이를 높이 우대하는 은전이 전례에 비하여 더 풍부하였다.

처음에 선비(先妣)께서 신사년(1701, 숙종27)에 세상을 떠나셨을 때 남포(藍浦)[109]에 장사하였는데, 이때에 와서 합장하려고 옛 무덤을 열었더니 광 안의 흙이 좋지 않았다. 그러므로 다시 공주 삼미천(三美川)[110] 간좌(艮坐)의 등성이로 장지를 정하고, 이듬해 경인년(1710) 11월 6일에 영원히 안장하는 예를 마칠 수 있었다. 원근 각지에서 장사에 참석하기 위해 모인 사람이 거의 천 명에 가까웠다.

부군께서는 2남 1녀를 두셨다. 장남은 곧 나 상기(相琦)[111]이고, 차

109 남포(藍浦) : 현재의 충청남도 보령시 서남부에 위치한 남포면 지역이다.

110 삼미천(三美川) : 현재의 대전광역시 유성구 노은2동에 속하는 외삼동(外三洞) 지역이다.

111 송상기(宋相琦) : 1657~1723. 본관은 은진(恩津), 자는 옥여(玉汝), 호는 옥오재(玉吾齋)이다. 《玉吾齋集 卷18 神道碑銘 幷序》

남 상유(相維)[112]는 전임 현감이다. 딸은 전 군수 이익명(李益命)에게 시집갔다. 나 상기는 아들 하나를 두었으니 필환(必煥)[113]으로 전 좌랑(佐郎)이다. 딸이 다섯인데, 첫째는 부솔(副率) 이하곤(李夏坤)[114]에게 시집갔다. 둘째 사위는 이천기(李天紀)[115]이고, 셋째 사위 윤득항(尹得恒)은 일찍 죽었다. 넷째 사위는 세마 서명빈(徐命彬)[116]이고, 막내사위는 생원 민통수(閔通洙)[117]이다.

필환은 두 아들을 두었는데, 재복(載福)과 재희(載禧)로 모두 어리며 딸은 최봉흥(崔鳳興)에게 시집갔다. 이하곤의 아들은 이석표(李錫杓)이고, 딸은 송순명(宋淳明)에게 시집갔으며 나머지는 어리다. 윤득항은 딸 하나를 두었는데 김상성(金相聖)에게 시집갔다. 서명빈은 딸 둘을 두었고, 민통수는 1남 1녀를 두었는데 모두 어리다.

상유는 두 아들을 두었는데 필태(必泰)와 필징(必徵)이고, 딸 셋은 이천보(李天輔), 이사중(李思重), 심수(沈鏽)에게 시집갔다. 필태는 3남 1녀를 두었고, 필징은 딸 둘을 두었다. 이천보는 아들 하나를 두었고, 이사중은 딸 둘을 두었는데 모두 어리다. 이익명은 아들 둘을 두었

112 송상유(宋相維) : 1668~1740. 본관은 은진, 자는 지경(持卿), 호는 안졸헌(安拙軒)이다.

113 송필환(宋必煥) : 1683~? 본관은 은진, 자는 성장(聖章)이다.

114 이하곤(李夏坤) : 1677~1724. 본관은 경주(慶州), 자는 재대(載大), 호는 담헌(澹軒)이다.

115 이천기(李天紀) : ?~1722. 본관은 전주(全州), 자는 계원(啓元)이다.

116 서명빈(徐命彬) : 1692~1763. 본관은 달성(達城), 자는 질보(質甫), 시호는 정간(靖簡)이다.

117 민통수(閔通洙) : 1696~1742. 본관은 여흥(驪興), 자는 사연(士淵)이다.

는데 이중지(李重之)는 진사가 되었으나 일찍 죽었고, 이현지(李顯之)는 전임 사평(司評)으로 출계(出系)하여 다른 사람의 후사(後嗣)가 되었다. 딸은 임행원(任行元)에게 시집갔다.

부군께서는 단아하고 방정하며 바르고 곧았으며 중후하고 전아하여 어려서부터 엄숙한 모습이 마치 성인(成人)과도 같으셨다. 대단히 효성스럽고 우애로운 성품으로 내행(內行)이 순수하게 갖추어졌다. 조비(祖妣)께서 중년 이후로 질병이 끊이질 않았는데, 병을 돌보고 봉양하는 데 항상 최선을 다하셨다. 비록 집이 궁핍해도 식사 때마다 맛있는 음식을 빼놓지 않으셨다. 간혹 병세가 심해지면 앉고 눕거나 일어서실 때 직접 부축해 드리며 걱정하는 마음으로 애태우셨다. 낮이나 밤이나 먹고 자는 것도 잊은 채, 약과 미음까지 직접 달이고 맛보아서 남에게 시키는 일이 없으셨다. 부드러운 얼굴빛과 온화한 목소리로 간절히 권하며 음식을 올리면, 조비께서는 음식을 잡숫지 못할 만큼 고통스러운 중에도 억지로나마 잡수셨다. 조비께서 정상을 회복하신 뒤에야 부군께서 사람들과 어울려 담소를 나누셨다. 그러나 진실한 마음과 성실한 자세로 봉양하여 조금도 게을리하지 않았으니, 수십 년 동안 마치 하루인 양 변함이 없으셨다. 친족들 사이에 모임이 있거나 친구들이 초청을 해도, 하룻밤을 지내고 돌아와야 하는 곳이면 모두 사양하고 가지 않아서 잠시도 어머니 곁을 떠나지 않으셨다.

조비께서는 항상 선친이신 안공(安公 안경인(安敬仁))의 후사(後嗣)가 장차 끊어지고 묘소에 표석(表石)이 없는 것을 매우 애통하게 생각하셨다. 병이 매우 심한 때에도 그 일에 대해 간곡히 타일러 마지않으셨다. 부군께서 눈물을 흘리며 말씀을 받들고, 조비를 장사하기 전에 글을 새겨 묘갈을 세움으로써 유지(遺志)를 이루셨다.[118]

형제들 사이에 우애가 매우 지극하셨다. 중씨(仲氏) 감역공(監役公)이 역병에 걸려 운명하고 겨우 아들 하나만 남게 되었다. 부군께서는 초종(初終)부터 장사에 이르기까지 힘을 다해 일을 돌보셨다. 두루 장지를 구하기 위해 추위와 더위도 마다하지 않고 몇 달 동안 분주히 돌아다니셨다. 이로 인해 건강을 많이 해쳤지만 대수롭게 여기지 않으시니 사람들이 모두 감탄하였다. 백씨(伯氏)의 상사 때에도 이와 같이 하셨는데, 그때는 부군의 연세가 이미 일흔을 향하고 있었다. 곡하고 눈물을 흘리며 슬퍼함에 그 슬픈 모습이 주변 사람들을 감동시켰으니, 사람들이 더욱 어려운 일이라고 생각하였다.

둘째 형수가 이웃에 살아 서로 의지하며 지냈는데 연세가 여든이 넘었다. 부군께서는 마치 늙은 어머니를 모시듯이 형수를 돌보고 문안을 여쭈었다. 하나라도 맛있는 음식이 있으면 곧 나누어 드려서 성의가 곡진하였다. 처음부터 끝까지 한결같이 이렇게 하셨다.

여러 조카들을 어루만지고 사랑함이 당신의 자식과 다름이 없었으니, 병들거나 우환이 있으면 염려하고 도와줌에 최선을 다하였고, 좋은 일과 나쁜 일, 혼인과 상사에도 모두 힘써 도와주셨다. 붓과 먹 등의 문방구를 쓰는 것도 우리 형제들과 똑같이 나누어 주어 조금도 차별하지 않으셨다. 여러 조카들도 부군을 마치 아버지처럼 여겼다. 그러나 말이나 행동에 진실로 잘못된 점이 있으면, 경계하고 가르치며 바로잡아서 조금도 너그럽게 용서하지 않으셨다. 그러므로 모든 자제들이 항상 대단히 두려워하여 감히 방심하는 법이 없었다. 이러한 마음을

118 조비께서는 항상……이루셨다 : 이 내용은 《제월당집》 권6 〈선비 증 정부인 순흥 안씨 행장〔先妣贈貞夫人順興安氏行狀〕〉에 자세히 보인다.

종족과 고을 사람들에게까지 미루어 나갔는데, 감동하고 기뻐하며 두려워하고 복종하지 않는 이가 없었으니, 원망하거나 미워하는 말이 평생 생겨나지 않았다.

부군께서 소과(小科)에 합격하여 영화롭게 돌아올 때에 과거에 낙방한 먼 고을에 사는 늙은 선비를 길에서 만나셨다. 그는 걸어서 고향으로 내려가고 있었는데, 발이 부르터서 제대로 걷지 못하였다. 부군께서 마음으로 불쌍하게 여겨 곧바로 그 분과 말을 함께 타고 가니, 길 가던 사람들이 모두 이상하게 여겼으나 부군께서는 조금도 난처한 기색이 없으셨다. 하룻길을 가고 나서 그 사람이 비로소 부군의 친절을 사양하고 떠났다. 그러면서 부군을 대단히 칭찬하고 감사하는 뜻으로 "당신의 앞길은 마땅히 만 리까지 끝없이 펼쳐질 것이오."라고 하였다. 다른 사람의 어려움을 급히 여기는 마음은 약관(弱冠)의 나이 때부터 이미 그러하셨다.

일찍이 길을 가다가 곤궁한[119] 어떤 부자(父子)를 보고 곧바로 봇짐에 있는 쌀과 장 등의 물건을 꺼내더니, 길가에서 김매는 아낙을 부르셨다. 그에게 주며 말씀하시기를 "이 사람들이 거의 죽을 지경이라 내가 도와주고자 하네. 그러나 길 가던 중이라 음식을 요리할 만한 그릇이 없네. 내가 주는 이 물건으로 죽을 쑤어서 이 두 사람을 좀 살려주게나."라고 하셨다. 아마도 굶주린 사람은 이미 말을 할 수 없는 지경

119 곤궁한 : 전련(顚連)은 가난하고 의지할 곳 없는 것을 의미한다. 송(宋)나라 장재(張載)의 《서명(西銘)》에 "온 천하의 쇠잔하고 병든 자, 고아와 독거노인과 홀아비와 과부가 모두 곤궁하여 하소연할 곳 없는 나의 형제들이다.〔凡天下疲癃殘疾, 惸獨鰥寡, 皆吾兄弟之顚連而無告者也.〕"라고 하였다.

이었던 듯하다. 김매던 아낙이 말하기를 "이처럼 선을 쌓으시니 저도 감동하였습니다. 감히 말씀대로 하지 않겠습니까."라고 하였다. 그러면서 또 "반드시 보답을 받아 알성시 장원에 오르실 것입니다."라고 하였다. 이런 말은 다른 사람에게 송축해 주는 예삿말로, 부군이 이미 과거에 합격한 사실을 알지 못하였던 것이다.

가난한 집안사람으로서 김씨 성을 가진 사람이 관동지방에서 처자식을 데리고 이리저리 떠돌다가 우리 고향에 와서 살았다. 그는 의지할 곳 없는 외로운 처지였는데, 이웃 마을의 친척들도 돌보아 주는 이가 없었다. 하지만 부군께서는 적극적으로 도와주어 삶의 터전을 잃지 않게 해 주셨다. 그의 아들을 집에 데려다가 공부시키고 관례(冠禮)를 치러 주었으며 아내를 얻어 살 수 있게 하셨다. 다른 사람들에 대해서도 이런 경우가 많았지만, 굳이 다 들지는 않겠다.

부군께서는 내직(內職)과 외직(外職)에 역임한 관직이 많지 않다. 그러나 담당하신 일에 대해서는 반드시 마음을 다하여 한 터럭만큼도 구차한 바가 없으셨다. 만일 한 가지 일이라도 마음에 거리낌이 있으면 밤새 편안하지 못하셨다. 고을을 다스리고 관찰사로 재임할 때는 공정하고 엄숙하며 인자하고 너그러우셨다. 엄함과 너그러움을 적절하게 조절하고 위엄과 은혜를 함께 베푸셨다. 아전들의 간사한 짓을 용납하지 않았고, 사람들은 감히 사사로운 일로 요구하지 못하였으니, 대요(大要)는 자기 자신을 바르게 하고 백성을 사랑하는 자세를 최우선으로 삼으셨기 때문이다. 학교와 교육의 제도에는 더욱 마음을 두셔서, 지방관으로 이르는 곳마다 다 성과가 있었다.

대개 부군의 다스림은 법대로 일을 처리하는 데만 있었던 것이 아니다. 평생의 몸가짐은 모든 행동을 규범에 맞게 하여 혹시라도 소홀히 하는 경우가 없으셨다. 일을 처리하고 사람들을 대할 때 자세하고 곡진하지 않은 경우가 없으셨다. 혹시라도 사리가 막히고 의심스러워 결정하지 못하는 일을 만나면, 반드시 변통할 수 있는 방법을 찾으셨다. 사리를 이해하고 사색하여 끝까지 궁구하여, 마침내 적당하고 좋은 방법을 얻은 뒤에 그만두셨다. 이런 일로 마음과 힘을 지나치게 사용하는 지경에 이르기도 하였지만, 부군께서는 수고롭게 여기지 않으셨다.

고사(故事)에 대해서는 크든 작든 간에 잘못 알고 계시는 경우가 드물었다. 책을 보는 데도 이와 같아서, 경전(經傳) 이외에 고금의 사람들이 하찮게 생각했던 글에 대해서도 정신을 집중하여 읽으면서 한 구절 한 글자를 꼼꼼히 따져, 본말과 취지를 얻지 못하면 책을 내려놓지 않으셨다. 사서삼경(四書三經)은 젊은 시절 비록 과거 공부를 위해 읽으셨다고는 하지만, 입으로 읽고 귀로 듣는 것만을 일삼지 않고 이미 그 속에 온축된 뜻을 알고 계셨다. 만년(晩年)에 이르러 누가 와서 묻거나 배우려고 하면, 부군께서는 귀에 들어오자 마음으로 이해하는 것이 마치 당신의 말씀을 외우듯이 하여 구절(句節)과 문의(文義)를 모두 다 밝게 아셨다.

비록 어린 학생이라도 그들의 수준에 따라 난이도를 조절하여 남김없이 분석하여 반드시 밝게 이해하도록 한 뒤에 그만두셨으므로, 일깨워진 학생들이 매우 많았다. 그러나 부군께서는 평소 성품이 겸손하였으므로 스승으로 자처하지 않으셨다. 이웃 고을의 선비들이 여러 차례 원장(院長)으로 초청하였으나, 고사하고 허락하지 않으셨다. 그러나 만일 의심스러운 의리에 대해 묻거나 학문의 규범에 대해 강론하는 사람이 있으면, 반드시 궁금증을 풀어 주고 인도하여 즐거이 알려 주기를 게을리하지 않으셨다.

숭현서원(崇賢書院)[120]은 송담(松潭) 선조께서 세우시고 동춘(同春)과 우암(尤庵) 두 선생께서 강학하시던 곳[121]이다. 부군께서는 이분들이 남긴 규범을 받들어 이루어진 가르침을 강구하여 밝히셨다. 건물의 낡은 곳을 수리하고 학생들의 게으른 마음을 진작시켜 만일 따르지 않는 사람이 있으면 경계하고 주의를 주셨다. 이러므로 문하에 출입하는 사람들은 누구나 부군을 공경하고 복종했으며 존중하고 신뢰하여 모든 일을 반드시 여쭌 뒤에 행하였다. 선(善)을 즐기고 의(義)를 좋아함은 진실한 마음에서 나왔다. 그러므로 다른 사람에게 한 가지 장점, 한 가지 착한 점이 있는 것을 보면, 친소(親疏)와 귀천(貴賤)을 따지지 않고 칭찬하며 장려하셨다. 충효(忠孝)와 절의(節義)를 지킨 고금의 인물에 대해 언급하게 되면, 감탄하고 찬미하여 그들에게 미치지 못할까 걱정하셨다.

부군의 마음가짐은 너그럽고 잔잔하여 사람들과 다투지 않으셨다. 매번 말씀하시기를 "옛사람들의 백 번 참는다〔百忍〕는 글자는 진실로 좋다. 그런데 오히려 마음속에 쌓인 감정이 있다면 차라리 아무 일이 없는 듯 잊는다〔忘〕는 것만 못하다."라고 말씀하셨다. 그러나 사람들과

120 숭현서원(崇賢書院) : 1585년(선조18)에 지방 유림의 건의로 정광필(鄭光弼)·김정(金淨)·송인수(宋麟壽)의 학문과 덕행을 추모하기 위해 창건하여 그들의 위패를 봉안하였다. 임진왜란 때 소실되었다가 1609년(광해군1)에 중건되었고, 같은 해 이시직(李時稷)의 상소로 숭현(崇賢)이라고 사액되었다. 그 뒤 1646년(인조24)에 김장생(金長生), 1681년(숙종7)에 송준길, 1694년에 송시열을 추가로 배향하였고, 1667년(현종8)에는 별사(別祠)를 건립하여 이시직과 송시영(宋時榮)을 배향하였다. 1871년(고종8)에 대원군의 서원철폐령으로 훼철되었다.

121 강학하시던 곳 : 고비(臯比)는 호피(虎皮)로, 옛사람들이 호피를 깔고 앉아서 강학하였으므로, 후대에는 사석(師席)의 뜻으로 쓰이게 되었다.

일의 가부(可否)에 대해 논쟁할 때는 반드시 당신의 견해를 다하여 거듭거듭 의견을 교환하셨다. 비록 존귀한 사람의 앞이라도 우물쭈물하는 태도를 취하지 않으셨다. 평생 당신의 소신대로 할 말을 다하거나〔危言〕 심각하게 비평하는 일을 하지 않았지만, 또한 꾸민 낯빛으로 다른 사람에게 잘 보이려고 하거나 좋은 말로 남을 따르는 태도도 취하지 않으셨다. 만일 어물어물하거나 아첨하는 태도를 지닌 사람을 볼 때는 똑바로 바라보려고 하지 않으셨다. 괴이하거나 교만한 행동은 더욱 싫어하셨다. 편안하고 즐거우며 화평하고 너그러운 마음이 마치 끝이 없는 것 같으셨다. 하지만 어진가 사특한가와 옳은가 그른가의 대체(大體)에 대해서는 매우 엄격하게 변별하여 한 칼로 끊음에 조금도 흔들림이 없으셨다.

조정에서는 더욱 정성스러운 모습을 지키셨다. 대성(臺省)의 우두머리가 되어서는 무리 지어 만들어 내는 편벽되고 이치에 맞지 않는 과격한 논의를 배척하여 따르지 않으셨다. 비록 많은 사람들이 헐뜯고 유감스러워 해도 당신의 의사를 꺾어 구차하게 동조하지 않으셨으니, 부군께서 올린 소장과 계(啓)에서 이러한 점을 알 수 있다. 이 때문에 선류(善類)[122]들은 부군을 의지하여 존중하였으나, 다른 무리들은 대단히 탐탁찮게 여겼다. 그러나 부군께서는 그들의 불만에 대해 조금도 걱정하지 않으셨다.

경신년(1680, 숙종6)[123] 이후로 사류(士類)들 사이에 이미 분열의

122 선류(善類) : 착한 무리라는 의미인데, 일반적으로 같은 당(黨)의 사람들을 가리킨다. 여기서는 서인(西人)들을 지칭하는 말로 사용되었다.

123 경신년 : 남인(南人) 세력이 정치적으로 대거 축출된 경신대출척(庚申大黜陟)이

조짐이 있었는데, 여러 차례 이조에 근무하면서 한결같이 공평한 마음으로 조화를 이루고자 노력하여, 이쪽이나 저쪽이나 잘못되는 지경에 이르지 않았다. 낭관(郎官) 가운데 시론(時論)을 이끌어가면서 억지 주장을 좋아하는 사람이 있었는데, 부군을 매우 꺼리는 마음을 품고 있었으나 또한 문제점을 잡아내지는 못하였다.

공직에서 물러나서는 사람들과의 교류를 완전히 끊으셔서 집에 엉뚱한 손님이 찾아오지 않았다. 바깥출입을 줄이고 청탁을 끊어서 비록 동료와 벗이라도 요직에 있는 사람이면 모두 찾아가지 않으셨다. 물건을 주고받는 절차에 있어서도 반드시 가부를 헤아려 처리하셨다. 고을 수령이 명분 없는 선물을 보내오면 즉시 사절하여 돌려보내셨다. 내가 과거에 합격했을 때, 족친(族親) 가운데 관찰사인 사람이 면포(綿布) 수십 필을 보내와서 잔치에 필요한 물품을 구입하는 데 쓰게 하였다. 부군께서 이를 물리치고 말씀하기를 "내가 청렴하다는 이름을 얻으려고 이러는 것이 아니라, 이와 같이 한 다음에야 내 마음이 편안하다."라고 하셨다. 아마 부군께서는 청렴하고 절약하며 삼가고 조심하는 데 평소 지키는 기준이 그러하였을 것이다.

호조 참의로 있을 때 사신의 임무를 띠고 연경(燕京)에 가시게 되었다. 이런 일이 있을 경우 해당 관청에서 장관을 전별하는 물품을 마련하는 것이 통례이므로 전례를 따라 행하게 하였다. 그러나 당시 3년간의 국상이 진행되고 있었으므로, 부군께서 전례를 따르는 것은 마음이 편안하지 않다고 말씀하셨다. 장관이 처음에는 난색을 표하다가 뒤에는 부군의 말씀을 따랐다. 이것이 비록 작은 절의이지만, 또한 부군이

일어난 해이다.

지닌 절의의 한 단서를 볼 수 있다.

화려하고 사치스러운 습속(習俗)에 대해서는 성격상 본래 좋아하지 않을 뿐만 아니라 또한 대단히 경계하셨다. 내가 고을 수령이 되었을 때, 세속에서 하는 것처럼 음악과 기생을 두고 잔치를 벌이며 즐기지 않았던 것도 평소의 뜻과 가르침을 받들어서 그렇게 했던 것이다. 가족 간에 오가는 편지에서도 매번 법도를 지키고 몸을 경계하는 도리를 일에 따라 훈계하셨다. 이런 내용들은 다른 사람들이 반드시 다 아는 것은 아니다.

집에서 머무는 몇 년 동안 더욱 담박하게 생활하여 살림이 초라하고 때로는 궁핍한 생활을 면하지 못했지만, 편안한 마음으로 지내셨다. 의복과 음식은 모두 검약(儉約)을 지향하셨다. 일상에 필요한 그릇과 생활용품도 한결같이 투박한 것을 사용하셨다. 화려한 장신구들은 모두 마음에 두지도 않았고 몸에 가까이하지도 않으셨다. 거처하던 방도 썰렁하여 한미한 선비의 방과 다르지 않았다. 이런 모습을 본 사람들은 높은 벼슬을 역임한 귀한 사람의 집이라는 것을 믿지 못하였다.

오직 선조(先祖)를 모시는 일에는 독실하게 노력하였으니, 위토(位土)를 마련하여 조부님 제사를 풍성하게 모실 수 있도록 하셨다. 여러 대의 조상들에 대한 세제(歲祭) 의식도 모두 강구하여 정하셨는데, 그릇의 숫자와 음식을 풍성하면서도 질 좋은 것을 사용하도록 노력하셨다. 그러나 집안에서 지내는 제사는 적절히 줄여서 검소하게 하였고, 이러한 내용은 저술로 남겨 자손들이 준수(遵守)하도록 하셨다.

단정히 지내며 조용히 앉아 계시면 기상이 장중(莊重)하였으므로, 사람들이 저절로 공경하고 두려워하여 감히 함부로 하지 못하였다. 그러나 서로 이야기를 나누다 보면 화기애애한 분위기 속에 즐겁게 어우러졌다. 각각 상대방에 따라 대응하기를 게을리하지 않고 연이어 쉼 없이 말씀하시니, 그 말씀이 마치 구슬을 꿰어놓은 것 같았다.

고금의 사변(事變)과 시사(時事)의 잘잘못, 그리고 산수와 전원의 흥취, 문장과 학술의 귀취(歸趣) 등에 대해서도 분명하고 적실하며 명쾌하게 파악하여 요점만 말씀하셨다. 그러므로 듣는 사람들이 귀가 깨고 마음이 넓어져서 마치 가려둔 덮개를 걷어내는 것과 같았다.

음양오행(陰陽五行)의 운행과 변화, 이기(理氣)와 사단칠정(四端七情)의 체용(體用)과 선후(先後)에 이르기까지 모두 묵묵히 이해하여 분명하게 구분하셨다. 강령과 요점을 들어서 때때로 강론하면, 그 말씀이 마치 물이 흐르듯 거침이 없으셨다.

또 사라지고 생겨나며 꽉 찼다가 텅 비는 이치와 길하고 흉하며 성대하고 쇠하는 실마리에 대해서도, 크게는 천지의 사이에서 그 이치를 살피고 작게는 사람의 일에서 그 실마리를 미루어, 다른 사람들이 미처 보지 못한 것을 보아 아셨다. 그 가운데 반드시 그렇게 될 것이라고 믿는 것은 자신에게 간직하고 다른 사람에게 경계시켰으며, 지난 일에서 징험하여 앞으로 일어날 일을 아셨다. 대개 평안하고 즐겁게 사물을 바라보려는 뜻에 얻음이 있어서 깊이 들어맞음이 있었다. 사람의 선악(善惡)과 일의 성패(成敗)에 대해 논할 때도 식견이 분명하였고 헤아리는 잣대가 정확하였다. 뒷날 마땅히 이와 같이 될 것이라고 미리 말씀하시면 들어맞는 경우가 많았다.

어려서부터 동춘과 우암 두 선생을 스승으로 섬겼고, 사우(師友)의 연원에도 진실로 유래가 있었다. 그러나 타고난 자품이 고명(高明)하였으므로 학문의 대체(大體)에 대해 스스로 통하여 아셨다. 만년에 이르러서는 마음을 맑게 하고 욕심을 줄이며, 편안하고 담담하며, 텅 비우고 고요하게 하며, 성찰하여 단단히 지키는 일 등에 대해서 잠시도 그만두지 않으셨다. 덕성(德性)을 함양하는 데 방도가 있고 덕용(德容)이 온화하고 밝아서 밖으로 드러나 보이는 것이 자연스레 독실하고 광채가 나는 아름다움이 있었다. 일찍이 다음과 같은 시[124]를 쓰셨다.

책 속에서 성인 대하고	黃卷中間對聖人
단전 가까이 밝은 정신 지키네	丹田咫尺護明神
근본을 먼저 배양하여	根基且自先培壅
사용할 때는 참과 거짓 구분해야지	發用要須辨妄眞
작은 성취에 안주하면 학문이 아니라	安歇小成非是學
전체를 관통해야 비로소 인이 되지	貫通全體始爲仁
조용히 공부 무르익기 기다리면	從容待到工夫熟
천지 만물이 차례로 새롭겠지	天地群形次第新

이 시에 담긴 뜻이 정밀하고 요약되었으며 원숙하게 융화되어 비록 정자(程子)의 문집에 수록하더라도 구분하기 어려울 정도이다. 진실로 조예가 깊지 않다면 이와 같을 수 있겠는가. 후학들을 경계하고 분발시킨 것도 대단히 훌륭하다.

우리나라 여러 선현들 가운데 율곡(栗谷)을 가장 높이 평가하여 "궁리와 격물의 공부와 경국제세(經國濟世)의 재주가 하나로 융합되었으니, 참으로 이른바 본체에 밝고 활용에 알맞은 학문이라고 할 만하다."

124 시 : 이 시는《제월당집》권2에 수록된〈우연히 율시 한 수를 지어 기록하여 우재 선생의 책상 아래에 올리다〔偶得一律錄上尤齋先生案下〕〉라는 작품이다.

라고 하셨다. 또 "김사계(金沙溪)[125]는 예학(禮學)을 정밀하고 심도 있게 연구하여 후세의 사람들에게 크게 공이 있으니, 문묘에 배향해도 부끄러울 것이 없다."라고 하셨다.

또 옛날부터 늘 있어 왔던 것에 싫증내고 신기한 것만 좋아하는 것을 말학(末學)의 큰 문제점으로 여겨, 항상 다음과 같이 말씀하셨다.

"정자(程子)와 주자(朱子)가 있은 뒤에 의리가 크게 밝아졌고, 우리나라의 선유(先儒)들도 의리의 본질에 대해 밝혀 놓은 것이 많다. 그들의 견해가 깊고 얕은 차이가 있고, 말한 것이 정밀하고 거친 차이가 있지만, 후학들은 마땅히 그분들의 견해를 준수하여 익혀야 할 뿐이다. 어찌 다른 의견을 내어 도리어 혼란을 일으키겠는가."

대개 바른 학문을 존중하고 도를 믿어 의혹되지 않은 것이 부군께서 진실로 평소 지키던 것이었으니, 이 말씀 또한 까닭이 있어서 하신 듯하다.

매번 봄가을로 한가하며 경치가 맑고 온화한 때를 만나면, 혹은 몇몇 어른 및 아이들과 자연 속에서 바람 쐬며 시를 읊조렸고, 혹은 친한 벗들과 거문고와 바둑에 대해 평론하기도 하셨다. 그때의 풍치는 한가롭고 여유로우며 풍모가 편안하여, 완연하게 천지자연과 함께 유행하고 자신과 세상일을 모두 잊으려는 뜻이 있으셨다. 고요한 밤 밝은 달빛 아래 당신의 의취와 경치가 조화를 이루면 고금 인물의 시문을 낭송하여 감회를 풀기도 하셨는데, 그 소리가 낭랑하여 마치 금석(金石)에서 나오는 것 같았다. 대개 복잡한 세상사를 털어 버리고 고명(高

125 김사계(金沙溪) : 김장생(金長生, 1548~1631)으로, 본관은 광산(光山), 자는 희원(希元), 호는 사계이다.

明)한 데 마음을 두어서, 진실로 즐거워하는 흥취와 스스로 깨닫는 맛은 실로 다른 사람들이 미처 알지 못하고 자신만이 알 수 있는 경지가 있으셨다. 그러나 임금의 덕이 혹 부족하거나 정사가 혹 잘못되었다는 소식을 들으면, 곧바로 근심스러운 모습으로 기뻐하지 않으며 "시국이 이러하니, 나랏일을 장차 어찌한단 말인가."라고 말씀하셨다.

매번 한가한 시간에 효종조(孝宗朝) 때 발생한 어떤 일들에 대해 언급하게 되면 "성스러운 임금이여, 성스러운 임금이여, 지금 어찌하면 다시 뵐 수 있을까."라고 하셨다. 그러면서 오랫동안 서글퍼하였으니, 가슴 속에 깊이 느끼시는 바가 있었던 것이다. 어찌 과감히 세상일을 잊어서 나라가 잘되든 잘못되든 아무 걱정이 없는 사람과 비교할 수 있겠는가.

부군께서는 시문(詩文)에 대해 천부적인 재능을 타고나셨다. 항상 이른 나이에 과거공부에 골몰하고 중간에는 고질병을 앓느라, 시문에 힘을 쏟지 못한 것을 한스럽게 여기셨다. 겸손한 태도로 자신의 시문을 내보이지 않으며, 글을 잘하는 사람이 아니라고 생각하셨다. 그러나 작성한 편지나 소장은 내용이 뛰어나고 수사(修辭)도 훌륭하며 논리가 명백하고 절실하여 부화한 기운이 조금도 없었다. 시 또한 정밀하고 뛰어났는데, 만년에는 더욱 평담하여 운치가 있었다. 우암 선생이 일찍이 말씀하기를 "송규렴의 문장은 흠이 없다."라고 하셨다. 또 다른 사람을 위해 대신 지은 글을 보시고 탄복(歎服)했다는 말까지 있었다. 부군께서 남기신 몇 권의 글이 집에 보관되어 있다.

아아, 부군의 효성과 우애는 집안에 모범이 될 만했고, 인애(仁愛)는 백성들을 구제할 만했다. 정밀하고 조예가 있는 식견은 하늘의 이치와 사람의 일을 꿰뚫기에 충분했고, 민첩하고 통달한 재주는 사물을 속속들이 파헤쳐 다루기에 충분했다. 마음을 간직함에 반드시 공명정대(公明正大)함에 근본을 두었고, 행동을 제어함에 충(忠)과 신(信)에 주안점을 두셨다. 청렴하고 결백하면서도 옹색함에 이르지 않았고, 진실하고 곧으면서도 경솔함에 흐르지 않으셨다. 아주 사소한 것도 반드시 살폈고, 짧은 시간도 반드시 삼가셨다. 말과 행동에 법이 있어서 형식과 내용을 모두 갖추셨다. 소장과 언의(言議)의 사이에 나타난 내용들은 모두가 도(道)를 지키고 현인을 존중하며 임금을 사랑하고 나라를 걱정하는 정성에서 나왔다. 그렇다면 옛날에 이른바 성덕군자(成德君子)란 부군이 아니고 누구를 가리키는 말이겠는가.

그러나 이보다 더 위대한 점이 있다. 작위와 녹봉, 그리고 임금의 사랑은 사람이라면 누구나 추구하는 바이다. 온 세상 사람들이 이러한 풍조에 빠져서 돌아올 줄을 모른 채 목숨을 걸고 탐하는 것이 모두 이런 것들이다. 산림(山林)에 홀로 들어간 선비로 애당초 세상에 나오지 않은 사람은 말할 것이 없지만, 관직 생활에서 벗어나 적막한 곳에서 달가운 마음으로 세상의 영화를 사양하고 한가롭게 지내면서 죽을 때까지 아무런 후회가 없었던 사람이 세상에 몇이나 되겠는가. 지금까지 수천 년 동안 소광(疏廣)과 소수(疏受)[126]와 전약수(錢若水)[127]가

126 소광(疏廣)과 소수(疏受) : 한나라 선제(宣帝) 때의 명신(名臣)이다. 소광은 태부(太傅)가 되고 소수는 소부(少傅)가 되었는데, 소광이 소수에게 "내가 들으니 만족할 줄 알면 욕되지 않고, 그칠 줄 알면 위태롭지 않다고 하였다. 공을 이루면 떠나는 것이 하늘의 도리이다.〔吾聞知足不辱, 知止不殆, 功遂身退, 天之道也.〕"라고 하였다. 두 사람이 동시에 벼슬을 그만두고 시골로 돌아가던 날 그들을 어질게 여겨 전송하러 온 자들의 수레가 수백 대나 되었으며 황제가 많은 황금을 하사하였다. 두 사람은 고향으로 내려가 황제에게서 받은 황금을 모두 나눠 주었다고 한다.《漢書 卷71 疏廣傳》

있었을 뿐이다. 하물며 쇠퇴한 말세에는 더욱 어려운 일이 아니겠는가.

오직 부군께서는 명리(名利)의 길목을 꿰뚫어 알았고, 나아감과 머무름의 큰 방도를 분명하게 보셨다. 이 때문에 홍문관과 이조의 요직이 부군의 마음을 더럽히지 못하였고, 네 마리 말이 끄는 높은 수레가 부군의 몸을 영화롭게 하지 못하였다. '난진이퇴(難進易退 나감을 어렵게 여기고 물러남을 쉽게 여김)' 네 글자로 몸을 편안히 하고 목숨을 보존하는 최우선의 의리로 삼으셨다. 그러므로 조정 관리의 명단에 60년 동안 이름이 올랐지만, 실제로 조정에 나가 공무를 수행하신 세월은 겨우 10여 년이었다. 그러나 조정에서 관직에 임명해 주어도 반드시 망설이고 회피하여 여러 차례 사직하고서도 허락을 받지 못해서야 비로소 명을 받들었다. 아마 발걸음은 비록 잠시 조정에 나가더라도 마음은 항상 물러나지 않은 적이 없으셨던 듯하다.

조비(祖妣)께서 살아계실 때 고향에 머물며 조정에 나가지 않은 것이 이미 여러 해였다. 당시 부군의 연세가 겨우 마흔 정도였으므로 조정의 의론은 이를 매우 안타까워하였다. 조복양(趙復陽)[128] 공이 동춘 선생에게 편지를 보내 "원외(員外) 송규렴이 어찌 오래도록 산림에 머물 사람이겠습니까."라고 하였다. 당시 부군께서 막 이조 정랑에 임명되었기 때문에 이렇게 말한 것이다. 이숙 공이 부군을 찾아와 "안석

127 전약수(錢若水) : 송(宋)나라 사람이다. 당시 한 고승(高僧)이 전약수를 보고 말하기를 "이 사람은 급류에서 용감히 물러날 사람이다."라고 했는데, 뒤에 전약수가 과연 벼슬이 추밀원 부사(樞密院副使)에 이르자 40세의 나이로 즉시 물러났다고 한다. 《聞見錄 卷7 錢若水》

128 조복양(趙復陽) : 1609~1671. 본관은 풍양(豐壤), 자는 중초(仲初), 호는 송곡(松谷)이다. 조익(趙翼)의 아들이며, 김상헌(金尚憲)의 문인이다.

(安石)[129]이 조정에 나오지 않는다면 백성들은 어찌한단 말인가."라고 하였다. 한 시대의 선배들과 동료들이 부군에게 가졌던 기대가 대단했음을 이러한 예에서 볼 수 있다. 그러나 조모님께서 돌아가시기 전까지는 당신의 뜻을 지켜서 변하지 않으셨다.

경신년(1680, 숙종6) 뒤에 한 번 조정에 나갔다가 여러 해 동안 머문 것은 개인적인 사정을 가지고 이미 핑계 삼을 수 없었고, 임금의 은혜로운 명령도 끝까지 저버리기 어렵기 때문이었다. 그것은 임금과 부모의 은혜와 의리의 사이에서 헤아림이 깊고 처신이 마땅하였다. 그러나 당시 상황은 어려움이 많았으므로, 고향으로 돌아오시려는 뜻이 이미 결정된 상태였다.

기사년(1689)에 한 번 조정에서 물러난 뒤로, 마침내 이 세상에 다시는 마음을 두지 않으셨다. 항상 다음과 같이 말씀하셨다.

"써주면 도를 행하고, 써주지 않으면 숨는 것[130]은 공자와 안자(顏子)만이 가능한 일이니 비록 쉽게 말할 수 없지만, 사군자(士君子)는 마땅히 이러한 생각을 가슴속에 품고 있어야 한다."

대개 존양(存養)의 공부가 이미 치밀하셨기 때문에 거취(去就)를 더욱 분명하게 결정할 수 있었을 것이니, 이러한 경지를 세속의 사람들이 어찌 엿보아 흉내낼 수 있겠는가. 세상의 변화가 끝이 없고 사화(士

129 안석(安石) : 동진(東晉)의 재상(宰相) 사안(謝安)의 자이다. 그는 경륜과 지략이 뛰어나 명망이 높았는데 회계의 동산에 은거하자 당시 사람들이 "안석이 세상에 나오지 않으니, 창생들을 어찌하려는가.〔安石不肯出, 將如蒼生何.〕"라고 하였다. 《晉書 卷79 謝安列傳》 여기서는 송규렴을 지칭하는 말로 쓰였다.

130 써주면……것 : 자신의 도를 펼 수 있느냐 없느냐의 여부에 따라 거취를 결정하여 나아가기도 하고 은퇴하기도 하는 것을 말하는 것으로, 《논어》 〈술이(述而)〉에 나온다.

禍)가 하늘에 닿을 정도로 참혹해지는 시점에 이르자, 한 시대에 뜻을 함께했던 여러분이 대부분 재앙에서 벗어나지 못하였고, 세도와 나랏일도 다시 어찌할 수 없는 상황이 되었다. 그러나 오직 부군만은 먼저 이러한 기미를 알아 고상한 거취로 멀리 물러나셨다. 그리하여 영욕(榮辱)과 득실(得失)의 길에서 초연하여, 세상에 넘치는 허물을 받지 않고 사람들의 비방을 듣지 않으셨다.

나이가 많아질수록 덕도 높아져 한 시대의 모든 사람들이 존경하는 인물로 우뚝 서셨다. 그러므로 명철한 의리와 과감히 물러나는 절의가 저절로 세상에 밝게 드러났으니, 저 소광(疏廣)과 소수(疏受)와 전약수(錢若水)만이 앞 시대에 아름다운 행적을 남긴 인물로 찬미되지는 않을 것이다.

이에 세상 사람들이 부군을 마치 천 길 높이 날아가는 봉황과 하늘 높이 비행하는 기러기와 같이 바라보며 칭찬하기를 "송규렴 공은 내가 미칠 수 없는 인물이다."라고 하였다. 위로는 조정에 출사한 벼슬아치로부터 아래로는 천민에 이르기까지 평소에 비록 부군을 탐탁잖게 생각했던 사람이라도 같은 말로 추앙하고 복종하여 감히 다른 말을 하지 않았다. 여기에서 부군께서 지킨 바가 단단하고 세운 바가 큼을 알 수 있다.

부군의 인망(人望)과 내면에 축적된 경륜(經綸)으로 조정에 나아가 높은 지위에 올랐다면 위로는 조정을 화락하게 하여 나라를 다스리는 데 도움을 주고, 다음으로는 조정 신하들의 모범이 되어 사람들이 믿고 두려워하였을 것이다. 그러나 끝내 확고한 의지를 바꾸어 한 번 이 세상의 책임을 담당하지 않으셨으니, 이 또한 사람들이 모두 개탄하는 바이다.

비록 그러하나 부군께서는 내외(內外)와 경중(輕重)의 구분에 대해 진실로 이미 평소 마음에 정하여, 부귀를 마치 뜬구름처럼 보고 산골짜기의 삶을 본분[131]으로 여기셨다. 느긋한 마음으로 초야에서 지내며 즐거운 마음으로 생을 잘 마감하셨으니,[132] 어찌 이러한 즐거움으로 영화를 추구하는 생활과 바꾸겠는가. 게다가 출처(出處)와 진퇴(進退)는 사람이 지켜야 할 큰 절의이다. 한 번이라도 실수가 있다면 명예와 지위, 그리고 세운 공로가 한 시대에 우뚝 빛난다고 해도 후세 사람들의 손가락질과 기롱을 면치 못하는 경우가 많다.

지금 부군께서는 훌륭한 식견과 고상한 풍모를 지니셔서 다른 사람들이 스스로 미치기 어렵다고 하였다. 이처럼 명예와 절의를 완전하게 한 것은 세상에 비견될 만한 사람이 드물다. 위로는 선왕(先王)께서 우대해 준 은혜를 빛내고 아래로는 말속(末俗)의 탐욕스럽고 비루한 습속을 경계하셨다. 백대의 뒤에도 반드시 부군의 여운을 추모하여 무릎을 치고, 남기신 빛을 우러러 마음이 경도되며, 개연히 길게 탄식하고 사모하여 흥기하는 사람이 있을 것이다. 그렇다면 부군께서 세교(世教)를 지탱하고 선비들의 지향할 바를 힘써 보여 주어, 예의와 염치의 풍속을 이루는 데 도움을 준 것이 또한 어찌 작다 하겠는가. 《주역》에 이르기를 "은미함을 알고 환히 드러남을 아나니, 만민이 우러른다."[133] 하였고, 《시경》에 이르기를 "높은 산을 우러러 보며 큰길을 행한

131 본분 : 소리(素履)는 본분대로 행함을 의미한다. 《주역》 〈이괘(履卦) 초구(初九)〉에 "본래의 행함으로 가면 허물이 없으리라.〔素履, 往, 無咎.〕"라고 하였다.

132 즐거운……마감하셨으니 : 《일주서(逸周書)》 〈시법해(謚法解)〉에 "의를 통해 나라를 구하는 것을 경이라 하고, 즐거운 마음으로 생을 잘 마감하는 것을 정이라 한다.〔由義而濟曰景, 寬樂令終曰靜.〕"라고 한 것을 원용하였다.

다."[134] 하였다. 부군께서는 이에 부끄러울 것이 없는 분이시다. 세상에 독실한 논의를 하는 군자와 태사씨(太史氏)가 있으니, 이들이 모두 부군의 자취를 드러내 지금 세상과 후대에 전해 주리라 의심하지 않는다. 그러니 내가 어찌 감히 사사로운 말을 하겠는가.

보잘것없는 내가 식견이 어둡고 일천하여 부군의 덕을 나타내는 행장(行狀)을 감히 쉽게 지을 수 없었다. 그래서 오랫동안 완성하지 못하고 밤이나 낮이나 슬프고 두려운 마음 그지없었다. 이제야 비로소 유사(遺事)를 모아 이상과 같이 행장을 지었다. 이 글을 짓는 데 있어서 한 마디 말인들 감히 지나치게 꾸며 부군의 겸손한 덕을 손상시켜 불효의 죄를 한층 더하겠는가. 그러나 글재주는 부족하고 정신은 혼란하여 만분의 일도 제대로 기록하지 못하였다. 아, 애통하다. 못난 아들 상기는 눈물을 흘리며 삼가 기록한다.

133 은미한……바라본다 : 《주역》 〈계사전 하(繫辭傳下)〉에 "군자는 은미함을 알고 드러남을 알며 유순함을 알고 강함을 아나니, 만민이 우러른다.〔君子知微知彰, 知柔知剛, 萬夫之望.〕"라고 한 것을 원용하였다.

134 높은……행한다 : 이 말은 《시경》 〈거할(車舝)〉에 보인다.

신도비명 병서○승지 박필주[135] 찬

神道碑銘 竝序○承旨朴弼周撰

공자(孔子)께서 일찍이 말씀하시기를 "벼슬과 녹봉도 사양할 수 있다."[136]라고 하셨다. 사양할 수 있다는 것은 쉽다는 것이 아니라, 다만 저 중용(中庸)을 실천하기가 불가능한 것에 비하여 가능하다고 말한 것뿐이다. 그렇다면 벼슬과 녹봉을 사양하기가 어려운 것은 예부터 그러했던 것이다. 역사에 드러난 사실을 가지고 말하면, 그날로 해직을 청한 소광(疏廣)과 소수(疏受),[137] 그리고 급류에서 용퇴한 전약수(錢若水)[138]와 같은 사람들은 한(漢)·당(唐)·송(宋)의 천백 년 사이에 겨우 약간 명에 그치고 있다. 아, 어쩌면 그리도 한결같이 아득하여 볼 수 없는 것인가. 근세에서 그런 사람을 찾는다면 오직 제월당(霽月堂) 문희(文僖) 송공(宋公)이 이런 분이다. 누가 옛사람과 지금 사람이 서로 미치지 못한다고 말하겠는가.

135 박필주(朴弼周) : 1665~1748. 본관은 반남(潘南), 자는 상보(尙甫), 호는 여호(黎湖), 시호는 문경(文敬)이다.

136 벼슬과……있다 : 《중용장구》 제9장에 공자께서 "천하와 국가를 균평하게 다스릴 수 있고, 벼슬과 녹봉을 사양할 수 있으며, 흰 칼날을 밟을 수 있으나, 중용은 능히 할 수 없다.〔天下國家, 可均也, 爵祿, 可辭也, 白刃, 可蹈也, 中庸, 不可能也.〕"라고 하였다.

137 소광(疏廣)과 소수(疏受) : 한나라 선제(宣帝) 때의 인물로, 벼슬이 높아지자 벼슬을 그만두고 고향으로 돌아간 인물들이다. 486쪽 각주126 참조.

138 전약수(錢若水) : 송(宋)나라 사람으로, 벼슬이 추밀원 부사(樞密院副使)에 이르자 40세의 나이로 즉시 물러났다. 487쪽 각주127 참조.

삼가 살피건대 공의 휘(諱)는 규렴(奎濂), 자는 도원(道源), 본관은 은진(恩津), 호는 제월당이다. 시조는 고려의 판원사(判院事) 대원(大原)이다. 휘 유(愉)는 우리 태종(太宗) 때 회덕(懷德)으로 은거하였으며 호는 쌍청당(雙淸堂)이고, 그 집이 지금까지 남아 있다. 이로부터 명성과 덕망을 지닌 인물들이 계속 이어져 호군(護軍) 휘 남수(枏壽)[139]에 이르렀으니, 이분이 공의 증조(曾祖)이며 곧 규암(圭菴) 선생 인수(麟壽)[140]의 족제(族弟)이다. 학유(學諭)인 조부(祖父) 휘 희원(希遠),[141] 부친 휘 국전(國銓), 모친 순흥 안씨(順興安氏)는 공이 귀하게 되었기 때문에 양세(兩世)가 모두 증직(贈職)되었다.

공은 숭정(崇禎) 3년 경오년(1630, 인조8)에 태어났다. 어려서 병이 많았는데, 어떤 절강(浙江) 사람이 상(相)을 보고 말하기를 "이 아이는 반드시 크게 귀하게 될 것이다."라고 하였다. 7세에 부모를 따라 회덕으로부터 오랑캐의 난을 피하여 삼가(三嘉)[142]로 갔다. 난이 안정되고 고향에서 온 종을 만났는데, 맨 먼저 쌍청당이 온전한가의 여부를 물으니 사람들이 모두 기특하게 여겼다.

조금 자라서는 깨달음이 남들보다 뛰어나 어려운 책도 쉽게 읽었다. 일찍이 동춘(同春) 선생에게서 기삼백(朞三百)[143]과 선기옥형(璿璣玉

139 송남수(宋枏壽) : 1537~1626. 본관은 은진(恩津), 자는 영로(靈老), 호는 송담(松潭)이다.

140 송인수(宋麟壽) : 1499~1547. 본관은 은진, 자는 태수(台叟)·미수(眉叟), 호는 규암(圭庵), 시호는 문충(文忠)이다.

141 송희원(宋希遠) : 1565~1623. 본관은 은진, 자는 의백(毅伯)이다.

142 삼가(三嘉) : 현재의 경상남도 합천군 남부에 위치한 지명이다.

143 기삼백(朞三百) : 《서경》 〈요전(堯典)〉에 보인다. 421쪽 각주6 참조.

衡)[144]의 주(註)에 대해 배웠는데, 말씀을 들으면 즉시 이해하였고 몇 번 읽고 나면 암송하니, 동춘 선생께서 칭찬하셨다.

갑신년(1644, 인조22)에 황도(皇都 명나라의 수도 북경)가 함락되었다는 소식을 듣고, 시를 지어 슬프고 분한 심정을 표현하였는데, 시어가 매우 격렬하였다. 무자년(1648)에 진사(進仕)가 되었고, 기축년(1649)에 부친상을 당하였다. 계사년(1653, 효종4)에 별시에서 1등으로 합격하였다. 이때 지은 책문(策文)은 많은 사람들이 외워 전하였는데, 마침 어떤 이유로 회시(會試)에 응시하지 못하였다.[145] 공은 명경(明經)으로 과거 공부를 했으나, 입으로만 외우지 않고 심오한 의미를 깊이 연구하였다. 이듬해 대비과(大比科)[146]에 합격하여 승문원(承文院)을 거쳐 검열(檢閱)로 천거되었다. 여러 차례에 걸쳐 효종(孝宗)의 각별한 칭찬을 받았다. 매번 연석(筵席)에 출입할 때마다 아름다운 풍채가 사람들을 감동시켰다. 이일상(李一相)[147] 공이 보낸 시에 "연영(延英)[148]에서 강론을 마치고 붉은 섬돌 내려설 때, 경연관[149]들이 옥과

144 선기옥형(璿璣玉衡) : 《서경》 〈순전(舜典)〉에 보인다. 421쪽 각주7 참조.

145 어떤……못하였다 : 회위(會闈)는 대과(大科)의 최종 시험인 전시(殿試)를 말한다. 송규렴은 성균관의 재임(齋任)을 맡고 있을 때, 영남 유생 가운데 처벌을 받은 사람이 응시하여 합격한 자를 벌주었는데, 도리어 미움을 사서 과거 응시 자격을 박탈당하였다.

146 대비과(大比科) : 3년마다 현능(賢能)한 사람을 등용하는 시험 방법을 말한다. 우리나라에서는 식년과(式年科)라 하였다. 423쪽 각주13 참조.

147 이일상(李一相) : 1612~1666. 본관은 연안(延安), 자는 함경(咸卿), 호는 청호(青湖)이다.

148 연영(延英) : 당나라 때의 궁전인 연영전(延英殿)으로, 연영문(延迎門) 안에 있었다. 정례적인 때가 아닌 경우 천자가 연영전에서 대신을 소대(召對)하였다고 한다. 여기서는 궁궐을 가리킨다.

눈처럼 빛나는 모습을 다투어 바라보네."라고 하였는데, 대개 사실대로 기록한 것이다.

전적(典籍)으로 승진하고 정언(正言), 지평(持平)을 역임하였다. 어머니를 봉양(奉養)하기 위해 외직으로 나아가 무장 현감(茂長縣監)에 보임되었다가 1년 만에 관직을 버리고 돌아왔다. 임인년(1662, 현종3)에 두 번 병조 정랑(兵曹正郎)이 되고 한 번 지평(持平)이 되었다가 옥당(玉堂)에 선임되었다. 문곡(文谷) 김수항(金壽恒) 공이 친혐(親嫌)이 있다는 이유로 도당록(都堂錄)에 권점(圈點)을 치지 않았다.[150] 공의(公議)는 권점 하나가 모자람을 애석하게 여겼으나, 불순한 사람은 도리어 이것을 가지고 트집을 잡았다. 공은 태연하게 마음에 두지 않고 더욱 물러날 생각을 하였다.

계묘년(1663)에 용담 현령(龍潭縣令)에 제수되어 갔다. 갑진년(1664)에 부수찬(副修撰)에 발탁되었으나, 마침내 모친을 모시고 회덕으로 돌아왔다. 여러 차례 삼사(三司)와 이조(吏曹)의 정랑(正郎)이 되고, 사이에 해운 판관(海運判官)에 제수되었지만, 모두 부임하지 않았다. 기유년(1669)에 헌납(獻納)으로 있을 때, 소장(疏狀)을 올려 백성들의 위급한 사안을 진달하며 부역(負役)을 줄여 주고 진휼책 시행을 요청하였다. 또 다음과 같이 말하였다.

149 경연관 : 잠필(簪筆)은 관원이 관(冠)이나 홀(笏)에 붓을 꽂아서 서사(書寫)에 대비하는 것을 이르는 말로, 제왕(帝王)의 근신(近臣)이 된 것을 의미한다. 여기서는 경연에 참석한 경연관을 가리키는 것으로 풀이하였다.

150 문곡(文谷)……않았다 : 김수항(金壽恒)이 송규렴을 인척이라 하여 홍문관 관리로 추천하지 않았다는 말이다. 송규렴과 김수항은 처남매부 간이다. 도당록(都堂錄)은 홍문관의 관리 후보자 선발 기록이다. 426쪽 각주24 참조.

"임금의 마음은 온갖 조화의 근본입니다. 진실로 근본의 공부에 먼저 힘을 기울여서 다스림의 근원을 맑게 하지 않는다면, 어찌 개인의 사사로움을 극복하여 백성을 차마 해치지 못하는 정치[151]를 다할 수 있겠습니까. 예부터 성스러운 임금과 명철한 군주가 부지런히 정치를 도모하고, 훌륭한 신하와 큰 재상이 정성껏 경계를 아뢴 것들이 모두 이 말을 첫 번째 일로 삼았습니다. 신 또한 오늘날 전하께서 급선무로 삼으실 일이 이것보다 지날 것이 없다고 생각합니다."

이 말씀을 현종(顯宗)께서 아름답게 여겨 받아들이셨다.

계축년(1673, 현종14)에 헌납(獻納)으로 있다가 종양(終養)[152]을 청하였다. 관직에 제수하는 명령이 이때부터 자못 뜸하였으니, 대개 소장의 말씀이 비통하고 간절하여 임금을 감격시켰기 때문일 것이다. 응교(應敎)에 올랐다가 곧바로 서천 군수(舒川郡守)에 임명되었다. 영릉(寧陵 효종의 능)을 옮기는 데 달려가 곡하기 위해 명령을 받고 중도에 이르렀는데, 다시 조정에 나와 사은(謝恩)하는 절차를 생략하라는 명령이 있었다. 이에 "능침에 곡하려던 계획 어긋났으니, 애통한 정성 어디에 펼칠까.〔喬山乖一哭, 何處展哀誠.〕"라는 시를 지었다. 서천의 선비들이 편벽하고 비루하여 문채가 부족하였다. 공이 부임하여 정성을 다해 가르치고 인도하니 습속(習俗)이 크게 변하였다. 잘 다스린다는 소문이 퍼져 옷의 겉감과 안감을 하사받았다.

151 백성을……정치 : 불인인지정(不忍人之政)은 백성을 위주로 하는 훌륭한 정치를 말한다. 《孟子 公孫丑上》

152 종양(終養) : 벼슬을 그만두고 집에 돌아와서 연로한 어버이가 돌아가실 때까지 봉양하는 것을 말한다.

갑인년(1674, 현종15)에 사간(司諫)이 되었을 때, 숙종(肅宗)이 어린 나이로 왕위에 오르셨다. 뭇 소인배들이 기해예송(己亥禮訟)에 가탁하여 우암(尤庵)을 천극(栫棘)[153]하고 동춘(同春)은 생전의 관직이 삭탈되었다. 공은 두 선생에게 같은 종친이면서 또한 문하의 제자이다. 분개하고 상심하여 소장을 지어 장차 그 원통함을 드러내려 하였으나, 모친께서 아시고 눈물로 굳세게 만류하였기 때문에 올리지는 못하였다.

정사년(1677, 숙종3)에 집의(執義)에 임명되었으나, 또한 깊이 있게 논의할 수 없었다.[154] 얼마 뒤에 다시 임명되자, 이에 범순부(范淳夫)[155]와 윤화정(尹和靖)[156]이 정이천(程伊川)[157]을 변론한 일을 인용하여 공의 입장을 비유하면서, 두 선생이 억울하게 무고를 받은 내막을 반복하여 극진히 진달하였다. 그 말이 위태하고 두려운 점이 많았으므

153 천극(栫棘) : 귀양살이하는 죄인이 거처하는 곳에 가시나무 울타리를 거듭 둘러쳐서 외부 출입을 단절하는 형벌로, 위리(圍籬)보다는 무겁고 가극(加棘)보다는 가벼운 형벌이다.

154 깊이……없었다 : 당시 송시열이 예를 잘못 논한 것에 대해 종묘(宗廟)에 고해야 한다는 주장이 있었는데, 송규렴이 이에 대해 상소하면서 심도 있게 논하지 못했다는 말이다. 이와 관련한 내용은 〈집의를 사직하고 겸하여 소회를 아뢰는 소장〔辭執義兼陳所懷疏〕〉에 자세히 보인다.

155 범순부(范淳夫) : 범조우(范祖禹, 1041~1098)로, 송(宋)나라 화양(華陽) 사람이다. 437쪽 각주45 참조.

156 윤화정(尹和靖) : 송나라 하남(河南) 사람 윤돈(尹焞, 1071~1142)으로, 자는 언명(彦明)·덕충(德充)이고, 호는 화정이다.

157 정이천(程伊川) : 정이(程頤, 1033~1107)로, 자는 정숙(正叔), 호는 이천이다. 437쪽 각주44 참조.

로 흉당(凶黨)들이 멀리 귀양 보낼 것을 계청(啓請)하였는데, 여러 달이 지나서야 가까스로 잠잠해졌다. 모친께서 뒤에 비로소 이를 아시고 크게 놀라고 기뻐하며 말씀하기를 "전하의 은혜가 망극하니, 나는 걱정할 것이 없다."라고 하였다.

이듬해 모친께서 별세하셨다. 상기(喪期)를 마쳤을 때 마침 조정이 다시 일신되어 관직에 제수하는 명령이 연이어 있었다. 김석주(金錫胄)[158] 공이 담담히 물러난 공을 장려할 것을 요청하였다. 공조 참의(工曹參議)에 임명되자 상소하여 힘껏 사양하였는데, 곧바로 대사간(大司諫)으로 부름을 받았다. 당시는 신유년(1681, 숙종7)이었으니, 벼슬에서 물러난 계묘년(1663, 현종4)으로부터 19년 만에 처음으로 조정에 나아간 것이다. 여러 부서의 참의(參議)와 승지(承旨), 그리고 대사성(大司成)을 자주 거쳤는데, 이조(吏曹)에 가장 여러 번 있었다.

임술년(1682)에 대사간이 되어 민폐가 되는 4개 조항을 진달하였다. 체납된 세금을 이웃과 친족에게 대신 징수하는 것에 대한 논의는 어린 아이와 도망간 사람들에게 징수할 세금을 거두지 못하여 줄어드는 세액을 계산하여 전국 각 아문(衙門)에 나누어 배정하며, 또한 내탕고(內帑庫)의 물품을 출연(出捐)하여 왕실에서부터 시작한다면, 백성들은 침탈당할 근심이 없고 국가는 지출할 비용이 있을 것이라는 내용이었다. 쓸데없는 비용에 대한 논의는 다음과 같다.

"쓸데없는 비용을 없애지 않으면 정상적인 비용을 절약할 수 없고, 정상적인 비용을 절약하지 않으면 백성의 부역을 줄일 수 없고, 백성의

158 김석주(金錫胄) : 1634~1684. 본관은 청풍(淸風), 자는 사백(斯百), 호는 식암(息菴), 시호는 문충(文忠)이다. 저서로 《식암집(息庵集)》이 있다.

부역을 줄일 수 없다면 백성의 생활을 편안히 보전할 수 없고, 백성의 생활을 편안히 보전할 수 없다면 끝내 나라가 나라답지 못한 상황에 이르게 될 것입니다. 그 근원은 오로지 전하께서 사치를 억제하고 검소함을 따르지 못하는 데에 있습니다. 처음에는 털끝처럼 작은 것에서 시작하지만 마지막에는 하늘에 닿을 만큼 큰 데 이릅니다. 바라건대 지금부터 통렬히 스스로 각고면려하여 사사로움을 이기고, 모든 지나친 상(賞)과 헛된 비용을 일체 제거하십시오."

또 첨정(簽丁)[159]이 크게 민폐(民弊)가 됨을 뒤의 상소에서 거듭 언급하며, 이어 별도로 강구하여 줄여 주고 도와주는 대책을 마련할 것을 요청하였다. 이에 대해 임금께서 모두 넉넉한 비답(批答)을 내리셨다.

계해년(1683, 숙종9)에 부제학에 임명되었으나, 친혐(親嫌)을 이끌어 피하여 교체되었다.[160] 갑자년(1684)에 명성왕후(明聖王后)[161]께서 돌아가셨다. 공이 소장을 올려 태학의 유생들이 흰색 두건을 쓰고 문묘(文廟)를 지키는 일이 편치 못함을 말씀하였다.

을축년(1685)에 대신들이 대사성을 엄격하게 선발해야 한다고 임금께 요청하여 다시 공이 임명되었다. 휴가를 청하여 고향에 내려가서 대사간을 사직하였다. 겸하여 유생들에게 내려진 징벌을 풀지 않은 과오를 언급하였다. 대개 윤증(尹拯)[162]이 이 문성공(李文成公 이이(李

159 첨정(簽丁) : 군역에 종사할 장정을 군적(軍籍)에 올려 기록하는 일, 또는 그에 해당하는 장정을 가리킨다.

160 친혐(親嫌)을……교체되었다 : 당시 김수항(金壽恒)이 영춘추관사로 있었는데, 김수항과 송규렴은 처남매부 사이이기 때문에 인사의 공정성 시비를 우려한 것이다.

161 명성왕후(明聖王后) : 1642~1683. 조선 시대 제18대 왕인 현종(顯宗)의 비이다. 본관은 청풍(淸風)이며 청풍부원군 김우명(金佑明)의 딸이다.

珥))을 무고하고 핍박하는 말을 하여 유생들이 그 죄를 성토하였는데, 한림(翰林) 김홍복(金洪福)[163]이 사관(四館)[164]에서 도리어 유생들에게 유벌(儒罰)을 내렸다. 문곡(文谷) 김공(金公)이 임금께 아뢰어 김홍복을 파직하였으나, 유벌은 오히려 풀리지 않았던 것이다. 당시 조정의 의론이 둘로 나뉘어 소론의 한 무리가 윤증 옹호에 더욱 힘썼다. 장령(掌令) 홍수주(洪受疇)[165] 등이 서로 이어가며 공을 교체할 것을 청하였으나 뜻을 이루지 못하였다. 얼마 후에 이조 참의(吏曹參議)와 강양 감사(江襄監司)에 임명되었으나 모두 부임하지 않았다.

이윽고 대사간이 되어 조정으로 돌아왔다. 소장을 통해 가뭄과 백성의 기근에 대하여 아뢰고, 조세를 감면하고 사창(社倉)의 곡식을 꾸어주어 백성들의 곤궁함을 풀어줄 것을 요청하였다. 조정의 분위기가 아름답지 못함을 보고 힘써 외직을 구하였다. 병인년(1686, 숙종12)에 안변 부사(安邊府使)로 나아가 청정(淸淨)하게 다스렸다. 공무의 여가에 고을의 선비들과 함께 바다와 산을 유람하면서 술과 시로 유유자적하였다. 안변 사람들은 지금도 공이 끼친 사랑을 칭송한다. 수개월이 지나 충청 감사(忠淸監司)로 옮겨 임명되었다. 마침 수재(水災)가 매

162 윤증(尹拯) : 1629~1714. 본관은 파평(坡平), 자는 인경(仁卿)・자인(子仁), 호는 명재(明齋)・유봉(酉峯), 시호는 문성(文成)이다. 소론의 영수이다.

163 김홍복(金洪福) : 1649~1698. 본관은 김해(金海), 자는 자회(子懷), 호는 동원(東園)이다.

164 사관(四館) : 성균관(成均館), 예문관(藝文館), 승문원(承文院), 교서관(校書館)을 통틀어 가리킨다.

165 홍수주(洪受疇) : 1642~1704. 본관은 남양(南陽), 자는 구언(九言), 호는 호은(壺隱)・호곡(壺谷)이다.

우 참혹하여 곡식을 내어 진휼하고 부세를 감면하니, 백성들이 굶주려 죽는 일이 없게 되었다. 승진과 강등을 공정히 하고 송사 판결을 분명히 하니, 도내 전체가 엄숙해졌다.

임기가 끝나 교체되고 다시 대사간과 이조 참의를 역임하였다. 공이 조정에 나온 지 가장 오래되었으나, 늦게 나온 사람들 중 대다수가 공보다 높은 벼슬에 있었다. 이때에 이르러 비로소 한성부 우윤(漢城府右尹)에 승진 발탁되었다. 다시 병조 참판에서 도승지로 옮겼다. 지신사(知申事)가 통상 정방(政房)을 겸하기 때문에 사재감 제조(司宰監提調)에 천거되자 힘써 사직하니 당시에 미담으로 여겼다.

처음에 이선(李選)[166] 공이 대관(臺官)으로서 김환(金煥)[167]을 국문(鞫問)해야 한다는 계문에 이견을 제시했다가 사간원의 논쟁이 되었다. 공은 일찍이 그 일은 나라를 위해 근심거리를 방지하려는 뜻에서 나온 것이므로 심하게 죄줄 일이 아니라고 하였는데, 이때에 이르러 이선 공이 다시 대간의 탄핵을 받자, 공은 대사헌으로서 인피(引避)하여 동참하지 않았다.

얼마 후 예조 참판(禮曹參判)으로서 태조(太祖)의 영정(影幀)을 모시고 전주에 갔다가 흉악한 무리들이 권력의 주도권을 훔친[168] 후에

166 이선(李選) : 1632~1692. 본관은 전주(全州), 자는 택지(擇之), 호는 지호(芝湖)·소백산인(小白山人), 시호는 정간(正簡)이다.

167 김환(金煥) : 노론의 거두인 김익훈(金益勳)의 사주를 받아 남인인 허새(許璽), 허영(許瑛) 등의 역모를 고변하여 자헌대부에 올랐으나 무고라는 주장이 대두되면서 도배(島配)되었다.

168 흉악한……훔친 : 1689년(숙종15) 소의(昭儀) 장씨(張氏)가 낳은 아들을 원자로 정하는 문제를 계기로 서인이 정권에서 물러나고 남인이 정권을 장악하게 되는 기사

복명하였으니, 때는 기사년(1689, 숙종15) 2월 초였다. 뭇 소인들이 다시 큰 화를 일으켜서 인현왕후(仁顯王后)[169]를 사가(私家)로 물러나게 하고, 우암(尤庵) 선생과 문곡(文谷)이 차례로 사사(賜死)되었다. 공은 국사의 망극함을 애통해하다가 병이 낫지도 않은 상태에서 가마를 재촉하여 도성을 나와 길을 나서니, 여러 번 위태로운 상황에 이르렀다. 이로부터 20년간 집에서 거처하였다. 비록 갑술년(1694) 이래 은혜로운 예로 남다르게 대우하였으나 끝내 조정에 나아가지 않았다. 여러 차례 대사헌과 대사간, 부제학, 좌참찬, 예조 판서를 역임하였다. 자헌대부(資憲大夫)에 오르고 기로소(耆老所)에 들어간 것은 곧 기묘년(1699, 숙종25)의 일이고, 숭정대부(崇政大夫)에 오른 것은 곧 기축년(1709)의 일이다.

이 해 6월 5일에 정침(正寢)에서 별세하였다. 임금께서 곧바로 하교하여 "조정에 오래 종사한 신하가 운명하니 내 마음이 슬프다."라고 하고, 제사에 조문하고 상례를 도움에 관례에 비하여 더하게 하셨다. 공주 삼미천(三美川)[170] 간좌(艮坐)의 등성이에 장사 지냈다. 장례에 참여한 사람이 천 명에 가까웠다. 회덕과 무장(茂長)의 선비들이 모두 사우(祠宇)을 세워 제사를 모셨다.

공은 타고난 바탕이 매우 아름다웠다. 또한 두 선생의 문하에서 배워

환국(己巳換局)을 가리킨다.

169 인현왕후(仁顯王后) : 1667~1701. 조선 시대 제19대 왕 숙종의 계비(繼妃) 여흥 민씨(驪興閔氏)이다. 아버지는 노론(老論)인 여양부원군(驪陽府院君) 민유중(閔維重)이고, 어머니는 서인의 거두 송준길(宋浚吉)의 딸이다.

170 삼미천(三美川) : 현재의 대전광역시 유성구 노은2동에 속하는 외삼동(外三洞) 지역이다.

일찍 학문의 대체를 보았고, 만년에는 더욱 수양하였다. 일찍이 다음과 같은 시[171]를 지었다.

책 속에서 성인 대하고	黄卷中間對聖人
단전 가까이 밝은 정신 지키네	丹田咫尺護明神
근본을 먼저 배양하여	根基且自先培壅
사용할 때는 참과 거짓 구분해야지	發用要須辨妄眞
작은 성취에 안주하면 학문이 아니라	安歇小成非是學
전체를 관통해야 비로소 인이 되지	貫通全體始爲仁
조용히 공부 무르익기 기다리면	從容待到工夫熟
천지 만물이 차례로 새롭겠지	天地群形次第新

그 말에 맛이 있으니 실로 공력(工力)이 있지 않으면 이런 경지에 이르지 못한다. 이는 대개 오래 한가롭게 지내며 이치를 탐구함이 날로 완숙해졌기 때문일 것이다. 음양오행의 변화의 미묘함과 사단칠정의 체용(體用)의 분변으로부터 학술의 옳고 그름과 문장의 높고 낮음에 이르기까지 깊이 탐구하여 그 귀결되는 취지(趣旨)를 알지 못함이 없었으니, 강절(康節)이 그 풍성함에 처하기를 두려워한 뜻[172]에 깊이

171 시 : 이 시는 《제월당집》 권2에 수록된 〈우연히 율시 한 수를 지어 기록하여 우재 선생의 책상 아래에 올리다〔偶得一律錄上尤齋先生案下〕〉라는 작품이다.

172 강절(康節)이……뜻 : 강절은 송나라 소옹(邵雍, 1011~1077)의 시호이다. 그의 자는 요부(堯夫), 호는 안락와(安樂窩)·백원(百源)이다. 소옹의 〈안락와중음(安樂窩中吟)〉 제11수에 "술 마시되 만취하게 되지는 말 것이며, 꽃구경하되 만개할 때는 하지를 말아야지. 사람이 이런 일을 능히 알 수 있다면야, 어찌하여 양 미간에 괜한 시름

합치함이 있었다. 일의 성패(成敗)와 득실(得失)을 논하면 뒤에 들어맞는 경우가 많았다. 우리 동방의 여러 현인들 중에서는 율곡(栗谷)을 가장 추앙하여 본체에 밝고 작용에 맞는 학문으로 여겼다. 또한 말하기를 김사계(金沙溪)[173]가 예학(禮學)을 강론하여 공이 있으니 문묘에 종사할만하다고 하였다.

성품이 겸손하여 스승을 자처하지 않았으나, 와서 학업을 묻는 사람이 있으면 반드시 그 사람의 수준에 따라 양 쪽을 들어 다 말해 주었으니[174] 계발함이 매우 많았다. 매년 봄가을의 한가한 날에 혹은 바위와 샘을 찾아 바람을 쐬며 시를 짓기도 하고, 혹은 거문고와 바둑을 논평하며 유유히 속세를 벗어나는 취향이 있었다. 고요한 밤 밝은 달빛 아래 경치와 의취가 합하면 또한 고금 인물의 시문을 낭송하였는데, 그 소리가 금석(金石)에서 나오는 것 같았다.

남의 선한 점을 보면 비록 작은 것이라도 반드시 칭찬하였다. 말이 충효와 절의에 미치면 문득 감탄하고 찬미하기를 마지않았다. 흉금이

이르리오.〔飮酒莫敎成酩酊, 賞花愼勿至離披. 人能知得此般事, 焉有閑愁到兩眉.〕" 하였는데, 주희(朱熹)가 이를 인용하면서 "소강절은 매사에 중간쯤에 이르렀을 때 문득 머물렀으니, 예를 들면 '꽃을 보되 만개한 모습은 절대 보지 말아야지.'라고 한 것이 그것이다.〔康節凡事只到半中央便止, 如看花切勿看離披是也.〕"라고 하였다. 《朱子語類 卷100 邵子之書》

173 김사계(金沙溪) : 김장생(金長生, 1548~1631)으로, 본관은 광산(光山), 자는 희원(希元), 호는 사계, 시호는 문원(文元)이다.

174 양 쪽을……주었으니 : 《논어》 〈자한(子罕)〉에 "내가 아는 것이 있는가. 나는 아는 것이 없지만 비루한 사람이 나에게 물을 경우, 그가 아무리 무지하다고 할지라도, 나는 그 양쪽을 들어서 다 말해 준다.〔吾有知乎哉. 無知也. 有鄙夫問於我, 空空如也, 我叩其兩端而竭焉.〕"라고 한 말을 원용하였다.

평탄하고 넓어 쌓아 두고 담아 두는 것이 없었다. 항상 말하기를 "백 번 참는 것이 좋으나, 마음에 오히려 쌓아 둔다면 아무런 일도 없이 잊는〔忘〕 것만 못하다."라고 하였다.

부모를 섬길 때 안색을 살펴 봉양하였다.[175] 전후의 상을 당하여는 슬픔으로 몸을 훼손하여 거의 온전하지 못할 정도였다. 어머니께서 임종할 때, 그 부친의 표석(表石)을 세우지 못한 것을 애통해하셨다. 공은 유지(遺志)에 따라, 장사 지내기 전에 급히 먼저 외조부의 묘 앞에 빗돌을 세웠다. 형제를 잃은 슬픔을 당하여서는[176] 애통함이 옆에 있는 사람들을 감동시켰다. 여러 조카들을 마치 친자식처럼 사랑하여, 남들이 차이가 있음을 알지 못할 정도였다. 이 마음을 미루어 종척과 향당에 미쳤으니, 어리석은 사람은 그 가르침을 받았고 궁핍한 사람은 그 길러줌을 얻었다. 비록 길에서 굶주리고 곤경에 처한 사람을 만나더라도 문득 전대 안의 돈을 덜어 형편대로 돕고 치료한 뒤에 길을 갔으니, 그 어진 마음과 측은히 여기는 정이 이와 같았다.

임금을 사랑하고 나라를 염려하는 마음은 지극한 정성에서 나왔다.

175 부모를……봉양하였다 : 색양(色養)은 안색을 잘 살펴서 봉양한다는 뜻으로, 온화한 얼굴빛으로 부모를 섬기는 것을 말한다. 자하(子夏)가 효에 대하여 묻자, 공자께서 말씀하시기를 "얼굴빛을 온화하게 하기가 어려우니, 부형에게 일이 있으면 자제가 그 수고를 대신하고, 술과 밥이 있으면 부형이 드시도록 하는 것을 일찍이 효라고 할 수 있겠는가.〔色難, 有事, 弟子服其勞, 有酒食, 先生饌, 曾是以爲孝乎.〕"라고 한 데서 유래하였다. 《論語 爲政》

176 형제를……당하여서는 : 송규렴의 큰 형인 송규연(宋奎淵)이 죽은 사실을 말한다. 사상공회(死喪孔懷)는 형제가 죽은 슬픔을 뜻한다. 《시경》 〈상체(常棣)〉에 "사상의 두려움에 형제간이 심히 걱정하며, 언덕과 습지에 시신이 쌓여 있을 때에 형제간이 찾아 나선다.〔死喪之威, 兄弟孔懷, 原隰裒矣, 兄弟求矣.〕"라고 한 데서 유래하였다.

매번 효종(孝宗) 때의 일을 언급할 때마다 "성스러운 임금이여, 성스러운 임금이여. 지금 어찌하면 다시 뵐 수 있을까."라고 하면서 서글퍼하였다. 어진 사람과 사특한 사람을 구분하는 데에는 엄격하였으나, 어긋나고 격렬함이 너무 심한 논의는 하지 않았다. 여러 차례 이조(吏曹)에 있으면서 한결같이 인재를 고르게 등용하는 데 뜻을 두어, 피차 무너뜨리는 지경에 이르지 않게 하였다. 소장(疏狀)과 차자(箚子)로 일을 논할 때는 백성의 어려운 처지를 다루는 것이 많았는데, 그 가리켜 진달하는 내용이 명백하고도 간절하였으니, 모두 경학(經學) 중에서 나온 것이었다. 우암(尤庵)이 일찍이 공의 문장에 탄복하며 흠이 없다고 하였다. 유고 몇 권이 집에 소장되어 있다.

무엇보다 공은 벼슬길에 일찍 나갔고 명성과 의론이 본래 높았으니, 선배인 시남(市南) 유계(兪棨)[177]와 창주(滄洲) 김익희(金益熙)[178] 같은 여러 이름난 분들이 매우 소중하게 여겼다. 일찍이 이조 정랑으로서 소명(召命)을 받지 않았는데, 송곡(松谷) 조복양(趙復陽)[179] 공이 동춘(同春)에게 쓴 편지에 "송 원외(員外 좌랑 혹은 정랑)가 어찌 오래도록 산림에 머물 사람이겠습니까."라고 하였다. 사대부들도 서로 이야기를 하여 안석(安石)의 창생(蒼生)으로 견주기까지 하였으니,[180] 곧 그 높

177 유계(兪棨) : 1607~1664. 본관은 기계(杞溪), 자는 무중(武仲), 호는 시남(市南), 시호는 문충(文忠)이다.

178 김익희(金益熙) : 1610~1656. 본관은 광산(光山), 자는 중문(仲文), 호는 창주(滄洲), 시호는 문정(文貞)이다.

179 조복양(趙復陽) : 1609~1671. 본관은 풍양(豐壤), 자는 중초(仲初), 호는 송곡(松谷)이다. 조익(趙翼)의 아들이며, 김상헌(金尙憲)의 문인이다. 저서로 《송곡집(松谷集)》이 있다.

은 여망과 공의 포부를 볼 수 있다.

하지만 공은 조정의 평탄한 벼슬길을 버리고 시골에서 본분대로 행하여 허물이 없는 삶[181]을 좇았다. 관직에 나간[182] 초기부터 곧 이미 머뭇거리며 물러설 생각이었다. 간혹 또한 세태에 따라 물러나기도 하고 나아가기도 했지만, 그 뜻은 일찍이 은거[183]에 있지 않은 적이 없었다. 전에 이미 19년 동안 꼼짝 않고 앉아 있었고,[184] 후에 또 한 번 물러나 다시는 나아가지 않았다. 비록 당화(黨禍)가 하늘에 넘치고 사림(士林)이 베어져 나가도 공은 홀로 초연히 한가롭게 있었으니, 시비(是非)가 감히 이르지 않았다. 이는 그 높은 풍모와 맑은 절조를 비록 소광(疏廣)과 소수(疏受)와 전약수(錢若水)와 더불어 함께 돌아간다고 해도 괜찮을 것이다.[185]

180 사대부들도……하였으니 : 송규렴이 관직에 오르기를 바라는 사대부들의 여망이 안석(安石)을 예로 들만큼 컸다는 말이다. 안석은 동진(東晉)의 재상(宰相)인 사안(謝安)의 자이다. 사안이 명망이 높았음에도 회계의 동산에 은거하자, 당시 사람들은 "안석이 세상에 나오지 않으니, 창생들을 어찌하는가.〔安石不肯出, 將如蒼生何.〕"라고 하였다는 고사가 전한다.《晉書 卷79 謝安列傳》

181 본분대로……삶 : 소리(素履)는 본분대로 행함을 의미한다.《주역》〈이괘(履卦) 초구(初九)〉에 "본래의 행함으로 가면 허물이 없으리라.〔素履, 往, 無咎.〕"라고 하였다.

182 관직에 나간 : 통적(通籍)은 본디 궁문(宮門)의 출입을 허가받은 사람의 성명·연령 등을 적은 명패(名牌)를 말하는 것으로, 처음 벼슬아치가 된 것을 의미한다.

183 은거 : 초복(初服)은 벼슬하기 전에 입던 옷이라는 뜻으로, 벼슬을 떠나 처음에 살던 곳으로 돌아가 은거함을 비유할 때 쓰는 말이다. 굴원(屈原)의 〈이소(離騷)〉에 "물러가 다시 나의 초복을 손질하리.〔退將復修吾初服〕"라고 한 말에서 유래하였다.

184 전에……있었고 : 송규렴은 1663년(현종4) 관직에서 물러난 뒤로 1680년(숙종6) 경신환국(庚申換局)이 일어날 때까지 조정의 부름에 응하지 않고 은거하였다.

185 이는……것이다 : 송규렴이 높은 관직에 연연하지 않고 초야로 돌아온 것을 소광

비록 그러하나 예부터 편안히 물러났던 선비들은 으레 한가롭고 여유로우며 유유자적하는 것으로 삶을 마치는 것을 높은 운치로 삼았을 뿐, 근본의 학문에 뜻을 둔 이는 적었다. 그런데 공은 그 가운데에 깊이 맛보아 즐거워하며 근심하지 않았으니, 그 시문을 살펴보면 대개 저절로 가릴 수 없는 점이 있다. 이는 또한 소광과 소수와 전약수에게도 없던 것이다. 이것을 가지고 본다면 공이 어찌 더 훌륭하지 않겠는가.

부인 안동 김씨(安東金氏)는 공의 벼슬에 따라 봉증(封贈)되었다. 동지중추부사(同知中樞府事) 광찬(光燦)[186]의 따님이니, 곧 문곡(文谷) 공의 누이동생이다. 어려서 조부인 청음(淸陰)[187] 문정공(文正公)의 가르침을 받아 문자를 깨치고 대략 대의(大義)에 통하였다. 시어머니를 효도로 받들고 남편을 섬김에 공경하고 신중하였다. 가정을 지키고 무리를 부림에 모든 미덕을 다 갖추었는데, 오직 통달하여도 기뻐하지 않았고 궁핍하여도 슬퍼하지 않았으니, 이것은 더욱 부인들이 능하기 어려운 일이었다. 공보다 8년 먼저 별세하였고, 후에 공과 합장하였다.

(疏廣)과 소수(疏受)와 전약수(錢若水)에 견줄 만하다는 말이다. 소광과 소수는 한나라 선제(宣帝) 때의 인물이고, 전약수는 송(宋)나라 사람인데, 모두 벼슬이 높아지자 은퇴한 인물들이다. 486쪽 각주126, 487쪽 각주127 참조.

186 김광찬(金光燦) : 1597~1668. 본관은 안동(安東), 자는 사회(思晦), 호는 운수거사(雲水居士)이다. 김상관(金尙寬)의 아들로 태어났으나, 작은아버지인 김상헌의 양자로 들어갔다.

187 청음(淸陰) : 김상헌(金尙憲, 1570~1652)으로, 본관은 안동, 자는 숙도(叔度), 호는 청음·석실산인(石室山人)·서간노인(西磵老人), 시호는 문정(文正)이다.

아들 상기(相琦)[188]는 대제학(大提學), 이조 판서(吏曹判書)로, 맑은 명성과 고아한 덕망을 지녀 선대의 아름다움을 매우 잘 따랐다. 상유(相維)[189]는 부사(府使)이다. 딸은 목사(牧使) 이익명(李益命)에게 시집갔다. 손자 필환(必煥)[190]은 목사(牧使)이고 부솔(副率) 이하곤(李夏坤),[191] 생원(生員) 이천기(李天紀),[192] 학생(學生) 윤득항(尹得恒), 부제학 서명빈(徐命彬),[193] 부윤(府尹) 민통수(閔通洙)[194]에게 시집간 손녀들은 판서(송상기)의 소생이다. 필태(必泰)와 필징(必徵), 그리고 감사(監司) 이천보(李天輔), 참봉(參奉) 이사중(李思重), 지평(持平) 심수(沈鏽)의 아내는 부사(송상유)의 소생이다. 증손자로 장파(長派 맏아들의 갈래로 송상기의 손자)는 재복(載福)과 재희(載禧)이다. 필태의 아들은 재경(載經)과 재윤(載綸)이다. 필징의 아들은 재위(載緯)이다. 나머지는 기록하지 않는다.

나 필주(弼周)는 늦게 태어나 산속에 묻혀 살았으므로 공의 문하에 미처 오르지 못하였으나, 가만히 앙모하는 마음을 품은 것은 오래 되었

188 송상기(宋相琦) : 1657~1723. 본관은 은진(恩津), 자는 옥여(玉汝), 호는 옥오재(玉吾齋)이다. 《玉吾齋集 卷18 神道碑銘 幷序》

189 송상유(宋相維) : 1668~1740. 본관은 은진, 자는 지경(持卿), 호는 안졸헌(安拙軒)이다.

190 송필환(宋必煥) : 1683~? 본관은 은진, 자는 성장(聖章)이다.

191 이하곤(李夏坤) : 1677~1724. 본관은 경주(慶州), 자는 재대(載大), 호는 담헌(澹軒)이다.

192 이천기(李天紀) : ?~1722. 본관은 전주(全州), 자는 계원(啓元)이다.

193 서명빈(徐命彬) : 1692~1763. 본관은 달성(達城), 자는 질보(質甫), 시호는 정간(靖簡)이다.

194 민통수(閔通洙) : 1696~1742. 본관은 여흥(驪興), 자는 사연(士淵)이다.

다. 지금 필환 씨가 공의 신도비문을 부탁하기에 사양했지만 받아들여지지 않았다. 삼가 태재공(太宰公)이 쓴 가장(家狀)[195]에 근거하여 정리하고[196] 논하기를 위와 같이 하고, 다음과 같이 명(銘)을 쓴다.

호서의 회덕은	維湖有懷
산이 서리고 물이 둘렀는데	山盤水紆
그 간기 모여	鍾其間氣
큰 선비를 낳았네	篤生巨儒
가장 드러난 분은	其最著者
규암[197]과 우암과 동춘이니	圭菴尤春
가령 고하가 있더라도	假有高下
요컨대 모두 어진 분들이지	要皆仁人
여러 집안에서 나오기도 어려운데	他姓猶難
하물며 같은 종족임에랴	況也同族
선후로 서로 바라보며	後先相望
공이 또한 이어 나셨네	公又繼作

195 태재공(太宰公)이 쓴 가장(家狀) : 태재공은 송규렴의 아들 송상기를 말하고, 가장은 그가 쓴 〈선부군행장(先府君行狀)〉을 가리킨다.

196 정리하고 : 은괄(檃括)은 굽고 모난 것을 바로잡는 기구로, 굽은 것을 잡는 것을 은(檃)이라 하고 모난 것을 잡는 것은 괄(括)이라 한다. 《회남자(淮南子)》에 "그 굽은 것이 바르게 되는 것은 은괄의 힘이다〔其曲中規, 檃括之力〕."라고 한 데서 유래하였다. 여기서는 정리한다는 뜻으로 풀이하였다.

197 규암(圭菴) : 송인수(宋麟壽, 1499~1547)로, 본관은 은진, 자는 미수(眉叟)·태수(台叟), 호는 규암, 시호는 문충(文忠)이다.

멀리 그 실마리를 따르고	遠追其緖
가까이 그 학문을 종주로 삼았네	近宗其學
스승을 모신 여러 해	函丈多年
받들어 섬김에 변함이 없었지	承事無斁
조정에 올라서는	揚于王庭
상서로움이 봉황의 위엄과 같아	瑞若鳳威
이에 조정의 감탄을 자아내고	乃動朝嗟
이에 군주의 지우를 입었도다	乃眷主知
조정에서는 훌륭한 계책 세웠고	入有嘉謨
외직에서는 아름다운 정사 베풀었으니	出有美政
정사로 백성을 편안히 했고	政以安民
계책으로 왕을 바로 잡았네	謨以格王
공 또한 말하기를	公亦有言
써주면 행하고 써주지 않으면 숨는 것이[198]	用行舍藏
비록 공자와 안자의 일이지만	雖孔顔事
내 마땅히 법도로 삼으리라 했지	我宜作程
이에 그 사이에 처하여	乃處其間
오직 의리로 헤아려	惟義爲劑
나아가도 구차히 녹을 구하지 않고	進非苟祿
물러나도 세상을 잊지 않았지	退非忘世

198 써주면……것이 : 용행사장(用行舍藏)은 자신의 도를 펼 수 있느냐 없느냐의 여부에 따라 거취를 결정하여 나아가기도 하고 은퇴하기도 하는 것을 말하는 것으로, 《논어》 〈술이(述而)〉에 보인다.

송나라의 위학이	如宋僞學
예론의 재앙이 된 것을 매우 한탄하면서[199]	禮禍堪噫
저 간사한 무리들과 부딪쳐	觸彼群壬
우리 두 스승을 변론하였네[200]	訟我二師
간혹 숨기도 하고 드러나기도 하며	間有隱顯
자주 부침 겪었으나[201]	更屢平陂
언제나 마음의 눈엔	參倚心目
오직 물러날 생각뿐이었지[202]	唯一退字
급류에서의 용맹은	急流之勇
용사에 있었으니[203]	在於龍蛇

199 송(宋)나라의……한탄하면서 : 위학(僞學)은 남송(南宋) 영종(寧宗) 당시 권신(權臣) 한탁주(韓侂胄)가 주자학(朱子學)을 가리켜 부른 말이다. 당시 주희(朱熹)가 한탁주의 간사함을 탄핵하자, 한탁주가 "탐욕과 방탕은 사람의 참된 정이고, 청렴과 수신(修身)은 모두 사람을 속이는 것이다."라고 하면서, 도학(道學)을 위학이라고 배척하여 주희의 관작(官爵)을 삭탈(削奪)하고 도학을 하는 이들의 등용을 금했다. 《宋史 卷188 朱熹列傳》

200 저……변론하였네 : 1674년(현종15) 효종의 비가 죽자, 조대비의 복상 문제로 벌어진 갑인예송(甲寅禮訟)에서 남인(南人)이 득세하며 서인들을 배척하였는데, 당시 송시열과 송준길이 재앙을 당했다.

201 간혹……겪었으나 : 송규렴이 조정에서 관직 생활을 하기도 하고 물러나기도 했다는 말이다. 평피(平陂)는 평탄함과 기울을 뜻하는 말로, 《주역》 〈태괘(泰卦) 구삼(九三)〉에 "평평하기만 하고 기울지 않는 것은 없다.〔无平不陂〕"라고 한 데서 유래하였다.

202 언제나……생각뿐이었지 : 항상 벼슬에서 물러날 생각만 하였다는 말이다. 참의(參倚)는 참전의형(參前倚衡)의 준말인데, 충신독경(忠信篤敬)에 힘쓴 나머지 그 네 글자가 서 있으면 앞에 어른거리고 수레를 타면 앞에 댄 끌채 위에도 붙어 있는 것과 같다는 뜻으로, 일거일동과 모든 경우를 의미한다. 《論語 衛靈公》

전약수와 비교하면　視錢若水
누가 더 낫다 할까　孰爲少多
하물며 공은 학문을 좋아하여　矧公好學
즐거워 늙음마저 잊었으니[204]　樂以忘老
다만 아름다운 은둔[205]뿐 아니라　非只嘉遯
실로 깊은 조예 있었네　實惟深造
편안히 물러났던 옛 사람들 보아도　觀古恬退
누가 이와 같았던가　誰則如此
여기에 이런 분 있으니　斯以有斯
노나라에 군자 있는 것과 같구나[206]　魯有君子

203 급류에서의……있었으니 : 송규렴이 관직에서 물러난 것을 말한다. 급류에서의 용맹은 송(宋)나라의 한 고승(高僧)이 전약수(錢若水)를 보고 "이 사람은 급류에서 용감히 물러날 사람이다."라고 말한 데서 유래하였다. 《聞見錄 卷7 錢若水》 용사(龍蛇)는 용과 뱀인데, 송규렴이 1664년(甲辰年) 홍문관 부수찬(弘文館副修撰)에 임명되었으나 사직하고 회덕으로 은거하였기에 한 말이다.

204 학문을……잊었으니 : 송규렴이 단순히 세상을 잊고 초야에 묻혀 산 것이 아니라 그 속에서 학문에 힘을 기울였다는 말이다. 《논어》 〈술이(述而)〉에 "알지 못하면 분발하여 먹는 것도 잊고, 깨달으면 즐거워 근심을 잊어서, 늙음이 장차 닥쳐오는 줄도 모른다.〔發憤忘食, 樂以忘憂, 不知老之將至.〕"라고 하였다.

205 아름다운 은둔 : 출처거취(出處去就)를 중정(中正)한 도리에 맞게 하여 은둔하는 것을 말한다. 《주역》 〈돈괘(遯卦) 구오(九五)〉에 "아름다운 은둔이니, 정하여 길하다.〔嘉遯, 貞吉.〕"라고 하였는데, 이에 대한 전(傳)에서 "구오는 중정이니, 은둔하기를 아름답게 한 자이다. 처함이 중정의 도를 얻어서 때에 맞게 멈추고 행함이 이른바 아름다움이라는 것이다. 그러므로 정정하여 길함이 된다.〔九五, 中正, 遯之嘉美者也. 處得中正之道, 時止時行, 乃所謂嘉美也. 故爲貞正而吉.〕"라고 하였다.

206 여기에……같구나 : 공자(孔子)께서 자천(子賤)의 군자다움을 칭찬하며 "노나

나의 시로 크게 선양하여 我詩孔揚
묘문에 새기노니 篆于墓門
길이 천년토록 有永千秋
공의 맑은 향기 추앙하리라 仰公淸芬

라에 군자가 없었다면, 이 사람이 어디에서 이러한 덕을 취했겠는가.〔魯無君子者, 斯焉取斯.〕"라고 한 말을 변용하였다. 《論語 公冶長》

치제문 지제교 이교악[207]이 지어 올림

致祭文 知製教李喬岳製進

생각건대 영령께서는 명문가에서 태어나	惟靈挺生名家
세덕에 흠뻑 젖었고	涵濡世德
자품은 온화하고 순수하며	稟資和粹
덕행은 순박하고 독실하였습니다	制行純篤
일찍이 의귀할 선생을 얻어	早得依歸
힘껏 고전을 공부했고[208]	力攻墳典
젊은 나이에 벼슬 시작하여[209]	發軔妙歲
예문관에서 검열로 있었습니다[210]	簪筆翰苑

207 이교악(李喬岳) : 1653~1728. 본관은 용인(龍仁), 자는 백첨(伯瞻), 호는 석음와(惜陰窩)이다. 소론이 집권했을 때 경산으로 유배되었다가, 노론이 집권하자 도승지·대사간·대사헌 등을 지냈다. 정미환국(丁未換局)으로 소론이 다시 등용되자 쫓겨났다가, 1728년(영조4) 소론의 일파인 이인좌(李麟佐)가 난을 일으키자 분사(憤死)했다.

208 힘껏 고전을 공부했고 : 송규렴이 경서 공부에 열중했다는 말이다. 분전(墳典)은 삼분오전(三墳五典)의 준말로, 삼분은 삼황(三皇)의 책이고 오전은 오제(五帝)의 책이다. 흔히 고대의 글이나 서적을 통칭하는 말로 쓰인다.

209 젊은……시작하여 : 발인(發軔)은 수레바퀴의 버팀목을 빼고 수레를 출발시킨다는 뜻으로, 어떤 일을 시작하는 것을 의미한다. 여기서는 처음으로 벼슬길에 나가는 것을 뜻하는 말로 쓰였다. 송규렴은 25세이던 1654년(효종5)에 승문원 권지정자(承文院權知正字)가 되었다.

210 예문관에서 검열로 있었습니다 : 잠필(簪筆)은 관원이 관(冠)이나 홀(笏)에 붓을 꽂아서 서사(書寫)에 대비하는 것을 이르는 말로, 사관(史官)이나 시종신(侍從臣)으로 활약하는 것을 말한다. 예문관 검열이나 승정원 주서 등 사관을 잠필지신(簪筆之

성스러운 임금 만나	際遇聖祖
자주 총애와 칭찬 받았고	亟被寵褒
승진의 길 크게 열려	晉途大闢
청운의 벼슬길 순탄하였습니다	平步雲霄
청직과 요직에 올라	騫淸翥要
여러 관직 두루 역임했는데	歇歷殆遍
경은 오직 물러나 피하여	卿惟退避
영화와 현달을 달가워하지 않았습니다	不屑榮顯
소장 올려 어버이 봉양을 구하여	陳章乞養
지방관을 전전했고	低徊郡符
간언하는 직책을 맡아	逮膺諫職
무고된 스승을 힘껏 변론했습니다	力卞師誣
비유하자면 외로운 봉황이	譬如孤鳳
홀로 산의 동쪽에서 우는 듯하였으니[211]	獨喉朝陽
많은 사람들 불같이 노여워하여	衆怒如火
비방이 여기저기서 일어났습니다[212]	蜮弩交張

臣)이라고 한다. 송규렴은 1656년(효종7)에 검열이 되었다.

211 외로운……듯하였으니 : 송규렴이 남들이 감히 하지 못하는 말을 직간했다는 말이다. 《시경》 〈권아(卷阿)〉에 "봉황이 우니, 저 높은 뫼에서 하도다. 오동나무가 자라니, 저 산의 동쪽에서 하도다.〔鳳凰鳴矣, 于彼高岡, 梧桐生兮, 于彼朝陽.〕"라고 한 것을 변용하였다. 이 시는 소강공(召康公)이 성왕(成王)을 경계하여 인재를 등용할 것을 간언한 내용이다. 봉황의 울음은 또한 정직하게 간하는 현재(賢才)에 비유된다.

212 비방이 여기저기서 일어났습니다 : 역노(蜮弩)는 간사한 자들이 참소하고 비방하여 음해하는 것을 비유한 말이다. 《시경》 〈하인사(何人斯)〉에 "귀신이 되고 물여우가

나는 홀로 경이 予獨知卿
참소에 걸려 마침내 막혔음을 알았기에 譖構遂沮
정국이 바뀐 초기에[213] 改紀之初
맨 먼저 서용을 명했습니다 首命甄敍
경의 본분에 맞는 행위[214] 嘉卿素履
구학에서도 변치 않음을 가상히 여겨 不渝丘壑
대사간으로 발탁하고 擢長薇垣
이조 참의로 임명했습니다 參貳銓席
이어 경연의 자리에 두자 旋寘經幄
계옥에 도움이 되었고[215] 啓沃是資
여러 번 성균관을 맡기자 屢掌國子
유생[216]들 가르침이 온당했습니다 敎冑得宜

된다면 볼 수 없다.〔爲鬼爲蜮, 則不可得.〕" 하였는데, 집전(集傳)에 "물여우가 모래를 머금어 물 속에 비치는 사람의 그림자를 쏘면, 그 사람은 곧 병이 드나 물여우의 형체를 볼 수 없다."라고 하였다.

213 정국이 바뀐 초기에 : 개기(改紀)는 정세가 바뀌는 것을 말하는데, 여기서는 경신년(1680, 숙종6)에 당시 집권 세력이던 남인 일파가 대거 실각하고 서인 정권이 들어선 경신환국(庚申換局)을 가리킨다. 경신대출척(庚申大黜陟)이라고도 한다.

214 본분에 맞는 행위 : 소리(素履)는 소박하고 깨끗하게 자신의 본분을 지킴을 비유하는 말이다. 《주역》 〈이괘(履卦) 초구(初九)〉에 "본래의 행함으로 가면 허물이 없으리라.〔素履, 往, 無咎.〕"라고 한 데서 유래하였다.

215 계옥(啓沃)에 도움이 되었고 : 임금의 선정에 도움이 되었다는 말이다. 계옥은 선도(善道)를 개진하여 임금을 인도하고 보좌한다는 뜻이다. 은(殷)나라 고종(高宗)이 부열(傅說)에게 "네 마음을 열어 내 마음에 대도록 하라.〔啓乃心, 沃朕心.〕"라고 한 말에서 유래하였다. 《書經 說命上》

216 유생(儒生) : 교주(敎冑)는 맏아들을 교육한다는 의미로, 《서경》 〈순전(舜典)〉

충청도 관찰사가 되었다가	洎納湖節
이에 경의 반열 뛰어넘어	爰超卿列
사헌부에서 기강을 세우고	提綱憲司
승정원[217]에서 왕명을 출납하였습니다	出納喉舌
나는 늦었다고 한탄했으나	予恨其晩
경은 더욱 겸손하여	卿愈謙沖
다시 초야로 돌아가[218]	復尋初服
함정과 그물을 멀리 피했습니다	避遠機罿
유유자적하며 만년의 절의 지켜	優游晩節
속세의 허물 벗어나고	脫略世累
한 번 임천에 누운 뒤로	一臥林泉
수십 년이 지났습니다	餘數十祀
인망 높아 조정에서 으뜸이었고	望崇朝右
덕도 높고 나이도 많아	德卲齒尊
세 조정을 지내며	閱歷三朝

에 "기야, 너를 명하여 전악을 삼으니, 천자나 경대부의 맏아들을 가르치되, 곧으면서도 온화하며 너그러우면서도 엄하게 하라.〔夔, 命汝, 典樂, 教胄子, 直而溫, 寬而栗.〕"라고 한 데서 유래하였다. 여기서는 성균관 유생을 지칭하는 말로 쓰였다.

217 승정원(承政院) : 승정원 관원들은 왕의 명령을 아래로 전달하고 하부(下部)의 보고나 청원을 위로 전달하는 일을 맡기 때문에 임금의 목구멍과 혀란 뜻에서 후설(喉舌)이라 한다. 《시경》 〈증민(烝民)〉에 "왕명을 출납하니, 왕의 목이요 혀로다.〔出納王命, 王之喉舌.〕"라고 하였다.

218 초야(草野)로 돌아가 : 초복(初服)은 벼슬하기 전에 입던 옷으로, 벼슬을 떠나 은거하는 것을 뜻한다. 굴원의 〈이소(離騷)〉에 "물러가 다시 나의 초복을 손질하리.〔退將復修吾初服〕"라고 하였다.

우뚝하게 홀로 남았습니다 巋然獨存
은혜를 미루어 관작을 올려 推恩晉秩
예조 판서에 제수하니 授以宗伯
제수하는 교지 빈번하고 除旨頻繁
비유가 잇따랐습니다 批諭隨續
나의 뜻 더욱 돈독했으나 予意彌篤
경의 뜻 꺾기 어려워 卿志難奪
벼슬을 삼고에 올리고 班陟三孤
고령으로 넉넉히 예우했습니다[219] 禮優大耋
조정에서 그 모습 비록 볼 수 없었지만 朝儀雖隔
총애는 더욱 높아 寵眷愈隆
자나깨나 이 사람이 寤寐伊人
나는 간절히 그리웠습니다 我思憧憧
나라가 불행하여 邦家不幸
나라의 원로 돌아갔으니 耆宿凋喪
내가 이에 슬프고 안타까워 予庸悼惜
마침내 제문을 내립니다 肆加愍章
생각건대 경의 맑은 법도 緬卿清規
세상의 추앙을 받았고 爲世所推

219 벼슬을……예우했습니다 : 삼고(三孤)는 주나라 때의 삼공(三公)의 다음가는 벼슬로, 교화를 펴는 역할을 하는 관직인 소사(少師)・소부(少傅)・소보(少保)를 말한다. 삼소(三少)라고도 하며 조선 시대의 찬성(贊成)과 참찬(參贊)이 이에 해당한다. 대질(大耋)은 70세를 가리키기도 하고 80세를 가리키기도 한다. 송규렴은 70세이던 1699년(숙종25)에 기로소(耆老所)에 들어갔고 좌참찬이 되었다.

조정에서는 강직하여 在朝侃侃
망령되이 남을 따르는 일[220] 결코 없었습니다 絶無詭隨
몸은 비록 물러나 은거했으나 身雖退處
어찌 나라를 잊었겠습니까 豈忘宗國
잘못된 정사를 들으면 聞有闕政
근심이 반드시 얼굴에 나타났습니다 憂必形色
영화와 명예 그리고 권세와 이익은 榮名勢利
침 뱉으며 먼지처럼 여겼으니 唾若泥塵
출처와 행장[221]이 出處行藏
어찌 옛사람에게 부끄럽겠습니까 何愧古人
밝고 밝은 의리를 明哲之義
경은 진실로 얻음이 있었으니 卿實有得
완전한 명예와 고상한 절조를 完名峻節
세상 그 누가 짝할 수 있겠습니까 世誰爲匹
호서의 산 우뚝하고 湖山嶙峋
호서의 물 깨끗하니 湖水潾潾
어쩔 수 없습니다 그 풍도 已矣風範
아득하여 가까이하기 어렵습니다 邈焉難親

220 망령되이……일 : 궤수(詭隨)는 옳고 그름을 돌아보지 않고 망령되이 남을 따르는 것을 말한다. 《시경》 〈민로(民勞)〉에 "함부로 부정함을 따르지 말아, 어질지 못한 사람을 단속한다.〔無縱詭隨, 以謹無良.〕"라고 한 데서 유래하였다.

221 행장(行藏) : 용행사장(用行舍藏)의 준말로, 자신의 도를 펼 수 있느냐 없느냐에 따라 거취를 결정하여 조정에 나아가기도 하고 은퇴하기도 하는 것을 말한다. 511쪽 각주198 참조.

이에 예관을 보내	玆遣禮官
대신 하찮은 제물을 올리게 하니	替奠菲具
영령이여 어둡지 않다면	靈其不昧
권하는 이 말을 흠향하시길	歆此侑語

미호서원에 제향하는 제문 대제학 김유[222] 지음

渼湖書院腏享祭文 大提學金楺製

타고난 성품 맑고 순수하여	天賦清純
은연중 오묘한 도에 맞았으니	暗契道妙
우뚝 두각을 나타낸 것이	嶄然頭角
어릴 때부터 시작되었습니다	越自弱少
일찍 선각자를 따라	蚤從先覺
더욱 정밀하고 심오한 말씀 들으며[223]	益聞精奧
작은 것도 본받아서	尺寸師範
닮기를 기약했습니다	期于克肖
내면이 충만하여 밖으로 드러남이	中弸外彪
마치 칼이 칼집에서 나오듯 하고	如刀發鞘
여사인 문장에도	餘力文藻
지극한 경지에 이르렀습니다	窮涯極徼
어찌 세상 사람들이	豈若世人
정신을 수고롭게 하고 표절하는 것과 같으랴	勞精竊剽

222 김유(金楺) : 1653～1719. 본관은 청풍(淸風), 자는 사직(士直), 호는 검재(儉齋), 시호는 문경(文敬)이다. 저서로 《검재집(儉齋集)》이 있다.

223 일찍……들으며 : 송규렴이 스승에게 나아가 가르침을 받았다는 말인데, 송규렴은 송준길과 송시열에게서 배웠다. 선각(先覺)은 먼저 깨달았다는 말인데 여기서는 스승을 가리킨다. 《맹자》 〈만장 상(萬章上)〉에 “먼저 깨달은 자로 하여금 뒤늦게 깨닫는 자를 깨우치게 하신 것이다.〔使先覺, 覺後覺.〕”라고 하였다.

마침내 승진할 길 열려 遂闢晉道
크게 발탁 등용되자 大被簡調
화무의 관직[224] 두루 거치면서 歇歷華膴
술을 따르고 말 부리듯 여유로웠습니다[225] 御樽鞅掉
돌아가 부모 봉양할 마음 급하고 歸養志急
영화를 추구할 뜻은 작았으니 趨榮意眇
삼가 고향에 돌아와서는 惓焉來歸
속세를 벗어난 듯하였습니다 脫然塵繞
맛난 음식으로 봉양하고[226] 남는 시간엔 滫瀡餘暇
전부터 해오던 학업에 더욱 힘썼고 舊業益劭
언덕과 동산에 흥취 붙여 寄興丘園
아침저녁으로 시 읊조렸습니다 暮朝吟嘯
서적에 마음 두고 契心書籍
낚시 즐기면서 頻仰鉤釣

224 화무(華膴)의 관직 : 화(華)는 사헌부・사간원・홍문관의 삼사와 같은 청환(淸宦)을 가리키고, 무(膴)는 호조와 같이 녹이 후한 관직을 가리킨다.

225 술을……여유로웠습니다 : 일을 능숙하게 잘 처리하였다는 말이다. 앙도(鞅掉)는 도앙(掉鞅)과 같은 말로, 전장(戰場)에서 여유 있는 태도를 보이며 전투의 주도권을 장악하는 것을 비유하는 말이다. 본래 적진에 들어가 도전할 때 수레에서 내려 "말의 뱃대끈을 다시 손질하고 유유히 본진(本陣)으로 돌아온다.〔掉鞅而還〕"라는 말에서 유래하였다. 《春秋左氏傳 宣公12年》

226 맛난 음식으로 봉양하고 : 수수(滫瀡)는 녹말을 섞어 음식을 부드럽고 윤기 있게 조리한다는 뜻으로, 연하고 맛난 음식을 말한다. 《예기》 〈내칙(內則)〉에 "쌀뜨물로 부드럽게 하고 기름기로 기름지게 하여, 부모나 시부모님이 맛보신 뒤에 물러난다.〔滫瀡以滑之, 脂膏以膏之, 父母舅姑, 必嘗之而後, 退.〕"라고 한 말에서 유래하였다.

행동은 지혜와 더불어 진보했고	行與知進
덕은 나이 따라 높아졌습니다	德隨年卲
중간에 큰 변고 겪었으나	中經滄桑
변함없는 절개 더욱 밝았고	一節愈皎
참소하는 말이 하늘에 닿았으나	讒慝滔天
또한 감히 꾸짖지 못했습니다[227]	亦未敢誚
맑은 의표 드높아	淸標高揭
물들지 않고 깨끗했습니다[228]	不滓而皭
명예를 사양하여 차지하지 않고	讓名不居
빛을 감췄으나 저절로 빛났으니	韜光自耀
존귀한 직위 한층 높고	寵位采隆
덕과 명망 더욱 빛났습니다	德望增曜
부르는 명령[229] 자주 내려와도	綠綈頻頒
은혜로운 부름 번번이 사양하니	輒辭恩召
세상 사람들 모두 흠모하며 좋아하고	一代傾歆

227 참소하는……못했습니다 : 송규렴을 참소하는 말이 극에 달했지만 임금이 송규렴을 꾸짖지 못했다는 말이다. 《서경》 〈금등(金縢)〉에 "왕이 또한 주공을 꾸짖지 못하였다.〔王亦未敢誚公〕"라고 한 것을 원용하였다.

228 물들지 않고 깨끗했습니다 : 송규렴의 개결(介潔)함을 표현한 것이다. 《사기(史記)》 권84 〈굴원열전(屈原列傳)〉에 "더러움을 벗어던지고 티끌세상의 밖에서 노닐었고 세속의 더러움에 물들지 않고 말갛게 흙탕물에서도 더러워지지 않은 자였다.〔蟬蛻於濁穢, 以浮游塵埃之外, 不獲世之滋垢, 皭然泥而不滓者也.〕"라고 하였다.

229 부르는 명령 : 녹제(綠綈)는 녹색의 두터운 비단으로, 한(漢)나라 때 특별한 은총을 표시하기 위해 내렸던 물품이다. 《漢書 卷97 外戚傳 孝成趙皇后》 여기서는 임금이 부르는 명령을 뜻하는 말로 쓰였다.

많은 선비들이 그 빛을 우러렀습니다 多士仰照
옷 걷어잡고[230] 책 상자 지고 摳衣負笈
모두 와서 스승으로 섬기면 咸來師表
몽매함을 깨우쳐 주었으니 發蒙開蔀
공로가 어찌 작다 하겠습니까 功豈曰小
목가가 재앙을 예고하더니[231] 木稼告災
하늘이 남겨 주고 불쌍히 여겨 주지 않아[232] 天不憖弔
철인이 시드니[233] 哲人其萎

230 옷 걷어잡고 : 구의(摳衣)는 옷자락을 치켜든다는 뜻으로, 어른 앞에서 몸가짐을 공손히 하는 태도를 일컫는 말이다. 《예기》〈곡례 상(曲禮上)〉에 "옷자락을 걷어잡고 구석을 향해 종종걸음으로 가고, 응대를 반드시 삼가서 해야 한다.〔摳衣趨隅, 必愼唯諾.〕"라고 한 말에서 유래하였다.

231 목가(木稼)가 재앙을 예고하더니 : 송규렴이 죽을 징조가 있었다는 말이다. 목가는 목빙(木氷) 혹은 수가(樹稼)라고도 하는데, 나무의 물방울이 추위로 얼어붙어 주렁주렁 매달려 있는 것으로, 이런 현상이 발생하면 높은 관원이 죽는다고 한다.《舊唐書 卷95 讓皇帝憲傳》 송(宋)나라 왕안석(王安石)이 지은 한기(韓琦)의 만시(輓詩)에 "목가가 생기자 고관이 두려워 떨었다는 말 들었는데, 산이 무너진 오늘 철인이 죽었도다.〔木稼曾聞達官怕, 山頹今見哲人萎.〕"라고 하였다.《石林詩話 卷上》

232 하늘이……않아 : 하늘이 송규렴과 같은 원로를 남겨 주지 않았다는 말이다.《시경》〈시월지교(十月之交)〉에 "원로 한 분을 아껴 남겨 두어서 우리 임금을 지키게 하지 않는구나.〔不憖遺一老, 俾守我王.〕"라고 하였고, 공자(孔子)께서 별세하셨을 때에 노(魯)나라 애공(哀公)이 내린 조사(弔辭)에 "하늘이 나를 불쌍히 여기지 않는구나. 나라의 원로를 조금 더 세상에 있게 하여 나 한 사람을 도와 임금 자리에 있게 하지 않는구나.〔旻天不弔, 不憖遺一老, 俾屛余一人以在位.〕"라고 탄식한 구절이 있다.《春秋左氏傳 哀公16年》

233 철인이 시드니 : 송규렴의 죽음을 가리킨다. 공자께서 "태산이 아마도 무너지려나 보다. 들보가 아마도 내려앉으려나 보다. 철인이 아마도 시들려나 보다.〔泰山其頹

선비들이 슬피 울었습니다	士類哀叫
미호를 돌아보니	眷玆渼湖
들판과 골짜기 고즈넉하고	郊壑窈窕
평소 거니시던 곳에	杖屨攸軸
유풍이 사라지지 않았습니다	遺風不藐
유생들이 한목소리 내어	章甫同聲
여기에 서원과 사당 짓고	爰作院廟
천년토록 제사 모시는 일을	俎豆千秋
지금부터 시작하려 한다며	擬自今肇
함께 와서 임금께 호소하니	相率籲天
밝은 조서로 허락 받았습니다	獲允明詔
길일을 택하여 위패를 모시고	涓吉妥靈
공경히 맑은 술 올리니	敬薦泂醥
바라건대 흠향하시고	庶垂歆假
영원히 산하와 짝하소서	永配河嶠

乎, 梁木其壞乎, 哲人其萎乎.〕"라고 노래하고, 병을 앓고 누운 지 칠일 만에 별세하신 고사가 전한다. 《禮記 檀弓上》

만사

挽詞

향년 높고 정경의 자리 올랐지만	壽到遐齡位正卿
가득한 것 지닌 듯 삼가기를 놀란 듯 했네[234]	履盈持滿惕如驚
기로소에선 덕 높고 조정에선 명망 있었으며	德尊耆社朝中望
문단의 맹주 슬하의 영광이었네[235]	盟主文衡膝下榮
당시에 급류에서 용감히 물러났으니[236]	當日急流能勇退
다난한 시대 만났어도 홀로 이름 온전히 했네	遭時多難獨完名
반평생 강호에서 참된 흥취 즐겼으니	半生林壑怡眞趣
거문고로 연주하는 아양곡[237]에 옛 소리 있었지	三尺峨洋有古聲

234 가득한……했네 : 송규렴이 지위가 높아져도 늘 경계하고 조심하는 태도를 견지했다는 말이다. 조조(曹操)의 〈선재행(善哉行)〉에 "물이 가득한 그릇을 들고 넘치지 않게 할 수 있다면 덕 있는 자가 능히 좋은 끝을 볼 수 있도다.〔持滿如不盈, 有德者能卒.〕"라고 하였다.

235 문단의……영광이었네 : 송규렴의 아들 송상기가 홍문관 대제학이 되었기에 한 말이다.

236 급류에서 용감히 물러났으니 : 송규렴이 관로(官路)가 한창 트였을 때에 용감하게 물러났다는 말이다. 급류용퇴(急流勇退)는 한창 전성기에 있을 때, 관직에서 결단성 있게 물러나 명철보신(明哲保身)함을 비유하는 말이다. 송(宋)나라 전약수가 벼슬이 추밀부사(樞密副使)에 이르렀을 때, 나이 40이 되기 전에 용감하게 관직에서 물러났던 데서 유래하였다. 487쪽 각주127 참조.

237 거문고로 연주하는 아양곡(峨洋曲) : 삼척(三尺)은 삼척동(三尺桐)으로, 거문고나 가야금을 이르는 말이다. 아양(峨洋)은 거문고의 명인인 백아(伯牙)가 높은 산을 연주하면 친구인 종자기(鍾子期)가 "태산처럼 높고 높도다.〔峨峨兮若泰山〕"라고 평하

사문에 이르러 배우며 자주 칭찬 받았으니 迹習門墻屢承奬
목가[238] 불러 전하려니 더욱 마음 아파라 歌傳木稼倍傷情
공사 간에 유감없어도 샘솟는 듯한 눈물이 公私無恨如泉淚
서쪽 바람 향하니 온통 가슴에 가득하네 爲向西風滿臆橫

오천(烏川) 후인(後人) 정호(鄭澔)[239]

봄바람 이는 자리[240]에서 처음 공을 뵙고 春風座上始逢公
가을날 신선 누각에서 종일 같이 있었네 秋日仙樓夙夜同
너그러운 도량 평생 한계가 없었으니[241] 雅量平生無畛域
온전한 명성 말세에도 시종일관하였지 完名叔世有初終

였고, 흐르는 물을 연주하면 "강하처럼 양양하도다.〔洋洋兮若江河〕"라고 평했다는 고사에서 유래하였다. 《列子 湯問》

238 목가(木稼) : 목가는 목개(木介)의 별칭으로, 추위가 심하여 나무에 얼음이 얼어붙어 갑옷의 형상을 이룬 것인데, 현인(賢人)이 죽을 조짐이라 한다. 525쪽 각주231 참조. 여기서는 만가(挽歌)의 뜻으로 쓰였다.

239 오천(烏川) 후인(後人) 정호(鄭澔) : 1648~1736. 본관은 영일(迎日), 자는 중순(仲淳), 호는 장암(丈巖)이다. 오천은 경상북도 영일의 다른 이름이다. 정호는 정철(鄭澈)의 현손으로, 송시열의 문하에서 수학하였다. 1675년(숙종1) 송시열이 귀양 가자 과거를 단념하고 성리학에 전념하였다.

240 봄바람 이는 자리 : 송규렴이 온화한 인품을 지녔다는 말이다. 주공섬(朱公掞)이 정호(程顥)를 만나고 돌아와 말하기를 "내가 봄바람 속에서 한 달 동안 지내다 왔다."라고 한 데서 유래하였다. 《宋元學案 卷14 明道學案》

241 너그러운……없었으니 : 송규렴의 마음이 넓어 사람을 사귐에 경계가 없었다는 말이다. 《장자(莊子)》 〈추수(秋水)〉에 "드넓어서 마치 사방에 끝이 없는 것 같다. 경계가 없으므로 만물을 다 감싸 안는다.〔泛泛乎其若四方之無窮, 其無所畛域, 兼懷萬物.〕"라고 하였다.

팔십도 덕에 비해 장수했다 하기 어렵고 八旬視德難爲壽
일품도 인망 논하면 높지 못해 한이지 一品論人恨未崇
위로할 것은 집안 명성 아직 다하지 않아 所慰家聲猶不殄
사문의 책임이 종공에게 있다네[242] 斯文責在大宗工

행 부호군(行副護軍) 임홍망(任弘望)[243]

온전한 명성 예부터 공 같은 이 적었고 完名終古如公少
복록은 지금 비교될 이 누구인가 福履于今更孰倫
슬하의 영광은 태학사요 膝下榮光太學士
조정의 본보기 노성한 분이셨지[244] 朝端矜式老成人
명리를 다투는 일[245]에 초연하여 超然蠻觸紛爭地

242 위로할……있다네 : 송규렴의 아들 송상기가 대제학이 되었으므로, 이것으로 송규렴을 위로할 수 있다는 말이다. 종공(宗工)은 문단을 주관하는 종장(宗匠)인 대제학을 이른다.

243 임홍망(任弘望) : 1635~1715. 본관은 풍천(豐川), 자는 덕장(德章), 호는 죽실거사(竹室居士)이다. 숙종 때 정언으로 송시열의 예론 사건에 대하여 적극 옹호하다가 경성 판관(鏡城判官)에 좌천되었고, 다시 울산 부사가 되어 송시열의 적소(謫所)를 자주 왕래하였다.

244 슬하의……분이셨지 : 송규렴의 아들 송상기는 영광스럽게도 대제학이 되었고, 송규렴은 조정의 중망을 받는 원로로서 신료들의 모범이 되었다는 말이다. 태학사(太學士)는 대제학의 별칭이다. 노성인(老成人)은 나이가 많고 경험이 풍부한 선배, 또는 연륜과 인덕을 갖춘 원로 등을 말한다.

245 명리(名利)를 다투는 일 : 만촉(蠻觸)의 분쟁(紛爭)은 세상에서 분분하게 명리를 다투는 것을 비유한 말이다. 와우(蝸牛) 즉 달팽이의 두 뿔에 만(蠻)과 촉(觸)이라는 나라가 각기 자리 잡고서 하루가 멀다 하고 영토 쟁탈전을 벌인다는 우화에서 비롯되었다. 《莊子 則陽》

동산에서 자유로운 몸 되기를 좋아했지　好作丘園自在身
기로소의 동료로서 남아 있는 백발 늙은이　耆席忝僚餘白首
만사 쓰면서 눈물이 수건 적셔 감당할 수 없네　不堪臨挽淚沾巾
우참찬(右參贊) 황흠(黃欽)[246]

맑은 의표와 뛰어난 덕망 관리 중에 으뜸인데　清標長德冠簪纓
산림에서 한가히 수양하여 복록 이어졌네　閒養林泉福履縈
인망 높은 유림 종장의 문하 선비였고[247]　望峻儒宗門下士
명성 높아 기로소 모임 중에 빼어났지　名高耆社會中英
평소의 절의 온전히 한 사람 지금 세상에 없고　身全素節無今世
문단을 주도한 아들 그 명성 컸네　兒主文盟大厥聲
부음이 궁궐에 들리자 임금도 슬퍼하시니　訃徹九重宸悼切
은혜 깊어 시종 슬픔과 영광 지극했네[248]　恩深終始極哀榮

우뚝하게 남은 영광전처럼 늘 우러르며[249]　靈光每仰巋然存

246 황흠(黃欽) : 1639～1730. 본관은 창원(昌原), 자는 경지(敬之)이다. 91세까지 장수하여 숙종·경종·영조를 모셨다.

247 인망(人望)……선비였고 : 송규렴이 송준길과 송시열의 문인이었기에 한 말이다.

248 은혜……지극했네 : 송규렴이 살아서는 영광을 누리고 죽어서는 많은 사람의 애도를 받았다는 말이다. 자공(子貢)이 공자(孔子)를 일러 "'살아계시면 영광스럽게 여기고, 죽으면 슬퍼한다.'라는 것이니, 어떻게 따라갈 수 있겠는가.〔其生也榮, 其死也哀, 如之何其可及也.〕"라고 하였다. 《論語 子張》

249 우뚝하게……우러르며 : 송규렴의 고아한 인품을 영광전(靈光殿)에 비유하여 읊은 것이다. 영광전은 한(漢)나라 때 노 공왕(魯恭王)이 건립하였는데, 여러 차례 전란을 겪었어도 이 궁전만은 완전하게 보존되었다는 내용이 한나라 왕연수(王延壽)의 〈노

책상 아래에서 때로 온화한 가르침 받들었지　床下時承戒誨溫
임금 사모하고 세상 걱정하는 뜻 간절했고　惓惓戀君憂世意
옛날 회상하고 지금을 슬퍼하는 말 자상했네　諄諄感古愴今言
연이은 고관 반열 자신은 허물 벗듯 했으나[250]　班連槐棘身如蛻
나라에선 원로 의지하여 명망 더욱 높았지[251]　國賴蓍龜望益尊
한 분 원로를 하늘은 어찌 끝내 남기지 않았나[252]　一老天胡終不慭
선대의 정의[253] 생각하며 다만 울음소리 삼키네　追惟先誼秖聲呑

상호군(上護軍) 민진후(閔鎭厚)[254]

영광전부(魯靈光殿賦)〉 서문에 보인다.

250 연이은……했으나 : 송규렴이 관직에 연연하지 않았다는 말이다. 괴극(槐棘)은 회화나무와 가시나무로, 조정의 대신들을 지칭한다. 주(周)나라 때 조정에 세 그루의 회화나무와 아홉 그루의 가시나무를 심고 공경(公卿)과 대부(大夫)들이 그 아래에 나누어 앉아서 삼공(三公)과 구경(九卿)의 자리를 정하였다. 이 때문에 후세에 삼공과 구경을 지칭하는 말로 쓰이게 되었다.

251 나라에선……높았지 : 국가에서 원로인 송규렴에게 의지한 바가 많았다는 말이다. 시귀(蓍龜)는 시채(蓍蔡)라고도 하는데, 점을 칠 때 쓰이는 시초(蓍草)와 거북껍질을 말한다. 국가에 중요한 일을 결정할 때 점을 쳤는데, 거북의 껍질로 점치는 것은 복(卜)이고, 시초로 점치는 것은 서(筮)이다. 국가적으로 중요한 일의 자문 역할을 하던 학자나 신하들을 시귀, 시채에 비기기도 하였다.

252 한 분……않았나 : 하늘이 국가를 위하여 원로인 송규렴을 이 세상에 남겨두지 않았다는 말이다. 525쪽 각주232 참조.

253 선대(先代)의 정의(情誼) : 이 만사를 지은 민진후(閔鎭厚)의 아버지 민유중(閔維重, 1630~1687)은 숙종의 장인이며 인현왕후의 아버지였고, 송준길의 사위였다. 송규렴과는 동문수학한 사이로, 평생 우의를 간직했다.

254 민진후(閔鎭厚) : 1659~1720. 본관은 여흥(驪興), 자는 정순(靜純), 호는 지재(趾齋)이다.

쌍청당 선조의 업적 힘써 이었고[255] 先業雙淸勉肯堂
평생 연세와 벼슬과 덕이 모두 빛났네[256] 平生齒爵德兼彰
세 조정 섬긴 백발노인 영광전처럼 우뚝했고[257] 三朝白髮靈光巋
만절의 노란 국화 늙은 원예사의 향기로다[258] 晩節黃花老圃香
기로소[259] 그림에 멋진 일 전해지고 洛社畫圖傳勝事

255 쌍청당(雙淸堂)……이었고 : 쌍청당은 송유(宋愉, 1389~1446)의 호로, 조선 초기에 회덕(懷德)으로 낙향하여 은진 송씨의 중시조가 된 인물이다. 긍당(肯堂)은 긍구긍당(肯構肯堂)의 준말로, 선조의 유업(遺業)을 후손들이 계속 이어받아 발전시켜 나가는 것을 뜻한다. 《서경》 〈대고(大誥)〉에 "만일 아버지가 집을 지어 이미 법을 이루었거늘, 그 자식이 기꺼이 당의 터도 만들려고 하지 않는데, 하물며 기꺼이 구축하겠는가.〔若考作室, 旣底法, 厥子乃弗肯堂, 矧肯構.〕"라고 한 데서 유래하였다.

256 평생……빛났네 : 연세와 벼슬과 덕은 맹자가 말한 삼달존(三達尊)으로, 다른 사람에게 존중을 받는 세 가지의 덕목을 말한다. 《맹자》 〈공손추 하(公孫丑下)〉에 "천하에 달존이 세 가지가 있으니, 관작이 하나요, 연치가 하나요, 덕이 하나이다. 조정에는 관작만한 것이 없고, 향당에는 연치만한 것이 없으며, 세상을 돕고 백성을 기름에는 덕만한 것이 없다.〔天下有達尊三, 爵一齒一德一, 朝廷莫如爵, 鄕黨莫如齒, 輔世長民莫如德.〕"라고 하였다.

257 세 조정……우뚝했고 : 송규렴이 효종과 현종과 숙종을 섬겼고 고아한 인품을 지녔다는 말이다. 영광전(靈光殿)은 한(漢)나라 때 노 공왕(魯恭王)이 건립한 궁전이다. 530쪽 각주249 참조.

258 만절(晩節)의……향기로다 : 만절의 노란 국화는 늦게 피는 국화를 가리키며 노포(老圃)는 늙은 원예사(園藝師)인데, 여기서는 노인이 가꾸는 채전(菜田)을 가리킨다. 북송(北宋)의 한기(韓琦)가 지은 〈구일수각(九日水閣)〉에 "늙은 원예사가 가꾼 가을빛 담박함에 부끄러워하지 말고, 우선 늦게 피는 국화의 향기를 보라.〔不羞老圃秋容淡, 且看寒花晩節香.〕"라고 하여 자신의 노년의 절개가 높음을 자부하였다. 여기서는 송규렴의 절개가 노년까지도 변하지 않았음을 말한 것이다.

259 기로소(耆老所) : 낙사(洛社)는 송나라 문언박(文彦博)이 연로하고 어진 사대부들을 모아놓고 술자리를 베풀어 서로 즐겼던 낙양기영회(洛陽耆英會) 또는 낙사기영회

문단의 기고를 어진 아들에게 맡겼네[260] 詞壇旗鼓屬賢郎
응당 알겠네 상여가 지나는 호서 길에 應知素紼湖堧路
곳곳의 백성들이 선정 베푼 공을 향해 울 줄을[261] 處處遺民泣憩棠

선친과 같이 과거 급제했고 동갑이었으며 先君同榜又同庚
게다가 동문수학한 사이셨네[262] 況是同門受業生
한 시대의 부침 세상 운세와 관계되고[263] 一代升沈關世運
백년의 사귐[264]에서 우정 알 수 있네 百年膠漆見交情

(洛社耆英會)를 말한다. 《宋史 卷313 文彦博列傳》

260 문단(文壇)의……맡겼네 : 기고(旗鼓)는 전쟁터의 북소리와 깃발을 말한다. 옛날 원소(袁紹)가 하북 지방에서 수많은 군대를 거느리고 북과 깃발을 일신하여 위풍(威風)이 당당하였으므로, 문장을 짓는 기세를 여기에 비유한 것이다. 여기서는 송규렴의 아들 송상기가 대제학이 되었음을 말한 것이다.

261 응당……줄을 : 송규렴의 상여를 보면서 호서의 백성들이 그의 선정(善政)을 추억하며 눈물을 흘릴 것이라는 말이다. 게당(憩棠)은 주나라 백성이 소백(召伯)의 선정을 칭송한 시에 연유하여, 지방관의 선정을 비유하는 말로 사용된다. 《시경》 〈감당(甘棠)〉에 "무성한 팥배나무를 자르지 말고 꺾지 말라. 소백이 쉬시던 곳이니라.〔蔽芾甘棠, 勿翦勿敗. 召伯所憩.〕"라고 하였다. 송규렴이 충청도 관찰사를 지냈기에 이렇게 말하였다.

262 선친과……사이셨네 : 민진원(閔鎭遠)의 아버지는 민유중(閔維重)이다. 송규렴과 민유중은 1630년(인조8)에 태어났고 1648년에 함께 사마시에 합격하였으며, 모두 송준길의 제자였다.

263 한……관계되고 : 송규렴과 민유중의 출처(出處)가 나라의 운수와 밀접한 관련이 있었다는 말이다.

264 사귐 : 교칠(膠漆)의 교(膠)는 아교(阿膠)를 말하고 칠(漆)은 옻을 말하는데, 아교로 붙인 것은 떨어지지 않고 옻칠을 한 것은 벗겨지지 않는데서 유래한 말이다. 매우 친밀하여 떨어질 수 없음을 비유하는 말로 사용된다.

큰 변고 자주 겪으며 사람의 일 슬퍼하고　滄桑屢閱悲人事
풍수의 남은 슬픔으로 원로를 우러렀네[265]　風樹餘哀仰老成
책상 아래서 뵙던 일 이제 다시 할 수 없으니　床下拜顔今不再
길이 지난 일 회상하며 눈물로 갓끈 적십니다　永懷疇昔淚沾纓

우윤(右尹) 민진원(閔鎭遠)[266]

오랜 덕망 심원하고 행실은 곧았으니[267]　宿德淵深素履貞
응당 하늘이 넉넉히 남겨 주시리라　故應天錫有遺贏
오래 살아 편안히 삼붕의 수를 누렸고[268]　遐期穩享三朋壽
높은 품계 새로 일품의 경에 올랐네　崇秩新超一品卿
기로소 맑은 술동이 만년에 마땅하고　洛社淸樽宜晩景
노래자 같은 효자는 바로 문형이지[269]　萊庭綵舞是文衡

265 풍수(風樹)의……우러렀네 : 민진원이 아버지 민유중에게 다하지 못한 효성을 아쉬워하며 아버지의 친구인 송규렴에 대한 사모의 정을 갖고 있었다는 말이다. 풍수의 남은 슬픔이란 이미 세상 떠난 부모에게 효도를 다하지 못한 슬픔을 말한다. 《한시외전(韓詩外傳)》에 "나무는 고요하고자 하나 바람이 그치지 않고, 아들은 봉양하고자 하나 어버이가 기다려 주지 않는다.〔樹欲靜而風不止, 子欲養而親不待.〕"라고 하였다.

266 민진원(閔鎭遠) : 1664~1736. 본관은 여흥(驪興), 자는 성유(聖猷), 호는 단암(丹岩)이다.

267 행실은 곧았으니 : 소리(素履)는 소박하고 깨끗하게 자신의 본분을 지킴을 비유하는 말이다. 《주역》〈이괘(履卦) 초구(初九)〉에 "본래의 행함으로 가면 허물이 없으리라.〔素履, 往, 無咎.〕"라고 하였다.

268 삼붕(三朋)의 수를 누렸고 : 삼붕수(三朋壽)는 삼수작붕(三壽作朋)과 같은 말로, 임금과 신하가 경사를 함께함을 축하하는 말이다. 《시경》〈비궁(閟宮)〉에 "삼수로 벗을 삼아, 뫼와 같고 구릉과 같으소서.〔三壽作朋, 如岡如陵.〕"라고 한 데서 유래하였다. 송규렴이 80세까지 장수하였기에 이렇게 표현한 것이다.

초연히 떠나시니 원래 유감이 없는데다 翛然此去元無憾
더욱이 애절한 윤음[270] 받드니 글자마다 영광일세 況奉哀綸字字榮

두 분 명문에서 일찍부터 좋은 가르침 받았고[271] 二老華宗早襲芳
위태로운 길 다 겪어 뜻이 더욱 빛났네 危途閱盡志彌彰
현관의 흐드러진 꽃 저마다 아름답지만[272] 繁花玄觀從他艶
늦은 국화 가을 밭두둑에 홀로 향기 간직했네 晩菊秋畦獨保香
신선 세계에 홀연히 나는 새 타고 가는 것 보니 仙府忽看乘莽眇
노나라에는 우러러볼 영광전 다시 없겠지[273] 魯邦無復仰靈光

269 노래자(老萊子)……문형(文衡)이지 : 송규렴의 아들 송상기가 대제학이면서 효자라는 말이다. 춘추 시대 초나라의 은사(隱士) 노래자가 70의 나이에도 부모님을 기쁘게 해 드리기 위해 색동옷을 입고 재롱을 떨었다는 고사가 전한다. 《初學記 卷17 引孝子傳》

270 애절한 윤음(綸音) : 윤음은 임금이 내리는 문서를 말하므로, 애절한 윤음은 송규렴의 사망에 대해 임금이 내린 치제문(致祭文)을 말한다.

271 두 분……받았고 : 이로(二老)는 훌륭한 두 노인이라는 뜻으로, 송규렴의 스승인 송준길과 송시열을 가리킨다. 화종(華宗)은 송규렴이 두 스승과 같은 은진 송씨이면서 훌륭한 가문이므로 이렇게 표현한 것이다.

272 현관(玄觀)의……아름답지만 : 현관은 현도관(玄都觀)의 약칭으로, 당나라 때 도사들이 수도하던 도관(道觀)이다. 현도관에는 본래 꽃이 없었는데, 유우석(劉禹錫)이 낭주 사마(朗州司馬)로 폄척되었다가 10년 만에 돌아와 보니, 그동안 선도(仙桃)를 가득 심어 놓아 꽃이 붉은 노을처럼 화려하였다. 유우석은 〈꽃구경하는 제군에게 주다〔戲贈看花諸君子〕〉에서 "장안 거리 붉은 먼지가 얼굴을 스치는데, 사람마다 꽃구경하고 돌아온다 하누나. 현도관 안의 복숭아나무 일천 그루는, 모두가 유랑이 떠난 뒤에 심은 거라오."라고 하였다. 《舊唐書 卷160 劉禹錫列傳》 여기서는 신귀(新貴)들로 가득한 조정을 비유적으로 표현한 말이다.

273 신선……없겠지 : 송규렴이 별세하였으니 이제 조정에는 절의 있는 훌륭한 인물

대대로 교제했던 소자는 선대의 정의 추모하여[274] 通家小子追先故
천리 먼 곳에 글 올리며 하염없이 눈물 흘립니다 千里緘辭涕淚長

이천 부사(伊川府使) 이의현(李宜顯)[275]

공의 명성과 덕망은 세상의 본보기요 如公名德世儀刑
장수하고 강녕했으니 복록 모두 누렸네 大耋康寧福祿幷
태치에 기린 노닐어 일찍 상서를 보였고[276] 泰畤麟游曾表瑞
낙수에 용이 누워 일찍 영화를 사양했네[277] 洛波龍臥早辭榮

이 없을 것이라는 말이다. 망묘(莽眇)는 심원(深遠), 또는 고원(高遠)하다는 의미인데, 《장자(莊子)》〈응제왕(應帝王)〉에 "싫증이 나면 또 아득히 높이 나는 새를 타고 이 세계 밖으로 나아가 아무것도 없는 곳에서 노닐며 끝없이 넓은 들판에 살려고 한다.〔厭則又乘失莽眇之鳥, 以出六極之外, 而遊無何有之鄉, 以處壙埌之野.〕"라고 한 데서 유래하였다. 영광전(靈光殿)은 한(漢)나라 때의 궁궐 이름으로, 마지막 남은 원로 석학(碩學)이나 절의가 있는 사람을 뜻한다. 530쪽 각주249 참조.

274 대대로……추모하여 : 이의현(李宜顯)의 아버지 이세백(李世白, 1635~1703)이 송준길의 문인이었으니, 송규렴과는 동학의 우의가 있었다. 이세백의 본관은 용인(龍仁), 자는 중경(仲庚), 호는 북계(北溪)이다.

275 이의현(李宜顯) : 1669~1745. 본관은 용인(龍仁), 자는 덕재(德哉), 호는 도곡(陶谷)이다. 김창협(金昌協)의 문인이다.

276 태치(泰畤)에……보였고 : 송규렴이 젊은 나이에 벼슬길에 올라 능력을 발휘했다는 말이다. 태치는 본래 천신(天神)에게 제사 지내는 단을 뜻하는데, 여기서는 조정을 의미한다. 기린은 걸출한 인재를 비유한 말이다.

277 낙수(洛水)에……사양했네 : 사마광(司馬光)이 신종(神宗) 때에 왕안석(王安石)의 변법(變法)을 반대하여 추밀부사(樞密副使)의 직책을 사양하고 낙양(洛陽)에 퇴거하였다. 이때 여공저(呂公著)가 낙양에 거처하면서 사마광과 한가로이 왕래하다가 몸을 일으켜 하남 윤(河南尹)으로 부임하게 되자, 정호(程顥)와 사마광이 그를 복선사(福先寺)에서 전송하였다. 이 자리에서 사마광과 여공저가 출처(出處) 문제로 격론을

흰 수염으로 기로소에서 자신은 임금 은혜 입었고　皓鬚耆社身承渥
붉은 깃발로 문단에서 아들이 맹주 되었네[278]　赤幟騷壇子主盟
산림의 십 년 생활 다시 일어나길 바랐으나　林下十年猶望起
하늘이 남겨두지 않으니 백성들은 어이하나[279]　皇天不憖奈蒼生

행 사직(行司直) 홍수헌(洪受瀗)[280]

온 세상 사람들 이익과 명예를 좇아　滔滔一世利名趨
달팽이 뿔처럼 어지럽게 부드러움 다투네[281]　蠻觸紛然競暖姝

벌였다. 정호가 그들을 화해시키려는 목적으로 시를 지어 두 사람에게 주었는데, 그중 사마광에게 준 〈증사마군실(贈司馬君實)〉에 "두 분 용이 낙수 맑은 물에 한가로이 누웠는데, 오늘 도성 문에서 한 분만 전송하는구나. 바라건대 두 분 현인 출처를 같이하여, 깊은 뜻이 창생에 있는 줄을 빨리 알게 해 주기를.〔二龍閑臥洛波淸, 今日都門獨餞行. 願得賢人均出處, 始知深意在蒼生.〕"이라고 하였다. 《二程文集 卷1 明道文集1》 여기서는 송규렴이 사마광처럼 벼슬을 버리고 초야로 물러난 것을 말한 것이다.

278 붉은……되었네 : 송규렴의 아들 송상기가 대제학이 되었기에 한 말이다. 적치(赤幟)는 소단적치(騷壇赤幟)에서 나온 말로, 영수(領袖) 또는 종장(宗匠)을 의미한다. 문단을 주도하는 문사(文士)를 군대의 장수가 세우는 붉은 기에 비유하여 일컫는 말이다. 한(漢)나라의 장수 한신(韓信)이 조(趙)나라를 치면서 조나라의 군사를 유인하여 성벽을 비우고 나와 싸우게 한 뒤에, 재빠른 기병(騎兵)을 골라 성벽으로 달려 들어가 조나라의 깃발을 뽑고 한나라의 붉은 깃발을 세워 전쟁을 승리로 이끌었던 데서 유래하였다. 《史記 卷92 淮陰侯列傳》

279 하늘이……어이하나 : 하늘이 송규렴과 같은 원로를 이 세상에 남겨두지 않았으니 백성들이 안타깝다는 말이다. 《시경》 〈시월지교(十月之交)〉에 "억지로라도 원로 한 분을 남겨두어 우리 임금을 지키게 하지 않는구나.〔不憖遺一老, 俾守我王.〕"라고 하였다. 525쪽 각주232 참조.

280 홍수헌(洪受瀗) : 1640～1711. 본관은 남양(南陽), 자는 군택(君澤), 호는 담포(淡圃)이다.

늘그막에 한가히 지낸 분 바로 선생이니 暮境優閒夫子是
과감히 물러나고 어렵게 나간 분 근래에 없었지[282] 急流難進近來無
눈에 가득한 강산에 구름 함께 지나가고 湖山滿目雲俱往
숲을 이룬 꽃과 대나무에 학이 정말 고고하듯 花竹成林鶴正孤
천지 사이에 높은 풍모 어찌 다시 볼 수 있으랴만 俛仰高風那復見
집안 명성 오히려 훌륭한 아들[283]에게 남았네 家聲猶在九苞雛

판중추(判中樞) 최석정(崔錫鼎)[284]

281 달팽이……다투네 : 사람들이 명리(名利)를 성취하기 위해 아첨과 아부를 일삼는다는 말이다. 만촉(蠻觸)은 세상에서 분분하게 명리를 다투는 것을 비유하는 말이다. 529쪽 각주245 참조. 난수(暖姝)는 자족(自足)과 자만(自滿)을 뜻하기도 하는데, 여기서는 부드러운 모양을 의미한다. 《장자(莊子)》〈서무귀(徐無鬼)〉에 "난수라는 자가 있고, 유수라는 자가 있고, 권루라는 자가 있다. 난수라는 자는 한 선생의 말을 배우고 나면 아주 흡족하여 기뻐하고 그것으로 충분하다 생각하며, 아직 사물이 없는 상태가 사물의 본모습임을 알지 못한다.〔有暖姝者, 有濡需者, 有卷婁者. 所謂暖姝者, 學一先生之言, 則暖暖姝姝而私自悅也, 自以爲足矣, 而未知始有物也.〕"라고 하였다.

282 과감히……없었지 : 급류난진(急流難進)은 급류용퇴(急流勇退)와 난진이퇴(難進易退)를 조합하여, 벼슬자리에 연연하지 않아 과감히 물러나고 벼슬자리에 나가기를 신중하게 했다는 말이다. 급류용퇴는 전약수(錢若水)와 관련된 고사이다. 487쪽 각주127 참조. 난진이퇴는 《예기》〈표기(表記)〉에 "임금을 섬길 적에 나아가기는 어렵게 하고 물러나기는 쉽게 한다면 벼슬자리에 질서가 있게 되고, 나아가기는 쉽게 하고 물러나기는 어렵게 한다면 문란해진다.〔事君難進而易退, 則位有序, 易進而難退, 則亂也.〕"라고 한 데서 유래하였다.

283 훌륭한 아들 : 구포추(九苞雛)는 봉황의 새끼를 말한다. 구포(九苞)는 봉황의 깃에 나타나는 아홉 종류의 빛으로 봉황에 대한 미칭이다.

284 최석정(崔錫鼎) : 1646～1715. 본관은 전주(全州), 자는 여화(汝和), 호는 명곡(明谷)이다. 최명길(崔鳴吉)의 손자이자, 남구만(南九萬), 박세채(朴世采)의 문인이다.

기로소에 들고 벼슬은 팔좌[285]였으며 耆社官仍八座臨
문단의 맹주 또한 뛰어난 아들이었네[286] 詞壇執耳又奇男
전형을 늙어서도 볼 수 있어 기뻤으니 典刑尙喜瞻黃髮
겸손함과 신중함 어찌 본심 바꿨으랴 謙愼何曾改素心
용퇴는 오랫동안 산림의 제일로 칭송되었고 勇退久稱林下一
달존은 세상의 세 가지를 겸하여 소유했지[287] 達尊兼有世間三
갈바람에 명정이 남전 길로 가는데[288] 秋風丹旐藍田道
양대의 감당나무 곳곳에 그늘 드리웠으리[289] 兩世甘棠處處陰

285 팔좌(八座) : 조선 시대에는 육조 판서와 좌・우참찬을 지칭하기도 하였고, 또는 육조 판서와 홍문관 대제학, 한성부 판윤을 지칭하기도 하였다. 판서를 칭하는 말로 흔히 쓰인다.

286 문단의……아들이었네 : 집이(執耳)는 집우이(執牛耳)의 준말로, 회맹(會盟)할 때 소의 귀를 잡고 피를 받아 삽혈(歃血)하는 등 맹주(盟主)의 역할을 수행하는 것을 말한다. 여기서는 아들 송상기가 대제학이 되었음을 말한다.

287 달존(達尊)은……소유했지 : 송규렴이 높은 벼슬, 장수, 훌륭한 덕을 모두 갖추었다는 말이다. 삼달존(三達尊)은 다른 사람에게 존중을 받는 세 가지의 덕목으로, 작위와 나이와 덕(德)을 말한다. 532쪽 각주256 참조.

288 갈바람에……가는데 : 송규렴의 상여가 갈바람을 맞으며 장지(葬地)로 가는 모습을 읊은 것이다. 단조(丹旐)는 상여가 나갈 때 드는 붉은 명정(銘旌)이다. 남전(藍田)은 "어머니는 신사년(1701, 숙종27) 12월 2일에 돌아가셨으니, 향년 70세이시다. 처음에는 남포의 남전리에 장사 지냈다가 뒤에 묏자리가 좋지 않아서 경인년(1710) 11월에 아버지와 함께 공주 삼미천의 간좌 등성이로 옮겨 아버지 왼쪽에 합장했다.〔先妣以辛巳十二月初二日棄世, 享年七十, 初葬藍浦藍田里, 後因宅兆不利, 庚寅十一月, 與先府君, 竝遷于公州三美川艮坐之原, 祔左合墓.〕"라는 기록으로 볼 때 남포에 있는 지명으로 보인다. 《玉吾齋集 卷15 先妣行狀》

289 양대의……드리웠으리 : 송규렴과 송상기가 모두 충청도 관찰사를 지냈기에 그들이 베푼 선정(善政)의 자취가 남아 있을 것이라는 말이다. 감당나무 그늘은 지방

잠성(岑城) 이만성(李晩成)[290]

원우 시대에 완전한 사람 있었음 아노니	即知元祐有完人
고향에서 한가롭게 지내며 용퇴한 몸이었지[291]	故里婆娑勇退身
경사 쌓이고 잘 가르쳐 자식은 태학사요[292]	積慶趨庭太學士
맑은 명성으로 밭을 간 이는 옛 시종신이지	淸名耕野舊從臣
삼고[293]의 높은 벼슬 존귀와 영화 갖추었는데	三孤峻秩尊榮備
여든의 고령에도 은총 거듭 내렸지	八袠高齡寵錫申
아쉽게도 원로를 따를 수 없어	無奈老成追不得

장관의 선정을 비유하는 말이다. 533쪽 각주261 참조.

290 이만성(李晩成) : 1659~1722. 본관은 우봉(牛峰), 자는 사추(士秋), 호는 귀락당(歸樂堂)이다.

291 원우(元祐)……몸이었지 : 모함과 참소가 난무하는 등 당쟁이 격화되는 속에서도 송규렴이 고향으로 물러나 지내며 신명(身名)을 온전히 했다는 말이다. 송나라 휘종(徽宗) 때 채경(蔡京)이 재상이 되고 나서, 원우 연간에 재상을 지낸 사마광(司馬光)을 비롯하여 문언박(文彦博), 소식(蘇軾), 정이(程頤) 등 120인을 간당(奸黨)으로 지목하여 원우간당비(元祐奸黨碑)를 세우고, 다시 사마광 이하 309인을 기록하여 원우당적비(元祐黨籍碑)를 세운 뒤 천하에 반포하게 하였다는 고사가 있다. 원우는 송 철종의 연호이다. 《宋史 卷19 徽宗本紀, 卷472 蔡京列傳》

292 경사(慶事)……태학사요 : 아들 송상기가 대제학이 되었다는 말이다. 적경(積慶)은 적선여경(積善餘慶)의 준말로, 《주역》 〈곤괘(坤卦) 문언(文言)〉에 "선을 쌓은 집안은 반드시 남은 경사가 있다.〔積善之家, 必有餘慶.〕"라는 말에서 유래하였다. 추정(趨庭)은 아들이 아버지에게 가르침을 받는 것을 말한다. 공자께서 뜰에 혼자 서 계실 때, 아들 리(鯉)가 종종걸음으로 뜰을 지나가자〔趨而過庭〕, 시(詩)와 예(禮)를 배우도록 가르쳤던 고사에서 유래하였다. 《論語 季氏》

293 삼고(三孤) : 주나라 때의 삼공(三公)의 다음가는 벼슬로, 교화를 펴는 역할을 하는 관직인 소사(少師)·소부(少傅)·소보(少保)를 말한다. 519쪽 각주219 참조.

장빈[294]에서 머리 돌려 홀로 슬퍼하네　　漳濱回首獨悲辛

덕수(德水) 이여(李畬)[295]

용퇴하여 명성 높고 복록도 함께 누렸으며　　勇退名高福履幷
여든에 품계 높아 더욱 존귀하고 영화로웠네　　八旬增秩更尊榮
밝은 시대 은총 입어 세 분 임금 모셨고　　明時寵渥逢三聖
늙어 좋은 인연 저승[296]으로 이어졌네　　終老佳緣續九京
명망과 실제 분명 훌륭하여 재상[297]에 올랐고　　望實定踰登鼎軸
훌륭한 아들이 더구나 문형을 잡았으니[298]　　寧馨何況秉文衡

294 장빈(漳濱) : 병에 걸려 앓아누웠다는 뜻의 시어(詩語)이다. 삼국 시대 위(魏)나라 건안 칠자(建安七子)의 한 사람인 유정(劉楨)의 〈증오관중랑장(贈五官中郎將)〉에 "내가 고질병에 걸려서 맑은 장수 물가에 몸을 숨겼노라.〔余嬰沈痼疾, 竄身淸漳濱.〕"라고 한 데서 유래하였다. 《文選 卷23 贈答》

295 이여(李畬) : 1645~1718. 본관은 덕수(德水), 자는 치보(治甫), 호는 수곡(睡谷)이다. 송시열의 문인이다.

296 저승 : 구경(九京)은 구원(九原), 구천(九泉)과 같은 뜻으로, 곧 띵속인 황천을 가리킨다.

297 재상(宰相) : 정축(鼎軸)의 정(鼎)은 종묘(宗廟)의 제례(祭禮)에 쓰이는 귀중한 도구이므로 나라의 중책을 맡은 재신(宰臣)에 비유하고, 축(軸)은 수레바퀴의 한가운데 있는 구멍에 끼우는 긴 나무 또는 쇠를 말하는데 역시 중요한 지위를 말한다. 따라서 정축은 일반적으로 재상을 지칭하는 말로 사용된다.

298 훌륭한……잡았으니 : 송규렴의 장남 송상기가 대제학이 되었다는 말이다. 영형(寧馨)은 송(宋)나라 때 이와 같이〔如此〕의 뜻으로 쓰이던 속어이다. 영형아(寧馨兒)는 본래 이 같은 아이라는 말인데, 훌륭한 아이라는 뜻으로 쓰인다. 진(晉)나라 때 어려서부터 총명하고 점잖다고 이름난 왕연(王衍, 256~311)이 어린 시절에 죽림칠현(竹林七賢) 중 한 사람인 산도(山濤, 205~283)를 찾아갔을 때, 산도가 한참 동안 감탄하고 그가 떠나는 모습을 멀리 바라보며 "어떤 부인이 이 같은 아이를 낳았을까.〔何物老

사람들의 고운 칭송 비할 데 없지만　人間艷頌應無比
다만 선류의 마음을 매우 아프게 하네　秪是偏傷善類情

전 유수(前留守) 신임(申銋)[299]

한가롭게 지내며 눈으로 세상 변화 보고　閒居眼底閱滄桑
가을 뒤 찬 국화처럼 홀로 향기 간직했지　秋後寒花獨抱香
여기는 마땅히 한나라 통덕문이라 할 만하니[300]　此地宜稱漢通德
누가 노나라 영광전 우러르지 않으랴[301]　何人不仰魯靈光
기로소[302]에 초상화 그려지는 높은 반열 올랐고　耆英入畫崇班擢
재덕 갖춘 아들 금인 드리우고 길이 효도했네[303]　才子垂金彩舞長

嫗, 生寧馨兒.]"라고 했다는 고사에서 유래하였다. 《晉書 卷43 王衍列傳》

299 신임(申銋) : 1639~1725. 본관은 평산(平山), 자는 화중(華仲), 호는 한죽(寒竹)이다. 박세채(朴世采)의 문인이다. 1708년(숙종34) 개성 유수(開城留守)를 역임하였다.

300 여기는……만하니 : 송규렴의 고향 회덕을 후한(後漢) 정현(鄭玄)의 고향 고밀현(高密縣)이라 일컬을 만하다는 말이다. 통덕(通德)은 통덕문(通德門)으로, 정현의 덕을 기려 그의 고향에 세운 문이다. 공융(孔融)이 고밀현 사람들에게 "옛날 동해(東海)의 우공(于公)은 겨우 일절(一節)이 있었는데도 고을 사람들로 하여금 그의 문려(門閭)를 훌륭하게 꾸미도록 했는데, 정공과 같은 덕으로 그만한 대우가 없어서야 되겠는가."라고 하고, 그가 살던 거리와 문호를 넓혀 높은 수레도 통행할 수 있게 하였다. 《後漢書 卷35 鄭玄列傳》 여기서는 송규렴을 정현과 견주는 뜻으로 사용하였다.

301 누가……않으랴 : 송규렴의 훌륭한 인품을 사람들마다 추앙한다는 말이다. 영광(靈光)은 한(漢)나라 때의 영광전(靈光殿)을 가리킨다. 530쪽 각주249 참조.

302 기로소(耆老所) : 기영(耆英)은 송나라 문언박(文彦博)이 연로하고 어진 사대부들을 모아놓고 술자리를 베풀어 서로 즐겼던 낙양기영회(洛陽耆英會) 또는 낙사기영회(洛社耆英會)를 말한다. 《宋史 卷313 文彦博列傳》

몹시 애석하게도 옛 신하들 다 운명하니	痛惜舊臣零落盡
임금의 애절한 조서에 길 가는 사람도 우네	九重哀詔泣周行

창원(昌原) 유득일(兪得一)[304]

맑은 명성과 만년의 절개 모두 온전하기 어려운데	淸名晩節兩難全
한나라 소씨와 같고 송나라 전씨에 필적하네[305]	在漢齊疏宋媲錢
현달한들 어찌 지조 변했던가	光顯何曾渝志操
돌아와 오직 숲과 샘을 벗 삼았네	歸來惟得友林泉
같은 가문에 여러 현인 나와 어진 마을 되고	群賢同戶仁爲里
큰아들 가문 빛내니 효성이 유물이로다[306]	伯子榮門孝是氈
나라가 오늘 아침에 병들었으니[307]	邦國今朝成殄瘁

303 재덕……효도했네 : 송규렴의 아들 송상기가 뛰어난 인재로 높은 지위에 오르고 부모에게 효도하였다는 말이다. 채무(彩舞)는 춘추 시대 초(楚)나라의 효자 노래자(老萊子)의 고사에서 유래한 말이다. 535쪽 각주269 참조.

304 유득일(兪得一) : 1650~1712. 본관은 창원(昌原), 자는 영숙(寧叔), 호는 귀와(歸窩)이다. 박세채(朴世采)의 문인이다.

305 한(漢)나라……필적하네 : 송규렴이 높은 벼슬에 연연하지 않고 초야로 물러난 것을 기린 말이다. 한나라 소씨(疏氏)는 한 선제(漢宣帝) 때의 태자 태부(太子太傅) 소광(疏廣)과 그의 조카 태자 소부(太子少傅) 소수(疏受)를 말한다. 486쪽 각주126 참조. 전씨(錢氏)는 북송(北宋)의 전약수(錢若水)를 가리킨다. 487쪽 각주127 참조.

306 큰아들……유물이로다 : 송규렴의 아들 송상기가 높은 지위에 올라 가문을 빛내고 효성도 지극했다는 말이다. 전(氈)은 청전(靑氈)으로, 선대(先代)로부터 전해진 귀한 유물을 가리킨다. 진(晉)나라 왕헌지(王獻之)가 누워 있는 방에 도둑이 들어와 물건을 모조리 훔쳐 가려 할 때에, 그가 "도둑이여, 그 푸른 모포는 우리 집안의 유물이니, 그것만은 두고 가는 것이 좋겠다.〔偸兒, 靑氈我家舊物, 可特置之.〕"라고 하자, 도둑이 질겁하고 도망쳤다는 고사가 전한다.《晉書 卷80 王羲之列傳 王獻之》

이승에 남은 백발 늙은이 홀로 눈물 줄줄 흘리오　人間白首獨潸然

병조 참판(兵曹參判) 한성우(韓聖佑)[308]

우리 선생의 문하생 중에서　維我先生門下人
끝내 성취한 이는 다만 공뿐이지　畢竟成就惟公是
이전 조정의 학사들 구름처럼 많았어도　先朝學士如雲委
화평하고 고요함 누가 공과 비교되랴　怡靜誰能與公比
늘 어지러운 세상 보고 공이 먼저 물러났고　常看世紛公先退
태평한 시대 만나도 공은 일어나지 않았네　且値時平公不起
영화의 길 높은 벼슬 모두 관심사 아니라서　榮塗峻秩摠非心
밤낮으로 오직 고향에서 편히 지낼 생각했네　日夕惟憶安田里
노련한 원예사 한공처럼 만절 국화 향기로웠고[309]　韓公老圃晩菊香
고향에 돌아간 소씨처럼 부자가 함께 했네[310]　疏氏鄕園同父子

307 나라가……병들었으니 : 송규렴과 같은 훌륭한 원로(元老)가 운명했다는 말이다. 진췌(殄瘁)는 《시경》 〈첨앙(瞻卬)〉에 "선인이 없으니, 나라가 끊기고 병들겠구나.〔人之云亡, 邦國殄瘁.〕"라고 한 데서 유래하였다.

308 한성우(韓聖佑) : 1633~1710. 본관은 청주(淸州), 자는 여윤(汝尹)이다. 1674년 인선왕후(仁宣王后)에 대한 자의대비(慈懿大妃)의 복상 문제로 서인 송시열(宋時烈) 등이 관직을 삭탈당하고 유배되자, 180인의 유생들과 더불어 소를 올려 송시열이 무고 당했음을 주장하였다. 1707년 병조 참판에 올랐다.

309 노련한……향기로웠고 : 북송(北宋)의 한기(韓琦)가 지은 〈구일수각(九日水閣)〉에 보이는 내용을 인용하여 송규렴의 만절(晩節)을 칭송한 것이다. 532쪽 각주258 참조.

310 고향에……했네 : 송규렴과 그의 아들 송상기가 벼슬에서 물러나 고향에서 지낸 것을 소광(疏廣)과 소수(疏受)의 고사를 인용하여 읊은 것이다. 송상기도 기사환국(己

기로소에서 한가로이 지낸 늙은 상서이고　　耆社優游老尙書
가정에서 아버지의 가르침 받은 태학사였네[311]　　鯉庭常趨太學士
인간의 수명과 녹 어찌 이보다 더 두터우랴　　人間壽祿更何厚
시원한 기상 문득 가을 하늘로 올라갔네　　爽氣忽上秋空裏
사우들 모두 전형 잃음 아파하고　　士友皆傷失典刑
임금도 깊이 탄식하며 장례를 염려했네　　聖旨深嗟軫葬祀
문장과 덕업은 모두 썩지 않겠지만　　文章德業皆不朽
어찌 공의 명성이 길이 사라지지 않음만 같으랴　　豈若公名長不死
서글프다 쌍청당 위의 달빛이여　　怊悵雙淸堂上月
길이 남전산[312] 아래 물을 비추어다오　　長照藍田山下水

호조 참판(戶曹參判) 이사영(李思永)[313]

맑은 명성 고아한 명망에 관리들 감동했고　　淸名雅望動簪紳
임금의 은총 나아가든 물러나든 똑같았지　　雨露恩光進退均
부자가 사헌부의 대사간이었지만[314]　　父子霜臺都御史

巳換局) 이후에 고향에 물러나 있다가 갑술환국(甲戌換局) 이후에 다시 조정에 나왔다.

311 가정에서……태학사였네 : 송규렴의 아들 송상기가 대제학이 되었기에 한 말이다. 이정(鯉庭)은 공자께서 아들에게 시(詩)와 예(禮)를 배워야 한다고 했던 고사를 인용한 것이다. 540쪽 각주292 참조.

312 남전산(藍田山) : 송규렴의 처음 장지였던 남포(藍浦)의 남전리(藍田里)를 가리킨다. 539쪽 각주288 참조.

313 이사영(李思永) : 1634～1710. 본관은 전주(全州), 자는 신보(愼甫)이다. 1708년(숙종34) 호조 참판에 임명되었다. 《承政院日記 肅宗 34年 10月 29日》

314 부자가 사헌부의 대사간이었지만 : 송규렴과 그의 아들 송상기가 모두 사헌부 대사간을 역임했기에 한 말이다. 상대(霜臺)는 사헌부를 의미하고, 도어사(都御史)는

시골에 사는 한가로운 사람이었네	生涯田野一閒人
반열 높아지고 바로 기로소에 들었는데[315]	崇班正待耆英會
경월이 잠시 뒤에 남극성 따라 잠겼네[316]	卿月俄隨壽曜淪
뒤따라 승정원에서 일한 것[317] 어제 같으니	躡武龍喉如昨日
몇 번이나 옛일 추억하며 몰래 상심했던가	幾回追曩暗傷神

몇 번이나 옛일 추억하며 몰래 상심했던가	幾回追曩暗傷神
동향의 정의와 사귀는 정까지 가장 친했지	鄕誼交情最覺親
어명 받들고 일찍이 고향에 들렀을 때	銜命曾過桑梓地
얼굴 뵙고 다시 대하니 그림 속 봄이었지	承顔重對畫圖春
가슴 속 다정한 말씀 아직도 기억하고	襟懷款款言猶記
거닐던 모습 생생한데 이미 묵은 자취 되었네	杖屨依依跡已陳
서글프다 옛 신하들 이제 다 돌아가고	怊悵舊臣零落盡

대사간의 다른 이름이다.

315 반열(班列)……들었는데 : 송규렴은 70세가 되던 1699년(숙종25) 자헌대부(資憲大夫)에 오르고 기로소에 들어갔다.

316 경월(卿月)이……잠겼네 : 송규렴이 죽었다는 말이다. 경월은 재신(宰臣) 급의 고위 관료를 이르는 말로 시대마다 지칭하는 바가 약간씩 다른데, 한(漢)나라 때에는 육조(六曹)의 상서(尙書)와 영(令)과 복야(僕射)를 지칭하였으며, 조선 시대에는 흔히 판서를 지칭하는 말로 쓰였다. 《서경》 〈홍범(洪範)〉에 "임금이 살필 것은 해이고, 경사는 달이고, 사윤은 날이다.〔王省惟歲, 卿士惟月, 師尹惟日.〕"라고 한 말에서 유래하였다. 수요(壽曜)는 인간의 수명을 관장한다는 남극성을 말한다.

317 뒤따라……것 : 1684년(숙종10) 송규렴이 승정원 우부승지(右副承旨)로 있을 때 강현(姜鋧)은 주서(注書)로 있었으며, 1688년 송규렴이 도승지(都承旨)로 있을 때 강현은 동부승지(同副承旨)로 있었다. 그 후 1698년 강현은 도승지로 있었다.

간절한 임금의 제문에 조정 신하들 흐느끼네 綸音懇惻泣朝紳

대제학(大提學) 강현(姜鋧)[318]

추로의 고장에서 태어나 고전 탐구하고[319] 鄒魯生居墳典探
십 년간 두 하남 선생 스승으로 섬겼네[320] 十年師事兩河南
가문을 이은 지조 이름난 조상 따랐고[321] 承家志操追名祖
나라를 빛낸 문장 큰 아들이 빼어났지[322] 華國文章挺大男
구십 수를 누렸으니 오복 완전했고 九袠享來完福五
한 몸에 삼달존[323]을 겸하였네 一身兼有達尊三
수성이 지금 덕성과 함께 어두어졌으니[324] 壽星今與德星晦

318 강현(姜鋧) : 1650~1733. 본관은 진주(晉州), 자는 자정(子精), 호는 백각(白閣)·경암(敬菴)이다.

319 추로(鄒魯)의……탐구하고 : 송규렴이 유현(儒賢)이 많은 고장에서 태어나 유교 경전을 열심히 공부했다는 말이다. 추로는 맹자(孟子)와 공자(孔子)의 출생지로, 곧 유학 또는 문교가 홍성한 곳을 뜻하는데, 송규렴이 태어난 회덕에 송준길과 송시열 등이 살았기 때문에 이렇게 표현한 것이다. 분전(墳典)은 삼분오전(三墳五典)으로, 삼분은 삼황(三皇)의 책이고 오전은 오제(五帝)의 책인데, 일반적으로 옛날의 경서를 말한다.

320 두 하남(河南)……섬겼네 : 송준길과 송시열을 스승으로 섬겼다는 말이다. 본래 하남은 정호(程顥)와 정이(程頤) 형제를 가리키는데, 송준길과 송시열이 그들의 학문을 계승했다고 보아 이렇게 표현한 것이다.

321 가문을……따랐고 : 송규렴이 쌍청당 송유(宋愉)의 유풍을 계승하여 관직에 연연하지 않고 지조를 지키며 초야로 물러나는 삶을 지향했다는 말이다.

322 나라를……빼어났지 : 송규렴의 아들 송상기가 대제학이 되었기에 한 말이다.

323 삼달존(三達尊) : 작위와 나이와 덕을 가리킨다. 532쪽 각주256 참조.

324 수성(壽星)이……어두어졌으니 : 송규렴이 사망했다는 말이다. 수성은 인간의

애통한 심정 공사 간에 모두 감당할 수 없네	慟爲公私俱不堪

높은 품계와 우뚝한 작위를 티끌처럼 여기고	崇班巍秩視毫塵
시골에 돌아와 누운 지 몇 년이던가	歸臥田園問幾春
스스로 급류에서 용감히 물러나	自是急流能勇退
그대로 원우의 완전한 한 사람 되었네[325]	居然元祐一完人
온공처럼 배움 있어 출처를 알았고[326]	溫公有學知行止
소자처럼 시 읊어 진솔한 성품 말했네[327]	邵子吟詩道性眞
어찌 높은 이름이 역사에만 드리울 만하랴	可但高名垂史筆

수명을 관장한다는 별이다. 노인성(老人星), 남극성(南極星) 또는 남극노인(南極老人)이라고도 한다.《史記 卷27 天官書》덕성(德星)은 경성(景星)의 별칭으로, 도덕이 있는 사람을 비유한다. 후한(後漢)의 진식(陳寔)이 자질(子姪)을 데리고 순숙(荀淑)의 집을 방문하였는데, 그때마다 하늘에서는 덕성이 모이는 상서(祥瑞)가 보였다고 한다. 이를 보고 태사(太史)가 임금께 아뢰기를 "500리 안에 반드시 현인들의 회합이 있을 것입니다."라고 했다.《後漢書 卷62 荀淑列傳》《世說新語 德行》

325 급류(急流)에서……되었네 : 송규렴이 관직에서 과감하게 물러나 초야에서 지내며 신명(身名)을 보존하는 인물이 되었다는 말이다. 급류는 전약수(錢若水)의 고사에서 유래한 말이다. 487쪽 각주127 참조. 원우(元祐)는 모함과 참소가 난무하는 등 당쟁이 격화되었던 송나라 철종(哲宗) 때의 일을 말한다. 540쪽 각주291 참조.

326 온공(溫公)처럼……알았고 : 송규렴이 송(宋)나라 사마광(司馬光)처럼 출처의 의리를 알아 벼슬에서 물러났다는 말이다. 온공은 사마광으로, 온국공(溫國公)에 봉해져서 사마온공(司馬溫公)이라고도 한다. 그는 신종(神宗) 때에 왕안석(王安石)의 변법(變法)을 반대하여 추밀부사(樞密副使)의 직책을 사양하고 낙양(洛陽)에 퇴거하였다.

327 소자(邵子)처럼……말했네 : 소자는 송나라 소옹(邵雍, 1011~1077)으로, 보통 시호인 강절(康節)을 따라 소강절이라고 한다. 송규렴이 진솔한 시를 쓰고, 성대함을 경계하는 삶을 살았기에 이렇게 말한 것이다.

성군의 애통함 조서[328]에 간절하시네　　聖君哀慟切絲綸

호조 정랑(戶曹正郎) 조정만(趙正萬)[329]

하남 문하에서 성명 향기로웠고[330]　　河南門下姓名香

약관의 나이에 이름 드날려 임금 모셨지[331]　　弱歲蜚英侍御床

고아한 덕망 세 조정에서 경월로 빛났고[332]　　雅望三朝卿月煥

한가히 지낸 이십 년간 노인성 반짝였네[333]　　優閒廿載老星光

328 조서(詔書) : 사륜(絲綸)은 임금의 조서를 말한다. 《예기》 〈치의(緇衣)〉의 "왕의 말이 실 같으면 그것이 나가 실을 합한 것만큼 커지고, 왕의 말이 실을 합한 것과 같으면 그것이 나가 동아줄만큼 커지는 것이다.〔王言如絲, 其出如綸, 王言如綸, 其出如綍.〕"라는 말에서 유래하였다. 여기서는 송규렴의 죽음을 애도하는 치제문(致祭文)을 말한다.

329 조정만(趙正萬) : 1656~1739. 본관은 임천(林川), 자는 정이(定而), 호는 오재(寤齋)이다. 송준길과 송시열의 문인이다. 1708년(숙종34)에 호조 정랑(戶曹正郎)에 임명되었다.

330 하남(河南)……향기로웠고 : 송규렴이 송준길과 송시열의 문하에서 명성을 떨쳤다는 말이다. 하남은 본디 송(宋)나라 정호(程顥)와 정이(程頤)를 지칭하는데, 여기서는 송준길과 송시열을 가리키는 말로 쓰였다.

331 약관(弱冠)의……모셨지 : 송규렴이 20대에 관직에 나아가 임금을 모셨다는 말이다. 비영(蜚英)은 비영등무(蜚英騰茂)의 준말로, 명성과 실제가 서로 부합하는 것을 말한다. 《한서(漢書)》 권57 〈사마상여전(司馬相如傳)〉에 "영화로운 명성을 날리고 성대한 실제를 떨친다.〔蜚英聲, 騰茂實.〕"라고 하였다.

332 고아한……빛났고 : 송규렴이 고아한 명망을 지닌 인물로 효종·현종·숙종 세 조정에서 관직을 역임했다는 말이다. 경월(卿月)은 재신(宰臣) 급의 고위 관료를 이르는 말로, 흔히 판서를 지칭한다. 546쪽 각주316 참조.

333 한가히……반짝였네 : 송규렴이 초야로 물러나 지낸 세월을 말한 것이다. 김진규의 《죽천집(竹泉集)》 권5 〈판서 송규렴 만사〔宋判書奎濂挽詞〕〉에 "공은 기사년(1689, 숙종15)에 벼슬을 그만두고 돌아왔고, 갑술년(1694) 이후로는 또한 벼슬에 나아가지

해옥에 산가지 더하리라 한창 기대했는데[334] 方期海屋添籌遠
문득 선루에 기문 서둘러 지음 의아하네[335] 忽訝仙樓作記忙
빛나는 가문의 명성 훌륭한 아들이 전했으니 赫赫家聲傳令嗣
사림들 눈물 거두고 슬픈 마음 위로하네[336] 士林收淚慰悲傷

안동(安東) 권상하(權尙夏)[337]

하남 문하에서 일찍부터 수학하여[338] 河南門下早摳衣

않았으니, 고향에서 지낸 지 21년 만에 별세하였다." 하였다. 노성(老星)은 노인성(老人星)의 약칭으로, 남극성(南極星)이라고도 한다. 낭성(狼星) 근처에 있는 큰 별로, 이 별이 나타나면 그 고장의 사람들이 장수하고 그 나라가 잘 다스려진다고 한다.《史記 卷27 天官書》

334 해옥(海屋)에……기대했는데 : 송규렴이 더 오래 살리라고 기대했다는 말이다. 해옥첨주(海屋添籌)는 장수를 비유하는 말로, 흔히 축수(祝壽)할 때 쓰인다. 옛날 세 노인이 서로 만나 나이를 따졌는데, 한 사람이 말하기를 "바닷물이 뽕나무밭으로 변할 때마다 나는 산가지 하나씩을 던져 놓았는데, 지금은 열 칸 집에 가득 찼다.〔海水變桑田, 吾輒下籌, 已滿十屋矣.〕"라고 한 데서 유래하였다.《東坡志林 卷7》

335 문득……의아하네 : 하느님이 송규렴에게 신선 누대의 기문을 짓게 하려고 데려갔는지 의심스럽다는 말로, 송규렴이 갑자기 죽었음을 뜻한다. 당나라 시인 이하(李賀)가 27세에 죽었는데, 천상에서 붉은 옷을 입은 사람이 붉은 용을 타고 내려와 "상제(上帝)께서 백옥루(白玉樓)를 완성하고 지금 그대를 불러다가 기문(記文)을 짓게 하라고 명하셨다." 하고 데려갔다 한다.《李義山文集箋註 卷10 李賀小傳》

336 빛나는……위로하네 : 송규렴이 훌륭한 아들을 두어 가문의 명성을 이었으므로, 사림들이 그 사실로 슬픈 마음의 위안을 삼는다는 말이다. 영사(令嗣)는 상대방의 아들을 높여 이르는 말로, 송규렴의 아들 송상기가 대제학을 지냈기에 이렇게 표현하였다.

337 권상하(權尙夏) : 1641~1721. 본관은 안동(安東), 자는 치도(致道), 호는 수암(遂菴)·한수재(寒水齋)이다. 송준길과 송시열의 문인이다.

338 하남(河南)……수학하여 : 송규렴이 송준길과 송시열의 문하에서 수학한 것을

높은 관직 순탄히 올라 조정의 모범 되었네[339]　平步雲霄振羽儀
뜻밖의 높은 벼슬 외물로 보았고[340]　軒冕儻來看外物
동산에 한가히 누워 좋은 시절 즐겼네　園林閒臥樂淸時
문창의 오랜 명망 영광전처럼 남았고[341]　文昌宿望靈光在
기로소의 높은 명성 미천한 사람도 알았지[342]　洛社高名走卒知

말한다. 하남은 본디 송(宋)나라 정호(程顥)와 정이(程頤)를 지칭하는데, 여기서는 송준길과 송시열을 가리키는 말로 쓰였다. 구의(摳衣)는 옷자락을 치켜든다는 뜻으로, 즉 스승이나 어른 앞에서 몸가짐을 공손히 하는 태도를 말한다. 525쪽 각주230 참조.

339 조정의 모범 되었네 : 우의(羽儀)는 지위가 높고 재덕이 있어 남의 모범이 되는 것을 뜻한다. 《주역》〈점괘(漸卦) 상구(上九)〉에 "기러기가 공중으로 점차 나아가는 것이다. 그 깃이 의법이 될 만하니 길하다.〔鴻漸于陸, 其羽可用爲儀, 吉.〕" 하였다.

340 뜻밖의……보았고 : 송규렴이 벼슬을 외물로 간주하고 중시하지 않았다는 말이다. 헌면당래(軒冕儻來)는 우연히 찾아오는 높은 벼슬을 뜻한다. 《장자(莊子)》〈선성(善性)〉에 "헌면이 몸에 있는 것은 본래 성명처럼 내 몸에 있는 것이 아니고, 외물이 뜻밖에 우연히 와서 잠시 붙어 있는 것이다.〔軒冕在身, 非性命也, 物之儻來寄也.〕"라고 한 데서 유래하였다.

341 문창(文昌)의……남았고 : 송규렴이 문단에서 오랫동안 명망이 있었다는 말이다. 문창(文昌)은 문운(文運)을 주관한다는 문창성(文昌星), 혹은 문곡성(文曲星)으로, 문재(文才)가 뛰어난 것을 비유한다. 영광전(靈光殿)은 한(漢)나라 때의 궁궐 이름으로, 마지막 남은 원로 석학(碩學)이나 절의가 있는 사람을 뜻한다. 530쪽 각주249 참조.

342 기로소(耆老所)의……알았지 : 송규렴이 70세가 되던 1699년(숙종25) 기로소에 들어간 이후에 그의 덕망과 명성을 옛날의 사마광(司馬光)처럼 흠모하지 않는 사람이 없었다는 말이다. 낙사는 송나라 문언박(文彦博)이 연로하고 어진 사대부들을 모아놓고 술자리를 베풀어 서로 즐겼던 낙양기영회(洛陽耆英會) 또는 낙사기영회(洛社耆英會)를 말한다. 《宋史 卷313 文彦博列傳》 소식(蘇軾)의 〈사마온공독락원(司馬溫公獨樂園)〉에 "아동들도 군실을 외우고, 하인들도 사마를 아네.〔兒童誦君實, 走卒知司馬.〕"라고 하였는데, 군실(君實)은 사마광의 자이다.

세상 점점 어려워지는데 원로들 다 가시니	世路漸艱耆舊盡
교목이 날로 쓸쓸해짐 감내하지 못하겠네	不堪喬木日凄其

명리의 마당에 기름불 타오르고	名利場中膏火煎
다투는 달팽이 뿔 또한 어지러운데[343]	戰爭蠻觸亦紛然
어느 누가 초탈하여 지조 온전히 할 수 있을까	人誰脫落能全操
공만이 한가히 지내며 또한 천명 즐겼지	公獨優閒且樂天
고상한 절조 마침내 세상에 모범됨을 보았으니	雅節終看爲世範
뜬 영화에 불과한 재상 자리 어디에 쓰랴	浮榮何用上台躔
평소 용문에 오르기를 바랐던 마음으로[344]	謾將平日登龍願
천리 멀리 만사 보내려니 종이에 눈물 뿌리네	千里緘辭淚灑牋

부사과(副司果) 신심(申鐔)[345]

343 명리(名利)의……어지러운데 : 사람들이 사소한 명예와 잇속 때문에 애태우며 서로 다투는 것을 지적한 말이다. 고화전(膏火煎)은 스스로 자신을 태우는 것을 뜻한다. 《장자(莊子)》 〈인간세(人間世)〉에 "기름은 불이 붙기 때문에 스스로 저를 태운다.〔膏火自煎也〕"라고 한 데서 유래하였다. 만촉(蠻觸)은 세상에서 분분하게 명리를 다투는 것을 비유한 말이다. 529쪽 각주245 참조.

344 평소……마음으로 : 만사를 지은 신심(申鐔) 자신이 송규렴의 문하에 들어가 공부하며 인정을 받고 싶었다는 말이다. 등용(登龍)은 등용문객(登龍門客)의 준말로, 중망을 받고 있는 현자에게 인정을 받은 인물을 말한다. 후한(後漢)의 선비들이 이응(李膺)의 인정을 받으면 명성이 높아지므로 그의 접대를 받는 것을 "용문에 오른다.〔登龍門〕"라고 하면서 기뻐했다고 한다. 《後漢書 卷67 李膺列傳》

345 신심(申鐔) : 1662～1715. 본관은 평산(平山), 자는 익중(翼仲), 호는 봉주(鳳洲)이다.

추억해 보니 냇가 시 모임에서 풍모 뵈었을 때	憶曾溪社挹光塵
화기가 온화하여 자리 가득 봄기운이었지[346]	和氣溫然滿座春
장수하고 관직 높으며 임금의 은총도 넘쳤고	大袠崇班優寵渥
높은 바람과 갠 달에서 정신 볼 수 있었지	高風霽月見精神
정성스럽고 훌륭한 가르침 겨우 며칠 전인데	慇懃佳誨纔經日
갑자기 가시니 맑은 규범 이미 어제 일일세	奄忽淸規已隔晨
만년의 절조 산림에서 공이 홀로 으뜸이었으니	晩節林泉公獨最
완전한 명성 지금 세상에 다시 누가 있으랴	完名今世復何人

함평 현감(咸平縣監) 이교악(李喬岳)[347]

밝을 때의 용퇴[348] 옛날에도 외려 어려웠는데	明時勇退古猶難
산림에서 맑은 명성 홀로 온전히 보진했네	林下淸名獨保完
임금 그리는 마음 항상 꿈을 꾸었고	戀結九閽常有夢
몸은 삼경에서 한가로워 관직 없는 것 같았네[349]	身閒三逕若無官

346 냇가……봄기운이었지 : 송규렴의 온화한 풍모를 추억한 것이다. 광진(光塵)은 화광동진(和光同塵)의 준말로, 자신의 빛나는 재질을 안으로 추슬러 밖에 드러내지 않고 세상과 더불어 조화롭게 살아가는 모습을 말한다. 《道德經 4章》

347 이교악(李喬岳) : 1653~1728. 본관은 용인(龍仁), 자는 백첨(伯瞻), 호는 석음와(惜陰窩)이다.

348 용퇴(勇退) : 급류용퇴(急流勇退)의 준말로, 전약수(錢若水)의 고사에서 유래하였다. 487쪽 각주127 참조.

349 몸은……같았네 : 송규렴이 초야에서 한가롭게 지냈으므로 마치 관직이 없는 사람 같았다는 말이다. 삼경(三徑)은 세 갈래로 뻗은 정원의 오솔길로, 은자(隱者)의 문정(門庭)을 말한다. 한(漢)나라 장후(蔣詡)는 자가 원경(元卿)으로, 왕망(王莽)이 집권하자 벼슬에서 물러나 향리인 두릉(杜陵)에 은거하였다. 그 뒤로 집의 대밭 아래에

성상의 은혜 원로 우대하여 높은 작위에 올랐고　聖恩優老躋崇秩
기로소에서 초상 그려 후인들 우러러보네　耆畫傳神聳後觀
운명했어도 세상에 무슨 서운함 있을까　存沒世間何所憾
다시 아들이 문단 주도함 보도다[350]　更看兒上主文壇

좌참찬(左參贊) 조태채(趙泰采)[351]

자취는 구름과 놀처럼 멀리 있었고　迹似雲霞遠
광채는 봉황이 춤추는 것 같았네　光同鸞鳳儀
남을 대할 때는 덕의 기운 가득했고　接人渾德氣
자신을 단속할 때는 규범에 맞았지　飭己見沖規
기로소에서 풍류 성대했고　耆社風流盛
의정부에서 발걸음 느긋했네　台司步武遲
한미한 집안이 명문가의 인척 되었기에[352]　寒門忝王謝
재배하고 멀리서 만사를 올리네　再拜遠緘辭

좌의정(左議政) 서종태(徐宗泰)[353]

세 개의 오솔길을 내고 벗 구중(求仲)과 양중(羊仲) 두 사람하고만 교유한 고사가 전한다. 《蒙求 蔣詡三逕》

350 다시……보도다 : 송규렴의 아들 송상기가 대제학이 된 것을 말한다.

351 조태채(趙泰采) : 1660~1722. 본관은 양주(楊州), 자는 유량(幼亮), 호는 이우당(二憂堂), 시호는 충익(忠翼)이다.

352 한미한……되었기에 : 이 만사를 지은 서종태(徐宗泰)의 아들 서명빈(徐命彬)이 송규렴의 아들 송상기의 넷째 사위이기 때문에 이렇게 말한 것이다. 왕사(王謝)는 왕씨(王氏)와 사씨(謝氏)의 합칭으로, 명문세족을 가리킨다. 진(晉)나라 이후 남조(南朝)에 이르기까지 왕씨와 사씨 두 집안이 대대로 높은 벼슬을 지낸 까닭에, 세가(世家)나 망족(望族)의 대표적인 가문으로 일컬어졌다. 《南史 卷80 侯景列傳》

일찍이 선생에게서 인물평 들었는데	曾從函丈聞題品
강론하는 자리에서 공을 으뜸이라 하셨지	講席推公第一人
용퇴했지만 본래 성세를 잊은 건 아니었고[354]	勇退本非忘聖世
자취 감춰 남은 생애 보전하려 함이었지[355]	卷懷惟欲保餘春
아들이 금대 둘러 아울러 쌍벽 이루었고[356]	兒横金帶兼雙璧
지위는 삼공에 가까운데 팔순까지 살았네	位逼槐班況八旬
원우에 누가 만년의 절개 온전히 했던가[357]	元祐誰能全晩節
쌍청당에서 다시 훌륭한 자취 뵐 수 없겠네	淸堂無復挹芳塵

판돈녕(判敦寧) 조상우(趙相愚)[358]

353 서종태(徐宗泰) : 1652~1719. 본관은 달성(達城), 자는 노망(魯望)・군망(君望), 호는 만정(晩靜)・서곡(瑞谷)・송애(松厓), 시호는 문효(文孝)이다.

354 용퇴했지만……아니었고 : 송규렴이 전약수(錢若水)처럼 관직에서 과감히 물러났지만, 세상에 대한 관심을 완전히 끊고 오로지 은자적 삶만을 산 것은 아니라는 말이다.

355 자취……함이었지 : 송규렴이 조정에서 물러나 신명(身名)을 온전하게 한 것을 거백옥(蘧伯玉)의 고사에 비유하여 읊은 것이다. 춘추 시대 위(衛)나라의 대부였던 거백옥은 세상이 혼란하면 벼슬하지 않고 은둔하여 몸을 잘 보전하였다. 그리하여 공자는 그를 평하여 "군자답다, 거백옥이여. 나라에 도가 있으면 벼슬하고, 나라에 도가 없으면 거두어 감추어 두는구나.〔君子哉, 蘧伯玉. 邦有道則仕, 邦無道則可卷而懷之.〕"라고 하였다.《論語 衛靈公》

356 아들이……이루었고 : 송규렴의 아들 송상기가 대제학에 올랐기에 이렇게 말하였다. 대제학은 정2품이다. 금대(金帶)는 2품 이상의 관복(官服)에 두르는 띠를 말한다. 쌍벽(雙璧)은 우열을 가리기 어려운 물건이나 사람을 비유하는 말이다.

357 원우(元祐)에……했던가 : 기사환국 당시 송시열을 위시한 노론계 인물들이 제거될 때 송규렴이 어떠한 처벌도 받지 않은 사실을 말한 것이다. 원우는 송 철종(宋哲宗)의 연호로서, 당시 심한 당화(黨禍)가 있었다. 540쪽 각주291 참조.

358 조상우(趙相愚) : 1640~1718. 본관은 풍양(豐壤), 자는 자직(子直), 호는 동강

선대 조정에서 훌륭했던 분 몇이나 남았나	先朝名德幾人存
여전히 동산에 달존[359]이 계셨지	尙看丘園有達尊
벼슬에 마음 식어 봄꿈처럼 지나쳤고	軒冕心灰春夢過
변화 심한 세상에서 물결 번득임 목격했네	滄桑眼閱水瀾翻
연세는 팔십보다 높아 세속에서 벗어났고	年高大耋超塵臼
지위는 재상에 가까워 임금의 은혜 입었지	位逼台司荷聖恩
아들이 훌륭한 인재 되어 더욱 기쁘니	更喜生男爲國器
만사 지음은 용문에 의탁했기 때문만은 아니라오	成書不獨托龍門

이조 참판(吏曹參判) 이건명(李健命)[360]

기로소에서의 훌륭한 풍채와 조정에서의 자품	耆社風流廊廟姿
당일에 드날린 명예 밝은 시대 도왔지[361]	蜚英當日贊明時
맑은 명성 퇴곡[362]에서 여러 현인들과 함께했고	淸名退谷諸賢幷
고아한 덕망 춘재에서 두 어른이 추천했지[363]	雅望春齋兩老推

(東岡)이다. 이경석(李景奭)과 송준길의 문인이며, 남구만(南九萬)의 천거로 관직에 나와 소론으로 활동하였다.

359 달존(達尊) : 맹자(孟子)께서 말씀하신 삼달존(三達尊)으로, 작위와 나이와 덕을 말한다. 532쪽 각주256 참조.

360 이건명(李健命) : 1663~1722. 본관은 전주(全州), 자는 중강(仲剛), 호는 한포재(寒圃齋), 시호는 충민(忠愍)이다.

361 당일에……도왔지 : 송규렴이 조정의 훌륭한 신하였다는 말이다. 비영(蜚英)은 비영등무(蜚英騰茂)의 준말이다. 549쪽 각주331 참조.

362 퇴곡(退谷) : 지명으로 보이는데 어디인지 미상이다.

363 고아한……추천했지 : 송규렴이 스승인 송준길과 송시열에게 칭찬을 받았다는 말이다. 춘재(春齋)는 동춘당(同春堂)을 의미한다.

물러나니 뛰어난 절개라 다투어 일컫고[364] 色擧爭稱高世節
문단의 맹주 진실로 훌륭한 아들이 이었네[365] 文盟允屬克家兒
인간 세상에 공사 간 애통함 다하지 못하는데 人間不盡公私慟
한 번 윤음[366] 읽으니 눈물 콧물 흐르네 一讀綸音涕更洟

광산(光山) 김만채(金萬埰)[367]

눈이 조정의 많은 먼지에 흐려져 眼眯東華幾丈塵
종이 울렸는데 모두 밤길 다니는 사람들이네[368] 鍾鳴摠是夜行人
세상의 높은 벼슬에는 일찍 뜻이 멀어졌고 世間軒冕遐情早
호숫가 전원에서의 생업은 가난하였지 湖上田園素業貧

364 물러나니……일컫고 : 송규렴이 관직에서 물러나자 세상 사람들이 그의 절개를 칭송했다는 말이다. 색거(色擧)는 색사거의(色斯擧矣)의 준말로, 새가 사람의 기색을 보고 날아간다는 뜻인데, 세상이 잘못되는 기미를 보고 상황에 알맞게 행동을 취하는 것을 비유한 말이다. 《논어》 〈향당(鄕黨)〉에 "꿩이 사람의 얼굴빛이 나쁨을 보고 날아가 빙빙 돌며 살펴본 뒤에 내려앉는다.〔色斯擧矣, 翔而後集.〕"라고 한 데서 유래하였다.

365 문단의……이었네 : 송규렴의 아들 송상기가 대제학이 되었음을 말한 것이다.

366 윤음(綸音) : 숙종이 송규렴에게 내린 치제문(致祭文)을 가리킨다.

367 김만채(金萬埰) : 1644～1715. 본관은 광산(光山), 자는 자봉(子封)이다.

368 눈이……사람들이네 : 세상 사람들이 모두 벼슬에 눈이 어둡다는 말이다. 동화(東華)는 동화문(東華門)으로, 송(宋)나라 궁성 동쪽 문의 이름인데, 조정 또는 도성을 비유하는 말이다. 중국의 중앙 관서가 모두 궁성의 동화문 안에 있었던 데에서 유래하였다. 종이 울렸는데도 밤길을 다닌다는 것은 그만두어야 할 때가 되었는데도 이를 모르고 무조건 계속하려고 한다는 뜻이다. 《삼국지(三國志)》 권26 〈위서(魏書) 전예전(田豫傳)〉에 "나이 칠십이 넘었는데도 여전히 벼슬자리를 차지하고 있는 것을 비유하자면, 인경의 종이 울리고 물시계가 다했는데도 그치지 않고 밤길을 가는 것과 같다.〔年過七十而以居位, 譬猶鍾鳴漏盡而夜行不休.〕"라고 한 말을 변용하였다.

밝은 조정에서 벼슬 높았다[369] 말들 하는데　漫道明廷卿月峻
궁궐에서 수성 사라진 소식[370] 듣고 놀라네　驚聞紫極壽星淪
아들이 이어서 집안 명성 크게 일으키니　兒郎繼起家聲大
대사헌과 대제학으로 조정 반열에 우뚝하네　都憲文衡聳搢紳

고향 땅이 너른 들판 사이로 이어져[371]　桑梓地連莽蒼間
왕래하며 몇 번이나 그윽한 즐거움 다했던가　過從幾遍罄幽歡
어찌 두터운 덕으로 높은 지위 잊었을 뿐이던가　豈惟厚德忘高位
본래 맑은 의표로 어지러운 세상에서 보전했지　自是淸標保歲寒
한 시대의 어진 노인 중 누가 다시 남았는가　一代耆賢誰復在
세 조정의 명성과 절개 가장 온전히 했네　三朝名節最能完
침문에서 애도하는 슬픔[372] 다 쏟아 내지 못해　寢門未洩存亡慟

369 벼슬 높았다 : 경월(卿月)은 판서를 지칭하는 말이다. 546쪽 각주316 참조.

370 수성(壽星) 사라진 소식 : 송규렴의 부음을 들었다는 말이다. 수성은 노인성(老人星)의 별칭이다. 547쪽 각주324 참조.

371 고향……이어져 : 송규렴의 집과 김만증의 집이 그다지 멀지 않았다는 말이다. 상재(桑梓)는 뽕나무와 가래나무로, 고향의 구택(舊宅) 혹은 고향에 심은 나무를 뜻한다. 망창(莽蒼)은 아득히 바라보이는 곳으로 3, 4십 리의 거리를 이른다. 《장자(莊子)》 〈소요유(逍遙遊)〉에 "망창을 가는 자는 세 끼 먹을 양식만 가지고 가도 배가 든든하지만, 백 리를 가는 자는 하루 동안 양식을 찧어 가지고 가야 하고, 천 리를 가는 자는 석 달 동안 양식을 모아야 한다.〔適莽蒼者, 三湌而反, 腹猶果然, 適百里者, 宿舂糧, 適千里者, 三月聚糧.〕"라고 한 데서 유래하였다.

372 침문(寢門)에서 애도하는 슬픔 : 송규렴의 죽음을 애도하는 슬픔을 말한다. 침문은 벗이 죽었을 때 곡하는 곳이다. 공자(孔子)께서 "아버지의 친족에 대해서는 묘에서 곡을 하고,……벗에 대해서는 침문 밖에서 곡을 한다.〔哭父之黨於廟,……朋友於寢門外.〕"라고 하였다. 《禮記 奔喪》

가을 하늘 향해 뿌리니 눈물 마르지 않네　灑向秋天涕不乾

광산(光山) 김만증(金萬增)[373]

명문가의 숨은 덕망 쌍청당[374]을 말하는데　名門潛德說雙淸
공은 또한 겸손하여 총애 받음 경계했지[375]　公又謙中寵若驚
늘그막까지 한가롭게 지내며 기로소 들어가고　晩暮優閒仍洛社
풍류의 두터움 곧 서경의 시절이었지[376]　風流篤厚卽西京
책 읽으며 긴긴 날 소일하길 즐겼고　耽閒書卷消長日
강산에서 지내며 마음에 맞음을 좋아했지　好占江山愜素情
아홉 빛깔 단혈의 봉황 다투어 보나니　爭睹九苞丹穴羽
일찍 소 귀 잡고 제나라 맹약 주관하려 했지[377]　早將牛耳主齊盟

373 김만증(金萬增) : 1635～1720. 본관은 광산(光山), 자는 경능(景能), 호는 둔촌(遯村)이다. 김장생(金長生)의 증손자이고, 송시열의 문인이다.

374 쌍청당(雙淸堂) : 송유(宋愉)를 가리킨다. 532쪽 각주255 참조.

375 공은……경계했지 : 송규렴이 늘 겸손하고 조심하였다는 말이다. 총약경(寵若驚)은 총애가 바로 모욕이 나오는 계기가 될 수 있으므로 경계해야 한다는 뜻이다. 《도덕경(道德經)》 제13장에 "총애와 모욕에 놀란 듯이 한다는 말은 무엇을 가리키는가. 총애는 낮은 것이므로 그것을 얻어도 놀란 듯이 하고 잃어도 놀란 듯이 한다.〔何謂寵辱若驚. 寵爲下, 得之若驚, 失之若驚.〕"라고 한 데서 유래하였다.

376 풍류(風流)의……시절이었지 : 송규렴이 서경(西京) 즉 서한(西漢)의 사람처럼 풍류가 넉넉했다는 말이다.

377 아홉……했지 : 송규렴이 부제학(副提學)을 지냈기 때문에 그의 문장력을 기린 말이다. 구포(九苞)는 봉황 깃털의 아홉 가지 빛깔이라고도 하고, 봉황의 아홉 가지 특징이라고도 하는데, 《초학기(初學記)》 권30에 "입은 함부로 울지 않고 마음은 법도에 맞으며, 귀는 멀리까지 잘 듣고 혀는 소리를 잘 내며, 깃 색깔은 문채가 나고 벼슬은 붉은 색이며, 발톱은 날카롭고 소리는 우렁차며, 배는 아무것이나 먹지 않는다.〔一曰口

책상 아래에서 일찍이 친히 어른 모셨는데　床下曾陪杖屨親
성대한 용모에서 정신을 볼 수 있었지　菀然眉宇見精神
가슴속은 당 앞의 달처럼 밝았고　襟懷瑩若堂前月
담소는 훈훈하여 자리 위의 봄이었지[378]　談笑熏爲座上春
삼랑 기다리지 않고 한 골짜기 견고히 지켰으니[379]　不待三郎堅一壑
일찍이 원우에 완전한 사람 있을 줄 알았네[380]　早知元祐有完人
평생 이치 따라 살아[381] 응당 유감없으리니　百年寧順應無憾

包命, 二曰心合度, 三曰耳聽達, 四曰舌詘伸, 五曰彩色光, 六曰冠矩州, 七曰距銳鉤, 八曰音激揚, 九曰腹文戶.]"라고 하였다. 단혈(丹穴)은 《산해경(山海經)》 〈남산경(南山經)〉에 나오는 전설상의 산 이름으로, 단사(丹砂)가 나오고 금과 옥이 널려 있으며 봉황새가 서식하는 곳이라고 한다. 주제맹(主齊盟)은 제 환공(齊桓公)이 맹주가 되었던 것처럼 문단을 주도함을 의미한다. 춘추 시대 제 환공이 제후를 규합하여 천하를 바로잡고 자신이 맹주가 되어 오패(五覇)의 우두머리가 되었다. 《史記 卷33 齊太公世家》

378 담소(談笑)는……봄이었지 : 송규렴이 웃으며 대화하는 모습이 따뜻한 봄바람처럼 훈훈하였다는 말이다. 정호(程顥)의 제자 유작(游酢)이 선생이 있던 곳으로부터 와서 양시(楊時)를 방문했을 때, 양시가 온 곳을 묻자 유작이 말하기를 "봄바람의 온화한 기운 가운데 석 달 동안 앉았다가 왔다."라고 대답한 고사가 전한다. 《宋元學案 卷14 明道學案》

379 삼랑(三郎)……지켰으니 : 송규렴이 초야에 물러나 지낸 것을 말한다. 삼랑은 당 현종(唐玄宗)의 어릴 때 이름인데, 여기서는 숙종(肅宗)이 희빈(禧嬪) 장씨(張氏)를 총애했던 것을 현종이 양귀비를 총애했던 것에 비유한 것으로 보인다.

380 일찍이……알았네 : 모함과 참소가 난무하는 등 당쟁이 격화되는 가운데서도 송규렴이 온전할 수 있으리라 짐작했다는 말이다. 원우는 송 철종(宋哲宗)의 연호로서, 왕안석(王安石)의 신법(新法)에 반대한 학자·문인(文人) 309인을 간당(奸黨)으로 몰아 유배시키고 금고한 일을 가리킨다. 540쪽 각주291 참조.

381 이치 따라 살아 : 영순(寧順)은 존순몰영(存順沒寧)의 준말로, 살아서는 순리대

꽃다운 이름 새로이 서책에 남겼네　留得芳名簡冊新

형조 판서(刑曹判書) 이인엽(李寅燁)[382]

촉공은 끝내 원우 연간에 나아가지 않았으니[383]　蜀公終不起元祐
천 년 뒤의 행장이 짝할 만하였네[384]　千載行藏可等倫
세상사 구름과 안개처럼 온갖 변화 뒤따르나　世事雲煙從百變
한가로이 지내는 세월은 늘 봄과 같았지　閒居日月似長春
인생 팔십에 질장구 장단 맞춰 노래했고[385]　人間大耋嗟歌缶
사후에는 사문에 훌륭한 자제 두었지[386]　身後斯文有麒麟
생각하니 강가 집에 거문고 타고 바둑 둘 때　遙想琴棋湖上宅

로 살고 죽어서는 편안함을 뜻한다. 장재(張載)의 〈서명(西銘)〉에 "살아서는 내 하늘에 순응하고 죽어서는 내 편안하다.〔存吾順事, 沒吾寧也.〕"라고 한 데서 유래하였다.

382 이인엽(李寅燁) : 1656~1710. 본관은 경주(慶州), 자는 계장(季章), 호는 회와(晦窩)이다.

383 촉공(蜀公)은……않았으니 : 촉공은 송(宋)나라 범진(范鎭)으로, 자는 경인(景仁)이며, 왕안석(王安石)과 뜻이 맞지 않아 은퇴했다가 철종(哲宗)이 즉위하여 단명전학사(端明殿學士)로 불렀으나 나아가지 않았다.

384 천 년……만하였네 : 송규렴의 출처가 송나라 범진의 출처와 같다는 말이다. 행장(行藏)은 용행사장(用行舍藏)의 준말로, 자신의 도를 펼 수 있느냐 없느냐에 따라 거취를 결정하여 조정에 나아가기도 하고 은퇴하기도 하는 것을 말한다.

385 인생……노래했고 : 편안히 죽음을 맞이했다는 말이다. 《주역》 〈이괘(離卦) 구삼(九三)〉에 "기운 해가 걸려 있음이니, 질장구를 두드려 노래하지 않으면 크게 기눎을 서글퍼 함이니 흉하리라.〔日昃之離, 不鼓缶而歌, 則大耋之嗟, 凶.〕"라고 한 데서 유래하였다. 이치에 통달한 자는 떳떳한 이치를 알아 천명을 즐거워할 뿐이므로 자신의 죽음을 기쁘게 받아들인다는 뜻을 담고 있다.

386 사후에는……두었지 : 송규렴의 아들 송상기가 고위직에 올랐기에 한 말이다.

국화가 쓸쓸히 가을 하늘에 비쳤었지　　寒花寂寞映秋旻

판중추(判中樞) 이이명(李頤命)[387]

노년까지 우정 나누고 일가의 정의도 있었으며　　交情至老又宗誼
누린 복록 옛날에도 드물었다 항상 말했지　　福履常稱古亦稀
제월의 빛 이어져 경월로 빛났으며[388]　　霽月光連卿月煥
수성이 빛나고 덕성이 빛났네[389]　　壽星躔耀德星輝
경륜의 책임 있어 세상 잊기 어려웠지만　　經綸有責難忘世
작록은 관심 없어 기심 없애기 쉬웠지[390]　　爵祿匪心易息機

387 이이명(李頤命) : 1658~1722. 본관은 전주(全州), 자는 양숙(養叔)·지인(智仁), 호는 소재(疎齋)이다.

388 제월(霽月)의……빛났으며 : 주돈이(周敦頤)와 같은 송규렴의 인품과 흉금이 높은 벼슬로 이어졌다는 말이다. 제월은 광풍제월(光風霽月)의 약칭으로, 주돈이의 사람됨을 형용한 말이다. 황정견(黃庭堅)이 〈염계시서(濂溪詩序)〉에서 주돈이의 높은 인품과 탁 트인 흉금을 묘사하여 "흉금이 시원하기가 마치 맑은 바람에 달이 씻긴 듯하다.〔胸中灑落, 如光風霽月.〕"라고 한 데서 유래하였다. 경월(卿月)은 판서를 의미하는 말이다. 546쪽 각주316 참조.

389 수성(壽星)이……빛났네 : 송규렴이 장수하였고 덕망도 훌륭했다는 말이다. 수성은 인간의 수명을 관장한다는 별이다. 덕성(德星)은 경성(景星)의 별칭으로, 도덕이 있는 사람을 비유한다. 547쪽 각주324 참조.

390 작록(爵祿)은……쉬웠지 : 세상의 영예와 이욕(利慾)에는 관심이 없었다는 말이다. 기심(機心)은 순수하지 못한 마음, 술수를 부리는 마음, 물아(物我)의 이해를 따지는 마음을 말한다. 《장자(莊子)》 〈천지(天地)〉에, 공자의 제자 자공(子貢)이 일찍이 초(楚)나라를 유람하고 진(晉)나라로 가면서 한수의 남쪽을 지나다가 만난 노인에게 용두레 사용을 권하자, 그 노인이 "기계를 사용하는 경우에는 기심이 생긴다.〔有機事者, 必有機心.〕"라고 한 데서 유래하였다.

뒤에 죽을 사람 세상에서 살 날 얼마 없으니	後死人間餘日少
다시 저승에서 만나 혹시라도 어긋나지 말기를	更逢泉路儻無違

종질(宗姪) 송기태(宋基泰)[391]

명문에 성대하게 두 선생 계셨으니	華宗蔚有兩先生
난실에서 배워 학업이 넓었네[392]	蘭室薰陶學業宏
기질은 문성과 덕성을 타고났으니[393]	稟氣文星仍德宿
높은 작위와 재상에 오르고 기로소에 들어갔지	崇班台斗又耆英
가족 이끌고 일찍이 전원의 계책 이루었고	携家早遂田園計
자식 가르쳐 관각의 맹주 독점하게 했네[394]	教子曾專館閣盟
정주학[395]의 성쇠는 세상 운수와 관련 있으니	洛建盛衰關世運

391 송기태(宋基泰) : 1629~1711. 본관은 은진(恩津), 자는 태중(泰仲)이다. 송시열의 아들이며 송주석(宋疇錫)의 아버지이다.

392 명문에……넓었네 : 송규렴이 송준길과 송시열에게서 배워 학업이 넓어졌다는 말이다. 난실은 지란지실(芝蘭之室), 즉 지초와 난초가 있는 방이라는 뜻이다. 《공자가어(孔子家語)》에 "선(善)한 사람과 함께 지내면 마치 지란(芝蘭)의 방에 들어간 것과 같아 그 향기는 못 맡더라도 오래 지나면 동화된다." 하였다.

393 기질은……타고났으니 : 송규렴이 뛰어난 문재(文才)와 덕망을 지니고 태어났다는 말이다. 문성(文星)은 문운(文運)을 주관한다는 문창성(文昌星) 혹은 문곡성(文曲星)으로 문재가 뛰어난 것을 비유하고, 덕성(德星)은 경성(景星)의 별칭으로 도덕이 있는 것을 비유한다.

394 가족……했네 : 송규렴 자신은 초야에 물러나 생활하고, 아들 송상기는 대제학이 되었다는 말이다.

395 정주학(程朱學) : 낙건(洛建)은 정호(程顥)와 정이(程頤), 주희(朱熹), 또는 그들의 학문인 정주학을 가리킨다. 정호와 정이는 낙양(洛陽)에서, 주희는 복건(福建)에서 살며 강학하였다. 여기서는 송규렴을 비유하는 말로 사용되었다.

사림들의 남은 눈물이 다시 갓끈을 적시네　　士林餘淚更沾纓

전 참의(參議) 권상유(權尙游)[396]

수없이 번복되는 세상에서　　翻覆紛千變
홀로 몸과 명예 모두 온전했네　　身名獨兩完
구름처럼 많은 변화 겪으면서도　　天雲閱蒼白
부귀를 우습게 생각했네　　車轂笑朱丹
나아가고 물러남이 때에 따라 옳았고　　進退隨時可
한가롭게 지내면서 도와 더불어 편안했지　　優游與道安
계족산과 꿋꿋함을 함께 하여　　鷄山同偃蹇
이십 년간 바라보면서도 싫어하지 않았네[397]　　不厭卄年看

남새밭 국화 어찌 담백함 부끄러울까　　圃菊寧羞淡
뜨락의 난초 향기 가득해라　　庭蘭剩種馨
어진 사람 마땅히 오래 사는 법[398]　　仁宜到鮐背

396 권상유(權尙游) : 1656~1724. 본관은 안동(安東), 자는 계문(季文)·유도(有道), 호는 구계(癯溪)이다.

397 계족산(鷄足山)과……않았네 : 김진규의 《죽천집(竹泉集)》 권5 〈판서 송규렴 만사〔宋判書 奎濂 挽詞〕〉에 "송규렴이 살던 회덕의 진산(鎭山)은 계족산이다. 공은 기사년(1689, 숙종15)에 벼슬을 그만두고 돌아왔고, 갑술년(1694) 이후로는 벼슬에 나아가지 않았으니 고향에서 지낸지 21년 만에 별세하였다."라는 설명이 있다.

398 어진……법 : 《논어》 〈옹야(雍也)〉에 "어진 사람은 수를 누린다.〔仁者, 壽.〕"라고 한 말과 《이아(爾雅)》 〈석고 상(釋詁上)〉에 "태배는 노인으로 장수하는 것이다.〔鮐背, 耇老, 壽也.〕"라고 한 것을 변용하여 송규렴이 장수한 사실을 읊은 것이다. 태배(鮐背)는 복어의 등이란 뜻으로, 노인의 피부에 복어의 얼룩무늬 같은 검버섯이 생긴 것을

귀함이 어찌 높은 벼슬[399]에 있을까	貴豈在犀鞓
기우는 해에서 효상을 슬퍼하고[400]	昃日嗟爻象
가을 하늘에서 전형을 상상하네	秋天想典刑
책상 아래서 절하던 날 회상하며	回思床下拜
눈물 훔치며 망자를 애도하네	掩涕誄泉扃

세시생(世侍生) 김진규(金鎭圭)[401]

말한다.

399 높은 벼슬 : 서정(犀鞓)은 서각(犀角)으로 장식물을 만들어 붙인 가죽 띠를 말하는데, 특히 조선 시대에는 1품 관복 위에 이것을 띠었다.

400 기우는……슬퍼하고 : 송규렴의 죽음을 슬퍼한다는 말이다. 측일(昃日)은 《주역》 〈이괘(離卦) 구삼(九三)〉에 "기운 해가 걸려 있음이니, 질장구를 두드려 노래하지 않으면 크게 기욺을 서글퍼 함이니 흉하리라.〔日昃之離, 不鼓缶而歌, 則大耋之嗟, 凶.〕"라고 한 데서 인용한 것이다. 561쪽 각주385 참조.

401 김진규(金鎭圭) : 1658~1716. 본관은 광산(光山), 자는 달보(達甫), 호는 죽천(竹泉), 시호는 문청(文淸)이다.

발
跋

이상은 나의 고조부 문희공(文僖公) 부군의 유집(遺集)이다. 원본(原本)이 오랜 세월에 흩어져, 남은 것은 다만 시(詩)·부(賦)·장소(章疏) 및 산문(散文) 약간 편(篇) 뿐이다. 아, 이것으로 부군의 심오한 경지를 다 드러낼 수 있어서 영원히 사라지지 않도록 도모할 수 있겠는가.

대개 부군의 학문은 오로지 근본을 힘쓰고 실천하는 데에 힘을 다하였고, 세속의 유자(儒者)들이 겉만 화려함을 숭상하고 꾸미는 풍습을 깊이 병통으로 여기셨다. 그러므로 내면에 간직한 아름다운 자질[402]을 감추고 단속하여 없는 듯이 하였으며, 또한 일찍이 말을 남겨 후세에 드리우는 것에 마음을 두지 않으셨다. 그렇다면 이 문집이 세상에 유행하는 것은 전혀 부군의 뜻이 아니다.

그러나 이 문집을 살펴보면 어떤 일이 마음에 미쳐서 문자로 드러낸 것이 일상생활에서 평소 행한 것을 벗어나지 않았기 때문에, 평이(平易)하고 아순(雅馴)하며 온화하고 여유로워, 한 구도 문사를 수식하여 심원한 곳에 의취(意趣)를 붙이거나 의미심장한 데[403]에 뜻을 두지 않

402 내면에……자질 : 함장(含章)은 내면에 간직한 아름다운 자질을 뜻한다. 《주역》 〈곤괘(坤卦) 육삼(六三)〉에 "아름다움을 머금음이 곧을 수 있으니, 혹 나라의 일에 종사하여 이룸이 없고 끝마침을 두어야 한다.〔含章可貞, 或從王事, 无成有終.〕"라고 하였다.

403 의미심장한 데 : 전영(雋永)은 음식의 맛이 감미로워 뒷맛이 오래도록 남는 것을

으셨다. 그러면서도 그 깊은 광채와 은연중에 드러난 문채가 저절로 끝내 가릴 수 없는 점이 있다. 부군의 덕행과 기상을 여기에서 오히려 만에 하나라도 징험할 수 있으니, 이 문집을 또 어찌 없어지게 하여 전하지 않을 수 있겠는가.

마침내 초천(蕉泉) 김상휴(金相休)[404] 공에게 나아가 질정을 받았는데, 김공이 말하기를 "이것은 전하지 않을 수 없다."라고 하였다. 이에 손수 수정하고 나누어 7편을 만들었다. 또 비문(碑文)·행장(行狀)·만뢰(挽誄) 등 약간 편을 덧붙여 판목에 새기게 했다. 김공이 또 권말(卷末)에 다음과 같이 글을 썼다.

한 번 읽으면 이미 상쾌하여	一讀已爽然
가랑비가 오동나무에 떨어지는 듯하고	疏雨韻孤桐
세 번 반복하면 더욱 높고 깨끗하여	三復益峻潔
가을 달이 연꽃에 비치는 듯하네	秋月映芙蓉
귀한 것은 화순함이 쌓여서	所禎和順積
영화가 안으로부터 드러나며[405]	英華發自中
편마다 모두 자연스럽고[406]	篇篇盡渾成

말하는데, 전의되어 글이나 말의 내용이 의미심장함을 뜻하는 말로 쓰인다.

404 김상휴(金相休) : 1757~1827. 본관은 광산(光山), 자는 계용(季容), 호는 초천(蕉泉), 시호는 문간(文簡)이다. 송기정의 아버지 송재위(宋載緯)의 사위이다.

405 귀한……드러나며 : 송규렴의 화순한 덕이 내면에 쌓여 아름답게 밖으로 표출된 송규렴의 글이 훌륭하다는 말이다. 《예기》 〈악기(樂記)〉에 "화순함이 안에 쌓여 있어야만 영채의 빛이 밖으로 드러난다.〔和順積中, 而英華發外.〕"라고 하였다.

406 자연스럽고 : 혼성(渾成)은 혼연천성(渾然天成)의 준말로, 힘을 들이지 않고 자

구마다 결함이 없네 句句無罅縫
무엇보다 겸허의 아름다움 갖추어 最是謙沖美
한 말이 담박하고 짙지 않으니 出言淡不濃
비유하면 비단 옷 입고 比如衣錦衣
은은하게 홑옷 입은 것과 같다오[407] 隱然絅以籠
비로소 믿겠네 말은 덕으로 말미암으니 始信言由德
좌우에서 근원 만났음을[408] 左右源皆逢
문치의 도가 날로 없어져 文道日淪喪
사라지는 경쇠 소리 짧은 종소리와 뒤섞이니 殘磬雜短鐘
멀기도 해라 청묘의 비파여 邈哉淸廟瑟
바른 소리 누가 다시 우러르랴[409] 正聲誰復宗

연적으로 쉽게 이루어짐을 뜻한다.

407 비유하면……같다오 : 《중용장구》 제33장에 "《시경》에 이르기를 '비단옷을 입고 홑옷을 덧입는다.'라고 했으니, 그 문채가 너무 드러남을 싫어해서이다.〔詩曰, 衣錦尙絅, 惡其文之著也.〕"라고 한 말을 인용하여, 송규렴의 문장이 겉으로 화려하지 않지만 내실이 있음을 말한 것이다.

408 좌우에서 근원 만났음을 : 《맹자》 〈이루 하(離婁下)〉에 "군자가 깊이 나아가기를 도로써 함은 자득하고자 해서이니, 자득하면 처함이 편안하고 처함이 편안하면 이용이 깊고, 이용이 깊으면 좌우에서 취하여 씀에 그 근원을 만나게 된다.〔君子深造之以道, 欲其自得之也. 自得之則居之安, 居之安則資之深, 資之深則取之左右, 逢其原.〕"라고 하였다. 좌우에서 근원을 만난다는 것은 모든 주변의 사물에서 도의 근원을 만날 수 있다는 뜻으로, 마음의 거울이 밝아져서 모든 사물의 이치를 환히 알 수 있음을 말한 것이다.

409 문치(文治)의……우러르랴 : 음악과 비교하여 문장이 쇠퇴한 상황을 말하고, 송규렴의 문장처럼 전아한 문장을 높이 평가해야 한다고 본 것이다.

김공은 고도(古道)를 좋아하여 일찍이 함부로 말하지 않았는데, 그분의 칭송과 찬탄이 이와 같고, 또 전하지 않을 수 없다고 하였으니, 의심할 것 없이 반드시 전해야 함을 더욱 믿을 수 있다. 그러나 바른 소리를 우러르지 않은 지가 참으로 이미 오래되었으니 아, 이 또한 이른바 식자와는 말할 수 있으나 속인과는 말하기 어렵다는 경우인가.

기묘년(1819, 순조19) 늦겨울 어느 날 현손(玄孫) 기정(基鼎)[410]은 삼가 기록한다.

410 송기정(宋基鼎) : 1771~? 본관은 은진(恩津), 자는 치온(穉溫)이다.

지은이 **송규렴(宋奎濂)**

1630(인조8)~1709(숙종35). 송국전(宋國銓)의 아들로, 본관은 은진(恩津), 자는 도원(道源), 호는 제월당(霽月堂), 시호는 문희(文僖)이다. 1654년(효종5) 식년 문과에 을과로 합격하였다. 내직(內職)으로 대사간, 예조·이조·호조·병조·형조 참의, 우부승지, 도승지, 대사성, 병조·예조·공조 참판, 대사헌 등을 역임하였고, 외직(外職)으로 무장 현감(茂長縣監), 서천 군수(舒川郡守), 안변 부사(安邊府使), 충청 감사(忠淸監司)를 지냈다. 1699년 아들 송상기(宋相琦)가 시종신(侍從臣)으로 있어 자헌대부(資憲大夫)에 오르고 기로소(耆老所)에 들어갔다. 1709년 숭정대부(崇政大夫)에 오르고 지돈녕부사(知敦寧府事)가 되었다. 학문이 뛰어나 송시열·송준길 등과 동종(同宗)·동향(同鄕)으로 함께 삼송(三宋)으로 일컬어졌고, 전서(篆書)·주서(籒書)에 능하였다. 회덕의 미호서원(美湖書院)에 제향되었다. 저서로《제월당집》이 있다.

옮긴이

강원모(姜元模)

1957년 충남 예산에서 태어났다. 공주사범대학, 한국교원대학교, 충남대학교에서 교육학을 전공하였다. 현재 충남대학교 한자문화연구소 책임연구원으로 재직 중이다. 공역으로《기려수필》,《동주집》이 있고, 역해서로《얘야 논어를 읽었느냐》가 있다.

김문갑(金文甲)

1960년 충남 논산에서 태어났다. 한남대학교 대학원에서 동양철학 박사학위를 받고, 아당 이성우 선생에게 수학하였다. 현재 충남대학교 한자문화연구소 선임연구원으로 재직 중이다. 번역서로《전례문답》,《고산유고》예송 관련 부분이 있고 공역으로《동주집》이 있다.

이규춘(李圭椿)

1959년 충남 논산에서 태어났다. 충남대학교 국어국문학과를 졸업하고 동대학원에서 석사·박사학위를 취득하였다. 현재 충남대학교 한자문화연구소 연구원으로 재직 중이다. 역주서로《사법품보》가 있다.

권역별거점연구소협동번역사업
충남대학교 한자문화연구소 연구진

연구책임자 **이향배**(충남대학교 한문학과 교수)
공동연구원 **박우훈**(충남대학교 한문학과 교수)
자문위원 **이성우**(한국고전번역원 자문위원)
책임연구원 **강원모**
정만호
선임연구원 **김문갑**
오승준
연구원 **이규춘**
이재숙

제월당집 2

송규렴 지음 | 강원모 · 김문갑 · 이규춘 옮김
2018년 12월 28일 초판 1쇄 발행
편집 · 발행 문진 | 등록 2002. 5. 6. 제2006-000011호
주소 (34168) 대전광역시 유성구 대학로 31 한진리조트오피스텔 2004호
전화 042-933-6510 | 팩스 042-367-5510
인쇄 현대그래픽스 | 제본 은정제책사

값 30,000원
ISBN 979-11-87638-28-5 94810
979-11-87638-26-1 (세트)

이 도서의 국립중앙도서관 출판예정도서목록(CIP)은 서지정보유통지원시스템 홈페이지(http://seoji.nl.go.kr)와 국가자료공동목록시스템(http://www.nl.go.kr/kolisnet)에서 이용하실 수 있습니다.(CIP제어번호: CIP2018040323)